연구총서 45
장립문 교수의 화합철학론

지은이   張立文
옮긴이   홍원식 · 임해순
펴낸이   오정혜
펴낸곳   예문서원

편 집   김병훈 · 유미희
인쇄 및 제책 주) 상지사 P&B

초판 1쇄   2017년 5월 20일

주 소   서울시 성북구 안암동 4가 41-10 건양빌딩 4층
출판등록   1993년 1월 7일 (제307-2010-51호)
전화번호   925-5913~4 / 팩시밀리 929-2285
E-mail   yemoonsw@empas.com

ISBN 978-89-7646-367-8   93150

YEMOONSEOWON #4 Gun-yang B.D. 41-10 Anamdong 4-Ga, Seongbuk-Gu Seoul KOREA 136-074
Tel) 02-925-5913~4, Fax) 02-929-2285

값 60,000원

장립문 교수의 화합철학론

연구총서 45

장립문 교수의 화합철학론

張立文 지음
홍원식·임해순 옮김

예문서원

인류문명은 농업혁명과 산업혁명을 거쳐 오늘에 이르러 정보혁명의 새로운 시대를 열어가고 있다. 정보혁명은 폭력적 수단을 쓰지 않더라도 농업혁명과 산업혁명보다 더 강하고 깊고 빠르고 전체적으로 인류의 의식주와 삶의 모든 측면을 변화시키고 정치와 경제, 문화, 생태, 군사, 제도 등의 모든 형태를 바꾸어 가고 있다. 그러나 정보혁명은 오늘날 인류가 직면하고 있는 인간과 자연의 충돌이 빚어낸 생태환경의 위기, 인간과 사회충돌이 가져다준 사회적·인문학적 위기, 인간과 인간의 충돌이 던져 준 윤리도덕적인 위기, 인간영혼의 충돌이 빚어낸 정신적 신앙의 위기, 각 문명 간의 충돌이 미치는 가치 관념의 위기를 해소할 수 없다. 어떻게 이 5대 충돌과 위기를 극복하고 그로 인하여 나타난 여러 가지 복잡하게 얽혀 있는 충돌과 위기를 해소할 것인가에 대하여 세계 여러 지성인들이 몸과 마음을 총동원하고 있는 현실이다. 중국에서는 지난 세기 80년대 말에 '화합학和合學'을 제시하고서 '화생和生', '화처和處', '화립和立', '화달和達', '화애和愛'의 5대 원리를 통해 오늘날의 여러 가지 충돌과 위기를 해소할 수 있는 정보혁명시대의 새로운 사유체계를 구축함으로써 "천지만물은 원래 나와 한 몸이다"라는 공통된 정신을 구현하기에 나섰다.

'화합'이라는 단어는 『국어』「정어鄭語」에서 "상商의 설契이 오교五敎로 화합함으로써 백성을 보살폈다" 한 것에서 최초로 등장한다. 설은 상족商族의 시조로 순임금 때 사도司徒로 임명되었는데, 아버지는 의롭고 어머니는 자애로우며 형은 돌보고 동생은 공경하며 자식은 효도하도록 인륜에 따라 교화하여 백성들이 화목하고 화합하며 모두 잘 살아갈 수 있게 하였다. 현대적 의미에서 화합은 자연과 사회, 인간관계, 마음, 문명 가운데에서 일어나는 갖가지 상호 간의 충돌을 새로운 구조와 새로운 사물, 새로운 생명으로 총 화합하게 하는 것이다. 그리고 화합학은 자연과 사회, 인간관계, 마음 및 서로 다른 문명 속에 존재하는 충돌의 양상을 연구하고 화합의 원리를 통해 이를 넘어서고자 하는 학설이다. 이것은 전통적인 화합의 개념과 범주에서 다시 태어나는 것이기도 하고, 한편으로는 화합이란 개념과 범주를 빌려서 오늘날의 시대정신을 지혜롭게 창조해 나아가려는 이론체계이자 새로운 철학학설이기도 하다.

인간세상의 모든 현상에 다 화합이 내포되어 있고 모든 사유에 다 화합이 스며들어 있다. 화합의 특징은 차별적 존재의 화생和生과 화합 자성自性의 낳고 또 낳음을 의미하고, 존상식능存相式能은 화합 본성의 형식을 의미하고, 충돌융합은 화합의 변화와 뛰어넘음을 의미하고, 자연선택은 화합 과정의 실상을 의미하고, 번뇌화락煩惱和樂은 화합의 미적 감각을 의미한다. 이 다섯 가지 의미를 통합하면 화합의 전체적 의미가 드러난다. 여기에서 화합의 인문정신으로부터 진입하여 연然과 소이연所以然, 변화와 형식, 유행流行과 초월, 대칭과 정합整合, 중화中和와 심미審美로서의 화합학의 함의를 부각시킴으로써 종적·횡적으로 상호 보충하는 법칙과 전체적으로 관통하는 법칙을 통해 화합이라는 이상적 가치의 경지에 이를 수 있을 것이다.

1982년부터 나는 한국의 학자들과 인연을 맺고 사귀게 되면서 초청을 받아 여러 차례 학술세미나에 참가하는 기회를 가져 인식을 넓히고 많은 것을 얻을 수 있었다. 또한 여러 학자와 학계의 아낌없는 지원으로 『장립문문집張立文文集』(38집)이 출판되었다. 이번에 또 인민출판사의 방국근方國根 주임과 이빙李氷 주임의 적극적 지지, 그리고 한국 계명대학교啓明大學校의 홍원식洪元植 교수와 중국 연변대학延邊大學의 임해순林海順 교수의 노고로 『화합철학론和合哲學論』이 번역되어 한국어판으로 출판되기에 이르렀다. 이 책은 화합학에 관한 나의 네 번째 책으로, 화합학 가운데 철학에 관한 내용이 주로 담겨 있다. 나의 화합학을 전체적으로 이해하려면 『화합과 동아시아 의식』(和合與東亞意識)과 『화합학개론』(和合學槪論), 『중국 화합문화 입문』(中國和合文化導論) 등 나머지 유관 저술을 함께 읽어 보는 것이 좋을 듯싶다.

이 책은 동서고금의 많은 사상들을 다루었기 때문에 정확하고 유창하고 우아하게 한글로 옮기기가 결코 쉽지 않을 것이다. 원뜻에서 크게 어긋나지 않기만을 바랄 뿐이다. 이 책의 번역 출판을 위해 많은 학자들이 동참하고 애써 준 것에 대해 진심으로 감사드린다.

중국 인민대학 공자연구원에서

2017년 3월 26일   張立文

"학문은 천하의 물을 다 받아들이는 바다와도 같이 깊고 넓어야 하고, 성정性情은 광한전에서 서리와 추위를 이겨 내는 계수나무마냥 군세야 한다." 중국철학사에서 "넓고 큰 깃을 목표로 하면서도 정밀함을 다해서 백대의 학문을 종합한" 주희는 위대한 사상가이자 철학자로서 유학사에 있어서 공자 이후로 또 하나의 이정표가 되는 인물이라는 점에는 의심의 여지가 없다. 그러나 주희 자신은 "타고난 자질이 우둔하여 어려서부터 기억하고 묻고 말하는 것이 다른 사람에 미치지 못하였다"고 거듭 말했다. 그는 "나는 어려서 우둔하여 모든 일에서 다른 사람에 미치지 못하였다. 다만 지식을 조금 갖추게 되면서 옛사람들의 위기지학爲己之學에 뜻을 두게 되었는데, 그 핵심을 깨닫지는 못했다. 다행히 아버지 만년의 친구분들로부터 도움을 받아 조금 듣게 되어 비로소 공부의 방향이 서고 제대로 힘을 기울일 수 있게 되었다"라고 하였다. 그는 자신이 총명하고 민첩한 사람이 아니라 우둔하고 어리석은 사람이라고 주장한 것이다.

그런 그가 그토록 위대한 성과를 거둘 수 있었던 까닭은, 첫째 도리를 생각해서 여기에 "온 마음을 기울였고", 둘째 "스스로 체인해서" 반복하여 생각하고 연구했으며, 셋째 날마다 글을 읽으며 같음과 다름에 각별히 유의했고, 넷째 많이 묻고 의문을 간직해서 본의를 찾았으며, 다섯째 정신을 집중하고 부단히 반복하여 정확하게 탐구하며 진지하게 실천했기 때문이다. 그는 "지난 어느 해 의리를 생각했지만 밝고 확실하지 않아 결국 잠을 이룰 수가 없었다. 자하子夏의 '선전후권先傳後倦'장을 처음 읽으면서 사나흘 밤을 지새워 깨달을 때까지 궁구하였는데 밤새 두견새 우는 소리가 들려왔다"라고 하였다. 이는 그가 얼마나 애를 썼는가 알려 준다. 그 밖에도 스승과 벗 그리고 학생들의 지도, 계발, 질문, 변론 등은 모두 주희 자신의 우둔함과 어리석음을 깨우치고 시야를 넓혀 주는 방법이었으며, 생각을 정밀하고 깊게 만들어서 그가 기존의 학설을 초월해서 새로운 이론을 창조할 수 있게 해 준 원천이었다. 당나라 맹교孟郊의 시에 "돌을 쳐야 불꽃이 튕기고, 치지 않으면 연기가 나지 않는다. 사람도 배워야 알게 되는 것이지, 배우지 않았는데 하늘에서 떨어지는 것이 아니다"라고 하였는데, 정말 맞는 말이다!

주희도 이렇다는데, 하물며 나 같은 사람이야 더 말할 것도 없다. 나는 어리석고 영민하지 못할 뿐만 아니라 또 재능이 모자라고 학문에 깊이가 없다. 그렇기 때문에 다만 『중용』에서 말한 "남이 하나만큼 할 수 있으면 나는 열만큼 노력하고, 남이 열만큼 할 수 있으면 나는 천만큼 노력한다"는 자세로 독서하고 사고하여 타고난 자질의 부족함을 메울 수밖에 없었다.

옛날 사람들은 "글은 마음에서 나온다"고 하였다. 즉 문장은 마음속에서 나오고 말은 마음의 소리이기에 사람의 속마음이 흘러나오는 것이라는 말이다. 따라서 드러난 말이 완벽하고 정확한가의 여부와는 상관없이 모든 말은 맑고 순수한 사상적 정감의 본연이다. 이러한 본연은 날마다 사색하고 시시각각 체험해야 비로소 포착할 수 있다. 그러나 나는 어떤 때는 사유에 집중해도 아득하기만 하고 혼신의 힘을 다 쏟아도 아무 소득이 없는 느낌이 들어서, 정말로 "돌을 만져서 금으로 만드는" 사람이 있어 "깨우쳐 주기"를 바라기도 하였다. 그러나 결코 신령이나 신이 이러한 바람에 응답해 주는 것은 아니었다. 오직 유능한 사람의 지혜에만 기댈 수 있을 뿐이었다. 이 유능한 사람은 영웅이거나 지도자가 아니라 주변의 스승과 벗 그리고 학생들이었다.

"제자라고 반드시 스승만 못한 것이 아니며, 스승이라고 반드시 제자보다 현명한 것은 아니기"에, 나는 학술세미나 형식으로 학우, 제자들과 자주 모여서 화합학 문제를 토론했다. 이 모임에는 사람이 많든 적든 항상 형식의 구속을 받지 않고 자유롭게 토론하고 연구하였다. 스승과 제자의 구별이 없고 선배와 후배의 분별이 없으며 교수와 학생의 차별이 없는, 평등하고 자유로운 토론과 연구였다. 매번 그날의 주제에 관해 내가 발언하였고, 혹은 다른 여러 사람들이 발언하기도 했다. 나의 발언은 모두 이 책 속에서 다루어진 문제에 관한 것들로서, 이에 대해 다른 학우들이 저마다의 시각, 관점에서 비판·보완하면 내가 다시 대답하고는 했다. 나에게 있어, 이러한 비판·보완이 바로 '깨우침'이었다. 이 책도 바로 이러한 '깨우침' 속에서 저술한 것이다. 만약 여러 학우들의 이러한 '깨우침'이 없었더라면 나는 아마 이 책을 완성할 수 없었을 것이다. 솔직히 말하자면, 나는 다만 여러 사람들의 지혜를 응집해서 그것을 이론화하고 체계화했을 뿐이다.

아울러 나는 1995년에서 2000년 사이에 입학한 박사과정 학생들에게 '화합학논강和合學論綱', '화합학과 중국철학의 혁신' 등의 제목으로 강의했고, 또 1996년 입학한 석사과정, 박사과정 학생들에게 '화합역사철학'이란 교과목으로 강의했으며, 1998년 입학한 박사과정 학생과 1999년 입학한 석사과정 학생들에게 '화합형이상학'이라는 교과목을 강의했다. 강의 중 토론에서 학생들은 저마다의 시각, 관점에서 여러 가지 문제제기 · 질의 · 힐문 · 비판 · 건의를 했는데, 이 모든 것들은 '깨우침'을 얻는 소중한 기회였다. 몇몇 사상과 관점은 바로 이러한 강의와 토론을 통해 얻은 것이다. 가르치고 배우는 과정에서 교학상장하는 즐거움과 유익함을 진정으로 체득했던 것이다.

1996년 수도사범대학교 출판사에서 졸저인 『화합학개론 — 21세기 문화의 전략적 구상』을 출판한 후, 나는 일본, 한국, 싱가포르, 미국에서 화합학을 주장했다. 특히 지속적인 발전과 미래문명 구축을 종지로 하는 일본의 미래세대 종합연구소 소장인 김태창金泰昌 교수와 일본 미래세대 국제재단이사장인 야자키 가즈히코(矢崎勝彦) 선생의 지지를 받아 2000년 유네스코(UNESCO) 본부를 방문하게 되었다. 그때 유네스코에서는 '문명 간 대화의 해'를 지정하고 2001년에 문명의 대화 이념에 관한 문헌을 펴냈는데, 그 안에는 서양 문헌만 있고 동아시아의 문헌은 없었다. 이것을 안 김태창 교수와 야자키 선생은 '화합학'을 문명대화의 이념으로 연구하기로 결정하였다. 바로 얼마 전 일본의 『후쿠오카 여학원 대학기요』(福岡女學院大學紀要) 1999년 2월호와 2000년 2월호에 난바 유키오 (難波征男) 교수가 쓴 「장립문의 화합학 ― 21세기의 중국철학」이라는 글이 연속으로 발표된 적이 있었는데, 김태창 교수와 야자키 선생은 바로 이 글들을 통해 화합학에 대해 어느 정도 알고 있었던 것이다. 그래서 그들은 중국에 와서 인민대학교 윤리학과 도덕건설연구센터와 공동으로 '동아시아 화和사상과 21세기 국제학술교류회의' 개최를 상의 및 결정하여, 2000년 12월 한중일 삼국의 유명 학자들을 초청해서 학회를 거행했다. 회의에서 각국의 학자들은 화합학에 대해 대단히 긍정적으로 보고 높게 평가하면서, 이것이 21세기의 5대 충돌과 위기를 해소하는 새로운 문명이념이라고 주장했다. 나는 회의가 끝난 후 학회에서 발표했던 「화합학논강」을 일본어, 영어로 번역하여 회의토론 요약본과 함께 유네스코 본부에 보냈다.

사실 나는 이러한 성과의 공을 다 나를 도와준 스승과 벗 그리고 여러 제자와 학생들에게 돌려야 한다. 특히 항상 화합세미나에 참가했던 향세릉向世陵 교수, 육옥림陸玉林 교수, 강일천姜日天 교수, 팽영첩彭永捷 교수, 양경중楊慶中 교수, 나안헌羅安憲 교수, 방국근方國根 편집위원, 유보촌劉寶村 박사, 임홍태林洪兌 박사, 박철홍朴喆洪 박사, 왕걸王杰 박사, 왕심죽王心竹 박사, 이아빈李亞彬 박사, 유경국劉京菊 박사, 기윤흥祁潤興 박사, 진해홍陳海紅 박사 등이 그렇다. 만약 그들의 지혜가 없었더라면 이 책을 완성하기 어려웠을 것이다. 또한 이소평李甦平 교수, 이진강李振綱 교수, 팽영첩 교수, 기윤홍 박사는 내가 쓴 책 원고의 일부분 또는 전부를 자세히 검토하면서 솔직하고 진지한 수정의견을 제시해 주었다. 기윤홍 박사는 1992년부터 나를 따라 석사과정을 거치고 1995년에 내몽고대학교 철학부에서 교편을 잡았는데, 편지에서 "최근 몇 년 동안 저의 이론 사유와 정신생활은 언제나 화합학의 삼차원세계에 푹 잠겨서 체득하며 탐구하고 있습니다"라고 했다. 그는 내몽고대학교에서 그토록 바쁨에도 「화합은 곧 도, 생락은 곧 체」(和合卽道, 生樂卽體), 「화이부동和而不同, 합이무작合而無作」, 「화합철학 연구에 관한 다섯 가지 사색」 등의 글을 써서 나에게 많은 도움을 주었으며, 실제 많은 내용이 이 책에 반영되었다. 그는 2001년부터는 또 나를 따라 박사과정을 거치게 되어 우리 둘은 항상 화합학 문제를 토론할 수 있었다.

이 책이 출판될 때까지 도와주고 지지해 준 국내외 학자, 교수, 벗, 제자, 학생들에게 이 자리를 빌려 진심으로 감사드린다. 지지를 보내 주신 인민출판사 임원들과 한 글자 한 구절을 세심히 퇴고해 주고 수정 의견을 보내 준 전원田園 선생께도 정중히 감사의 마음을 표한다.

張立文

2002년 5월 18일 북경, 중국인민대학교 靜園에서

장립문張立文 교수는 명실공히 중국을 대표하는 '국학대사國學大師'이
다. 그는 중국 인민대학교 철학과 교수로 재직하면서 중국철학 관련 수
많은 저술을 내놓았으며, 그 가운데 많은 책들이 번역되어 우리 한국
학계에도 널리 알려진 원로 학자이다. 그는 십여 년 전 공자연구원孔子硏
究院을 설립한 이래로 여든이 넘은 지금까지도 활발한 연구와 더불어
현장에서 국제적 학술교류 사업을 이끌고 있다.

이번에 번역하게 된 『화합철학론和合哲學論』은 저자의 만년 대표적
저작이자 좀 특별한 저작이기도 하다. 이 책은 단순히 중국의 전통철학
을 연구한 것이 아니다. 이 책은 중국철학을 바탕에 두되 눈과 마음은
인류의 현재와 미래를 향하고 있다. 달리 말하면 그는 중국철학 연구의
대가로서 인류의 현재와 미래를 위해 중국철학을 총결하고 하나로 관
통시키고 있다. 그는 중국철학을 '해석'한 것이 아니라 중국철학을 통해
온 인류의 삶을 '변화'시키고자 하였다.

여기에는 중국 지식인들의 전통적 사고인 '우환의식憂患意識'이 짙게
깔려 있다. 철학은 현실의 문제에 답해야 하고 실질적으로 인간의 삶에
기여해야 한다는 생각 아래 스스로 그 책임을 떠맡는, 그러한 '철학함'
의 의식과 태도를 말한다. 솔직히 말해 중국철학을 세계 철학의 한 중
심에 놓고자 하는 의도가 있음도 부인할 수는 없을 것이다.

저자는 '화합철학론'에 대해 각별히 애정을 가졌던 것으로 보인다.
이것은 그의 학문적 작업의 평생 '화두話頭'였다고 말해도 지나치지 않

을 듯하다. 이미 저자의 몇몇 저술 번역작업에 참여했던 본인에게 자신의 '화합철학론' 관련 저술을 내민 것이 십 년도 훨씬 넘었다. 당시 본인은 3권으로 된 책자의 분량에 우선 기가 눌렸고, 이런 저런 이유도 있어 흔쾌히 저자의 마음을 받아들이지 못한 것이 내내 마음에 걸렸다. 그 이후 저자는 다시 '화합철학론'과 관련된 몇 권의 책을 더 저술하였다. 이번에 번역하게 된 책은 그 가운데 하나이다.

이후 저자의 제자이기도 한 중국 인민출판사의 방국근方國根 주임이 적극적으로 주선에 나서 '중화사회과학기금中華社會科學基金'을 받게 됨에 따라 2년의 작업 끝에 마침내 한국어판을 내게 되었다. 번역 책임은 본인과 연변대학延邊大學의 임해순林海順 교수가 공동으로 맡았지만, 연변대학 반창화潘暢和 교수와 북경대학 철학과 홍린洪麟 박사과정생, 그리고 예문서원 편집진들의 노고가 적지 않았다. 본인의 경험으로 비추어 보아 가장 번역이 어려웠던 책으로 기억된다. 저자와의 오랜 인연이 이렇게 한 권의 책으로 결실을 맺게 되어 더없이 기쁘다. 저자의 원대한 포부와 심오한 지식을 전하는 데 흠결이 적기를 바랄 뿐이다.

2017년 4월
옮긴이를 대표하여 홍원식 적다

차례

이끄는 말

　글자로 된 책을 읽고서 글자 없는 이치를 깨닫는다. 나는 '과정'으로서의 화합학和合學을 계속 말하고자 했으며, 이를 위해 곧바로 역사·가치·언어·예술의 심연에까지 뛰어들어 탐색했다. 이 탐색은 고양이를 비추어 호랑이를 그리는 식의 '비추어 말하기'도, (승려들이) 의발을 계승하는 식의 '이어서 말하기'도 아닌, 독창성을 갖춘 '자기 말하기'이길 바랐다. 이러한 바람은 단지 바람일 뿐, 어떻게 말해야 할지의 문제는 참으로 설명하기 어렵다.

　'자기 말하기'가 반드시 학술의 창조를 의미하는 것은 아니다. '말하기'는 언제나 '무엇인가를 말해야'만 한다. '비추어 말하기'나 '이어 말하기' 역시 말하기 방식에 속하며 '말하기'의 주체는 분명히 '자기'이기 때문에, '자기 말하기'란 '자기가 비추어 말하기'이거나 '자기가 이어서 말하기'일 수도 있다. 결국 중요한 것은 "어떻게 말하는가"가 아니라 "무엇을 말하는가"이다. 바꾸어 말하자면, 이야기하는 '화제 자체'가 이야기에서 '말하는 방식'보다 훨씬 중요하다는 것이다. '화제'의 선택에는 철학적 지혜와 통찰이 필요하지만, '방식'의 선택에는 어법적·수사적 훈련만 있으면 된다.

　특히 '자기 말하기'에서의 말이 다른 사람이 말해 왔던 학설과 대개 중복되는 경우라면, 이는 실제적으로는 전적으로 '자신을 타인에 비추어 말하는 것'이기 때문에 이를 두고 창조라고 일컬을 수는 없다. 이 때문에 화합학은 '자신이 말하는 것'이어야만 하고, 또한 그럴 수 있어야 한다. 내가 과거에 말했던 '자기 말하기'는 '자신을 말하기'란 의미이다. 이것은 곧 화합학 자체가 화제 자체를 거듭 재발견한다는 의미이고, 화합학 자체가 충돌을 예술적으로 화해시킨다는 의미이며, 화합학 자체가 위기를 의리義理적으로 극복한다는 의미이고, 화합학 자체가 가치이상을 진실하게 추구한다는 의미이다. 이를 위해 화합학은 전통철학의 각종 견해들을 잠시 옆으로 제쳐두고, 현상학의 방법론 중 '괄호에 넣기' 방식을 참고하여 화제 자체와 직접 대면해서 '화합에 관한 이야기'를 직접 진술할 필요가 있다.

화합적 철학에서 '자기를 이야기하기'는 고대 그리스철학에서의 '자기인식'이라는 사명의 논리적 확장이다. 자기인식은 생명의 본래 모습을 직면할 것을 요구한다. '자기를 이야기하기'는 '화제 자체'(생명의 본래 모습이 세계에서 가장 큰 '화제 자체'이다)를 직면하여, 자신이 화제 자체를 밝혀내고 세세히 체득하며 검증할 것을 요구한다. '화제 자체에 직면하기'는 화합철학 연구가 반드시 준수해야 할 연구방법의 지침이다. 즉 '자신을 화합함을 이야기하기'가 화합철학 연구의 진정한 서사방식인 것이다.

화합학이 궁극적으로 추구하는 것은 바로 '화합됨'이다. '화합됨'의 논리적 과정은 언제나 주체의 자각과 자발성 및 자유로운 창조성

22

이 '낳고 낳아 가는' 과정에 기초한다. 화합은 자연법칙이나 객관법칙이 아니라, 시급히 선양해야 할 인문정신이자 철학적 지혜이다.

화합으로 낳고 낳아 가는 도의 본체(生生道體)는 창조적 인문정신으로 변화되고 완성되며, 이것의 논리적 전제는 인간의 자아각성과 주체의 정신적 독립 및 인도人道의 차별적 운행이다. 인간이 동물과 잡다하게 뒤섞여 있었을 때, 생물진화의 법칙은 동물과 마찬가지로 인간도 생로병사를 경험하도록 만들었다. 이때에는 자아의 지혜와 각성이 없었을 뿐만 아니라 주체적 가치창조란 더욱 있을 수 없었는데, 어떻게 화합으로 낳고 낳을 수 있었겠는가! 인도가 천지의 도에서 분화되어 나오고서야 인류는 비로소 화합으로 낳고 낳아 갈 수 있는 가능성과 절박함, 주체성과 창조성을 지니게 되었다.

'낳고 낳음'(生生)이라는 동사–동사의 단어구조를 고대한문의 문법구조를 통해 분석해 보면, 뒤의 '생生'자는 동사가 명사화된 용법으로서 주로 생태계의 자연스러운 활력 내지는 천지만물의 생장과 화육을 가리킨다. 이는 『주역』「계사전繫辭傳」에 있는 "천지의 큰 덕을 생이라 한다"는 말에서의 '생生'의 의미이다. 앞의 '생生'자는 자동사의 사동용법으로, 바로 "~가 살게 하다"내지는 "~가 살도록 하다"라는 의미이다. 분명 천지자연은 작위하지 않으니 "천도天道는 본래 그러하여 무위하지만", 동시에 그것은 생물이 생명력을 지니도록 하고 만물을 생장시키고 화육化育시키는 주체이다. 이러한 천지와 병립하여 세 주체 중 하나가 되는 것은 오직 인간이다.

'생생生生'에서의 두 '생生'자는 어법구조의 측면에서 서로 다른 논리적 층위에 위치한다. 단순한 의미에서의 '생生'자는 자연히 그렇게 되는 일종의 생물학적 현상으로, 바로 "하늘과 땅이 기氣를 합치니, 만물이 저절로 생겨난다"(天地合氣, 萬物自生)의 의미이다. 중국 고대사상가들은 이 현상을 생리학적으로 묘사하기도 했다. "부부가 기운을 합하면, 자식이 저절로 생겨난다"[1]라는 것이다. 이러한 단일한 '생生'에는 '화합化合'만 있을 뿐 '화합和合'은 없다. 반면 복합적인 '생생生生'은 선택을 내포한 일종의 사회적 현상으로서 음양의 변화를 조화롭게 다스려 만물의 생기를 소통시키는 것일 뿐 아니라, 자각적으로 그렇게 하는 문화적 현상으로서 천지의 화육에 참여하여 중생의 생명을 보살피는 것이기도 하다. 이렇게 복합적인 '생생' 안에서야 비로소 진정한 의미의 '화합和合'이 존재하게 된다. 따라서 인간의 도덕적 각성은 화합적 생생의 동인이며, 주체의 가치창조는 화합적 생생의 동력인 것이다. 그리고 인도가 천지의 도에서 의미적으로 분리되어 나온 시점이 바로 화합적 생생의 시작점인 것이다.

화합적 생생의 도체는 어떤 의미에서는 가상적인 가치적 이상세계라고 할 수 있다. 서양의 문화적·철학적 체계 안에서 발견되는 피타고라스의 숫자로 조화된 우주, 플라톤의 이상국가, 아우구스티누스의 하나님의 도성, 라이프니츠의 단자單子로 된 세계, 이들 가운데 개념화된 가상공간이 아닌 것이 있었던가? 중국의 문화적·철학적 체계 안에서 발견되는 『주역』의 상수象數모형, 『장자』에서의 소요유逍遙遊, 주희의 '정결하고 공활한 세계', 왕수인의 '태허太虛의 영역',

---

1) 王充, 『論衡』, 「自然篇」, "夫婦合氣, 子自生矣."

조설근曹雪芹의 『홍루몽紅樓夢』, 이들 가운데 시적인 가상공간에 속하지 않는 것이 있었던가?

가상은 예술과 철학의 본래 방식이다. 모든 예술·철학 작품 및 그 정신세계는 기호적 수단과 감성적 질료를 빌려 가상해 낸 것이다. 『서유기』, 『홍루몽』, 『요제지이聊齊志異』, 『신곡』, 『인간희극人間喜劇』 등의 명작들은 모두 언어문자를 통해서 가상해 낸 것이다. 반고흐의 「해바라기」는 색채와 선을 이용해 가상해 낸 것이고, 베토벤의 「영웅」은 음악의 소리와 선율을 통해 가상해 낸 것이다.

가상이 허구는 아니지만, 허구적인 것이 때때로 가상을 통해 드러나기도 한다. 가상과 허구의 본질적 구분은 결국 화합의 의미세계 및 화합의 현실세계 내에서 그 세계를 풍부하게 만들 수 있는지의 여부에 달려 있다. 가상과 허구는 모두 화합적 가능세계에 속한다는 점에서는 동일하다. 그러나 가상적인 것은 상대적으로 안정된 논리구조를 갖추고 있어 문화적·철학적 무대 위에서 부여된 의미를 드러냄으로써 문화적·철학적 실재가 되기에 충분하다. 반면 허구적인 것은 안정된 논리구조가 결여되어 있어 대화유행大化流行 가운데 부여된 본성을 드러내기 어려우므로 자연적인 존재가 되기에 충분하지 못하다.

화합정신의 안식처는 가상적 예술경지이기 때문에 화합적 자유의 영역은 가상적 논리세계이다. 따라서 화합학의 문법으로 '가언판단假言判斷'과 '연언판단聯言判斷'을 사용할 수 있다. 문법운용이라는 관점에서 보았을 때, '가언판단'은 가상적 관계를 묘사할 수 있고 '연언

판단'은 화합의 메커니즘(機制)을 형상화할 수 있다.

화합정신은 모든 사람에게 안식처를 제공해 줄 수 있다. 인간의 영혼이 유령처럼 정처 없이 떠돌지 않도록 그것은 화해·우애·평등·호혜·자유 등의 아늑한 안식처를 제공한다. 이러한 안식처는 인간 육체를 위한 안락한 집이기도 하지만, 그보다는 인간 영혼을 위한 안락한 집이다. 이러한 정신적 안식처는 인간의 특수한 욕구이다. 바로 이 점이 인간이 동물과 구분되는 가장 중요한 지점이자, 주체의 정신적 자각에서의 가장 중요한 특징이기도 하다.

이전의 철학은 모든 사람이 몸과 마음을 의지할 수 있게 하는 정신적 안식처를 제공하지 못했다. 오직 몇몇 사람 혹은 특정집단의 사람들에게만 안식처를 제공하였고, 그 외의 사람들과 집단들은 무시되고 버려졌다. 그러므로 대오를 짜듯 무리지어 자신의 철학사를 부정하는 방향으로 몰려들었던 것이다. 이것이 철학의 정신적 안식처와 종교의 궁극적 사랑이 분기되는 지점이다.

화합학은 인간에게 신체·심리·도덕·사회·문명·자연적 건강을 돌볼 수 있는 안식처를 제공하고 신체·심리·사회·문명·자연의 병적 상태의 충돌 및 위기가 가져온 여러 종류의 고통을 해소해 줌으로써 융합·중화中和·화생和生·합락合樂의 경지에 도달하게 한다는 점에서 전통적 철학과 구별된다. 화합학은 궁극적 사랑으로 인간의 영혼에 아늑한 안식처를 주고 기존 철학의 한계를 초월하고자 시도한다.

화합학은 인류가 함께 직면하고 있는 다섯 가지의 커다란 충돌과 위기를 화해시키는 것을 자신의 역할로 설정한다. 아울러 인간 생명의 지혜와 지성을 통해 화목한 안식처를 구축하고자 하며, 전통 철학의 그늘에서 벗어나고자 시도한다.

'과정'으로서의 화합학이 스스로에게 부여한 사명은 '화합해 나아가는' 생생불식의 길이며, '대화지락大和至樂'으로 향하는 영원한 길이다.

철학이란 민족의 특색을 분명히 드러내는 철학이어야만 비로소 세계적 가치를 지닐 수 있고, 현실·사회·생활에 관심을 두고 현대적 정신을 체현하는 철학이어야만 비로소 역사적 의의를 갖출 수 있다. 또한 철학이란 지적이면서 창조적으로 동서고금의 철학을 융합하고 돌파해야만 비로소 화합해 나가는 생생불식의 생명력을 갖출 수 있다.

제1장 지혜에 대한 사랑의 여정

　철학적 사유의 동기는 혼돈스러운 사건과 사물의 기이한 매력에 의해 야기되는 창조적 의식의 맹아이자, 이해할 수 없는 삶과 사회에 대해 가지는 우환의식에서 비롯되는 궁극적 사랑의 충동이다. 전자는 인간으로 하여금 이성적으로 깊이 사유하도록 하며, 후자는 인간으로 하여금 감성적으로 성찰하게 만든다. 이때 전자의 '인간의 사유'는 객관적인 자연과 우주를 대상으로 하며, 후자의 '인간의 성찰'은 객관적인 사회를 대상으로 하면서도 자기의 몸과 마음을 스스로 성찰하는 것을 주요 내용으로 삼는다. 즉 전자는 궁극적 진리를 목적으로 하고, 후자는 가치이상을 체화하고 이해하는 것을 목표로 한다. 대체적으로 서양의 전통철학은 전자에 편중되어 있고 중국의 전통철학은 후자를 중시하는데, 양자의 화합으로 발생하는 지적인 창조 과정 안에서 현대 중국철학은 새로운 철학, 새로운 사유, 새로운 체계의 화합체를 구축하고자 하는 시도를 하고 있다.

　철학이 지적 경이로움에서 기원하는 것이건 우환이라는 원천에서 발원하는 것이건, 그것들은 모두 불변의 도道를 모색하고 있다. 비록 도의 함의에 대한 관점이 서로 다르다 할지라도 결국 세상의 이치는 길만 달리할 뿐 같은 곳으로 귀결될 수밖에 없다. 백방으로 사려해도 종국에는 일치하게 되는 것이다.

근대 이후로도 중국은 획일적인 정주리학의 독주에서 벗어나지 못한 채 철학의 위기가 날로 심화되어 가는 상태에서 현대에 이르게 되었다. 칸트의 "그 밖의 일체의 과학이 모두 발전하고 있는데, 유독 지혜의 화신을 자처하며 모든 이가 가르침을 구해야 한다고 주장하는 이 학문만 오히려 답보적 상태에 머문 채 나아가지 못하고 있다. 이는 다소 이치에 맞지 않는 듯하다"[1]라는 말과 같은 상황이다. 이러한 상황을 어떻게 변화시킬 것인가? 어떻게 이런 '이치에 맞지 않는' 상황을 전환시킬 것인가를 두고 2세기 이상 동양과 서양의 철학자들은 모두 심혈을 기울여 탐색을 수행해 왔다. 그럼에도 불구하고, 중국철학은 여전히 이러한 '이치에 맞지 않는' 상황의 그늘 속에서 살아 가고 있다.

1. 삼대사변三大思辨에서의 화합적 해체

필자는 1988년에 화합학 사상[2]을 제기하였고, 1995년에 이르러 두 권으로 된 『화합학개론』이라는 책을 완성해 내었다.[3] 그간에 있

---

1) 칸트, 『任何一種能夠作爲科學出現的未來形而上學導論』(龐景仁 譯, 商務印書館, 1997), p.4.
2) 張立文, 『新人學導論』(北京: 職工敎育出版社, 1989), pp.211~210 참조. 이 책의 제5장 제2절 「和合型與完美型 — 合一的氛圍」에서 '화합'에 대해 논술하였다.
3) 張立文, 『和合學槪論 — 21世紀文化戰略的構想』(首都師範大學出版社, 1996) 참조.

었던 큰 변화의 흐름을 통해 '과정으로서의' 화합학을 고찰해 볼 때, 화합학을 문화적 전략 구상에서 철학의 이론적 사유의 도체로까지 격상시켜 진정한 '지혜에 대한 사랑'으로서의 철학이 되도록 할 수 있기 위해서는, 화합학의 방법을 이용해 전통철학에서의 이론적 문제들을 해명하고 창조적인 문제해결 방안을 통해 돌파를 이루어 냄으로써 화합학의 방법이 지닌 뛰어난 능력을 실현해야만 한다. 그 외에 철학적 약속을 통해 화합사상과 그 방법론의 내재적 구조 문제를 되돌아보고 초월적 차원에서 생생도체生生道體의 귀결점을 찾아냄으로써 이론적 사유의 세계에서 화합가치라는 도의 본체가 드러나도록 해야 한다. 전자가 전통철학에 대한 화합학적 비판을 통해서 화합학적 방법론의 창조적 가능성을 밝게 드러내는 것을 목표로 한다면, 후자는 화합사상과 그 방법론에 대한 철학적 비판을 통해서 화합적 생생도체의 애지愛智적 특성을 확연히 드러내는 것을 목적으로 한다.

철학의 함의는 우주·사회·인생·영혼의 도리에 대한 숙고이자 '명칭'체계 즉 이론화·개념화된 체계이다. 이는 '맞음'(인식의 차원)과 '좋음'(가치의 차원) 사이의 긴장에 대한 해석적 고찰이다. 화합철학은 바로 이 논리적 체계의 사고에 대한 사고일 뿐이다. 화합철학의 창조적인 취지와 형태는 생생生生이다. 이러한 의미에서 말한다면, 화합철학은 새로운 생명철학이자 새롭게 구축된 방식의 학설 즉 '생생生生의 철학'이다.[4] 이것은 또한 "철학이라는 학문이 줄곧 답보하며

---

4) 張立文, 『和合學槪論 — 21世紀文化戰略的構想』, p.90.

나아가지 못하던 상태"를 화해시키는 것이자 "이치에 맞지 않음"을 돌파하는 것이기도 하다.

현대 서양의 각 철학학파들이 형이상학적 존재론을 배척해 버린 결과는, 형이상학적 존재론이 술어논리라는 뒷문으로 쫓겨났다가 양상樣相(modality)논리라는 앞문으로 들어온 것이었다. 이렇게 된 이유는 형이상학적 존재론이 모든 논리체계의 기초적인 원리가 되기 때문이다. 논리 차원에서 말하자면, 일원론의 곤경은 형이상학적 존재를 어떻게 분화시키고 현실화시켜서 막힘없이 세계의 다양성을 설명할 수 있도록 하는가에 있다. 반대로 다원론의 곤경은 어떻게 일련의 형이상학적 실체를 하나의 체계로 통합하여 세계의 통일성을 완벽하게 해석할 수 있게 만드는가에 있다. 현대 논리학의 관점에서 보자면, 전자는 직관주의直觀主義 또는 구조주의라고 칭할 수 있는데, 이를테면 자연수에서의 페아노(Peano)의 체계 및 자연수를 공집합으로 회귀시키는 구조와 같은 것이다. 후자는 형식주의 또는 연역주의라 칭할 수 있는데, 이를테면 수리논리에서의 러셀·화이트헤드의 체계, 기하학에서의 힐베르트의 체계와 같은 것이다. 그러나 중국의 철학적 사유에 따르자면, 일원론과 다원론 양자는 충돌만 있고 융합이 없거나 이것 아니면 저것이라는 식의 사유체계가 결코 아니다. 이는 상호작용을 통해 서로 보완하고 융합하고 화합해 나아감으로써 새로운 이론적 사유형태가 될 수 있는 것들이다.

1) 인문가치적 시간이 지닌 화합의 특성

화합철학의 체계가 인문정신의 세계에서 우뚝 솟게 하려면 반드시 이전의 철학과 문화 속에 존재했던 '고금지변古今之變', '중서지쟁中西之爭', '상리지변象理之辨'이라는 세 가지 사변思辨에 대한 화합적 해체가 진행되어야만 한다. 이는 이러한 세 가지 사변이 인문가치적 시간, 지구 전체의 생존 공간 및 정신활동의 논리를 둘러싸고 긴 시간에 걸쳐 전개되었던 이론적 사변이기 때문이다. 그것들은 서로 혼재된 채 깊이 뿌리내려 인문적 정신세계에서의 화합의 참모습과 화락의 분위기를 가리고 있다. 화합철학의 체계를 구축하고자 하는 요구에 부응하기 위해서는 반드시 반석과 같이 견고한 지반을 탐사·측량해야 할 뿐만 아니라 자갈이나 기와조각, 벽돌 부스러기 등을 치워야만 한다. 이것이 이론구축의 예비단계로서, 그 목적은 화합적 효용의 역사, 화합적 가치의 형식에너지, 화합적 언어의 존재양식, 화합적 예술의 공덕功德이 갖는 원래의 진면목과 원초적 형태를 선명히 드러내는 것이다.

인문가치적 시간에서의 화합의 특성은 전통적 '고금지변'에서의 일방적인 집착을 해소하는 것을 목적으로 한다. 선진시대로부터 현대에 이르기까지의 '고금지변'에는 애초부터 사마천이 제기한 '통通'이라는 화합의 목표에 도달하지 못한 채 줄곧 인문적 가치 및 그 시간의 경과에 대한 파편적인 이해만이 존재해 왔다. 맹목적인 '고대 추앙'(崇古)이나 단순한 '현실 긍정' 그리고 '현실을 위해 옛것을 이용한다'는 입장은 모두 고금을 양분하고 미래를 망각하는 것을 '인식의 전제'(前識)로 두었다. 여기에서는 옛날은 옛날이고 현재는 현재일 뿐이어서, 고금은 서로 대립하고 외면해 있다. 이른바 '고금의 변증법'은 화합적 시간의 세 차원의 질서(즉 과거·현재·미래)를 분열시켜 두 가지로 양분하고 하나를 망각되게 만들고 만다. 이것이 바로 '고금지변'에 관한 사유와 구상의 전통적인 기본방법이었으며, 또한 전통 형이상학이 야기한 이분법적 사유방식이었다.

과거·현재·미래 세 차원의 질서는 상호작용하고 상호보완하며 충돌하기도 하고 융합하기도 하면서 종으로 이어지는 시간의 사슬을 이룬다. 이는 시간의 본질을 대화유행大化流行이라고 말할 수 있기 때문이다. 과거가 물려주고 축적하여 현재에 이르고, 현재는 과거를 짊어지고 내포하면서 다시 미래를 잉태하고 낳아 기르고 있다. 이 점에 있어 우주의 만물과 인간사회에 일절 예외는 있을 수 없다. "지나간 것을 헤아려 따르고, 올 것을 알아서 맞이하는"(數往者順, 知來者逆) 것이 그것이다. 인문정신 및 그 가치창조 속에서의 시간은 "북두성이 방향을 틀면 뭇 별들이 자리를 옮기는" 천문학적 시간도 아니고 "천둥과 번개가 치는" 물리학적 시간도 아닌, "스스로 힘쓰면서 쉬지 않는" 인문학적 시간이자 "낡은 것을 버리고 새것을 창조하는" 가치론의 시간이다. 앞의 두 가지 시간은 비생명적이고 지성이 없는 실재의 시간으로, 상대성원리와 양자역학이 밝혀낸 변화의 법칙에 철저히 복종한다. 반면 뒤의 두 가지 시간은 생명체, 지성적 주체의 시간으로, '대역지도大易之道'가 계획한 음양괘상의 변화모델을 따른다. 전자는 천도가 대화유행하는 변천방식으로서 자연이 부여한 것이며, 후자는 인도人道가 천지를 도와 화육에 참여해서 날마다 새로워지는 운율로서 문화에 의해 창조되는 것이다. 그런데 인간은 오랜 세월 동안 역법 편제 기술의 영향에 가려져서 천문·물리적 시간을 인문가치적 시간으로 오인해 왔기 때문에 "역법을 제정하고 연구"(治歷)했지만 "시간의 변화를 통찰"(明時)하지는 못했다. 그리하여 시간에서의 하늘과 인간의 차이와 인문적 화합은 거듭 망각되어, 지금까지도 가로막혀 드러나지 못한 채 어둠 속에 놓여 있다.

인류가 역법을 아직 만들어 내지 못하고 새끼에 매듭을 지어 일을 기록했던 머나먼 시대, 즉 중국의 경우 자의식이 없는 동물의 수준에서 인문정신이 막 소생하기 시작하던 복희씨의 시대에, 옛사람들은 이미 인문적 가치의 시간이 가지는 역류성(逆傳)과 그 화합성을 깨달았다. 지향적인 인문가치 시간의 긴 흐름 속에서 지나간 일들은 차례로 기억 속에 동결된 채 잘 매듭지어진 새끼줄처럼 눈에 선하고, 반면 현재의 일들은 분주함 속에 놓여 있어 한창 매듭지어지고 있는 새끼줄처럼 인간을 걱정에 빠뜨렸다. 그리고 미래의 일은 점차 그 실마리를 드러내며 미래를 향한 계획을 통해 정신세계의 지평선 너머로 나아가면서 생활 실천의 영역에 미리 도착하는데, 이는 마치 매듭지어지기를 기다리는 새끼줄처럼 손 위에 놓여 있다.

원시인들이 사건을 기록할 때 사용한 한 가닥의 새끼줄은 이미 인문가치적 시간을 전적으로 형상화해서 순차적으로 드러내고 있다. 이렇게 인문가치화된 시간의 줄에 따라 지나간 일을 구술하고 싶다면, 과거로 소급해 가는 사유는 가까운 곳에서부터 먼 곳으로, 손 위의 매듭에서부터 위로 올라가며 켜켜이 쌓여 있는 기억의 단층을 밝혀 나가면서 지나간 일의 본질을 회고할 수 있다. 또한 그 줄을 따라 장래를 전망하고 싶다면, 연상의 날개는 조짐을 엿보고 추세를 확인할 수 있는 실마리를 따라 손 위의 매듭에서 아래로 살펴가면서 동시에 상상이 떠오르는 지점을 격동시키며 미래로 미래로 더욱 깊숙이 도달할 수 있다. 옛사람들이 사건이 기록된 매듭에 근거해서 "지나간 것을 헤아리거나" "다가올 것을 알아냈을" 때, 인문적 정신세계의 가치 시간은 애초부터 물리적 사실세계의 천문학적 시간과는 반대방향으로 나아갔기에 "『역易』은 거꾸로 헤아리는 것이다"(易逆數也)라고 했던 것이다. "지나간 것을 헤아림"은 역방향으로 "시원으로 거슬러 올라가는 것"(原始)이고 "다가올 것을 아는 것"(知來) 역시 거꾸로 "결말로부터 되돌아오는 것"(反終)이므로, 양자는 모두 손에 쥐어져 있는 현재를 "시간의 기초적 토대"(時間始基)로 삼아 헤아리거나 계획한다. 천문학적·물리적 시간과 인문적 가치의 시간은 역향逆向 관계를 가진다. 두 가지 시간이 모두 '현재태'를 좌표로 삼지만, 천문적·물리적 시간은 "순차적으로 흘러가는 것"이고 인문적 가치의 시간은 "역으로 예상하는"(逆料) 것이다.

시간질서에서의 하늘과 인간의 구분과 역방향적 대칭은 인문가치의 창조 및 그 시간 화합적 본질의 자연적 전제이다. 하늘과 인간의 시간적 분기는 인간으로 하여금 천문학적·물리적 시간을 통제할 수 있도록 해 주고, 아울러 지성적 창조의 무한한 가능성을 독립적으로 수행할 수 있게 해 준다. 즉 하늘과 인간의 시간 순서가 가진 역방향적 대칭으로 인해 인간은 시간의 터널을 뚫을 수 있는 능력을 지니게 되고, 아울러 이전 사람들이 완수하지 못한 가치창조의 대업을 계승해 완성할 수 있다. 그리고 생물적 본능을 넘어선 인문적 수단을 통해 축적된 경험지식은 인문정신 세계가 부단히 과거를 계승하고 앞날을 개척하여 번영과 영광으로 나아갈 수 있게 한다. 바로 천문과 인문이 상반된 시간질서 속에서 진화 발전해 옴으로써 인간은 비로소 역사적 신기원을 개척하는 시간적 혁명을 끊임없이 출현시킬 수 있었던 것이다.

대역大易의 원리에 근거하자면, "하늘에 순응하고 인간에 부응하는" 시간혁명에서 그 발생의 이중적 기제는 다음과 같다. "물과 불이 서로 멸하고, 두 여자가 같이 살아서, 서로 뜻을 얻지 못한다."5) 하늘과 인간의 관계에서 천문의 물이 인문의 불을 꺼뜨리려 하거나 인문의 불이 천문의 물을 건조시키려 한다면, 하늘과 인간의 관계에서는 산업혁명 또는 과학기술혁명이 발생하게 될 것이다. 인문세계 내부에서 "지나간 것을 헤아림"과 "다가올 것을 앎"이 과도하게 왕성하거나 과도하게 위축될 경우 인문세계 내부에서 정치혁명이나 사유혁명이 발생하게 될 것이다.

이러한 두 종류의 시간혁명의 사명은 천도의 운행에 의거해 역법을 편제해서 인도人道의 창업을 위한 시간질서를 발전시키는 것에 있다. 역법은 천문학적 · 물리적 시간의 음양코드이며, 사계절의 순

---

5) 『周易』, 革卦 「象傳」, "水火相息, 二女同居, 其志不相得."

환은 육십갑자에 따라 진행된다. 인간사의 활동은 음양의 화합적 역법에 따라 질서정연하게 진행되며, 천지를 도와 화육에 참여함으로써 인문가치적 시간을 창조한다. 천문학적·물리적 시간과 대비했을 때 인문가치적 시간은 다음과 같은 특성을 지니고 있다.

첫째, 인문가치적 시간은 "시작으로 거슬러 올라가고 결말에서 되돌아오는" 탈순환적 구조를 지닌다. 인문적 창조활동 및 그 가치의 영향은 모두 처음과 끝이 있는 인위적인 것들로서, 발생·발전과 퇴화의 과정을 거치면서 필연적으로 부단히 초월당할 운명을 지니고 있다. 그러나 천문학적·물리적 시간은 시작도 끝도 없는 영원한 흐름이다.

둘째, 인문가치적 시간은 세 차원의 시간형태가 동시에 자리하여 인생의 현존재를 둘러싸고 모든 시간에서 순차적으로 그 투쟁의 역정과 생명적 의미를 드러낸다. 과거의 업적으로 동결된 과거의 시간형태는 기억의 방식으로 과거에 머물러 있고, 그 화육을 돕고 보좌하는 삶의 현재시간은 활동의 방식으로 현재에 드러나며, 아름다운 앞날을 계획하는 미래의 시간형태는 상상의 방식으로 그 미래의 장보다 앞서 이르러 오니, 상상의 공간이 커질수록 가상적인 공간 또한 더욱 커지면서 미래시간의 앞날은 더욱 아름다워진다. 세 차원의 시간형태는 화합하면서 한자리에 모여 인문정신의 세계로 하여금 마주하는 것이 곧 진실이고 순간이 곧 영원하다는 식의 완벽한 질서로서의 특성을 지니도록 하지만(천태종의 '一念三千'은 인문가치적 시간의 완벽한 질서화에 대한 종교적 깨달음이다), 천문학적·물리적 시간은 분별적으로 질서가 부여된 것으로서 과거시간형태와 미래시간형태는 모두 실질적으로는 부재하며 현재라는 이 순간만이 유일한 시간형태일 뿐이다.

셋째, 인문가치적 시간은 "무에서 유를 낳는" 창조적 간극을 지닌다. 역사의 신기원을 개척하면서 인문가치적 시계는 새롭게 교체되어 과거에 존재한 바 없었던 활동빈도와 생활리듬이 나타났다. 시계가 낡은 형태를 벗어 버리고 새로운 형태로 창조되었을 때, 인문적 형태는 돌변했고, 가치척도는 전환되었으며, 정신세계에서는 이전에 존재하지 않았던 생존방식과 의미표준 및 자유의 차원이 쏟아져 나왔다. 이를테면 농경문화와 상공문화는, 혹은 도덕 중심 가치와 공리 중심 가치는 그것이 놓여 있는 인문적 정신세계에서 확연히 다른 활동빈도와 생활리듬을 지닌다. 만일 창조적 간극이 없다면 인문가치적 시간은 정체현상을 야기하여 사람들은 항상 동일한 문화형태와 동일한 가치 안에서만 떠돌아 정신을 못 차리게 될 것이며, 삶의 지혜와 그 창조적 잠재력은 이러한 정체에 막혀서 드러나지 못하게 될 것이다. 이것이 곧 '명이明夷'의 상태이다. 이에 비해 인문가치적 시간과는 달리 천문학적·물리적 시간에는 창조적 간극이 없으며, 언제나 양자量子적 수준에서 단절 없이 이어진다.

이러한 갖가지 인문정신세계의 화합적 시간은 천문학적·물리적 시간으로부터 나와서 그것을 초월해 있지만, 동시에 이 인문가치적 시간은 역법의 부단한 변혁을 통해 천문학적·물리적 시간과의 화합과 공명을 유지하고 있기도 하다. 그러나 역법에 표시된 시간은 오직 인문세계에서의 '천시天時'뿐이다. 따라서 이것은 화합생존하는 현실세계에서의 의복·식사·주거·교통 등의 생활활동에 대해 외재적이고 형식화된 규제작용을 행할 수 있을 뿐이다. 예를 들어, 현대첨단기술은 화합세계에 대한 논리적 형상화와 지성적 창조를 통해 엄동설한에도 채소를 재배할 수 있고 한여름에도 얼음과 서리를 만들어 낼 수 있다.

인문가치적 시간은 천시와는 구분되는 인간화된 속성을 가지고 있어, 시작과 끝의 화합적 순환, (시간의) 세 차원의 화합적 현존, 창조적인 화합적 약진 등의 특징을 지닌다. 이것은 바로 시간의 화합적 본질이 인문적으로 표현된, 인문적 가치의 척도이다. 전통적 고금지변이 천년토록 단절된 채 "회통되지"(通) 못했던 근본적 원인은 그것이 인문가치적 시간 속의 두 단면을 고집했기 때문이다. "흘러감이 이와 같구나, 밤낮으로 그치지 않는다"로 대표되는 천문학적·물리적 시간에 근거하여 변증법적 회통을 추구했기에 시간이 흐를수록 막다른 길에 이르게 되었고, 부단히 고대와 현재의 갈등을 부추길 수밖에 없었던 것이다. 이를테면 진시황의 분서갱유나 문화대혁명에서의 "네 가지 낡은 것에 대한 파괴"와 "일체의 추악한 것들에 대한 일소"는 모두 고대와 현재 사이에서 폭발한 문화적 격전으로, 전통문화를 만신창이로 만들어 거의 멸절시키고 민족정신을 여러 차례 질식시켰다.

2) 생존활동의 공간에 대한 화합적 '트인 인식'(通識)

인문가치적 시간에서의 과거·현재·미래라는 세 형태의 상호 교류와 보완, 충돌과 화합은 대략 '종적 차원'의 시간형태라고 칭할 수 있고,[6] 생존활동적 공간에서의 중국과 서양의 문화적 상호 교류와 보완, 융합과 화합은 대략 '횡적 차원'의 공간형태라고 칭할 수 있다.[7] 그리고 인문가치적 시간 즉 '종적 차원'의 시간형태와 인문가치적 공간 즉 '횡적 차원'의 공간형태는 일정한 교차를 통해 충돌·화합하면서 인문가치적 시공형태를 이룬다.

생존활동적 공간에 대한 화합적 '트인 인식'(通識)은 근대에 발생한 '중서지쟁'의 지역적 편협함을 화해시키는 것을 목적으로 한다. 근대의 중서지쟁은 고대의 '화이지변華夷之辨'(또는 夷夏之辨)의 연속선상에 있는 동시에 그 범위가 더욱 확장된 것이다. 그 둘은 모두 지역중심주의와 문명중심주의 가설을 논쟁의 신념적 근거로 해서 지역주의적이고 극단적인 감정과 편협한 의식을 지니고 있다. 따라서 여기에는 세계가 화합을 이루어야 하며 인류는 같은 뿌리에서 태어났다는 화합적 통식通識이 부족하다.

화하華夏(中華)의 농경생산은 황하와 장강 중하류 지역에서 배태되고 성숙하여, 다시 "찬란하다! 문화여!"(郁郁乎文哉)라고 칭송받는 문명 단계로 매우 빠르게 진입했다. 그와 반대로, 중화中華에 인접한

---

6) 이것이 바로 '고금' 간에 평등한 대화와 공감적 이해가 가능한 이유이다.
7) 이것이 바로 '중국과 서양이 평등하게 교류하며 화육에 참여해 도울 수 있는 이유이다.

주변지역은 장기간 유목 혹은 수렵을 위주로 하는 '야만'의 상태에 놓여 있었다. 이 때문에 탕왕과 무왕이 역성혁명을 일으킬 때부터 청 왕조가 산해관을 넘어 진입하기까지 중화의 문명과 그 농경문화는 주변 이민족의 침략과 유목민족에 의한 약탈을 받아 왔다. 서양 또한 중세 1천 년 동안 셀 수 없이 북방민족의 침입과 약탈을 당했다. 이렇게 볼 때 중국과 서양의 고대 및 중세 문화는 그것이 처한 시대적 상황이라는 면에서 상당한 공유 지점을 가지고 있다. 고대의 '화이지변' 그리고 이와 관련된 '왕패지변'은 농경생활방식과 유목생활방식이 서로의 발전공간을 쟁탈하는 상황을 반영하고 있으며, 아울러 중화의 예악 즉 '왕도王道'와 야만의 정벌 즉'패도覇道'가 지혜와 모략을 겨루는 역사적 과정을 반영하고 있다.

일반적인 견해에 따르면 농경문화는 유목문화보다 우월하고 예악의 '왕도'는 정벌의 '패도'보다 뛰어나다. 그러나 중국의 5천 년 문명사를 통해 보자면, 유목적 생활방식 및 그에 따른 정벌의 '패도'는 양강陽剛하고 웅건한 '건도乾道'에 가깝고, 그 세력은 농경적 생활방식 및 그에 따른 예악의 '왕도'보다 훨씬 우세하다. 북방 이민족들은 일단 칭기즈칸과 같은 천재적 지도자가 출현하기만 하면 통합을 이루어서 비룡이 하늘을 나는 것처럼 파죽지세로 중화를 휩쓸었고, 그렇게 한 번 휩쓸고 지나갈 때마다 백성들은 집과 가족을 잃고 국가는 스러져 예악이 붕괴된 채 슬피 우는 기러기만 가득한 처참한 광경을 연출했다. 그럼에도 수천 년 동안 중화의 문명은 예악의 '왕도'를 죽음으로 지켰으며, 농경문화는 세월의 온갖 변천을 겪어 냈다. 이는 마치 음유陰柔하고 자순雌順한 '곤도坤道'와 같다. 비록 강직하고 자강불식하는 광자狂者의 진취적 정신이 부족하긴 했지만, 중화문명은 결국 "두터운 덕으로 만물을 담아내는"(厚德載物) 넓은 도량으로 유목민족의 침범과 '패도'의 정벌에 따른 눈물겨운 참상을 조금이나마 치유하고 사방의 이민족들을 융합시킬 수 있었다. 청나라 황제 옹정제와 유생 여유량呂留良의 사이에 있었던 이하夷夏논쟁은 다음과 같은 것을 말해 준다. 누구도 천하에 대해 고정된 귀속권과 주권을 주장할 수 없다. "하늘에 순응하고 인간에게 부응하는" 혁명의 법칙에 따라 하늘의 뜻을 쟁취해 내고 인심을 얻을 수 있는 자가 있다면 그 사람이 곧 한시적으로 승자가 되는 것이다. 이것이 바로 "이긴 자는 왕후가 되고, 진 자는 도적이 된다"는 법칙으로, 승자는 자신의 희망을 좇아 "예법을 제정하고 음악을 만들어" 태평성대를 노래하는 것이다.

후천後天의 괘서卦序(「說卦傳」 5장)에서 "상제가 진방震方에서 나와서" "건방乾方에서 다툰다"고 한 것은 곧 천둥치는 하늘을 의미하는 대장大壯(☳)의 형세를 말한다. 이 형세에서는 오직 강강剛强함으로써만 움직이니, 그 날카로움을 감당할 수 없다. 비록 "정벌하면 흉하다"(征凶)고 말해도 "소인은 용력을 사용한다"(小人用壯). 그러나 결국에는 "큰 것은 올바름이니, 정대해야만 천지의 실정을 알 수 있는 것이다."(大者正也, 正大而天地之情可見矣) 광자狂者가 치고 나아가 정벌의 패도를 강행하여 먼저 남을 제압하는 것은 바로 무정無情한 살육과 약탈의 방법으로 천지화육의 정대한 정情을 체현하려는 것이니, "군자는 그러함이 없기에"(君子用罔) 제지할 수가 없다. 그러므로 제帝는 "손방巽方에서 가지런해지고"(齊乎巽) "곤방坤方에서 힘써서"(致役乎坤) 바람이 땅 위를 지나는 관觀(☴)의 형세를 이루어야 한다. 이 형세는 유순하고 공손하여 그 도타움을 헤아릴 수가 없다. 따라서 견자狷者가 비록 실행함이 없어 예악의 왕도를 굳건히 지키지는 못하더라도 이후에 분발하여 사람을 교화시킬 수 있으니, 그 까닭은 바로 "믿음직스러움이 있는"(有孚) 신도神道를 통해 교화함으로써 탕무혁명의 폭력적 지성을 감추기 때문이다. 여기서의 제는 "나의 삶을 살피듯이 백성을 살핀다."(觀我生, 觀民也) 즉 백성의 감정을 가치 기준으로 삼는 것이다.

이상을 통해 알 수 있듯이 고대의 화이지변과 왕패지변은 오직 중화지역과 그들의 종법윤리에 국한된 것이었다. 중화와 그 주변 이민족들의 영토를 포함한 동아시아 전체가 황인종의 생활영역임을 알지 못한 까닭에 "용이 들에서 싸우니 그 피가 검고 누른"(龍戰於野, 其血玄黃) 지경에 이르게 되고, 또한 왕도와 패도를 포함하는 융합의 대도大道가 곧 건곤화합의 도라는 것을 알지 못했기 때문에 "문무의 도가 한 번은 긴장되었다가 한 번은 이완되는"(文武之道, 一張一弛) 상태에 이르게 되었다. 즉, 여러 마리의 용이 광활한 평야에서 전쟁하고 같은 집안사람끼리 창을 들고 싸워서 모두가 손실을 당하게 된 것이다. 문무의 도는 인의의 도덕에서 긴장되었다 이완되고 분리되었다 합쳐지면서 세상이 요동치고 융합과 충돌이 뒤얽히며 질서와 혼란이 반복되었다. 결국 중화의 생명지혜는 끝없이 소모되어 '용의 후

44

손'은 '동아시아의 병자'가 되어 버렸다.

천년 이상의 화이지변이 중화중심주의와 왕도정통론을 전혀 뒤흔들지 못했다고 한다면, 최근 백년간의 '중서지쟁'은 뿌리 깊은 중화 중심의 사상을 철저히 무너뜨리고 '예의禮儀의 나라'라는 천조天朝의 신화를 무자비하게 파멸시키고 말았다.

근대의 중서지쟁은 실로 동아시아의 농경적 생활방식과 서양의 상공적 생활방식, 유교적 윤리도덕의 전통과 기독교적 윤리도덕의 전통이 중국의 영토 안에서 첨예하게 대립한 것이었다. 백여 년간의 사활을 건 대결의 결과, 중국의 전통적인 것들은 후퇴를 강요받게 되었다. 제정이 폐지되고, 문호는 개방되었으며, 상공업화가 강제로 시행되었다. "유가적 관습과 사상"이 타도되는 대신 서양적인 것들은 가는 곳마다 활개를 쳤다. 조계租界가 세워지고 자본이 진입하였으며 신교도들이 몰려 왔다. 중화는 세계문명의 변방으로 밀려났으며, 유교는 인류 문화도덕의 정통에서 밀려나 주변화되었다.

중화문명은 황하 유역에서 발생하고 성장해서 장강 유역 그리고 동아시아와 남아시아 일부 지역으로까지 확장되어 나갔다. 그러나 지속적으로 농경지가 척박해지고 생활이 사치스러워져 감에 따라 중화의 농경문명은 날로 쇠락해져서, 결국에는 "함선의 견고함과 포화의 날카로움"으로 상징되는 전화의 시련을 감당해 낼 수 없었다. 그리하여 유교문화는 단지 종법윤리에 깊이 뿌리내려서 전제정치체제의 도덕문화에 기생하는 것으로 치부되고 말았다. 예절이 날로 번다해지고 영예와 치욕의 기준이 점차 경직되면서 유교적 윤리

문화는 점차 외면되어 갔고, '민주와 과학'이라는 피눈물 나는 시련을 견뎌 내지 못했다. 이로 인해 미국과 유럽으로부터 공업기술과 상업경영을 배우고, 서양에 민주주의이념과 과학정신에 대한 가르침을 청하는 것은 신문화운동 이래 중화문명권의 거부할 수 없는 대세가 되어 버렸다.

그러나 미국과 유럽의 산업문명도 세계문명의 지역적 중심은 아니었으며, 서양의 윤리관념 역시 인류문화의 도덕적 정통은 아니었다. 공업화는 자연생태계에 대한 대규모 약탈을 통해 이루어졌고, 상업화는 정신생활의 환경을 근본적으로 침식시켰다. 민주화 과정에서는 다수에 대한 소수의 독단과 전횡이 출현했고, 과학화는 가치적 이성에 대한 도구적 이성의 무자비한 멸시를 파생시켰다. 이러한 현상들은 미국과 유럽의 산업문명이 결코 유일무이한 세계문명이 될 수 없고, 서양의 윤리문화 역시 인류문화의 유일하고 이상적인 정신적 안식처가 될 수 없는 이유를 설명해 준다.

세계 각 문명들은 단지 경도와 위도처럼 상대적인 척도를 지닐 뿐이며, 고정된 지성의 중심과 같은 것은 존재하지 않는다. 각 지역의 문명은 찬란한 별처럼 서로를 비추며, 전 지구의 생명지혜의 무한한 신비를 공동으로 수호하고 있다. 인류문화에는 단지 상대적으로 특징적인 부분이 있을 뿐 절대화된 정통의 가치란 없다. 각 민족의 문화는 흡사 만발한 꽃처럼 저마다의 아름다움을 뽐내며 화합정신의 맑고 투명한 경지를 함께 드러내고 있다. 근대의 '중서지쟁'이 격렬하면서도 졸렬한 양상을 띠었던 원인은 "국가를 멸망에서 구해 생존을 도모하려는" 절박한 의식과 사람들을 격동시켰던 "강국만이 민족을 보존한다"는 사고만이 아니었다. 가장 중요한 원인은 전 세계가 하나라는 의식을 실종했다는 것과, 인류가 한 뿌리에서 나왔다는 점을 인식하지 못했다는 것이었다.

"본래 한 뿌리에서 태어났는데, 어찌 이리 핍박하는가!"[8] 이 시에서 원망하는 것처럼 원자력에너지를 다루는 과학기술의 발견, 그 기술에 대한 통제와 군사적 이용은 처음으로 전 인류의 다양한 민족 및 생태계의 모든 생명이 새로운 노아의 방주에 오르도록 몰아붙였다. 오늘날 인류는 모든 생명을 뿌리째 뽑아내고 문명을 하루아침에 파괴하며 생명의 지혜를 바닥없는 심연 속으로 매장시키기에 충분한 원자력에너지의 폭발력과 방사능에 직면해 있다. 인류는 은하를 떠다니는 지구라는 한 배를 타고 있는 입장에서 화애和愛의 정감으로써 화생和生 · 화처和處, 화립和立 · 화달和達하는 것 외에는 달리 선택의 여지를 가지지 못하고 있다.

인류는 "배를 멈추고 여쭙네. 혹시 우리 동향인가요?"[9]라는 시에서 말하듯, 지구생태라는 방주 위에서는 백인종 · 황인종, 동서양을 떠나 모두가 사대양오대주에 사는 동일한 지구인이다. 다만 자연적 · 경제적 장애물에 가로막혀 서로 다른 민족이 되어 각각의 대륙에 정착해서 머물러 살았을 뿐이다. 이런 상황에서 콜럼버스의 신대륙 발견과 마젤란의 세계일주 항해는 세계화의 전주곡이었다. 물론

---

8) 曹植, 「七步詩」, "本是同根生, 相煎何太急!"
9) 崔顥, 「長干曲」, "停舟暫借問, 或恐是同鄉?"

이러한 식민주의 탐험가들은 돈만 보고 사람을 보지는 않았기에, 중국의 위대한 항해가 정화鄭和와 같은 선행과 베풂을 좋아하지 않았다. 따라서 신대륙 발견은 아메리카 인디언에게는 저승사자를 만난 것과 같았고, 세계일주 항해는 아시아·아프리카의 유색인종에게 극악무도한 악마를 맞닥뜨린 것이었다. 신항로 개척 이후의 5백 년 동안 인류는 경제·정치·군사·문화·종교의 충돌이 날로 극심해지면서 두 번의 세계대전과 반세기에 걸친 냉전을 겪었다. 그러나 이와 동시에 융합도 진행되었다. 5세기 동안의 충돌과 융합을 거치면서 화합은 이미 세계화의 대세이자 세기를 넘어선 협주곡이 되었고, 인류는 대화와 협력을 통해 서로 교류하고 이해하게 되었다. 그리하여 마침내 원래는 모두가 근심과 고난을 함께하고 같은 삶의 뿌리로 이어진 '동향' 사람임을 깨닫게 되었다.

인류가 현실세계에서 화합이라는 공감대를 형성한 이후, '중서지쟁'은 그 동력을 상실했다. 현재 아시아 황토평원에 터를 잡고 태평양 서쪽에 거주하고 있는 중화민족으로서, 우리 중국인들은 세계화 과정 속에서 동아시아적 지혜인 '중화'의 도와 '화락和樂'의 경지를 드러내야만 한다. 뿐만 아니라 서양적 지혜의 정미한 기술과 순수한 이론을 수용하고 흡수함으로써, 화합의 지혜를 통해 세계문명의 횃불을 밝히고 인류문화라는 밭을 경작하며 지구라는 방주의 조타와 호송을 맡아서 인류의 삶이라는 뿌리를 위해 거름을 주고 물을 대야만 할 것이다.

3) 인문정신의 논리가 지닌 화합의 원천

이제 '고금', '중서'의 화합이라는 '광대한 시야' 안에서 상상의 나래가 자유롭게 펼쳐지고 인문가치적 시간과 공간이 만나 상호작용하고 상호보완하는 가운데, 광대한 상상의 영역은 꽃을 피우고 열매를 맺게 되었다.

인문정신의 논리에서 화합의 원천은 고전에서의 '상리지변象理之辨'의 유랑을 정리해 내는 것을 목적으로 한다. 고전 형이상학은 사랑을 억누르고 지혜를 숭배하는 현실적 형이상학이다. 애정과 욕망 그리고 그 시적 정서(詩意)에서의 상상을 폄하하고 억누르면서 이성적 인식과 그 개념적 사유를 떠받드는 방식은 형이상학으로 하여금 무미건조하고 난해한 추상적 본질을 지니도록 만들었다. 그러나 화합철학의 체계는 화애의 원리를 전면적으로 활용하여 '상성象性' 범주를 활성화하는 방안을 모색하고 격정의 근원을 깊이 탐구한다. 그리하여 사상적·철학적 체계가 자유분방한 예술적 경지를 갖추고 사람들을 매혹시켜서 끊임없이 현묘한 것을 상상하고 음미하게 하는 화합정신의 전당이 될 수 있도록 한다.

철학은 원래 근원을 탐구하는 학문이다. 철학사의 각도에서 고찰하자면, 첫째, 감성으로 표출된 것들은 외부에서 내면으로 나아가는 과정을 통해 이해에 도달한 것들이다. 여기에서 '외부에서 내면으로'라는 말은, 현상에서 본질로, 구체에서 추상으로, 형이하에서 형이상에 이르는 과정을 뜻한다. 이것은 결국 이해된 것, 즉 추상적

이고 형이상적인 본질이 그 토대가 된다는 것이다. 플라톤과 아리스
토텔레스에서부터 헤겔에 이르기까지 서양 형이상학은 기본적으로
이러한 전통적 사유모델을 따라 발전했다.

둘째, 현대 서양철학은 구체적 현실로부터 추상적이고 영원한
본질에 다다르는 전통적 형이상학의 질문 방식을 무너뜨리고, 직면
한 현상으로부터 그것을 초월하여 그 배후에 있는 아직 존재하지
않는 것에 이르러 갔다.[10] 현재하는 것과 아직 현재하지 않는 것,
이 모두는 실재적인 것이지 결코 추상적이고 영원한 본질은 아니다.
이러한 질문방식은 당장 현재하는 것 안에만 머무르지 않는다. 이것
은 초월을 추구하고 근원을 탐구하는 것이기는 하되, 현재하는 것으
로부터 현재하지 않는 것으로 초월하고 추구하는 것일 뿐이다. 예를
들자면, 하이데거가 말한 드러난 것에서 감추어진 것에 이르는 질
문, 즉 '있음'에서 '없음'으로의 초월이다. 니체, 하이데거, 가다머 등
의 사상은 기본적으로 이러한 초월 및 질문의 사유 모델을 따라 발
전했다.

하이데거는 "지혜에 대한 사랑"이라는 말은 헤라클레이토스에
의해 만들어졌을 것이라고 보았다. 헤라클레이토스에게 '일一'은 곧
전체를 의미하며, '지혜'는 존재가 곧 존재자임을 밝히는 것이다. 즉
존재는 자신 안에 존재자를 끌어 모아 존재가 곧 존재자이도록 하는
것이다. "지혜에 대한 사랑"에서, '사랑'은 '지혜'와 어우러져 하나가
된다. 즉 존재와 합일된다. 소피스트들은 '사랑'을 '지혜'에 대한 특

---

10) 張世英, 『進入澄明之境』(商務印書館, 1999), p.8 참조.

별한 추구로 여겨서 그 추구하는 문제를 "무엇이 존재자인가?"로 바꾸었고, 이로써 "지혜에 대한 사랑"은 철학이 된다. 철학의 궁극적 목표는 인간과 존재의 합일 및 조화, 그리고 존재를 외재하는 대상으로 두고 그것을 추구하는 것 등이었다. 전자는 헤라클레이토스와 파르메니데스의 관점이며, 후자는 플라톤에 의해 실현된 것이었다. 하이데거는 전자로 돌아갈 것을 주장했다. 그는 철학이란 존재자가 존재에 부응하는 것일 뿐이라고 보았다.

그러나 플라톤 이래 서양의 형이상학은 점차 '사랑'과 '지혜'를 이원적으로 분열시키는 경향을 보였고, 이는 다음과 같은 현상을 불러 왔다. 즉 신학에는 '사랑'만 있고 '지혜'는 없어서 신에 대한 경건한 신앙만 가진 탓에 미혹된 상태에 빠지게 되었고, 철학은 '지혜'만 있고 '사랑'은 없어서 논리에 대한 추상적인 추론과 연역만을 추구한 탓에 냉혹하고 무정한 수준에 이르게 되었다. 그리하여 소크라테스 이전까지 지혜에 대한 사랑의 학문(Philos-ophy)이었던 철학은 소크라테스 이후 점차 분열되어, 신을 사랑하는 학문인 신학(Theology)과 이지의 학문인 형이상학(Metaphysics)으로 나뉘게 되었다.

플라톤은 인식을 상상·신념·지성·이성이라는 네 가지 등급으로 나누었는데, 앞의 두 등급은 감각적인 '의념'에 속하고 뒤의 두 등급은 이데아적인 '지식'에 속한다. 전자는 생성과 변화를 탐구하는 것이고, 후자는 존재를 탐구하는 것이다. 후자가 전자보다 우월하고 이성이 상상보다 우월하므로, '이상국가'는 이성을 대표하고 지혜를 상징하는 철인왕에 의해서 통치된다. 그리고 욕망을 대표하여 절제에 힘써야만 하는 시인·화가는 농부·장인·상인의 경우처럼 예술적 생산에 종사할 수 있을 뿐이다.

인간은 존재와 합일하고, 존재와 대화하며, 존재의 언어를 경청한다. 아우구스티누스는 영혼의 신비를 탐구한 거장으로, 플라톤이 설정한 신앙과 이성의 관계를 뒤집었다. 그는 신앙이 이성에 우선하며 그보다 우월한 것이라고 주장하면서, '이성의 오만'을 비판했다. 그는 신은 진리이자 사랑이며, 신을 사랑하는 것이 바로 '위대한 사랑'이라고 보았다. 또한 인간이 만약 타인을 사랑하지 않는다면 신을 사랑할 수도, 즉 '위대한 사랑'을 할 수도 없다고 하여, 궁극적으로 신과 그 영원한 빛에 무조건적인 사랑을 바쳤다. 그러나 이처럼 영혼이 상승하고 정화되는 과정 속에서 욕망과 그에 관한 인상은 뿌리째 뽑혀 나가, 그 형이상의 신성神性이란 파리하게 계시되는 한 줄기 후광에 지나지 않게 된다.

칸트는 현존하지 않는 대상을 직관한다는 측면에서 상상의 능력을 매우 중시했다. 그는 상상력을 빌려 '통각統覺'과 '형식'이라는 개념을 제시했다. 그러나 실천 영역에서 칸트는 여전히 개념적 사유를 중시하고 감정적 상상을 경시했다. 칸트는 평생 결혼하지 않고 시계 장치처럼 판에 박힌 삶을 살았으며, 도덕적 역량을 통해 격정을 구속하고 이성적 개념을 통해 상상을 융해하였다. 그러한 소외된 인격이야말로 예술적 정취가 결여된 고전 형이상학의 자화상이라고 할 수 있다.

헤겔의 절대이념의 체계는 논리상으로 볼 때 고전적인 '지성의 학문'의 종착점이었으니, 이성은 개성을 희생시키고 신의 영역을 침범했다. 헤겔 이후 쇼펜하우어는 "의지와 표상으로서의 세계"를 설명했는데, 이때부터 비이성적인 요소가 점진적으로 더 높은 지위에 오르기 시작했다. 니체는 일체의 가치를 재평가함으로써 신의 무덤 속에 매장되어 있던 애욕과 상상력을 구출하여 인문정신의 씨앗이 천당으로부터 대지로 회귀할 수 있도록 했으며, 후설은 현상학적 환원을 통해서 철학과 시가 그 내적 근본에서 맺고 있는 신비로운 친연관계를 재발견해 내었다. 하이데거는 삶의 현존재에 대한 자유로운 질문을 통해 시간이 존재에서 가지는 의미를 탐구했다. 그는 우선 '불안', '공포', '두려움' 등 삶의 감정상태가 철학의 형이상학적 존재론의 해석 영역 안에 진정으로 진입할 수 있도록 하고, 이성에 대해서는 자신을 초월한 본질적 구조이자 원초적 개념으로 해석하였다. 그리고 이와 거의 동시에 키에르케고르, 도스토예프스키, 카프카, 카뮈, 사르트르 등의 사상가들이 존재의 개체성·시간성 및 비이성을 문학적으로 묘사했다. 이로써 격정·욕망·상상 등의 정신적 요소는 이성의 얼음으로 뒤덮인 동토를 뚫고 마치 화산이 폭발하듯이 분출해 나왔고, 이는 20세기 서양의 과학기술문명, 예술창작, 철학적 혁신, 문화 번영 등의 원동력이 되었다. 20세기 서양의 철학과 문화 방면에서 나타난 복잡하고 이해하기 어려운 현상들과 수없이 명멸해 간 다양한 학파들을 살펴보면 격정의 소용돌이, 욕망의 승화, 상상의 질주 등을 어렵지 않게 찾아 볼 수 있다. 이러한 것들은 바로 지성적 화합창조의 원천이었다.

서양철학이 '명료한 상태'로 복귀하고 '지혜에 대한 사랑'의 권위를 회복하게 됨에 따라 아리스토텔레스 이래의 형이상학적 존재론은 이제 '대지大地'와 '현존재', '현실세계'에 뿌리를 내리고 토대를 다지게 되었다. 그런데 이러한 때에 중국철학은 오히려 "칼을 뽑아 물을 자르는" 오류를 반복하고 있었다. 중국철학은 "하나를 둘로 나누는" 오컴의 면도날을 가지고 "본체와 작용은 하나의 원천이며, 드러난 것과 은미한 것은 나뉘지 않는다"(體用一源, 顯微無間)는 형상과 이치 간의 화합적 전통을 두 동강 냈고, 대구 형식으로 쓰인 문구들을 긁어모아 어처구니없게도 '형이상학'을 이른바 '변증법'의 살아 있는 표적이자 모든 철학적 오류의 희생양으로 만들고 말았다. 이로 인해 중국의 전통적 철학과 문화는 '한학漢學'이라는 고증학의 형식으로 서양 철학과 문화의 주변부에 머무르거나, '국고國故'라는 문헌훈고학의 방식으로 현대 철학과 문화의 틈새에 서식할 수밖에 없었다. 따라서 종종 '실체 없고' '뿌리 없는' 유리 현상이 나타나게 되었다.

중국의 고전적 철학과 문화는 표의언어와 상형문자를 기호적 매개로 삼고 '상성象性' 범주를 '실성實性' 범주 및 '허성虛性' 범주와 각각 결합시켜, 말 밖에 형상이 있고 형상 밖에 의미가 있으며 의미 밖에 정서가 있는, 겹겹이 쌓여 한없이 의미심장한 화합의 정신적 경지를 구성했다. 게다가 중국철학자들은 형식화된 공리公理적 연역의 체계를 선택하지도, 추상화된 논리적 사유형식을 개발하지도 못했다. 비록 명가名家와 묵가의 논리체계가 있기는 했지만 이들은 진한대 이후로 곧바로 쇠퇴해 버렸다. 그래서 중국인들은 『주역』에서 상象·

수數·리理의 괘효卦爻와 음양의 변화 등의 모델을 빌려 와서 뜻을 말하고 감정을 토로하고 비유를 했던 것이다. 이 때문에 형상과 이치가 화합하는 중국 철학과 문화의 본원 차원에서는 이원론적 분리운동이 나타나지 않았고, 서양의 철학과 문화에서처럼 이성적 사고가 상상을 배척하는 현상도 나타나지 않았다.

그러나 중국의 철학과 문화에서도 시세와 시운의 변천에 따라 형상과 이치가 각기 음양의 성쇠를 반복하여, 하나가 드러나면 다른 하나가 가려지는 치우침이 존재하기는 했다. 예를 들어, 양한시대의 철학과 문화는 상수에 편중되었기에, 미사여구를 많이 쓰고 상세히 기술하는 것을 좋아했다. 초공焦贛의 『역림易林』과 사마상여司馬相如의 『한부漢賦』가 그것을 대표한다. 한편 위진시대의 철학과 문화는 의리를 숭상하고 심오한 청담을 선호했다. 왕필의 『역주易注』와 도연명의 시가가 그 전형이다. 그렇지만 중국에서는 신문화운동의 전야에 이르기 전까지는 결코 형상과 이치가 대립하여 확연히 분리되었던 적이 없었다. 최소한 문인사회 및 문헌 속에서만큼은 그러했다. 정주리학의 경우를 보더라도, 정이程頤의 『역전易傳』은 의리를 궁구하되 형상을 없애지 않았고 주희朱熹의 『주역본의』 또한 형상을 밝히되 의리를 버리지도 않았다. 다만 양자는 모두 욕망과 염원을 뒤섞어 합치지는 않았다.

중국의 전통철학에서는 하늘과 인간이 신비하게 감응하며 형상과 이치가 본원에서 화합했다. 그리하여 내재적으로 '종적 초월'과 '횡적 초월'을 실현시킴에 있어 전반적으로 우수한 조건을 가지고 있었으므로 시간적·공간적 제약을 넘어 서양철학과 교류하고 대화할 만한 자격을 지녔다. 그러나 결국 분석력의 부족으로 인해 혼돈을 타개하기는 어려웠고, 형상·이치의 현미무간적 사고 역시 인정과 이치를 구분하기 어렵게 만들었다. 가정과 국가의 규범을 허구적으로 통합시킴으로써 혈연의 온정이라는 올가미를 확장하여 효도와 충성으로 천하를 다스렸으며, 공평무사함을 통해 의리를 보존하고 욕망을 부정함으로써 인간성을 말살하고 차가운 원리로 인간 감정을 대신하려 하였다. 놀랍게도 이러한 전도된 몽상들은 중국사상사에서 역사적 사실로 존재한다.

이상의 서술을 종합하자면, 화합철학체계는 무엇보다도 '지혜에 대한 사랑'을 위한다는 명분을 다잡고, "생성되지도 파괴되지도 않고, 더럽혀지지도 정화되지도 않으며, 늘지도 줄지도 않는"(不生不滅, 不垢不淨, 不增不滅) 형이상학적 도체의 초월적 지위를 회복시켜야 한다. 이를 위해서는 현대 서양 형이상학적 사유의 '부재'(Absence)를 본보기로 삼아서, 세상 사람들에게 화합적 인문정신 및 그 생명의 지혜가 의리에 근거해 인간성을 말살하는 범죄현장에 존재하지 않았음을 확실히 변론해야 한다. 또한 훼손된 화합적 세계의 토대를 가다듬어, 생명의 지혜가 "마른 나무에서 싹을 틔울 수 있도록" 접목시켜 뿌리를 내리고 꽃을 피우게 해야 한다. 그리하여 '중서지쟁'을 화합적으로 초월하여 민족정신의 좌절과 재난 그리고 뿌리 없이 유랑하는 현재의 모습을 끝장내야 할 것이다.

4) 화합철학의 토대 다지기

인문정신에서 화합적 논리의 본원은 형상과 이치가 분리되지 않고 뒤섞여 있는 격정 속에 존재한다. 격정은 시적 정서와 상상력, 철학적 추리의 본연적·지성적 기초인 동시에 화합적 정신의 원초적 분출 상태로, 무한한 창조력과 가능성을 갖추고 있다. 고대 중국의 기氣라는 범주와 기질氣質 개념은 그 활력과 동기가 모두 격정의 깊은 곳에 위치해 있다. 희노애락이 미발일 때의 '중中'과 이발일 때의 '화和' 그리고 막 발하려 하는(將發) '기미'(機) 역시 격정과 밀접하게 관련된다. 격정을 원천으로 하지 않는 상상이란 예술적 정취가 결여된 말라빠진 공상일 뿐이며, 격정이 결여된 이성적 사고는 냉랭하여 널리 적용될 수 없는 죽은 이론이다. 고전적 '상리지변象理之辨'의 뿌리 없는 유랑의 문제는, 서양에서는 '사랑'과 '지혜'의 이별로 나타났고 중국에서는 형상과 이치를 합일시키려는 "감정을 잊고 욕망을 멸하는"(忘情滅欲) 태도로 나타났다. 이에 비해 화합적 생생도체는 '사랑'과 '지혜'가 다시 합하도록 하고 '형상'과 '이치'에 인정을 채워 넣음으로써 인문정신이 총체적으로 화합하고 생기를 갖도록 만든다.

화합체는 세 가지 차원에서 "화합을 이루어 낸 것"이다. 첫 번째 차원은 "고금의 변화"를 해체하고 인문가치적 시간의 화합적 본성을 규명함으로써 전통을 재생하고 과거와 현재와 미래를 부단히 초월해서 승화로 향하는 길로 화합해 낸 것이다. 두 번째 차원은 '중서의 분쟁'을 해체하고 현실공간에서 화합의 특징을 규명함으로써 전 세계를 융합하고 '화립和立'과 '화달和達'과 '화애和愛'를 통해 부단히 소통하는 생명 유행의 길을 화합해 낸 것이다. 세 번째 차원은 "형상 과 이치의 구분"을 해체하고 인문정신의 화합적 구조를 밝힘으로써 격정의 원천을 수호하고 상상의 날개를 펼쳐서 화합적 도道와 화락 의 본체가 인류의 정신적 안식처이자 궁극적 사랑이 되도록 만든 것이다.

세 차원의 화합적 해체와 세 차원의 화합세계가 대응하는 관계 는 대략 다음과 같다.

①'고금지변' 및 그 화합적 해체 — 화합적 의미세계 및 그 규칙 의 헤아림.

②'중서지쟁' 및 그 화합적 해체 — 화합적 현실세계 및 그 지적 창조.

③'상리지변' 및 그 화합적 해체 — 화합적 가능세계 및 그 명칭 의 입안

고금, 중서, 상리라는 세 가지 사변에 대한 화합적 해체는 문명 적 구분에 따른 파편화, 종족적 편견과 집착, 이성의 오만 등을 차례 로 깨끗이 제거하고 인문적 정신세계에서의 화합가치의 시간·화합 적 생존공간과 화합적 논리의 본원을 정리해 냄으로써 화합철학의 체계를 위한 토대를 마련하게 된다.

2. 중국철학의 창조적 지표

화합적 철학체계는 '과정'인 동시에 "지혜에 대한 사랑"의 결정체이다. 따라서 화합철학은 중국이 전 인류와 더불어 5대 충돌과 위기를 극복하여 중국문화-서양문화, 전통-현대의 충돌이 만들어 낸 노아의 방주를 뛰어넘는 것이자, 현대 첨단과학기술에 의한 소외감을 안정시키고 세계화를 위한 정신적 안식처를 구축하는 것이기도 하다.

파스칼이 "인간의 모든 존엄은 사상에 있다"라고 말했듯이, 사상은 인간의 존엄과 위대함을 드러내고 창조성은 사상의 번영과 발전을 촉진한다. 중화민족은 천부적인 사유능력을 가진 민족으로서, 인류의 문화를 위해 노자, 공자, 주자, 양명 등 수많은 위대한 사상가들을 배출하였다. 중국철학 역시 끊임없이 창조활동을 해 온 철학으로서, 『주역』, 『논어』, 『도덕경』, 『전습록』과 같은 수많은 경전을 세계철학에 보태었다. 세계화의 도전에 직면한 오늘날, 인문학 분야에 몸을 담고 있는 우리에게는 뛰어난 사상적 역량을 가진 중화민족의 전통을 계승하고 중국철학의 창조적 정신을 확대 발전시켜서 인류문화의 번영과 세계철학의 발전에 이바지하고 더욱 빛나는 새 장을 열어 가야 할 책임이 있다. 이를 위해 우리는 끊임없이 창조되는 중국철학의 내재적 근거와 변천해 가는 중국철학의 맥락을 명확히 이해해야 한다.

철학은 시대정신의 정수이자 집합체이며, 민족정신과 생명지혜의 결정체이자 응집체이다. 아울러 사상가의 주체적 정신이 행하는 초월이자 유행인 것이다. 그러므로 중국철학이 끊임없이 창조되어 가는 내재적 근거와 변천해 가는 맥락에는 논리적으로 세 차원의 분석 대상이 내포되어 있다.

1) 핵심적 화제의 전환

사상은 정신의 언어적 체계이다. 시대적 정신의 정수이자 집합체로서의 철학사상은 언제나 핵심적 화제(nuclear topic)라는 방식으로 일정한 시대정신을 추구하고 그 가치를 창조한다. 따라서 철학이란, 핵심적 화제에 대한 거듭된 논변을 통해 얽히고설킨 생명의 정서를 정리하고, 몸과 마음이 의지할 수 있는 정신적 안식처를 구축해 가는 것이다. 시간의 흐름에 따른 핵심적 화제의 전환은 곧 새로운 철학의 창조를 상징한다.

서양철학사에는 크게 세 차례의 중대한 화제 전환이 있었다. 첫째는 소크라테스의 윤리학으로의 전환이다. 소크라테스는 "너 자신을 알라"로 대표되는 지혜에 대한 가르침을 통하여 '만물의 근원'이라는 자연철학의 과학적 화제를 버리고 '지선至善'의 이데아를 추구하기 시작했다. 그다음 전환은 데카르트의 인식론으로의 전환이다. 그는 "나는 생각한다, 고로 존재한다"는 제일원리에 의거해 '신의 본질'에 관한 스콜라철학의 신학적 화제를 밀어냄으로써 이성적 방법에 대한 논리적 비판을 개시했다. 세 번째는 비트겐슈타인의 언어학으로의 전환이다. 그는 '가족유사성'이라는 법칙에 근거해서 '논리체계'에 관한 실존철학의 선험적 화제를 밀어내고 '의미' 활동에 대한 언어학 연구를 개척했다.

서양철학과 비교했을 때 중국철학에서는 핵심 화제의 시대적 전환이 더욱 빈번하게 이루어졌다. 이는 생명지혜의 창조적 박동이 더욱 활발했음을 의미한다. 간단하게 말해, 선진시대로부터 송명대에 이르기까지 핵심적 화제는 크게 다섯 차례에 걸쳐 전환되었다. 이는 철학적 언어가 다섯 차례 창조적으로 전환되었음을 의미한다.

선진시대는 중국철학의 태동기에 해당한다. 이 시기에는 다양한 분야의 학술이 형성되어 백가쟁명百家爭鳴, 백가제방百家齊放의 눈부신 다양성을 뿜어냈다. 그 시대적 정신을 상징하는 핵심적 화제는 '도덕의 의미'(道德之意)였으며, 그 핵심 개념은 '도道'라는 범주였다. 제자백가는 "가리키는 의미는 서로 다르지만"(指意不同) 모두 도를 논하고 덕을 말하였다는 점에서, 이들의 학술활동은 결국 '도덕의 의미'를 둘러싼 사상논쟁이자 학술적 교류였다. 선진시대 제자백가들이 주도한 이러한 핵심 화제의 시대적 전환은 곧 은나라, 주나라 이래의 '천명'이라는 화제에 대한 철학적 초월이었다.

도가道家는 중국철학의 진정한 시조이다. 사마천의 기술에 따르면, "노자는 상·하편으로 책을 지어 도덕의 뜻에 대해 5천여 자의 글로 논했다"11)고 한다. 통용되고 있는 『도덕경』 판본은 상편이 도경, 하편이 덕경으로 되어 있는 데 비해, 백서본은 상편이 덕경, 하

---

11) 『史記』, 권62, 「老莊申韓列傳」, "老子乃著上下篇, 言道德之意五千餘言."

편이 도경으로 되어 있다. 비록 순서는 같지 않지만, "도를 존중하고 덕을 귀하게 여기는"『도덕경』의 말뜻에는 결코 변함이 없다.

> 도의 본체는 비어 있으나 그 작용은 항상 무궁무진하다. 도는 심오하여 잘 알 수가 없지만 만물의 근본인 종주와 같다. 도는 만물의 예리함을 무디게 하고, 만물의 분쟁을 풀고, 만물의 지나친 빛을 부드럽게 고르고, 만물의 더러움에 동화한다. 도는 소리 없이 깊이 숨어 있어 보이지 않지만, 영원히 있는 것 같다. 나는 도가 누구의 자식인지 모르겠다. 그러나 상제보다도 앞에 있으며, 천제의 으뜸가는 시조인 것 같다.[12]

여기서 노자가 확실하게 밝히고자 한 것은, '도'는 상제, 귀신, 만물에 앞선 생존의 시원적 터전이자 음양이 화합되어 전혀 갈라지지 않은 의미의 공간으로서, "있는 듯 없는 듯 황홀하기만 하고" "깊고 아득하고 어두운" 무궁한 가능성의 영역이라는 것이다. 개괄하자면, 노자의 '도'는 자연스럽고 무위한 원초적 화합의 경지이다. "반대로 돌아가는 것이 도의 움직임"이라는 파생의 법칙을 따르자면 "무위자연의 도가 없어지자, 뒤따라 덕이 있게 되었다." '영원한 도'가 사라져서 흩어지자 최초의 화합 경지는 넷으로 나뉘게 된다. "도가 크고, 하늘도 크며, 땅도 크고, 또한 사람도 크다. 그러므로 이 세계에는 큰 것이 네 개가 있으며 사람이 그 중 하나를 차지하고 있다."[13]

---

12) 『老子』, 제4장, "道沖而用之或不盈, 淵兮似萬物之宗. 挫其銳, 解其紛, 和其光, 同其塵, 湛兮似或存. 吾不知氣誰之子, 象帝之先."
13) 『老子』, 제25장, "道大, 天大, 地大, 人亦大. 域中有四大而人居其一焉."

인간은 자주적인 덕성에 근거하여 천지간에 위치해서 자연의 무위지도와 상반되게 처사하면서, "부드럽고 유약한 것이 억세고 강한 것을 이긴다"는 식으로 "모자라는 것을 축내어 남는 것을 받드는" 수탈의 책략을 쓰고 성현이라는 인격적 표준과 지적 창조의 가치척도를 확립했다. 뒤이어 장자는 '도덕의 의미'에 대해 다음과 같이 설명했다.

> 인간세상을 넘어서는 광대한 이야기로 자연의 이치를 깨닫게 해 주고, 옛 위인들의 말을 인용하여 진실을 알려 주었으며, 우화를 통해 자연의 넓은 이치를 전달하고자 했다. 홀로 천지의 신묘한 경지를 오가면서도 만물을 거만하게 대하지 않으며, 옳고 그름을 멋대로 판단하지 않은 채 세상에 동화해서 산다.[14]

장자는 "대저 도에는 실정이 있고 사실이 있으나 행위가 없고 형체가 없다"고 하면서 그러한 도를 "스스로 근원이 되어 천지가 생겨나기 이전의 옛날로부터 굳건히 존재한"[15] 화합의 경지로 보아, 그것은 '숙儵'이나 '홀忽'보다도 더 오래고 더 진실한 진정한 '혼돈混沌'이라고 정의하였다.[16] 바로 이러한 자연의 무위지도에 대한 숭상과 최초의 화합의 경지에 대한 그리움에 근거해서, 노자와 장자는 "인위로써 자연을 멸하는" 문명 행위와 "고의로 천성을 멸하는" 이

---

14) 『莊子』, 「天下」, "以卮言爲曼衍, 以重言爲眞, 以寓言爲廣, 獨與天地精神往來, 而不傲倪于萬物, 不譴是非, 以與世俗處."
15) 『莊子』, 「大宗師」, "自本自根, 未有天地, 自古固存."
16) 『莊子』, 「應帝王」, "南海之帝爲儵, 北海之帝爲忽, 中央之帝爲渾沌."

성적 활동을 명백히 반대한 것이다.

유가와 도가는 지향점이 다르다. 노자에게 예를 물었던 공자는 천명에 대해서는 거의 언급하지 않고 예악에 입각해서 '도덕의 의미'를 논했다. 그는 "도에 뜻을 두고, 덕에 의지하며, 인仁에 근거하고, 육예六藝를 체득한다"[17]라는 삶의 규범에 따라 '문도聞道'(도를 들어 깨달음)를 주장하면서 "아침에 도를 들어 깨달으면, 저녁에 죽어도 좋다!"[18]라고 하였다. 또한 그는 '덕을 닦음'(修德)을 주장하여, "덕을 닦지 못하는 것과 학문을 익히지 못하는 것, 의로움을 듣고도 실천하지 못하는 것과 옳지 않음을 고치지 못하는 것이 나의 근심거리이다"[19]라고 하였다. 당시 사회의 풍조는 갈수록 나빠지고 천하에는 도가 실현되지 않았다. 그러나 공자는 "덕을 좋아하기를 미인 좋아하듯이 하는 사람을 아직 보지 못했지만" 그래도 "안 될 줄 뻔히 알면서도 굳이 하려는" 실천정신으로, "밥 먹는 시간일지라도 인仁을 어기지 않고 다급한 때라 할지라도 반드시 인에 의지하며 넘어져 뒤집히는 때라도 반드시 인에 의지하였다."[20] 또한 "인간이 도를 넓히는 것이지, 도가 인간을 넓히는 것이 아니다"(人能弘道, 非道弘人)라는 선견지명에 비추어 쉼 없이 자강불식하는 인간의 도덕정신을 고양시켰다.

맹자는 더 나아가 "인仁은 인간다움이다. 인仁과 인간을 합해서

---

17) 『論語』, 「述而」, "志於道, 據於德, 依於仁, 游於藝."
18) 『論語』, 「里仁」, "朝聞道, 夕死可矣."
19) 『論語』, 「述而」, "德之不修, 學之不講, 聞義不能徙, 不善不能改, 是吾憂也."
20) 『論語』, 「里仁」, "無終食之間違仁, 造次必於是, 顛沛必於是."

말한 것이 인간의 도리이다"[21]라고 하였다. 인간의 도리란 바로 이렇게 천지의 화육에 동참하고 보조하며 화합을 구성해 가는 규범 영역이다. "마음이라는 기관"과 그 기관이 가지고 있는 사상이라는 위대한 기능을 통해 '천도'와 '인도'는 진실로 의리적 화합을 이룰 수 있다. 그러므로 "성誠은 하늘의 도리요, 성을 완성하고자 생각하는 것은 인간의 도리"[22]라고 하는 것이다.

만약 도가의 노자와 장자가 천도의 자연무위를 숭상한 것이 상제와 귀신에 대한 부정이면서 현실생활에 대한 심미적 이성의 가치적 초월이라고 한다면, 유가의 공자와 맹자가 인도의 주체적 역할에 힘을 쏟은 것은 인간성과 인간의 사고능력에 대한 긍정이자 도덕행위에 대한 실천이성의 가치적 격상이라고 할 수 있다. 따라서 양자는 마치 "한곳으로 돌아가는 것이지만 길을 달리하고, 같은 것을 이루는 것이지만 생각은 백 가지나 되는" 것과 같이, 음양이 상호보완하는 식의 화합구조를 이룸으로써 중국철학사의 논리적 계보를 전반적으로 규정하게 되었다.

유가와 도가 이외의 다른 선진의 여러 학파들도 '도덕의 의미'를 학설의 핵심적 화제로 삼았다. 이를테면, 관중학파는 나라를 다스리려면 도덕 역시 반드시 함께 부흥되어야 한다고 주장했다.

도로써 생성시키고 덕으로써 부양하는 것이다. 도로써 나라를 다

---

21) 『孟子』, 권14, 「盡心下」, "仁也者, 人也. 合而言之, 道也".
22) 『孟子』, 권7, 「離婁上」, "誠者, 天之道也; 誠之者, 人之道也."

스리면 백성들이 화목해지며, 덕으로써 나라를 다스리면 백성들이
단합하게 된다. 화목하고 단합하면 조화되고, 조화되면 천하에 당
할 자가 없게 된다.[23]

도덕으로 백성들을 부양하며 이루어 가는 화합의 경지, 즉 인간
상호 간의 화목과 협력, 사회의 조화롭고 안정된 정서는 "자연을 법
도로 삼음"과 "무위의 실천"을 목표로 추구하는 것이지 결코 소극적
으로 자연무위에 기대는 것이 아니다. 한편, 한비자는 법가의 신불
해申不害, 신도愼到, 상앙商鞅의 학술을 집대성하여 "도에 따라 법을 온
전히 한다"(因道全法)라는 법제사상을 내놓았다. 그는 「해로解老」, 「유
로喩老」 등을 통해 "도라는 것은 만물을 존재케 하는 근원"이자 "만
가지 이법理法이 모여드는 곳"이라고 도의 범주를 개괄하였지만, 동
시에 "형벌과 도덕"을 "상벌을 행하는 방도"를 실행하는 좋은 방법
으로 간주하였다. 사마천은 한비자를 다음과 같이 평했다. "한비자
는 법도를 행위의 규범으로 삼아 사안을 판단하고 시비를 밝혔다.
법을 집행함에 있어서 냉혹하고 모질며 절대 은혜를 베풀지 않았는
데, 이는 모두 도덕의 이론에서 나온 것이었다."[24]

진한시기에 들면서 중국은 다시 한차례 거대한 사회적 전환기를
맞게 되고, 전통 철학의 화제 역시 전환되었다. 특히 양한兩漢시기는

---

23) 『管子』, 「幼官」, "蓄之以道, 養之以德. 蓄之以道, 則民和; 養之以得, 則民合. 和合故能
智, 智故能偕, 偕習以悉, 莫之能傷."
24) 『史記』, 권63, 「老莊申韓列傳」, "韓子引繩墨, 切事情, 明是非, 其極慘礉少恩, 皆原于道
德之意."

중국철학에서 감感과 통通의 문제를 집중적으로 다룬 시기였다. 이 시기 학술사상의 핵심적 화제는 '천인관계' 즉 '하늘과 인간의 관계'에 관한 것이었다. 동중서董仲舒의 '천인감응론'이 바로 그 대표적 학설이다. 양한의 경학에 있어 이러한 핵심적 화제의 시대적 전환은 선진시기의 '도덕의 의미'가 신비적으로 유추된 것이었다.

서한 초기, 전쟁의 상처를 치유하고자 하는 절박한 요구로부터 '황로학'(황제노자의 통치술)이 성행하였다. 이후 백성들의 삶이 안정을 되찾고 사회가 원기를 회복하면서 '문경지치文景之治'(문제와 경제의 치세)라는 태평성대를 맞게 되었다. 그 뒤 무제가 즉위하였는데, 그는 유씨의 한나라가 영원히 지속되어 끝없이 이어지도록 하기 위해 백여 명에 달하는 문학지사文學之士들을 등용해서 대책對策이라는 문답 형식을 통해 '천인관계에서의 감응'에 관해 하문했다. 무제는 물음은 다음과 같다.

> 하·상·주 삼대의 왕들이 천명을 받은 근거는 어디에 있으며, 재앙과 변고의 영문은 무엇인가? 성性과 명命의 실정, 인간이 요절하고 장수하는 것, 인덕仁德과 비루함 등에 관해 자주 들었지만 그 이치를 명확히 알지 못하겠다.[25)

동중서에 따르면, 무제가 질문한 "대도의 요령과 지극한 논의의 극치"는 사실상 "『춘추』의 대일통大一統"에 관한 것이었다. "『춘추』

---

25) 『漢書』, 권56, 「董仲舒傳」, "三代受命, 其符安在? 災異之變, 何源而起? 性命之情, 或夭或壽, 或仁或鄙, 習聞其號, 未燭厥理."

의 대일통은 천지의 영원한 법칙이자 고금을 관통하는 이치이다."[26] 동중서는 황제의 물음에 답하기 위해 '3년 동안 화원도 한 번 둘러보지 않을 정도'로 심혈을 기울여 사색을 했고, 마침내 『천인삼책天人三策』과 『춘추번로春秋繁露』 등을 저술하여 하늘과 인간이 서로 감응한다는 천인감응론을 철학적 이론의 형태로 구축해 내었다. 그는 이를 통해 한편으로는 유씨의 한나라 정권의 정당성을 논증했지만, 동시에 하늘이 '질책'하고 '괴이한 현상을 일으켜' 통치자에게 경고를 내리고 종국에는 "망하게 한다"고 주장함으로써 군주가 지켜야 할 도의적 경계선을 분명히 그어 놓았다.

동중서의 천인감응론에는 두 가지 핵심적 명제가 있다. 하나는 왕도가 천·지·인 세 가지를 관통한다는 '왕도통삼설王道通三說'이고, 다른 하나는 천·인이 동류라는 '천인동류설天人同類說'이다. 우선 동중서는 '왕王'자에서 가로로 그어진 세 획이 각각 하늘·땅·인간이라는 세 차원의 도를 대표한다고 주장했다. 선진시기 『주역』「설괘전」에서 제기한 바에 따르면, "하늘의 도를 세워서 음과 양이라 했고, 땅의 도를 세워서 유柔와 강强이라 했으며, 사람의 도를 세워서 인仁과 의義라 했다"는 것이다. 여기에서 하늘·땅·인간의 도는 병행하는 까닭에 서로 관통되지는 않는다. 그러나 진한시기에 이르러 이 세 차원의 도가 서로 관통됨에 따라 제왕지도는 지존의 위치를 확보하게 되었다. "명칭과 호칭을 깊이 살펴"(深察名號) 그 의미를 밝혀낸다는 '미언대의微言大義'는 양한시대의 '천인관계'를 규명하는 기

---

26) 『漢書』, 권56, 「董仲舒傳」, "春秋大一統者, 天地之常經, 古今之通誼也."

호학적 예술이 되었다. 또한 동중서는 하늘과 인간 사이에는 친연관계가 존재한다고 보았다. 가령 하늘은 인간의 증조부에 해당한다는 식으로, 그는 하늘과 인간이 동류임을 굳게 믿었다. 그는 유추의 기법을 이용하여 "물은 습한 곳으로 흐르고, 불은 마른 데로 번지며, 구름은 용을 좇고, 바람은 범을 좇는다"는 식으로, 천과 인은 동류이기에 서로 감응하여 움직인다는 천인감응설을 논증하였다. 이러한 사상이 비록 천박하다 할 수는 있겠지만, 천인 간에 신비로운 연결관계를 맺어 주고 가치의 균형을 이룸으로써 이상화된 중화의 도를 추구했던 것만은 분명하다.

『백호통덕론白虎通德論』으로 대표되는 동한시기의 도참경학圖讖經學은 동중서의 천인감응사상을 지극히 번잡한 경지로 끌어내렸다. 도참경학은 하늘과 인간이 동류라는 원리에 근거하여 인간의 사지와 다섯 감각기관은 하늘의 형상을 본뜬 것이며, '인의예지신'은 밖으로는 하늘의 오행에 부합하고 안으로는 인간의 오장에 부응한다고 보았다. 그들은 '삼강육기三綱六紀'를 천인지제에 그대로 부합되게 하였고, 그 결과 온 세상은 유학으로 대표되는 명교名教의 그물에 뒤덮이게 되었고 학술적 사유는 훈고학과 사장학에 빠져 반동면상태에 빠쳐들게 되었다.

그러나 사라질 리 만무한 철학의 천성, 즉 창조성은 벌판을 태우는 들불과도 같은 이론적 유전자를 지니고 있었다. 동한의 사상가인 왕충은 "가난한 집안에서 태어나" "글에 얽매이지 않고"(不守章句) "백가의 학설들을 두루 통하였으며" 도참경학이 유행하던 당시 "황로黃

老의 뜻"을 과감히 주장했다. 그는 "천지의 기가 합하면 만물이 저절로 생겨나는 것은, 부부가 기운을 합하면 자식이 저절로 생기는 것과 같다"[27]라고 말했다. 그의 천도자연론은 유추와 추리를 통한 사변의 산물이었다. 그는 세상을 다스리는 문제에 있어서는 여전히 천시와 운명에 의거하고 있었지만, 효용을 중시하고 허망함을 비판하는 그의 혁신적 태도는 천인관계로 대표되는 양한시기의 사상계 입장에서는 봄비와도 같았다. 그의 이러한 풍모는 두보杜甫의 시를 연상케 한다. "봄비가 봄바람을 따라 밤에 살며시 스며들어, 소리 없이 만물을 촉촉이 적셔 주네."(隨風潛入夜, 潤物細無聲)

동한 말기 경제와 정치는 구성원들의 의식형태와 보조를 맞추어 위기의 심연에 빠져들고 있었다. 황건적이 봉기하고 백성은 도탄에 빠졌으며 조정의 기강은 문란해져서, 사회구조가 사분오열되고 명교 역시 산산조각 나 버렸다. 그 뒤를 이은 위진魏晉시기의 명사들의 청담淸談은 심오한 철학적 의미를 지니고 있었다. 이러한 경향 속에서 『장자』, 『노자』, 『주역』 등은 『세설신어世說新語』의 현묘한 주제가 되었다. 시대적 정신을 키우는 식량과도 같은 현묘한 이치가 되었던 것이다. 이 때문에 위진시기는 중국철학의 현묘하고 심오한 철학의 시대 즉 현명玄冥의 시대라 불린다. 현학의 핵심적 화제는 유무지변有無之辯의 '현묘한 이치'였다. 『장자』「제물론齊物論」의 곽상郭象 주注에 나오는 "절대적인 개체가 현묘하고 심오한 경지에서 홀로 활동하고 변화한다"(獨化于玄冥之境)는 명제가 바로 그 전형이었다.

---

27) 王充, 『論衡』, 「自然篇」, "天地合氣, 萬物自生; 猶夫婦合氣, 子自生矣."

위나라의 정시正始 연간, 하안何晏과 왕필은 최초로 "천지의 만물은 모두 무를 본체로 삼는다"는 '귀무론貴無論'을 주장하고 나섰다. 하안은 "뒤에 오는 사람이 무섭다고 하더니, 이런 사람이라면 천인관계에 대해 함께 논할 만하구나!"[28] 하면서 왕필을 극찬했다. 그러나 왕필이 『노자주』와 『주역주』에서 논한 핵심적 화제는 훈고할 수 없는 현묘한 이치로, 양한시기 천인관계의 상수학적 굴레를 이미 훌쩍 뛰어 넘은 것이었다. "의미를 얻었으면 상을 잊어라"(得意忘象)와 "상을 얻었으면 말을 잊어라"(得象忘言)로 대표되는 현학적 해석 방법에 따르면, 왕필이 숭상한 '무'는 주로 체용관계에서의 '현묘한 이치'(玄冥之理)이다. 즉 "만물(有)이 비록 귀하지만 무無로써 용用(작용)을 이룸을 귀히 여기니, 무를 버리고서는 그 체體(만물 자체) 또한 이룰 수 없다."[29]

"천하의 사물은 모두 유에서 생긴다"(天下之物皆以有爲生)는 생성론 차원에서 보면, 배위裴頠의 『숭유론崇有論』은 왕필의 귀무론에 대한 각주에 지나지 않는다. 아울러 "이치가 본체로 삼는 바"(理之所體)라는 본체론 차원에서 보면, "유를 숭상한다"고 해서 반드시 형체를 가지는 것은 아니며 "무를 귀하게 여긴다"고 하여 반드시 도리가 아주 없어지는 것도 아니다. 곽상의 해석에 따르면 '현묘한 이치'는 본래 명확하게 설명될 수 있는 것이 아니라, 유와 무가 분리되지 않은 혼연한 상태이다. 바꾸어 말하자면, "소위 현묘하고 심오한 것이란

---

28) 『三國志・魏志』, 「鐘會傳」, "後生可畏, 若斯人者, 可與言天人之際乎!"
29) 『老子王弼注』, 38장, "萬物雖貴以無爲用, 不能舍無以爲用."

것은 무無이면서 무無가 아님을 가리키는 것이다."[30] 곽상은 현학의
소요파에 속했다. 그는 "만물이 자신의 성품대로, 만사가 자기의 기
능대로 각기 그 분수에 맞게 되면"[31] 모두 "홀연히 자득하여 홀로
활동하고 변화하게"(掘然自得而獨化) 되어 "천하를 다 비추어 내지 않음
이 없는" "현묘하고 심오한 경지"에 들어간다고 보았다.

　위진시기의 현학은 달빛 아래의 미인마냥 시의적절하게 그 아름
다움을 극치까지 내뿜었다가 눈 깜빡할 사이에 사그라졌다. 하안은
참수되었고, 왕필은 한참 나이에 요절했으며, 배위는 유술儒術에 빠
졌고, 곽상은 명교 수호에 여념이 없었다. 언설로 인한 사건들이 끊
임없이 발생했고 화제 또한 심오하고 어두컴컴하기만 했던 까닭에
현학사조는 오래도록 지속될 만한 이론적 성과를 도출해 내지 못했
다. 결국 현학은 불교의 사상적 척후에 지나지 않게 되었다. 현학은
'격의格義'라는 방법으로 불교 경전을 주석함으로써 대승반야학大乘般
若學의 학술적 길을 닦고 광범위한 전파를 도왔을 뿐이다. 동진東晉
이래로 현학은 불교에 합류되어 불교의 성행을 도왔으나, 결국에는
주객이 전도되고 말았다. 그리하여 남조南朝에 와서는 불교가 사실
상 국교로 된 데 비해 현학은 점차 쇠퇴하여 자취를 감추다시피 했
고, 승조僧肇 이후로는 학문의 명맥이 끊기고 말았다.

　수당시기 특히 당나라의 전성기 무렵은 경제가 번영하고 사회가
개방되면서 삼교三敎가 함께 어울려 상충하기도 하고 융합하기도 했

---

30) 『莊子郭象注』, 「大宗師」, "玄冥者, 所以名無而非無也."
31) 『莊子郭象注』, 「逍遙遊」, "物任其性, 事稱其能, 各當其分."

던 시기였다. 이 시기 유교는 자신들의 지위를 지키기에는 여유가 있었지만 새로운 이론을 개척하기에는 턱없이 부족했다. 유교는 과거시험의 텍스트와 조정의 기강, 관리의 공무집행 등에서의 윤리교화 역할만 수행했다. 비록 도중에 한유韓愈와 유종원柳宗元이 주도한 '고문운동古文運動'이라는 문학부흥운동이 있기는 했지만, 철학사상의 측면에서는 변함없이 옛것을 그대로 답습할 뿐 창조성을 발휘하지 못했다. 도교는 노자가 이씨의 당 왕조와 같은 성을 가졌다는 이유로 황실의 총애를 받았고, 이 때문에 『도덕진경道德眞經』은 정부와 민간에서 반드시 읽어야 하는 신성한 경전이 되었다. 그러나 황실이 떠받든다는 것이 사상 창조의 충분조건이 되는 것은 아니다. 철학적 이론의 측면에서 말하자면, 수당시기의 도교는 불교와 맞설 수 없었을 뿐만 아니라, 시종 겉과 속이 달랐던 개념 범주와 사유방식은 사실상 불교의 '지적재산권'을 침범한 것이나 다름없었다. 따라서 수당시기의 정신적 정수와 그 사상적 결정체는 중국화된 불교의 창조성에서 집중적으로 드러났다. 이국적 색채를 띤 "중국적 불성론"은 불교의 반야지혜를 중국화한 결과물이었다. 수당시기는 중국철학이 융합하고 통섭하는 시기였다는 점에서, 이 시기 "성정의 근원"에 대한 추적은 중국적 불성론의 심층적 토대일 뿐 아니라 당시 철학적 사변의 핵심적 화제였다.

『역대전易大傳』은 "시원으로 거슬러 올라가고 결말을 돌이켜 본다. 그러므로 생사의 이유를 알 수 있다"(原始反終, 故知生死之說)라고 하였다. '생사의 이유'는 모든 종교적 학설의 궁극적 화제이고 모든 전통신앙의 궁극적 사랑이다. 당나라의 문헌들을 살펴보면, 불교를 배척한 한유가 『원인原人』, 『원귀原鬼』, 『원성原性』, 『원도原道』 등을 지었는가 하면 불교의 일대 종사가 된 종밀宗密 또한 『원인론原人論』을 지었음을 발견할 수 있다. '성정의 근원'을 추적하고 인생의 '원래 모습'을 깨닫는 문제는 유교와 불교를 막론하고 공통의 화제가 되었던 것이다. 실제로 유과와 불교는 이에 대해 상호 유사한 철학사상을 내놓았다.

불교에서 말하는 성은 일반적으로 불성을 가리키는 것으로, 중생들이 성불할 수 있는 전제와 근거를 말한다. 수당시기의 불교 3대 종파인 천태天台, 화엄華嚴, 선종禪宗은 모두 "일체 중생에게 모두 불성이 있다"라고 주장했다. 그러나 자세히 검토해 보면 차이점을 지니고 있다. 천태종은 '성구설性具說'을 주장하여, 만물에는 모두 불성이 갖추어져 있지만 본각本覺은 선악을 겸하였기에 탐욕이 곧 도이자 열반이라고 간주했다. 따라서 지관쌍수止觀雙修를 통해야만 깨달음을 얻어 성불할 수 있다고 주장했다. 화엄종은 '성기설性起說'을 주장했다. 그들은 중생은 원래부터 부처이고 불성은 중생의 마음을 떠나지 않는다고 하면서, 중생과 부처는 그저 부르는 이름일 뿐 사실은 다름이 없다고 말했다. 그러나 수행에 있어서는 망령됨에서 벗어나 근본으로 돌아가야 비로소 진정으로 성불할 수 있다고 주장했다. 가장 중국적인 특색을 지닌 선종은 '즉심즉불卽心卽佛'을 주장했다. 혜능慧能의 경우 불성은 평등하여 남과 북의 구분이 없으며, 인성人性은 원래부터 깨끗하여 좌선할 필요가 없다고 말했다. 즉 "자성自性을 깨달으면 중생이 곧 부처이고 자성에 대해 미혹되면 부처 또한 중생"[32]

이라는 것이다. 그러나 공덕의 수양에 있어서는 변함없이 "많은 선

행을 실행하고 온갖 악행을 저지르지 말아야 한다"(衆善奉行, 諸惡莫作)

고 주장했다. 당나라 중기 이후, 담연湛然은 천태종을 부흥시키기 위

하여 '무정유성無情有性'이라는 뛰어난 설법을 내세워 모든 것에 불성

이 두루 갖추어져 있어서 허공, 담벼락, 기와, 돌덩이 같은 것에도

불성이 있다고 주장했다. 그리하여 불문佛門을 활짝 열어젖히고 "푸

르른 대나무 막대기조차도 법신이고, 화려한 원추리꽃 모두가 반야

가 아님이 없다"(青青翠竹, 盡是法身, 鬱鬱黃花, 無非般若)고 하면서, 무너진

담벼락, 기와 조각, 벽돌 부스러기, 심지어 '똥 막대기'와 '종이 부스

러기' 같은 하찮은 것들도 장엄한 정토라고 하였다. 이러한 입장에

서 그는, "부처를 만나면 부처를 죽이고 조사를 만나면 조사를 죽여

라"라는 태도로 미혹되게 명상을 믿으면 황혼마냥 점차 암담해지지

만, 심성을 깨우치면 아침 햇살이 얼굴에 비추듯 훤히 밝아 온다고

주장하였다.

미오법문迷誤法門으로 성정의 원류를 소통시켰던 불교와는 달리,

유가에서는 선악의 지위를 평가함으로써 성정과 체용을 총괄했다.

공영달孔穎達이 황제의 명을 받아 편찬한 『오경정의五經正義』는 물을

체로, 물결을 용으로 설명하거나 금을 체로, 도장을 용으로 설명하

는 등의 비유적 방법을 통해 성체性體와 정용情用이 둘이 아님을 강조

했다. 그리고 한유韓愈는 '인의예지신仁義禮智信' 등 유교의 윤리규범을

---

32) 『六祖壇經』, 「付囑」, "自性若悟, 衆生是佛, 自性若迷, 佛是衆生."

본성으로, '희노애락애오욕喜怒哀樂愛惡慾' 등 사회적 심리표출을 감정으로 보면서, 이들을 상·중·하 삼품三品의 등급으로 구분하여 상품은 선이고 하품은 악이며 중품은 "상하 어디로든 인도될 수 있는 것"이라고 규정했다. 한유의 제자 이고李翶는 스승의 설을 '성선정악론性善情惡論'으로 발전시켰다. 그는 "인간이 성인으로 될 수 있는 까닭은 본성 때문이고, 인간의 본성이 미혹될 수 있는 까닭은 감정 때문이다"[33]라고 하면서, 하늘이 부여한 선한 본성을 회복하려면 반드시 "기욕嗜慾을 잊고 성명의 도에 회귀하도록 사람들을 가르쳐야 한다"고 주장했다. 성정에 관한 한유와 이고의 이러한 학설은 훗날 송명 리학이 주장하는 "천리인욕의 구분"의 사상적 복선을 미리 깔아 놓은 것이었다.

당 말기 번진藩鎭이 할거하고 오대십국五代十國이 뒤엉켜 다툼에 따라 중국은 또 다시 대분열과 동란에 직면했다. 이 시기에는 강상의 질서가 문란해지고 도덕이 무너지며 이상이 땅에 떨어지고 정신은 갈피를 잡지 못하는 상황이 빚어졌다. 가치 전복의 위기에 직면하게 된 것이다. 그래서 북송 이래의 사상가들은 나라가 태평하고 백성이 단결되며 그동안 방치되던 일들이 다시 시행되기를 기대하면서 "천하 사람들의 우환을 먼저 근심하고 천하 사람들의 즐거움을 나중에 즐거워하는"(先天下之憂而憂, 後天下之樂而樂) 식의 윤리도덕과 가치이상 그리고 정신적 안식처의 재구축에 힘썼다. 송명 리학은 비록 불교와 도교에 대한 도통론적 편견으로 인해 형식적으로는 "이단을

---

33) 李翶, 『復性書』 上, "人之所以爲聖人者, 性也, 人之所以惑其性者, 情也."

공격"하는 책략을 취하기는 했지만, 사상의 내재적 함의에서 유불도 삼교의 융합을 실현시키기에 이르렀다는 점에서 시대정신의 발전을 위해 아주 이성적인 철학적 이론 개괄을 해 내었다. 이런 측면에서 송명시기는 중국철학이 최고봉에 이른 시기라 할 수 있다.

이 시기 리학의 핵심적 화제는 리기심성에 대한 논변(理氣心性之辨)과 관련된 '이치와 욕망'(理慾)의 문제였다. 이러한 화제의 전환은 천인관계에서의 감응과 기상에 관한 논의들을 몰아냈을 뿐만 아니라, '도덕의 의미'를 추적하는 학풍을 계승하고 '현묘한 이치'가 '깨끗하고 넓은 세계'에 적용되도록 하여 '성정의 근원'이 서로 대대하고 관련되는 가치적 공간으로 변모하게 했다.

정호程顥는 "스스로의 세밀한 체득"(自家體貼)을 통해 유가윤리철학에서 새롭게 태어난 개념으로서의 '천리'를 최초로 제시했다. 정주程朱의 천리는 심성으로서의 측면을 가지고 있다. "인심과 사욕은 위험하고 도심과 천리는 정밀하고 은미하므로, 사욕을 없애면 천리가 밝아진다."[34] 뿐만 아니라 형식적으로도 인욕과의 병립을 허용하지 않는다. "사람에게는 하나의 마음이 있을 뿐이니, 천리가 간직되면 인욕이 사라지고, 인욕이 이기면 천리가 사라진다."[35] 인욕에 대한 천리의 절대적 권위를 논증하기 위해 정주리학은 도심과 인심, 천명지성과 기질지성, 리와 기 등 일련의 대칭적인 범주를 활용해서 논리적 추리와 연역을 진행함으로써 지극히 세밀하고 정교한 리학

---

34) 『河南程氏遺書』, 권24, "人心私欲, 故危殆; 道心天理, 故精微. 滅私欲則天理明矣."
35) 『朱子語類』, 권13.

범주체계를 구축했다. 그리고 리학의 이러한 범주체계는 훗날 원元·명明·청淸 세 왕조에 걸쳐 공식적인 언설과 의식 형태의 주축을 이루었다.

송대의 육구연陸九淵은 "마음이 곧 이치"(心卽理)라는 주장에서 출발하여 "천리와 인욕에 관한 언설"들이 순수하게 학술적인 것들은 아니며 그 속에는 명백한 수사적 병폐가 존재하고 있다는 것을 최초로 발견했다. 그는 "만약 하늘이 이치이고 인간이 욕망이라 한다면, 하늘과 인간은 서로 다른 것이다"[36]라고 하였다. 의義와 리利의 문제에 있어서도 그는 마찬가지로 사욕은 인심이 병든 것이라고 주장하면서 "반드시 다 없어질 때까지 깨끗이 벗겨내야 한다"라고 주장했다. 이어 명대의 왕수인은 "성인으로 되기 위한 공부"(作聖人之功)에서 출발하여 '치양지致良知'공부를 제시하고, "이 마음이 완전히 천리와 같아지도록 하고, 인욕이 뒤섞이지 않게 해야 한다"[37]라고 주장했다. "이치를 간직하고 욕망을 멸해야 한다"는 기본 입장에 있어서만큼은 육왕심학과 정주리학은 이견이 없었다.

호굉胡宏, 진량陳亮, 섭적葉適, 진확陳確, 왕부지王夫之 등의 사상가들은 "이치를 간직하고 욕망을 멸해야 한다"는 입장에 대해 끊임없이 반론을 제기했다. 하지만 리기심성론이라는 송명 리학의 핵심적 주제라든지 강상윤리를 수호하는 주도적 지위에 대한 그들의 반론은 리학을 초월할 수준에는 이르지 못했고, "이치와 욕망의 통일"(理慾統

---

36) 『陸九淵集』(中華書國, 1980), 권34, 「語錄上」.
37) 『王文成公全書』, 권2, 「答陸原靜書」, "必欲此心純乎天理而無人欲之雜."

一)이라는 주장은 어디까지나 소수자의 위치에 있을 수밖에 없었다. 그러므로 이치와 욕망을 대립시키는 학설이 쥐고 있던 헤게모니는 여전히 공고하였지만, 청초의 대진戴震이 지은 『맹자자의소증孟子字義疏證』이 나오면서 상황은 달라졌다. "인욕이 깨끗이 없어지면 천리가 유행한다"(人慾淨盡, 天理流行)는 주장의 어폐가 비로소 백일하에 드러난 것이다. 대진은 다음과 같이 외쳤다.

> 옛날에는 인간의 감정과 욕구를 추구함에 있어 잘못이 없도록 하는 것을 이치라고 여겼는데, 지금은 인간의 감정과 욕구를 떠나서 구하고 또 (감정과 욕구를) 참고 생각하지 않도록 하는 것을 이치라고 여긴다. 이러한 이치와 욕망의 구분은 천하의 사람들을 기만하고 허위적인 인간이 되도록 몰아가는 것이기 때문에 그 재앙은 이루 다 말할 수 없다.

대진으로 인해 사람들은 "이치가 사람을 죽일 수 있다"[38]는 것을 깨닫게 되었다.

철학자들은 지혜에 대한 사랑의 약조를 위반했으면서도 '도덕의 법정'에서 심판관 역할을 담당했으며, 편견을 가지고 있으면서도 그것이 '천리'인 것처럼 행세했다. 그리고 지성인들은 진실을 추구해야 한다는 직무를 더럽힌 채 '강상윤리'의 호위병이 되어 일부 의견이 '양지'인 것처럼 속였다. 이렇게 송명 리학의 이치와 욕망 담론이

---

38) 『孟子字義疏證』 卷下, 「權」, "古之言理也, 就人之情欲求之, 使之無疵之爲理; 今之言理也, 離人之情欲求之, 使之忍而不顧之爲理. 此理欲之辨, 適以窮天下人盡轉移爲欺僞之人, 爲禍何可勝言也哉?"

인간성을 말살하는 도구로 변질됨에 따라 중국철학의 창조적인 정신적 원천은 고갈되고 무수한 '학안學案'만 남겨 놓게 되었다. 이러한 의미에서, 유림내사儒林內史에 해당하는 『송원학안』, 『명유학안』을 유림외사儒林外史에 비추어 해독해 보면 중국의 전통철학이 "높게 있는 용이니, 뉘우침이 있다"(亢龍有悔)라는 효사와 같은 방향으로 나아간다는 사실을 금방 발견할 수 있을 것이다.

2) 인문적 언어환경의 전환

지혜는 생명의 각성상태이다. 생명을 열렬히 사랑하다 보면 반드시 지혜를 추구하게 된다. 철학은 본래 지혜에 대한 사랑의 학문이며, 중국철학은 생명을 사랑하는 중화민족이 지혜를 추구해 나간 여정이다. 그러므로 거시적인 변천이라는 측면에서 중국철학의 창조성을 고찰해 보면 민족정신과 그 생명지혜의 역사적 변천에 따라 인문적 언어환경(humanities context)도 끊임없이 변천해 왔음을 알 수 있다. 당나라 왕발王勃의 시에서도 이러한 의미를 읽어 낼 수 있다. "한가로운 구름은 연못에 그림자로 비치고 해는 느긋하게 지난다. 만물이 변하고 별자리가 옮겨 가니 몇 년이 지나 버렸구나."(閑雲潭影日悠悠, 物換星移幾度秋) 형상적인 비유를 통해 말하자면, 인문적 언어환경은 역사의 별이나 하늘과도 같이 세월 속에서 유유히 변해 가고, 철학의 창조성은 북두칠성처럼 생명의 지혜가 내뿜는 북극성의 빛을 에워싸고 쉼 없이 그러나 천천히 공전하는 것이다.

러셀의 정의에 따르면, 서양에서 말하는 '철학'(philosophy)이란 "신학(theology)과 과학(science)사이의 무엇"[39]이다. 모든 확실한(definite) 지식은 과학에 속하고, 모든 초월적인 도그마는 신학에 속하며, 그 나머지 부분인 '무인지대'(a No Man's Land) 즉 "사변적인 영혼이 흥미를 가지는 모든 문제"는 철학에 속한다. 물론 이러한 정의에 대해 반대가 없었던 것은 아니지만, 여러 가지로 해석이 가능한 '철학'이라는 개념의 의미를 맥락적 언어사용에서 벗어나 명료하게 밝혔다는 점에서 탁월한 발언이었다.

일반적으로 서양의 철학은 고대의 그리스에서 기원되었다고 알려져 있다. 탈레스에서 시작된 고대 그리스철학은 그리스문명이라는 특수한 언어환경 속에 녹아 있는 것이기에 당시의 신학 및 과학과 친밀한 관계를 맺고 있다. '만물의 근원'에 대한 밀레토스학파의 탐구는 고대 이집트와 고대 바빌로니아의 천문 관찰에 힘입은 바가 크고, 탈레스 자신 또한 그리스 과학정신의 탄생을 상징하고 있으며, 자연수에 대한 피타고라스학파의 종교적 숭배는 오르피즘의 교의에 담긴 신비주의에 근원한 것이었다. 서양 철학과 문화의 성장에 일정 정도 기여한 풍부한 원천은 바로 호메로스의 서사시와 그리스 신화였다.

아테네문명의 쇠퇴와 로마제국의 부흥으로 말미암아 고대의 그리스철학은 소크라테스, 플라톤, 아리스토텔레스라는 세 명의 위대한 철학자가 연이어 등장하여 번영을 이루었다가, 절정기를 지나면

---

39) 러셀, 『西方哲學史』 상(上海: 商務印書館, 1963), p.11.

서 급격히 쇠락한 채 헬레니즘시대로 진입했다. 뒤이어 기독교의 전파와 야만인의 침입으로 인해 유럽의 문명은 '암흑시대'로 진입하게 되었고, 철학은 신학의 시녀가 되었다. 그 와중에 아우구스티누스의 '참회'식의 반성과 토마스 아퀴나스의 '대전大全'식의 종합이 있기는 했지만, 중세 스콜라철학은 기본적으로 로마 교황청 중심 문화의 변호사 역할을 담당하고 『성경』 문헌의 논리적 주석으로서의 역할을 맡았을 뿐이었다.

르네상스, 종교개혁, 계몽운동과 낭만주의 사조가 잇달아 나타나면서 서양의 근현대 철학에는 미증유의 창조의 물결이 몰려왔다. 프랑스의 데카르트는 위대한 수학자이자 뛰어난 유리론唯理論 철학자였다. 독일의 라이프니츠는 단자론의 창설자이자, 미적분의 발명자이기도 하다. 이렇게 보건대, 인문적 언어환경 내부에서 언어적 패권이 타파되면 정신적 예속으로부터 해방되기에, 철학사상과 문예예술은 물론이고 생산기술, 과학기술까지 모든 영역에서 끊임없이 위대한 창조가 쏟아져 나오게 된다.

외연적 분류 차원에서 말하자면, 중국의 고전문헌에는 확실히 '철학'이라 명명된 분과학문이 없었다. 가장 오래된 『한서漢書』 「예문지藝文志」와 가장 최근의 『사고전서』를 막론하고, 그 속에서는 아리스토텔레스의 『형이상학』과 대등한 지위를 가진 형이상학 저서가 없다. 그래서 독일의 고전 철학자인 헤겔, 프랑스의 포스트모더니즘 철학자 데리다(1930~2004) 모두 중국에는 '철학'이 없다고 하였다. 사실 중국 고대에는 러셀이 정의한, 신학과 과학 사이에 형성된 이른바 '무인지대'로서의 철학에 해당되는 것이 존재하지 않는다. 그러나 우리는 이것을 민족정신의 크나큰 치욕이라고 생각할 것이 아니라 생명지혜의 특수한 선택이었다고 평가해야 할 것이다. 이유는 매우 단순하다. 중국 고대에는 고대 그리스의 '물리학'적 의미에서의 과학이 없었을 뿐만 아니라 히브리어의 『성경』 문헌과 같은 신학도 없었기에 자연히 그 양자 사이에 있을 '철학'도 존재할 수 없었던 것이다.

내용적 관통이라는 차원에서 말하자면, 중화민족은 분명 자신들의 철학적 사고를 가지고 있었기에, 서양의 각 문명들과 마찬가지로 생명을 사랑하고 지혜를 추구했다. 중화민족은 지혜에 대한 사랑을 부단히 이행하는 과정에서 우주의 무한한 신비를 탐색하고 정신적 안식처를 찾았으며 초월적이고 궁극적인 문제들을 차분하게 밝혀왔던 것이다. 따라서 중국에도 철학이 있었다고 분명하게 말할 수 있다. 러셀의 표현을 차용하자면, 중국의 철학은 "문학과 사학 사이에 놓인 무엇"이라 할 수 있다. 이러한 '철학'에는 동시성을 가진 고찰(천인관계에 대한 탐구)이 있는가 하면, 역사성을 가진 전망과 회고(고금의 변화에 대한 탐구)도 있고, 또한 초시성超時性을 띤 도덕과 언설(한 학파의 학설 등)도 있다. 후세에 모범이 될 만한 훌륭한 학설을 이룬 것을 두고 불후의 공덕을 이루었다고 말한다는 점에서 문학, 사학, 철학은 항상 혼연일체로 하늘을 떠받치고 땅 위에 우뚝 서서 '유인지대'(The Region of Man)를 이룸으로써 인문정신의 슬픔과 기쁨, 이별과 만남이라는 사상적 주제와 훌륭한 인격들의 전설에 대해 흥미진

진하게 서사해 왔다. 이렇게 본다면, 『노자』는 도덕을 논한 산문시
였고, 『논어』는 인仁과 지智에 대한 대화록이었으며, 『장자』는 제물齊
物에 대한 환상곡이었고, 『여람呂覽』은 제자백가들의 교향악이었고,
『사기』는 "운율이 없는 이소離騷"이자 "역사가들의 절창"이며 "철학
자들의 애상"이었다.

선진시기, "천도는 멀고 인도는 가까웠다." 염제炎帝와 황제黃帝의
충돌과 화합을 통해 중화의 여러 민족들은 하·상·주 삼대의 "예악
을 제정"했다. 그리하여 나날이 민족의식이 각성하고 도덕정신이 확
립되어 간 끝에 마침내 "문물제도가 빛나는" 문명의 경지에 도달했
다. 중국의 고대철학은 바로 이러한 삼대의 예악과 그 전장典章제도
라는 인문적 언어환경 속에서 싹트고 창조되어 나온 것이었다. 『한
서』 「예문지」의 추소追遡에 따르면, 선진시기 제자백가의 학설은 모
두 관아에 소속된, 서주의 예악문화에서 파생된 이론들이었다. 그들
의 사상과 학설은 '옛 학문'을 바탕으로 한 창조와 발명이었던 것이
다. 대표적으로는 공맹으로 대표되는 선진유가가 그러했다.

유가의 학자들은 사도司徒라는 관직에서 비롯되었다. 그들은 임금
을 도와 음양에 순응하고 교화를 밝히는 자들이다. 그들은 또한 육
예六藝의 문자를 읽히고, 인의를 마음에 담고, 요순의 도에 따르고,
주문왕과 주무왕의 제도를 본받으며, 공자를 종사宗師로 모시고 그
의 말씀을 중시하며, 도를 가장 높은 것으로 삼았다. 공자가 "만약
찬양되는 사람이 있었다면 그럴 만한 실증이 있을 것이다"라고 하
였듯이, 요순시대의 번성과 은주시기의 번영은 이미 그 효용이 실

증되었다. 그러나 미혹된 자들 때문에 유학의 핵심적이고 정미한 것들이 소실되어 갔으며, 사악한 자들은 그것을 시의에 맞추어 곡해함으로써 도의 본래 뜻에 어긋나게 되었다. 하지만 뭇 사람들의 환심을 산다 싶으면, 후학들은 그것을 따랐다. 이러한 까닭에 『오경五經』은 괴이하게 해석되고 유학은 점차 쇠퇴했다. 이것은 모두 사악한 유자들이 저지른 재앙이다.[40]

노자와 장자로 대표되는 선진도가 또한 마찬가지였다.

도가의 무리들은 사관史官에서 비롯되었다. 그들은 성공과 실패, 존립과 멸망, 화복에 관한 고금의 도를 기록함으로써 요령을 터득하고 근본을 장악하였으며, 청허한 마음가짐으로 자신을 수호하고 유약하고 겸손한 자세로 자신을 지켰다. 이것이 바로 임금의 통치술이다. 그것은 겸양한 요임금의 미덕에 부합하였으니, 『역』에서 말하는 '겸손하고 또 겸손함'이다. 겸손으로 일관되게 하면 천도, 지도, 귀신, 인도를 이롭게 할 수 있으니, 이것이야말로 통치의 방법 중 가장 오래갈 수 있는 것이다. 그런데 제멋대로인 자들이 도가의 학설을 내세움에 이르러, 예의를 절단시키고 인의를 저버린 채로 그저 청정무위하기만 하면 나라를 다스릴 수 있다고 하게 되었다.[41]

위의 두 인용문은 유가와 도가가 가진 창조성, 가치이념의 편향, 사회의식의 폐단에 대한 반고班固의 역사적 개괄이다. 그의 서술에

---

40) 『漢書』, 권30, 「藝文志」.
41) 『漢書』, 권30, 「藝文志」.

는 한나라 초기의 황로학과 양한시기의 '유술儒術'에 대한 평가와 분석이 담겨 있다. 더 나아가 『장자』 「천하」편을 참고한다면 인문적 언어환경의 전환이 명확하게 보인다.

옛 위인들은 인간으로서의 덕을 잘 갖추고 있었다. 그들은 신명神明의 덕과 짝하고 천지를 본떠 행동하였으니, 만물을 생육하고 천하를 화합시켜 은택이 모든 백성들에게 미쳤다. 이들은 치세의 근본원리에 밝아서 법제를 만들어 세상을 다스렸다. 그러므로 도가 사면팔방으로 통해서 만물의 대소大小·정조精粗에 상관없이 어디에도 적용되지 않음이 없었다. 그 중에서도 도가 제도로 나타난 점들은 역사서에 아직도 많이 기재되어 있다. 또한 『시경』, 『서경』, 『예기』, 『악기』에 나와 있는 규범들은 공맹을 따르는 선비들과 관리 및 학자들이 대부분 밝히고 있다. 『시경』은 인간의 감정을 표현한 것이고, 『서경』은 세상의 역사를 기술한 것이며, 『예기』는 인간의 행실에 대해 설명한 것이고, 『악기』는 만물의 조화를 논한 것이며, 『주역』은 음양을 설명한 것이고, 『춘추』는 군신의 명분을 밝힌 것이다. 그러다가 이러한 도가 천하에 퍼져 여러 나라에 베풀어졌으니, 백가의 학문은 저마다 이것을 논한 것들이다.…… 이들은 천지의 아름다움을 억지로 판단하고 만물의 이치를 인위적으로 분석할 뿐이어서, 옛사람들의 학문을 살펴서 천지의 아름다움을 갖추고 신명의 덕을 설명해 줄 이들이 거의 없다. 그러므로 안으로 성인의 덕을 갖추고 밖으로 왕도를 행하는 도리가 막혀서 드러나지 못하는 것이다. 천하의 사람들은 각기 자기가 좋아하는 것을 행하면서 그것이 진정한 학문이라고 생각하고 있다. 슬프구나! 모든 학자들이 자기가 생각하는 방향대로 내달려서 돌아올 줄 모르니, 결코 합일될 수가 없다. 후세의 학자들은 불행하게도 천지의 순수한

모습과 옛사람들의 소박한 덕을 보지 못했다. 도에 관한 학문조차
도 천하의 학자들에 의하여 분열되려 한다.[42]

전국 말기에 성립된 「천하」편은 중국 고대사상이 선진시기의 제
자백가에서 양한의 경학으로 전환할 때의 상징으로 흔히 간주된다.
위의 인용문에는 다음의 세 차원의 뜻이 담겨 있다. 첫째, 천지가
화순化醇하고 만물이 양육되며 신명과 인간이 서로 어울려서 천하가
태평했던 상고의 화합적 생존환경과 그 문물제도의 자취가 바로 중
국의 전통철학과 고대 문화의 원시적·인문적 언어환경이라는 것이
다. 둘째, 춘추시대의 제자와 전국시대의 백가, 그리고 공맹을 따르
는 선비들과 관리 및 학자들이 설명한 『육경』의 취지는 다 각자의
이해와 주장들로서, 이것이 바로 선진철학이 낳은, 학술이 번영하고
다원화된 인문적 언어환경이라는 것이다. 셋째, 진한교체기에 "(천
하가 공유하는) 대도가 이미 사라지고 천하를 사적 소유물로 생각하
며" "백가들이 방법과 취지를 달리하기" 때문에 도를 탐구하는 학문
조차 분열되고 있었는데, 이것이 바로 도가와 유가가 차례로 타 학
문과 뒤섞여서 권력화·도구화되는 등 그 의식형태가 '대일통大一統'
하는 인문적 언어환경이라는 것이다.

---

42) 『莊子』, 「天下」, "古之人其備乎! 配神明, 醇天地, 育萬物, 和天下, 澤及百姓, 明于本數,
系於末度, 六通四辟, 小大精粗, 其運無乎不在. 其明而在數度者, 舊法世傳之史尚多有之.
其在於詩, 書, 禮, 樂者, 鄒魯之士搢紳先生多能明之. 詩以道志, 書以道事, 禮以道行, 樂
以道和, 易以道陰陽, 春秋以道名分. 其數散於天下而設於中國者, 百家之學, 時或稱而道
之.……判天地之美, 析萬物之理, 察古人之全, 寡能備於天地之美, 稱神明之容. 是故內聖
外王之道, 暗而不明, 鬱而不發, 天下之人各爲其所欲焉以自爲方. 悲夫, 百家往而不反, 必
不合矣. 後世之學者, 不幸不見天地之純, 古人之大體, 道術將爲天下裂."

만약 선진시대를 중국철학의 창조적인 발명기라고 한다면, 양한 시기는 중국철학의 '감통기感通期'라고 할 수 있다. 그 발명기에 있어서, 생명의 지혜에 대한 깨달음은 주로 제자諸子들의 산문을 통해 서술되었고 민족정신은 '도덕의 의미' 중 '도'의 측면에서 여명의 서광을 맞게 되었다. 뒤이은 감통기에서 학자들은 군더더기 말을 늘어놓아 글을 꾸미고 상수象數를 불려 가는 수사적 문체를 사용하여 천인관계를 과장했다. 이러한 상황에 이르자, 민족의 정신과 그 생명의 지혜에는 번잡하고 신비로운 것을 좇는 감응의 기상이 나타났다. 사마담司馬談의 『논육가요지論六家要指』에 따르면, 한나라 초기의 황로학은 선진도가의 노자에 근거하여 음양가, 유가, 묵가, 명가, 법가 등의 제자사상을 혼합한 것이었다. "그 주장은 사시운행의 순서에 관한 음양가들의 학설에 근거하고, 유가와 묵가의 선善을 취하였으며, 명가와 법가의 근본을 모은 것이었다."[43) 유교만을 숭상해야 한다는 '독존유술獨尊儒術'을 주장했던 동중서의 『춘추번로春秋繁露』 또한 오히려 제자백가의 학설을 더욱 뒤섞은 것이었다. 이를테면 「심찰명호深察名號」는 명가의 문필이었고, 「천지음양天地陰陽」은 음양가의 사유였으며, 「교의郊義」와 「교어郊語」는 유가적 구도였다. 이렇게 뒤섞이고 뭉뚱그려진 사상들에게 창조성을 기대하기는 어려웠다. 따라서 이 시기의 사상가들은 화려한 시와 부, 형상적인 비유, 신비로운 유추 등 수사적 기법을 사용하여 그 흠을 덮어 감추려 애쓰지 않을 수 없었다.

---

43) 『史記』, 권130, 「太史公自序」, "其爲術也, 因陰陽之大順, 采儒墨之善, 撮名法之要."

양한시기의 도덕과 학문이 비록 당당한 기세를 갖추고 한왕조의 화려한 기상을 아주 잘 구현해 내기는 했으나 그것은 대부분 사마상여의 「천자유렵부天子遊獵賦」의 경우와 같이 고위층의 명에 따라 지은 것들이었다. 거의 모든 작품들이 "한나라의 제도"를 찬송하고 해설하고 논증함과 아울러 넌지시 충고하고 완곡히 타이르는 것들이었다. 그러므로 그 속으로 들어가 보면 온통 허구적이고 사실이 아닌 "실존하지 않는 사람"(亡是公)들로 가득 차 있었다. 『문선文選』의 '한부漢賦'를 참을성 있게 읽어 보면 단어들이 마치 밀려드는 조수마냥 범람해 있음을 느낄 수 있고, 초공焦贛의 『역림易林』을 깊이 연구해 보면 상수가 순환적으로 파생됨을 체득할 수 있다.

"반대로 돌아가는 것이 도의 움직임이다." 유가 학설의 명교화가 사람들로 하여금 갈피를 잡지 못하게 하고 경학의 도참화가 사람들을 꼭꼭 숨어 버리게 하니, "명교를 넘어서서 자연에 맡기는" 자유로운 행실과 "탕왕과 무왕을 틀렸다 하고 주공과 공자를 가볍게 여기는" 사상적 해방이 정서적으로 터져 나오지 않을 수 없었다. 양한은 창조성이 풍부한 시대였기에 천문, 역산曆算, 의약, 시가, 사학 등 여러 방면에서 미증유의 성과를 거두었다. 그러나 사상의 방면에서는 상황이 좋지 못했다.

무제가 오경박사를 두고 제자원弟子員을 열어 교과목을 내걸고 시험을 치르며 관작과 봉록을 권유하기 시작하여 원시元始 연간에 이르러 끝을 낼 때까지 백여 년이 넘었다. 따라서 그 학업을 전수하는 자가 무수해지고 가지가 무성해져서 경 하나를 놓고 백만여 자

로 풀이하니, 대가가 많아져서 천여 명에 이르렀다. 대개 출세의
이익이 그들을 그렇게 만든 것이다.[44]

유가학문인 경학이 일단 "출세의 수단"이 되고 나자 사상창조
의 원천인 영감은 곧 억지로 갖다 붙이는 장구에 잠겨 버렸다. 그
러자 한나라 말기에서 위나라 초기로 넘어가던 시기에 경학은 쇠
락하게 되고 인물의 '재능과 됨됨이'(才性)를 화제로 삼는 '청담의
풍조'가 자연스럽게 일어나 학술 사상계에는 다시 일말의 희망이
보이게 되었다.

장기간 천하가 분열되어 정권교체가 빈번하고 걸핏하면 전쟁이
벌어지던 혼란의 시대가 바로 위진남북조시대였다. 정치계에서는
서로 배척하고, 사회에는 살기가 가득했으며, 아침저녁으로 목숨을
장담할 수 없었다. 바로 이러한 공동체 전체의 구조적 위기 속에서
개인의 가치가 확립되고 주체의식이 각성되면서 학술사상이 활발해
지고 철학적 창조가 다시 이루어졌다. 위진의 현학은 선진 제자백가
의 뒤를 이어 중국철학사에 다시 드리워진 빛줄기 같은 학설이었다.
따라서 현학의 출현으로 사상이 해방되고 학술이 다원화되는 새로
운 창조의 시대를 맞게 되었다. 그러나 선진시기의 "도덕의 의미"
중 '도'와 그 산문시적인 서술방식에 비교해 보았을 때, 위진시기에
분석하고 식별했던 유무에 관한 "현묘한 이치"는 너무 추상적이어

---

44) 『漢書』, 권88, 「儒林傳」, "自武帝立五經博士, 開弟子員, 設科射策, 勸以官祿, 訖於元始,
百有餘年, 傳業者浸盛, 支葉蕃滋, 一經說至百余萬言, 大師衆至千余人, 蓋祿利之路然也."

서 말로는 그 함의를 모두 담아내지 못했다. 특히 죽림칠현竹林七賢의 반역과 방탕함은 비록 명교에 대한 비판정신이 충만했지만 생명의 지혜를 꺼뜨리는 요소도 지니고 있었다.

명교의 구속으로부터의 일시적인 탈출이라 할 수 있는 현학은 철학사상에 맑고 신선한 자연의 숨결을 안겨 준 것으로, 문학의 창작과 철학의 이론구상이 교모하게 결합한 것이었다. 바로 이 때문에 현학은 위진시기의 인문적 언어환경 안에서 사람들의 주목을 가장 많이 끄는 화제가 되었다. 도연명의 전원시와 『도화원기桃花園記』는 풍부한 철학적 이치를 담고 있는 탁월한 문학작품이었고, 곽상『장자주』(특히 「소요유」)의 '현묘한 경지'(玄冥之境)는 문학적 정취가 듬뿍 풍기는 뛰어난 철학저술이었다. 그러나 의식적인 생명지혜 배척은 이론적 학설이 깊숙하고도 어두운 서글픔의 색채를 띠게 하였다. 고독감과 허무감은 위진시기 인문적 언어환경 속에서 가장 사람들을 감동시켰던 풍모였다. 조조의 「단가행短歌行」에 나오는 "술잔을 들고 노래를 부르노라. 인생이 얼마나 되더냐"라는 대목은 사람들로 하여금 근심에 잠겨 있는 모습을 잊을 수 없게 하고, 완적阮籍의 『영회시詠懷詩』에 나오는 "종신토록 얇은 얼음 위를 걷듯이 하는데, 애끓는 내 마음을 누가 알리오!"(終身履薄冰, 誰知我心焦)라는 대목은 애통함이 극에 달하게 한다. 간보干寶의 『수신기搜神記』와 갈홍葛洪의 『포박자抱朴子』는 "귀신을 과장하고 기이한 것을 노래하는"(張惶鬼神, 稱道靈異) 것으로, 신비한 도리를 펼쳐서 교화를 진행하는 새로운 사상적 소재를 선보였다.

한마디로 말해, 위진시기는 중화의 민족정신이 어디를 둘러보아도 막연하기만 했던 '현명기玄冥期'였다. 현학이 처한 인문적 언어환경은 한편으로는 생명의 지혜가 전원에로 회귀하여 자연의 산과 물을 마음껏 감상하게 만들기도 했지만, 다른 한편으로는 주체적 정신을 너무나 고독하고 여위고 허약하게 만들어 어찌할 도리도 모르면서 행실만 방종하게 해서 그 정신으로 하여금 세속 예법의 구속을 받지 않는 현묘하고 고원한 풍모를 드러내게 하였다.

수당시기는 고대 중국이 크게 번창했던 시기이다. 특히 당 왕조는 모든 것을 수용하는 넓은 도량을 가졌다. 이 시기에 들어 중국의 각 지역이 크게 개발되고 민족대융합이 이루어졌으며, 문화교류가 광범위하게 진행되어 인문적 언어환경에 신선한 사상적 혈액과 정신적 양분이 주입되었다. 수당 불교학과 "성정의 근원"에 대한 그들의 끊임없는 탐구는 철학적 이론 차원에서 문화적 신앙의 확장, 격동적 융합과 섭취, 사고능력의 정진, 생기 넘치는 당나라 인문정신의 풍모를 정확하게 표현해 냈다.

문화의 번영과 발전이라는 측면에서 보자면, 시가창작은 수당시기 인문적 언어환경의 주인공이자 민족정신의 풍성한 성과였다. "이두(이백과 두보)의 문장이 남아 있으니, 광염이 만장이나 뻗치는구나!"(李杜文章在, 光焰萬丈長)라는 시구가 이를 잘 보여 주고 있다. 고전시가가 대풍작을 누리던 이 시절에 학술사상 영역에서도 찬미할 만한 큰 일이 두 가지 있었다. 그 중 하나는 "인도로 가서 경전을 구함"(西天取經)이다. 불교 경전은 히말라야산맥을 돌아 실크로드를 타고 동방에 자리한 당나라에 정착하여 민족문화라는 대가족의 일원이 되었다. 다른 하나는 고문운동이다. 이 시기에 유교윤리는 번거로운 장구의 훈고로부터 깨어났고, 유가의 인의도덕은 주체적 정신인 "성정의 근원"에 새롭게 뿌리를 내리게 되었다. 한눈으로 다 담아낼 수 없는 불교의 이국적 정취와 광대하고 심오한 반야의 지혜, 미묘하고 난해한 열반의 실상에 직면한 중화민족의 뛰어난 인재들은 거의 불교의 중국화라는 창조활동에 몰두하였다. 그리하여 "현묘한 이치의 독화"라는 황량한 지혜의 들판에서 '극락세계'로 통하는 사상적 이정표를 확립했다. 수당시기의 철학 이론의 융합적 특징들은 포용적이고 관대하며 시적 정취와 운율을 지녔으니, 이것은 이 시기의 인문적 언어환경이 낳은 산물이었다.

양한시기 중국에 전래된 불교는 500여 년이란 세월 속에서 충돌하고 원융회통하는 과정에서 "흙탕물 속에서 자라났지만 더러움에 물들지 않는" 연꽃과도 같은, 고상한 사람이든 속된 사람이든 모두 다 감상할 수 있는 '묘법연화妙法蓮華'의 존재로 재탄생했다. 그리고 도교는 원시적인 신선사상과 방술사상에서 점차 벗어나 갈홍, 구겸지寇謙之, 도홍경陶弘景 등에 의해 제련되고 다듬어져서 묘당廟堂과 산림山林에 그 가르침을 전파하였으니, 마치 "오래도록 볼 수 있고 뿌리가 깊고 굳건한" 가을 들판의 황금 국화와도 같은 존재가 되었다. 한편 유교는 고문운동의 부흥과 시련의 시기를 거치면서 "출세의 수단"으로서만 오용되던 떳떳하지 못한 과거를 씻어 버리고, 마침내 점잖고 고귀하며 지조를 잃지 않는 '낙양의 모란꽃'과 같은 존재로 변모했다. 포용적이었던 당나라 시기의 종교정책은 유교, 불교, 도교가 서로 충돌하고 융합하는 가운데서 새롭게 창조되고, 이러한 새로운 창조 속에서 다시 충돌하고 융합하는 과정을 거치면서 서로의 아름다움을 돋보이게 하도록 만들었다.

오대십국의 참혹한 살육의 현장은 백화를 몰살시키고 학술 문화도 쇠퇴시켰지만, 북송 정권이 들어서자 정부와 민간 모두 문화와 도덕을 중시하고 무력을 가볍게 여기는 방향으로 나아갔다. 그리하여 민족정신과 그 생명의 지혜는 호방하면서도 완곡하고 함축적인 인문적 언어환경 속에서 당시唐詩의 아름다움에 견줄 수 있는 송사宋詞를 만들어 내고 선진 제자백가에 비길 만한 리학체계를 확립했다. 그리고 서원을 널리 세워 유교 경전을 강의하고, 학교를 설립하여 지성인을 배양하였다. 북송과 남송은 "문화와 도덕으로 나라를 다스렸기에" 한편으로는 국가 정권에 대한 학자들의 자각적인 의존성을 강화했는가 하면, 다른 한편으로는 민생에 대한 문인들의 직접적인 체험과 철학사상에 대한 자유로운 창조를 촉진했다. 깊은 우환의식과 숭고한 역사적 사명감은 "천지를 위해 마음을 세우고, 백성을 위해 명命을 세우며, 지나간 성인의 끊어진 학문을 잇고, 후세를 위해 태평한 세상을 여노라"(爲天地立心, 爲生民立明, 爲往聖繼絶學, 爲萬世開太平)와 같은 호탕한 기개를 떨치게 했다.

하지만 무거운 도덕적 의무감과 강렬한 정치적 책임의식은 개성을 억제하고 감정적 욕망을 제거하였으며, 이단을 공격하고 문호를 개방하지 않는 내성적인 태도를 유발하기도 했다. 송명 리학이 제기

94

한 리기심성의 "이치와 욕망" 문제는, 한편으로는 상업경제의 발달과 시민의식의 각성을 촉진하고 생활환경과 사회발전의 원동력으로서의 감정적 욕망 등을 간접적으로 반영하였지만, 다른 한편으로는 천하를 사적 소유물로 간주하는 전제주의적 패도와 옛것을 답습하기만 하는 사대부들의 보수성, 역사적 진보에 대한 지성의 견제작용을 집중적으로 드러냈다. 따라서 강상윤리의 재건 과정은 생명지혜가 시들어 가는 진도와 거의 보조를 같이했다. 송명 리학의 "리기심성에 대한 논변"은 중국철학의 창조적 정신이 최고봉에 이르렀음을 과시함과 동시에 "높게 있는 용이니, 뉘우침이 있을 것"이라는 곤경에 직면한 것이었다.

청대의 인문적 언어환경은 더욱 내향적으로 변했다. 특히 정주 리학이 교조화의 길에 들어서게 되자 훈고학적 고증에 집착하는 '한학漢學'이 성명의리性命義理를 연구하는 '송학宋學'을 대체하기에 이르렀다. 『사서대전四書大全』, 『성리대전性理大全』 식으로 담론과 문자사용이 억압됨에 따라 자유롭게 사색하던 중국 고대철학의 전통이 단절되고 창조적 정신은 위축되었다.

청나라에서 민국 초기에 이르기까지 중국에서는 내우외환이 끊이지 않았으며, 민족정신은 유린당할 대로 당했고 생명의 지혜는 혼수상태에서 깨어나지 못하고 있었다. 이 시기의 인문적 언어환경에서는 장회章回소설의 창작과 평론이 있기는 했지만, 전체적으로 평가하자면 가치의 혼란, 도덕의 비극, 이상의 파멸이라고 할 수 있다. 인정仁政에 대한 '유비劉備'의 역설, '송강宋江'의 충의의 비가悲歌, 지혜와 용기에 대한 '손오공'의 저주, '가보옥과 임대옥'의 사랑의 어리석음 등이 그것인데, 이러한 허구적 문학의 정취는 동일한 화제를 재차 하소연한 것이었다. 다시 말해 가치기준이 사라지고, 정신세계는 사람이 떠나 덩그러니 남아 있는 빈집과 같은 형편이었다. 게다가 무턱대고 '공가점孔家店'을 때려 부수니, 백화문의 언어환경이 아직 형성되지도 않은 상태에서 문언문의 언어환경이 사라져 버리고 말았다. 결국 중국철학은 새로운 창조를 위한 적절한 수단을 가지지 못했을 뿐만 아니라 제대로 된 필사기호도 가지지 못했기 때문에, 뜻을 품고 덕을 지닌 많은 사람들은 부득이하게 고향을 떠나 멀리 외국으로 건너가 서양의 학설과 사상을 배움으로써 "구국구민救國救民의 진리를 탐구"해야만 했다. 그리하여 근현대의 중국철학은 외래사상을 도입하기에만 급급하여, '신학'을 표방하기도 했지만 사실 별반 새로운 창조를 낳지 못했다.

3) 해석학적 문헌의 전환

텍스트 즉 문헌은 사상을 표현하는 기호의 자취이자 지혜를 얻게 하는 문자의 보고서이며, 주체적 정신이 자아를 초월하도록 하는 정보의 교량이다. "배우기만 하고 사색하지 않으면 어둡고, 사색만 하고 배우지 않으면 위태롭다"라고 하였듯이 철학자는 반드시 일정정도 문헌에 대해 학습, 사색, 해석의 과정을 거쳐야만 시대정신의 핵심적 화제를 정확하게 추출해 낼 수 있다. 그리고 이것을 민족정신과 생명지혜의 인문적 언어환경에 전면적으로 융합시킴으로써 철학사상의 끊임없는 창조 과정에 자신의 이름과 흔적을 남길 수 있는 것이다.

표현형식의 측면에서 보자면, 철학의 새로운 창조는 언제나 수많은 위대한 사상가들에 의해 완성되었다. 그래서 새로운 이론이나 학설은 언제나 그들의 이름으로 명명된다. 공맹의 도, 노장의 도, 정주리학, 육왕심학 등이 바로 그런 예이다. 그러나 생성구조의 측면에서 보자면, 새로운 창조는 무에서 유를 낳는 식의 허구와 조작의 공허한 무더기가 아니라, 생생지도生生之道에 근거하여 "묵은 것을 새로운 것으로 변모시키는" 것이다. 이는 역사 문헌에 대한 지혜로운 해석을 통해, 특히 기본 문헌에 대한 철학적 해석을 통해 낡은 것을 버리고 새것을 만들어 내는 작업이다. 해석학적 문헌(hermeneutical text)의 전환은 중국철학이 새롭게 창조되고 전승될 때 나타나는 특징으로, 문헌적 측면에서 드러나는 학술유파 창립의 상징이다.

화이트헤드는 서양철학이 플라톤에 대한 주석이라고 말한 바 있다.45) 이는 완전히 정확한 말은 아니지만 인문학의 발전에 있어 해석학적 계기를 마련해 주었다. 사실상 플라톤의 『대화편』은 소크라테스의 이름을 빌려서 쓴 것이므로 오히려 플라톤이 소크라테스에 대한 주석이라고 볼 수도 있지만, 문제의 핵심은 주석하는 수준이 원문보다 높은지의 여부이다. 만약 그 수준이 원문보다 훨씬 높다고 한다면 주석이라는 형식을 통해 철학사상을 새롭게 창조하는 것이

---

45) 화이트헤드, 『過程與實在』(中國城市出版社, 2003), p.70.

어찌 불가하겠는가? 육구연이 말했다시피 "학문함에 있어서 근본을 안다면 육경은 모두 나에 대한 주석"(學苟知本, 六經皆我注腳)[46]인 것이다. "육경이 나를 주석하고 내가 육경을 주석한다"는 해석학적 순환에서는 때때로 누가 누구를 주석하는지 명확하게 말할 수 없다. 이를테면 "곽상이 장자를 설명하고 있다고 사람들은 말하지만 나는 장자가 곽상을 설명하고 있다고 생각한다"는 것과 같이, 사상의 창조만 있다면 그 말을 글의 윗부분에 써 놓든지 아랫부분에 각주로 달든지 또는 중간에 삽입해 넣든지 간에 그것들은 모두 격식의 차이일 뿐 내용에 영향을 주지는 않는다.

　　선진시기는 중국철학의 맹아기이고 창시기이며 기본 문헌들이 저술되고 결집되는 시기였다. 선진 제자백가들의 창조적 사상은 산문이라는 형식을 통해 직접 서술되었기에 일부의 단락에서만 그 이전의 문헌을 인용하여 증명할 뿐 일반적으로 후세와 같은 그러한 장구와 '주소注疏' 및 '집해集解'가 없었다. 그러나 『장자』 「천하」편과 『사기』 「공자세가」 그리고 『한서』 「예문지」 등의 사료에 근거해 보면 제자백가들도 근거로 삼는 문헌들이 있었다. 노자는 오늘로 치면 국가박물관 혹은 도서관의 관장에 해당하는 주왕실의 '수장사守藏史'의 지위에 있었으므로 두말할 나위도 없이 삼대의 문헌을 열독하고 해석했을 것이다. 그리고 『장자』는 바로 『노자』의 가장 좋은 '주석'이다. 또한 공자는 어려서부터 예를 배우고 "전술傳述할 뿐 멋대로 지어내지 않았으며 옛것을 믿고 좋아했다." 그는 성장한 후 '육예'를

---

46) 『陸九淵集』, 권34, 「語錄上」.

정리하였고, "책을 맨 가죽 끈이 여러 차례나 끊어질 정도로 『주역』을 읽은" 뒤에 『주역』으로 대표되는 서주의 예악문화를 설명해 냈다. 그리고 공자의 사숙제자인 맹자의 『맹자』 일곱 편은 『논어』에 대한 가장 좋은 주석이다. 선진의 제자백가들은 보수적인 후세의 '학습법'과는 달리, "하문하는 것을 부끄럽게 여기지 않았고" "낮은 것을 배워 위로 통달"했다. 그들은 "도덕의 의미" 중 '도'를 설명함에 있어, 하나의 서적에만 매달리는 것이 아니라 광범위하게 지식을 섭렵하고 대담하게 혁신과 창조를 하였다. 바로 이러한 바탕이 있었기에 선진의 철학은 백화제방이라는 찬란함을 이루어 낼 수 있었던 것이다.

진시황이 '분서'라는 엄청난 일을 저지른 후, 삼대의 문헌들은 거의 다 유실되고 제자의 학설들도 구두로만 전해지기에 이르렀다. 게다가 뒤이은 한나라 또한 방술을 중시하고 도학을 경시하였다. 따라서 양한의 철학은 전반적으로 『오경』을 해석학적 문헌으로 삼았는데, 동중서의 『천인삼책天人三策』과 『춘추번로』는 양한시기 천인관계 연구에 있어 가장 수준 높은 철학 저술이었다. 동중서는 금문경학에 해당하는 『춘추공양전春秋公羊傳』을 해석학적 근거로 삼아 중시했다. 『공양전』은 의리에 대한 해석을 중시하고 간단한 말이지만 심오한 뜻을 전한다는 '미언대의'를 많이 주장하였기에 '대일통'에 대한 한 왕조의 요구를 잘 만족시켜 주었다. 이 시기 주장되는 학설은 대개 음양오행과 형명법술刑名法術 등 다양한 사상과 방법이 혼재된 것이었는데, 동중서의 천인감응론은 감통기상感通氣象으로 대표되는 그 시대의 경학적 특징을 매우 분명하게 구현했다고 할 수 있다.

정시正始 연간에 하안은 『논어』를 주석하면서 노자와 장자를 인용하여 공자와 맹자를 설명함으로써 '현명玄冥'이라는 학풍을 열었다. 그리고 왕필은 『노자』와 『주역』을 주석하면서 한대의 상수적인 감응론을 일소하고 "무를 근본으로 하여" 자연에로 돌아갈 것을 주장하였다. 이후 상수向秀와 곽상이 등장하여 『장자』를 주석하였으니, 그들은 "소요의 뜻"을 밝히고 "현명의 경지"를 가상했으며 이름(名)을 분별하고 이치(理)를 분석하여 망언망상忘言忘象의 경지에 도달했다. 그리하여 '삼현三玄'이라 불렸던 『장자』, 『노자』, 『주역』은 현학의 해석학적 문헌이 되었다. 이는 유교와 도교 사상이 결합해 나가는 융합의 추세를 그대로 반영한 것이었다.

『사십이장경四十二章經』의 번역에서부터 600권에 달하는 『대반야바라밀다경大般若波羅密多經』의 간행에 이르기까지, 인도의 불교 경전은 끊임없이 동방으로 유입됐다. 따라서 불교 경전을 강독·번역·주석·해설하는 것이 수당시기의 학술풍조가 되었다. 이름난 중국의 불교 종파들은 일반적으로 경률經律인 삼장三藏을 받드는 것을 전제로 하여, 그 중 경전 몇 권을 골라 자기들의 '종경宗經'으로 삼았다. 천태종은 『묘법연화경妙法蓮華經』(『法華經』)을 해석학적 문헌으로 떠받들었고, 화엄종은 『대방광불화엄경大方廣佛華嚴經』(『華嚴經』)을 입론 근거로 삼았으며, 선종은 먼저 『능가아발다라보경楞伽阿跋多羅寶經』(『楞伽經』)을 핵심 경전으로 삼았다가 다시 『금강반야바라밀경金剛般若波羅密經』(『金剛經』)으로 전법傳法했다. 그리고 혜능慧能의 남종南宗은 『단경壇

經』을 만들어 내어 마음을 밝히고 본성을 관조했다. 개괄적으로 말하자면 불교 경전은 수당시기 철학사상의 원융회통과 이론창조를 뒷받침하는 해석학적 문헌의 역할을 했던 것이다.

불교경전은 산스크리트어로 성립된 외래 문헌이기 때문에 중국어로 번역되었다. 그러나 비록 서술기호가 바뀌었다고 하더라도 "속세를 떠나 버리는" 그 열반정신에는 변함이 없었기에 세상을 구제하는 유교적 윤리와의 가치충돌이 발생했다. 한유의 필사적인 「간영불골표諫迎佛骨表」 상주를 시작으로 엘리트 지식인들은 불교를 이단시하면서 민족정신의 가치적 존엄을 수호하고자 나섰다. 북송과 남송에 이르러 이러한 민족주의적 정서는 한 걸음 더 나아가 '공맹의 도통'을 부흥시키는 사상적 조류로 변모했고, 결국 불교와 노자를 비판하는 학술적 심판으로 변형되었다.

객관적으로 말하자면, 송명 리학은 유·불·도 삼교사상이 장기간 원융회통한 지혜의 결정체이기에 불교사상과 도교 학설은 송명 리학의 형성에서 빼놓을 수 없는 이론적 기여를 했다. 그러나 송명 리학이 엄격한 "이치와 욕망의 변별"이라는 화제에 끌려 다니고 '공맹 도통의 부흥'을 요구하는 여론에 지배당하면서, 불교의 경전들은 철학적 해석학이라는 무대로부터 쫓겨나고 『대학』, 『중용』, 『논어』, 『맹자』로 구성된 사서四書가 리학의 해석학적 문헌으로 확정되었다. 그 결과 주희의 『사서장구집성四書章句集成』은 원·명·청 삼대의 철학 교과서가 되었다. 개별 학술이 창조했던 문자적 유산들이 이제는 철학이론의 창조를 억압하는 질곡으로 변질되어 버린 것이다. 그리하여 해석학적 문헌은 더 이상 사상창조의 '버팀목'이 되지 못하고 오히려 시대정신의 "쓸쓸한 궁궐터", 민족정신과 생명지혜의 '묘지', 되는 대로 살아가고 생계만을 유지하면 그만인 인문학자들의 '의발衣鉢'로 되어 버렸다.

중국철학의 기나긴 발전 과정을 돌이켜 보면 사상과 학설이 창조되던 시대에는 항상 세 가지 변화가 나타났음을 발견할 수 있다. 첫째, 핵심적 화제는 시대정신에 호응하여 변화되기에 천년이 가도 변화되지 않는 철학의 근본문제라는 것은 존재하지 않는다. 둘째, 인문적 언어환경은 민족정신과 생명지혜의 깨달음에 따라 변화되기에 만고불변하는 철학의 이론 범주란 있을 수 없다. 셋째, 해석학적 문헌은 주체정신과 그것의 자유로운 창조적 선택에 따라 전환되는 것이기에 백과전서와 같이 사방에 두루 통하는 진리의 텍스트란 존재하지 않는다. 지혜에 대한 사랑을 사명으로 하는 서양의 철학은 헤라클레이토스가 말한 '횃불'과도 같이 "일정 정도 연소되다가 일정한 정도에서 꺼지는 것"[47]이었다. 이것은 『주역』「계사전」에서 말한, "낳고 또 낳아 가는 역"(生生之易)에 대해 "변동하여 제자리에 있지 않고 육허六虛에 두루 흘러 위아래가 고정되지 않으며 강유剛柔가 서로 바뀌므로 고정된 법도가 될 수 없으니, 오직 변화하는 대로 따라갈 뿐이다"(變動不居, 周流六虛, 上下無常, 剛柔相易, 不可爲典要, 唯變所適)라고 말했던 것과 비슷하다.

---

47) 苗力田, 『古希臘哲學』(中國人民大學出版社, 1989), 37쪽.

3. 일신되는 화합학의 노력

화합학은 중국의 전통철학이 세계화라는 문화적 환경 속에서 다시 태어날 수 있는지 시험해 보는 것이며, 중국철학의 범주와 논리구조를 '생생지도生生之道'라는 핵심적 화제 속에서 새롭게 태어나게 하고자 하는 고된 연구이다. 아울러 이것은 오랜 시간 중국철학과 전통문화의 연구에 종사해 온 저자 자신에 대한 자아초월이다. 이러한 화합학의 성격은 이 학문이 헤겔식의 사변적 체계가 아니라 "과정 속에서" 나날이 새로워지는 노력이도록 만들었다.

'화합'이란 두 글자는 '천도'와 '인도'에 관한 거의 100개나 되는 중국철학의 범주를 체계적으로 정리[48]하는 가운데서 체득해 낸 중국적 인문정신이다. 따라서 화합학은 그 시작부터 민족정신과 그 생명의 지혜라는 "원천에서 흘러나오는 맑은 물"(源頭活水) 속에 흠뻑 젖어 있다고 보면 된다.

1) 『국어』 영역에서의 화합상생의 함의

'화합'이란 단어에 대해서 일반적으로 두 가지 오해가 발생한다. 그 중 하나는 어원에 관한 것으로, 화합을 불교의 술어로 보는 것이다. 이런 오해는 불교 경전을 번역하는 과정에서 가장 먼저 나타났

---

48) 張立文, 『中國哲學範疇發展史 ― 天道篇・人道篇』(中國人民大學出版社, 1988・1995) 참조.

는데, '인연화합因緣和合'이 바로 그것이다. 다른 하나는 어의에 관한 것으로, 화합을 '어울리다', '절충하다', '무원칙하게 타협하다'로 이해하는 것이다. 그러나 화합은 중국의 문화적 토양에서 발생하고 성장한 가치이념으로, 선진의 기본 원전에서 이미 중요한 철학적 개념으로 자리 잡고 있었다. 앞에서 인용된 바 있는 『관자』「유관幼官」에서는 화합이 이미 '도덕의 의미'를 설명하는 키워드로 등장함을 볼 수 있는데, 현재 입수된 문헌자료를 놓고 볼 때 가장 먼저 화합이 등장하는 문헌은 선진의 고서인 『국어國語』「정어鄭語」이다.

『국어』는 춘추시대 노나라의 사관이었던 좌구명左丘明이 지은, 혹은 엮은 책이라고 전하고 있다. 『논어』의 기록에 따르면, 좌구명은 공자와 동시대의 인물이다. 삼국시대 위소韋昭가 가장 먼저 『국어』에 주석을 달았는데, 그는 『서해序解』에서 『국어』가 책으로 만들어진 연유에 대해 다음과 같이 추측하였다.

> 앞 시대 주나라 목왕穆王으로부터 노나라 도공悼公과 지백智伯의 죽음에 이르기까지의 일들을 모두 끌어 모았고, 나라의 승패, 좋은 말과 착한 말, 음양과 율려(음악), 천시天時와 인사人事, 역리逆理와 순리順理의 이치 등에 관해 기록했다. 그 문장이 전통 경전의 형식을 취하지 않았기에 '외전'이라 일컬어진다. 그렇지만 하늘과 땅의 이치를 포괄하고 화복禍福을 헤아리며 은미한 것들을 드러내고 선과 악을 분명하게 밝히기에 실제로 경전과 다를 바 없으니, 다른 제자백가 따위에 비할 바 아니다.[49]

---

49) 『國語序解』, "采前世穆王以來, 下訖魯悼, 智伯之誅, 邦國成敗, 嘉言善語. 陰陽律呂, 天

양한兩漢의 경학시대에 『국어』는 오경五經에 속하지 않았기에 '출세의 수단'과는 인연이 없었는데, 이러한 처지는 오히려 텍스트의 본래 모습을 보존하는 데 도움이 되었다. 장구에 의해 산산조각 나거나 도참에 의해 손상을 받게 되는 피해를 피할 수 있었던 것이다. 그 덕분으로 우리는 아직도 그 당시 지식인들이 '천시와 인사'에 대해 논했던 멋진 대화를 들을 수 있고, '예악이 붕괴된' 시기의 민족정신과 그 생명지혜의 깊고도 무거운 우환의식을 절실히 느낄 수 있다. 아래에서는 『국어』「정어」 중의 '사백史伯이 성쇠를 논한 대목'에서 중요한 단락들을 뽑아 그것을 특정한 언어적 맥락에 비추어 분석하면서 춘추시대 화합에 관한 논의가 내포한 생생生生의 뜻을 세밀하게 체득해 보기로 한다.

주나라 유왕幽王 8년, 왕실의 사도司徒 직책을 맡고 있던 정환공鄭桓公이 태사太史인 사백과 함께 '성쇠의 원인'과 '생사의 도'에 관한 이야기를 나누었다. 그들은 옛 제왕들의 '천지에 견줄 만한 공로'에 대해 논했는데, 사백이 다음과 같이 말하였다.

> 우막虞幕은 협풍協風 소리를 듣고 음악을 만들어 만물을 낳게 했고, 하夏나라의 우禹는 간이한 방법으로 수토를 다스려 만물이 각기 제자리를 찾게 했으며, 상商나라의 설契은 오교五敎를 조화롭게 하여 백성들을 교화하고 보살폈고, 주周나라의 기棄는 백곡과 야채를 심어 백성들에게 먹고 입을 것을 주었습니다.[50]

時人事, 逆順之數, 以爲國語. 其文不主於經, 故號曰外傳. 所以包羅天地, 探測禍福, 發起幽微, 章表善惡者, 昭然甚明, 實與經藝並陳, 非特諸子之倫也."

우虞·하·상·주가 천지에 비할 수 있는 영원하고 혁혁한 공훈을 이룩할 수 있었던 근본 원인은 그들의 선조가 천지와 인간사 간에 화합하는 생기를 창조하였기 때문이라는 말이다. 즉 우막은 조화된 바람소리를 듣고 계절에 따라 기운에 순응하여 만물을 생육시킴으로써 삶을 즐길 수 있게 했고, 하나라의 우임금은 물의 특성을 깊이 이해하여 지세에 맞게 소통시켜서 사람과 사물이 다 제자리를 찾게 하였으며, 상나라의 선조 설은 백성들의 사정을 조사하고 상황에 따라 교화를 베풀어서 백성들이 화목하게 되고 몸과 마음이 모두 강녕하게끔 하였고, 주나라의 선조 기는 백곡과 채소를 심어 먹고 입는 것을 풍족하게 해서 백성들이 편안하게 살고 즐겁게 일할 수 있도록 했다는 것이다.

상고시대 제왕들의 화합적 생명의식에 근거하여, 사백은 유왕幽王이 반드시 쇠락할 것임을 단정하였다. "주나라가 쇠락할 것인가?"라고 묻는 환공에게 사백은 "아마도 반드시 쇠락할 것입니다"라고 하면서, 유왕이 반드시 쇠락하게 되는 원인으로 "화和를 버리고 동同을 취하기" 때문임을 지적하며 다음과 같이 말했다.

대저 다른 것들끼리 만나서 서로 조화를 이루면 만물이 번창하지만, 모두를 같게 만들어 버리면 지속되지 못하고 쇠퇴하게 됩니다. 다른 것들끼리 만나서 서로 조화를 이루는 것을 화和라고 하는데,

---

50) 『國語』(四部叢刊初編本), 권16, 「鄭語」, "虞幕能聽協風, 以成樂萬物生者也. 夏禹單平水土, 以品處庶類者也. 商契能和合五教, 以保于百姓者也. 周棄能播殖百穀蔬, 以衣食民者也."

화합을 이루게 되면 성장과 발전이 지속되어 만물이 하나로 되는
경지에 이르지만, 같은 것들끼리 서로 더하기만 한다면 생명력이
끝나게 되고 맙니다. 그렇기 때문에 선왕은 토土를 금, 목, 수, 화와
적절하게 화합시켜 만물을 생성토록 한 것입니다.[51]

위소韋昭는 "조화를 이루어 만물이 번창함"(和實生物)에 대해 설명
하기를, "음양이 화和하여 만물이 태어남"을 가리키는데 "다른 것과
다른 것이 어울려 고르게 되는 것이 곧 화和"이니 "음양이 서로 화생
和生하고 다른 맛(異味)이 서로 어울리는 것"이라고 하였다. 이는 전국
시대 후기, 특히 서한 이래의 음양이기陰陽二氣사상에 대한 주석임이
명백하며, '하나를 둘로 나누는' 사유습관이라 하지 않을 수 없다.
사백이 든 예에서 볼 수 있듯이 '화생'은 최소한 천지와 인사 간의
오행이 섞이고 혼합됨을 말한다. "토와 금수화목"은 『상서』 「홍범洪
範」에서 말하는 '오행'이자 선왕들이 천하를 다스리는 데 있어 가장
중요한 공덕이다. 금목수화토는 인생과 천지에서 항상 사용되고 운
행되는 다섯 종류의 물질 및 에너지이다. 이러한 요소들을 잘 조화
시키면 비바람이 순조롭게 불고 오곡이 풍성하며 생기가 넘쳐흐르
고 왕도가 장구하게 되지만, 일방적으로 일치와 통일만을 강요하면
다양성이 파괴되어 생명을 해치게 되므로 멸망의 위기로 나아가지
않을 수 없다. 그러므로 사백은 다음과 같이 말한다.

---

51) 『國語』, 권16, 「鄭語」, "夫和實生物, 同則不繼. 以他平他謂之和, 故能豊長而物歸之. 若
   以同裨同, 盡乃棄矣. 故先王以土與金, 木, 水, 火雜(韋注: 雜, 合也), 以成百物."

한 가지 소리만 있으면 듣기에 좋지 않고, 한 가지 색상만 있으면 아름답지 않으며, 한 가지 맛만 있으면 맛있지가 않고, 한 가지 사물만 있으면 비교할 수가 없는 법입니다. 그런데 유왕은 이러한 화합의 법칙을 버리고 같게 하는 것만을 좋아합니다. 이는 하늘이 그의 총명함을 빼앗은 것이니, 쇠락하지 않길 바란다고 해서 그럴 수 있겠습니까?[52)

"서로 다른 것들이 만나서 조화를 이루면 만물이 번창하지만, 모두를 같게 만들어 버리면 지속되지 못하고 쇠퇴해진다." 이러한 화합적 생명의식은 고대 사람들의 혼인과 출산의 경험에서 최초로 생겨났다. 『국어』「진어晉語」에 진나라 대부 사공계자司空季子와 진문공의 대화 장면이 나오는데, 사공계자가 진문공에게 하는 말 속에서도 이러한 이치가 나타나 있다.

성姓이 다르면 덕德도 다른 법이요 덕德이 다르면 종족도 다른(異類) 법이지만, 서로 종족을 달리할지라도 가까이해야 할 것이 있으니 남녀의 혼인입니다(男女相及). 이로써 백성을 낳게 되기 때문입니다. 성이 같을 경우 그 덕이 같고 그 덕이 같으면 그 마음도 같으며 그 마음이 같으면 뜻을 같이하게 되지만, 비록 뜻을 같이할지라도 멀리해야 하는 것이 있으니 바로 남녀가 서로 혼인하지 않는 것입니다(男女不相及). 이는 공경의 도를 어지럽힐까 두려워하여 그런 것입니다. 공경의 도를 어지럽히면 원한이 생기게 되고, 원한이 생기면 재앙을 키우게 되며, 재앙을 키우면 그 성姓이 소멸하게 됩니다.

---

52) 『國語』, 권16, 「鄭語」, "聲一無聽, 物一無文, 味一無果, 物一不講. 王將棄是類也而與剸同. 天奪之明, 欲無弊, 得乎?"

그런 까닭으로 아내를 취할 때에는 동성同姓을 피하니, 이는 바로 재앙을 두려워하기 때문입니다. 그 때문에 이성異姓끼리는 성姓을 합하여 결혼을 하고, 같은 덕을 가진 자끼리는 의義를 합하는 것입니다. 의는 이익을 도출해 내고, 이익은 그 성을 가진 자가 불어나게 합니다. 성에 이익이 있어 서로 계속 바꾸어 가고 서로 이루어 주면서 옮겨 가지 않으니, 이로써 능히 안정이 되고 견고해져서 그 땅과 가문을 보존해 나가는 것입니다.[53]

위의 내용은 두 가지 서로 다른 도덕원리를 설명하고 있다. 하나는 종족의 번영과 인구의 출산에 관한 것으로, '이덕합성異德合姓'이라는 자연의 혼인법칙을 따라야 한다는 것이다. 동성혼인은 근친번식이므로 반드시 유전적으로 재난이 있게 된다. 다른 하나는 공동체 혹은 조직의 확장에 관한 것으로, '동덕합의同德合義'라는 사회의 협력원칙을 따라야 한다는 것이다. 성姓이 다르면 덕행 또한 달라지므로 명분을 따져 출병하게 되어 반드시 전쟁의 혼란이 있게 된다. 결국 '같음'과 '다름'이라는 두 덕이 "서로 해치지 않고 함께 성장하도록 하고"(幷育而不相害) "서로 어긋나지 않고 함께 나아가도록"(幷行而不相悖) 하는 것은 천지의 자연현상과 인간의 사회활동에 있어서 가장 근본적인 주제라 할 수 있다.

월왕 구천과 오왕吳王 부차夫差의 패권쟁탈전에서 범여范蠡는 독특

---

53) 『國語』, 권10, 「晉語四」, "異姓則異德, 異德則異類, 異類雖近, 男女相及, 以生民也. 同姓則同德, 異德則異類, 異德則異類. 異類雖遠, 男女相及, 以生民也. 同姓則同德, 同德則同心, 同心則同志. 同志雖遠, 男女不相及. 畏黷敬也. 黷則生怨, 怨亂毓災, 災亂毓姓. 是故娶妻避其同姓, 畏亂災也. 故異德合姓, 同德合義. 義以導利, 利以阜姓. 姓利相更, 成而不遷, 乃能攝固, 保其土房."

한 재능과 지혜로써 월왕을 도와 오나라를 멸망시켰다. 그는 위에서 말한 것이 어째서 근본적 주제인지 명확하게 이해하고 있었다. 즉 "인간의 일은 반드시 천지와 함께 참여하고 검증한 후에야 성공할 수 있다"[54]는 것이다. 이것은 천금과 같고 달리 고칠 점도 없는 아주 정확한 말이며 『국어』 전체 사상의 핵심이다. 위소의 주해는 그 가운데에서 세 가지 뜻을 취하고 있다. 즉 "삼參이란 곧 삼三이니, 천天, 지地, 인사人事라는 이 셋이 합해져야 큰 공을 세울 수 있다"는 것이다. 고대 중화민족의 형성 과정에서 발생한 염제와 황제의 판천대전阪泉大戰이나 오나라와 월나라에 벌어진 고소전투姑蘇戰鬪는 모두 충돌과 융합을 통해 화합하고 다시 그러한 화합으로부터 생생으로 나아가는 과정으로서의 내재적 운율과 법칙으로, "나타난 용이 밭에 있다"(見龍在田)에서부터 "나는 용이 하늘에 있다"(飛龍在天)로 비약하고 변화해 가는 도정이었다.

생명지혜가 동면에서 막 깨어나고 민족정신의 큰 꿈이 막 싹트려고 하던 그 시기, 인간이 천지 사이에서 산다는 사실이 인간에게 최초로 인식되었다. 그때부터 오늘에 이르기까지, 우주비행사가 달나라에 발을 들어놓고 허블망원경이 우주를 떠돌고 있지만 하늘을 떠받치고 땅 위에 우뚝 선 자연적 시야는 변함없이 우리가 위아래를 관조하는 관점이다. 따라서 인간의 활동은 반드시 천지와 함께 참여하고 협력해야만 공을 쌓고 사업을 일으키며 최고의 도덕을 성취할 수 있는 것이다. 제자백가들이 말한 '도덕의 의미'는 바로 "인사는

---

54) 『國語』, 권21, 「越語下」, "夫人事必將與天地相參, 然後乃可以成功."

반드시 천지와 함께해야 한다"는 화합적 함의였다. "인간은 땅을 법도로 삼아 따르고, 땅은 하늘을 법도로 삼아 따르며, 하늘은 도를 법도로 삼는데, 도는 자연을 따라 스스로 그렇게 된 것이다"라는 도가의 사상은 천지인이 서로 돕고 화육하는 질서정연한 자연의 화생지도和生之道를 구성해 낸 것이다. 그리고 "천지의 도를 재성裁成하고 천지의 마땅함을 보좌하며, 이것으로써 백성을 돕는다"라는 유가의 학설은 천지인이 서로 참여하고 돕는 인문적 화생지덕을 구성해 낸 것이다. "도는 만물을 생성하고 덕은 만물을 양육한다", "건원乾元은 시작을 갖추고 곤원坤元은 생육을 갖춘다"(乾元資始, 坤元資生)라는 중국의 전통사상을 한마디로 개괄하면 '도덕의 의미'와 '하늘과 땅의 뜻'이 모두 '낳고 또 낳는 역'을 의미하니, 이렇게 보자면 『주역』은 유가적 의리와 도가적 의리의 본원이 된다. 그러나 진한시기에 땅이 무너져서 '천지인의 삼합'이 '천인관계'로 감퇴되었고, 송명시기에는 다시 인사人事가 황폐화되어 '천인관계'에 있어 '천리의 유행'만이 허락되었다. 이처럼 셋에서 둘로, 다시 둘에서 하나로 위축됨에 따라 원시적 화합의 함의는 점차 상실되었고, 그에 따라 중국철학도 백성의 일용이라는 화합의 실존적 근거로부터 유리되기에 이르렀고 창조의 원천은 고갈되고 말았다.

2) 가치충돌에서의 평화로운 화해

19세기 말 20세기 초, 중국과 서양의 철학문화에서는 두 개의 광기 어린 인간상이 잇달아 제시되었다. 하나는 니체의 『즐거운 지식』 속에 등장하는 미치광이이다. 그는 대낮에 초롱을 들고 다니다가 '신이 죽었고' 교회당은 신을 묻는 무덤이었음을 발견하고는 놀라 허둥대며 어찌할 바를 몰랐다. 다른 하나는 노신魯迅의 『광인일기狂人日記』 속의 미치광이이다. 그는 저녁에 등불 아래에서 책을 읽다가 '인의가 사람을 잡아먹고' 공자묘가 예교라는 죄악의 상징이 되었음을 어렴풋이 간파해 내었다.

'신이 죽으면' 지식이 낳은 큰 업적인 선과 악의 속성은 더 이상 '최후의 심판'을 받을 가치기준을 유지할 수 없다. 그러면 지식의 소유권이나 과학기술 같은 것들은 집중적으로 관리되고 광범하게 사용되어 그 도구적 능률을 실증하게 된다. 또한 '인의가 사람을 잡아먹는' 도덕수양의 옳고 그름도 '지어지선至於止善'이라는 가치기준을 상실하여, 산적山賊이나 초망의 영웅들도 당상堂上에 올라가 행세를 부리고 호의호식할 수 있게 된다. 유럽을 중심으로 벌어진 두 차례의 세계대전은 수많은 생명을 앗아가고, 중국 민국시기의 혼란은 사람의 목숨을 벌레같이 여겼다. 이처럼, 문화적 차원에서 제시된 인간상과 역사적 표상을 함께 놓고 보면 그 막후의 진상眞相은 사실 문명의 비극과 가치의 충돌이었음을 알 수 있다.

문명에는 자고로 비극이 많았다. 마야문명, 고대 이집트문명, 고대 바빌론문명, 고대 그리스문명은 이미 사라지고 옛 유적만이 '문명의 파편'으로 남아 옛 영광을 추모하게 만들 뿐이다. "그 옛날 정승과 재상의 집에 살던 제비들, 지금은 일반 백성들의 집으로 날아

드네"(舊時王謝堂前燕, 飛入尋常百姓家)라고 한 당나라 시인 유우석劉禹錫이 묘사한 것처럼, 최근 가치충돌이 한창 진행 중이다. 개신교 윤리, 유교 윤리, 불교 윤리, 이슬람교 윤리 모두가 자신들이 '보편적 윤리'라고 주장하지만, 그렇게 치열하게 경쟁하는 장면을 보면 곤혹스러운 권리투쟁에 지나지 않아 보인다. 헌팅턴은 『문명의 충돌』이라는 책 때문에 수많은 비판을 받고서 부득이하게 자기변호를 해야 했다. 그러나 바른 말은 반대인 것처럼 보이고, 깊은 뜻은 드러나지 않는 법이다. 그는 사실상 서양의 윤리가치를 수호하기 위해 고의로 이념을 문명으로 오기한 것이다. 진정한 충돌은 상호 용납하고 보완하는 문명의 형태 간에 발생하는 것이 아니라 목숨을 걸고 싸우는 가치이념 간에 발생한다.

화합학의 이해에 따르면 20세기는 가치충돌의 세기였다. 두 차례의 세계대전, 반세기에 걸친 냉전, 무수한 국지적 전쟁과 지역분쟁이 그 대표적인 사례들이다. 현재 진행형인 팔레스타인·이스라엘분쟁은 그 종합적인 후유증이다. 피상적으로 보면 가치충돌이 발생하는 원인은 불공평한 분배와 삶의 터전을 둘러싼 분쟁, 종교적 신앙 간의 충돌 등이다. 하지만 그 본질을 보면 모든 충돌은 다 이것 아니면 저것이라며 주관과 객관을 이분한 채로 너 죽고 나 살기 식의, 양립을 결코 용납하지 않는 가치선택의 강요로부터 나온다.

인류에게 직면한 이러한 가치충돌은 다섯 가지로 범주화될 수 있으며, 이 범주들은 사회의 지속적인 발전을 방해하는 5대 충돌과 5대 위기를 구성한다.

첫째, 인간과 자연의 가치충돌과 그에 따른 생태위기이다. 현대 생태학의 원리는 다음과 같은 것을 알려 준다. 인류는 자연생태계 최고위 소비자로서, 야채, 나무뿌리, 오곡, 잡곡, 길짐승, 날짐승 등 모든 것이 인류의 식량자원이 된다. 그런데 인간의 식욕이 악질적으로 팽창하여 살생을 공공연히 저지름에 따라 생물의 다양성이 위협받고 생태환경의 불균형과 퇴화가 초래되었다. 더욱이 산업혁명 이래, 과학기술지식을 통해 머리끝부터 발끝까지 완벽히 무장된 현대인은 산을 밀어 치우고 바다를 뒤집어엎으며 하늘과 싸우고 땅과 싸우면서 역사상 전례가 없는 자연을 향한 투쟁을 벌여 "사람으로 하늘을 멸하고"(以人滅天) "고의로 천성을 멸하였다"(以故滅命). 그리하여 생물의 다양성이 갈수록 감소하고 대기가 날로 오염되어 가서 생태환경은 더 이상 부담을 견뎌내기 어려워졌고, 어머니 대지의 원래 모습은 알아볼 길이 없게 되었다. 사실상 이것은 인간의 존엄으로 하늘의 존엄을 가리는 것이며, 인간의 삶의 가치로 중생의 가치를 병탄하는 것이다. 이로써 인간은 자연을 위해 입법할 뿐만 아니라 도구이성의 이름으로 천지만물에게 사형을 선고한 것이나 마찬가지가 되었다.

둘째, 인간과 사회 간의 가치충돌과 그에 따른 인문적 위기이다. 자본주의적 생산방식의 확립에 따라 개인은 따뜻한 감정이 넘쳐흐르는 혈연관계에서 떨어져 나와 적나라한 돈벌이 도구가 되었고, 사회 전체는 물질적 이익의 인센티브와 촉진에 떠밀려 재화를 증대시키는 거대한 기계가 되었다. 국가와 국가 간에는 무역전쟁, 군비경쟁, 국력경쟁이 제로섬게임처럼 벌어지고, '국가의 이익을 위해' 개인은 죽음조차 두려워하지 않는 투사가 되어야 했다. 이와는 반대로, 르네상스 이래의 개인해방운동도 자유주의, 이기주의, 무정부주의로 발전되어 사회의 총체적 기능은 미증유의 도전에 직면하게 되었다. 개인의 자유와 사회적 총체성 사이의 가치충돌은 유구한 인문정신을 위축시켜서 인문학과를 푸대접받고 심지어 조롱받는 궁지에 몰리게 하였다. 철학은 이미 몇 번이나 '사망' 선고를 받았고, 사학은 멋대로 치장한 '현대 신여성'이 되었으며, 문학은 웃음거리의 소품이나 영화와 TV의 농담거리가 되었다. 특히나 종교는 '극악무도한 깊은 수렁', '미신의 동반자', '우상의 황혼'으로까지 취급되기에 이르렀다. 그리하여 마침내 인문학의 모든 텍스트는 오독되거나 조작되거나 해체되어 버렸으며, 인문정신의 현실적인 관심과 궁극적인 취향은 쓸데없이 참견해서 소란스러운 담론을 일으키는 것 정도로 다루어졌다.

셋째, 인간과 인간의 가치충돌과 그에 따른 도덕의 위기이다. 시장경쟁체제가 확립되고 일반화됨에 따라 서로 사양하고 다투지 않았던 고전적 미덕이 완전히 붕괴되고 '충서지도'는 현실에 안주하고 도전의 용기가 없는 보수주의로 취급되었다. 사람들은 생물적 본능에 잠재하고 있던 공격성을 일깨웠으며, 『손자병법』, 『삼국지연의』, 『한비자』, 『귀곡자鬼谷子』 등에서 나오는 뻔뻔한 모략에 따라 경제방면에서도 큰 고기가 작은 고기를 잡아먹는 약육강식의 법칙 아래에서 살아가고 있다. 게다가 사랑, 혼인, 가정, 도덕양심, 사회에 대한 책임, 민족의 존엄 등의 모든 가치가 오직 경쟁에서 승리하기 위한 도구로 간주되고 있다. 사람들은 마치 원시시대 밀림에서 살 때로 되돌아간 것처럼 약육강식의 자연법칙에 따라 각자 사자, 여우, 염소 등과 같은 배역을 맡아 죽을힘을 다해 마지막까지 싸운다. 위조품, 함정과 모략, 사기, 도둑질, 거짓말 등을 서슴지 않기에, 성실과 신뢰의 가치가 소멸되어 서로를 믿지 못하게 되었기에 도덕적인 교제를 진행할 수조차 없다.

넷째, 인간과 영혼의 가치충돌과 그에 따른 신앙의 위기이다. 근대 실험심리학은 실험실에서 인간의 영혼에 대해 해부분석을 실시했다. 이 실험에서 자극-반응이라는 기계모델을 이용하여 인간의 심리활동을 인지, 정감, 의지라는 세 가지 현상으로 봄으로써 혼연일체였던 영혼이 처음으로 나누어지게 되었다. 여기에서 더 나아가 프로이트는 히스테리 환자들의 임상표현에 근거하여 최면술을 통한 연상을 이끌어 낸 후 의식세계를 '이드', '자아', '초자아'로 해체시키고 그들 간의 투쟁으로 꿈과 환상이 생겨난다고 보았는데, 이러한 분석으로 인해 온전한 도덕적 인격은 세 동강이 나고 말았으며 실증과학이라는 깃발 아래 인성의 추악한 이면도 적나라하게 폭로되었다. 심리분석은 적지 않은 신경질환을 발견했지만, 더 많은 정신 바이러스도 함께 만들어 낸 것이다. 결국 인간은 괜히 자신을 괴롭히게 되었고, 영혼의 세계는 자신이 자신을 토벌하는 장이 되고 말았다. 신앙은 본래 자존, 자애, 자강을 그 종지로 한다. 하지만 일단 정신에 병리적 변화가 생기면 자기 자신을 상대로 내전을 벌이게 되어 모든 신앙은 물거품이 되어 버리고 만다.

　다섯째, 인간과 문명의 가치충돌과 그에 따른 지성의 위기이다. 문명은 생명지혜에 대한 깨달음의 상태이자 자연지성의 창조적 성과물이다. 문명의 정도는 인도人道의 개방 정도를 상징하고, 문명의 수준은 인간성의 해방 수준을 상징한다. 과거의 문명들과 비교하자면, 산업문명은 과학기술발명과 창조를 주요 동력으로 하는 문명이다. 이러한 문명의 가장 큰 특징은 인간의 기본적 요구를 충족시키기보다는 그것을 넘어서는 사치와 과시를 위해 재화를 생산하게 한다는 점이다. 따라서 자원의 소모가 커지고, 재고가 쌓이고, 낭비가 일상화된다. 특히 IT산업과 바이오산업을 필두로 하는 첨단기술과 산업이 등장한 후 다우존스나 나스닥과 같은 자본의 비약이 시작되었으며, 이에 부응하여 발명과 창조에 있어서도 자연지성의 전통적 역할이 인공지능으로 대체되면서 디지털가상의 시대가 도래했다. 코페르니쿠스의 지동설과 다윈의 진화론이 사람들의 머리 위에서 신학의 빛나는 금관을 벗겨 버림으로써 인간들이 우주의 중심이라는 지위와 '신의 성'에서의 유권자 자격을 포기했다고 한다면, 복제기술의 발전과 인공지능의 완전무결함은 인간을 철저히 산업생산품으로 전락시켜서 인간의 모든 사상이 그 존엄성을 사정없이 조롱받게 되도록 만들었다. 앞으로 튜링 기계모델이 창조적 돌파를 실현하면서 신경세포 컴퓨터가 실리콘 컴퓨터를 완전히 대체하게 되면, 사상, 감정, 의지와 창조성 등 인간 두뇌의 자연지성은 컴퓨터의 인공지능에 의해 대체되고 결국 추월당하게 될 것이다. 그러한 때가 오면 문명의 가치는 인류의 가치보다 높아질 것이고 인공두뇌의 지능은 인간 두뇌의 지능을 초월하게 될 것이다. 그렇다면 인간에게 무슨 존엄성이 남아 있다고 말할 수 있겠는가?

가치충돌은 문명의 비극을 인류의 비극으로 이끌어 갈 수 있다. 이것은 결코 공연히 겁이나 주자고 하는 말이 아니라, 5대 충돌과 위기로부터 논리적으로 연역해 낸 결과이다. 그러므로 인류의 비극을 피하고자 한다면 반드시 드 모르간의 법칙에서 벗어나야 하며, 날로 격해져가는 가치의 충돌을 화해시켜야 한다.

화합학의 문화전략적 구상에 따르면, 가치상충을 풀어 가고 논리의 역발전을 중지시키기 위해서는 반드시 화애의 규칙을 세우고 생명지혜를 존중하며 자연생태를 보호하고 생생의 대도를 구축해야 한다. 그리고 이를 통해 사람들로 하여금 하늘 아래 꿋꿋이 서고 시적 정취에 잠긴 듯 땅에 머물게 하며, 도구이성이나 과학기술 및 산업문명은 철저히 인생의 가치와 사상의 존엄을 수호하는 일에 봉사하도록 하게 해야 한다. 이러한 목적에 도달하기 위해서는 "산을 즐기고 물을 즐기는"(樂山樂水) 인仁과 지智의 정서를 다시 배양하고, "백성들을 어질게 대하고 만물을 사랑하는"(仁民愛物) 윤리정신을 다시 정립하며, "하늘을 아버지로 부르고 땅을 어머니로 부르는"(乾稱父, 坤稱母) 태초의 생존환경을 정성껏 수호해야 한다. 이렇게 함으로써 '이성법정'의 권력남용을 효과적으로 방지하고 '기술의 가림막'을 철저히 제거하며 '문명 바이러스'의 지적 전염을 전면적으로 치료할 수 있을 것이다.

3) '화합을 이룩하는' 애지愛智의 교향악

플라톤의 '이상국가'가 아무리 정의롭고 모어의 '유토피아'가 아무리 평등하다 하더라도, 공자의 '대동'이 아무리 바르고 공평하며 미륵의 '정토'가 아무리 영원하다 하더라도, 아득히 크고 한없이 넓은 우주에서 우리는 오직 지구 단 하나만을 가지고 있을 뿐이다. 따라서 이러한 우주 속 생존환경은 우리가 반드시 '화합을 이룩할 것'을 요청한다.

로마제국, 오스트리아-헝가리 제국, 독일제국은 인심을 미혹시키는 전도된 몽상을 위해 전쟁을 벌였고, 인류는 너무나도 참혹한 생명의 대가를 치러야만 했다. 화합하자! 다시는 「전쟁과 평화」와 같은 연극이 공연되게 하지 말자! 지금 우리에게 필요한 것은 「비엔나 숲속의 이야기」이고, 「아름답고 푸른 도나우 강」이며, 「춘절서곡春節序曲」, 「풍수라고豊收羅鼓」이다.

중국문화는 화합을 숭상하는 문화이고 중화민족은 음악을 사랑하는 민족이니, 한 가락의 「고산유수高山流水」는 최초의 화합환경에 대한 생명적 체험이자 예술적 표현이라 할 수 있다. 위대한 사상가 공자는 '진선진미盡善盡美한' '소韶'의 곡조를 감상하면서 '석 달 동안 고기 맛을 잊을' 정도로 심취했다고 한다. 그러나 아쉽게도 진나라가 『악경』을 불태워 버리면서 그 음악은 다시 전해지지 못했고, 그리하여 화합환경 속의 삼뢰三籟(천지인)는 모두가 침묵하게 되었다. 결국 『이소』, 「국상國殤」, 「병거행兵車行」 등과 같은 몇몇 문인들의 음창을 제외하고는 「대풍가」의 떠들썩함, 「칠보시」의 슬픔과 원망, 「공작동남비孔雀東南飛」의 비애만 남게 되었을 뿐이다. 오늘날 중국의 문화전통을 확대·발전시키고 중화민족을 중흥시키기 위해서는, 화성해음和聲諧音에 대한 음악가들의 직관과 영감을 통해 세계화라는 언어환경 속에서 새로운 화합의 교향악을 연주함으로써 중국철학으로 하여금 세계철학의 새로운 세기를 창조하는 애지의 서곡이 되게끔 해야 한다.

공자는 "시로써 감흥을 일으키고, 예로써 행동 규준을 세우고, 음악으로써 교화를 완성시킨다"[55]라고 하였다. 화합됨은 마치 시의 정서적 기조와도 같은 화생和生의 함의로부터 일어나 새로운 창조의 방향을 규정한 뒤 화애의 화해에 이르러 예의의 선율마냥 애지의 발걸음을 조절한다. 조화롭게 어울리면 아름답고, 조화롭게 유지하면 진실하며, 조화롭게 통하면 선한 것이다. 따라서 화합학은 서로 도우며 화생으로부터 화애에 이르는 3부곡을 구성한다. 이러한 삼차원의 입체적인 관계는 이상을 지향해 나가는 도덕 경로이자 가치창조의 인문적 질서이다. 그러므로 시를 짓고 예를 제정하고 음악을 정하는 생생의 견지에서 말하자면, 화합학은 중국철학의 새로운 창조와 일맥상통하는 것이다.

---

55) 『論語』, 「泰伯」.

4. 화합학 방법론의 구축

어떠한 이론적 사유를 막론하고 모두 각각의 방법론을 가진다. 화합학은 중국철학에서 새롭게 창조된 이론적 사유이며, 역시 고유의 방법론을 가진다. 화합학이 기존의 이론적 사유와 다르다고 한 이상 그 방법 역시 달라야 한다. 인류의 이론적 사유의 발전 과정에서 방법론의 문제는 지극히 중요했다. 각 학과의 연구방법을 반성하고 승화시켜서 새로운 이론사유방법의 창조를 추진하는 것은 철학의 당연한 책임이다. 이론적 사유에 대한 모든 종류의 탐색은 결국 방법론의 탐구에까지 미치게 되므로, 한 학과의 연구방법론 개선은 어떤 의미에서 그 학과의 성숙 정도를 보여 준다. 따라서 이론적 사유의 혁신은 항상 방법론의 혁신을 선두로 해서 이루어진다.

1) 동서철학의 방법론에 대한 해석

중국과 서양 철학의 비교 과정에서 수많은 학자들은 이들 철학이 가지는 함의 · 성질 · 관념 · 방법 · 특성 · 진로 등에 대하여 아주 세밀하게 정리하였다. 그 가운데 비교적 유행하고 있는 표현은, 중국의 전통철학은 하늘과 인간이 하나로 합하는 '천인합일'의 철학이고 서양의 전통철학은 주관과 객관이 분리되는 '주객이분'의 철학이라는 것이다. 사실 중국의 전통철학의 특징을 '천인합일'이라고 포괄적으로 말해도 합당하고, 이 주장에는 나름의 논리와 근거도 있다. 그러나 중국철학이 '하늘과 인간의 구분'과 '하늘과 인간의 투쟁'을 말하지 않은 것은 결코 아니다. 또한, 서양의 전통철학 특히 고대 그리스의 철학은 주객을 구분하지 않았으며, 현대의 일부 철학자들도 주체성과 주객이분법이 시대에 뒤떨어진 개념이라고 비판하면서 '주체의 사망'이라는 구호까지 내세웠다. 여기에는 중국의 '천인합일'과 형식상에서 상통하는 부분이 있다. 그렇다고 해서 중국 전통철학의 '천인합일'이 고명하다는 말은 결코 아니다. 중국철학의 '천인합일'은 아직 '주관과 객관의 이분'에 대한 비판을 거치지 않은 초기적 혼돈성을 가지고 있었음이 분명하다.

중국철학에서 이분법, 이원대립론(二元相待論)의 역사는 유구하다. 중국 고대에 "한 자의 채찍을 하루에 반씩 잘라 나가면, 만 년을 잘라도 다 없어지지 않는다"[56]라는 말이 있다. 이러한 관념은 서양에서 더욱 뿌리가 깊다. 서양철학에서는 플라톤으로부터 데카르트로 내려오면서 점차 주체와 객체를 분리하는 이분적 사고가 주류를 이루다가 헤겔에 이르러 완성되었고, 헤겔 이후에도 포이어바흐 등의 철학가들이 계속하여 '주객이분'의 사유모델을 답습해 갔다. 그러나 20세기 이래, 니체, 하이데거, 가다머, 데리다 등은 모두 주체성과 주객이분적 언어습관을 버리려고 시도했다. 하이데거는 플라톤에서 헤겔에 이르기까지의 전통 형이상학을 비판하면서 주객이분법을 전통 형이상학의 기초로 간주하였다. 그러나 이러한 주객이분의 사유형식은 이미 상당히 고착화되어 있었기에 그 영향이 깊고도 장구했

---

56) 『莊子』, 「天下」, "一尺之捶, 日取其半, 萬世不竭."

다. 사유/존재, 주체/객체, 본질/현상, 감성/이성, 개별/일반, 대립/통일, 차이/동일, 구체/추상, 실존/비실존, 고/금, 유/무 등 이원대립적 서술이 철학 연구에 가득 차 있다는 점에서 이들은 엄연히 언어적 패권을 장악하고 있다.

중국의 고대 문헌에는 이원대립론에 관한 변증법적 서술이 넘쳐난다. 『역』의 경우만 하더라도, 『역경』 속에는 군/신, 상/하, 진/퇴, 출/입, 왕/래, 길/흉, 부否/희囍, 건/곤 등의 개념이 등장하고, 『역전』 속에는 천/지, 존/비, 귀/천, 건健/순順, 유柔/강强, 영盈/허虛, 음/양 등의 개념이 가득하다. 이러한 개념들은 이원대립적 존재로서 마치 물과 불의 관계와도 같이 한쪽이 쇠하면 다른 한쪽이 성하는 것이어서 서로를 용납할 수 없다. 한쪽이 다른 한쪽을 잡아먹고, 한쪽이 다른 한쪽을 이겨내는 것이다. 이원대립적 변증법에 관한 논술은 『노자』에서 더욱 심오하게 드러난다. 미/추, 난/이, 장/단, 전/후, 유/무, 손/익, 강/유, 강/약, 화/복, 영/욕, 지智/우愚, 생/사, 승/패, 공/수, 진/퇴, 정靜/조躁 등이 그것이다. 『노자』는 이러한 대립적 개념들을 통하여 "유와 무는 상대적으로 나타나고, 어려움과 쉬움은 상대적으로 이루어지고, 길고 짧음도 상대적으로 형성되고, 높고 낮음도 상대적으로 대비되고, 음과 소리도 상대적으로 어울리고, 앞과 뒤도 상대적으로 있게 마련이다"라는, 상대적이면서도 통일을 이룬다는 높은 수준의 변증법사상을 제시하였다.

『주역』과 『노자』가 남긴 '대립적 통일'(對待統一)에 관한 전통적 사유방법은 "하나가 나뉘어 둘이 된다"(一分爲二)와 "둘이 합쳐 하나가 된다"(合二爲一)라는 두 가지 연산방법에 근거한 오래된 사변방식이다. "역易에 태극이 있으니 거기에서 양의兩儀가 생기고, 양의가 사상四象을 낳으며, 사상이 팔괘八卦를 낳는다"라고 했듯이, '일분위이'의 방법은 가장 간단한 분석방법이다. 주희는 소옹邵雍이 「계사전」의 위의 구절을 "하나가 나뉘어 둘이 된다"[57]로 해석하고, 다시 『노자』의 "도에서 하나가 나오고, 그 하나가 다시 나뉘어 둘(음양)이 생기고, 그 둘이 서로 조화되어 셋(화합체)이 생기고, 이 셋에서 만물이 나온다"에서의 "하나가 다시 나뉘어 둘(음양)이 생긴다"를 '하나가 둘로 나뉘는' 방법으로 해석했다고 보았다. 이러한 방법에 근거하면 다양한 충돌들은 모두 '둘'로 약분할 수 있다. 이를테면 '백가쟁명'에서의 '백가'를 프롤레타리아트와 부르주아지라는 두 편으로 약분할 수 있고, 아주 복잡한 사회관계구조도 노예주와 노예, 지주와 농민, 자본가와 노동자라는 두 편으로 약분할 수 있다. 이것이 바로 하나가 둘로 나뉜다는 것이다. 바꾸어 말하자면, 어떠한 "하나가 셋으로 나뉘거나 하나가 여럿으로 나뉘는" 경우든 결국은 모두 '하나를 둘로 나눔'으로 약분할 수 있다는 것이다.

　"둘이 합하여 하나가 된다"(合二爲一)는 전통철학에서 가장 간편한 종합방법이다. 방이지方以智는 『동서균東西均』 「삼정三征」편에서 "유有니 무無니 하는 것은 두 극단(端)을 말한다. 천지고금의 모든 것은 둘로 볼 수 있다. 둘 사이에 오고 가지(交) 않는 것이 없으니, 그러므로 둘이면서 하나가 아닌 것이 없다"라고 하고, 또 "교交란 둘이 하

57) 『易學啓蒙』, 권2.

나로 합치는 것이다"라고 하였다. '둘이 하나로 합친 것'은 곧 유무, 허실, 동정, 음양 등 이원二元이 교합하여 하나가 된다는 말이다. 즉 천지고금의 다원성, 다양성이 모두 둘로 귀결되며, 다시 교합하여 하나가 된다는 것이다.

대립뿐만 아니라 통일도 그 배후에 모두 하나(一)에 상대되는 것이 있다. 같은 이치에서 "하나가 나뉘어 둘이 되고"(一分爲二), "하나가 나뉘어 셋이 되고"(一分爲三), "하나가 나뉘어 여럿이 되는"(一分爲多) 그 '둘', '셋', '여럿'도 다 그 하나인 '일一'을 말한다. 철학사 전체를 보면, 인류의 최고 지혜가 응집되었다는 철학이라는 학문도 결국 처음부터 마지막까지 모두 가장 간단한 '일'에 대한 추구였다는 점에 새삼 놀라게 된다. 고대철학에서 탐구한 '만물의 통일성'에서부터 '이념의 통일성', '원리의 통일성'에 이르기까지, 근대철학에서 탐구한 '의식의 통일성'에서부터 '논리의 통일성', '인성의 통일성'에 이르기까지, 현대철학에서 탐구하는 '세계의 통일성'에서부터 '과학의 통일성', '문화의 통일성', '언어의 통일성', '인류활동의 통일성'에 이르기까지의 모든 것이 그러하다. 이러한 '일'은 사람이나 시대에 따라 다르게 설정되기 때문에 어떤 일치된 결론을 내릴 수는 없지만, 이른바 '양자', '기질세포', '존재', '이념', '보편', '형식', '신', '실체', '본체', '물질', '개념', '논리', '과학', '문화', '언어', '기호', '이해' 등은 모두 철학에서 '형상으로서의 지혜'를 통해 한결같이 그 '일'에 대해 추적해 왔음을 설명한다.[58]

---

58) 孫正聿, 『哲學通論』(遼寧人民出版社, 1998), p.213.

‘일一’을 실체와 본질로, 그리고 시작과 끝으로 하는 것은 곧 ‘일’을 사유의 이론적 전제로 두는 것이다. 이것은 모두 ‘일’에 직면하고, ‘일’을 사물의 근본적 바탕으로 하는 서술방식이다. ‘일분위이一分爲二’, ‘일분위삼一分爲三’, ‘일분위다一分爲多’와 ‘합이위일合二爲一’(合二而一), ‘천인합일天人合一’ 등이 모두 여기에 해당한다. 그 ‘이二’, ‘삼三’, ‘다多’는 모두 근본적인 바탕인 ‘일’로 환원되거나 돌아갈 수 있는 것이다. 이를테면 ‘리일분수理一分殊’에서의 만수萬殊(만 가지의 사물의 이치)는 모두 ‘리일’ 즉 ‘통일성’으로 귀결될 수 있다. 『노자』가 말했다. "눈으로 보아도 보이지 않으므로 이夷라 하고, 귀로 들어도 들을 수 없으므로 희希라 하고, 손으로 쳐도 칠 수 없으므로 미微라 한다. 도는 이들 셋 각각만으로는 설명할 수 없으니, 이들 셋이 합쳐져서 하나가 된다." 이렇게 셋은 ‘일’로 귀결되거나 "합쳐져 하나가 되는 것"이니, "성인은 하나인 도를 지킴으로써 천하의 본보기가 된다." 즉 성인은 ‘일’을 근거로 천하의 모든 것을 자세히 살피고 관리한다는 것이다. 이런 의미에서 말하자면 ‘일분위이’, ‘일분위삼’, ‘일분위다’ 등은 그 사유모델에 있어 근본적 차이가 없는 것으로, 모두 전통적 사유방법의 논리적 구조를 벗어나지 못하고 있다.

2) 이원대립적 사유의 편파성

‘일분위이’식의 전통적 사유방법은 간소화된 수많은 이원관계 특히 이중성을 띠거나 양극화된 현상을 처리함에 있어 확실히 유효하지만, 그 한계 또한 갈수록 분명하게 드러나고 있다.

첫째, 현대 논리학의 시각에서 보자면, 중국과 서양의 전통적인 사유방식은 2진법 논리체계에서의 특수한 사유방법이기에 2진법의 논리 문제를 해결하는 데 있어서는 효과가 빼어나지만 3진법 이상의 논리체계에 대해서는 속수무책일 수밖에 없다. 전통적 사변방식이 활용하는 논리체계는 참과 거짓이라는 2진법 논리여서 배중률이 유효하기에, 다른 그 어떤 '중도'도 거부하고 '중도를 따라 행할 수 없다'는 것이 이 사변방식의 불문율이다. 따라서 반드시 '광狂'이나 '견獧'이라는 두 가지 극단화된 진릿값이 나타나게 되고, "높이 오른 뒤에 뉘우침이 따르고" "불운이 극에 달하면 행운이 오는" 식으로 "사물이 극에 이르면 반드시 반전한다"는 규칙에 복종할 수밖에 없다. 현대의 컴퓨터 또한 0과 1의 2진법 논리를 사용하고 있지만, 그 것은 특수한 방식으로 간단하고 고속화한 운영체제를 구축하여 다진법의 논리를 표현할 수 있다. 이것은 0과 1이라는 컴퓨터의 2진법 논리가 전통적인 사변방식의 이론 전제인 '일'의 죽음을 선포한 뒤 얻은 결과이다. 그러므로 컴퓨터는 확정된 표현방식을 통해 불확정성을 표현한 것이고, 전통적 사변방법은 불확정성을 통해 확정성을 표현한 것이다.

둘째, 전통적인 사변방식은 일면 완고한 성격을 띠고 있다. 세 가지 이상의 독립된 형태를 가진 다원체계에 대해서, 특히 무한실체를 가지고 있는 연속체계 또는 초월체계에 대해서 그러하다. 전통적 사변방식은 이들에 대해 간소화된 이원적 대상만 처리할 수 있을 뿐 세밀한 구조적 연구는 진행할 수 없다. 이러한 완고한 사변방식은 다음과 같은 논리적 오류를 초래할 수 있다. ① 일분위이의 간단한 분석방법에 치우쳐 '너 죽고 나 사는' 식으로 결사적인 투쟁을 벌임으로써 인위적으로 '이것이 아니면 저것이다'라는 취사선택추리와 공멸을 초래하는 가치충돌을 자아낸다. ② 합이위일의 간단한 종합방법에 치우쳐 "네 안에 내가 있고"(你中有我) "내 안에 네가 있다"(我中有你)는 식의 동일성을 숭상함으로써 인위적으로 "이것도 이것이고 저것도 저것이다"(亦此亦彼), "옳은 것도 없고 옳지 않은 것도 없다"(無可無不可)라는 임의적 혼합만을 만들어 낸다. ③ 부정에 대한 부정, 투쟁과 동일성의 점진적 양극화, 분석과 종합의 주기적 진동 등을 초래함으로써『삼국지연의』첫 구절의 "천하의 대세는 오래 갈라지면 반드시 합해지고, 오래 합해 있으면 반드시 갈라진다"와 같은 인위적인 법칙을 도출하게 된다. 전통적 사변방식에 내재해 있는 이러한 세 가지 완고함은 분석과 종합이라는 전통적 방법을 활용할 때마다 사유에 영향을 미치게 된다.

셋째, 전통적인 사변방법은 다양성의 존재를 용납하지 않고 궁극적으로 '일'에 도달하려 하기 때문에 '일분위이', '일분위삼', '일분위다'에서의 '이二', '삼三', '다多'와 같은 다양성은 '일'에 도달하는 과정에서 끊임없이 배제된다. 이 '이', '삼', '다'는 "토끼를 잡으면 올무(蹄)를 잊어버리고" "물고기를 잡으면 통발(筌)을 잊어버리고" "상象을 얻으면 말(言)을 잊어버리고" "뜻(意)을 얻으면 상象을 잊어버리는" 것과 같아서, '일'에 도달하기 위한 수단 또는 도구일 뿐이다. 토끼와 고기를 얻고 나면 토끼와 고기를 잡기 위한 도구였던 올무와 통발을 버리듯이, 그것들 또한 다 잊고 버려야 한다는 것이다. 이러한 배제의 과정에서 '이', '삼', '다' 그 자체는 한쪽이 다른 한쪽을 소멸시키거나 잡아먹는 잔혹한 투쟁과 대결의 과정을 거쳐 '다'로부터 '삼'이 되고 다시 '이'가 되며, 마지막에는 '일'로 귀결하게 된다. 이것은 마치 "하늘에 해가 둘일 수 없고" "백성에게 임금이 둘일 수 없는 것"과도 같은 '일'로의 통일이다.

다른 한편으로, 이 유일무이한 '일'을 얻은 후에는 "세상에 두루 다 맞다"고 한 정호·정이의 말과도 같이 이 '일'은 유일한 진리로 간주되기에 이른다. 따라서 이 '일'의 유일성, 독존성, 권위성, 진리성, 상징성을 수호하기 위해 이 '일'과 다른 모든 이론과 학설을 '이단사설'로 취급해서, 즉 '일'과 일치하지 않는 모든 것들을 "경전의 말씀에서 벗어나고 상도를 어기는 것"으로 규정하여 엄격히 처단하고 타도하려고 안달하게 되는 것이다. 따라서 '일'은 뚜렷한 보수성, 폐쇄성, 불변성을 가지고 있고 짙은 배타성, 독단성, 독재성을 띠고 있기에, 마치 "주유를 낳고 왜 다시 제갈량을 낳았는가" 하는 식으로 타 사상과 공존할 수 없다. 봉건전제사회에서 형이상적 '일'은 세속 정치의 윤리와 결합하여 현실 정치의 의식형태, 전장제도, 도덕규범, 생활양식 등 백성들의 일거수일투족을 규정하는 지배자가 되었다. 결국 형이상적 '일'은 주희가 말한 "천하에 리理보다 높은 것이 없다"와도 같은 절대적 형이상자로서의 '리'가 되어, 대진이 비판한 것처럼 "리로써 사람을 죽이는" 지경에 이르게 된 것이다.

넷째, 전통적인 이원대립론과 대립적 일원론의 사변방식, 즉 '일분위이'와 '합이위일'의 사변방식은 현대과학기술의 도전에 직면하였다. 복제동물의 탄생과 성장, 더 나아가 복제인간의 등장은 반드시 음양, 남녀, 암수의 이원교합이 아니더라도, 양만 있고 음이 없거나 음만 있고 양이 없는 상태에서도 생물을 복제할 수 있음을 증명하고 있다. 물론 그렇다고 해서 '일'이 만물을 낳을 수 있다고 증명된 것은 아니다. 왜냐하면 복제생물의 원본 자체가 '일'이 아니기 때문이다. 이것은 마치 역설처럼 보인다. 왜냐하면 전통적 사변방식에서 서술한 음양이라는 이원상대개념은 농업사회의 자연경제 조건 하에서 이루어진 자연, 인류, 사회현상에 대한 설명과 예측이며, 따라서 상대성을 지니기 때문이다.

이상의 서술에 근거해 볼 때, 우리는 반드시 중국과 서양의 전통적인 사변방식을 초월하여 화합논리를 밝혀내어야 한다. 화합학의 화합방법은 창조 속에서 초월하고 유행하기 때문에 모든 학술들이 생명의 지혜를 영원히 간직할 수 있는 유일한 방법이다. 종교가 기나긴 역사의 터널을 뚫고 나가면서 각 시대 사람들의 신앙 위기와 궁극적 사랑을 해소해 줄 수 있었던 근본적 이유는, 늘 시대의 변화에 맞추어 이론학설과 설명체계 및 그 이야기 방식을 창조하고 시대에 맞게 변모했기 때문이다. 불교는 인도에서 원시불교, 부파불교, 대승불교와 밀교 등 몇 차례 중대한 창조적 초월을 이루어 냄으로써 남아시아, 중국, 티베트와 동아시아 등 지역에서 여러 번 큰 창조적 유행을 이루어 낼 수 있었다. 만약 이러한 창조적 초월과 유행이 없었다면 불교는 세계적 종교가 되기가 어려웠을 것이다. 기독교문화 및 그 신학체계 또한 마찬가지로 그리스화(아우구스티누스의 철학), 스콜라화(토마스 아퀴나스의 철학), 세속화(마틴 루터의 종교개혁)라는 창조적 초월과 유행을 통해 그 생명력을 유지해 갔던 것이다.

3) 화합방법에 대한 비교적인 해석

화합학 방법은 중국과 서양의 전통적인 사변방식과는 다른 풍모를 가지고 있다.

첫째, 전통적 사변방식은 '구일법求一法'으로, 화합학의 방법은 '생생법生生法'으로 구분될 수 있다.

중국과 서양의 전통적인 사변철학의 전제는 '일'을 추구하는 것이다. 이 '일'은 '그렇다'와 '그렇지 않다', '맞다'와 '틀리다', '좋다'와 '나쁘다', 진실과 거짓, 선함과 악함, 아름다움과 추함을 구성하고 판단하고 해석하고 평가하는 근거이자 표준 혹은 척도이다. 그리고 '일'은 '일분위이', '일분위삼', '일분위다'의 근본이자 시작점이다. 즉 '일 → 이 → 삼 → 다'로 분화되었다가 다시 '합이위일' 즉 '다 → 삼 → 이 → 일'로 돌아간다. '일'과의 관련 속에서 말하자면, '이', '삼', '다'는 모두 '일'의 나뉨이고, 그것이 다시 합해져서 '일'로 되돌아가는 것이다. 결국 모든 나누어짐 혹은 '이', '삼', '다'는 '일'에 의해 규정되기에 자유롭지 못하다. 이들은 비록 '일'의 자아순환이기는 하지만, 결코 개방적인 유행이 아니다. 이것에 근거하여 볼 때 중국과 서양의 전통적인 사변방식은 하나를 구하는 '구일법'이라고 개괄할 수 있다.

이에 반해 화합적 방법은 '생생법'이라고 할 수 있다. 이는 새로운 생명과 사물의 끊임없는 화생을 의미한다. 새로운 생명과 사물의 부단한 창조와 생성은 다양하고 역동적이어서, 중국과 서양의 전통적 사변방식의 이론전제인 '일'을 부정한다. 따라서 화합적 생생법의 가치목표와 궁극적인 목적은 유일하고 절대적이며 지극히 형이상적인 본체를 추구하는 것이 결코 아니며, 다양하고 다극적인 중심을 부정하는 실체 혹은 통일성을 추구하는 것도 아니다. '일'은 '철학의 패권'을 불러와서 백가를 배척하고 사상적 독점을 야기할 뿐만 아니라, '언어의 폭정'을 초래하여 다른 목소리를 허용하지 않고 여론을 일률적으로 만든다. 그리하여 '일'의 마력魔力은 마침내 『노자』에서 말한, "하늘은 하나인 도를 터득해서 청명하고, 땅은 하나인 도를 터득해서 안정되고 고요하며, 신은 하나인 도를 터득해서 영묘하고, 골짜기는 하나인 도를 터득해서 충만하고, 만물은 하나인 도를 터득해서 생육화성生育化成하고, 군주는 하나인 도를 터득해서 천하를 바르게 다스린다"59)라는 지경에까지 도달하게 된다.

그러나 화합적 방법이 추구하는 것은, 즉 화합학이 추구하는 것

---

59) 『노자』, 제39장. '天下貞'을 河上公本에서는 '正'이라 했다. 『馬王堆帛書』 을본에서도 '正'이라 했는데, 갑본에는 이 글자가 없다. 『爾雅』 「釋詁下」에 "正과 伯은 長이다"라 했고 이를 郭璞은 "正, 伯은 다 관리(官長)를 이른다"라고 주석했으며 『廣韵』 「勁韵」에서는 "正은 君을 일컫는다"라고 했으니, '正'에는 관리, 군주(君長)라는 뜻이 있다.

은 '과정'이다. "철학은 언제나 '과정'을 의미하기에 화합학 또한 '과정'이다. 그것은 '쉼 없이 낳고 또 낳는 과정'인 것이다!"[60] 화합방법이 "쉼 없이 낳고 또 낳는" 방법인 이상, "지나가는 것들은 흐르는 물과 같은" 그러한 '흐름'이지 어느 한곳 즉 '일'에 '멈추어' 있는 것이 아니다. 바꾸어 말하자면, 화합의 생생법은 "토가 금, 목, 수, 화와 섞여서 백물百物을 낳는" 식의 '섞임'이고, 그것이 곧 합함의 의미이다. 따라서 그것은 다양하고 다원적인 상충·융합·조절법이자 조화법이며 "다른 것들끼리 만나서 서로 조화를 이루어 만물을 번창시키는"(和實生物) 것이다.

화합의 방법론이 비록 어느 한곳이나 어느 한 '일'에 '멈추어' 있지는 않지만 이상적인 목표에 대한 추구를 포기한 것은 아니다. 화합의 방법론은 사람들로 하여금 "몸을 편안히 하고 천명을 세울 수 있도록"(安身立命) 하는 화합의 정신적 안식처를 구축하고 다양한 가치가 "각기 자기 자리를 얻을 수 있도록"(各得其所) 화합적 의미를 담은 교향곡을 작곡해 간다. 이는 유한한 생명이 '궁극적 사랑'에 부응하는 화합의 자유로운 경지를 묘사해 내는 것이다. 따라서 여기서 추구하는 가치이상을 달리 표현하자면 "화합을 이룩하는" 것이다. '화합을 이룩함'이란, 화합적 방법론의 이론적 전제인 동시에 그 모든 활동의 대들보이자 출발점이다. 이것은 기존 동서양에서의 '분이'나 '합일'이라는 전통적인 사유방법이 아니라 '화합'의 교향곡이자 예술의 생생불식生生不息적 방법인 것이다.

---

60) 張立文, 『和合學概論 — 21世紀文化戰略的構想』(首都師範大學出版社, 1996), p.120.

둘째, 대립법對立法과 창신법創新法의 구분이다.

동서양의 전통적인 사변방식은 비록 차이가 있지만 대체적으로 다음과 같이 개괄할 수 있다. 중국과 서양의 전통적인 변증법은 '대립법' 즉 이원대립법이고, 화합론은 간단히 말하자면 '창신법'이라 할 수 있다. 그 어떠한 이론학설이라도 만약 창조적인 초월이 없다면 생기가 가득 찬 유행을 할 수 없기에 도구화된 도그마나 경직된 골동품으로 전락하고 만다. 마찬가지로 창조적인 유행이 없다면 실질적인 초월이 있을 수 없기에 허위적인 꾸밈이나 보수적인 변호에 빠지게 된다. 중국과 서양의 전통적인 사변방식의 이원대립체계와 사유방법 및 그 진위이가眞僞二價의 논리는 대립되는 상대방을 필요로 한다. 만약 화합학을 이러한 이원체계에 집어넣으면 이 역시 일종의 개량된 헤겔식의 변증법이나 『주역』화·『노자』화된 현대판 변증법 정도밖에 되지 않을 것이다. 화합학이 이러한 이원체계를 초월해서 새로운 창조의 공간을 얻어 자신의 특성을 발휘할 수 있으려면 반드시 다원체계로 진입해야 한다. 화합학의 논리적 체계는 전통적인 진위이가의 논리구조가 아니라 현대적 다치多値논리이기 때문에, 배중률이 효력을 상실하고 양극화된 진리값이 나타나지 않으면서 대신 '중정대도中正大道'를 창조해 내게 된다. 이것을 화합세계 전체 구조에서 보자면 천지인 삼재지도에서 인도가 바로 천도와 지도의 '중정지도'가 된다는 것이다.

시간은 비록 인간이 설정한 것이지만 오랜 세월에 걸쳐 사회관습으로 일반화되면서 공통적 인식을 형성하게 되었다. 이를테면 마치 천지인 중에서 인이 중정지도인 것과 같이, 과거-현재-미래, 또는 전생-현세-내세에서 '현재'와 '현세'는 없어서는 안 될 중도이다. 그러므로 현재(현세)가 바로 낳고 낳아 가는 화합의 근원임을 인정해야만 삼원체계와 다원체계를 구성할 수 있다. 현재는 과거와 미래를 규정한다. 만약 현재가 없으면 과거와 미래의 위치를 확정할 수 없다. 현재는 과거와 미래를 평가하는 표준으로서, 과거를 내포하고 있을 뿐만 아니라 미래도 내포하고 있는 것이다. 따라서 현재는 과거와 미래를 향해 전개된다. 과거와 미래를 과거와 미래라고 칭할 수 있는 까닭도 바로 현재가 있기 때문이다.

『주역』「계사하」의 "천지의 기운이 화합하다"(天地絪縕) "남녀가 정기를 합하다"(男女構精) 등은 전통 사유방법에서의 이원대립의 융합관계 또는 대립적 통일관계에 해당하는 것들이다. 천지의 기운이 화합할 때에만 인간이 생겨서, '삼재'가 함께 운행하여 어그러짐이 없는 인문세계를 형성할 수 있다. 또한 남녀가 정기를 합해야만 아기를 낳고 기를 수 있고, 이로써 "세 사람이 함께 걸어가는"(三人行), 함께 키워 주고 해치지 않는 문명사회를 형성할 수 있는 것이다. 바꾸어 말하면, '화합'으로 인해 이원적 대립관계가 무너져서 진위이가의 논리와 배중률이 효력을 잃게 될 때에야, 즉 전통 사유방식이 더 이상 힘을 발휘할 수 없는 상황이 되어야만 비로소 전통 사유방식의 이원대립을 초월하여 화합학의 삼원체계를 이루게 된다.

'중정지도'는 작동 차원에서 '중화법中和法'으로 실현될 수 있다. '중中'은 대본大本이고 '화和'는 달도達道이기에, 대본이 달도하면 가장 아름다운 경지를 창조해 낼 수 있다. '중'은 맑고 깊고 허정한, 전체가 투명한 거울과 같은 상태를 말하고, '화'는 마음과 대상, 주체와 객체가 융합되고 막힘이 없이 통하는 것을 말한다. "화和와 동同은 다른가?"라고 묻는 경공景公의 물음에 안자晏子가 이렇게 답했다. "화합한다는 것은 국을 끓이는 것과 같아서, 물·불·초·간장·소금·매실에다 삶은 생선이나 고기를 넣고 나무로 불을 때어 요리사가 그것들을 조화시킨 뒤 맛을 보아 모자라는 것은 더 넣고 많은 것은 덜어냅니다. 그런 뒤 군자는 이를 먹고는 흡족해합니다."[61] 여기에서 주체인 요리사가 다루는 재료들은 생선과 고기, 초·간장·소금·매실 같은 양념 등 다양하고 다원적인 대상들이다. 요리사는 이런 물건들을 섞고 타고 맞추고 보태고 더는 등의 조절과 균형을 창조적으로 활용하여 가장 완벽하고 가장 아름다운 경지에 도달시킨다. 바로 이렇게 함으로써 '조화를 이룬 국'을 화합하여 만들어 내는 것이다. 이 '조화를 이룬 국'은 이미 개별 재료의 원래 맛을 초월하여 사람으로 하여금 '흡족한' 아름다움을 느낄 수 있도록 해 준다. 이것이 바로 화합의 새로운 창조법인 것이다.

화합의 새로운 창조법은 한쪽이 다른 한쪽을 소멸시키거나 타도하는 대결의 방식이 아니다. 이것은 "만 가지 사물이 함께 발육되어도 서로 방해되지 않고, 천도와 인도가 함께 행해져도 서로 배치되지 않는" 상호보완적 방식이자, 양측 모두 이익을 얻는 윈윈게임이다. 어떠한 일이든지 국가 간, 민족 간, 종족 간, 종교 간에 서로 교

---

61) 『左傳』, 昭公 20년조.

류하면서 공존하는 것을 원칙으로 해야 한다. 병육竝育·병행의 원칙은 함께 키워 주고 함께 나아가며 서로 왕래하고 보충하면서 서로의 능력을 더욱 잘 드러내 주는 것이지, 나와 상대가 서로를 잡아먹는 식의 혼자서만 키우고 나아가는 방식이 아니다. 이러한 단육單育·단행單行은 몰락과 파멸을 초래할 뿐이다. 병육·병행의 원칙은 서로 "해치지 않고"(不害) "배치되지 않는"(不悖) 것으로, 서로 보완하고 발전하여 번영되고 우아한 경지를 창조한다. 반대로 서로를 해치면서 끊임없이 싸우면 양쪽은 공멸할 것이므로, 백해무익하다. 그러므로 화합의 새로운 창조법은 병육·병행하고 불해不害·불패不悖하는 가운데 원융무애하고 생생불식한 상태를 이루는 것이다.

셋째, '사실법寫實法'과 '의경법意境法'이다. 중국과 서양의 전통적인 사변방식은, 비록 현저한 차이가 있지만 전체적으로 보았을 때, 일종의 '사실법' 혹은 실체를 묘사하는 '현상법現象法'이라 할 수 있다. 이에 비해 화합학의 방법은 '의경법' 혹은 예술을 묘사하는 투사법投射法이라 할 수 있다. 그러므로 화합학이 구축하려는 화합의 정신적 안식처는 혼자만의 자각적인 의식의 유동이 아니라 인간의 자유로운 정신적 경지이다. 이러한 성격은 화합학의 기본 방법이 '본질환원本質還元'의 '사실법'이 아니라 '경지를 창조하는' '의경법'이라는 점에 의해 규정된다. 현실적 자연계는 다만 빛의 파동일 뿐 색의 조화를 이루지 못하는 데 비해, 색을 화합시키는 '화색和色'은 인류의 회화예술의 창조에 의해 화합되어 창조된 것이다. 마찬가지로 현실의 하늘과 땅 사이에는 다만 소리의 진동이 있을 뿐 음악의 조화를 이루지 못하지만, 소리를 조화시키는 '화악和樂'은 인류의 음악예술의 창조에 의해 화합되어 창조된 것이다. 따라서 현실의 천지만물은 인문적 화합창조에 들어갔기 때문에 그에 상응하는 의미와 가치를 가지는 것이다. 바꾸어 말하자면 화합은 인문적 관념의 창조물이지 자연적으로 실재하는 것이 아니다. 베토벤이 「교향곡 제9번」을 창조하기 전에는 그 누구도 성악의 원리와 화성의 이론에 근거하여 베토벤이 「교향곡 제9번」이란 명곡을 창작하게 될 것이라는 현실가능성을 증명하지 못한다. 같은 이치로, 다빈치가 「최후의 만찬」을 창작하기 전에는 그 누구도 투시원리와 채색이론을 이용하여 다빈치가 「최후의 만찬」이란 명화를 창작하게 될 것이라는 현실가능성을 증명할 수 없다. 따라서 「교향곡 제9번」과 「최후의 만찬」은 모두 '사실법' 혹은 '실체를 묘사하는 현상법'이 아니라, '의경법' 혹은 '예술을 묘사하는 투사법'인 것이다.

여기서 말하는 화합의 '의경법'은 현상학에서의 '환원법'이 아니다. 인문정신의 기본적 가치근원을 찾기 위해 화합학은 현상학적 환원의 힘을 빌려 문화가치의 본체에 대해 제한적인 환원과 우호적인 해체를 진행한다. 그러나 화합학은 결코 인문정신을 주체의 순수한 의식 자체로 환원하지 않을 뿐만 아니라 순수한 '본질적 존재'에 대한 직관도 필요로 하지 않는다. 심층구조에서 보자면, 현상학은 여전히 주체화한 인식이론이기에 그의 핵심개념인 '지향성'은 지향하는 주체와 지향되는 대상 간의 논리적 교량이 된다. 주체의 지성 또는 이성으로부터 간접적으로 주체와 객체를 연계하는 논리적 교량에 오르는 것이 아니라 지향성이라는 논리적 교량 위에서 주체의 '자아'와 대상의 '본질'을 직접 꿰뚫어 보았다는 점에서는 후설을 칸트보다 더 높이 평가할 수 있겠지만, 현상학은 주관과 객관이 분열되는 이원구조를 초월하려 했음에도 결국에는 주체라는 그 한 극으로 치우치고 만다. 이에 비해 화합학은 순수한 의식의 논리학이나 주체정신의 인식론이 아니라 인문적 가치의 창조학이자 자유경지의 건축학이다. 화합학은 주관과 객관이라는 이원분열 구조를 창조적으로 초월한다. 화합의 도체는 실존하는 현실성도 아니고 실존하지 않는 가능성도 아니라, 인문학의 지평선을 끊임없이 넘어서는 가치의 창조성이다. 생생불식의 창조적 충동은 선형적인 것이나 인과적인 것이 아니라 예술적 경지를 새롭게 창조하는 것이다.

화합은 이처럼 "자아창조를 할 수 있는 화합적 존재"로서의 인간에게 부여된 본래적 속성이자 특수한 사명이다. 따라서 화합적 혁신은 인간만이 감당할 수 있다. 혁신성이 드러내는 것은 원래 잠재하고 있던 가능성이 아니라 인류의 생명이 요구하는 가치와 의미이다. 그러므로 굴원이 "갈 길이 멀고 또 멀지만 나는 하늘을 우러르고 땅을 굽어보며 찾아 나갈 것이다"라고 읊은 것과 같이, 화합학의 '의경법' 또는 예술을 묘사하는 투사법은 화합학을 탐구하는 과정에서 무궁한 힘을 보여 주게 될 것이다.

문제를 제기하는 것이 비록 창조적인 깨달음과 체득을 필요로 하는 것이기는 하지만, 문제의 해결을 위해서는 기술과 공부를 필요로 한다. 그러나 본체가 곧 능력(방법)이기에 독창적이고 강력한 화합방법론과 그에 부응하는 처리능력 없이는 화합적 생생도체는 참되고 완벽하게, 우아하고 아름답게 나타나서 화합의 길로 나아가기 어렵다. 화합방법론은 이미 전통적인 사변방식과 분명하게 경계선을 그었다. 따라서 화합방법론은 철학의 이론적 문제와 실천상의 문제를 해결해 가면서 자신만의 해답을 내놓을 것이다.

현대 중국철학의 새로운 이론적 사유로서의 화합학은 자체의 핵심적 화제(주도적 개념)와 범주체계, 인문적 언어환경의 내용과 특성, 그리고 자체적으로 근거로 삼는 문헌을 가지고 있을 뿐만 아니라 자체적 방법과 그러한 방법을 기술하기 위한 개념 및 형식을 가졌다고 할 수 있다.

제2장 화합 이룩하기

　사상사 또는 철학사를 일정한 차례로 배열된 위패로 비유하거나 묘당에 앉아 찬 돼지머리 고기를 먹고 있는 선현으로 비유하거나에 상관없이, 그 고귀한 모습과 경외를 불러일으키는 풍모는 사람들로 하여금 오래도록 잊을 수 없게 한다. 철학사 또는 사상사를 살펴보면 후세 사람들 중 이미 존재했던 핵심 화제와 인문적 언어환경 혹은 해석학적 문헌을 다루고 해석하지 않는 이가 없다. 그런데 그러한 것들은 사상가들에게 사유의 영감을 불어넣어 영혼의 빛을 얻게 할 수도 있지만, 반대로 정신적 족쇄가 되어 역사의 부담으로 남을 수도 있다. 그러나 바로 이러한 진퇴양난의 긴장, 융합, 충돌 속에서 새로운 사상과 철학이 싹틔울 수도 있다.

1. 생명지혜의 부상

　'끊임없이 변동하고' '변화만 좇는' 실존철학을 보면 동양철학과 서양철학을 막론하고 그 안에는 변하지 않는 현상이 있는데, 바로 후세 사람이 앞선 사람을 부정하는 것이다. 마치 눈부시게 밝은 샛별이 깜빡하였다가 사라지는 것과도 같이, 이러한 끊임없는 부정으로 철학사의 긴 과정이 엮어져 온 것이다. 이런 의미에서 말하자면, 영원하고 보편적인 진리는 존재하지 않으며, 그것은 오직 특정한 역사적 시공간에서의 시대적 정신의 구현이었을 뿐이다. 이것이 바로 철학사를 일정한 차례로 배열된 위패 또는 묘당에 앉아 찬 돼지머리 고기를 먹고 있는 선현으로 비유하는 원인이며, 모든 철학이론은 한때는 화려하다가 결국에는 영안실의 송장이 되고 만다고 서술되는 이유이다. 그렇다면 왜 이러한 현상이 나타나는 것인가? 철학자들의 사변과 이론구조가 불교나 기독교, 도교보다 수준이 낮고 완벽하지 못해서인가? 이것은 심사숙고해야 할 문제이다.

또한 무엇 때문에 시간이 흐르고 시대가 변한 뒤, 그들은 시간이라는 물결 속에서 도태되어 역사의 유적이나 고전이 되어 버리고 마는 것인가? 나의 경험으로 볼 때 그 이유는 다음과 같다. 첫째, 이전의 동서철학은 저마다의 형식을 통해 형이상학을 추구함에 있어 가치본체를 설정하거나 어떠한 실체로서의 목표를 약속했으며, 유일한 진리와 궁극적 원인을 설정하고 고정시켰다. 둘째, 정도의 차이는 있지만, 그들의 철학가치체계는 모든 사람들(빈부귀천과 지역, 민족, 종족을 막론하고)이 근심 없이 살아갈 수 있도록 해 줄 수 있을 만한, 심신을 편안히 하고 천명을 다하게 하는 궁극적 사랑의 가치목표를 주지 못했고, 따라서 사람들로 하여금 안식처에 있다는 위로를 받을 수 없게 만들었다. 셋째, 철학은 백성들의 일상적 삶 속으로

142

들어가고 인간세상으로 돌아가야 하는데, 철학의 형이상학은 일부분의 사람들에게만 안식처를 주었을 뿐 모든 사람에게 정신적 안식처와 궁극적 사랑을 주지는 못했다. 이러한 이유들로 인해 동서철학자들은 줄지어 동일한 전철을 밟아 나갔다. 이것은 『주역』에서 말한 "거의 왔으나, 우물물을 긷지 못한다"(汔至亦未汲井)[1]는 것과 같은 것으로, 본연의 맑은 물과 같은 철학적 생명의 지혜를 끊은 것밖에 되지 않는다.

1) 스스로 해체하기

근본에 대해 물음을 던지던 플라톤에서 현대에 이르는 서양철학이 '종적인 초월'로부터 '횡적인 초월'로 진행되었다면, 중국철학의 물음은 반대로 노자의 "말로 표현해 낼 수 있는 도는 진정한 도가 아니다"라는 '횡적인 초월'로부터 송명 리학의 "하늘 위에 무엇이 있는가?"(天之上何物), "하늘과 땅의 끝은 어디인가?"(天地何所窮際), "하늘과 땅을 어디에 놓아야 하는가?"와 같은 '종적인 초월'로 진행되었다. 사실 이 두 가지 철학의 질문방식 자체에 전통과 현대, 고대와 현대, 우와 열의 차이가 있는 것은 아니다. 다만 문화적 가치의 도체 혹은 가치표준의 취지가 다를 뿐이다.

철학이 추구하는 질문 자체에는 결코 옳고 그름이 없다. 존재는

---

1) '汲井'을 『周易』通行本은 '繘井'이라 하고 馬王堆帛書本은 '汲井'이라 했는데, '汲井'이 더 낫다. 張立文, 『周易帛書今注今譯』(臺北: 學生書局, 1991), p.313 참조.

반드시 그것이 그러한가 그렇지 않은가, 혹은 존재하는가 존재하지 않는가의 질문만이 있을 뿐이다. 바꾸어 말하자면, 존재하는 것이 화합적이지 않다고 해서 화합적이지 않은 것이 반드시 존재하지 않는 것은 아니다. 마찬가지로 존재하는 것이 곧 화합적이라고 해서 화합적인 것이 반드시 존재하는 것도 아니다. 사실 존재와 화합 사이에 필연의 고정된 형식적 연계성이 있는 것은 결코 아니다.

화합에 대한 추구는 화합 자신부터 스스로를 해체시켜서 자신을 화합에 대한 회의懷疑 상태에 있도록 강요하는 것이다. 영원한 '과정으로서의' 화합철학이 가지는 회의의 과정은 정貞에서 원元으로 돌아오는 대순환이며 '기제旣濟'에서 '미제未濟'로 나아가는 것이기 때문에, 논리적으로 종결되지 않고 영원히 미래를 향해 개척해 나아간다. 엄격한 의미에서 말하자면, 화합학의 철학은 오직 다차원적 구도, 다양한 경지와 다원적 관심을 갖추고 있을 뿐 절대적이고 폐쇄된 이론체계를 설정하지 않는다. 따라서 화합학의 생생도체는 "변동하면서 고정되지 않고, 육허六虛에 두루 흘러 상하에 일정함이 없고, 강유가 서로 바뀌므로 법도가 될 수 없다. 오직 변화함 그 자체이다." 이러한 것이 바로 변화로서의 생생도체이다. 그러나 일단 언어를 사용해서 그 경지를 사색하고 의논하거나 문자를 사용해서 그 도체를 말하게 되면 반드시 질서정연하고 독자적인 체계가 갖추어져야 한다. 이것이 바로 그 어떤 철학을 막론하고 반드시 갖추어야 하는 논리적 체계와 형식이다.

철학이 생겨난 이래로 중국과 서양의 철학은 모두 존재는 무엇

144

인가에 대한 탐구를 포기하지 않았다. 탈레스의 '물', 플라톤의 '이데아', 아리스토텔레스의 '제1원인', 스피노자의 '실체', 헤겔의 '절대관념', 그리고 노자와 장자의 '도', 동중서의 '천', 왕충의 '원기', 왕필의 '무', 정주의 '리', 육왕의 '심', 장재와 왕부지의 '기', 호굉의 '성' 등은 모두 존재에 대한 탐구의 결과로 얻어진 이해와 해석이다. 그러나 이 또한 하나의 아집이다.

칸트는 "형이상학적 지식은 선험적 판단만 포함해야 하는데, 이는 그 근원의 어느 지점에서 결정되는 것이다"[2]라고 했는데, 사실 형이상학적 지식은 선험판단만 포함하는 것이 아니라 실천판단, 더 나아가 '가상적인' 판단까지도 포함한다. 하이데거는 플라톤으로부터 헤겔에 이르기까지의 형이상학을 모두 타파하면서, 그들이 추구한 '이념' 또는 '절대정신' 등은 모두 존재와 존재자를 혼동한 것으로서 그들은 특정 존재물이 결국 하나의 '존재'임을 말하는 데 머물렀을 뿐, 근본적인 '존재'의 의미에로 나아가 '존재자'가 어떻게 '존재'하는지, 또 그것들이 결국은 '존재하는 것'이지 '존재하지 않는 것'이 아님을 밝히는 데에는 이르지 못했다고 비판했다. 또한 그는 기존의 철학자들은 '존재'에 대해 보류하고 논하지 않았을 뿐만 아니라 더 나아가 '존재자'에 대한 연구로 '존재'에 대한 연구를 대체해 버렸다고 보아서, 플라톤 이래의 형이상학을 두고 '존재를 잊은 시대'라고 하였다. 하이데거가 전통 형이상학적 존재론을 비판했던 것은 형이상학적 존재를 철학에서 영원히 몰아내려고 한 것이 아니라, 형이상

---

2) 칸트, 『任何一種能夠作爲科學出現的未來形而上學導論』(龐景仁 譯), p.18.

학적 존재론의 근거인 '존재'에 대한 연구를 통해 뿌리가 있는 형이상학적 존재론, 즉 근본적 존재론을 구축하여 기존의 형이상학적 존재론을 대체하려 한 것이었다.

하이데거는 플라톤 이래의 뿌리 없는 형이상학적 존재론을 두고 일종의 '편집偏執'이라고 비판했지만, 사실 하이데거의 형이상학적 존재론도 역시 일종의 '아집'이 아니라고는 말할 수 없다. 만약 화합학의 철학체계를 형이상학적 체계로 간주한다면, 이것은 아무 아집도 가지지 않는 철학체계이다. 즉 아무런 아집이 없을 뿐만 아니라 법칙에 대한 집착도 가지지 않은 채 비워 놓았기에 무한히 크고 허령불매虛靈不昧하다. 따라서 화합학의 가치체계, 논리구조 및 그 경지는 변화무쌍하고 가상적인 특성을 가진다. 이것은 많은 의미를 융합하고 섭취하는 화합학 철학체계의 전제이기도 하다.

2) 근본적 차원에서의 논의

> 건도가 변화해서 각각의 성명을 바르게 한다. 대화大和를 보존하고 화합시키니 곧 이정利貞이다. 모든 사물 가운데에서 으뜸으로 나오니, 모든 나라가 편안해진다.[3]

인간은 천도의 끊임없는 변화에 근거하여 만물로 하여금 각각 자성自性과 운명 및 그 본질을 획득해서 제자리에 위치하도록 한다.

---

3) 『周易』, 乾卦 「象傳」.

만물은 변화하면서 나누어지고 구분되며, 충돌하고 융합하면서 내재적인 '태화太和'를 보유하게 된다. '태화를 보존하고 화합시키는 것'은 곧 가장 큰 '화和' 즉 화합이다. 화합의 낳고 낳음(生生)이라는 가치가 가지는 효과와 지향점은 바로 만물이 생장하고 모든 나라가 편안해지는 것이며, 이는 변화의 이치에 부합하는 것이다.

화합이 존재하는 까닭은 화합논리구조가 천·지·인 삼계三界를 따라 나아가기 때문이다. 어떠한 인문세계도 화합의 논리구조방식 안에 있지 않는 경우가 없기에, 그 인문세계 자체가 곧 하나의 생생生生하는 화합체이다. '땅'은 현실세계로서, 곤坤의 세계이다.

> 지극하도다, 곤원坤元이여! 만물이 모두 여기로부터 태어나니(生), 곧 하늘의 뜻에 순응하여 받드는 것이다.[4]

여기에서 말하는 생生은 생존, 생명, 생장으로 해석할 수 있다. 땅 즉 곤의 인문세계는 존재계의 생존과 생명의 생장점이자 기초이기에, 생명존재로서의 인간은 이 세계에서 살아가고 활동할 뿐, 결코 이곳을 벗어날 수 없다. 모든 생물들에는 나뉨이 있기에 구분이 있고, 구분이 있기에 충돌이 있으며, 충돌이 있기에 융합이 있고, 융합과 상충이 있기에 가치의 창조가 있을 수 있다. 사물의 관점에서 보는 세계가 있고, 인간의 관점에서 보는 세계가 있다. 이것이 바로 물관物觀세계와 인관人觀세계이다. 이로부터 더 나아가 물화物化세계

---

4) 『周易』, 坤卦 「象傳」.

와 인화人化세계가 있게 된다. 게다가 인관 · 인화세계만 해도 무수히 많아서 눈이 어지러울 정도이다. 하물며 인류는 아직 완전한 물관 · 물화세계에도 들어가지 못하고 있지 않은가! 인관 · 인화세계는 화합적 구조, 즉 화합적 현실세계이다. 사실 여기에서 말하는 물관 · 물화세계는 인화된 물관과 물화세계이기도 하다.

화합적 현실세계는 인간의 생존공간, 즉 생명존재로서의 인간의 세계이다. 화합적 현실세계는 모든 활동의 주체로 인간을 선택하였기에 무한한 생기와 생명력을 지닌 현실세계에서 인간은 그 능동적 지성5)의 생명창조와 가치창조를 통해 조화造化에 참여한다. 즉 땅과 더불어 만물을 생육하는 것이다. 이러한 주체적 인간이 현실세계의 조화에 참여하는 것은 바로 인화세계의 활동이면서 또한 주체적 자아의 생존방식을 변화시키는 활동이기도 하다.

화합적 현실세계에서, 화합은 곧 인간이 생존하고 있는 대상세계에 대한 자아관념과 자아창조로서의 사유활동이다. 화합학을 '근저'의 차원에서 말하자면, 또는 가장 근본적이고 가장 원시적인 현상에서 말하자면, 이것은 살아가는 존재로서의 인간을 말하는 것이다. 다시 말해, 살아가는 존재로서의 인간과 그 인간의 삶과 연결된 '환경'(境)과 '이치'(理)가 있어야만 비로소 다른 모든 것들도 있게 되는 것이다.

이 세상에 태어나는 순간, 인간은 자아의 주체의식이 바라건 바

---

5) '智能'에 대한 해석은 필자의 『和合學槪論 — 21世紀文化戰略的構想』(首都師範大學出版社, 1996), p.202~205 참조.

라지 않건 상관없이 주어진 시간과 공간의 틀, 즉 우주자연 속에 처하게 된다. 바꾸어 말하면 화합적 현실세계에서 말하는 그 '환경'(境)으로 들어가게 되는 것이다. 인간과 자연환경의 충돌이 빈번해짐에 따라 인간은 부득이 자연환경의 현상에 내재하고 있는 비현상적 소이연을 추구하지 않을 수 없게 되었다. 즉 주체로서의 인간이, 자신들과는 다른 자연환경이라는 존재자가 존재하는 까닭에 대해 체득하고 파악하려고 한 것이다. 이러한 존재자가 존재하는 까닭이 바로 화합의 현실세계에서 말하는 '이치'이다. 화합의 '환경'과 '이치'는 '지행'의 개념을 통해 전환할 수도 있다. 즉 "이치를 아는 것은 곧 환경을 밝히는 것"(知理明境)이고 "이치를 실천하는 것은 곧 환경을 바꾸는 것"(行理易境)이다. 이치를 알아서(知理) 이치를 실천하고(行理), 환경을 밝혀서(明境) 환경을 바꾸는(易境) 것이다. 만약 "이치를 실천하고 환경을 바꿈"이 없다면 "이치를 알고 환경을 밝힘"을 실행에 옮기지 못한 것이어서 그 가치를 구현할 길이 없고, 마찬가지로 "이치를 알고 환경을 밝힘"이 없다면 "이치를 실천하고 환경을 바꾸는" 일이 태만해지고 위험에 빠지게 된다.

화합적 현실세계에서의 지성 창조는 '환경'과 '이치'를 낳았고, '환경'과 '이치'는 화합하여 현실세계를 만들었다. 여기에서 "이치를 알고 환경을 밝힘"은 지혜(智)가 되고 "이치를 실천하고 환경을 바꿈"은 능력(能)이 된다. 화합적 현실세계의 '환경'과 '이치'의 전환과 중개라는 이 메커니즘의 두 축으로서의 지와 행, 지智와 능能은 전통철학에 대한 능동적인 변화에 바탕을 두고 있다. 또한 이것은 천지가 만물을 화생할 때 간이함으로써 그 지혜와 재능을 구현했던 것을 가리키는 것으로, 인화된 건곤과 천지가 만물을 바꾸어 가고 변화시켜 가는 작용을 의미한다. "이치를 알고 환경을 밝히는" 것뿐만 아니라 "이치를 실천하고 환경을 바꾸는" 것 역시 그 배후에는 모두 화합의 도리가 감추어져 있다.

3) 천지를 위해 마음을 세우다

'인간'은 의미세계의 존재이다. 『주역』「설괘전」에서는 다음과 같이 말한다. "옛날에 성인이 『역』을 만들 때에 장차 성명性命의 이치에 순응하려 했다." "이치를 궁구하고 본성을 모두 발휘하여 천명을 이룬다." 화합학 이론체계의 주체와 핵심은 인간이다. 즉 인간이 천·지·인 삼계의 주체인 것이다. 화합학적 인간학은 새로운 인간학이라고 할 수 있다. 이런 의미에서 말하자면, 이것은 인간학적 형이상학을 예설한 것이라고도 할 수 있다.

인간은 자신의 시야에 들어오는 모든 대상에게 의미와 가치를 부여하여 '땅'(현실세계)과 '하늘'(가능세계)이 더 이상 개별적인 존재대상이 아니라, 인간의 빛에 비추어짐으로써 의미와 가치를 가지는 존재가 되게 만들었다. 그리하여 서양에서는 인간과 자연만물의 관계를 "인간이 자연을 위해 법을 세운다"(人爲天地立法), "인간은 만물의 기준이다"(人是萬物的尺度) 등으로 서술했다. 하지만 중국철학은 "천지를 위해 마음을 세운다"(爲天地立心)고 주장하는데, 여기서 말하는 이른바 '천지'는 삼재三才가 하나로 융합된 자연대상을 가리키는 것이다. '마음'은 내재성과 소통성을 가진 것이기에, 인간의 마음과 천지의 마음도 서로 회통하고 하나로 융합될 수 있다. 따라서 서양의 '입법', '준칙'과 같이 명백한 외재성이나 강제성을 가지지도 않고, 인간을 자연 및 만물과 구분하여 대립시키며 주관과 객관을 분열시키는 사유형식도 가지고 있지 않다.

"천지를 위해 마음을 세운다"는 것은 자연스럽게 그렇게 되는 것이다. 왜냐하면 관념적 사유와 글귀를 막론하고 인간은 머리로 하늘을 떠받치고 발로 땅을 딛음으로써 천지 가운데 자리 잡고 있기 때문이다. '입심立心'에서의 '입立'자가 사람이 땅을 딛고 서서 정면을 바라보는 모습과 흡사하다는 점에서 다음의 두 가지를 이해할 수 있다. 하나는, 인간이 자신의 의식과 관념을 천지에 부여하였기에 천지와 합일될 때 그 마음도 합일된다는 것이다. 다른 하나는, 인간이 부여한 가치와 의미로 인해 비로소 천지가 가치와 의미를 가지게 되었다는 것이다. 인간이 천지에 가치와 의미를 부여한 능동적이고 창조적인 주체라는 점에서, 천지만물에 부여된 의미와 가치는 사물에 대한 인간의 가치적 요구와 태도를 드러낸 것이라고 할 수 있다. 인간은 천지의 위치를 규정하는 가운데 자신의 위치도 규정하였고, 천지를 위해 마음을 세우는 가운데 자신의 마음을 세웠으며, 천지의 가치와 의미를 창조하는 가운데 자신의 가치와 의미도 획득했다. 바꾸어 말하자면, 인간은 천지만물을 변혁하는 가운데 자신도 변혁시켰고, 천지자연을 발견하는 가운데 자신도 발견했던 것이다. 그러나 인간의 가치적 요구는 다원적·다충적이고 통합적이며 체계적이다. 따라서 인간이 천지만물에 부여한 가치는 다원적일 뿐만 아니라 의미세계의 가치화합도 함축하고 있다.

천·지·인 삼재 중에서 인간은 그 자체로 화합의 화생化生이다. 중국의 고대 철학자인 순자는 인간을 다음과 같은 내용으로 파악하였다. 수水·화火는 기氣가 있으나 생명이 없고, 초목은 생명이 있으나 지각이 없으며, 금수는 지각이 있으나 인의가 없다. 그러므로 인간이 인간일 수 있는 이유 혹은 인간이 세상에서 가장 존귀한 이유는, 인간이 기氣·생生·지知·의義를 모두 갖춘 창조적인 화합생생和合生生이기 때문이다.

화합적 의미세계(人間界)의 가치화합의 규범은 유도의 기능을 가지고 있다. 즉 가능세계(天界)의 논리적인 '명칭'과 범주는 인간의 가치를 실현하는 방향으로 발전해 가도록 하고, 현실세계(地界)의 '지행' 실천은 인간이 의미와 가치를 실현하는 방향으로 발전해 가도록 한다. 이처럼 의미세계는 현실세계와 가능세계로 하여금 가치와 의미를 실현하도록 유도하는 가운데, 자아는 주체적 자아를 완전하게 만드는 방향으로 발전해 가고자 한다. 한마디로 말해서, 사람들로 하여금 진선미가 서로 화합된 경지에 오르도록 총체적으로 유도하는 것이다.

화합적 의미세계는 인간에 근거하여 사회적 가치의 함양과 수양이라는 화합의 특징을 규범화하고, 인간은 능동적인 지성창조와 가치창조를 '성性'과 '명命'으로 이루어 간다. 만사만물은 저마다 성

性을 가지고 있지만 대체적으로 인성人性과 물성物性으로 나눌 수 있다. 인성은 의미와 가치규범의 설립자로서의 인간에게 내재된 규정성이고, 동물과 구별되도록 하는 인간의 보편적 본성이다. 그리고 '명'은 의미와 가치규범의 이행자로서의 인간에게 주어진 "겉으로 드러난" 사명이다. 인간은 자신을 위해서뿐만 아니라 사회를 위해 "자신을 안정시키고 천명을 세울 수 있는" 토대를 찾아야 한다. 즉 인간은 자신과 사회생활 그리고 정신을 위한 안식처를 마련해야 하는 것이다.

화합적 의미세계는 인간 생명의 의미와 가치를 나타내는 '성'이 주체의 심성수양 및 '내재하는 것'과 '외재하는 것'의 전환을 통해 '명'에 이르도록 함으로써 '성명性命'이 전체를 관통할 수 있도록 한다. 주체적 인간이 자신의 선한 마음을 지키고 사악한 것을 막는 것과 그 마음을 함양하고 보존하는 것은 곧 심성을 수양하는 '양성養性'(본성을 기름)이다. 양성은 주체적 인간이 생명의 정신활동 가운데 도덕적 가치를 배양하는 것으로, 도덕적 이성에 대한 주체적 인간의 자각이자, 인간세상에서 화합되지 않은 현상에 대한 인문적 이성을 통한 해소이다. 양성은 '명명明命'(명을 밝힘)을 위한 것이며, 양성하고 명명하면 '수명역성修命易性'(명을 고치고 본성을 바꿈)할 수 있다. '수명修命'은 운명을 다스리고 손질하는 것으로서, 낡은 운명을 쓸어버리고 새로운 운명을 창조한다는 뜻이 포함되어 있다. 주체적 인간이 필연적인 운명에 대해 인식하고 파악하게 됨에 따라 주체는 자기 심성의 본질에 대해서도 더욱 깊게 인식하고 주재할 수 있게 된다. 주체적 인간의 자각적인 양성, 가치이상·도덕경지의 제고는 모두 인성을 변혁하고자(易性) 하는 요청에서 비롯되는 것이다. 이것이 바로 명을 수양하여 성을 바꾼다는 '수명역성修命易性'의 의미이다.

"성을 수양하고 명을 밝히는 것은 그림쇠가 되고"(養性明命爲規), "명을 고치고 성을 바꾸는 것은 자가 된다"(修命易性爲矩). 그림쇠와 자는 법도와 척도의 표준으로서 인간이 자신을 위해 세운 법이자 천지만물을 위해 세운 법이다. '성'과 '명', '수양함'과 '고침', '그림쇠'와 '자'는 상대적이고 상충하는 것이다. 오직 인간의 능동적 활동만이 양자를 서로 융합시킬 수 있는데, 인간에 의해 양성은 천지만물의 가치표준으로까지 끌어올려져서 천지만물을 위한 법도와 규칙이 되고, 반대로 수명은 인간 자체의 가치법도로 연역되어 인간을 위한 법도와 규칙이 된다. 그리하여 '수양'의 전환을 통해 '성명'은 주체의 의미 활동으로 중화中和되며, 법도의 매개가 된다. 결국 화합적 의미세계는 가치법도를 규범 근거로 하는 수양의 화합세계이다.

4) 인간의 자유로운 창조

'천天'은 가능세계이며 건乾의 세계이다. 『주역』에서는 "크도다. 건의 근원(乾元)이여! 만물이 여기에 의지해서 시작하니, 이는 곧 하늘을 거느린 것이다"라고 하였다. 이 구절은 만물의 근원적이고 근본적인 시작에 대하여 질문을 제기한 것이다. 인간은 가치와 의미를 추구하는 존재자이자, 현실세계와 의미세계를 초월하여 가치이상을 추구하는 존재자이다.

가능세계의 가능성이란 인간의 자유로운 창조와 설계의 가능성을 가리킨다. 이는 인간 자체를 능동적 존재로 설명함과 동시에 인간의 생명지혜를 드러낸 것이다. 가능세계의 가능성은 인간의 가치 창조성에 달려 있다. 따라서 사유함에 있어 외재적 실존을 가변적이고 부정적인 것으로 간주하고, 자신이 설계한 가능적 대상에 대해서는 자아를 긍정하는 것이며 확실한 것으로 간주한다. 이는 인간의 사유가 창조한 대상인 가능세계로 하여금 실존하는 대상인 현실세계와 의미세계를 대체하려는 것이다. 가능세계는 가상적·관념적 세계로, 실존하지 않는 존재의 세계 즉 가상적 언어환경에 속한 가상세계이다. 가상적인 가능세계는 사유의 창조적 활동이자 실존적 현실세계에 대한 초월이다. 그러나 실존적 현실세계를 초월했다고 해서 반드시 현실세계와 분리되는 것은 아니다. 그것은 현실세계의 종합적 사태에 대한 가상이다. 이러한 점에서, 플란팅가(A. Plantinga)의 '획득(입수) 가능한 것'(Obtainability)이라는 개념을 차용한다면 가상적인 가능세계는 곧 획득 가능한 것이다.

화합적 가능세계는 가상적 세계이다. 이것은 실존을 초월하는 창조적 사유의 활동이다. 사유는 자체적인 가치창조의 활동을 통해 현실적 불가능성을 가상적 가능성으로 변모시킨다. 현대 컴퓨터 인터넷의 디지털화 방식으로 구성된 가상세계에서는 실존하는 현실세계와 의미세계에서는 실현 불가능했던 가능성을 실현할 수 있을 뿐만 아니라 허구적인 상태를 통해 실제 활동에서 얻는 경험을 획득할 수 있도록 해 준다.

　실존을 초월한 이론적 사유의 창조적 활동은 철학적 지혜의 생명이자 철학을 일신시키는 원동력이다. 만약 이론적 사유의 창조적 활동을 질식시킨다면 철학적 지혜의 생명도 끊어지게 된다. 이런 의미에서 말하자면, 동서철학사에서 철학자들이 창조적인 이론적 사유 활동을 통해 만들어 낸 가능세계는 모두 가상적 세계였다. 피타고라스의 기하학적 우주, 플라톤의 이상국가, 아우구스티누스의 신의 성, 라이프니츠의 단자세계, 헤겔의 절대관념세계 등은 모두 개념화, 논리화된 가상의 공간이었다. 그리고『주역』의 상수모형, 장자의 '소요'의 경지, 왕필의 '무'의 세계, 주희의 '천리'의 경지, 왕수인의 '양지' 세계,『홍루몽』의 '태허의 황홀한 세계', 풍우란의 '천지의 경지' 등도 모두 시적 정서를 통해 만들어 낸 가상세계였다. 이러한 동서양의 가상적인 가능세계는 모두 화합을 궁극적인 가치목표로 설정하고 또한 화합을 모델로 구축한 가상의 가능세계였다. 다시 말하자면, 동서철학이 구축한 가상적인 가능세계는 모두 융합과 상충으로 화합된 가능세계였다.

　화합적 가능세계는 사유의 논리구조를 통해 창조한 가능적 구조의 메커니즘을 가지고 있으므로 화합정신의 아름다운 원리를 실현한다. 가능세계는 인간이 구축한 논리적 구조인 '건순健順'의 화합적 특징에 근거하여, 지성 창조에 의한 '도道'와 '조화'(和)로 구분되기도 하고, 완벽하고 아름다운 화합체를 구성하기도 한다. 이것이 바로 화합적 가능세계의 '조화'이다.

사유의 주체 입장에서 '도'를 말하자면, 이것은 인간의 사상과 사유가 가진 자유로운 창조의 무한한 잠재력, 그리고 인간 사유의 자유로운 창조활동의 가능성을 상징한다. 그리고 사유의 객체 입장에서 '조화'를 말하자면, 이것은 사유의 자유로운 창조 과정에서의 융합, 그리고 가치이상에 대한 사유의 창조활동의 긍정을 상징한다. 전자가 자유로운 사유가 창조해 낸 논리적 구조의 노선, 방법 및 원리, 원칙이라면, 후자는 자유로운 사유가 창조해 낸 인류의 이상적인 정신이다. 따라서 인간의 모든 목적적 활동의 가치지향은 "도에 순응하여 조화를 구하고"(順道求和), "도를 굳건하게 하여 조화에 도달하는"(健道達和) 자유로운 창조의 과정이다.

'순도順道'는 사유가 자유롭게 창조해 가는 논리적 과정에 부응하는 것, 혹은 사유가 구축한 가치이상의 가능세계의 관념모식 또는 구조에 적응하는 것을 가리킨다. '순도'는 기초가 되며, 기초가 다져지면 조화를 추구할 수 있게 된다. 이를테면 인간이 삶과 죽음, 기쁨과 즐거움이 자신의 심정에 미치는 영향 및 외물의 속박을 초월해야만 삶과 죽음의 변화를 몸소 이해하고 편안히 받아들여서 얽매임이 없어지고 정신세계의 해탈을 구할 수 있다. 이러한 속박을 제거하는 정신세계의 '현해懸解'는 인간과 자연·사회·인간관계·정신·문명이 조화를 이룬 전체의 모습으로 표현된다. 이것이 바로 도에 순응하여 화를 구한다는 '순도구화順道求和'이다.

이러한 '순도구화'의 실현이 곧 '건도달화健道達和'이다. '건도'는 강건지도의 진취적 힘으로써 진취적인 형식을 통해 화합의 이상적인 경지를 실현해 내는 것이다. '도'의 강건함과 유순함이 상호 보완하고 도우면서 스며드는 것은 곧 건전하고 조화롭고 아름다운 것이며, 이렇게 해야 비로소 융합된 화합의 세계를 구성할 수 있다. 순도는 하늘에 순응하여 만물을 생육하고 무위에 따라 행하되 번거로움을 만들지 않기에 만물에 잘 베풀 수 있고, 비록 어려움과 위기가 있을지라도 그것을 극복할 바르고 항구적인 법도가 있다. 그리고 건도는 때에 순응하여 변화하고 앎을 추구하지 않기 때문에 알아도 고정됨이 없다. 그래서 감지感知함이 빠르고, 비록 어려움이 있더라도 이를 극복할 길이 있다. 건순의 취지는 '조화를 구함'과 '조화에 도달함'이다. 따라서 화합은 곧 건순의 합으로, "건순이 합하여 태화를 이루어"(健順合而太和) 화목하고 화합하는 이상적인 가능세계에 도달하는 것이다.

"순도구화를 이름으로 하고(順道求和爲名) 건도달화를 자로 한다(健道達和爲字)", "이름은 실질의 빈객賓客이다"(名者, 實之賓)라고 하였듯이, 명칭은 사물의 실상을 모방한 주관적 호칭으로서 인식대상의 성질·내용에 대한 인식주체의 주관적 판단에 의해 만들어진 것이다. 고대 중국에서 '명칭'은 개념, 범주를 가리키기도 했고, '자字' 역시 마찬가지이다. 이를테면,『북계자의北溪字義』,『맹자자의소증孟子字義疏證』에서의 '자의字義'는 곧 개념, 범주라는 의미이다. '명칭'과 '자'는 사유가 자유롭게 창조한 기호적 모형이다.

화합적 가능세계에서는 지혜를 통해 '도道'와 '조화'(和)가 창조되고, '도'와 '조화'는 화합하여 가능세계를 이룬다. 그리고 '건'과 '순',

'명칭'과 '자'는 화합적 가능세계의 '도'와 '조화'를 전환시키고 중개해 주는 매개이다. '도'는 '순'에서 '건'에 이르기까지 기초를 닦고 표준을 세워 일련의 기호적 범주와 개념을 형성하고, '조화'는 '건'에서 '순'에 이르기까지 초연히 사물 밖에서 신묘함을 내뿜고 조화에 들어감으로써 일련의 의리화된 범주와 개념의 내용을 구성한다. 결국 '도'와 '조화'가 상호작용 및 창조함으로써 생동적·창조적 사유의 기능을 갖춘 범주와 개념들이 만들어지는 것이다.

천·지·인 삼계는 화합한다. 즉 가능세계·현실세계·의미세계는 모두 화합을 품고 있다. 화합은 실존하는 대상이 아니기 때문에 창조적 현현의 과정이자 그것이 형성되는 영역이다. 화합은 생생지도의 독백이자 대화유행의 소리 없는 연주이다. 화합학의 사명은 화합되지 않는 모든 요소들을 규명하고 이원대립에 근거한 모든 충돌과 위기를 해소시키는 것이다.

2. 화합자로서의 인간

『화합학개론』의 체계를 구축할 때 '아래로부터 위를 향하는' 초월적 질서에 관심을 가졌다면, 화합적 가능세계는 초월의 극치로서 이미 순수한 가상의 상태에 도달하여 화합의 가상공간을 형성한 것이다. 이를테면 건순의 순환은 전적으로 화합적 생생도체 순환의 운율이기에 2진법의 1과 0의 논리와 비록 형식은 다르지만 효과는 같다는 점에서, 화합철학체계의 확장은 유행의 절차에 관심을 두고 이를 격발시킴으로써 화합적 생생도체가 '위로부터 아래로' 의미를 부여하고 작용하며 효과를 더해 가도록 하는 것이다.

1) 허령불매의 풍모

인간은 우주만상의 대립자나 반대자가 아니라 천지만물을 보조하고 거기에 참여하는 자이다. 따라서 '허령불매虛靈不昧'는 화합적 가능세계 존재의 풍모일 뿐만 아니라 화합세계 전체의 초월적 풍모이다. 바꾸어 말하자면, 화합적 가능세계가 '허령불매'한 까닭은 바로 그 안에 화합의 보조자이자 참여자인 인간 자아의 창조적 활동이 존재하기 때문이다. 그러므로 화합적 가상의 풍모 중에는 물결치는 건순이 번갈아 합하면서 만들어 내는 그 논리의 운율에 무한한 자유와 가능성이 담겨 있다는 점도 있다. 화합적 가능세계는 의미부여를 통해 채워져서 화합적 의미세계에 진입한다. 그리하여 특화된 예술 공간, 인문학 공간, 가치 공간 등이 되어 인간의 '성명性命'과 관계된 의미를 표현한다. 여러 차원의 화합적 의미세계는 무궁한 생명지혜와 "이치를 궁구하고 본성을 모두 발휘하여 천명에 이른다"는 의미를 갖추고서, 지성과 수양이라는 창조적 활동을 통해 화합적 현실세계로 탈바꿈하여 예술적 생활환경과 인문학의 생활환경 등 현실적 삶의 방식이 된다. 화합세계가 '위로부터 아래로' 채워 가는 과정은 화합창조에 있어 '가상'이 근원적 역할을 한다는 점을 보여 주기에 충분하다.

우주에 인간이 있기에 비로소 화합에 대한 추구가 있게 되고, 사물의 화합이라는 의미를 제시하게 되었다. 여기에서 화합적 존재로서의 인간은 객체와 대립하는 인식주체로서 존재하는 것도 아니고, 인류학·생물학·심리학·사회학적 의미에서의 인간으로서 존재하는 것도 아니다. 바로 화합적 의미에 대한 대화자 혹은 추구자로 존재하는 것이다.

화합적 의미에 대한 대화자와 추구자로 존재하는 인간은 기타 사물의 화합과 비교했을 때, 그 자신만의 특수성을 가지고 있다. 즉 그 화합의 규정성은 곧 그 화합 자체일 뿐 다른 것이 아니다. 이 화합은 선험적인 것도 아니고 실체로서의 의미를 가진 것도 아닌, 일종의 가능성이다. 따라서 이 화합은 자신에 대한 화합을 추구할 수 있으며, 형이상학적으로도 우선적인 지위를 가진다. 이 화합은 그 자체 화합에 대한 체득을 포함할 뿐만 아니라 사물의 화합에 대한 깨달음도 통섭하고 있다. 그리하여 사물을 회통시키는 화합의 대문을 열어젖힘과 아울러 자신의 화합적 영혼도 해방시킴으로써 화합존재가 가장 충실한 존재가 되도록 만든다.

2) 자아창조의 핵심

졸저 『신인간학 입문』에서는 "인간은 자아창조를 할 줄 아는 화합의 존재"라고 하였다. 화합에 대한 인간의 보조와 참여는 자아창조의 내재적 함의이며, 핵심적 활동이자 본연의 방식이다. 지성의 창조와 가치의 창조 모두 실은 인간 자아의 화합적 창조이다. 따라서 인간의 화합적 보조와 참여는 화합의 지성창조와 가치창조의 핵심적인 근거이다.

화합의 본연을 바꾸어 말하면 곧 인간의 본연이다. 화합학은 주체와 객체를 절대적으로 대립시키지 않는다. 인간 자체가 이미 주체와 객체의 상충과 대립을 융합·통일시키고 있기 때문이다. 인간만이 주체이면서 동시에 객체이기도 하다는 점에서, 인간은 주체와 객체의 지성적 창조 및 충돌융합의 화합으로 이루어진 결정체이다. 인간은 객체에 관한 인식을 얻기 위해, 직접 체험한 자신의 다양한 화합상태를 발견하고 드러낸다. 따라서 도리는 대상에 관한 도리가 아니라 인간 스스로 화합한 도리이다. 이것은 지식이 아니라 인간이 자신을 화합시킬 때 부각되는 것, 즉 화합의 "감추어짐이 없는 상태"인 것이다. 도리를 발견하는 것은 곧 화합을 드러내는 것이다. 그러므로 주체인 인간이 외재적인 것에 의지하면 할수록 주체와 객체의 분리가 더욱 심각해지고 양자의 융합은 더욱 어려워져서, 결국 인간의 화합 자체가 더욱 얽매이고 감추어지게 된 까닭에 밝게 드러날 수 없다.

화합학에서는 주체와 객체가 절대적으로 대립되는 것이 아니라 상대적으로 관계된다. 화합의 주체는 열려 있는 가운데 객체와 융합되고, 객체 역시 열려 있는 가운데 주체와 융합되는 것이다. 화합이 논하는 세계는 화합하여 혼연일체가 되고 화합을 통해 깨닫고 드러나는 세계이지, 이러한 화합과 분리된 세계가 아니다. 그러므로 화합은 주체와 객체가 화합하고 낳고 낳아 가는 가운데 자신의 본래 모습을 드러낸다.

화합은 불확정한 확정성이기에, 새로운 사물과 생명을 새로운 사물과 생명 그 자체로 인정하는 것이자 모든 새로운 사물과 생명이 출현할 수 있는 토대와 선결조건이며, 새로운 사물과 생명이 새로운 사물과 생명으로 전개되고 명징해지는 활동 및 과정이다. 따라서 모든 새로운 사물과 생명은 반드시 지성의 창조를 거쳐야만 확실하고 실존하는 새로운 사물과 생명이 된다. 지성창조와 가치창조가 없이는 새로운 사물과 생명이 있을 수 없다. 이런 측면에서 말하자면 지성창조와 가치창조는 모든 새로운 사물과 생명에 우선적인 지위를 가진다.

그러나 화합은 모든 새로운 사물과 생명에 대한 궁극적인 주재자나 추상적인 절대자가 아니다. 화합은 언제나 새로운 사물과 생명의 화합이다. 즉 새로운 사물과 생명의 화합적 방식 또는 논리적 구조이다. 그것은 이미 존재하고 있는 화합의 방식이나 논리적 구조, 즉 정지상태의 화합방식이나 논리구조를 가리키는 것이 아니라 상상적이고 창조적인 변화의 화합방식과 논리구조를 가리킨다. 바꾸어 말하면 공간상의 화합방식과 논리구조를 가리킬 뿐만 아니라 시간상의 화합방식과 논리구조도 가리키는 것이다.

화합의 본연은 바로 화합이라는 사실 그 자체에 있다. 화합의 본연은 곧 화합의 핵심적인 문제이며, 화합의 근원에까지 거슬러 올라

가는 문제이다. 화합의 핵심적인 근원은 사회, 인생, 인심에 대한 지성창조의 요구와 적합성에 있다. 화합의 이러한 요구와 적합성은 비록 외재적인 것이기는 하지만 없어서는 안 되는 것이다. 이것은 '적기', '시의적절함'의 문제이다. 이를테면 화합의 근원적 요소인 허다한 형상形相·무형상無形相이 지성창조와 가치창조 안에서 화합을 이룰 수 있는지 없는지의 여부는 '시의적절함'에 달려 있다. 각 형상·무형상이 지성창조에 근거해 화합에 도달할 수 있는 내재적 조건이 우월하다 할지라도 외재적 기회가 없으면 그 우월한 조건도 쓸모없게 되고, 반대로 화합의 내재적인 조건이 그다지 우월하지 않더라도 그 '적기'를 만나면 화합을 달성할 수 있다. 인류사회에서 "그 빈궁과 영달이 때에 달렸다"(窮達以時)고 말해지듯이 화합의 성패에도 '시의적절함'의 문제가 존재하는 것이다.

지성창조라는 화합의 시선에서 볼 때, 자연·사회·인간자아·정신·문명(문화)은 곧 화합이다. 화합은 각 생명의 형상·무형상의 창조, 발전, 정합整合 등 전체의 융합 과정이고 그 전체는 곧 새로운 사물과 생명의 화합체이다. 중국 고대 철학자들은 화합의 기초적 형상을 다원적인 것으로 보았지, 유일 혹은 '리일理一'이라고 보지 않았다. "토와 금·목·수·화가 섞여서 만물이 되었다"는 사상이 바로 그것이다. 여기에서 '섞임'이란 '합함'의 뜻이고, 특정 부류의 사물에 대한 지칭인 금·목·수·화·토는 사실 추상적인 명칭이다. 금은 각종 광물질에 대한 통칭이고, 토 역시 각종 토양물질에 대한 통칭이다. 이런 의미에서 말하면 토와 금·목·수·화는 모두 오랜 세월에 걸쳐 인간이 그것을 사용함으로써 형성된 명칭, 개념이다. 따라서 이 개념들은 구체적인 사물을 지칭하는 것이 아니라, 모두 인간의 성명性命과 관련된 것들이다. 이런 견지에서 보면 공손룡의 '백마비 마白馬非馬'도 합리성이 있다. 왜냐하면 그는 단지 차별성의 측면에서 말한 것일 뿐이기 때문이다.

융합의 측면에서 말하자면 『장자』「응제왕應帝王」의 다음 우화가 아주 좋은 예가 될 것이다.

> 남해의 임금을 숙儵이라 하고, 북해의 임금을 홀忽이라 하며, 중앙 의 임금을 혼돈混沌이라 하였다. 숙과 홀이 어느 날 혼돈의 땅에서 만났을 때 혼돈이 그들을 위하여 잘 대접을 했다. 그래서 숙과 홀 은 혼돈의 덕에 보답하고자 서로 의논하였다. "사람들은 모두 일곱 구멍이 있어 그것으로 보고 듣고 먹고 숨 쉬는데 혼돈만은 구멍이 없다. 시험 삼아 뚫어 주자." 그래서 그들은 하루에 한 구멍씩 뚫어 주었는데, 칠 일이 되자 혼돈은 죽고 말았다.

이 우화를 현상 측면에서 분석해 보면, 숙과 홀은 이미 분화된 상태이기 때문에 일곱 구멍이라는 차별성이 있었고, 혼돈은 아직 분 화되지 않은 상태라서 일곱 구멍이 없는 융합된 일체였다. 존재론적 입장에서 본다면, 양나라의 간문제簡文帝는 "숙과 홀은 그 신속함을 취하여 이름을 얻은 것이고, 혼돈은 여럿이 한데 잘 어울리는 모습 을 형용한 것이다. 신속함은 유위를 비유한 것이며 여럿이 한데 잘 어울림은 무위를 비유한 것이다"[6]라고 하였다. 또한 성현영成玄英은

"숙은 유이고 홀은 무이며 혼돈은 무도 유도 아니다"라고 해설했다. 이렇게 유와 무로써 숙과 홀 그리고 혼돈을 논한 것은 일곱 구명이라는 현상적인 범위 안에서 삼자를 논한 것이 아니라, 현학의 유·무 존재론적 입장에서 삼자를 논한 것이다. 이것을 가치론적 입장에서 분석한다면, 일곱 구명이 있어서 좋고 없어서 나쁜 것이 아니다. 일곱 구명이 있든 없든 간에 성명性命의 본연에 순응하면 긍정적인 가치가 있는 것이고, 본연에 순응하지 않고 무리하게 귀·눈·코·입을 뚫는다면 부정적인 가치만 낳게 된다. 그러므로 곽상郭象은 이 구절의 의미에 대해 "인위적으로 행하면 실패한다"(爲者敗之)라고 주석하였고, 성현영은 "사지를 움직여 경지가 막히고 일곱 구명을 뚫어 속세에 물들었기에 혼돈의 더없는 순박함을 어그러뜨리고 유무의 취사에 따르게 되었다. 그래서 천수를 누리지 못하고 중도에서 요절하였다"[7]라고 소疏를 달았다. 이상의 세 가지 측면에서 분석해 보면, 혼돈이란 임금은 성명의 본연에 따른 것으로, 이것은 곧 화합의 근거이자 화합의 본연이다. 이러한 근거와 본연이 바로 화합체의 가장 근원적 상태이다. 여기서 말하는 합하여 잘 어울린다는 '합화合和'는 사실 숙과 홀 그리고 혼돈 그 셋의 지성창조 혹은 가치창조이다. 이것이 곧 화합의 핵심적인 문제이다.

화합의 근거로서의 '화합하기'라는 지성창조는 하나의 지칭일 뿐이며, 심지어 말할 수도 만질 수도 없는 것이다. 우리는 객관적 사물

---

6) 『莊子集釋』(中華書國, 1961), 권3하, p.310.
7) 『莊子集釋』, 권3하, p.310.

자체보다 화합자라는 개념 자체에 더 관심을 가진다. 왜냐하면 객관적 사물 자체는 이미 드러나 있으나 일부 화합자의 개념 자체는 아직 감추어져 있기 때문이다. 화합의 근거는 화합자의 형상적·무형상적 지성창조이고, 형상·무형상은 현실 차원에서 모종의 차별성과 충돌현상을 보여 주지만, 그 차별성과 충돌이 도리어 융합의 근거가 된다. 사실 융합도 차별성과 충돌의 근거라는 점에서 양자는 상호 근거가 된다. 이런 의미에서 말하면 충돌은 곧 융합의 의미를 자신 안에 함축하고 있는 것이다.

충돌과 융합에 관한 '충돌융합의 이론'(融突論)은 화합학의 해소작용 차원에서의 '방편적 방법론'(方便法門)이라고 할 수 있다. 그러므로 중국 고대의 지성인들이 천지만물이 어떻게 생겨나고 왜 생기며 무엇에 의해 생겨나는지를 탐색할 때 "다른 것들끼리 만나서 조화를 이루면 만물이 번창한다"(和實生物)고 하는 '조화'의 문제에 직면했던 것이다. 『주역』은 "두 여인이 한곳에 거처함"(二女同居)을 통해 '동同'의 측면을 부정하면서, "천지의 기운이 화합하여 만물이 생기고, 남녀가 정기精氣를 합하여 만물이 자라난다"[8]라는 이념을 제기했다. 왕충 역시 "천지가 기를 합하면 만물이 절로 생겨나니, 이는 마치 부부가 기를 합치면 자식이 생기는 것과도 같다"[9]라고 하였다. 인류는 '가까이 자신에게서 취하는'(近取諸身) 가운데 남녀가 기를 합치면 많은 자식이 태어난다는 것을 체득하였다. 갓 태어난 자식의 본질은

---

8) 『周易』, 「繫辭下傳」, "天地絪縕, 萬物化醇, 男女構精, 萬物化生."
9) 『論衡』, 「自然篇」, "天地合氣, 萬物自生, 猶夫婦合氣, 子自生矣."

화합의 지성적 창생 가운데의 존재이며, 따라서 그것은 천지만물의 화생에까지 미치게 된다. 즉 오직 '천지의 기운이 화합'해야만 인류가 화육化育되고 '삼재가 함께하는' 인문세계가 형성되며, 이렇게 해야만 비로소 화합이 이루어진다는 것이다.

3) 생명력에 대한 인간의 체인

『장자』「천하」편에서 "슬프다! 모든 학자들은 자기가 생각하는 방향대로 달리면서 근본으로 돌아오지 않으니, 결코 합일될 수 없다"라는 울부짖었던 시기에 중화의 화합적 인문정신은 나아갈 길을 잃고 화합의 본질과 근거를 추구하는 흥취와 동력도 상실해 버렸다. 송명 리학은 불교의 '일체유심一切唯心', '만법유식萬法唯識'이라는 형이상학적 사유방법을 수용하는 가운데 유교와 도교 철학을 서로 융합시킴으로써 새로운 이론사유형태를 형성하였다. 송명 리학은, 정주리학과 육왕심학은 물론이고, 호굉胡宏 · 장식張栻의 성학性學이든 장재張載 · 왕부지王夫之의 기학氣學이든 모두가 윤리적 가치 본체 즉 도덕형이상학을 구축한 것이었다. 정주의 '리理', 호굉과 장식의 '성性', 육왕의 '심', 장재와 왕부지의 '기氣' 등은 각각 철학적 논리구조의 최고 범주로서 만사만물의 총체적 근거로서 제일의 근원이고 형이상적 본체였다. 학자들은 이러한 범주들을 유일무이(獨一無二), 절대유일絶對惟一로 간주하면서 '화이생물和而生物'이라는 화합의 인문정신과 충돌하기에 이르렀고, 화합을 실존하지 않는 것으로 만들어 버렸던 것이다.

명말의 이지李贄는 당시의 헤게모니적 의식형태였던 정주리학을 비판하면서 '화합'정신의 이념을 일부 드러내었다. 그는 리학자들에 대해 "하나가 둘을 낳고 리가 기를 낳으며 태극이 양의를 낳는다고 하였는데, 이 어찌 미혹이 아니겠는가?"[10]라고 비판하였다. 여기서 말하는 '미혹'(惑)이란 지나간 성인을 계승하지 않는 미혹이고 화합 정신을 이어 가지 않는 미혹이다. 이지는 『주역』을 인용하여 다음과 같이 말했다.

> 크도다, 건원(하늘)이여! 만물이 그에 의지하여 시작하는구나. 지극 하도다, 곤원(땅)이여! 만물이 그에 의지하여 태어나는구나. 그에 의지하여 시작되고 그에 의지하여 생겨나니 변화가 무궁하도다. 태화太和를 보합하며, 각각 그 성명性命을 바르게 하는구나.[11]

그는 원전인 『주역』 텍스트에 대한 해석을 통해 『주역』의 화합 정신을 회복하고자 했다. 그는 리학자들이 하나가 둘을 낳고 태극이 양의를 낳는다는 식의 비화합적 사상을 내놓은 점을 비판했다. 그는 또 말했다.

> 성명의 올바름은 태화에서부터 이루어지고, 태화의 화합은 건곤에 서부터 합쳐진다. 건은 남편이 되고 곤은 아내가 된다. 그러므로

---

10) 『初潭集』, 「夫婦篇總論」. 또한 『焚書』의 「夫婦論」도 참조할 것.
11) 『初潭集』, 「夫婦篇總論」.

성명이 각각 바르게 되면 그로부터 바르게 되지 않는 것이 없다. 그런즉 부부의 관계가 어떠해야 하는 것인가? 바로 이와 같아야 한다. 바로 이와 같아야 한다.[12)

건도의 변화에 있어서 성명은 각각 차별성을 가지기에 다르게 되고, 다르기에 충돌이 있으며, 충돌은 융합을 요청하므로 바르지 않음이 바르게 되는 것이다. '바름'(正)이란 태화의 바름이다. 태화의 합은 각각 건곤과 부부의 합을 내용과 표현형식으로 둔다. 즉 「계사전」에서 말하는 "남녀가 정기를 합하여 만물이 자라난다"는 화합체의 합이다. 건곤, 남녀는 화합체로 탈바꿈한 형상形相이고, "정기를 합함"은 화합체로 변모하는 조건이다. 따라서 형상과 조건의 충돌융합이 지성창조를 거치는 과정은 곧 '신생아'라는 화합체의 근거가 되는 것이다. 그러나 이지의 이러한 해석은 여전히 이원대립의 차원에 머물러 있기에 인류문화의 지성창조 혹은 가치창조에 대한 자각은 아직 보이지 않는다. 이 때문에 그는 화합의 근거와 원천에 대해 깨닫거나 제시하지 못했다.

『주역』의 「계사전」, 「설괘전」 및 그 뒤의 왕충과 이지는 모두 "남녀가 정기를 합함"을 만물화생의 시작이자 인류화생의 발단으로 생각하였다. 그래서 "정기를 합하고", "기를 합하는" 등의 성관계를 긍정하고 찬양하는 태도를 취하면서, 이것이 바로 인류가 세대를 이어가는 생명력의 소재라고 보았다. 남녀·부부는 상대적인 충돌이

---

12) 『初潭集』, 「夫婦篇總論」.

기 때문에 "정기를 합하고" "기를 합하는" 성관계의 융합이 있어야 비로소 신생이라는 화합체를 화생해 낼 수 있는 것이다. 중국문화는 "남녀가 정기를 합하고" "부부가 기를 합하는 것"은 음식을 먹는 것과 마찬가지로 인간의 본성이며, 이러한 자연본성은 위반할 수 없기에 그 속에는 자연가치뿐만 아니라 도덕가치도 있다고 주장한다. 따라서 "불효에 세 가지가 있는데 그 중에서 자식이 없는 것이 가장 크다"(不孝有三, 無後爲大)라는 식의 의식이 굳게 자리 잡게 되었다. 다시 말하자면, 자식이 없는 것이 가장 큰 불효이기에 자손이 끊어지는 것은 인생의 가장 큰 불행이라고 간주하면서, 이를 전생에 악행을 많이 지은 업보라고까지 여긴다.

히브리문화와 그리스문화의 충돌과 융합 속에서 인류의 지성 창조를 거쳐 화생된 새로운 화합체가 바로 기독교문화이다. 그런데 기독교문화는 남녀의 성관계에 대하여 부정적인 태도를 취한다. 『창세기』의 기록에 의하면 하나님의 에덴동산에서 교활한 뱀이 하와를 유혹하여 선악과를 훔쳐 먹게 함으로써 인간의 영생을 파괴하였고, 하와는 이것을 아담에게 먹게 하였다. 이로써 두 사람은 바로 마음과 눈이 밝아져서 자신들이 알몸임을 발견하고는 너무도 부끄러워 무화과 나뭇잎으로 몸을 가렸다. 선악과 남녀의 구별을 알게 된 것이다. 여기서 뱀은 인간을 타락시킨 원흉이고, 인류의 시조는 하나님이 먹지 말라 한 금과를 훔쳐 먹고 타락한 존재이다. 그리하여 인간은 원죄를 짓게 되었다. 20세기 이래 일부 학자들은 선악과가 성과 관계된 것이라고 주장했다. 독일의 군켈(Gunkel)

은 이 창세기 신화가 성의식과 수치감을 강조한다고 보았고, 폰 라트(Gerhard von Rad)는 수치감이란 죄악감의 가장 원시적인 표현이라고 했다. 스웨덴의 엥그넬(Ivan Engnell)은 선악을 알게 되는 것이 곧 성적 능력이 있음을 의미한다는 지적에 대해 긍정을 표시하였고, 오첸(Benedikt Otzen)은 가나안 사람들에게는 뱀이 성의 상징이었다고 지적했다. 이렇듯 여인에 대한 신의 저주 역시 성과 생식에 관한 것이었으며, 하와('중생의 어머니'라는 뜻)는 모성을 상징했다. 무화과나뭇잎은 정결의 상징이 아니었다. 히브리인들은 다른 고대 민족과 마찬가지로 무화과나무에 인간의 성 능력을 제고하는 작용이 있다고 여겼다. 이렇게 보았을 때, 인간은 선악과를 먹음으로써 성 능력을 제고하고 생식을 촉진할 수 있게 된 것이다. 이것이 바로 '선악과'의 비밀에 대한 해석이다.[13]

기독교에서 인류의 시조로 일컬어지는 하와와 아담은 신의 의지에 따라 신이 창조한 것이지, 남녀가 서로 '정기를 합하고' '기를 합치는' 등의 과정을 거쳐 화합 혹은 화생된 것이 아니다. 그러나 이러한 시조를 기점으로 해서 인류는 남녀(충돌) → 정기를 합함(융합) → 신생아(화합체)라는 '화실생물和實生物'의 모식을 따라 진화해 왔다. 에덴동산에서 쫓겨난 후 하와와 아담은 카인과 아벨이라는 두 아들을 낳았다. 이들 형제가 함께 하나님께 제사를 올렸는데, 카인은 농산품을 올리고 아벨은 양의 첫 새끼를 올리자 하나님이 아벨의 예물만 받았다. 이에 몹시 화가 난 카인이 아벨을 죽이니, 신은 카인에게

---

13) 朱維之 주편, 『希伯來文化』(浙江人民出版社, 1988), p.46 참조.

땅에서 '정처 없이 떠돌아다니는' 벌을 주어 신의 저주를 받게 하였다. 그로부터 인류에게는 원한에 의한 부락 간 피비린내 나는 투쟁이 있게 되었다.

히브리인(고대 유대인)들도 다른 민족들과 마찬가지로 모두 자식을 낳으려 했고 또 많으면 많을수록 더욱 좋아했다. 그러면서도 왜 그들은 성과 생식에 대한 인류의 욕구를 타락으로 간주했을까? 무엇 때문에 신은 이것을 가지고 인류에게 엄격한 저주를 내렸을까? 이것은 첫째, 인류가 신의 금령을 위반하고 선악과를 먹었기 때문이고, 둘째, 선악과를 먹은 후 생명을 만들어 내는 능력 즉 자식을 낳을 수 있는 능력을 가지게 되었기 때문이며, 셋째, 하와와 아담은 '개인'의 영생을 포기하는 대신 대대로 전해져 가는 인류 전체의 영생을 얻었기 때문이다. 그리하여 그들은 '신처럼' 인류를 재창조할 수 있는 능력을 가지게 되었으므로 신의 저주를 받지 않을 수 없었다. 바꾸어 말하면 하와와 아담은 신을 대신하여 인류 재창조의 궁극적인 근원이 된 것이다. 그 근원은 바로 '남녀가 정기를 합침'이라는 충돌융합형식, 즉 인류의 지성창조를 통해 새로이 자식을 낳아 가는 화합체의 모델이다. 그러므로 하나님의 저주라는 이러한 실존적 현상 배후에는 성과 생식의 충돌융합이라는 화합의 내용이 감추어져 있는 것이다.

하와와 아담이 유한한 존재라고 한다면, 중국의 남녀·건곤·천지·음양은 무한한 존재이다. 즉 음양 등을 표징으로 하는 상대적 충돌은 무한한 것이고, 그 '함축', '정기의 결합', '기운을 합함'의 융합 역시 무한한 것이다. 바꾸어 말하면 인류의 지성창조 혹은 가치 창조는 무한하다는 것이며, 화합은 바로 인류의 무한한 가치창조에 궁극적 근거를 두게 된다는 것이다. 여기에서 지적해야만 하는 것은, "천지의 기운이 화합하여 만물이 생겨나고, 남녀가 정기를 합하여 만물이 자라남" 뿐만 아니라 "천지가 기를 합하면 만물이 절로 생겨나니, 이는 마치 부부가 기를 합치면 자식이 생기는 것과도 같음" 역시 사실은 모두 화합창조의 자연적인 원형이라는 점이다. 인간의 자아창조는 우선 남녀의 정기를 합함으로써 혈연 차원에서 종족의 끊임없는 연속을 실현하는 것이고, 나아가 참여와 보조를 통해 화육의 큰 흐름에 들어가서 만물이 "각각 성명을 바르게 하고 태화를 보합"하도록 하는 것이다. 또한 이것은 예술의 자유로운 창조와 부단한 정신적 안식처를 구축하는 것이자, 궁극적 사랑에 대해 무한히 추적하는 것이다. 여기에서 자아창조의 무한한 원천과 자연원형을 혼동해서는 안 된다.

3. 화합창조로 나아가다

화합의 기초와 근원으로서의 가장 핵심적인 문제는 인류문화의 지성창조 또는 가치창조이다. 이러한 창조는 가장 근원적인 문제이기도 하다.

1) 아득히 멀고 먼 여정

인류문화의 지성창조 또는 가치창조는 화합의 가장 핵심적인 문제이면서 가장 근본적인 문제와 연결된다. 철학은 인간이 자신을 통해 얻은 의미와 목표에 대한 예설이자, 화합을 목적으로 하는 최초 또는 최후의 근거이다. 여기서 가리키는 '최초'와 '최후'는 각각 가장 원초적인 근거와 궁극적인 근거로 이해될 수 있다. 그것은 어떤 표면이나 표층에서 떠도는 것이 아니라 근본적 영역 또는 근저까지 미치는 것이다. 바꾸어 말하자면 그것은 모든 표층과 피상적 부분을 떠나 가장 근저로 깊이 파고드는 것이다.

그렇다면 어떻게 최종적인 근저까지 들어갈 것인가? 우리는 각양각색의 특수성과 개체성의 엄폐를 돌파하기 위해 고뇌하지 않을 수 없다. 또한 가지각색의 편견, 선입견, 어려움과 얽매임을 떨쳐 버리기 위해 전심전력하지 않을 수 없다. 하이데거는 주객분립主客分立을 주요한 특징으로 하는 전통 형이상학을 초월하여 현상학적 방법을 통해 근본적 본체론을 건립함으로써 본원 없는 본체론을 대체하고 '존재'에 대한 연구로써 '존재자'에 대한 연구를 대체하였다. 이에 비해 화합학은 도덕형이상학을 기본 특징으로 하는 송명신유학의 전통 형이상학을 초월한 것으로, 화합학의 방법을 통해 화합을 핵심으로 하는 철학을 구축하고 리기심성에 대한 연구를 화합에 대한 연구로 대체한다.

철학은 냉혹하고 무정하며 멀고 먼 여정에서 오는 곤경을 피하기 어렵다. 그래서 화합학 역시 지옥과 험한 산봉우리 같은 충돌융합 가운데 고생스럽게 모색해 간다. 철학의 활동은 화합을 탐색하고, 그것에 대해 질문하는 것이다. 이러한 탐색과 질문은 자신에 대한 격려이자 동력이다. 화합이 자신에게 던지는 질문은 일상적 차원에만 얽매여 있는 것이 아니다. 이것은 일상을 초월한 실존을 탐색하는 것이자, 실존하지 않는 가상적 본연까지 추구하는 것이다.

화합이 어째서 화합인지에 대한 답을 추구하는 것은 곧 화합의 근원에 대한 추구이다. 우리는 화합의 상성象性에 대한 추구, 실성實性에 대한 추구를 거쳐 허성虛性에 대한 추구로 나아갈 것을 요구받는다.14)

2) 상성의 생생적 사유

'상성象性'에 대한 추구는 실존하는 것으로부터 실존하지 않는 것으로, 현상으로부터 본연으로의 모색을 가리킨다. 여기서 말하는 '상象'은 단순히 직접 주어진 현상을 말하는 것이 아니다. 직접 대상세계로 뛰어드는 것도 아니고, 존재자가 자아를 드러내는 것도 아니다. 그것은 '현현자顯現者의 현현' 또는 '존재자의 존재'의 개념이다. 하이데거는 '존재에 대한 이해'를 '존재방식'으로서의 '현존재現存在'의 존재로 분석하였다.

---

14) '象性', '實性', '性' 범주에 관해서는 필자의 『中國哲學邏輯構造論』(中國社會科學出版社, 1989·2002) 참조.

존재자와 그것의 존재라는 이 양자는 동일한가? 분필 한 자루만 해도 그 존재자가 무엇인가에 대해 엇갈리는 설명이 존재한다. 어떤 면에서 보자면, 항상 존재하고 있는 그 어떤 것, 구체적으로는 희고, 그러한 모양을 가지고, 가볍고, 부서지기 쉬운 어떤 것을 가리킨다. 다른 면에서 보자면, 그것으로 하여금 그렇게 되게끔 하는 본질적인 어떤 것을 가리키기도 한다. 즉 그 존재자가 존재하게 되었을 때 필연적으로 수반하는 어떤 것을 가리키는 것일 수도 있다.[15]

'상象'은 존재하는 것이면서 존재자에게서 현현되는 것이기에 틀림없이 현상에 둘러싸이게 된다. 상의 다양성, 차별성, 변동성은 상의 세계로 하여금 낳고 또 낳아 나날이 새로움이 가득 차게 한다. 사유의 측면에서, 필자는 그것을 "상성象性의 생생生生적 사유"라고 부른다. 상성의 생생적 사유는 "9층 높이의 대臺도 땅으로부터 쌓아 올려 만들어진다"는 것과도 같고, "천리의 먼 길도 한 걸음을 내딛는 것으로부터 시작된다"는 것과도 같다. 그것은 대상화된 것도 아니며, 주체와 객체로 분리된 것도 아니다. 그것은 주관과 객관의 일체 원융一體圓融으로부터 얻은 깨달음이다.

상성의 생생적 사유의 본원성, 그 실질은 그 사유 전체의 지성 창조성에 달려 있다. 여기에서 말하는 전체 지성창조성이란, 전체 범위에서 인간 주체가 자신들이 지닌 지식과 재능을 통해 사물의 이치를 분별하고 추론하여 심오하고 명확한 인식과 창조적 기능을 얻음으로써 주체의 소우주와 객체의 대우주가 일체를 이루어 상통

---

15) 하이데거, 『形而上學導論』(商務印書館, 1996), p.31.

하도록 함을 가리킨다. 이렇게 해야만 비로소 본연에 근접한, 생동감 있는 활력을 가진 사유라 할 수 있다. 상성의 생생적 사유의 본원성과 이성의 개념적 사유의 논리성은 서로 다르면서도 통한다. 상성의 생생적 사유의 본원성은 이성적인 개념사유가 발생할 수 있는 기초가 된다. 이런 의미에서 상성의 생생적 사유는 이성적인 개념사유보다 앞선다고 할 수 있다. 상성의 생생적 사유는 화합적 사유가 발생할 수 있는 기초이기에 화합적 사유의 지혜를 활용하고 발전시키는 것은 상성의 생생적 사유의 수준과 자질에 달렸다. 다시 말해 상성의 생생적 사유는 화합적 사유발전을 추진하는 중요한 동력이다.

화합의 상성 추구, 즉 화합은 도대체 무엇인가? 우리는 화합을 직접적으로, 그리고 진정으로 인지하고 파악할 수 있는가? 그리고 화합은 화합자에게 있는 것인가? 화합은 화합자의 현시顯示인가? 상성 차원에서 말하자면, 화합자는 현시할 수 있는 것이다. 즉 실존하는 것이다. 이를테면 북경 왕푸징(王府井) 거리의 한 백화점은 시멘트, 강철, 벽돌, 널빤지 등의 요소가 화합되어 만들어진 화합자이다. 사람들은 눈으로 이 빌딩의 맨 밑바닥부터 빌딩 지붕까지 외면의 모든 것을 관찰할 수 있고, 빌딩 안으로 들어가면 진열해 놓은 모든 물건들을 관찰할 수 있으며, 각 층의 가는 곳마다에서 백화점의 존재를 발견할 수 있고 또 상품진열대가 질서정연하게 배치되어 있음을 발견할 수 있다. 이것이 바로 화합자 상성의 현현이고, 상성 존재로서의 화합자의 존재가 사람들의 시야에 들어오는 것이다.

그러면 화합자로서의 왕푸징 백화점 빌딩의 화합은 어디에 있는
가? 그것이 바로 화합이고 이 빌딩의 화합이며 만약 어떤 것이 이
화합자에게 속한다고 한다면, 바로 그 어떤 것이 곧 이 화합자의 화
합인 것이다. 그러나 우리는 여전히 이 화합자에게서 그 화합을 발
견할 수 없다.

그 화합 역시 화합자에 대한 우리의 관찰에 의존해서 존재하는
것이 아니다. 직접 그 백화점 빌딩을 관찰하지 않아도 그 화합은 여
전히 거기에 있다. 왜냐하면 그것은 이미 화합자로서 존재하고 있는
것이고, 이미 현현하고 있는 현상이기 때문이다.

그러나 화합자로서의 왕푸징의 백화점이 모든 개개인의 눈에
같게 보이는 것은 아니다. 행인, 구경꾼 또는 아무 목적이 없는 사
람과 구매자, 참관자, 목적이 있는 사람 등, 사람들에 따라 펼쳐지
는 풍경, 모습, 형상은 각기 차이가 있고, 또한 사람마다 감각, 수
용, 체득하는 내용도 제각각이다. 행인, 구경꾼 또는 아무 목적이
없는 사람 입장에서 보면, 이 백화점은 특별할 것도, 두드러질 것도
없다. 따라서 이것은 물품을 구매하려는 욕구를 불러일으키지 못
한다. 그러나 구매자, 참관자, 목적이 있는 사람들 입장에서 보면,
그 백화점은 유명하고 물건도 진품이며 값도 싸고 서비스도 좋아
신뢰할 만한 곳이다. 따라서 사람들의 마음속에 있는 그 백화점이
야말로 그 진정한 모습이고, 그러해야만 했던 것이다. 그 사람들은
그 백화점이라는 화합자의 냄새를 맡고 직접 느낄 수 있으며, 수십
년이 지나도 잊지 않을 수 있다. 다시 말해, 이들이 직접 느끼는

것은 백화점의 어느 한 상품 또는 어느 한 매장이 아니라 그 상품 또는 매장이라는 현상 뒤에 숨어 있는 화합자의 화합인 것이다. 그것은 그 어떠한 묘사나 관찰보다도 더 직접적이고 진실하게 화합자의 화합을 드러내고 있다.

사실 물건을 사는 사람, 참관자, 목적 있는 사람 안에서도 백화점이 그들에게 주는 감회는 제각각이며, 그들의 눈에 비치는 형상도 제각각이다. 또한 정면에서 관찰하는 사람과 뒷면에서 관찰하는 사람, 측면에서 관찰하는 사람들도 모두 다르다. 뿐만 아니라 들어가서 보는 것과 들어가지 않고 보는 것, 들어가서 상품을 사는 것과 사지 않는 것도 다르다. 이를테면 심리학자들은 여성들이 백화점에서 쇼핑하는 것이 정신적 긴장이라는 '문명질환'의 치료에 효과적인 방법이라고 주장한다. 연구자들이 다년간 조사한 결과에 따르면, 여성들은 장시간 쇼핑하면서도 피곤을 느끼지 않을 뿐만 아니라 오히려 힘이 나고 쇼핑을 통해 신체활력을 향상시키며 정서를 조절하여 유쾌함을 느낄 수 있다고 한다. 화장품 매장에 가서 예쁘게 포장된 팩, 화장 솜, 로션, 스킨 등을 고르면서 정서적 긴장을 풀 수 있을 뿐 아니라 쓸모 있는 물건을 살 수도 있다. 저녁에 탕에 몸을 담그고 잠자리에 들면 이튿날 피부가 보드라워지고 얼굴이 환해지며 원기가 왕성해진, 거울에 비친 자신을 발견할 수 있다. 때로는 애정의 욕망이 충족되지 못했을 경우 속옷 가게에 가서 해소해 볼 수도 있다. 연인과 헤어지거나 사랑에 실패해서 의기소침했을 때 상점을 찾아가 자신을 위해 무엇을 사고 나면 지나간 일들을 잊고 계속 살아갈 수 있게 된다. 이렇게 백화점을 거닐고 싶은 마음은 경우에 따라 특수한 '재활'의 신호이기도 하다.[16] 이것은 백화점에 대한 인간의 화합상성 추구라기보다는 인간 영혼의 갈등을 보듬어 주는 백화점의 조화로움이라고 해야 할 것이다.

만약 백화점을 노니는 것이 여성들에게 일종의 즐거움이라고 한다면, 남성들에게는 '고생'일 수도 있다. 조사에 따르면 여성들이 백화점을 노닐 때는 혈압이 평온해지지만 남성들은 혈압이 도리어 올라간다. 연구자들이 남녀가 백화점에 머무는 시간을 측정한 결과, 여성들끼리 백화점의 가정용품 매장에 가서 체류한 시간이 8분 15초인 데 비해 남성을 동반할 경우에는 4분 41초에 그쳤다. 그래서 여성 의류코너에 동반한 남성들이 '가만히 있도록' 하기 위해 그곳에 컴퓨터, 남성잡지, 헬스잡지 등을 구비해 놓으라고 건의하는 사람도 있었다.

다른 각도에서 보면 남성들은 쇼핑에는 흥미가 없지만 상업을 촉진하는 역할을 한다. 즉 65%의 남성 손님들은 그들이 입어 본 복장을 구입하지만, 이런 식으로 구매하는 여성의 비율은 25%밖에 안 된다. 왜냐하면 남자들은 그 귀찮은 일에서 빨리 벗어나려 하지만 여자들은 선택의 고민 그 자체를 즐기기 때문이다.[17] 어깨를 스쳐 지나갈 정도로 손님들이 붐빌 때의 그 감각, 향내, 사람 냄새, 땀 냄새 및 가지각색의 얼굴 등에 대해 사람마다 느낌과 감정이 모두 다

---

16) 율리아 페트코바, 「逛商店養身法」(러시아 『論據與事實』 週報 45期).
17) 「閑逛牛仔」(독일 『明鏡』 週報, 2000년 6월 12일).

르기에, 백화점에 대한 감회도 다를 수밖에 없다.

인간은 항상 자아에 근거해서, 또한 처음부터 자신의 관점을 통해서 세계를 인지한다. 따라서 인간은 늘 자신의 이해와 판단에 의지하고 자아의 이해와 판단을 존재 자체로 여긴다. 이것이 바로 사람마다 백화점에 대한 인식이 상이하고 받는 느낌 또한 달라지는 이유이다.

이 백화점은 자신의 눈·귀·코·몸 등 감각기관 속의 세계이고, 자신의 마음으로 느끼는 백화점이며, 내가 보고 듣고 맡고 접촉하는 범위에 들어온 '진실한 세계'이다. 이 '진실한 세계'가 바로 그 백화점 자체인지에 대해서는 고민해 봐야 할 것이다. 백화점이라는 이름은 그 실질과 부합되어야 하지만, 이름과 실질 사이에는 필경 구분이 있기에 사람 숫자만큼 백화점도 있게 된다. 따라서 이름과 실질은 상대적 관련성 속에 있게 되는 것이다.

3) 절반쯤 드러난 실성實性의 진면목

그렇다면 화합의 상성 추구는 도대체 무엇인가? 화합은 도대체 어떤 것인가? 사람들은 화합을 보고 듣고 냄새 맡고 접촉할 수 있을까? 우리는 화합자를 보고 듣고 냄새 맡고 접촉할 수 있지만, 화합자에 대해 그렇게 하듯이 화합에 대해서도 보고 듣고 맡고 접촉할 수 있을까? 이를테면, 우리가 만지는 것은 책이 아니라 한 무더기의 종이뭉치이다. 책은 활동하고 변화하는 것이지만 책의 화합 자체는 만질 수 없다. 책을 책이라 하는 것은 글자가 있기 때문이지만, 글자가 있다고 해서 반드시 책인 것은 아니다. 왜냐하면 글자가 있다고 해서 반드시 언어구조에 따라 문맥을 이루는 것은 아니기 때문이다. 문맥에 질서와 논리가 있어야만 책이 된다. 질서와 논리를 갖춘 문맥이라 하더라도 짧은 문장이라면 역시 반드시 책이 되는 것은 아니다. 화합으로서의 책은 하나의 혼연이다. 우리는 책 속의 글자를 보고 문맥이라는 화합자를 인식할 수 있지만, 사람마다 문맥에 대한 이해가 천차만별이라는 점에서 그것을 보고 인식했다고 해서 책의 화합 자체에 접근했다고 말하기는 힘들다.

화합을 들을 수 있을까? 우리는 비행기가 하늘에서 휙 스쳐 지나가는 소리를 들을 수 있고 참새가 지저귀는 소리도 들을 수 있다. 그러나 우리가 들은 것은 비행기의 굉음과 참새의 짹짹거리는 소리일 뿐이다. 엄격한 의미에서 말하면 비행기는 들을 수 없고 참새 또한 어떠한 소리가 아니다. 그러면 그들의 화합이 어디에 있는가? 화합이 누구에게 그 진면목을 드러낸 적이 있었던가? 도대체 누가 그 화합을 체득하고 파악하였던가? 화합에 대해 우리는 한 걸음 더 나아가 추구해야만 한다.

화합의 상성 추구로부터 화합의 실성實性 추구로 나아가는 것은 곧 화합의 '현상' 차원으로부터 화합의 '실질'(實) 차원으로 나아가는 것이다. '실實'자는 고대 중국어에서 "실정을 조사 확인하다", "사실을 확인하다", "속성", "맞다" 등의 의미를 가지는 글자로, 허위가 아닌 진실, 사칭이 아닌 확실한 것을 뜻한다. 그러므로 실實자는 물건의 본질, 실질, 본래상태 등으로 의미가 확대될 수 있다. 불교의 『인왕반야경仁王般若經』에서는 "제법의 실성은 청정하고 평등하다"(諸法實性, 淸淨平等)라고 했다. 여기에서 '실성'이란 만사만물의 실재를 가리키기에 실상實相과 같다. 양무제梁武帝는 실상에 대해 "실상에는 본래 오고감이 없다. 몸이 아직 이르지 않았다 하더라도 마음이 있지 않는 것은 아니다"[18]라고 해석했다. '실성', '실상'은 우주만물의 본상本相, 진상眞相, 본래상태를 가리킨다. 만약 이 진상인 본상 또는 본래상태가 화합이라고 한다면, 화합의 진상, 본상, 본래상태는 무엇인가? 화합의 진상, 본상, 본래상태는 도대체 어떻게 드러나는 것일까?

'실'자는 중국어에서 '이다'(是)라는 의미이기도 하다. 여기에는 두 가지 의미가 있다. 하나는 '이것'(此)이란 의미이다. 『시경』「소아 · 규변頍弁」에 "우뚝한 가죽 고깔이여, 실로 무엇인가?"(有頍者弁, 實維伊何)라고 하였는데 정현鄭玄은 다음과 같이 주석을 달았다. "실實은 시是와 같다. '유왕幽王이 가죽 고깔을 쓴 것은 무엇 때문인가?'라는 말이다." 다른 하나는 '바로'(就是)라는 뜻이다. 『좌전』 장공莊公 18년조에 "진규陳嬀가 천자가 있는 수도에 돌아가니, 실은 혜왕惠王의 후손이었다"라고 기록되어 있다. 유기劉淇는 "'실은 혜왕의 후손이었다'는 말은 '그가 바로 혜왕의 후손이었다'라는 뜻과 같다"[19]라고 해석했다. 이상에서 말한 '시是'는 서양철학의 본체론, 실체론,

---

18) 『廣弘明集』, 권22, 「答謝開講般若啓勅」.
19) 劉淇, 『助字辨略』, 권5.

존재론에서 말하는 '존재'의 의미가 아니다. 서양 형이상학에서의 이러한 명칭들은 ontology에 대한 번역이다. 이 단어는 '존재'라는 의미 외에, '있다'라는 뜻의 '유有'와 '시是'의 의미도 포함하고 있다. 중국 고대의 본체론은 근본, 유, 실체에 대한 논의이지, 존재에 대한 논의라는 의미에서의 ontology가 아니다. 따라서 중국에는 논리, 언어(logy)차원에서의 '존재'(onto)에 대한 이론이 없다. 중국 고대 철학자들도 비록 본체론, 존재론을 말하기는 했지만, 이것은 서양의 그것과 일치한 것이 아니라 대부분 '체용'에서의 용에 대응하는 '체'일 뿐이었다.

화합의 실성 추구는 서양철학의 실체주의와 현저한 차이가 있다. "존재란 무엇인가"라는 문제에 대해 답하면서 아리스토텔레스는 그의 『범주론』에서, 개별적 사물이 가장 진실하고 가장 우선적이며 가장 확실한 실체임을 제시했다. 아리스토텔레스의 실체주의 존재론은 서양 전통 존재론의 건립에 중요한 영향을 끼쳤다. 실체에 관한 그의 학설에 변화가 있기는 했다. 이를테면 개체에서부터 질료로, 다시 형상으로의 변화가 그것이다. 그러나 서양 근대의 일련의 철학자들은 여전히 아리스토텔레스가 개척한 영역 안에 머물렀다. 예를 들면 베이컨은 실체를 개체로 보았고, 홉스는 실체를 확장성이 있는 것으로 보았으며, 데카르트의 "나는 생각한다"는 사유함이 정신의 실체라고 보았고, 라이프니츠는 단자실체론을 주장하였으며, 헤겔은 진정한 실체는 선재先在하는 절대이념이라고 보았다. 그들은 모두 각각의 차원에서 아리스토텔레스의 존재론 전통을 계승한 것이었다.

실체가 긴 시간 동안 서양 철학의 핵심 범주로 받아들여졌던 까닭은 그것이 존재의 본원성, 보편성, 통일성의 본질을 응집하였기 때문이다. 그리하여 자기원인적, 자성적, 자존적 성격의 실체는 타물이 존재할 수 있게 하는 근거가 되었으며, 다원적 현상세계의 배후 혹은 그것을 지탱하고 실어 주는 역할을 했다.

실체주의 철학 밖에서도, 로크는 경험론적 시각에서 실체를 비실체화하였다. 그는 실체란 물질과 속성이 융합될 수 있게 하는 배후의 지지자이자 사유, 인식, 염원의 담지자로서, 사람들이 상상해 낸 것이라고 보았다. 러셀은 아리스토텔레스의 실체 개념은 언어학의 주술구조를 세계의 구조에 적용함으로써 형성된 일종의 형이상학적 오류라고 하면서, 그것은 모든 사물을 걸어 놓을 수 있는 갈고리 같은 것이라고 비유했다. 콰인은 실체는 사실 존재하지 않으며, 그것은 단지 사람들이 사물현상을 연구하면서 논리의 요청에 따라 내놓은 존재론의 화답일 뿐이라고 보았다.

비실체주의 철학의 확장은 현대과학의 요구에 부응한 것이었다. 실체주의가 근대 자연과학으로 하여금 진정한 의미에서의 과학이 되게 하였다면, 상대론·양자론은 미시적 물질의 입자성과 파동성이라는 개념을 취함으로써 미립자를 실체로 보아 파동 치는 입자를 실체의 속성으로 간주한 종래의 관념을 깨뜨려 버렸다. 비실체주의 철학의 탄생은 하나의 가능성 있고 합리적인 발전추세였던 것이다.

화합학 영역 내에서의 실성은 전통적 의미에서의 실체성이 아니라 화합적 의미세계의 충실성充實性이다. 의미의 충실은 또 화합의 창조에 따라 그 의미가 무한히 생성되는 과정이기도 하다. 따라서 실성은 낳고 또 낳아 가는 가치창조 속에서 끊임없이 화합의 참모습을 드러낼 수밖에 없다. 화합의 실성이 의미의 무한한 생성 과정인 이상, 이것은 영원히 진행 중에 있는 것이기 때문에 과거형이나 완료형이 될 수 없다. 이것을 시적 언어를 빌려 묘사한다면 화합 실성의 진면목은 "부르고 청해 겨우 나왔건만 여전히 비파를 안고 얼굴을 반쯤 가렸네"와도 같은 것이다.

4) 유무를 초월하는 허성虛性

화합의 실성 추구는 비절대적 · 비유일非唯一적 · 비일원적 · 비실체적인 화합의 본연이나 본상 또는 본래상태를 추구하는 것이다. 화합의 본연, 본상, 본래상태는 상대적으로 관계되고 다원적인 차별성을 가지고 있으며, 충돌융합하고 대화유행하며 끊임없이 낳고 또 낳아 가는 하나의 화합체이다. 만약 어떤 실체가 물질과 속성이 결합된 배후 혹은 토대로서 정신활동인 지知 · 정情 · 의意 등의 담지자임을 인정한다면, 그 토대와 담지자는 곧 형이상적 궁극 근원이다. 따라서 그것은 곧 절대자, 유일자, 일원자이기에 상대적, 차별적, 다원적인 충돌융합을 배척하기 마련이다. 그렇게 되면 통일적, 획일적, 패권적인 국면이 조성되어 상대적, 차별적, 다원적인 충돌융합은 오류, 이단사설, 정도를 벗어난 것들로 취급되고 만다.

그러나 사실 세계의 본연, 본상, 본래상태는 상대적, 차별적, 다원적인 충돌융합하는 것이다. 이를테면 '일一'과 '다多'는 본래 상대적으로 관계되는 것이며, 세계는 다양하고 다원적이면서 차별적인 것이다. 이들은 충돌하면서 통일, 통섭, 통합, 융합도 한다. '일'은 '다' 속에 있고, '다' 또한 '일' 속에 있다. '일'과 '다'는 서로 수용하는 원융무애한 것이기에 '일'이 곧 '다'이다. '일'은 '다'로 표상되고, '다' 또한 '일'을 체현하고 드러낸다. 따라서 '다'가 곧 '일'인 것이다. 세계는 '일'과 '다'의 충돌융합이라는 대화유행 안에 있으며, 또 생생불식의 화합 안에 있다. 여기서의 '일'은 절대적인 것도 아니고 일원도 아니며 실체도 아니다. '일' 자체가 곧 '다'를 내포하고 있으며, 차별과 분수의 충돌융합을 내포하고 있기 때문이다. 일원은 다원에 의지해서 존재하는 것인데, 다원이 없다면 일원이 어찌 존재할 수 있겠는가? 실체는 토대, 담지자로서 존재한다. 따라서 떠받치고 담지할 내용이 없다면 토대와 담지자 역시 존재할 수 없다. 그러나, 이러한 '일'과 '다'의 관계는 여전히 전통적인 대립적 통일의 사유에 속하는 것으로서 화합적 사유와는 다르다. 이 점은 이미 화합방법론에서 다루었으므로 여기에서는 더 논하지 않겠다.

화합학의 영역에서 유와 무라는 중국철학의 기본 문제는 존재와 비존재, 실체와 속성, 본체와 작용, 본질과 현상이라는 상대적 관계의 의미를 가진다. 노자는 "바퀴통의 한복판 빈 곳으로 인해 수레의 쓸모가 있게 된다"(當其無, 有車之用)라고 하였다. 이에 대해 왕필은 "유의 시작은 무를 근본으로 한다"(有之所始, 以無爲本)라고 하였으며, 배위

裴頠는 "유를 돕는 것은 모두 유이다"(濟有者皆有也)라고 하여 모든 유는 자생한다고 보았으며, 곽상은 독화하여 스스로 낳고 만들어 간다고 보았다. 서술은 각기 다르지만 모두 무와 유를 나누어 본 것이다. 즉 존재와 비존재, 실체와 속성, 본체와 작용, 본질과 현상을 분리한 것이다. 무한한 근원을 가지고 있는 연속과 초월의 차원에서 보자면, 중국의 이러한 전통적 변증사유의 이원대립과 분극은 현저한 한계성을 가지고 있으며, 유무의 이원대립이라는 혼돈에 빠지기 쉬웠다. 승조僧肇가 『부진공론不眞空論』을 지은 취지는 모든 유가 진정으로 존재하느냐를 논하는 것이었다. 즉 유무有無와 진가眞假의 문제를 논한 것이었다.

　승조는 반야에 대한 당시의 여러 학파들의 해석을 비판하면서, 있지도 않고 없지도 않으며 있기도 하고 없기도 하다는 유무불이有無不二의 중도中道를 주장했다. 있지 않다는 '비유非有'는 만물은 연기緣起된 것이기에 참으로 있는 것이 아님을 말한 것이고, 없지 않다는 '비무非無'는 가상假相이 없는 것은 아니기에 참으로 없는 것은 아님을 말한 것이다. 즉 있기도 하고 없기도 한 것이다. 없다고 하여 절대적으로 공허한 것이 아니고 있다고 하여 참으로 있는 것도 아니니, 없으면서도 없지 않고 있으면서도 있지 않은 것이다. 따라서 유와 무는 모두 치우친 것이다. 왜냐하면 모두 자성이 없기 때문이다. 사물은 인연에 따라 화합되어 생기기도 하고 없어지기도 하는 것으로, 독립적인 자성이 없기에 있는 것이 아니다. 그러나 인연에 따라 화합하여 생긴 이상 없는 것도 아니다. 그러므로 있지도 않고 없지도 않으며 있기도 하고 없기도 한 것이다. 유와 무는 실체가 아니다. 그것은 자성이 없고 자기 원인도 없으며 스스로 존재하지 못한다. 그렇기 때문에 그것은 자기 존재의 근거가 아닐 뿐만 아니라 다른 사물의 존재 근거가 될 수도 없다.

어떤 사람들은 실체가 존재하는 이상 존재하지 않는 것이 아니라고 한다. 즉 '유'이면 '무'가 아니듯 유와 무는 서로 배타적이고 상대적이기 때문에, '유'이면서 '무'이기도 할 수는 없다는 것이다. 상반되는 두 가지 판단 가운데 하나만 옳고 다른 하나는 옳지 않아야 모순율과 배중률에 부합될 수 있다. 이러한 관점을 따를 경우, 노장철학과 승조의 철학은 상대주의로 취급될 것이다. 사실 있지도 않고 없지도 않으며 있기도 하고 없기도 하다는 것은 유무 간의 의존관계와 평등관계, 변동성과 중화中和성을 강조한 것이다. 승조의 철학은 실체 개념 즉 실체존재론과 실체논리를 분명히 배제하기는 했지만 유무를 뒤섞은 논의라는 혐의를 받기도 한다.

하이데거는 반 고흐의 「구두」를 보고 "그림은 사실 아무것도 말해 주지 않는다"라고 했다. 만약 구두를 '유有'라 한다면, 즉 "여기에 있는 것들과 함께 있다"고 한다면, "아무것도 말해 주지 않았다"는 것은 '무無'이다. 바로 이 '무'로 인해 인간의 상상이 펼쳐질 수 있는 광활한 공간이 생겨나는 것이다. 하이데거는 "늦가을의 저녁 무렵에 감자를 굽던 마지막 한 줌의 불꽃이 꺼졌을 때 당신은 지친 발걸음으로 논둑길을 걸어 집으로 돌아가고 있다. 무엇이 거기에 있을까? 캔버스일까? 아니면 화면의 선일까? 혹은 얼룩진 물감일까?"[20]라고 질문하였다. 반 고흐 「구두」의 화면은 늦가을의 저녁 무렵과 감자를 굽던 불꽃이 꺼졌을 때라는 시간, 그리고 지친 발걸음이라는 활동상태와, 집으로 향하고 있다는 공간을 사람들에게 알려 주지 않았다. 비록 구체적인 시간과 공간과 활동상태 속에 놓고 「구두」를 상상하지만, 이것은 "말해 주지 않은" '무'에 대한 상상일 뿐 '유'를 말하는 것이 아니다.

반 고흐의 「구두」는 "아무것도 말해 주지 않았기에" 모든 것을 말해 준다. 모든 사람은 각자 자신의 상상에 근거하여 구두를 해석할 수 있다. 장세영張世英은 하이데거의 해석을 "우리는 고생스러운 발걸음을 상상할 수 있을 뿐만 아니라, 더 나아가 이른 봄추위의 찬바람을 상상할 수 있고 넓고도 단조로운 논두렁을 상상할 수 있으며 빵에 대한 갈구와 초조함, 죽음에 임박했을 때의 전율까지도 상상할 수 있다"[21]라고 풀이하였다. "늦가을의 저녁 무렵"이 "이른 봄추위의 찬바람"으로, "지친 발걸음"이 "고생스러운 발걸음"으로, "논둑길을 걸어 집으로 가고 있다"가 "죽음에 임박했을 때의 전율"로 바뀐 것이다. 여기에서 우리는 도대체 어느 것이 반 고흐 「구두」의 본래 모습인가를 묻게 된다. 하이데거의 해석이 「구두」의 본연에 부합되는가? 아니면 장세영의 해석이 그러한가? 「구두」의 본연을 파악하려는 시도는 결국 실패할 수밖에 없다. 왜냐하면 "늦가을의 저녁 무렵"과 "이른 봄추위의 찬바람", "지친 발걸음"과 "고생스러운 발걸

---

20) 하이데거, 『形而上學導論』(商務印書館, 1996), pp.35~36.
21) 張世英, 『進入澄明之境 — 哲學的新方向』(商務印書館, 1999), p.94.

음"이란 해석들은 모두 나름의 논리적인 합리성을 갖추고 있기 때문이다. 여러 가지 해석과 갖가지 상상들은 캔버스의 화면 또는 물감에 의해 생성되고 현시되는 화합자로서의 「구두」가 아니라, 화합자인 「구두」 뒤에 숨어 있는 그 "아무것도 말해 주지 않은" '무'로 인하여 생긴 것이다. 이 '무'는 실체가 아니고 제일 본체도 아니다. '무'는 곧 '무'로서, 지성의 창조이자 화합의 기초이다. 이것이 곧 화합의 허성虛性 추구이다.

화합의 허성은 화합가능세계의 논리적 특징이다. 그것은 실제로 있는 것이 아니며, 또한 아무것도 없는 '무'도 아니다. 그것은 인간 지혜의 인식과 예술의 창조에 의해 부단히 드러나는 자유로운 세계이다. 따라서 화합의 허성은 창조성의 논리적 가상이자 예술적 허구이다. 이는 가상된 진실성과 의미의 완전성, 자유로운 심미성을 지님으로써 '유무지변有無之辨'에 드러난 인문정신적 존재를 초월하는 것이다.

4. 화합의 생생지도

화합의 실성 추구로부터 허성 추구까지의 과정은 화합의 '실'의 차원으로부터 '허'의 차원에까지 이르는 과정이다. '허'자는 고대 중국어에서 공허, 공무空無, 빈 틈(空隙) 등의 뜻을 가졌다. 이를테면 집에 사람이 없는 것을 '허'라 한다. 허무虛無하고 공무空無하기에 만물을 받아들일 수 있다. 만약 '실유實有'이거나 '충실'한 상태면 만물을 받아들일 수 없다. 따라서 공허·공무는 무한을 의미하고, 실유·충실은 유한을 의미한다. 유한에 대한 추구는 도달점이 있으나 무한에 대한 추구는 지극하여 한계가 없다. 주희는 '이치'(理)를 "정결하고 광활한 세계"라고 규정하면서 "만일 산천대지가 다 꺼져 없어지더라도 그 이치만은 여기에 있다"라고 했는데, 그가 말하는 이치는 허리虛理가 아닌 '실리實理'이다. '실리'이기에 '격물궁리' 또는 '즉물궁리卽物窮理'를 할 수 있는 것이다. 궁구할 수 있는 이치는 곧 이념실체와 본체로서 유한한 것이다. 유한에는 '끝'이 있고 '극'이 있지만, 무한에 대해서는 궁구라는 것이 있을 수 없다.

주희는 '격물궁리'의 유한과 '무극이태극'이라는 무한 간의 충돌 융합 속에서 출구를 찾으려고 했지만 결국 궁구할 수 있는지의 여부 사이에서 진퇴양난에 빠졌다. "무극을 말하지 않으면 태극은 하나의 사물과 같이 되어 끊임없는 변화의 근거가 되기에 부족不足하고, 태극을 말하지 않으면 무극은 공적에 빠져 끊임없는 변화의 근거가 될 수 없다(不能)." 그렇다면 무엇 때문에 끊임없는 변화의 근거가 되기에 '부족'하고 '불능'하다는 것일까? 그것은 태극과 무극이 상호 보완 및 의존하지 않는다면 태극은 하나의 구체적 사물과 같이 되어 버리고 무극은 공적하고 존재하지 않는 상태에 빠져 버리기 때문이다. 태극과 무극은 하나의 사물이 아니면서 동시에 공적에 빠지지도 말아야만 비로소 만물이 화생하는 근본이 될 수 있다. 그러나 '부족'과 '불능'이라는 표현을 문맥적으로 보면, '부족'은 보충해서 채울 수 있지만 '불능'은 불가능한 것이다. 여기에서 우리는 주희가 태극 즉 실리 또는 이념실체를 더 중시했음을 알 수 있다.

1) 광활하게 태허太虛와 한 몸이 되는 것

필자는 주희의 철학이 이원대립의 사유 모식에서 벗어나지 못하고 있음을 설명했다. 주희는 '격물궁리'의 '실리'에서 '무극이태극'까지 추구하고 다시 '무극'과 '태극'을 추구해 가는 과정에서 유한과 무한, 현현과 은폐, 실체와 비실체의 곤경을 벗어나지 못하고 있었다. 이러한 이원대립의 곤경에서 벗어나려면 반드시 '아집我執'과 '법집法執'을 초월하고 타파해야 한다. 그렇지 않으면 이러한 곤경에서 허우적대다 벽에 부딪칠 수밖에 없게 된다.

주희는 '격물'과 '즉물'을 통해 이치를 끝까지 밝혀내려 했다. 드러난 사물을 통해 그 배후에 감추어진 형이상적 이치를 궁구하려 했으니, 바꾸어 말하자면 현상적인 형이하의 사물을 통해 감추어진 형이상적 이치의 존재를 실증하려 한 것이다. 사실, 형이상학은 실증할 수 있는 것이 아니다. 실증할 수 있으면 이미 형이상학이 아니며, 실증될 때면 형이상학의 본연을 잃게 된다. 주희의 '격물설'을 굳게 믿었던 젊은 시절의 왕수인은 부친의 관저에서 전錢씨 성의 친구(錢友)와 함께 대나무의 이치를 궁구할 것을 약속했다. 그리하여 "친구는 아침저녁으로 대나무의 이치를 궁구하느라 무진 애를 다 썼지만, 셋째 날에 이르러 결국 지쳐 앓아누웠다." 이에 왕수인은 친구의 정성이 부족한 탓이라고 생각하고 자신도 궁구하기 시작했으나, "아침저녁으로 구해도 이치를 얻지 못하다가 7일 만에 역시 앓아누웠다."[22] 왕수인이 '격물궁리'를 실천한 정신이 경건하고 진지하지 않았다고 말할 수는 없다. 왕수인이 대나무의 이치를 궁구한 이유는 유한한 실리 즉 실체의 이치를 궁구할 수 있다고 믿었기 때문이다. 그러나 그는 결국 이치를 얻지 못하고 실패했다. 형이상적 이치는 궁구해서 실증할 수 있는 것이 아니었으므로, 그것을 궁구하여 실증한 결과는 '앓아누움'이었다.

형이상학적 이치의 본연이 실증될 수 없는 까닭은 형이상학적 이치의 초월성, 상상성과 허성에 있다. 칸트는 전통 형이상학에 말하는 '상상은 형상—본체의 도식이다'라는 낡은 공식을 타파하고 상상이란 일종의 종합적 능력이라고 간주했다. 실존하는 것과 실존하지 않는 것을 종합해서 하나의 전체를 만들려고 한다면 반드시 실존하지 않는 것을 재현하고 재구성해 내어야 한다. 이러한 재구성은 잠재적이고 비실존적인 것을 현시하는 것이므로, 실존하는 것과 같은 명확하고 현실적인 것을 현시하는 것과는 다르다. 잠재적이고 비실존적인 것을 현시하는 것이 바로 상상이다.[23] 이러한 잠재성, 비실존성에는 증명 불가능한 영역이 존재한다.

상상이 중요한 까닭은 그 초월성 때문이다. 즉 현실적이고 실존적인 것을 초월하기 때문이다. 이러한 초월은 전통 형이상학에서의

---

22) 『王文成公全書』, 권3, 「傳習錄下」.
23) 張世英, 『進入澄明之境 — 哲學的新方向』(商務印書館, 1999), p.94 참조.

감성에서 비감성으로 초월하는 것, 즉 시간 밖에 '늘 존재하는'(常在) 그것에 도달하는 것과는 다르다. 이러한 초월은 실존하는 것을 초월해서 실존하지 않는 것에 도달하는 것, 즉 실존하지는 않지만 시간 속에 존재하는 어떤 것에 도달하는 것이다. 이때의 시간은 과거, 현재, 미래라는 삼차원 전체를 가리키기에 서로 분열된 것이 아니라 융합하고 생생生生하는 상상의 시간과 공간이다. 따라서 과거의 것이 현재에서 드러나고 미래의 것이 현재에서 전개되고 예설된다. 이렇게 되면 '드러남'과 '은폐'가 분열되었던 이전의 상황은 양자가 서로 보완하고 보충하는 관계로 변모하게 된다. 따라서 '드러남'과 '은폐'는 충돌융합의 과정을 거쳐 결국 지성에 의하여 새롭게 창조되는 것이다.

상상을 통해 실존하는 것을 초월하면 사물 속에 '은폐'되어 궁구할 수가 없었던 '허성'에 도달할 수 있다. 왕수인은 주희의 '리의 세계와 기의 세계'(혹은 '본연의 세계'와 '표상의 세계')의 분리를 거부하면서 유한과 무한, 실체와 비실체라는 이원대립적 사유 모식에서 벗어나려고 하였다. 그래서 그는 양자의 구분을 초월하고 통합하여 '양지' 본체가 곧 '태허'라고 주장하면서, 이렇게 말하였다.

> 오직 도를 지닌 선비만이 진정으로 양지의 '밝고 영명한 지각'(昭明靈覺)과 '원융한 밝음'(圓融洞澈)을 이해함으로써 확 트여 태허와 한 몸이 될 수 있다. 태허 중에는 어떤 사물도 있지 않으니, 어느 것도 태허의 장애물이 될 수 없다.[24]

양지와 태허가 한 몸이 된다는 것은 '밝고 영명한 지각'과 '원융한 밝음'을 지닌 본체와 하나가 된다는 것이다. 이 본체는 곧 허령불매하고 공무무애空無無碍하다.

'태허' 중에 "어떤 사물도 없다"고 했는데, 여기서의 '어떤 사물'은 일월성신과 바람·비·이슬·우레·안개 등을 가리킬 뿐만 아니라 '부귀·빈천·득실·애증' 등의 현상도 가리킨다. 이것은 사물의 실체를 가리키면서도 사랑과 증오의 감정 또한 가지게 함으로써 태허를 보편적이고 절대적인 것으로 만드는 함정에 빠뜨릴 수 있다. 그러나 "양지 본체는 원래 있는 것이 아니라, 그 본체는 오직 태허이다"[25]라고 말하는 차원에서 보면, 물物은 있으면서도 없는 것이고 정情 또한 있으면서 없는 것이다. 일월성신, 부러워할 만한 부귀와 근심스러운 빈천, 얻었을 때의 기쁨과 잃었을 때의 슬픔, 사랑과 증오 등에 대해, 양지의 본체는 본래부터 고정된 것이 없고 '태허의 본체' 또한 본래 확 트여 막힘이 없으니, 가려짐이 없이 오직 투명할 뿐이다.

화합의 허성 추구는 곧 화합의 가장 근저, 가장 심원한 부분에 대한 궁극적인 추구이다. 화합의 생생도체는 지극히 무無하고 지극히 비어 있는 본연의 존재이기에, 원융하게 밝고 확 트여 '무극', '태허', '태화' 등과 더불어 막힘이 없다. 따라서 화합의 생생도체는 초월도 하고 유행도 하는 무궁하고 무한한 경지이다.

---

24) 『王文成公全書』, 권6, 「答南元善(丙戌)」.
25) 『王文成公全書』, 권34, 「年譜」.

화합은 '무극', '태허', '태화' 등 내재적 초월이라는 형식 본체와는 다른 지향성을 가진다. 화합의 생생도체는 강상윤리의 어두컴컴한 유착을 철저히 제거하였을 뿐만 아니라, 더욱 허령불매하고 밝고 맑으면서도 고도로 형식화된 범주의 논리구조를 가지고 있다. 따라서 그 기상이 더욱 새롭고 장엄하며 논리정연하다고 할 수 있다.

2) 자유롭고 명징한 경지

화합철학체계에서 사변적인 초월의 길은 바로 효용效用의 역사가 '실實'로부터 '허虛'로 탈바꿈하고 가치형식이 '현顯'에서 '미微'로 승화하는 과정이다. 이러한 '실체적인 것, 현상적인 것'으로부터 '가상적인 것, 감추어진 것'으로의 사변적인 초월이 없다면 화합적 생생도체는 가치형식의 소용돌이와 효용의 역사의 함정으로부터 벗어나지 못할 것이고, 따라서 현실세계(地界)로부터 가능세계(天界)로 초월할 수도 없을 것이다.

"어미 학이 그늘에서 우니, 새끼 학이 여기에 화답한다. 나에게 좋은 술잔이 있으니 내 너와 함께 취하리라."(『周易』 中孚卦) 화합학은 어떤 실질적인 중심 가치도 세우지 않는다. 특히 화합철학체계는 텅 비어 아무것도 없는 '공공여야空空如也'의 허령한 경지를 나타냄으로써 내재적 입언종지인 화합적 생생도체의 형식, 형상, 작용을 충분히 체현해 내려 한다. 입이 비어 있어야 울기도 하고 시를 읊기도 하며 노래를 부를 수도 있고, 그릇이 비어 있어야 음식을 담아 낼 수 있다. 언설과 사변은 화합적 생생도체의 관건이다. 이것들은 가상적이지 않다면 그 경지를 밝히기에 부족할 것이고 공허의 효력이 아니라면 감통感通을 성취하기에 부족할 것이다.

화합의 철학체계를 구체적인 전제에 옭아매거나 실체의 토대에 가두어서는 안 된다. 만약 그렇게 되면 화합의 철학체계는 말뜻에 과도하게 신중해져서 앞으로 나아가지 못하고, 경지가 너무 충실해져서 불통하게 된다. 이렇게 되면 인문정신은 대화유행의 길에서 한낱 장애물로 전락하여 결국 '시대와 더불어 행하는' 가치적 시간의 제단 옆에서 풀 인형(芻狗)의 꼴을 면하지 못할 것이다.

화합의 허성 추구가 도달하고자 하는 목표는 바로 화합된 화합체이다. 이 '화합도체和合導體'는 '화체和體' 또는 '합체合體'라고도 부르는데, 이는 '허성虛性', '공성空性', '무성無性'의 성격을 가진다. 이러한 화합의 허성 추구는 유일하고 완고한 실체를 추구하는 것이 아니다. 즉 플라톤 이래 서양의 실체 탐구의 전철을 다시 밟는 것이 아니며, 송명 리학의 '본체론'이라는 낡은 방법을 다시 사용하는 것도 아니다. 화합적 생생도체는 영원한 '과정으로서의' 초월의 도이다. 이 자체가 부단히 초월하고 시간과 함께하는 것이기에, 그것은 경직되고 고정된 실체가 아니라 '변화에 적응하는' 생명의 지혜이고, 화육하고 유행하는 지성창조의 허체虛體이며, '항상 변화하며 고정되지 않는' 유체流體이고, 자유롭고 맑고 밝은 경지의 화합체이다.

화합된 화합체는 현상적 화합자의 배후에 감추어져 실존하지 않는 화합의 본연이고 인류의 지성창조 또는 가치창조에 의한 유체이다. 이는 생생의 화합체로 화합된 것으로서, 화합철학체계의 핵심적 특성이며, 화합 허성이 궁극적으로 추구하는 것이다.

'화합됨'은 화합적 생생도체의 핵심 특성으로서 일체 현상과 배후, 실존과 비실존, 유한과 무한이 모두 '화합되어 가는 과정'이다. 따라서 '화합된' 화합체는 '화합되는' 도중에서의 드러남, 즉 화합체의 '용用'이 일시적으로 드러난 것이다. 화합적 생생도체 그 자체는 영원히 화합되어 가는 생생불식의 과정 안에 있다.

'과정'으로서의 화합 추구는 중심적 가치를 설정하지 않으며, 실체를 목표로 인정하지 않는다. 그러지 않으면 시간이 흐르고 상황이 변해감에 따라 흔적만 남긴 채 시간이란 물결에 씻겨 버리고 말 것이다. 고정되지 않고 늘 변화하는 '화합하는' 화합체는 중심적 가치를 설정하지 않고 실체를 목표로 인정하지 않으므로 권력에 부역하지 않고, 가치를 초월하기에 헤게모니의 야욕을 품지 않으며, 자유롭고 밝아서 사악한 사욕을 간직하지 않는다.

3) 허령한 비물질적 도道

'화합해 가는' 화생지도는 "고요하게 움직이지 않다가 감촉하면 천하의 연고에 모두 통한다"(『주역』「계사전」)는 것과 같은 가치창조의 관건이며, 해소하고 새로운 것을 낳아 가는 원리이다. 즉 초월이자 유행인 것이다.

'화합해 가는' 화합적 생생도체는 '화체和體' 혹은 '합체合體'라고

도 할 수 있다. '화체'와 '합체'는 원융무애하다. 따라서 그것은 소진
되거나 종결될 수 없으며 시작도 끝도 없는 무한·무극의 것이다.
그렇게 될 수 있는 까닭은 다음과 같다.

첫째, '화합해 가는' 화합적 생생도체는 "비어 있음"(虛)의 속성을
가지고 있다. 비었기에 "넓고 비어 있음이 마치 깊은 골짜기와 같
다"(『노자』15장)와 같이 될 수 있다. 넓고 비어 있는 골짜기는 만사만
물을 다 포용하는 개방성, 수용성을 가진다. 만약 화합적 생생도체
가 "실實한 것", 특히 실체적인 것이라면 그 안에 다른 것을 받아들
일 수 없다. '실實'은 가득 찬 것이기에 사물을 받아들일 수 없고, 여
러 가지 형상을 포용할 수 없으므로 폐쇄적이고 배타적이다. 따라서
"마치 골짜기의 모든 물이 강과 바다로 흘러들어 간다"(『노자』32장)에
서처럼 골짜기의 작은 물줄기들이 화합된 바다와 같은 화합체를 만
들어 낼 수 없다. 아득히 넓은 바다는 '화합해 가는' 화합체의 비어
있는 본연을 과시한다. "강이나 바다가 모든 골짜기(百谷)의 왕이 될
수 있는 까닭은 스스로 낮은 곳에 처하기 때문이다."(『노자』66장) 즉
크고 넓은 바다가 모든 작은 물줄기들의 '우두머리' 즉 백곡의 왕이
되는 까닭은 스스로 모든 작은 물줄기보다 낮은 곳에 처하기 때문이
다. 화합적 생생도체는 그 비어 있음이라는 성질로 인해 모든 형
상·무형상에 대해 그들을 포용 및 융합할 수 있고 모든 형상·무형
상의 '영수'가 될 수 있다. 다시 말해 화합적 생생도체의 비어 있음
은 모든 형상·무형상을 포용하고 융합함으로써 그들에 내재될 수
있고, 모든 형상·무형상과 원융무애할 수 있는 것이다. 이것이 바로

허와 실의 원융으로서, 비어 있는 것이 차 있는 것을 배척하지 않는 것 즉 허가 실에 내재하는 것이다. 그러므로 모든 형상·무형상이 '화합될' 때 화합의 생생도체는 모든 형상·무형상의 융합을 초월하여 비어 있는 화합체를 이룬다. 즉 허가 내재하면서 초월하는 것이다. 형식적인 측면에서 보면 '허허실실虛虛實實'이고, 내용적 논리 측면에서 보면 채워지지 않고 비어 있어서 허가 실을 융합할 수 있는 것이다. 이것이 바로 '화합해 가는' 화합적 생생도체의 비어 있음의 속성이다.

비어 있으면 허령불매하고, 비어 있음으로 인해 장애, 막힘, 침체, 미혹이 없게 된다. 장애, 막힘, 침체, 미혹 등은 모두 혼매함이다. 어둡기에 밝지 못하고 알지 못하며 어리석고 사리에 밝지 못하다. 따라서 장애, 막힘, 침체, 미혹은 모두 현상계의 여러 존재들의 형상에 깊이 빠져 벗어나지 못한 것이다. 자각·자성하지 못하고 벗어나지 못하니 막힘이 생기는 것이다. 막혔기 때문에 통할 수 없고 생명의 나무도 말라죽게 된다. 통한다는 것은 타인과 나, 하늘과 인간, 내와 외, 정신과 육체 모두가 통하는 것이다. 비어 있으면 통하고 통하면 영명해지지만, 어두우면 막히고 막히면 죽게 된다. '화합해 가는' 화합적 생생도체는 비어 있기에 어둡지 않고 영명하기에 막히지 않는다. 따라서 장애, 차폐, 침체, 미혹이 없다. 이러한 네 가지가 없다는 것이 바로 '화합해 가는' 화합체의 가장 핵심적인 본질이다.

둘째, '화합해 가는' 화합의 생생도체는 '본성이 없는 것'(無性)이다. '무성'의 핵심적 본성은 시작이 없는 무시성無始性이다. 무성의 무

無는 대무大無이고, 무성의 용用은 대용大用이다. "바퀴통의 한복판 빈 곳으로 인해 수레의 쓸모가 있게 된다"(『노자』 11장), "그릇의 빈 곳으로 인해 그릇의 쓸모가 있게 된다"(『노자』 11장), "방의 비어 있는 공간이 바로 쓰이는 곳이다"(『노자』 11장)라고 말해지듯이, 바퀴통이나 그릇, 방 등은 비어 있음이 있기에 그 쓸모와 작용이 있게 되는 것이다. 만약 그 속이 가득 차 있다면 바퀴살이 바퀴통에 꽂히지 못해 수레바퀴가 돌아가지 못하고, 그릇에 식품을 담아 저장할 수 없기에 그릇의 쓸모가 없어지고, 방에 사람이 살거나 가구를 들여놓을 수 없기에 방의 쓸모가 없어지고 만다. 이러한 것들을 수레, 그릇, 방이라고 할 수 있을까? 여기서 수레, 그릇, 방의 비어 있음 즉 '무'가 체(無體)이고, 작용하고 쓸모 있게 하는 그 '유'가 용(有用)이다. 그러므로 무체가 있어야 비로소 유용이 있게 된다. 만약 무가 없다면 당연히 유용도 없어지는 것이다. 이것은 무체가 유용을 규정한다는 결정론이 아니라 수레, 그릇, 방의 본연이 무엇인가에 대한 대답이다.

수레, 그릇, 방의 '무성無性'은 그 본연이다. '무성'이 그것들을 '유용'이게끔 하는 것이다. '무성'은 유성有性에 포함되지 않는 것이지만, 유성 밖에 있는 것도 아니다. 무체는 유용에 내재해 있다. 무는 유를 벗어나지 않으며, 유는 무에 의존한다. 무는 유에 의해 무가 되고, 유 또한 무에 의존하여 유가 되는 것이다. 바퀴살이 없는 수레, 이긴 흙이 없는 그릇, 문이나 창이 없는 방이라면, 무도 무일 수 없게 된다. 이 경우 유 또한 유일 수 없으므로 유용도 있을 수 없게 된다.

무無이기에 변화무쌍하다. 그러므로 무성·무미·무색·무취·무언·무설은 곧 가장 큰 색, 소리, 맛, 냄새, 말, 주장이다. 온갖 색, 소리, 맛, 냄새, 말, 주장을 다 빠짐없이 포용하기 때문에, "무위하기에 실패함이 없고 고집함이 없기에 잃지도 않는다."(『노자』 64장) 만약 인위적으로 하고자 하고 잡으려 한다면 색, 소리, 맛, 냄새, 말, 주장이 있게 되어 실패와 상실이 뒤따르게 된다. '법집'이든 '아집'이든 집착은 모두 정체됨, 막힘, 굳어짐이기에, 대화유행하지 못하여 신묘불측함이 없게 되는 것이다. 무위하기에 하지 못함이 없고, 잡으려 하지 않기에 잡지 못함이 없다. 무위하고 잡으려 하지 않기에 하지 못함이 없고 잡지 못함이 없는 것이다. 그러므로 화합적 생생도체는 스스로 변화하고 행하는 것이지만, 드러나지 않고 무명無名·무상無相·무미·무색한 본연과 본질 그대로인 것이다.

셋째, '화합해 가는' 화합적 생생도체는 '공성空性'이다. 비었기에 사물을 받아들일 수 있고, 비었기에 모든 사물의 충돌을 융합해 낼 수 있다. 사물(有物)은 스스로 사물인 것이 아니고, 만물 또한 스스로 만물인 것이 아니다. 만사만물은 이처럼 '스스로 그러한 것이 아니기'(不自) 때문에 바로 비어 있는 '유有'이다. 비어 있지 않은 유有라면 이미 유有는 만물을 다 받아들이지 못하고 만물의 충돌을 융합시킬 수 없으며, 비어 있지 않은 실實이라면 이미 실實은 사물에 녹아들지 못하고 사물에 받아들여질 수 없다. 세상의 만사만물은 그 베풀어짐에 실實함이 없고(無實) 그 변화에 고정됨이 없으며(無定) 그 동정動靜에 항상됨이 없고(無常) 그 생사에 멈춤이 없다(無住). 이러한 무실無

實・무정無定・무상無常・무주無住가 곧 공성空性이다.

　인간은 '유정有情'의 현상세계에서 살고 있고, 현상세계의 만사만물은 모두 각각의 형상과 무형상으로 구성되어 있다. 인간 자신도 수많은 기본 요인으로 구성되었는데, 인체유전자암호해독이 이 점을 증명하고 있다. 인간과 동식물의 유전자 물질의 본질은 모두 DNA이다. 단지 유전자의 개수, 배열, 신진대사경로 및 기능이 다를 뿐이다. 바꾸어 말하면 인간과 동식물의 성질과 형상은 상대적이고, 오직 수많은 유전자의 인연화합因緣和合이 다를 뿐이다. 이 점에서 말하면, 고양이나 강아지, 초목 자체에 자성自性이 있고 복제인간에게도 자성이 있어서 그렇게 되는 것이 아니라, 유전자에 의해 그 성질과 형상이 결정되는 것이다. 유전자에 대해 더 파고 들어가면, 유전자도 여러 가지의 '기본 원인元因'(가칭)에 의한 인연화합으로 구성된 것이다. 이렇게 끊임없이 추궁해 가면 '화합해 가는' 화합적 생생도체는 만물을 포함하고 있는 '공空'이며, '공'은 '기본 원인'의 세계를 갖추고 있다. 여기서의 '공'은 완공頑空・사집공邪執空・단멸공斷滅空이 아니라 비무유非無有・비허공非虛空의 공성空性이다.

　변화무쌍하며 무물無物이기에 포용력이 큰 것이다. 만약 유물有物이면 곧 유한한 것이고 한계가 있게 된다. 오로지 변화무쌍하기에 생명의 지혜를 가지며, 오로지 무물이기에 장관을 이룰 수 있고, 오로지 공성空性이기에 모든 물줄기를 모아 바다로 흘러들어갈 수 있다. 넓은 바다는 변화무쌍하고 신묘불측한 곳이고, 화합의 변화무쌍함은 충돌융합하면서 끊임없이 낳고 또 낳아간다.

오로지 '화합해 가는' 화합적 생생도체의 '공성空性' 때문에 비로소 만물의 생성 발육이 가능해진다. 만약 그것이 '실성實性'이라면 유물有物 · 유언有言 · 유상有象 · 유의有意인 것이어서 만물의 생성 발육은 가리고 질식될 것이며, 만물은 단지 원존재의 연속에 지나지 않을 것이다. 따라서 새로운 것은 탄생할 수 없고, 오로지 늙어 죽음만을 기다릴 수밖에 없다. 만약 사물에도 감정이 있다면 사물도 늙어 가는 것이므로, 늙어서 생명의 박동이 멈춤에 이르면 무無가 되고 공空이 되는 것이다. 이렇게 공과 무는 만물의 마지막 귀착점이다. '오는 것'도 공공空空이요 '가는 것'도 공공인 것이 곧 '화합해 가는' 화합적 생생도체의 본연 또는 본질이다.

인간은 '화합해 가는' 화합의 관계망 속에서 살아가고 있고 허와 실, 무와 유, 공과 색이 상호 교차되어 생성하는 지성창조의 '화합해 가는' 과정 안에서 살아가고 있다. 따라서 모든 실, 유, 색은 다 낳고 또 낳아 가는 '화합해 가는' 과정의 일시적 현상이다. 이것은 진정 당나라 시인 장욱張旭이 읊은 "흐르는 물 따라 종일 흘러가는 복숭아꽃이라, 무릉도원에 이르는 동굴 입구는 맑은 시내 어느 곳에 있는가?"라는 시구에 비길 만한 것이다.

4) 낳고 또 낳아 가는 본질의 품격

'화합해 가는' 화합적 생생도체는 사실상 화합의 정신적 안식처이기도 하고 화합이 낳고 또 낳아 가는 가치의 도체이기도 하다. 따라서 화합은 모든 가치이상 안에서 유행하는 최상의 가치이다. 화합적 생생도체의 본질은 아래와 같다.

첫째, 화합적 생생도체는 여러 가지 가치 현상들이 "의거해서 시작되고 태어나는"(資始資生) 무궁한 연원이다. 이것은 사물이 천지 간에 생겨나서 '성립'(立), '통달'(達), '사랑함'(愛)이 모두 화합 안에서 잉태되는 것과도 같다. 화합적 생생도체는 "비어 있음에도 원기元氣 가 끝없이 일어나고 그것이 움직이면 쏟아져 나오는"(『노자』 제5장) 무한한 가치창조능력을 가지고 있다. 이러한 시원적 측면 때문에 '가치의 어머니'라고 할 수 있다. 화합에서는 가상과 현실초월이 중요하다. "허하면 맑고 영명해지지만, 실하면 정체되고 막힌다." 이것은 화합적 생생도체의 가장 심오한 초월의 격조이자 유행의 선율이다.

둘째, 화합적 생생도체는 각종 가치관념이 소통하고 합류하는 전환적인 중추이다. 모든 물줄기가 바다로 세차게 흘러내리듯 언言·상象·의意는 모두 화합 안으로 빨려 들어간다. 화합적 생생도체는 "예리함을 꺾고, 분쟁을 해소하고, 지나친 빛을 부드럽게 고르고, 더러움과 함께하는" 거대한 가치화해기능을 가지고 있다. 바로 이러한 형통의 측면 때문에 '가치의 종주'라 할 수 있다. 따라서 화합은 바닥이 없는 심연이고 대화유행이며 무극화無極化된 '종극終極'이다. 시작이 있어야 끝이 있고 끝이 있어야 극極이 있다. 화합도체는 '시작 없이 생겨난 것'이라 한시도 종결되어 본 적이 없으니, 무슨 '극'이 있겠는가? '무극'을 '종극'으로 만드는 것은 곧 화합적 생생도체가 생명지혜에 대해 행할 수 있는 가장 멋진 보살핌이자 가장 성실한 보호이다.

셋째, 화합적 생생도체는 각종 가치행위가 기대하고 추구하는 영원한 목표이다. 마치 해바라기가 해를 향해 피어나듯 '감정'(情), '이치'(理), '형세'(勢) 모두 화합 안에서 응결된다. 화합적 생생도체는 "낳고도 독점하지 않고, 공을 세우고도 자랑하지 않으며, 으뜸이면서도 지배하지 않는"(『노자』 제10장) 자연의 가치통섭의 권위를 지니고 있다. 바로 이러한 점 때문에 '가치의 목표'라 할 수 있다. 화합은 낳고 또 낳아 가는 도道이고, 날마다 새로워지는 덕德이다. 그러므로 화합적 생생도체는 넘쳐흐르는 활력, 폭넓은 애정, 혼연한 즐거움이 한곳에서 원융함을 이룬 것이다.

넷째, 화합의 생생도체는 각종 가치척도가 변화하고 전환하게 하는 최고의 근거이다. 컴퍼스와 자가 있으면 원과 사각형을 그릴 수 있듯이 '진眞', '선善', '미美' 모두가 화합 아래에 집합한다. 화합적 생생도체는 "자기가 방정하다고 해서 남을 자르고 베어서 방정하게 만들고자 하지 않고, 자신이 날카롭다고 해서 남을 상하거나 다치게 하지 않고, 자신이 솔직하다고 해서 남에게 방자하게 대하거나 억지를 부리지 않고, 자신이 밝게 빛난다고 해서 남의 눈이 부시게 하지 않는" 신묘한 가치측정 표준을 갖추고 있다. 바로 이러한 굳고 곧은 점 때문에 '가치의 저울대'라 할 수 있다. 화합은 '큰 법칙'이고 자신의 마음을 미루어 남의 마음을 헤아리는 혈구지도絜矩之道이다. 따라서 화합적 생생도체는 "위대한 정치는 깎고 자르는 일 없이 혼연일체를 이루게 마련인 것"(『노자』 제28장)이면서 "먼 옛날부터 변하지 않았던 것"(亘古不易)이다.

화합학 생생도체의 논리적 구조는 '화합'이란 두 자로 모든 것을 꿰뚫는다. 그러므로 '화합' 안에 내포된 뜻이 자연적으로 드러나기만 한다면 화합의 철학체계는 곧 정립될 수 있을 것이다. '화합'의 두 글자는 서로 가리지 않고 보충하는 관계이기에 치우치지도 않고 해치지도 않는다. 따라서 그것으로부터 화합적 생생도체를 말하고 사유해 나가면 화합적 생생도체의 '무실無實·무허無虛'의 초월성, 유행성, 진실성을 분명히 알 수 있을 것이며, 이때의 화합지도는 이미 인문정신적 가치를 통섭한 것이라고 할 수 있다.

제3장 화합역사철학

　역사는 사람들에게 감정에만 매달리지 말고 이성적으로 사색하면서 자아를 반성하고 재확인하며 증명해 갈 것을 요구한다. 사람들은 더 이상 역사에 길들여진 노예로 취급되지 않으며, 오늘날 우리는 역사의 자유롭고 평등한 주인이 되어 자신을 실현할 수 있어야 한다고 판단한다. 그러므로 이제 우리들은 일언천금과 같은 명령, 설교, 기도문, 성인의 가르침 앞에 더 이상 무릎 꿇을 필요가 없어졌다. 그러나 이런 것들도 역사이고, 이미 경험된 과거라는 점만큼은 분명하다.

　역사는 늘 거창한 주의에 집착하고, 몹시 절박하게 무언가를 모색하며, 열렬하게 옹호하고, 이리저리 날뛰는 몇몇 사람과 사건들을 빚어냄으로써 풍파를 일으켜 왔다. 그러나 역사는 사람들의 겸허하고, 평범하고, 넉넉하고, 우아하고, 균형 잡힌 마음 상태와 선택을 더욱 필요로 한다. 장렬하다고 해서 반드시 진정한 역사가 되는 것은 아니고, 평범하다고 해서 역사의 진실한 가치가 아닌 것도 아니다.

1. 역사철학을 역사철학이라고 부르는 이유

고금을 통틀어 참회가 없는 마음은 음흉한 마음이고 또한 가련한 마음이었으며, 참회가 없는 국가는 위험한 국가이고 또한 고독한 국가였으며, 참회가 없는 사회는 미친 사회이고 또한 무서운 사회였다. 어떤 의미에서 보면 인류에게 있어 역사는 참회 속에서 제고되고 발전되는 것이었다.

1) 역사에 대한 현실의 부정

참회는 역사에 대한 반성의 활동이다. 역사에 대한 반성활동은 지나간 인물과 사건들에 대한 연구, 묘사, 검토를 가리킬 뿐만 아니라 연구하고 묘사하고 검토하는 대상 자체도 가리킨다.[1] 전자는 서술된 역사이고, 후자는 역사적 사건 자체이다. 역사에 대한 기존의 연구와 묘사 및 검토는 흔히 편협한 범위 내에 국한되어 개인의 문제는 개원의 차원에서만, 사건은 사건의 차원에서만 다루었다. 그러나 인간을 논하거나 사건을 논할 때는 자연, 사회, 인간관계, 마음 및 서로 다른 문명 간의 관계 등이 변화하고 연결되는 과정 안에서

---

[1] 역사에는 두 가지 의미가 있다. 『大英百科全書』(1880년 판본)에 이렇게 적고 있다. "역사란 단어를 사용함에 있어서 완전히 다른 두 가지 함의가 있다. 하나는 인류의 지난 일을 구성하는 사건과 행동을 가리키고, 다른 하나는 이러한 지난 일에 대한 기술 및 그에 대한 연구방식을 가리킨다." 전자는 실제적으로 발생한 일을 가리키고, 후자는 발생한 사건에 대한 연구와 묘사를 가리킨다.

유기적 관계 전체에 대해 연구·서사·검토해야 한다. 대상 자체에 대한 연구·서사·검토라 할지라도 대상 자체가 처한 자연환경, 사회적 환경, 인간관계, 정치·경제·문화적 자료에 대해 종합적으로 발굴, 수집, 파악해야 한다. 그러므로 역사에 대한 화합학의 이해는 다음과 같다. 첫째, 역사적 인물과 사건 자체로서, 비유하자면 고고학에서 발견한 사물 그 자체이다. 둘째, 역사적 인물과 사건에 대한 기록, 서사로서, 이를테면 각 왕조의 실록과 이십사사二十四史 등이다. 셋째, 역사적 인물과 사건에 대한 해석으로, 이를테면 유종원柳宗元의 『봉건론』, 왕부지의 『진시황』 및 역사학 저술 등을 말한다. 여기서 두 번째는 실존했던 역사를 문자 형태로 존재하는 역사로 바꾼 것이고, 세 번째는 실존했거나 문자 형태로 존재하는 역사를 관념 형태로 존재하는 역사로 전환시킨 것이다.

고대 그리스어로 역사는 'historia'로, 원래의 뜻은 '이야기하다, 진술하다'이다. 고대어의 '역歷'은 경과, 경력, 뛰어넘다 등의 뜻으로, 『설문說文』에 "역은 과過이다"라고 적고 있고 『광운廣韻』 「석부錫部」에 "역은 경력經歷이다"라고 적고 있으며 『상서』 「필명畢命」에서는 "이미 삼기三紀가 지나서(歷) 세상이 변하고 풍속도 바뀌었다"라고 적고 있다. '사史'에 대해서는 『설문』에 "일에 대한 기록이다. 순종하면서도 중中을 지킨다. 중中은 바름(正)이다"라고 하였다. 원래 '사史'는 왕의 신변에서 별자리 관찰(星歷), 복서卜筮, 기사記事를 담당하는 문관을 가리켰다. 이를테면 태사太史, 내사內史를 말한다. 『예기』 「옥조玉藻」에 "천자가 움직이면 좌사左史가 이것을 기록하고, 말을 하면 우사右

史가 이것을 기록한다"라고 하였으니, 역사는 왕후장상의 언행을 적은 것이었다. 그러므로 『춘추』, 『사기』 등은 모두 역사 서술로, 사관들이 기술한 역사이다. 사관들이 천자와 국가의 일을 기록할 때 사실에 충실하도록 요구받는다는 점에서 중국 고대 문자에서 사史, 사事, 이吏는 원래 한 글자였다.

『예기』「옥조」에서 천자의 말과 행동을 좌·우사가 기록한다고 했다. 이는 당시의 사람들이 그때의 일을 적는 것이라는 점에서, 그 당시 시점에서는 현대사 범주에 속하는 것이었다. 현대라는 시점이 설정될 때는 시간상에서 이미 그 시간 단위와 위치를 확정하는 것과 동시에 과거와 미래의 의미도 거기에 포함된다. 과거와 미래는 현대에 의해 규정되고, 현대를 기준으로 과거와 미래로 전개되는 것이다. 그러므로 현대는 과거와 미래가 움직이는 관건이고 시발점인 것이다. 사람들은 역사를 지나간 인물과 사건들에 대한 연구, 묘사, 검토라고 규정하는데, 이것은 분명 현대의 시점을 기준으로 역사를 규정한 것이다. 이런 의미에서 말하자면 현대는 곧 과거와 미래이다. 이로부터 모든 역사는 다 현대사라고 하여도 일리가 있다. 이는 역사에 대한 이해방식 중 하나이다.

인류는 자신을 중심으로 해서 과거, 현대, 미래라는 종적인 시간을 확정(定位)하여 그로부터 자연, 사회, 인간관계, 문명 간의 관계를 추론하고, 아울러 자연계 및 일월성신, 산과 강, 들짐승과 날짐승, 벌레와 물고기, 초목에게까지 과거, 현대, 미래라는 역사 과정을 부여한다. 이런 의미에서 말하자면, 모든 사물은 발생, 발전, 번영, 소

멸하는 과정을 가진다. 이것을 본연의 역사 또는 역사의 본체라고
한다. 과거 인간사회의 모든 인물과 사건은 역사의 내용이나 구성부
분으로 귀속될 수 있다. 따라서 인류가 탄생되면서부터 이른바 순수
한 자연사나 순수한 인류사는 없었다. 인류와 자연은 상호작용하는
관계 속에서 각자의 역사를 엮어 갔고, 인류 자체적으로도 역시 자
신들 내부에서의 관계, 사회관계, 심적 관계, 서로 다른 문명과의 충
돌과 융합 속에서 자신들의 역사를 써 내려 갔던 것이다.

　　화합역사철학은 주로 인간사회와 역사에 대해 이론화된 사고를
가리키는 것으로, 역사 자체와 사학 간의 충돌과 화합에 대한 화해
및 그 이치에 대한 논술과 해석에 역점을 둔다. 물론, 역사철학 연구
는 사회연구와 분리될 수 없다. 현대의 사회적 충돌이 격화됨에 따
라 전쟁, 빈부 불균형, 마약 거래 및 사용, 폭발, 납치, 강도 살인,
부정부패, 공공연한 뇌물수수, 위조품 등 사회병리적 악행은 계속
증가하고 있으며 인간의 생명과 재산은 항상 위협받고 있다. 인간과
인간, 인간과 사회가 갈수록 소외됨에 따라 이들의 충돌을 해소하는
방법을 갈구하게 되었다. 사회현상에 대한 학문으로서의 사회철학
은 건강한 사회 건설을 목표로 하고 궁극적 배려에 대해 연구하는
학설이다. 역사철학은 역사와 사학에 대한 이론적이고 논리적인 반
성을 가리킨다. 따라서 역사에는 반드시 그 철학이 있고 역사학자들
은 모종의 사상과 개념에 입각해서 역사를 해석하게 되므로, 그 해
석은 곧 역사철학이 된다. 이전의 역사철학은 역사적 현상에 대한
학문이었다. 즉 역사적 현상의 대화유행大化流行 배후에 존재하는 역

사적 필연성의 이치를 탐구한 것이었다. 따라서 역사철학은 과거, 현재, 미래의 역사적 변화를 주목했고, 역사의 필연적 추세에 관한 이치를 탐구했으며, 역사의 계승성과 연속성을 중시했다. 하지만 사회철학은 계승성과 연속성을 중시하는 것이 아니라 사회적 정합성과 규범성을 중시한다. 즉 사회역사철학은 인간사회에 대한 역사철학 연구를 진행하는 것이다.

역사철학 연구는 흔히 실제로 존재하고 생동했던 인물과 사건을 소외시키는 결과를 초래했다. 그러나 역사철학의 관점에서 보면 이러한 것이 반드시 나쁜 것만은 아니었다. 역사철학의 형상성, 초월성은 실제로 존재한 역사적 사실을 텍스트로 탈바꿈시킬 뿐만 아니라 텍스트까지도 관념 형태의 역사적 존재로 변화시켰다. 이러한 상황에서 역사적 인물과 사건이라는 실제적 구성체, 이들에 대한 기록 및 서사, 그리고 해석 및 이해의 이 삼자는 유기적인 전체로 관통된다. 이 삼자는 서로간의 거리가 가까운 것은 아니지만 여전히 공유할 수 있는 토대를 가진다. 역사적 인물과 사건에 대한 기록 형태인 텍스트 해석만 놓고 말하더라도 기록자와 해석자의 역사관, 가치관, 방법론, 윤리관의 차이에 따라 전혀 다르게 해석된다. 따라서 역사는 많은 경우 역사관, 가치관 등에 의해 지배되고 해석되기에 역사 그 자체라 할 수 없다. 완전히 순수한 역사 자체를 회복 또는 재현하는 것은 매우 어려운 일이다. 그럼에도 사람들은 흔히 텍스트와 관념형태로 기록된 역사와 해석된 역사가 곧 실제로 존재했던 역사라고 믿어 왔다.

사회가 시시각각 현실에 의해 부정되듯이 역사도 마찬가지로 시시각각 현실에 의해 부정되어 왔다. 무엇이 역사의 법칙이고 성질인가에 대한 여러 대답들은 크게 '사변적 역사철학'과 '비판적 역사철학'이라는 두 계통을 형성했다. '사변적 역사철학'으로부터 '비판적 역사철학'에 이르는 과정은 모든 역사철학이 가지는 시대성과 상대성을 말해 준다.

　칸트철학의 '코페르니쿠스적 전환' 이후, 피히테, 셸링, 헤겔 등 철학자들은 역사의 본체를 사유대상으로 보았으며, 그들이 구축한 역사의 철학체계는 '사변적 역사철학'으로 간주되었다. 사변적 역사철학이 지니는 특징은 철학적 사유를 역사인식의 영역으로 끌어들여서 드러난 역사현상 배후의 역사 본체를 인식할 것을 주장했다는 점이다. 심지어 그들은 역사의 본체를 인식 외적인 것으로 배척하기도 했다. 일반적으로 그들은 역사를 전체적으로 인식하고 파악해야 한다고 주장하면서 역사에 대한 사변적·이성적 해석을 진행하고자 했다. 그들의 이러한 노력은 역사철학체계의 건립에 유익한 영향을 미쳤다.

　피히테, 셸링, 헤겔 등이 비록 역사철학체계의 구축에 적극적으로 기여하기는 했지만 그들의 역사철학은 모종의 선험적 원칙과 판단을 거점으로 두고 있다. 그들은 이 거점에 근거해서 여러 가지 역사 모델을 건립했으며, 심지어 이러한 선험적 원칙과 판단을 가지고 경험적 역사를 연역하기까지 했다. 역사철학의 원칙과 판단이 경험적 역사에 적용된 것이 아니라 경험적 역사를 선험적 원칙과 판단에 부합시켰던 것이다. 이러한 여러 폐단들은 '사변적 역사철학'에 대한 반성과 재검토를 불러왔다. 그리고 이러한 반성과 검토의 과정에서 신칸트주의와 신혜겔주의는 점차 새로운 역사철학 형태를 형성하여 '사변적 역사철학'을 대체하게 되었다. "과학적 형이상학이 어떻게 가능한가?"라는 칸트의 명제는 신칸트주의자들에 의해 "과학적인 역사학이 어떻게 가능한가?"라는 명제로 전환되었으며, 이는 비판적 역사철학의 탄생을 상징하게 되었다.

신칸트주의자인 딜타이(Wilhelm Dilthey, 1833~1911), 빈델반트(Wilhelm Windelband, 1848~1915), 리케르트(Heinrich Rickert, 1863~1936) 등은 자연과학과 역사학, 정신과학 또는 문화과학을 구별하면서 이들의 차이에 대해 다음과 같이 지적했다. 자연과학은 외부세계를 대상으로 할 뿐만 아니라 자연현상의 보편적 필연성을 개괄하는 법칙을 제정하는 것으로서, "자체적으로 성장하고 '탄생하며' 스스로 낳고 자라는 것들의 총화"[2]를 대상으로 한다. 역사학의 대상은 인간 자신과 그들이 창조해 낸 생명세계에서 인간들이 느끼는 바가 있어야만 하는 것들이며, 역사학자들의 정신 속에서 부활되고 환원되는 역사적 세계이다. 따라서 역사학은 '서사적 특성'을 가진 과학이라고 부를 수 있다. 역사학이 자연과학과 구분되는 것은 대상이 다르기 때문이 아니라 "양도할 수 없는 형이상학적 권력을 가진다는 점"과 "인류의 기억을 위해 한 번 지나가면 다시 돌아올 수 없는 현실을 과거의 것으로 보존하려는 것"[3]이기 때문이다. 즉 역사학은 역사 속에서 보편적

---

2) 리케르트, 『文化科學和自然科學』(北京: 商務印書館, 1986), p.20.

법칙성을 찾아내려는 것이 아니다. 역사는 문화의 산물로서 가치성을 가지고 있기에 역사학자들은 일정한 가치원칙에 따라 의미 있는 소재를 선택한다.

연구대상과 연구방법의 차이는 신칸트주의가 강조하는 역사학과 자연과학의 차이일 뿐 아니라, 그들과 신헤겔주의가 구분되는 점이기도 하다. 신헤겔주의의 비판적 역사철학은 역사학자들이 내놓은 역사원칙에 관심을 둔다. 브래들리(Francis Herbert Bradley, 1846~1924)는 역사는 곧 역사학자들의 역사라고 주장한다. 왜냐하면 역사에 대한 역사학자들의 해석에는 가치표준이 포함되어 있기 때문이다. 그 가치표준은 역사학자들 자신이 역사에 대한 해석 속으로 끌어들인 것이다. 바꾸어 말하자면 그 가치표준은 곧 역사학자 자신이란 것이다. 어떤 측면에서, 역사학자들이 어지럽고 번잡한 역사적 현상 중에서 무엇을 선택하는가는 본인이 누구인가에 대한 판단이다. 다른 측면에서, 역사학자 본인의 사상은 실제로 자기 마음속에서 증인의 사상을 되풀이한 것이다. 따라서 역사적 지식이란 단순히 소극적으로 증언을 받아들인 것이 아니라 비판적으로 해석한 것이다.

크로체(Benedetto Croce, 1866~1952)는 "역사는 절대로 죽음에 관한 역사가 아니라 삶에 관한 역사이다"[4]라고 주장했다. 만일 역사가 단순히 과거의 것에 불과하여 현대인이 관심을 가지지 않는다면 그것은 죽은 것이 되고 역사적 사실도 무형식, 무의미한 것이 되기 때문

---

3) 洪謙 주편, 『現代西方哲學論著選輯』 上(北京: 商務印書館, 1993), p.76.
4) 크로체, 『歷史學的理論和實際』(北京: 商務印書館, 1982), p.69.

이다. 역사는 오직 당대 사람들의 삶의 방식이 변화함에 따라 끊임없이 경신되어야 비로소 찬란한 빛을 낼 수 있다. 바꾸어 말하자면, 역사는 오직 새로운 삶의 햇빛 속에서만 새로운 역사가 될 수 있고 발언권을 얻을 수 있다. 이것이 "모든 역사가 항상 다시 서술되고 또 항상 다르게 서술되는"[5] 까닭이다. 따라서 모든 시대의 변화와 새로운 삶의 양식은 역사에 대한 탐구의 과정이자 새로운 발견으로, 결국 역사를 새롭게 해석하는 것이다. 그렇기 때문에 크로체는 "모든 진정한 역사는 현대사이다"라는 명제를 제시했고, 이 명제는 역사철학에 중대한 영향을 미쳤다.

콜링우드(Robin George Collingwood, 1889~1943)는 크로체의 이 유명한 명제를 발전시켜서 다음과 같이 말했다.

역사학자는 과거의 사상을 재연할 뿐만 아니라 자신의 지식구조 안에서 그것을 재연한다. 따라서 그것을 재연할 때, 그것을 비판하고 스스로 그것에 대한 가치판단을 형성하여 그 안에서 식별해 낼 수 있는 모든 잘못을 바로잡는다.[6]

모든 역사학자는 자아를 중심으로 자신의 지적 소양, 가치판단, 도덕표준, 사유방식, 연구방법에 따라 역사를 고찰하고, 그것을 '인식의 전제', '인식의 기초'로 삼아서 역사 사건 배후에 숨겨진 사상을 재연한다는 것이다. 역사학자의 마음속에서 진행되는 이러한 재연

---

5) 크로체, 『歷史學的理論和實際』(北京: 商務印書館, 1982), p.31.
6) 콜링우드, 『歷史的觀念』(中國社會科學出版社, 1986), p.244.

은 역사적 사실 자체와 구분되는 것은 아니지만 자신의 사상에 근거하여 과거의 사상을 재연하는 것이기에 역사가 개인의 색깔을 띠게 됨은 분명하다. 결국 모든 역사학자는 자신만의 시각으로 역사문제를 고찰하기에 역사적 사실의 한 측면만을 볼 수 있다. 역사학자는 자신이 보는 측면만을 볼 수 있을 뿐, 다른 무수한 측면들을 보지 못하는 것이다. 그러므로 역사는 영원히 다시 재연되어야 하는 과정이다. 역사적 행위를 한 자의 사상을 재연해야 할 뿐만 아니라 타인이 이미 재연한 사상도 재연해야 한다. 이런 의미에서 말하자면 '모든 역사는 현대사'인 것이다.

브래들리에서 콜링우드에 이르는 '비판적 역사철학'은 연구의 관심 초점을 '사변적 역사철학'의 역사 본체에서 역사인식으로 전환시켰다. 이러한 변화는 서양철학의 변화에 부응한 것으로, 역사인식으로 하여금 역사 본체와 관통할 수 있게 하여 역사 본체의 독단을 피할 수 있게 해 주었다. 아울러 역사에 대한 역사인식의 비판은 역사의 특수성과 인식의 상대성을 명시함으로써 역사적 비판의식을 고조시켰다. 그러나 그들이 역사인식에서 역사가의 자아를 강조함에 따라 편파적인 측면도 발생하게 된다.

2) 역사의 부단한 변모

포스트모더니즘이 출현함에 따라 역사인식본체론뿐만 아니라 '비판적 역사철학' 역시 비판을 경험하게 되었다. 화합역사철학은 역사인식본체론을 강화시키는 것에 동의하지 않지만, 역사인식주체의 능동성을 과장하는 것에도 찬성하지 않는다. 역사적 현실, 역사적 실재는 동태적이고 다양한 개념이며, 아울러 역사철학도 '과정 중'에 있는 것이다.

고대 그리스 철학자들이라면 비판적 역사철학의 관점에 결코 동의를 표명하지 못했을 것이다. 그들은 '강렬한 반역사적 형이상학에 기초한' 관념인 하나의 보편적이고 불변하는 실체 혹은 본원을 추구했기 때문이다. 콜링우드의 다음 말을 보자.

> 역사학자의 눈앞에 차려진 것들은 지나간 세월 동안 인류가 한 일들이고, 그러한 일들은 모두 변화하는 세계에 속한다. 이 세계 안에서 사물은 끊임없이 생겨나고 사라진다. 통용되는 그리스의 형이상학 관점에 따르면, 이러한 일들은 인식될 수 없는 것이므로 역사학은 불가능한 것이다.[7]

역사는 고정되지 않은 가변적인 것이어서 인식할 수 없고 개별 대상에 대한 진술이어서 법칙성이 없기 때문에 실제로 고대 그리스 철학자들은 역사학이 과학이 아니라고 보았다. 이런 관점은 데카르트, 홉스에게까지 영향이 미쳐서, 그들 역시도 역사는 추론에 의한 지식이 아니라 단순한 경험지식이라고 주장하면서 철학 영역에서 배제시켜 버렸다.

1950~60년대, 역사연구의 새로운 추세는 개별적이고 구체적인

---

7) 콜링우드, 『歷史的觀念』(中國社會科學出版社, 1986), p.22.

대상을 연구하는 것에서 역사의 보편적인 법칙을 연구함에 이르렀다. 사실, 이러한 변화는 "역사철학은 기독교로부터 시작되어 최초에는 신학화의 형식을 취했다"[8]라는 데서부터 시작되었다고 할 수 있다. 기독교는 역사가 철학 외적인 것으로 배척되었던 상황을 변화시켜, 그것을 인류가 신의 의지에 따라 행하고 드러냈던 과정이라고 간주했다. 즉 역사는 신이 창조한 것이고 신의 의지가 인간의 역사 활동으로 전개된 것이기에 인간의 활동에 비해 필연적인 추세로 드러나는 것이라고 주장한 것이다. 필연적인 추세는 곧 신의 의지이기 때문에 역사적 인물의 활동 또는 역사적 사건은 신이 자신의 의지를 실현하기 위해 설계한 현실적인 도구일 뿐이라는 것이다. 이렇게 되면서 인류 역사에서 인간 활동의 역할과 영향 및 능동적인 정신은 경시되었고, 따라서 역사적 필연성과 인간의 능동성의 충돌은 불가피해졌다. 그러나 신과 인간은 결코 분리되거나 섞일 수 있는 것이 아니다.

신이 인간을 창조하고 인류 역사를 창조했다는 관념은 중세에는 일반적인 관점으로, 너무도 신성하여 모독할 수 없는 것이었다. 따라서 신은 인류 역사의 근거이자 형이상적 본체였고, 역사철학은 신학에 종속된 시녀였다. 그러나 서양 역사철학의 아버지라 불리는 비코(Giovanni Battista Vico, 1668~1744)는 "신이 역사를 창조했다"라는 역사관을 부정하면서 "역사의 세계는 전적으로 인간 자신들에 의해 창조된 것이 틀림없기에"[9] 사람들이 그것을 인식할 수 있다고 주장했다.

---

8) 아이슬러(Hanns Eisler), 『哲學槪念詞典』 제1권(베를린, 1927), p.59.

역사 주체가 신에서 인간으로 교체된 것은 인간의 자아각성을 의미하는 것으로, 인간의 주체적 의식의 발전과 자신의 능동적인 능력에 대한 확신을 표현한 것이었다. "세계는 인간 자신이 창조한 것" 또는 "인간이 자신의 역사를 창조한다"는 것은 신으로부터 벗어났음을 의미한다. 하지만 비코는 다시 "사람들은 타락된 본질 때문에 이기심의 속박을 받는다. 이러한 이기심 때문에 그들은 대체로 자신의 이익만 좇는다.…… 그러므로 그들은 자신들의 욕구를 공정한 방향으로 유도하지 못한다"[10]라고 하였다. 따라서 인간은 임의로 역사를 서술해서는 안 되며, 역사도 개인 활동의 염원에만 근거해서 실현되어서는 안 된다. 자신의 이익을 추구하는 인간의 행위 배후에는 이러한 행위들을 조정하는 힘이 존재한다. 비코는 이러한 힘 또는 정신을 '하늘의 뜻'(天意)이라고 불렀다. '하늘의 뜻'은 사욕을 추구하는 정념과 인간사회를 혼란에 빠뜨리는 야만, 탐욕, 야심 등 악습을 군인, 상인, 통치자의 덕성으로 변모시켜서 욕구를 올바른 방향으로 유도한다. 여기에서 '하늘의 뜻'은 자유의지와 이원적으로 대립하는 것이 아니라, 자유의지를 통해 악을 바로잡는 것이며 '인간 행위의 여왕'으로서 자신을 실현하는 것이다.

"신이 역사를 창조한다"에서 "인간이 자신의 역사를 창조한다"에 이르는 변화는 역사관의 전환이자 역사철학이념의 전환이었다. 그러면 인간은 어떻게 자신의 역사를 창조하는가?

---

9) 비코, 『新科學』(베를린, 1965), p.125.
10) 비코, 『新科學』(베를린, 1965), pp.132~133.

칸트는, 역사는 개개인과 민족의 자유의지적 행위를 전제로 하기에 자유의 역사라고 할 수 있지만, 다른 한편으로는 법칙성 때문에 인간의 자유의지와 일치되지 않는다고 하였다. 칸트는 이러한 법칙성을 '자연적 의도'(自然意圖)라고 불렀다. 이러한 법칙성은 인간 자신의 의도는 아니지만 인간의 자유로운 행위가 낳은 역사적 결과를 포괄하는 것이다. 따라서 인간의 이기적인 욕구는 경쟁의 동력이 되고, 인류의 이성적 능력은 경쟁에서만 완전히 발휘될 수 있다.

헤겔은 세계의 역사는 이성의 자아전개와 실현일 뿐이라고 하였다. 아울러 그는 칸트가 찾고자 한 이성과 세계역사 사이의 연결 문제, 즉 인간의 의지와 행위 문제를 해결하고자 했다. 인간의 역사적인 행위는 모두 주체적 인간의 요구, 이익, 욕구를 내포한 것이며, 또한 어떠한 만족을 얻기 위한 것이다. 여기에서 헤겔의 역사철학은 두 개의 중요한 개념을 제기하였다. 즉 이성과 (이익에 대한) 열정이다. 이익을 추구하는 열정이 없으면 인간은 행위의 동력을 상실한다. 이런 의미에서 열정은 역사발전의 원동력인 셈이다. 열정은 특수하고 변화하는 개념으로서 수동자受動者이고, 이성을 실현하는 도구와 수단의 역할을 가진다. 반면, 이성은 역사발전의 내용과 방향을 만들어 가는 역할을 하면서 자신 안에 이익을 내재한다. 즉 보편적인 이성은 특수한 이익을 위한 열정 간의 경쟁을 빌려 자신을 실현하는 것이다. 헤겔은 이것을 '이성의 간지奸智'라고 불렀다.

헤겔의 '이성의 간지'에는 두 가지 중요한 사상이 포함되어 있다. 하나는 '세계 역사의 개인'(역사상의 영웅적 인물)과 이성의 관계이고, 다른 하나는 '세계 역사의 민족'(특정 시기 역사적 통치자로 군림한 민족)과 이성(세계정신)의 관계이다.

영웅적 인물들이 역사상 위대한 공적을 창조할 수 있었던 까닭은 그들의 행위가 시대의 요구에 부응했기 때문이다. 비록 그들의 행위가 모두 자신들의 특수한 목적을 위하여 행해진 것이라고 하더라도, 그것은 이성과 정신에 부응한 것으로서 이성의 필연적 추세였다. 이성은 영웅적 인물을 도구와 수단으로 삼아 자신의 목적을 실현한다. 따라서 영웅들의 재능과 지혜가 역사발전의 추세를 결정하는 것이 아니라 이성이 그것을 결정하는 것이다. 이런 의미에서 말하자면 영웅은 시대의 산물이고, 시대가 영웅을 낳은 것이다. 시대발전의 추세가 아직 성숙되지 않았다면 설사 영웅이라도 자신의 역량을 발휘할 수 없다. 이성은 정감이 없다. 따라서 이성은 목적만 실현된다면 얼마든지 영웅을 버릴 수 있다.

'세계 역사의 민족'에 대해 말하자면, 세계 여러 민족들의 민족정신은 모두 이성 또는 세계정신이 그 발전의 과정에서 표출된 하나의 국면이다. 따라서 이성과 세계정신은 영원한 데 반해 민족정신은 변화하고 생멸한다. 한 민족이 강성하고 번영할 때가 바로 그 민족정신이 번영할 때로, 그 민족이 자기의 민족의지를 실현할 때인 것이다. 그 민족이 자기의 사명을 완성하고 목적을 실현하고 나면 그들의 정신적 생명 가운데 가장 주요하고 숭고했던 지향도 사라지고, 따라서 그 민족정신도 쇠약해져 간다. 그러므로 세계 각 민족의 성쇠 및 민족정신의 교체 과정은 바로 세계 역사의 전체

과정을 구성하고 있다.[11]

역사발전의 법칙과 역사의 성격을 이해하는 연구에서는 진화론이란 역사관이 형성되었다. 진화론은 다윈(Charles Robert Darwin, 1809~1882)에 의해 창시되었다. 그는 생물의 자연선택을 취지로 하는 진화이론을 제기하고, 이를 통해 생물계의 역사발전을 이성적으로 해석했다. 19세기 후반에는 생물진화론을 가지고 모든 사회현상을 해석하는 사조가 유행했다. 스펜서(Herbert Spencer, 1820~1903)는 다윈의 진화론 중 '생존투쟁', '적자생존'의 원리를 이용해서 인류 역사를 설명했다. 그는 인류사회의 발전 과정이 생물의 진화 과정과 비슷하며, 생물 개체와 마찬가지로 사회도 하나의 유기체라고 보았다. 그는 유기체의 여러 기관과 기능들이 서로 조화를 이루는 것처럼 사회란 유기체의 여러 계급과 그들이 보유한 역할들이 서로 조화를 이루어 사회의 안정을 유지한다고 하였다.

인류의 역사를 진화의 역사라고 보는 관점은 "신이 역사를 창조했다"는 설과 대등한 지위를 가진다. 이에 따라 인류 역사의 발전법칙이 곧 사회형태의 진화 과정이라는 이념이 형성되었고, 이러한 진화론적 역사관은 다시 인류사회 발전에 대한 '오단계론', '삼단계론' 등을 파생시켰다. 이러한 이론은 서양에 중대한 영향을 끼쳤을 뿐만 아니라 중국 근대의 역사관에도 많은 영향을 주었다.

엄복嚴復은 다윈의 진화론의 기본 관점을 진술하면서 유럽과 미국에서 다윈의 『종의 기원』을 읽지 않는 사람이 없는데 "이로 인해

---

11) 張志偉 주필, 『西方哲學知慧』(中國人民大學出版社, 2000), pp.111~122 참조.

서양의 학술과 정치, 종교가 크게 변화했다"[12]고 주장했다. 그는 1898년에 헉슬리(Thomas Henry Huxley, 1825~1895)의 『천연론天演論』(원제는 『진화론과 윤리학』)을 번역·출판했다. 이 책의 취지는 "사물은 경쟁을 통해 자연스럽게 선택된다"는 것이었다. 이 이론은 국가와 민족을 멸망으로부터 구하려는 중국인들의 호응을 불러일으켰고, 왕권신수 설적 역사관과 "역사는 도리를 실현하는 것이다"(史以載道)라는 역사 철학적 관점에 중대한 충격을 주었다.

강유위는 '삼세설三世說'이라는 역사진화론을 제기하여 수구파들 의 '도불변론道不變論'을 비판하면서 "온 세상이 진화론을 떠받드니 현명한 스승도 제자에게 도를 전수하기를 부끄러워하네!"라고 하였 다. 그는 진화론적 세계역사관으로 사회의 역사발전을 논증하면서 『춘추』의 표현을 빌려 "전해들은 세상은 난세에 근거한 것이고, 귀 로 들은 세상은 승평昇平에 근거한 것이며, 눈으로 본 세상은 태평에 근거한 것이다"[13]라고 하였다. 그는 인류사회가 난세 → 승평세 → 태평세의 방향으로 진화되며, 이것이 곧 역사발전의 법칙이라고 보 았다. 그는 삼세의 내용과 성격에 대해, '난세'는 대농大農의 세상이 기에 왕이 일과 권력을 한손에 장악하여 문화와 교육이 밝지 못하 며, '승평'은 대공大工의 세상이기에 왕이 무위로 다스려서 문화와 교 육이 점차 밝아지고, '태평'은 대상大商의 세상이기에 모든 것이 평등 하여 왕이 없고 문화와 교육이 완비된다고 주장했다. 즉 농업 → 공

---

12) 「原强」, 『直報』 1895. 3. 4~9; 『嚴復集』 第1冊(中華書局, 1986), p.5.
13) 「三世」, 『春秋董氏學』(中華書局, 1990) 2권, p.28.

업 → 상업, 군주전제 → 입헌군주제 → 민주공화제로 발전하고, 문화와 교육이 밝지 못함 → 점차 밝아짐 → 완비됨으로 진화한다는 것이다. 그는 경제적 기초, 사회의 정치제도와 문명교화 역량 등을 통해 사회와 역사의 진화를 설명하고 무술변법의 이론 근거를 찾았으며 역사의 법칙을 설계했던 것이다.

3) 사회 형태에 대한 역사관

생물진화론을 통해 인류의 진화와 사회의 진화를 해석하는 것은 졸렬한 진화론과 사회진화론을 초래했다. 이들은 인류에게는 생물과 마찬가지로 우수한 종족과 열등한 종족의 구별이 있으며, 따라서 '생존투쟁', '적자생존' 속에서 열등 종족이 도태되는 것은 자연스러운 것이라고 보았다. 이들은 결국 나치의 유태인 학살을 정당화하는 이론적 근거를 제공하면서 인류적 재난을 불러오게 된다. 이후 인간 게놈에 대한 현대과학의 분석은 우생학적 이론과 타 종족 배척의 논리가 오류임을 증명했다. 우생학 이론은 종족 간에 생물학적 · 유전학적 우열이 존재한다고 보았지만, 인간 게놈에 대한 최신의 분석에 따르면 모든 인류는 유전적으로 99.9% 동일하다고 한다. 따라서 우생학은 유전학적 근거를 상실하고 사회정치 및 경제 영역의 용어로만 남게 되었다. 급속한 세계화 속에서 유전자의 교환이 대량으로 진행되고 있다는 점에서 우생학은 이제 그만 사라져야 할 것이다.

비록 우생학이 설득력을 잃어 가고는 있지만, 변이된 우생학 즉 문화유전자적 우생학과 문화우생학은 여전히 존재한다. 문화유전자 우생학은 생물적 유전자의 우생학으로부터 출발한 것이라고 볼 수 있다. 따라서 생물적 유전자 우생학은 문화유전자 우생학의 기초이고, 문화유전자 우생학은 한 걸음 더 나아가 우생학을 촉진하고 강화하게 된다. 이러한 문화우생학 또는 문화유전자 우생학은 세계 각 민족 역사의 다양한 발전 과정을 전부 자신들의 틀 속에 집어넣어서 규정해 버린다.

이러한 문화결정론적 사관은 특정 문화 본위의 입장에 입각하여 문화유전자 우생학에 기초한 '아리안주의 사관' 또는 '황국사관'이라는 파시즘으로 발전했다. 슈펭글러는 비록 '유럽중심주의'를 부정하고 유럽 문명이 인도·바빌론·중국·이집트·마야 문명에 비해 어떠한 우월한 위치도 가지지 않는다고 주장했지만, 다른 한편으로는 서양 문화에는 특수한 '파우스트정신'이 있다고 주장했다. 괴테가 창조해 낸 이상적 인격으로서의 파우스트는 우주의 의미와 진리를 추구하고 삶을 사랑하는 인간의 상징이다. 슈펭글러는 파우스트정신이 서양 문명의 기본 상징이며 '순수하고 무한한 공간'이라고 보았다. 그는 또 이렇게도 주장했다.

> 파우스트정신을 가진 문명의 인간이 다른 기타 문화의 인간들과 구별되는 점은 바로 멀리 떨어진 곳을 향해 발전하고자 하는 억제할 수 없는 충동에 있다. 그들이 마지막 수단으로 아즈텍문명과 잉카문명을 억압하고 더 나아가 소멸시켜 버렸던 것은 바로 이러한 충동에 의한 것이었다.[14]

결국 서구 문명의 '파우스트정신'을 대외적으로 식민지를 확장하고 취약한 민족을 정복하게 한 충동으로 본 것이다. 이는 '파우스트 정신'을 가진 서구 문명이 '소멸당한' 취약한 민족의 문명보다 우월하다는 의미를 내포하고 있다.

슈펭글러는 서구 문명의 특수한 정신 즉 '파우스트정신'을 주장한 것 외에도 특수한 숙명론을 주장했다. 숙명에 관한 철학은 곧 그의 역사철학이었으며, 이는 전체 역사의 실질과 핵심을 구성했다. 그가 『서양의 몰락』이라는 책을 저술하게 된 까닭은, 역사를 미리 예상하고, 한 문명의 숙명 안에서 아직까지도 경험되지 못한 각 계단 즉 서구 문명의 각 단계를 연구하기 위해서였다.15) 그는 세계의 역사는 곧 각 문명의 역사라고 주장했다. 때문에 그는 '문명형태학'의 방법을 취해서, 서로 만나지 못했던 각 문명을 관념, 욕구, 생활, 희망, 감정의 차이를 근거로 내재적으로 연계시켜서 이집트, 아테네, 아랍, 서양 문명을 '동시대의' 문명으로 가정하여 비교를 진행했다. 그는 모든 문명은 '전前문화', '문화', '문명'이라는 세 단계를 거쳐야 한다고 설정했다. 세계의 여덟 개 문명 중에서 이집트, 바빌론, 인도, 중국, 아테네, 아랍, 아즈텍 등 일곱 개 문명은 이미 멸망해서 존재하지 않는 것이 되고 오직 서구 문명만이 문명으로서의 제1시기 즉 전국시대를 경험하고 있으므로, 서구 문명만이 유일하게 생명이 있는 우월한 문명이라고 설명했다. 이것은 서구 문명이 세계의 역사를

---

14) 슈펭글러, 『西方的沒落』(齊世榮 등 譯, 商務印書館, 1995), p.141.
15) 슈펭글러, 『西方的沒落』(齊世榮 등 譯), p.13.

결정하는 역사관이라고 보는 문명결정론적 사관이다. 아울러 그는 독일민족을 서양 역사의 마지막 단계를 완성하는 위대한 사명을 짊어진 민족으로 보았다. 즉 세계역사관의 최종결정자가 되는 것은 바로 독일문명의 숙명이라는 것이다.

슈펭글러가 말한 서구 문명의 파우스트정신과 문명숙명론은 서구 문명이 세계 역사를 결정한다는 편향된 역사관이었다. 이러한 '문명사관'은 토인비(1889~1975)에게 영향을 미쳤다. 그는 슈펭글러가 각 문명을 유기체로 보면서 여기에 '생명주기' 즉 유년기, 성장기, 성숙기, 쇠퇴기 등의 단계가 있다고 하는 사상을 수용했다. 그는 서구 문명의 위기를 깊이 걱정하면서 "문명은 무엇 때문에 멸망하는가?" 하는 문제의식 아래 12권으로 이루어진 『역사의 연구』를 지었다. 토인비와 슈펭글러의 사상은 형식상 유사점을 지니고 있다.[16] 토인비 또한 문명의 '생명주기'는 기원, 성장, 쇠락, 해체의 네 단계를 거치며 각 문명은 그 '생명주기'에 있어서 서로 비슷한 점을 가진다고 본 점에 있어서는 슈펭글러와 유사하다. 다만 토인비는 그 네 단계의 '생명주기'는 진화가 아니라 순환왕복이라고 보았다. 따라서

---

16) 필자는 여기서 두 사람 간의 형식이 비슷하다고 했지만, 토인비는 사람들이 자신을 슈펭글러와 연계시키는 데 대해 강하게 반발했다. 그는 슈펭글러가 문명을 고립적으로 존재하는 것으로 간주하는 것에 대해 비판했다. 슈펭글러의 해석에 따르면, 문명의 탄생과 소멸은 동물과 식물과도 같이 일정한 단계를 거치는데 이 모든 것은 불가피한 운명에 의하여 발생되는 것이다. 그래서 슈펭글러는 "유기체적인 것, 역사적인 것, 생명체적인 것 등 이러한 모든 형태구조는 일정한 방향과 운명적 상징을 가진다"고 주장한다. 그러나 토인비는 자신과 슈펭글러의 숙명론을 분명히 구분했다. 그는 자신이 (숙명론적 의미의) 결정론자가 아님을 강조하면서, 문명이 고립적으로 존재한다는 관점을 수용하지 않는다고 말했다. (참고: 『歷史學方法論』, 華夏出版社, 1990, p.202)

그는 문명우생학 및 종족주의, 문명 본위에 입각한 보편적 가치에 반대했다.

토인비에 따르면, 인류 문명은 도전-응전의 메커니즘에 의해 태어났고, 혼란으로부터 통일국가로 나아갔으며, 그 안에서 창조성 있는 소수의 사람들이 문명의 성장을 주도하면서 고급 종교를 형성했다. 그러나 창조성 있는 소수의 사람들이 통치자로 변질되면서 문명은 몰락하고, 그 뒤로 '미개한 민족의 군사집단'에 의해 문명은 해체되고 멸망했다. 이러한 문명의 '생명주기'는 토인비로 하여금 문명의 멸망이라는 결말에 천착하게 했다. 문명의 숙명을 초월하여 멸망에서 벗어나기 위해, 그는 초기에는 서구 문명의 자기구조를 구상하였다가 만년에 들어서서는 '중국문명이 세계를 구제할 것'이라고 전망했다. 그는 중국이 유교적 배경으로 인해 농업적 기반을 잘 유지하면서 분수에 따라 문명을 건설하였기에 서양의 여러 나라들처럼 공업화를 과분하게 추진하여 '진화'의 재난에 빠지지 않았다고 보았다. 그렇다면 토인비의 이해와 우호적인 기대처럼 중국문명은 세계를 구제할 수 있을까? 토인비가 언급한 '농업의 보존'은 이미 중국의 현대화에 의해 무의미해졌고, 세계문명을 구하는 방법으로도 '농업의 보존'이 아닌 정보화사회로의 진보가 각광받고 있다.

슈펭글러와 토인비의 문명사관은 역사의 진화가 거짓임을 경험적으로 증명한 것이 아니라 역사진화론의 가치를 부정한 것이다. 그러나 문명사관은 이미 현대사회의 현실에 부합하지 않는 면을 드러냈다. 토인비 당시 독일 낭만주의가 영국 이성주의를 비판하던 흐름은 현대 영국 경험주의가 독일 이성주의를 비판하는 흐름으로 대체되었고, '이성의 확장'과의 이별이 문명의 주된 존재방식이 되었다.

마르크스주의 유물사관에서는 "역사는 인간을 자신의 목적을 달성하기 위한 도구로 이용하는 모종의 인격이 아니다. 역사는 자기의 목적을 추구하는 인간의 활동에 지나지 않는다"[17]라고 말한다. 유물사관은 고립된 정치적 사건 등을 기술하던 역사 연구가 사회와 경제의 복잡한 관계에 대한 연구로 변모하도록 촉진했다. 또한 역사학자들로 하여금 인간 생활의 물질 조건에 대한 연구 즉 기술과 경제발전의 역사를 연구해야 할 필요성을 인식하도록 하였으며, 민중의 역사적 역할 특히 사회와 정치가 불안정할 때의 역할에 대해 연구하도록 하였다. 사회계급구조 관념과 계급투쟁에 관한 마르크스의 연구는 역사 연구에 광범위한 영향을 끼쳤다. 사람들은 초기 자본주의 사회에서의 계급 형성 과정과 기타 사회제도에 대한 연구를 진행하게 되었고, 역사이론의 전제와 사학이론 전반에 대한 관심이 다시 일어났다. 역사는 일정한 법칙에 복종하는 자연적인 과정이면서 아울러 인류 자신이 창조하고 연출하는 연극이다.[18]

그러나 시간이 지나면서 마르크스주의 유물사관에 대한 일부 교조주의자들의 단편적 이해와 교조적 해석 때문에 마르크스주의는 계급투쟁만을 위한 정치학설, 계급독재에 관한 학설로만 취급되었다. 그들은 인류 역사 전체를 계급투쟁의 역사로 간주하면서 일

---

17) 『馬克斯恩格斯全集』(人民出版社, 1957) 제2권, pp.118~119.
18) 배러클러프(G. Barraclough), 『當代史學主要趨勢』(上海譯文出版社, 1987), p.27.

부 계급이 승리하고 일부 계급이 소멸되는 것이 역사이고 몇 천 년 이래의 문명사라고 단정하기에 이르렀다. 인류의 문명사는 곧 계급투쟁의 역사라는 것이다. 그들은 종적인 관점에서 보면 계급투쟁이 인류 역사의 전반에 관통된다고 하면서, 횡적인 방향에서 보아 정치, 사상문화, 경제 영역 등과 연계시켜 계급투쟁을 진행하고 계급독재를 실시해야 한다고 주장하였다. "무산계급과 자본가계급의 계급투쟁, 각 파벌의 정치역량 간의 계급투쟁, 무산계급과 자본가계급의 의식형태 방면에서의 계급투쟁은 여전히 장기적이고 복잡하며, 때로는 아주 격렬한 것이다." 따라서 계급투쟁은 늘 부침과 기복이 있지만, 계급독재는 '아주 좋은 것'이다. 그것은 마치 옷이나 식량처럼 사람들로부터 한시도 떠날 수 없는 "법보法寶이자 가보로서, 국외의 제국주의와 국내의 계급이 철저히, 깨끗이 소멸될 때까지 그 보물을 잘 활용해야 한다." 그들은 계급독재를 수호하면서 두 가지 계급, 두 가지 노선, 두 갈래 길의 투쟁이라는 이 벼리만 잘 장악한다면 인류사회발전사의 본질을 정확히 체득하고 파악할 수 있다고 보았다.

이러한 계급투쟁 사관이 중국 대륙에서 가장 권위적이고 가장 정확한 역사관의 주도적 이론 기초가 됨에 따라, 모든 사회역사 발전의 단계와 시대는 두 가지 계급(노예와 노예주, 농민과 지주, 노동자와 자본가), 두 가지 노선 간 투쟁의 실현으로 간주되었다. 이는 여러 요인이 뒤엉켜 있는 복잡한 역사를 간명하고 단순하게 만들어 버림으로써 생동하고 활발한 역사를 무미건조한 것으로, 생명지혜의 역사를 경직되고 메마른 것으로 변질시켰다. 그리하여 역사학은 계급투쟁의 도구가 되었고 역사관은 계급독재를 위해 봉사하는 시녀가 된 것이다. 문화대혁명 중 '사인방'이 제멋대로 퍼뜨린 '유법투쟁사儒法鬪爭史'는 이러한 역사관이 가장 잘 드러난 사례이다. 실천의 영역에 있어, 각 시대마다 계급독재의 국가기구는 반동계급을 진압하는 도구였기에 반동계급과 반동파의 입장에서 말하자면 그것은 결코 '인자'하거나 '인정'을 베푸는 것이 아니다. 이것이 바로 계급투쟁 사관이다.

전통 역사철학은 역사의 보편적 법칙과 궁극적 근거를 추구하는 학설인 서양 역사철학의 사유방식에 따른 것이다. 이러한 연구 결과 역사철학은 보편적이고 불변하는 하나의 실체를 얻었다. 이를테면, 인간을 창조하고 인류 역사를 창조한 '신', 자기의 역사를 창조한 '인간', 역사를 통해 자아를 드러내고 실현하는 '이성'(또는 세계정신), 인류 역사의 '진화', 문화결정론 사관의 '문명', 유물주의 사관의 '유물', 계급투쟁 역사에서의 '계급' 등이 그것이다. 이러한 신, 인간, 이성, 진화, 문화, 유물, 계급은 곧 역사형이상학적 본체이자 궁극적인 근거가 된다. 비록 여러 요인이 뒤엉켜 있는 역사현상의 배후에 숨어 있는 것이기는 하지만, 이들은 각 시대의 역사적 인물과 사건의 활동과 출현을 지배하고 배치하는 역할을 했다. 이처럼 이전의 역사학자와 역사철학자들은 오직 역사의 형이상학적 본체와 궁극적 근거를 포착해야만 비로소 역사의 본질과 본연을 이해한 것이라고 보았다.

2. 역사에 대한 역사학자의 해석

역사는 인물과 사건이 규칙성 없이 쌓여 있는 것이 아니다. 따라서 역사학자들이나 역사철학자들은 이를 정리하고 이해하고 해석해 내어야 한다. 정리·이해·해석되지 않은 역사적인 인물과 사건은 고립되고 체계가 없으며 무의미한 것이다. 그런데 역사학자들은 역사적 인물과 사건을 정리, 이해 및 해석함에 있어 역사적인 인물과 사건 자체의 진실성, 체계성을 중시하고, 역사의 원본을 찾아 역사의 원래 모습을 회복하는 것을 중시한다. 따라서 역사적 인물과 사건에 대한 역사철학자들의 정리와 이해 및 해석은 인물과 사건 자체의 의미와 그 배후의 근거를 중시했다. 역사적 인물과 사건 자체의 의미를 탐구하고자 한다면 결코 그들을 고립시켜서는 안 된다. 반드시 역사적 인물과 사건들을 그 시대의 정치·경제·문화 환경 속에 위치시켜서 그들과 역사 속에 숨어 있는 '이치와 추세'(理勢)와의 연계를 찾아내어야 비로소 역사의 원 모습을 참으로 이해했다고 할 수 있다.

역사적 인물과 사건이 지니는 의미는 그 자체에 내재하고 있기도 하고, 역사학자와 역사철학자들에 의해 발견되는 것이기도 하다. 왜냐하면 특정 시기의 역사학자와 역사철학자들도 모두 역사적 존재로서, 그들 자체가 곧 역사의 전통을 응집한 총체이기 때문이다. 따라서 그들은 역사적 전통과 분리될 수 없을 뿐 아니라 자신들이 살아가고 활동하는 현실세계를 초월할 수도 없고, 자신들이 이해하고 해석하려는 역사적 인물의 심정과 역사 사건 자체로 직접 들어갈 수도 없다. 역사적 인물이 등장하고 역사적 사건 발생할 때, 그것의 의미는 내재적이기에 겉으로 드러나지 않는다. 이는 잠재해 있다가 다른 기회를 통해 비로소 표출되고 전개되는 것이다. 다시 말해, 모든 역사적 인물과 사건은 과거를 응집하는 동시에 미래를 화합한다. 따라서 전통과 현대 및 미래는 낳고 또 낳아 가면서 화합하는 것(生生和合)이다.

1) 지성이 창조하는 역사

화합역사철학은 각 민족의 다원적 양식들이 끊임없는 변화 속에서 역사적 사실, 기록, 해석에 관해 생생화합生生和合하며, 그렇게 생생화합하는 가운데 각 단계의 역사현상에 포함된 추세와 법칙, 그리고 그 화합적 역사형이상학 또는 화합적 역사본체를 제시하는 학설과 이론을 가리킨다. 그러므로 화합역사철학은 인간의 역사적 행위와 인간이 참여하고 만들어 내는 역사적 사건을 중심에 두고, 역사의 기록과 해석을 기초로 하며, 천·지·인의 '삼재지도'를 기본 구조로 한다. 그리고 이를 통해 화합적 가능 역사세계, 화합적 의미 역사세계, 화합적 현실 역사세계, 즉 이치의 역사세계, 추세의 역사세계, 사실 및 감정의 역사세계를 열어 간다. 인간의 역사창조활동은 대체로 '삼계三界' 속에서 역사의 지혜와 생명이 쉼 없이 낳고 또 낳아 감으로써 전개된다. 역사세계 속에서 모든 역사의 창조와 표현은 다원적이고 다양한 것이다.

화합적 현실 역사세계는 인간 지성의 역사창조활동 그 자체이다. 따라서 역사에 대한 기록과 해석은 일정한 현실 시공간, 환경 및 조건 하에서만 실현될 수 있다. 역사 주체로서의 인간은 지성의 역사창조활동과 역사에 대한 기록 및 해석 과정에서 특정 역사적 현실의 시공간, 환경 및 조건에 의한 제약과 구속을 받는다. 그러나 이러한 조건들은 역사 주체로서의 인간의 역사창조활동과 기록 및 해석의 영역에 귀속된다. 인간의 관조를 통해야 비로소 가치와 의미의 창조를 이룰 수 있으며, 자연적 현실세계로부터 화합적 현실 역사세계로 변모될 수 있는 것이다.

화합적 현실 역사세계에서 인간은 역사의 모든 것을 창조하고 기록하며 해석하는 기초와 전제이다. 인간이 없으면 역사 또한 있을 수 없다. 인간의 모든 역사창조활동은 인간 생존의 역사 활동이 전개된 것이고, 인간의 모든 역사창조활동은 결국 인간의 생존을 위한 것이다. 따라서 역사에 대한 기록과 해석은 인간의 생존활동에 대한 묘사이자 이해이며, 화합적 현실 역사세계는 가장 기본적인 역사세계이다.

화합적 현실 역사세계는 인간의 세계로서 사물의 역사세계와 구분된다. 사물의 역사세계는 오색찬란하다. 우주, 자연, 동물, 식물, 물, 불, 돌 등은 모두 자기의 역사를 가지지만 그들만의 역사는 자연적인 역사이기에 무의미하다. 이들이 역사가 될 수 있는 까닭은 인간의 시야에 들어옴으로써 인간 지혜의 빛과 지성창조의 관조 하에 우주, 자연, 동물, 식물, 물, 불 등의 '소당연'과 '소이연'에 대한 인간의 체득이 있었기 때문이다. 그로부터 우주의 발전사, 자연의 발전사, 동물의 발전사, 식물의 발전사 등이 있게 되고, 그 역사에 대한 인간의 해석이 있기에 천문학, 자연학(자연철학), 동물학, 식물학, 생물학, 물리학 등이 있게 된 것이다. 이러한 역사학은 인위적이고 자각적인 역사이다. 이렇게 범주화된 다양한 역사는 화합적 현실세계의 시야에 들어올 수는 있겠지만, 이들이 곧 화합적 현실 역사세계인 것은 아니다.

화합적 현실 역사세계에서는 인간의 삶이 가장 중요하다. 인간의 현실세계가 없다면 화합적 현실 역사세계도 없고 사물의 역사세계도 없다.19) 이런 의미에서 말하면 역사는 인간이 살아온 발자취로서, 역사적 사실 자체뿐만 아니라 역사의 사실에 대한 기록과 해석도 인간이 살아온 과정에 대한 묘사와 이해인 것이다. 따라서 인간은 역사 주체로서 항상 자유를 쟁취하고 자주적인 존재가 되기 위해 노력했다. 물론 인간의 현실은 역사의 현실과도 약간 다르다. 왜냐하면 역사적 현실은 그 자체의 필연성을 내포하고 있으며 인간의 현실은 그러한 역사의 필연적 법칙의 제약을 받기 때문이다. 그러나 인간은 생명의 지혜와 창조적인 지능을 가지고 있기에 역사의 필연적 추세와 법칙을 체득하고 파악하고 활용할 수 있다.

---

19) 물론 사물의 역사세계가 없다면 인간의 현실 역사세계도 있을 수 없다. 따라서 양자는 서로 분리되지도 않고 뒤섞이지도 않는 관계라고 하겠다.

2) '사실과 감정(情)'으로부터 발생하는 역사

화합학의 관조라는 관점에서 보면 화합적 현실 역사세계는 사실
및 감정의 역사세계에 대응한다. '정情'자는 고대 한문에서의 본래적
의미와 그 파생적 의미가 있다. 허신許愼은 『설문해자』에서 "정은 인
간의 음기가 하고자 하는 것이다"(情, 人之陰氣有欲者)라고 해석했다. 즉
'정'은 본심에서 발하는 감정이다. 이를테면 희노애락애오욕의 칠정
은 타고난 것이기 때문에 배우지 않아도 생긴다. 그리고 '인간의 음
기'란 인간에게 갖추어져 있는 내재적 본심의 정기情氣를 말한다. 왕
충은 유자정劉子政의 말을 인용하여 "감정은 사물에 접해서 그렇게
되고, 형태를 갖추어 밖으로 드러난다. 밖으로 드러나면 양陽이고 발
하지 않으면 음陰이다"[20]라고 하였다. '불발不發'은 곧 '미발' 상태, 즉
정이 본심에 감추어져 아직 밖으로 드러나지 않은 상태를 말한다.
오직 '이발', 즉 정이 발하여 밖으로 나와야 희노애락애오욕의 칠정
으로 나타나 양陽의 상태가 되는 것이다. 사실 및 감정의 역사세계도
미발과 이발, 내재와 발현, 음과 양의 상태를 내포하고 있다. 이미
발하여 밖으로 드러난 양은 드러난 역사적 사실이고, 미발이어서 아
직 드러나지 않은 음은 내재된 역사적 법칙인 것이다.

'정情'의 파생적 의미로는 본성, 일, 실정, 진실 등이 있다. 『맹자』
「등문공상」에 "무릇 사물이 동일하지 않은 것이 사물의 실정이다"
라고 했는데, 조기趙岐는 여기에 "그 같지 않음이 사물의 본성이다"

---

20) 『論衡』, 「本性篇」.

라고 주를 달았다. 만물이 서로 다른 것이 만물의 본성이라는 것이다. 『회남자』「본경훈本經訓」은 "하늘은 정미함을 좋아하고 땅은 평정함을 좋아하고 사람은 정을 좋아한다"라고 했는데, 이에 대해 고유高誘는 "정은 본성이다"라고 주를 달았다. '정'은 여기에서 사물의 본성 또는 역사사실의 본성을 가리킨다.

'정'에는 일(事)이란 의미도 있다. 『상군서商君書』「간령墾令」에는 "관리들이 당일의 정무를 남겨 놓지 못하도록 해야 사악한 관리들이 사리를 챙길 틈이 없고 백관들이 일을 서로 미루지 않는다"라고 했다. 여기서 가리키는 '일'은 즉 백성들로부터 사리를 챙기는 사건을 말한다. '정사情事'란 곧 사건을 일컫는다. 사건 또는 역사의 인물이 진실한지, 실정實情에 속하는지의 여부가 정情의 의미에 내포된다는 것이다. 『좌전』애공 8년의 "숙손첩叔孫輒이 대답했다. '노나라는 대국이라는 이름만 있지 실력이 없으므로 공벌하면 반드시 뜻을 얻을 수 있습니다'"라는 구절에 대해 두예杜預는 "대국이라는 이름만 있고 실정實情이 없는 것이다"라고 주를 달았다. 노나라는 이미 유명무실해서 명실이, 즉 명名과 정情이 서로 일치하지 않는다는 것이다. 또 『사기』「여불위열전」에는 "그리하여 진왕秦王의 다스림 아래서 관리의 공무집행이 모두 명과 정이 일치하였다"라는 기술이 있는데, 다스림이라는 명목 하에 실정實情을 얻을 수 있었다는 것 역시 명名과 정情이 일치되는 형식 중 하나이다.

'정'은 진실眞實, 참됨(誠實)이라는 뜻도 가진다. 『회남자』「무칭훈繆稱訓」에서는 "언행에 진실(情)이 있으면 잘못이 있어도 원망을 사지 않고, 진실이 없으면 충성을 바쳐도 미움을 받는다"라고 하였고, 여기에 고유는 "정情은 참됨(誠)이다"라고 주를 달았다. 대체로 언행이 진실하고 참된지 그렇지 못한지의 차이는 "잘못이 있어도 원망을 사지 않고" "충성을 바쳐도 미움을 받는다"는 표준과 척도에 달려 있는 것이다. 역사학자와 역사철학자들 또한 역사적 인물과 사건을 기록하고 해석할 때에는 반드시 역사적 진실, 참됨이라는 원칙을 지켜야 한다. 결코 사사로운 이익과 개인의 편견에 따라 진실하거나 참되지 않게 역사를 취급해서는 안 된다.

'정'에는 욕구라는 함의도 있다. 허신은 정에 대해 "인간의 음기가 하고자 하는 것이다"라고 해석하였다. 인간의 욕구에는 생리적인 것, 심리적인 것, 사회·도덕적인 것이 포함된다. 생리적 욕구로는 성욕, 식욕, 물욕 등이 있으니, "음식을 먹는 일과 이성을 찾아 결혼하는 일은 인간의 본성", "배가 고프면 먹고자 하고 목이 마르면 마시려 하는 것" 등이 그것이다. 이런 것들은 인류생명의 연속과 재생산을 위한 요구로서, 반드시 충족되어야 한다. 그러나 이러한 충족은 '중절中節'에 들어맞아야 한다. 즉 절도가 있어야 한다는 것이다. 그렇지 않으면 인류생명의 연속과 재생산이라는 요구를 달성할 수 없다. 심리적 욕구로는 욕망, 탐욕, 지식욕, 애욕愛慾, 심욕心慾, 지욕志慾 등이 있다. 이들은 심리적 요구를 충족시키고자 하는 것이다. 사회적·도덕적 욕구로는 질욕窒慾, 사욕肆慾, 종욕縱慾, 절욕節慾, 알욕遏慾 등이 있다. 이는 도덕적 요구를 충족시키는 것으로, 사회적 도덕과 심성수양의 요구에 부합되지 않는 잘못된 행동에 대해 사회적·

도덕적 여론이 비판적 태도를 취하게 한다.

'정情'의 본래 의미와 파생적 의미는 역사의 주체인 인간이 사회적 삶 가운데에서 마주하는 구체적이고 경험적인 현실상황을 제시한 것이다. 그렇다면 이러한 상황이 곧 사실이라고 할 수 있을까? 어떤 상황을 직접 경험했거나 목격한 사람에게 있어 이것은 틀림없는 사실이겠지만, 그러한 경험자나 목격자가 기록한 역사적 사실에는 차이가 있을 수 있다. 왜냐하면 저마다 관찰하는 시각, 차원이 다르기 때문이다. 또한 이것은 사실에 대한 이해 차이와도 관련되는데, 이해와 해석의 차이는 가치관의 차이와 직접적으로 연결되어 있다. 이러한 점에서 보자면, '정'에 대한 역사기록은 이해하는 자와 해석하는 자가 본 사실이기에, 역사적 사실이라는 것은 이미 역사를 이해하는 자와 해석하는 자의 사실이다. 바꾸어 말하면 역사는 이해하는 자, 해석하는 자의 역사인 것이다. 비록 역사학자나 역사철학자들이 이전의 역사를 이해하고 해석하는 자들에 의해 생기는 여러 가지 폐단을 바로잡고자 부단히 노력했지만, 그들 또한 스스로가 설정한 가치관이라는 올가미에서 벗어날 수 없었기에 이전의 역사학자, 역사철학자들의 전철을 밟지 않을 수 없었다. 때문에 역사적 사실은 역사학자와 역사철학자들의 마음속에 자리 잡은 영원한 '난제'이다. 피사체가 공간상에 존재할 경우, 현대에 들어 역사적 사건과 인물의 정보가 촬영기록으로 저장될 수 있게 됨에 따라 이해와 해석으로 인해 발생하는 의견대립과 편파성은 어느 정도 해소될 수 있게 되었으나, 의견대립과 편파성이 완전히 제거된 것은 아니기에 역사적 사실은 역사학자와 역사철학자들에 의해 영원히 해석의 대상으로 남을 수밖에 없다.

화합적 현실 역사세계에서 역사적 사실로서의 인물과 사건은, 뒤엉켜 있는 과거의 관계와 요소들을 감추고 담지하며 누적해 가고, 현대적 충돌과 융합의 여러 가지 원인과 근거들을 드러내어 상징을 부여하고 응축시키며, 미래에 날로 새로워질 성덕盛德의 온갖 생생과 화합을 내포하고 생육하며 정화시킨다. 이 세 가지는 서로 통하고 융합되며 영향을 주고받는 것으로, 화합의 역사적 사실을 구성한다. 이것이 바로 역사학자와 역사철학자들이 역사적 사실에 대하여 곤혹스러워하고, 이에 대해 다양한 이해와 해석이 있게 되는 외부적인 원인이다.

역사적 사실에 대해 다양한 이해와 해석이 존재하게 되는 내재적 원인은 다음과 같다. 역사적 사실은 역사적 인물들 간의 접촉을 통해 형성되는 것이다. 이들의 사회적 접촉 가운데 만들어진 여러 가지 사건들 속에는 모두 저마다의 동기와 목적이 담겨 있다. 이들은 모두 심리적·의식적으로 설계된 것들이다. 이러한 동기와 목적은 그것을 실천으로 옮기기 전에도, 실현된 후에도 감추어져 드러나지 않는다. 왜냐하면 드러난 역사적 사실은 종종 역사적 인물들이 일으킨 사건의 동기나 최초 지향점, 목적과는 아주 큰 차이가 있기 때문이다. 이것은 역사를 이해하고 해석하는 자에게는 상당한 어려움이 된다. 역사를 이해하고 해석하는 사람 또한 자기 시대의 역사의 담당자일 뿐만 아니라 그 역사를 농축하는 자이기도 하다. 그는 해석 대상과의 시공간상 차이로 인해 해당 역사적 인물이 사건을 일으키게 된 동기나 목적을 체험하고 깨닫는 데 있어서 어려움을 겪게 된다. 따라서 역사를 이해하고 해석하는 자는 역사적 사건을 만들어 내는 인물들의 심리, 심정과 소통할 수 있어야 하며, 이러한 소통을 통해 그들의 동기, 최초의 지향, 목적을 이해함으로써 역사적 사건과 인물의 사실에 대한 해석에 도달해야 한다.[21]

사실 및 감정으로부터 역사가 발생하기에, 역사는 사실 및 감정의 역사(情史)이다. 화합적 현실세계를 사실 및 감정의 역사세계라 하는 것은, 감정(情)은 인간이 가장 근본적으로 추구하는 것이자 가장 본연적인 표출로서 위험과 어려움 혹은 반격을 두려워하지 않고 대담하게 목표를 향해 돌진하며 낡은 것을 과감히 버리고 새로운 것을 창조하도록 독려하기 때문이다. 그러므로 사실과 감정은 과학 기술발명, 예술창작 및 역사진보의 가장 중요한 동력 중 하나이다.

---

21) 카시러(Ernst Cassirer, 1874~1945)는 『人論』에서 페레로(Ferrero, 1871~1942)의 『로마 흥망사』는 몽센(Theodor Mommsen, 1817~1903)과 같은 일반적 관점과 해석이 다르다고 말하였다. 로마의 미래를 결정하는 악티움해전에 대해, 일반적으로 클레오파트라 때문에 안토니우스가 실패하였다고 한다. 클레오파트라가 전세에 대해 절망적인 판단을 내리고 뱃머리를 돌려 도망가자 안토니우스는 자신의 병사들과 친구들을 포기하고 클레오파트라를 따랐다는 것이다. 그러나 페레로는 완전히 다른 방식으로 역사의 텍스트를 읽으면서, 안토니우스가 위대한 정치적 기획을 추구한 것이라고 하였다. 그는 "안토니우스가 얻고자 한 것은 이집트이지 여왕이 아니다. 그는 이러한 왕조와의 혼인을 통하여 나일강 유역에 로마의 보호영지를 건립하고 페르시아와의 전쟁을 통하여 프톨레마이오스 왕조의 부를 취하려 한 것이다.······ 이러한 혼인은 그로 하여금 모든 실제적인 이익을 챙길 수 있도록 할 뿐만 아니라 어떠한 위험을 무릅쓸 필요도 없게 한다. 그러므로 그는 카이사르도 가급적 시행하려고 했던 계책을 취했던 것이다"(甘陽 譯, 『人論』, 上海譯文出版社, 1985, p.231)라고 하였다. 이처럼 역사의 텍스트에 대한 서로 다른 해석은 해석자의 가치관, 방법론과 아주 깊은 관계가 있다.

그러나 전통적인 자연경제, 종법윤리, 투쟁윤리, 전제정치, 그리고 중국 전통의 무욕·염욕厭慾·무정無情·박정薄情 같은 긴 시간에 걸친 의식 형태의 통제로 인해 감정은 종종 악의 온상으로 곡해되었다. 따라서 지성창조의 원동력 중 하나로서의 감정은 억압되고 활력을 잃었던 것이다. 중국문화는 비록 선진先秦에서 시작되어 그 위대함과 찬란함을 자랑하였지만 감정과 욕구가 없었기 때문에 한당 이후로는 갈수록 쇠퇴해 갔다. 훗날 관한경關漢卿은 『목단정牧丹亭』에서 남녀 간의 치정癡情을 다루었고 조설근曹雪芹은 『홍루몽』에서 '보정지설補情之說'을 주장했는데, 이 작품들은 모두 감정이 장시간 결여된 것에 대한 예술적 사색이자 개성個性의 항의였다. 역사는 감정의 역사가 탄생하기를, 사실 및 감정의 역사세계를 맞이하기를 갈망하고 있다.

고대사회의 "천리를 보존하고 인욕을 없애야 한다"는 무정·무욕의 예악의식은 감정이 자리 잡을 공간을 산산조각 내었다. 역사는 낡은 것을 내다 버리는 이성은 지니고 있었지만 새로운 것을 만드는 감정이 없었던 것이다. 이것은 중국 역사에서 전란이 빈번했던 원인 중 하나이다. "사람이 어질지 못하면 예는 어디에 쓰겠는가?"(『論語』「八佾」) 인애의 감정이 없다면 예악은 마음을 공략하는 병가兵家의 권술밖에 되지 못한다. "예는 이치이다." 감정의 기초가 없는 이성이 권력을 잡게 되면 대진이 말한 "이치로써 사람을 죽이고" 노신이 말한 "인의가 사람을 잡아먹는" 것과 같은 역사적 비극이 생길 것이다.

화합역사철학은 반드시 시인과 같은 담력과 식견, 예민한 감각으로 농업문명, 종법윤리, 전제정치의 폐허 속에서 민족의 격정을 불러일으켜 자유로운 민족감정이 더러운 진창을 깨끗이 씻어 버리고 역사의 신기원에서 다시 태어나도록 만든다.

화합적 현실 역사세계를 사실 및 감정의 역사세계라고 부르는 까닭은, 현실 역사세계는 감정의 세계이자 사실의 역사세계이기 때문이다. 또한 현실의 역사를 생명체라고 부르는 까닭은, 인간이 생명체이기 때문이다. 생명체가 생존을 유지하기 위해서는 일정한 시간과 공간의 생태환경을 떠날 수 없다. 따라서 현실이라는 생명체는 특정한 역사세계의 사물, 생태, 그리고 타인과의 관계 속에서 존재하고 있고, 그러한 관계는 생명체의 사슬을 구성하며, 그 사슬은 생명체의 생존을 위해 요구되는 여러 가지 요소들을 연계시켜 준다. 생명체의 생존에 적합한 자연, 사회, 인문환경이 모두 그와 같은 방식으로 조성되어 현실 역사세계(사실의 역사세계)가 이루어져 가는 것이다.

화합적 현실 역사세계(사실의 역사세계)는 생태역사학, 도식적 역사학, 감정역사학이란 순서에 따라 차례로 나아가는데, 이러한 순서들 간에는 융통성이 있다. 필연적으로 어떠하기만 한 것이 아니라, 다양하고 다원적으로 개방되어 있는 것이다.

생태역사학은 역사 사건을 만들어 내는 인간의 사회활동과 당시 사회의 정치, 경제, 문화, 자연의 생태환경 상호 간의 영향으로 구성된 특정한 관계의 총화를 가리키며, 또한 생태역사 안에서 사회와 인간이 드러내는 에너지, 기능, 정보의 특정한 관계의 총화를 가리킨다. 이러한 특정한 관계는 인간의 활동이 특정한 생태환경과 상황 하에서만 이루어질 수 있으며, 이를 초월할 수 없음을 말해 준다. 이것이 곧 역사의 제한성이다. 다시 말해, 인류는 지성을 통해 역사를 창조하고 역사는 인류를 규정한다는 것이다. 그리하여 인류는 고유한 생태적인 역사환경과의 충돌, 융합 속에서 새로운 역사의 지성 창조를 진행함으로써 생태적 역사환경 및 상황의 규제와 질곡을 타파한다. 오직 이렇게 할 때에야 비로소 자유로운 창조를 할 수 있다. 그러므로 어떤 의미에서 역사는 끊임없이 기존의 생태적 역사환경을 돌파하고 초월하는 지속적인 창조 과정 속에서 변화 발전하는 것이다.

생태적 역사환경 및 상황은 생물권, 지리, 대기 등 자연생태환경과 사회의 정치, 경제, 문화, 도덕, 정보 등 사회인문환경, 인간들의 생활, 습관, 풍속, 예의, 행위 등 생활환경을 가리킨다. 이러한 것들은 생태역사학의 내용을 구성한다. 즉 자연생태환경, 사회인문환경, 생활환경의 총화가 각 시대의 역사를 이룩하는 것이다.

현대의 과학자들은 가장 발달한 문명 중 하나였던 마야문명이 멸망한 이유를 탐구하면서 태양에너지의 주기적인 변화와 관계되는 200년 주기의 유카탄반도의 가뭄이 마야문명의 몰락을 유발했다고 지적했다. 최근 3년간 계속된 내몽고 일부 지역의 심각한 가뭄은 엄청난 넓이 초원을 완전히 사막화하여 많은 소, 양, 말 등 가축을 죽게 함으로써 지역경제를 몰락시켰다. 이것은 자연생태환경이 문명을 번영하고 발전하도록 할 수 있을 뿐만 아니라 한 문명을 몰락시키고 없어지게도 할 수 있음을 증명한다. 그러므로 자연생태환경은 인류 역사를 구성하는 중요한 요소이자 동력이다. 따라서 "하늘에 의지해 밥을 먹는다"고 생각하면서 '비바람이 순조롭기'를 기원하는 중국 농민들의 사상은 깊은 토대를 가졌다고 할 수 있다.

사회인문환경은 현실 역사세계 창조에 결정적인 영향을 미친다. 팔레스타인과 이스라엘 사이의 장기간에 걸친 충돌은 쌍방의 수많은 사상자를 냈을 뿐만 아니라 그들의 경제와 생활에도 크나큰 재난을 초래했다. 정치적 충돌, 민족갈등, 종교적 분규, 문화적 차이는 쌍방의 충돌이 좀처럼 해결되지 못하게 했다. 비록 세계 여러 국가들이 팔레스타인과 이스라엘의 화해를 희망했지만 효과를 보지 못하였을 뿐만 아니라, 오히려 갈수록 원한만 깊어져서 서로 원한 갚기에만 골몰함으로써 세계의 골칫거리가 되었다. 이라크는 쿠웨이트에 대한 침략으로 응징을 당했지만, 이라크에 대한 10여 년에 걸친 경제제재는 이라크 국민들로 하여금 엄청난 괴로움을 겪게 하였다. 생산이 정체되고 경제가 몰락했으며, 여기에다 영국과 미국의 폭격으로 무고한 생명이 희생되고 식품과 약품이 결핍되기에 이르렀다. 이러한 사회인문환경에서는 인간의 생존권이 심각한 위협에 직면하지 않을 수 없다. 이 두 지역의 인문환경이 이토록 악화된 데에는 외부 세력의 간섭이 주요한 원인으로 작용했다. 아프가니스탄에서 탈레반은 통치권을 잡은 후 이슬람원리주의를 표방하면서 여성의 취업과 교육을 금지하고 두 눈만 남기고 전신을 가리도록 했으며, 이슬람교 외 모든 종교시설을 파괴했다. 2001년 5월에는 1500여

년 역사를 가진 세계문화유산인 바미안 불상에 포격을 가하기까지 했다. 기록에 따르면 이러한 불상들은 중국 당나라의 위대한 법사였던 현장玄奘도 참배했던 것들이라 한다. 유엔과 각국 문화단체들의 반대에도 탈레반은 자신들의 고집만 내세워 결국 불상을 파괴해 버리고 말았다. 그 후에도 그들은 유엔 직원들을 아프가니스탄에서 기독교를 선교한다는 구실로 체포하였다. 정교합일을 주장하고 기타 모든 종교문화를 적대시하는 이러한 사회인문환경에서 경제와 문화가 어떻게 발전할 수 있으며, 정치민주화, 경제세계화, 문화다원화를 어떻게 실행하여 세계와 융합하고 세계와 연결할 수 있겠는가? 곤혹스럽지만 이것이 현대사회 생태역사의 진실이다.

생활환경 측면에서는 도시와 농촌 주민들의 거주조건, 거주환경을 개선하는 것 외에도, 여러 낡은 관습을 척결하고 새로운 풍속습관을 형성하며 인민들의 소양을 제고하고 중국 전통문화의 훌륭한 도덕풍격을 발휘하여 모든 가정, 지역사회, 인간관계가 화목하고 상부상조하는 살기 좋은 세상을 이룩해 가야 한다. 그러나 일부 소수민족들은 자신들의 전통적인 생활방식, 풍속과 관습, 제사의식 등을 보존하기 위해 현대적인 생활방식을 수용하지 않고 고유한 풍속과 관습을 바꾸지 않거나, 일부 현대적인 생활방식을 수용하면서도 고유의 풍속과 관습을 대체로 유지하고 있다. 운남과 사천의 접경지역인 로고호瀘沽湖 일대의 마사족摩梭族이 그러한데, 그들은 일 년 내내 눈으로 뒤덮인 히말라야 동쪽 기슭 산봉우리 밑에 자리 잡고 있다. 그들이 살고 있는 그 신비스러운 골짜기에는 아시아의 마지막 모계

사회가 있다. 이곳은 여성이 모든 것을 결정하는 이른바 '여인국'이다. 여기에서는 아직까지 "남자는 장가들지 않고 여자는 시집가지 않는"(男不婚, 女不嫁) 혼인제도를 유지하고 있다. 여자들은 주동적으로 특정 남자와 '시험적 동거'관계를 맺기 위해 춤을 춘다. 만약 춤을 추는 여자가 어떤 남성의 손바닥을 간지럽히면, 이는 그녀가 그에게 반했음을 의미한다. 여자가 임신하더라도 남성은 부양의 의무가 없으며, 일 년 후 아이의 이름을 짓는 의식에 참가하기만 하면 된다. 따라서 마사족 사회에는 아버지, 장모님이란 표현이 없다. 마사족의 모계가정에서는 어머니와 큰딸이 가정의 기둥이다. 그들이 모든 것의 결정자이자 관리자이며, 가정의 재정을 주관하고 재산을 계승한다. 그러나 반드시 큰딸이어야 하는 것은 아니고, 다른 자매가 능력이 있으면 그녀가 권력을 장악한다. 이런 풍속은 오늘에까지 답습되고 있다. 확실히 1949년 이후 운남성의 기타 소수민족들의 변화와 비교했을 때 특수한 점이 있다. 여기에서도 알 수 있듯이, 중국의 광활한 대지에 몇 천 년 동안 유교의 예법과 도덕이 장기간 헤게모니를 장악했지만 여전히 민족의 언어에 아버지라는 표현이 없는 '불효'가 보존되고 있는 경우도 있는 것이다. 정말 상상할 수 없지만 이것 역시 중국문화의 다원성이고 관용성이다. 이러한 생활환경에서의 여인들은 노래도 잘하고 춤도 잘 추고 청년 남녀 간에 아무런 구속 없이 사랑을 추구한다. 그들은 한족들의 번거롭고 불필요한 예절이 없기에 생활이 자유롭고 개방적이다. 이러한 생활환경에서 자라난 사람들과 엄격한 예법과 도덕의 틀에서 교화된 사람들은 그 심리상태, 생활태도, 행위방식, 윤리도덕, 교제방법, 가치관념 등의 측면에서 뚜렷한 차이를 보이게 된다. 따라서 이러한 생활환경 역시 그 민족의 역사를 구성하는 중요한 내재적 요소가 되며, 그 민족의 생태역사학의 특수한 본질에 영향을 미치게 된다.

생태역사적 환경 즉 자연생태환경, 사회인문환경, 생활환경의 문제는 화합학의 화생和生, 화처和處, 화립和立, 화달和達, 화애和愛라는 5대 가치원리로 풀어 가야만 비로소 원만한 해결에 도달할 수 있다. 따라서 자연적, 사회적, 인문적, 생활적 생태환경의 병리상태를 인식·체감하며 그것들의 충돌을 해소해 가는 과정 등이 바로 화합적 생태역사학을 구성하는 것이다.

3) 사회역사 모델에 대한 이해

화합적 생태역사학은 역사학의 기초이고 역사 진화의 토대이다. 이 토대를 잃으면 역사를 파악할 수 없게 되고, 역사라는 난제를 해결하기 어려워진다. 인류 역사는 인간의 지성에 의해 창조된 것으로, 실물로 남겨진 것(고고학 발견)뿐만 아니라 기록되고 해석된 텍스트까지도 모두 특정한 시간과 공간 그리고 생태역사환경 안에서 인간에 의해 창조된 것이다. 따라서 특정한 자연생태환경, 사회인문환경, 생활환경 안에서 길러진 인간은 그러한 환경들이 내포한 특질을 불가피하게 자신 안에 가지고 있게 된다. 비록 이러한 특질을 얼마나 깊이 있게 수용했는지는 차이가 있겠지만, 모두 각각의 정도에 따라 역사창조 속에서 그것을 드러낸다.

인간의 지성창조로서의 역사는, 인간에게 생사가 있는 것과 마찬가지로 태어나고 죽어 가는 생명주기가 있다. 역사가 시작되고, 죽어 가고, 존재하고, 멸망하는 생명주기는 인류사회 발전의 전체 과정을 이루는 것이다. 따라서 역사의 생명주기는 각 단계마다 형식과 특성에 있어 분명한 차이를 보인다. 이전의 역사학자와 역사철학자들은 자신들의 체득과 인식 그리고 역사연구방법 이해에 근거하여 역사발전 단계를 여러 가지로 설명했다. 이러한 설명들은 역사발전의 필연적 법칙과 관련된 것이다. 이것이 바로 역사발전의 형태와 모델의 필연적 법칙 즉 법칙성에 대한 탐구와 서술이고, 이러한 것들은 형태역사학 혹은 모식적 역사학을 이룬다.

모식적 역사학(형태역사학)이란 인류 사회역사의 각종 형상·무형상들이 인간의 지성창조를 통해 구성한 역사발전의 필연적인 법칙들의 총화에 관한 학설을 가리킨다. 인류 사회역사의 각종 형상·무형상이란, 특정 역사단계에서의 사회적 생산력·생산 메커니즘(소유체제를 포함한), 국가 및 정부 메커니즘, 소비·유통·분배체제 등을 가리킨다. 이른바 사회역사 형태 또는 모식의 교체는 곧 이러한 사회역사의 형상·무형상에서의 변화와 전환이므로, 여기에 근거하여 역사 형태 또는 역사 모델에 관한 설명체계를 세우는 것이다.

역사 형태 또는 역사 모델에 관한 설명체계는 역사 형태 또는 모델에 대한 묘사일 뿐만 아니라 역사의 의의, 목적, 이상이 무엇인가에 대한 설명이기도 하다. 고대 그리스의 헤시오도스(Hesiodos, 기원전 8세기)는 『노동과 나날』(Ergakai Hemerai)이라는 장편서사시에서 인류 사회역사의 발전을 황금시대, 은의 시대, 동의 시대, 철의 시대로 구분하였다. 그는 당시 인간들이 이미 인식하고 있던 구체적인 물질을 가지고 인류의 사회역사는 세대를 거듭할수록 몰락해 간다는 것을 비유했다. 이러한 비유가 당시에 주도적인 지위를 차지한 것은 아니지만 그래도 심대한 영향을 미쳤던 것은 분명하다. 현대의 미래연구자 중 비관론자들은 이를 상기하며, "고대 그리스인들은 역사를 나날이 진보하고 완벽해지는 과정이라고 본 것이 아니라 질서가 정연한 상태에서 혼란한 무질서로 끊임없이 나아가는 것이라고 생각했다"[22]라고 말한다. 즉 역사의 진화는 점차 쇠망하고 소모되어 버리는 과정이라는 것이다. 현대의 시각에서 보면 이러한 관점은 '엔트로피 세계관'에 대한 최초의 묘사이다. 역사 형태에 대한 고대 그리스시대의 이러한 총체적인 상상은 지혜로운 통찰이라고 할 수 있다.

후기스토아학파의 대표적 인물인 로마의 철학자 세네카는 인류 역사의 자연 상태를 노래하면서 자연에 순응하여 생활할 것을 주장하고, 이러한 생활이야말로 가장 추구할 만한 역사발전 단계라고 하였다. 그는 인류가 쓸데없는 것, 비자연적인 것을 창조하고 발명함에 따라 사치와 탐욕 등 도덕적 타락이 발생하게 되었다고 주장했다. 그의 주장은 인류 사회역사의 발전이 진보인지 후퇴인지의 논의를 내포하고 있었고, 따라서 사회역사의 진보와 후퇴의 평가표준이

---

22) 하워드 리프킨, 『熵: 一種新的世界觀』(上海譯文出版社, 1987), p.9.

도덕인지 아니면 과학이나 예술인지의 문제가 역사철학의 중심 문제로 대두되었다. 기독교의 신학적 역사관은 다음과 같이 대답한다. "첫째, 인류의 임무가 영원히 반복된다는 관념을 타파하고, 다나이스가 공연히 만든 관념(아우구스티누스도 순환론을 비판했다)을 타파했다. 바로 이때부터 역사는 진보로 이해되었다."[23]

이탈리아의 아힘(12세기 말~13세기 초)은 종교적 신학의 역사관으로 역사발전 단계를 탐구하여 『규약 및 신약의 화합』과 『요한계시록 주석』이라는 두 책에서 인류 역사의 발전단계를 공포가 통치하는 시대, 사제가 통치하는 시대, 영원한 복음이 통치하는 시대라는 세 단계로 나누었다. 또한 그는 신약·구약의 복음을 역사적으로 구분하여 이를 인류 역사진화에서의 각 단계에 배치해 놓으면서, 이러한 진화가 필연적 법칙이라고 주장했다.

르네상스시기의 인문주의는 종교적 신학의 역사관을 비판하였다. 비코는 신이 세계를 창조했다는 관념을 부정하면서 고대의 신화와 문헌에 대한 정리와 해석을 통해, 시간의 흐름 속의 각 민족 역사들은 보편적, 필연적 법칙에 따라 흘러왔다고 주장했으며, 따라서 인류 역사발전을 신의 시대, 영웅의 시대, 인간의 시대로 구분하였다. 이러한 삼단계론은 역사퇴보론에 대한 부정과 역사진보의 원칙에 대한 긍정을 내포하고 있다. 진보적 역사관은 그 후 볼테르, 튀르고, 콩도르세, 루소, 칸트, 헤르더 등에 이르러 확립되었다.

헤겔은 세계 역사를 "이성의 전개와 실현이고 자유의식의 진보"

---

23) 크로체, 『歷史學的理論和實際』(北京: 商務印書館, 1982), p.162.

라고 간주했다. 이에 근거하여 그는 세계 역사를 네 단계, 즉 역사의 유년기인 동양왕국, 역사의 청년기인 그리스왕국, 역사의 장년기인 로마왕국, 역사의 노년기인 게르만왕국으로 구분했다. 그가 말한 유년, 청년, 장년, 노년으로의 진보는 노년시대의 쇠락을 의미하는 것이 아니라 정신적인 성숙과 원만함을 일컫는다. 역사의 이러한 형태와 모델은 헤겔의 입장에서 모두 세계정신의 운동으로 받아들여졌다. 그러나 이러한 정신의 역사는 규칙적이고 전체적인 발전 과정이며, 내재적이고 본질적인 연계가 있는 역사라는 것이다.

콩트(Auguste Comte, 1789~1857)는 사회동력학社會動力學과 사회정력학社會靜力學의 방법론에서 출발하여, 전자는 역사철학의 방법으로 표현되고 후자는 사회철학적 방법으로 표현된다고 하였다. 이른바 사회동력학이란 역사의 진보적인 발전 및 각 발전단계의 전환 및 발전에 관한 학설을 가리킨다.

사회역사 형태에 관한 서양의 논술들은 모두 시대적 특징을 띠고 있다. 사회역사 형태에 대한 그들 각각의 체득, 착안점, 가치관념, 연구방법의 차이로 인해 사회역사 형태에 대한 이해도 달라졌다. 동서양의 차이는 있지만 사회의 역사가 끊임없이 진보한다는 관념은 일찍부터 탄생했고 또 유사점도 있다. 야스퍼스(Karl Jaspers, 1883~1969)가 말한 '추축기'는 중국의 경우 『주역』 「계사전」에서 사회의 역사형태를 '상고'와 '후세'라는 두 시기로 구분한 것에 해당되는데, 한비자는 「계사전」의 사상을 수용하여 인류의 사회형태를 상고, 중고, 근고라는 세 단계로 구분했다.

사회역사 형태에 관한 중국과 서양의 다양한 설명은 동일한 대상이라도 시각에 따라 견해가 달라진 것이라는 점에서 무엇이 본래적 사회역사 형태인가에 대한 정설을 내놓기는 사실상 힘들다. 현존하는 다양한 설명들을 살펴보면, 그것들은 모두 인간이 설정한 것이라는 점에서 사회역사 형태에 대한 사람들의 체감과 직접적인 관계가 있다. 따라서 일부 설명들은 사람들의 인정을 받을 수 있었던 것이다. 그러나 그것을 절대적인 진리로 간주하면서 기타 학설을 헐뜯고 배척할 필요는 없다. 여러 가지 사회역사형태관이 존재하고 논쟁하면서 인식을 심화시키는 것도 유익하기 때문이다.

　　사회역사 형태를 정밀하게 체득하고 인식하고자 하는 목표는 사회역사 형태의 '자아'를 찾는 것이다. '자아'는 오직 하나이겠지만 그 표상은 다양하고 다원적일 수 있다. 그리고 사회역사 형태의 '자아'는 내재할 뿐 실존하지 않기에, 사람들은 다만 '자아'가 표현되는 다양성과 다원성을 통해 그 사회의 역사 형태를 체득할 수 있을 뿐이다.

　　화합형태역사학의 '화제 자체' 혹은 '스토리텔링'은, 그것이 역사 발전론과 어떻게 다른가, 역사 형태의 전환을 제약하는 외부조건과 내재적인 메커니즘은 무엇인가, 서로 다른 역사 형태 간에 대등한 관계가 존재할 수 있는가 등이다. 역사 자체에서 유래된 이러한 형태 문제는 화합역사철학이 주목하는 '주제 자체'이다. 이러한 화합의 문제에 대해서는 고대 그리스로부터 헤겔, 콩트, 비코, 크로체 등까지도 뚜렷이 밝히지 못했다.

역사발전의 동력, 근거, 방식, 성질 등에 대해서는 옛사람들도 이미 탐색한 바 있다. 그렇다면 그들은 무엇 때문에 이렇게 다양한 역사 형태를 제시하게 되었는가? 사회역사의 생산력 발전의 수준, 사회역사현실의 상황에 대한 주체로서의 인간의 체득과 파악 정도, 사회 주류권력층의 지배적 가치관념 및 다양한 민족특성은 역사발전에 대해 다양한 형태의 설명이 존재하게 되는 주된 이유이다.

각기 다른 민족과 지역이 저마다의 역사 형태를 형성하는 것은 각 민족의 내재적인 종교적 신앙, 사유방식, 심리구조, 가치관념, 윤리도덕과 관련될 뿐만 아니라 각 민족의 생산방식, 행위방식, 소통방식과도 부응된다. 아울러 역사적으로 형성된 외부의 지연·혈연과 정치적 연결 등 다양한 방식의 상호 영향, 그리고 전쟁, 지배, 식민지 등 다양한 방식의 억압으로 인해 각기 다른 사회역사 형태가 형성된다. 따라서 지연·혈연과 정치적 연결의 유사성, 동일성, 상관성은 각각의 역사 형태와 대등 혹은 대응관계를 형성하게 된다.

각 사회역사 발전 단계에 대한 화합형태역사학의 탐구는 사회역사 형태(모델)가 어떻게 충돌융합하고 화합생생하는가에 대한 주목이다. 즉 사회역사 형태는 왜 전환되고 어떻게 전환되며 무엇에 근거하여 전환되는가, 그리고 각 사회역사 형태를 구분하고 판단하는 기준과 척도는 무엇인가 등의 문제를 다루는 것이다. 예를 들어 각 사회역사시기의 주된 생산수단을 기준으로 할 경우 인류의 사회역사 형태를 석기시대, 청동기시대, 철기시대, 기계시대, 컴퓨터시대로 구분할 수 있고, 이를 통해 각 시기의 생산방식, 생활수준, 분배, 소비 등과 이에 부응하는 가족 형태, 사회조직, 문물 및 제도를 기본적으로 파악할 수 있다.

만약 각 사회역사 발전단계의 주된 생산품을 기준으로 한다면 수렵사회, 유목사회, 농업사회, 공업사회, 정보사회로 구분할 수 있다. 이러한 다섯 가지 사회역사 형태는 석기, 청동기, 철기, 기계, 컴퓨터 등, 다섯 가지 생산을 수행하는 수단과 대응한다. 단계적으로 발전한 다섯 가지 생산 및 생활수단이 있기에 비로소 그와 부합되는 다섯 가지 사회역사 형태가 있게 되는 것이다. 양자는 상호 촉진하면서 특징을 부각시켜 주는 관계이다.

사회역사 형태는 인간과 자연 혹은 인간과 인간의 충돌융합관계를 통해 구분할 수도 있다. 거시적 입장에서 볼 때 특정한 사회관계 형식 하에서의 인간과 자연의 관계는 대체적으로 자발적인 사회역사 형태, 인간의 독립적인 사회역사 형태, 인간의 자유로운 사회역사 형태를 거친다.

화합적 현실세계(정의 역사세계)의 형태는 생존이 반드시 포함되는 역사세계이고, 다양한 사회역사 형태의 존재는 일정한 시간과 공간 내에서의 현실 역사세계가 표상된 것이다. 형태역사학 학자들이 살았던 시대와 그들의 가치관, 정치관, 도덕관, 우주관이 서로 다르기에, 시대가 그들에게 부여한 '인식의 전제'와 '선입견'이 없을 수는 없다. 하지만 그들이 해석하는 역사텍스트와 역사적 사실이 동일하거나 다르더라도 그 차이가 크지 않기 때문에 서로 동의할 수 있는 지점이 존재한다.

창조는 학문이다. 그것도 심오하고 난해한 학문이다. 창조는 과학기술로 구현될 뿐만 아니라 정치, 경제, 문화에서도 실현된다. 과학기술의 발명과 창조는 인류를 위해 무한한 물질과 재화를 창출하고, 정치·경제·문화의 창조는 인류를 위해 보다 완벽하고 우아하고 아름다운 현실적·정신적 삶을 창출한다. 인류에게 있어 21세기는 창조의 세기로서, 인류의 임무는 세계를 개조하려는 실천이 아니라 세계를 창조하려는 실천이다. 개조와 창조는 매우 다른 개념이다. 개조는 존재하는 사물을 고쳐서 요구에 맞게 만드는 것이고, 창조는 미증유의 방안, 이론, 사유를 구축하는 것이다. 창조를 통해 인류는 지금껏 상상할 수 없었던 사회역사 형태를 창출해 갈 것이다.

4) 역사 발전·변화의 동력

형태역사학은 고대 그리스와 선진시기 중국에 이미 등장했다. 일반적으로 형태역사는 드러나는 것이다. 형태역사를 드러내는 여러 동력 또는 생명력 중 하나는 바로 감정의 상호작용이다. 왜냐하면 형태역사는 특정한 인물이 특정한 감정과 의지라는 조건 하에서 행하는 사회적·문화적 행위이기 때문이다. 따라서 역사적 인물의 행적에서 그 감정으로 인한 활동을 배제할 경우 역사는 그 의미를 잃게 된다.

형태역사의 동력과 생명력 중 하나인 감정이 역사에 대해 가지는 가치와 의미는 매우 중대하다. 중국은 혈연적 유대를 기초로 하는 종법사회이기에 혈연의 친소에 따라 등급과 명분을 결정하고 윤리질서를 세웠다. 이를테면 적장자와 서자, 처와 첩 간의 상하관계는 부자나 부부의 관계보다 더욱 엄격했다. 그 사이에는 혈연의 친소관계가 있기에 감정에서 표현되는 깊고 얕음, 두터움과 얇음도 다르다. 적장자와 서자에 대해, 옛사람들은 적장자의 혈연이 더 가깝다고 여기면서 이를 국가와 가족의 권리, 재산, 지위의 합법적인 계승조건으로 삼았다. 여기에서 적장자와 서자 중 누가 더 뛰어난지는 문제가 되지 않았다. 이처럼 태어난 순서라는 자연적 질서로 인간의 사회적 권리, 재산, 지위의 고저가 결정되는 것이 불공평하고 불합리하다는 것은 자명하다. 그럼에도 이러한 선천적인 규정으로 미래의 통치자 즉 전제군주 혹은 가장을 결정해 왔던 것이다. 그 적장자가 무능하고 염치없고 집안을 망치는 자일지라도 미래의 군주 또는 가장의 계승자라는 지위는 흔들리지 않았다. 따라서 서자가 덕과 재능이 있고 공도 세우고 심지어 수완까지 갖추었을지라도 적장자를 폐하고 서자를 세울 수는 없었다. 그래서 그들은 이러한 상황을 극복하기 위해 정변의 방법을 취해야만 했다. 이를테면 당태종 이세민은 현무문정변을 일으켜 태자였던 형 건성을 죽이고 자신이 그 자리를 차지했다. 혹은 태자가 법을 위반하게 하여 그를 폐하고 자신을 세우는 방법도 있었다. 그러나 이러한 것들은 혈연친소의 감정에 위배되는 것들이기에 비정상적인 행위로 간주되었다.

주희는 당태종이 건성을 죽인 것이 인정과 도리에 어긋나고 동족 혈육의 정에도 맞지 않기에 "태종은 인의를 구실삼아 사욕을 채

웠으며"[24] 또 "진양晉陽의 궁녀들로 하여금 아버지 고조高祖의 시중을 들게 한 것은 그 아버지를 기어코 사지에 밀어 넣은 것이므로 곧 군신부자부부의 의로움을 잃은 것이다"[25]라고 평가하였다. 당태종이 이처럼 무군무부, 무인무의無仁無義하다고 평가받은 것은 '사욕'이란 감정에 근거했기 때문이다. 주희가 도의적 실정(情)이란 척도로 태종을 평가했다면, 진량陳亮은 공리功利적 실정(情)으로 태종을 평가했다. 진량은 한고조와 당태종에 대해 "초심은 은나라 탕왕과 주나라 무왕과 다를 바가 없었다. 다만 신하로서 아래에서는 보좌할 수가 없었기에, 비록 하늘이 준 지위를 급하게 얻으려 했고 상황도 일에 따라 변하였으나 결국 백성을 구하려는 초심을 잃지 않았고 큰 공과 큰 덕을 쌓아 천하에 크게 드러내었다"[26]라고 평가했다. 그는 '초심' 즉 동기 면에서는 성왕인 탕왕, 무왕과 다름없었다고 본 것이다. 천자의 지위에 급히 오르기는 했으나 큰 공과 덕이라는 결과를 얻어 냈다는 점에서 동기와 결과가 일치했다는 것이다. 주희는 여기에 반박했다.

> 태종의 마음은 아마도 어느 하나 인욕에서 나오지 않음이 없었을 것이다. 그는 인의를 빌려 사사로움을 행할 줄만 알았는데, 당시 그의 경쟁자들은 재지도 그보다 못했고 또 인의도 빌리지 못했다. 따라서 그런 것들을 잘했던 태종이 뜻을 이룬 것일 뿐이다. 만약

---

24) 『朱子語類』, 권136.
25) 『朱子語類』, 권136.
26) 『陳亮集』(中華書局, 1974), 권3, 「問答・上」.

나라를 세우고 세상에 오래 전해짐을 평가하고자 한다면, 올바른 천리를 얻었는지의 여부를 보아야 한다. 진량의 주장은 일의 성패를 가지고 시비를 논하는 것이기에, 사냥한 짐승의 수만 따지고 올바르지 못한 방법은 부끄러워하지 않는 것이다.[27]

주희는 동기와 결과를 갈라서 동기는 동기대로 논하고 결과는 결과대로 논한 것이다. 그는 성패라는 결과로써 시비를 논하는 것, 즉 성공하면 옳고 실패하면 그르다고 하는 것은 동기와 수단의 선악을 묻지 않는 것이어서 불가하다고 하였다. 동기와 마음은 인간의 본성이나 도덕에 관계되는 것이기에, 무릇 인간의 사욕에서 출발했다고 한다면 비록 성공했다 할지라도 올바른 천리를 얻었다고 할 수 없으며, 동기 또한 그 성패에 따라 변하는 것이 아니라는 것이다. 최초의 동기에는 인간의 정감 또는 격정이 함축되어 있기에, 정감은 역사 인물들의 행위와 역사적 사건의 추세를 규정하고 역사를 구성하는 것이다.

이른바 감정 형태의 역사학 즉 정태역사학情態歷史學은 특정한 역사적 시기의, 특정인물의 감정과 보통사람들의 감정이 응결되어 이루어진 역사적 생명의 지혜와 역사발전의 동력에 관한 학설을 가리킨다. 특정한 인물의 감정이 대중의 감정이 되었을 때에야 비로소 광범위한 영향을 미칠 수 있고, 강대한 감정의 힘을 모아 역사세계를 창조하는 실천으로 발전할 수 있다. 따라서 역사생명의 지혜와

---

27) 『朱文公全集』, 권36, 「答陳東甫」.

역사진화의 동력은 반드시 정감이 살아 있는 창조적 실천이 원천의 역할을 해야 비로소 끊임없이 낳고 낳아 갈 수 있다.

정태역사에서 가장 현실적이고 일반적인 것은 동족 및 혈육 간의 정이다. 이것은 중국의 혈연 기반 종법사회라는 토양에 깊이 뿌리내린 채 천지만물의 질서, 순서, 선후, 친소관계를 규정하고 인간 생활의 교제, 윤리도덕, 행위의 원리, 원칙 등을 규정한다. 이런 것들은 모두 주체적 인간의 본질, 본성 및 정감활동과 연계되는 것들이다. 따라서 도덕적 선악평가를 통해 내재적인 인간 정감에 영향을 미치고, 인간 정감을 통해 철학정신의 생명을 보아 내며, 철학정신을 통해 인간의 생명, 정감과 이성, 정신적 자유와의 관계 및 성정性情에 대한 초월을 설명해 내는 것이다.

고대 중국인들이 서술한 정감의 역사는 종종 도덕과 연계되어 도덕적 정감의 역사적 작용을 중시했다. 도덕적 정감의 작용은 인간만의 특수한 도덕적 작용으로서, 그 자체적 특성과 방식을 가진다. 도덕적 정감작용의 방식 중 하나는 자신을 향하는 것이고, 다른 하나는 타인과 사회를 향하는 것이다.

전자는 공자가 "군자는 자신의 말이 실제 행동보다 지나친 것을 부끄러워한다"(『論語』「憲問」)라고 말한 경우이다. 즉 말이 많고 행동이 적은 것을 부끄러워한다는 것이다. 이러한 수치감은 자아를 향한 도덕적 감정 즉 스스로를 향한 분노와 불만의 감정으로, 도덕적인 원칙규범을 기준으로 삼아 자신의 행동을 반성하고 가치를 평가하며 인격적인 감정활동을 판단하는 것이다. 이는 기준에 미치지 못하거나 말이 행동보다 지나친 것을 부끄러워하고 후회하는 감정으로써 자신의 인격과 가치를 보다 완벽하게 만들어 준다. 스스로를 향한 도덕적 감정은 스스로 책임지는 자존적 활동이다. 관자管子는 일찍이 "먹고 입는 것이 넉넉해야 영예와 치욕을 안다"(衣食足, 知榮辱)라고 하였다. 주체적 인간은 자존을 통해 도덕적인 정감활동의 명예 및 치욕에 대한 감각을 형성한다. 이러한 감각은 사회로부터의 긍정적인 평가와 스스로부터의 인정을 추구하는 것이기에 자아의 완벽함을 촉진시켜 준다. 도덕적 정감작용이 물질적 요구의 충족을 전제로 한다는 관자의 사상은 현실적이다.

> 무릇 인간의 감정이, 그 얻고자 하는 것을 얻으면 기뻐하고 그 싫어하는 것을 만나면 걱정하는 것은 신분의 높고 낮음을 떠나 마찬가지이다.[28]

정욕의 만족 여부는 주체로 하여금 기쁘고 괴로운 감정을 느끼게 하는 주요한 원인이다. 이는 이익을 추구하고 해로움을 피하려는 인간의 감정 활동과도 같은 것이다. 관자는 도덕적 정감작용이 영명한 군주가 올바른 정치를 실행하는 바탕임을 체득하여, "명군은 인심에 순응하고 성정을 안정시키며 민심이 모이는 곳에서 결정해야 한다"[29]라고 하였다. 영명한 군주가 민심에 순응하고 백성의 마음을 자신의 마음으로 삼으며 백성들의 감정을 안정시키고 백성들의 욕

---

28) 『管子校正』, 권17, 「禁藏」.
29) 『管子校正』, 권10, 「君臣上」.

구를 만족시키면, '천도와 인정'에 부합하게 되어 인류의 사회역사는 번영하고 발전하게 된다.

　도덕적 정감작용의 형식은 직접적으로 타인과 사회를 향한다. 공자의 "어진 자는 사람을 사랑한다"(仁者愛人)라는 사상은 혈연을 기초로 하는 것으로, 동족과 혈육 간의 정을 타인과 사회에 대한 도덕적 감정과 그 작용으로 발전시킨 것이다. 순자는 '하늘이 부여한 정'(天情)이라는 선천성을 후천적·도덕적 감정과 비교되는 인지적 이성이라고 보았다. 순자의 이러한 인식은 '사단'이라는 선험적·도덕적인 감정을 직관적으로 체득해야 한다는 맹자의 주장과 구분된다. 순자는 모든 사람에게는 이익을 탐내고 욕망을 채우려는 본성이 있는데, 이러한 본성이 인성을 악하게 근원이라고 보았다. 따라서 인간의 본성과 감정을 방종하게 두면 형제간에도 싸움과 빼앗음이 일어나는 등 사회적 신분과 직분을 파괴하게 되기에 혼란을 초래하고 사회역사 발전을 저해한다고 보았다. 따라서 순자는 선천적 본성을 변화시키고 후천적으로 인위를 가해야 한다는 '화성기위化性起僞'의 이론을 주장하면서 외재적이고 타율적인 예법 제도와 교화를 강조하였다. 법가의 한비자는 "인간의 감정은 모두 귀한 것을 좋아하고 천한 것을 싫어한다"(人情皆喜而惡賤)라고 하여 인간의 감정작용을 도덕행위의 가치평가체계 속에 집어넣고, 일하기 싫어하고 놀기 좋아하며 귀한 것을 좋아하고 천한 것을 싫어하는 본성과 감정 작용을 내버려 두면 사회의 혼란을 조성하게 되므로 반드시 법제적인 형벌로 다스린 뒤에야 국가를 안정시키고 부국강병을 실현할 수 있다고 주장했다.

　정감에 대한 선진시대 유가, 도가, 관자, 묵가, 법가의 여러 가지 학설은 다원성과 포용성을 띠고 있다. 유가의 경우, 공자와 맹자는 인간의 도덕적 정감작용의 보편성과 합리성을 전적으로 긍정하면서 선의 실마리를 확장하는 도덕이성을 확보하고 내재적인 자아의 초월을 실현할 것을 주장했고, 순자는 인간의 도덕적 정감작용을 부정하면서 화성기위를 통한 내재적인 초월을 주장했다. 도가는 인간의 정감, 욕망, 도덕적인 이성 및 예법 등 모든 구속과 멍에를 부정하면서 인간의 정신적 자재自在를 추구했다. 관자는 자신의 물질적 요구의 충족이라는 기초 위에서 자존을 통해 도덕적 정감작용을 형성하여 자신의 정신적인 도덕감정의 요구를 만족시킬 것을 주장했다. 묵가는 자신을 사랑하고 자신의 이익을 추구하는 인간의 본성과 정감작용을 부정하고 사람들이 서로 평등하게 사랑하고(兼愛) 서로를 이롭게 하는(交利) 본성과 정감작용을 가졌다는 것을 긍정하면서 자아의 즉각적 초월을 주장했다. 법가는 인간의 자연본성과 정감, 욕망을 긍정하면서 외재적인 타율을 주장했다. 이상의 학설과 주장은 "천하는 한곳으로 돌아가지만 길을 달리하고, 이루는 것은 하나이지만 백 가지 생각이 있다"[30]라는 것과 같은 것이다. 비록 여러 가지 학설이 "길을 달리하고" "백 가지 생각이 있다"고 하지만, 모두 "같은 곳으로 돌아가고" "이루는 것은 하나"인 것이다. 즉 여러 가지 학설이 말하는 감정과 도덕정감이 결국은 모두 국가의 이익, 사회의

---

30) 『周易』, 「繫辭傳下」.

안정, 역사의 발전을 위한 것이었고, 백성들을 고통과 재난에 빠뜨리는 이권쟁탈이나 국가의 동란을 제거하기 위한 것이었다. 이런 의미에서 말하면 화합적 정태역사는 화합의 생생生生원리로서, 도덕적 이성과 도덕적 정감, 생명의 지혜와 생명의 정욕, 사회적 도의와 자연적 정감, 천도 및 천리와 혈연적 감정 사이에 발생하는 긴장과 충돌을 해소함으로써 진실하고 완벽하며 우아하고 아름다운 인류의 정태역사세계情態歷史世界를 구축하고자 하는 것이다.

3. 악동과도 같은 역사

화합적 현실 역사세계(사실 및 감정의 역사세계)는 생태生態 · 형태形態 · 정태情態적 역사학에 대한 해석이다. 이러한 해석은 현실 역사세계의 가장 근본적인 차원에 대한 체득이다. 비록 각 시대별 · 개인별 경험이 동일하지는 않지만, 그들은 모두 현실 역사세계의 본연에 대해 어떠한 설명을 하고자 했던 것이다. 따라서 이러한 차이는 정상적이다. 왜냐하면 화합적 현실 역사세계(정의 역사세계)의 생태역사, 형태(모델)역사, 정태역사는 변화에 적응해 가는 인간의 지성창조이기 때문이다. 인간의 지성창조가 없다면 인류의 역사도 없고 화합의 역사철학도 없었을 것이다.

화합적 현실 역사세계(정의 역사세계)는 결국 인간의 현실 역사세계이다. 인간의 생존이 있기에 비로소 현실 역사세계의 생태, 형태,

정태의 역사학이 있는 것이다. 그러므로 화합역사철학은 화합적 현실세계 속에 위치해야 한다. 그러나 인간의 생존은 의미를 지닌 생존이고, 인간의 지성창조는 현실적 의미를 위한 것이다. 그리고 이에 따라 인간이 창조한 역사세계도 의미를 가지는 역사세계가 될 수 있기에 화합적 의미 역사세계(법칙적 역사세계)로 편입되어 고찰되는 것이다.

1) 역사를 희롱하는 권세

화합적 의미 역사세계(추세의 역사세계)는 특정한 역사세계 내의 역사적 인물이 만들어 낸 특정한 역사적 사건 또는 행위에 담긴 의미의 총화를 가리킨다. 의미 역사세계는 의미의 시각에서 인물, 사건과 행위의 의미를 평가하는 것이기에 이런 의미가 긍정적이든 부정적이든, 혹은 중립적이든 상관없이 모두 의미 역사세계의 당연한 내용으로 포함된다.

의미 역사세계의 의미는 특정한 역사세계에서의 영향, 역할의 크고 작음 및 역사세계의 요구를 충족하고 그것에 부응하는 정도의 차이에 따라 달라진다. 그리고 특정한 역사세계 내에서의 영향, 역할과 요구가 현실과 부합되어 현실사회의 영향, 역할, 요구로 탈바꿈하면 그 의미는 거대하고 뚜렷한 가치로 표현되어 합리적이고 적극적인 의미가 된다. 그러나 비합리적이고 부정적인 의미도 완전히 배제되는 것은 아니다.

의미 역사세계는 다원적이고 다양한 것이지, 단일하고 절대적인 것이 아니다. 왜냐하면 역사세계는 수시로 변화하고 유동하기 때문이다. 수시로 변화하기에 오색찬란하고, 유동하기에 우여곡절이 많다. 의미 역사세계가 다원적이고 다양하며 변화가 많고 유동하기 때문에 차별, 모순, 충돌이 발생하고 또한 융합으로 발전해 간다. 즉 충돌을 창조적으로 화합하는 것이다. 이렇게 함으로써 화합정신의 완벽한 추세를 체현하는 것이며, 이를 화합적 의미 역사세계라고 부르는 것이다.

역사는 말을 듣지 않는 개구쟁이이다. 그 개구쟁이는 장난이 심하기 때문에 얼마든지 의미를 뒤집고 혼란을 일으킨다. 이를테면 현실 역사에서 세상을 떠들썩하게 했던 인물이나 사건은 시간이 흐르고 상황이 변함에 따라 물거품이 되고 연기나 구름이 되어 사라져 버린다. 그리고 현실의 역사 속에서 비판받고 타도되어 영원히 일어나지 못하도록 짓밟힌 '검은 무리'(黑幇)의 인물이나 사건일지라도 시간이 흐름에 따라 진리를 위해 분투한 선도적 인물과 혁명적 사건으로 탈바꿈될 수도 있다. 이것이 현실 역사에 미치는 영향과 작용이 표현하는 의미의 대비는 매우 예측하기 어려운 것이다. 이 개구쟁이를 길들이기 위해서는 역사의 추세를 연구해야 한다.

화합적 의미 역사세계에 대한 추구는 어떤 의미에서 말하면 역사세계 자체의 발전 추세에 대한 탐구이다. 즉 추세의 역사세계를 탐구하는 것이다. 고대 한문의 '세勢'자에는 권력, 권세, 태세, 추세, 위력, 형세 등이란 뜻이 담겨 있다.[31] 갑골문과 금문에서는 세勢자를 볼 수 없고 『설문해자』에서도 보이지 않다가, 『설문신부說文新附』에 나타나 "세勢는 권력과 힘이 넘친다는 뜻이다. 이 글자는 '력力'을 변으로 하고 '세埶'를 음으로 한다"(勢, 盛力權也. 從力埶聲)라고 하였다. 정진鄭珍의 『신부고新附考』는 "경전본에서는 세勢를 모두 세埶로 가차假借하였다. 옛날에는 '세勢'자가 없었기에 지금의 것은 다 속자俗字를 따른 것이다. 『사기』와 『한서』에는 여전히 '세埶'자로 많이 썼다. 『외황령고표비外黃令高彪碑』와 『선생곽보비先生郭輔碑』에는 모두 '세勢'자가 있는데 한나라 때의 글자이다"라고 하였다. 선진시기의 전적들은 여러 곳에서 세勢를 논했지만 모두 '세埶'로 가차하였다. 이를테면 은작산銀雀山 한나라 묘의 죽간본 『손빈병법』의 「위왕문威王問」에 "전기田忌가 권權, 세埶, 모謀, 사詐를 말했다"라는 말이 있는데, 바로 '세勢'를 '세埶'로 쓴 것이다. 『설문해자』에서는 "세埶는 종種이다"(埶, 種也)라고 하였다. 종種이란 씨를 뿌리고 식물을 심는다는 뜻이다. 그러므로 갑골문에서는 𦱠 32)로 하고 금문의 「세고埶觚」에서는 𦱠라 하였다. 『집운集韻』 「제운祭韻」에서는 세埶를 기능의 뜻으로 확대하여 "세埶는 기능이다"(埶, 技能也)라고 했다.

세勢의 의미로는 세력, 힘, 능력이란 뜻과 기능이라는 뜻이 모두 그럴듯하기는 하지만, 그 중에서 권세, 추세라는 뜻을 더 주목하겠다. 『상서』 「군진君陳」에 "권세에 의지하여 위세를 떨치지 말고, 법에 기대어 나쁜 짓을 하지 마시오"(無依勢作威, 無倚法以削)라는 대목이

---

31) 張立文, 「理勢論」, 『中國哲學範疇發展史 — 人道篇』, pp.742~767 참조.
32) 『殷墟書契前編』, 6, 16, 1.

있는데, 이에 대해 공안국의 전傳에서는 "권세와 지위를 타서 다른 사람 위에서 위세를 부리지 말 것이며 법제에 기대어 가혹한 정치를 하지 말라"고 설명하였다. '권세와 지위'(勢位)는 선진시기 및 그 이후의 전제적 종법사회에서 중요한 의미를 가진다. 당시 사람들은 대부분 세위勢位를 숭상하여 이것만 있으면 된다고 보았고, 그렇지 않다 하더라도 사람들은 사회에서 살아남자면 어느 정도 세위가 없으면 "절대로 안 된다"고 생각하였다. 이것은 세위를 숭배하는 역사관이다.

'세勢'는 어떤 사물 혹은 역사 발전의 추세로서, 어떤 사물 또는 역사가 필연적으로 발전해 가게 되는 어떠한 방향이다. 이러한 경향 또는 방향으로서의 '세'에는 그 시기와 기회가 있다. 이것은 결국 주체적 인간의 자각적인 사회활동을 통해 표현되는 것이고, 인간이 체득하고 파악할 수 있는 사물의 경향과 역사의 방향이다. 따라서 인간은 사회역사 발전에 유리한 추세를 창조하기에 추세의 의미 역사 세계를 가지는 것이다. 맹자는 "아무리 지혜가 있어도 형세를 타느니만 못하다"[33]라고 하였다. 형세를 탄다는 것은 유리한 추세를 잘 잡아 왕도정치를 실시한다는 것이다. 맹자에 의하면, 유리한 시세, 추세를 잘 잡는 것은 총명함과 지혜보다 더 중요하다. 사실 유리한 시세 또는 추세를 잡는 것이 곧 총명함과 지혜의 표현이다. 추세는 사물발전의 당위성을 함축할 뿐만 아니라, 사회발전의 미래의 방향, 경향도 내포하고 있다. 손무孫武는 "세찬 물살에 돌멩이도 떠밀려 가

---

33) 『孟子』, 「公孫丑上」.

는 것은 모두 그 기세 때문이다"[34]라고 하였다. 세찬 물살은 돌멩이도 떠내려가게 하니, 그것이 곧 '세'이다. 막아 낼 수 없는 추세에 대해 왕부지는 "세勢란, 모두 그것에 순응하고 거스르지 않음을 가리킨다. 높은 곳에서 낮은 곳으로 흐르고 큰 것이 작은 것을 품는 등의 일은 어길 수도 막을 수도 없는 것이다"[35]라고 하였다. '세'는 사물의 연계와 역사의 발전에 순응하면서 거스르지 않고 높은 데서 낮은 데로 흐르듯 하여, 어기거나 막을 수 없는 추세이다. 왕부지는 이것이 '반드시 이르게 되는 추세'(必至之勢)이며, 여기에는 "추세가 반드시 이루게 되는"(勢之所必有) 특징이 있다고 주장했다. 이것은 곧 사회역사 발전의 추세이기에 '세'는 필연성뿐만 아니라 자연성도 가졌다. 왕부지는 "세勢란 역시 자연의 기세이니, 각기 그 시기의 필연을 타는 것이 어찌 모두 하늘의 뜻이 아니겠는가?"[36]라고 하였다. 사물의 진화와 역사의 발전은 자연적으로 내재한 동인에 의해 드러나는 추세이다. 이렇게 말하자면 현실적 합리성과 현실적 의미, 가치와도 비슷하다.

추세의 역사세계는 사물과 역사 발전의 필연적이고 자연적인 추세로서, 그 본질은 의미적 추세 혹은 가치적 추세이다. 따라서 안정적이고 항구적인 정태성과 끊임없이 변동하는 동태성을 모두 띠고 있다. 즉 "추세는 항상 변하며, 여기에는 순順과 역逆이 있다."[37] 다

---

34) 『十一家注·孫子』(中華書局, 1962) 권중, 「勢篇」, p.70.

35) 『讀四書大全說』, 권9, 「孟子·離婁上」; 『船山全書』 제6책(岳麓書社, 1990), p.993.

36) 『四書訓義』, 권31, 「孟子·離婁上」; 『船山全書』 제8책(岳麓書社, 1990), p.431.

37) 『四書訓義』, 권31, 「孟子·離婁上」; 『船山全書』 제8책, p.461.

시 말해, 순향적·순종적 성격과 역향적·역반逆反적 특징을 모두 지니고 있는 것이다. 추세의 '항구성과 변동성'이라는 두 가지 형태와 '순향과 역향'이라는 두 가지 특성은 추세에 내포되어 있는 두 상태나 특성 간의 긴장관계를 묘사한 것이다.

사회역사 발전 과정에서의 항구성과 변동성은 상도의 고수와 변혁의 추진이라는 대응관계를 가리키는 것으로, 이것은 중국 고대의 이원대립관계를 설명하는 방법이다. 사회역사 형태가 변화단계에 접어들면 항구성과 변동성 간의 긴장이 나타나기 마련이다. 이를테면 북송의 왕안석은 '희녕변법熙寧變法'이라는 전면적인 개혁과 변법을 실시했다가 보수파들의 반대에 부딪쳤다. 보수파들은 "조상들이 만들어 놓은 법을 바꿀 수 없다"는 이유로 변법을 반대한 것이다. 현대의 경우도 개혁을 반대하는 사람들은 '조상'들의 특정한 결론이나 구체적인 문제에 대한 논술을 옮겨다 놓고 그것을 최고의 근원으로 간주하곤 한다.

오직 사회의 개혁과 역사의 진보 속에서만 의미 역사세계(추세의 역사세계)는 비로소 의미를 가진다. 따라서 손무는 일찍이 "군대를 통솔함에 있어 고정불변한 형세란 있을 수 없고, 물은 같은 모양으로 항상 제자리에 있을 수 없다. 적의 변화에 따라 승리는 거두는 것을 신神이라 한다"[38]라고 하였다. 고정되고 한결같은 형세는 있을 수 없기에 적의 변화에 따라 추세와 상황을 변화시켜야 필승할 수 있는데, 이는 신기하고 오묘하여 측정할 수 없는 것이다. 손무는 전쟁에

---

38) 『十一家注·孫子』 권중, 「虛實篇」, p.103.

서 적과 아군이 어떻게 병력을 운용하고 어떠한 전략을 쓰는지에
대해 말한 것이다. 역사에서 전쟁은 인간이 지휘하는 것이고, 역사
사건으로서의 전쟁에는 종종 원래의 역사적 사실에 변형이 가해지
곤 한다. 그러므로 역사뿐 아니라 역사세계의 의미에도 고정불변의
추세란 있을 수 없으며, 그러한 변화 가운데 추세와 상황 즉 의미와
가치가 드러나게 되는 것이다.

사회역사의 정치학의 범주의 권력·권세로서의 세勢뿐만 아니라
사회역사의 범주의 추세, 경향으로서의 세勢 또한 모두 화합적 의미
역사세계(추세의 역사세계)의 범주이다. 따라서 이것은 화합적 의미 역
사세계의 발전추세와 미래적 의미를 드러낸다.

2) 인간을 만드는 역사

화합적 의미 역사세계는 추세의 세계로, 이는 대체로 생명역사,
도덕역사, 정신역사 등의 추세 혹은 흐름에 따라 전개되는 것이지만
현실적 의미 역사세계에는 여러 요소가 뒤엉켜 있다.

생명의 역사는 인간 생명의 실천 및 행위가 전개되는 과정에서
부여된 역사적 생명에 관한 학설이자, 역사적 생명이 어떻게 사회역
사의 발전과 변화를 촉진하는가에 관한 학설이다. 역사는 생명을 지
니고 있기 때문에 인간과 마찬가지로 탄생, 성장, 쇠락, 사망 혹은
유년, 청년, 장년, 노년이라는 과정을 거친다. 이런 점에서 생명은
하나의 과정 혹은 그 과정을 걸어가는 것이다. 생명의 역사 또한 마

찬가지이다. 그러므로 생명의 역사는 역사가 생생불식하는 여정이며, 생명의 역사학은 역사가 생생불식하는 여정에 대한 학문 혹은 학설이다.

생명역사의 생명력은 신 혹은 기타 물질적·정신적 실체로부터 오는 것이 아니라, 본질적으로 인간 생명력의 창조로부터 나온다. 바꾸어 말하면 역사는 생명유기체인 인간의 지성이 창조한 세계로서, 창조의 순간에 이미 역사에는 생명이 주어진 것이다. 생명력의 이러한 지성창조는 현실의 역사뿐 아니라 의미와 가치의 역사도 추구한다.

모든 생명의 역사는 요구의 역사이다. 인간은 능동적 행위와 세계를 창조하는 실천 행위를 통해 물질, 에너지, 정보에 대한 생명의 요구를 충족시킨다. 마찬가지로 역사의 생명력 또한 창조적인 행위를 통해 물질적, 사회적, 정신적인 요구를 충족시킨다. 비록 매슬로 (A. H. Masolw, 1908~1980)가 말한 인간의 요구와는 차이가 있기는 하지만, 생명역사에도 다섯 가지 요구가 있다.

첫째, 사회발전 상에서의 안전에 대한 요구이다. 이것은 천재天災와 인재人災, 전쟁, 빈부격차, 테러, 납치, 마약 판매 및 소비 등을 예방하고자 하는 것이다. 이러한 현상은 땅이 황폐해지고, 백골이 넘치며, 난민이 발생하고, 사람들이 굶주리고 헐벗으며, 생명과 재산을 하루아침에 상실하게 함으로써 사회를 재난에 빠뜨리고 역사를 퇴보시킨다.

둘째, 자연, 사회, 인간상호, 국가, 민족 간 교제에 대한 요구이다. 그들 간의 관계는 어느 한쪽이 다른 한쪽을 먹어버리는 관계가 아니라 "조화를 이루되 같아지지는 않는" '화생和生', '화처和處', '화립和立', '화달和達'의 관계여야 한다. 이러한 '네 가지의 화和'는 현대 국제사회가 갖추어야 할 덕목이다.

셋째, 자존에 대한 요구이다. 생명의 역사에는 자연적으로 변화 발전하는 자체적 추세가 있고, 그러한 추세에는 어느 정도 필연성이 있다. 따라서 그 발전추세와 필연성을 존중하는 것은 곧 자존에 대한 생명역사의 요청이다. 생명역사의 발전추세와 필연성을 파괴 혹은 초월하는 것은 역사의 생명을 죽이고 생명역사의 발전 순서를 훼손하며 생명역사 발전의 형태와 모델을 단절시키는 것으로, 자존에 대한 생명역사의 요청을 존중하지 않는 것이다. 인류의 사회와 역사는 이에 대한 생명역사의 보복을 받았다. 1950~60년대 중국의 '대약진운동'이나 '문화대혁명' 등은 모두 사회와 역사를 파괴하고 자존에 대한 생명역사의 요구를 거스른 데 따른 인과응보였다.

넷째, 자아실현에 대한 요구이다. 이것은 생명역사의 잠재적·현실적 능력과 생명력이 실현되도록 촉진하는 추세를 가리킨다. 이러한 추세는 생명역사로 하여금 잠재적 생명력을 활성화하고 사장된 능력을 전환시켜서 자아실현요구에 대한 자각을 불러일으킨다. 따라서 자아실현에 대한 요구가 충족된 후 생명의 역사는 완벽한 가치 추구를 향해 나아간다. 생명역사의 자아실현은 안팎으로 여러 요소와 체계를 갖추어야 한다. 내재적 요소로는 대략 생리적, 심리적, 문화적 요소 등이 있다. 생리적인 면에서는 생리적 요구와 생리적 특징이, 심리적인 면에서는 관념, 사유, 의식, 개성 등이, 문화적인 면에서는 문화수준, 직업수준 등이 있다. 그리고 외재적 요소로는 자연환경과 사회환경 등이 있다. 내외의 여러 요소들이 우호적 관계를 맺고 서로 영향을 주고 교감함으로써 생명역사의 자아실현을 달성하게 되는 것이다.

다섯째, 이상사회에 대한 요구이다. 인간의 생명은 세 차원으로 구분될 수 있다. 생물적 생명, 도덕적 생명, 가치적 생명이 그것이다. 인간의 생물적 생명에는 한계가 있지만 도덕적 생명과 의미적 생명은, 비록 생물적 생명과 결속되어 있기는 하지만, 무한하다. 생명의 역사는 현실 역사세계 즉 사회역사환경의 생태적 역사, 사회역사의 발전 형태(모델) 및 감정의 역사 안에서 특정한 사회역사 발전단계를 초월할 수 없다는 한계를 가지고 있다. 이상적 사회역사에 대한 생명역사의 구상은, 비록 이상적인 차원에서의 가상이지만, 무한성을 지니고 있다. 사회역사적 요구라는 차원에서 생명의 역사를 관찰해 보면 그 요구가 생명역사학의 가장 기본적인 최소 조건임을 발견할 수 있다. 만약 생명의 역사가 이러한 것들을 요청하지 않는다면 그 생명의 역사는 이미 끝나버린 것과 다를 바 없다.

요구는 이익과 관계된다. 따라서 모든 생명의 역사는 이익의 역사라고 말할 수도 있다. 의미가치관계와 관계된 사회역사형식으로서의 이익관계는 모든 사회역사 행위의 기본적인 관계이다. 인간에 대해 말하자면, 이익은 생존하고 발전하는 인간의 요구가 사회적 관계를 통해 표현되는 형식이다. 이익은 여러 방면과 단계를 가지며, 다원적이다. 각기 다른 사회역사의 단계와 형태, 생명의 역사적 주체와 객체, 각기 다른 정치적 이익집단의 표현방식과 방법 간의 긴장과 충돌은 생명역사의 지성창조와 작용에 영향을 미친다.

생명역사학이 화합적 의미 역사세계(추세의 역사세계)의 최고 차원인 까닭은 생명의 역사가 이익을 행위의 직접적이고 자각적인 목적의 기초로 둠과 동시에 이것을 자신과 기타 사물과의 관계 측정과 이익 충족의 기준으로 삼기 때문이다. 그러므로 생명의 역사는 기본적으로 이익을 점유하고 향수할 것을 요구하고, 그것을 점유하고 향수하는 정도와 수준에 근거해서 사회역사의 발전추세를 조정하고 완성한다.

이익은 생명의 역사가 변화하고 발전하는 추세와 긴밀하게 연결된다. 이익은 특정한 사회의 특정한 관계의 산물로서, 일정 부분 사회역사의 발전추세, 생명역사의 가치방향성, 생명역사의 변화 형태(모델)의 경향 등을 지배한다. 비록 우리는 이익이 우리의 "유일한 추동력이다"라는 프랑스 철학자 엘베시우스의 관점에 대해 비판적인 태도를 취하고 있지만, 부인할 수 없는 점은 이익이 사회역사가 변화·발전하는 추세를 결정하는 동력의 하나라는 점이다. 다만 '유일한 것'이 아닐 뿐이다.

사회역사의 단계 혹은 형태가 달라짐에 따라 생명의 역사가 이익을 선택하는 기준도 달라진다. 이를테면 물질적 이익과 정신적 이익, 생명의 이익과 개인의 이익, 개인의 이익과 집단의 이익, 국가의 이익과 민족의 이익, 민족의 이익과 세계의 이익, 세계의 이익과 우주의 이익 등이 그것이다. 이들 안에는 모두 시대적·사회적 가치관념이 함축되어 있다. 따라서 생명, 개체, 단체, 민족, 세계, 우주 간에는 이익의 대립이 존재하고 충돌이 발생하며, 각기 다른 이익의 요구가 각 사회의 역사발전 단계 및 형태와 부응하면서 각기 다른 생명의 역사를 형성하게 된다.

3) 이익과 도덕의 역사

요구와 이익의 충족이 필연적으로 도덕적 수준의 제고와 정비례되는 것은 아니다. 요구와 이익의 충족은 도덕적 원칙과 규범에 맞을 수도, 그렇지 않을 수도 있다. 그래서 공자는 "이득을 보면 도의를 생각하라"고 한 것이다. 이득을 보았다고 해서 도의를 잊어서는 안 된다. 도의와 이득은 서로 보조하면서 융합되어야 한다.

도덕적 역사학은 도덕이 가지고 있는 기능과 특징 및 성질과, 사회역사에 대한 역할, 효능 및 영향에 관한 학설을 가리킨다. 자신의 목적을 추구하는 인간의 행위로서의 역사는 도덕적 차원에서 도덕적인 것과 비도덕적인 것, 선한 것과 악한 것, 좋은 것과 나쁜 것 등으로 구분될 수 있다. 즉 정의, 공공, 천리를 도덕적인 것, 선한 것, 좋은 것이라 하고 이익, 사사로움, 인욕을 비도덕적인 것, 악한 것, 나쁜 것이라고 하여, 전자를 긍정적인 것으로, 후자를 부정적인 것으로 본다. 이로부터 사회역사를 '예의국가의 시대' 또는 '인욕이 범람하는 시대'로 분류한다. 이러한 평가는 모두 이원대립적 사유모델을 통해 도덕 문제를 분석한 것이기에 가장 단순한 이해방식이다. 그러나 이러한 방법으로는 복잡한 도덕 문제와 도덕적 지성창조를 모두 설명해 낼 수 없다.

도덕적 역사학은 사회문명의 건설에 있어 매우 중요한 의미를 가진다. 모든 사회역사 발전 과정은 야만－문명－야만(문명에 대한 파괴)－문명(도덕문명의 건설)의 과정을 거친다. 중국 역사에서 사회의 혼란과 왕조의 교체는 모두 기존 사회문명의 파괴, 윤리규범의 상실, 도덕의 몰락을 야기했기에, 다시 사회문명을 재건하고 윤리도덕규범을 세우고 사회질서를 안정시켜야 했다. 주희는 도덕적 역사학의 시각에 기초하여 중국의 사회역사 발전을 두 단계로 나누었다. 즉 하·은·주 삼대(요, 순, 우, 탕, 문왕의 시기)는 "천리가 유행하는" 왕도정치가 실행된 시기이고 삼대 이후(대체로 한당시기)는 "인욕이 범람하는" 패도정치가 실행된 시기로, 왕도정치는 "인의를 실행하고 천리에 순응"했지만 패도정치는 "인의를 빌려 사욕을 채웠다"는 것이다. 주희에 따르면, 삼대의 성왕聖王들은 인의를 우선시했지만 전국시대 이후로는 온 세상이 공리에 빠져서 신불해, 상앙, 오기吳起, 이리李悝 등이 나타나 국가를 망치고 자신도 망쳐 버리게 되었다. 진시황은 '크게 무도한 인간'(大無道人)이었고, 한고조 유방과 당태종 이세민은 모두 '사사로운 뜻'(私意)과 '공적과 이익'(功利)에서 출발했으며, 조조曹操와 손권孫權은 '사욕'에서 출발했을 뿐만 아니라 곧바로 '도둑놈'이 되었다. 한고조와 당태종이 설혹 천리에 부합하는 일을 한두 가지 했다 할지라도 그것은 우연히 일치된 것일 뿐, 그 출발은 여전히 '사사로운 뜻'에서 시작된 것이기에 전체적으로는 여전히 패도정치였다.

왕도정치가 실행됐던 삼대는 사회가 발전되고 밝았지만, 패도정치가 실시됐던 전국시대, 진·한·수·당 시대는 사회가 퇴보하고 어두웠다. 주희는 송대에 이르러 주돈이周敦頤, 정호程顥, 정이程頤가 요·순·우·탕·문·무·주공·공자·맹자의 '단절된 학문'을 계승하고 삼대의 '십육자심법十六字心法'(十六字心傳)[39]을 밝혔다고 여겼다. 이처럼 송대에는 왕도정치를 중흥시키려는 기상이 나타났기에 장재張載는 "옛 성인의 끊어진 학문을 잇고, 후세를 위해 태평한 세상을 여노라"라고 했다. '끊어진 학문'이란 곧 '16자심법'과 공맹의 인의와 심성心性에 관한 학문, 그리고 예학이 여기에 포함된다. 주돈이와 정이 등이 끊어진 학문을 계승함에 따라 삼대의 고례古禮도 회복되었던 것이다. 사마광의 『예의禮儀』, 『혼례婚禮』가 가장 양호하고 고례와 "그리 멀지 않다"(不甚遠)고 한다면, 정호·정이는 고례에 완전히 부합했다고 할 수 있다. 주희는 고례를 회복한 것을 자랑하면서 일련의 예의제도를 제정하고 『주문공문집』에 「천자지례」, 「군신복의君臣服儀」, 「민신예의民臣禮議」, 「궤좌배설跪坐拜說」, 「심의제도深衣制度」, 「체겹의禘祫議」, 「주례태축구섭변周禮太祝九攝辨」을 수록하고 따로 『고금가

---

39) '16자심법'이란 "인심은 위태롭고 도심은 은미하니, 오직 精一하여 그 中을 잡으라"(人心惟危, 道心惟微, 惟精惟一, 允執厥中)라는 聖賢相傳의 심법을 가리킨다.(『書經』, 「大禹謨」) 주희는 16자심법에 대하여 "맹자가 죽은 뒤로 세상은 이러한 학문이 있는지 알지 못했다"라고 말한다.(『朱子語類』, 권84)

제례古今家祭禮』, 『의례경전통해儀禮經傳通解』 등을 지었다. 주희는 이러
한 예들이 모두 천리에 부합되는 천리지당연으로, 모자람이 없고 더
하거나 덜 수 없으며 그 두텁고 얇음, 깊고 얕음이 꼭 알맞다고 자신
했다. 성인의 마음이 '하늘과 합일'하기에 실행하는 예 또한 하늘과
합일한다는 것이다. 이렇게 송대는 도통, 학문, 정치의 면에서 삼대
의 왕도정치, 성왕의 도통, 공맹의 학문을 계승하고 한·당 이래의
패도를 끝맺고 송대 사회역사의 문명을 창조해 내었다. 이러한 분명
이 바로 도덕적 역사학의 실천이다.

　진량陳亮은 왕도를 숭상하고 패도를 비판하는 주희의 '존왕천패
론尊王賤覇論'을 비판했다. 그는 거침없는 논설을 토하면서 주희와 날
카롭게 맞섰다. 그의 주장은 다음과 같다. 인류의 사회적 행위에서
정의(천리)와 이익(인욕)은 대립하는 것이 아니라 병존하는 것이다. 삼
대의 때라 할지라도 "왕도와 패도는 함께 사용되었고" "정의와 이익
이 함께 나아갔으니",[40] 양자는 절대적인 대립관계가 아니다. 본래
패도는 왕도에서 나오고 이익은 정의 안에 있다. 따라서 천리는 삼
대의 왕도뿐만 아니라 한당시기의 패도에도 담겨 있다. 물질생활에

---

40) 『순자』「王覇」편에서는 왕도에 대해 "예의로 나라를 가지런히 다스려서 그 명성
　　을 빠르게 천하에 빛냈는데 바로 탕왕과 무왕과 같은 사람이다.…… 이를 두고
　　예의를 바로 세우면 천하의 왕으로 될 수 있다고 하는 것이다"라고 하고, 또
　　패도에 대해 "제환공, 진문공, 초장왕, 오왕합려, 월왕구천 등 다섯 패왕이 외지
　　고 좁고 작은 나라를 가지고 있었음에도 천하에 명성을 크게 떨치고 그 강대함
　　이 중원 나라들까지 위엄이 미치게 된 까닭은, 다름이 아니라 세상 사람들의
　　신용을 얻었기 때문이다. 이를 두고 신용을 얻으면 천하의 패권을 잡을 수 있다
　　고 하는 것이다"라고 했다.(『荀子新注』, 中華書局, 1979, pp.163~165) 이처럼 순
　　자는 패도를 부정적으로 보지 않았다.

대한 인류의 욕망과 요청은 인간의 생리적 욕구이다. 색에 대한 눈의 욕구, 맛에 대한 입의 욕구, 소리에 대한 귀의 욕구 등이 그것이다. 물욕이나 이익과 분리된 의리란 존재할 수 없다. 물욕을 부정하면 인간이 존재할 수 없는데 의리가 어디에 있을 수 있겠는가? 그러므로 삼대라 할지라도 이익과 욕망 그리고 부귀를 추구하지 않았던 것은 아니다. 공자는 "도의를 밝히고 공리를 따지지 말라"(明其道, 不計其功)고 했는데, 그러면서 왜 '외적을 물리친' 관중의 공을 칭찬하며 관중이 없었다면 중원의 사회역사단계가 머리를 풀어 헤치고 옷자락을 왼쪽으로 걷어 올린 채 예의문명을 중시하지 않는 상태에 정체되어 있었을 것이라고 했겠는가? 이것이 어찌 관중의 공적을 평가한 것이 아니라 하겠는가? 맹자는 수레를 몰면 부정한 방법을 사용하지 말고 활을 쏘면 과녁에 명중해야 한다고 했는데, 설마 그렇다고 군자가 사냥에서 빈손으로 돌아오기를 원했겠는가? 사실 걱정해야 할 것은 '공을 따지고 이득을 도모하는 것'이 아니라 천하의 실질적인 것들을 다 없애는 도학일지도 모른다.

사회역사는 도덕과 일정 부분 연계된다. 진량은 만약 주희의 말대로 삼대 이후가 오로지 왕도가 사라지고 패도가 판을 치는 세상, 즉 인욕이 범람하고 도덕이 사라지며 인의가 없는 암흑에 빠진 사회였다고 한다면 한나라와 당나라가 어찌 천지와 함께 우뚝 서서 사람과 사물이 그에 의지해서 살아갔으며 만물이 어떻게 크게 번창하고 도의가 오래도록 존재할 수 있었는지에 대해 물었다. 한고조와 당태종이 통치하던 시기에 사회는 안정되고 번영하였으며 그 큰 공과 덕이 천하에 널리 퍼졌다. 따라서 한나라와 당나라는 삼대의 도통을 계승했을 뿐만 아니라 공도 쌓고 창업도 하여 사회역사의 진보와 발전을 이룩한 것이다. 만약 삼대 이후 모든 것이 다 암담하고 잘못 되었다면 역사도 없고 의미도 없이 세상은 단지 '구멍이나 메우며' (架漏) 세월만을 보낸 것이 되고 만다.

동서고금을 막론하고 모든 사회역사는 일정한 도덕규범을 가졌 다. 사회의 도덕은 그 민족의 발전단계, 풍속습관, 종교·신앙, 행위 양식과 연계되지만, 도덕은 자율적 규범, 종교적 행위, 여론의 감독 이라는 측면에서 국가와 민족을 초월한 공통성을 가진다. 이런 의미 에서 수화水火로부터 초목-금수-인간으로의 우주진화는 곧 기氣로 부터 생生-지知-의義로의 발전이며, 이러한 발전은 무생물로부터 생물세계 그리고 인류사회로의 비약이다. 이러한 비약이 있을 수 있 은 것은 인류사회에 도의 즉 도덕이 있었기 때문이다. 이것은 순자 의 해석인데, 매우 합리적이다.

도덕의 역사는 도덕이 사회역사의 안정, 발전, 번영에 미치는 중 대한 의미에 주목한다. 사회가 맑고 깨끗하고, 관리들이 청렴결백하 고, 도덕이 발전하고, 사람들이 생활에 만족하면서 즐거운 마음으로 일하고, 역사가 진보하는 사회는 문경지치文景之治, 정관지치 등과 같 은 사회이다. 하나라 걸왕과 은나라 주왕이 무도하고 무덕하며 악행 만 일삼음에 따라 사회는 혼란에 빠지고 백성들은 고생하고 역사는 퇴보했다. 그러나 특정 상황에서는 악 역시 역사발전을 촉진하는 지 렛대가 될 수 있다는 점에서, 악은 사회역사의 교체시기 중 일정 범위와 정도 내에서 촉진의 힘이 된다.

　악의 근원은 인성의 악함에 있다. 순자는 인간의 본성이 태어나면서부터 '이익을 좋아하고'(好利) '자기에게 나쁜 것을 싫어하며'(疾惡) '성색聲色을 좋아하기에'(好聲色) 인간의 본성은 악하며, 선은 후천적인 인간의 노력에 따른 것이라고 보았다. 만약 인간의 악한 본성이 그대로 실현된다면 다툼이 생기고 사양이 없어지며 임금과 아버지를 시해하고 충신忠信을 잊으며 음란하고 예의와 도덕규범을 상실하는 등의 문제를 초래하게 된다. 그러므로 군주의 권세를 세워 인간의 본성을 제지하고 예의를 밝혀서 교화하고 법도를 실시하여 다스리고 형벌을 중시하여 금지시킴으로써 천하가 안정되고 질서 잡히게 해야 하는 것이다. 다시 말해, 본성이 악하기 때문에 권세, 예의, 법도, 형벌이 필요하다는 것이다. 악한 본성은 권세, 예의, 법도, 형벌이 존재하는 까닭이고, 국가의 통일과 안정을 수호하는 합법성, 합리성이 존재하는 까닭이다. 여기에서 순자는 인의도덕을 배척하지 않았다. 그가 맹자의 성선설을 비판하는 지점은 성선설이 자아의 심성수양에서의 자율성만 강조하고 타율적 예법을 소홀히 한다는 점에 있었다. 도덕적 자율은 주체적인 도덕적 자각 정도에 의존한다. 그러나 도덕적인 자각에는 한계가 있고, 이 한계는 도덕적 자율에 영향을 미쳐서 사회의 안정과 질서에 대한 통제력을 약화시킨다. 순자의 성악설은 인간의 자연욕망, 감정, 감각적 욕망, 사적 이익 등을 어느 정도 함축하고 있기에 선천성, 합리성을 가지고 있다. 따라서 맹자와 같이 악을 버리거나 회피하는 것이 아니라 그것을 직면하여, 예법과 형벌과 도덕교화를 결합시켜 '화성기위'를 통해서 선천적으로 악한 본성을 바꾸고자 한다. 이를 통해 악을 해소하고 사회역사의 발전에 기여하고자 하는 것이다.

4) 사회를 향해 영혼의 문을 열다

도덕적 역사학은 의미 역사세계(추세의 역사세계)가 드러내는 차원이다. 이 차원은 의미 역사세계의 실현과 구분되지 않는다. 도덕적 역사세계가 드러내는 세계는 마음의 역사가 드러내는 세계와 상호작용·상호보완의 관계를 맺는다.

영혼의 역사학은 영혼적 존재 자체가 구성하는 사회역사 및 그것이 사회역사의 발생, 발전, 쇠락에 대해 가지는 역할, 영향에 관한 학설을 가리킨다. 사회역사는 결국 인간이 창조한 것이고, 인간의 창조적 활동은 인간의 의식과 의지 등 마음활동의 지배를 받는다. 바꾸어 말하면 자기의식과 의지 등 마음활동의 지배를 받는 인간이 창조한 사회역사인 것이다. 그래서 이전의 역사철학자들은 종종 인류의 사회역사를 이념, 관념, 의지 등 마음활동의 실현 또는 구현으로 설명하였다.

영혼의 역사학에서 영혼의 의지는 이성과 비이성이라는 사회역사의 이원대립적 함정을 초월하여 충돌·융합·화합의 이념을 통해서 도덕역사학의 보편화·절대화된 '덕성주체' 또는 '도덕주체'를 해방시키고 영혼이 직접 사회역사를 대면하게끔 했다. 고대 중국의 철학자와 역사학자들은 종종 마음을 절대화하여 그것을 사회역사의 결정자로 만들었다. 영혼은 대체로 마음을 가리키는 것으로, 정신, 사상, 의지, 심술心術 등을 포함한다. "너의 영혼은 모든 것을 알고 있다."(『嘚嚴經』, "汝之心靈, 一切明瞭.") 주희는 사회역사가 진보하고 발전하는 결정적인 요소가 제왕이나 군주의 '마음'(心) 또는 '심술'이라고 보았다. 비록 '군권은 하늘이 부여하고' 영웅(군주)이 시세를 창조한다는 것을 부정하지는 않았지만, 그는 역사의 발전이 주로 '마음' 또는 '심술'에 의해 결정된다고 보았다.

> 신臣이 듣기로 천하의 일은 한 사람에게 달렸는데, 그 일신—身의 주인은 일심—心입니다. 따라서 군주의 마음이 올바르면 천하의 일이 올바르지 않음이 없고, 군주의 마음이 비뚤어지면 천하의 일이 비뚤어지지 않음이 없습니다. 형상이 똑바르면 그림자도 바르고 수원이 흐리면 흘러나온 물도 더러운 것이 이치의 필연입니다.[41]

'천하의 일'이란 만상을 망라하는 것으로, 사회역사도 천하의 일에 해당하므로 그 근본은 '일인—人'(군주)에게 달렸고, '일인'의 주인은 '일심'(군주의 마음)이므로 '일심'의 좋고 나쁨, 바르고 바르지 못함이 '천하의 일'의 좋고 나쁨, 바르고 바르지 못함을 결정한다. 이것이 바로 형상이 똑바르면 그림자도 바르고 윗물이 맑아야 아랫물이 맑아지는 이치이다.

'일심'의 좋고 나쁨, 바르고 바르지 못함에 대한 가치적·의미적

---

41) 『朱文公文集』, 권12, 「己酉擬上封事」.

평가는 곧 사회역사의 좋고 나쁨, 바르고 바르지 못함에 대한 가치적·의미적 평가이다. 이러한 가치적·의미적 평가의 근거는 "천하의 모든 일은 일심에서 근원한다"[42]라는 것이다. '일심'은 보편적인 마음, 대중의 마음이 아니라 특수한 마음 즉 유일심이다. 유일심은 천하의 모든 일의 큰 근본이기에 오직 이 '대본'을 세워야 비로소 천하의 일들을 해 나갈 수 있다. 이 큰 근본이 바로 '군주의 심술'이다. 이른바 심술이란 사상과 심계(心計)를 가리킨다.[43] 그러면 왜 대본을 세워야 하는가? 천하의 일은 끊임없이 변화하고 그 단서가 무궁하기에 군주의 심술을 대본으로 세워야 비로소 사회역사의 좋고 나쁨, 올바름과 바르지 못함에 대한 통일적인 척도가 있게 되며, 이 척도를 가지고 '정치를 실시하고' '백성을 먹여 살리며' '인재를 등용하고' '천하를 평정하는' 요지를 이해하여 어느 하나 올바른 마음과 진심에서 나오지 않음이 없게 할 수 있기 때문이다. 어진 재상을 등용하고, 뒷거래를 철저히 막고, 좋은 관리를 선발하고, 조세와 부역을 가볍게 하고, 장수들을 공동으로 선출하고, 측근들만 믿지 말고, 경계의 말을 잘 받아들이고, 아첨을 싫어하는 등의 일이 모두 그러하다. 반대로 능력에 관계없이 자신과 가까운 사람만 등용하고, 관직을 매매하고, 터무니없이 과중한 세금을 징수하고, 부끄러움도 모

---

42) 『朱文公文集』, 권75, 「送張仲隆序」.
43) 『莊子』 「天道」에 "心術이 움직인 뒤 그것을 따른다" 했는데, 成玄英은 "術은 능력이다. 마음이 할 수 있는 능력을 심술이라고 한다"라고 소를 달았다. 주희는 「答宋容之」(『朱文公文集』 권58)에서 "과거공부는 지식과 견문을 방해하고 심술을 못쓰게 만드는데, 재주가 뛰어날수록 그 해가 더욱 심하다"라고 하였다.

른 채 주색에 빠지고, 윗사람을 기만하고 아랫사람을 속이고, 큰일을 벌여 공적 쌓기를 좋아하고, 아첨하는 말을 좋아하는 등은 어느 한 가지도 지도자의 '심술'이 올바르지 못함에서 비롯되지 않은 것이 없다.

군주의 '심술'이 올바르지 못할 경우 그것이 사회역사 발전에 안겨 주는 악영향은 매우 크다. 따라서 군주의 '심술'이 바르고 바르지 못함은 국가와 민족의 운명과 깊이 관계된다. 군주의 '심술'이 사사로움이나 그릇됨 없이 정당하고 떳떳해야 국가와 가정의 기강이 바로설 수 있고 조정과 백관, 백성을 바르게 해서 천하를 바르게 할 수 있다. 이처럼 군주의 '심술'은 그물망의 씨줄이나 실타래의 실마리와도 같아서, 씨줄이 없으면 그물을 칠 수 없고 실마리가 없으면 실타래를 정리할 수 없는 것과 마찬가지로 나라와 사회도 기강이 있어야만 잘 다스려질 수 있다.

어떻게 '심술'을 올바르게 세울 수 있는가? 우선 심술이 바르고 바르지 못함의 기준을 분명히 세워야 한다. 주희는 이치(천리)에 부합되면 바르고 그렇지 않으면 바르지 못한 것이라고 하였다. 이 마음의 바르고 바르지 못함은 천리와 인욕, 도심과 인심의 구별에 따른 것이다. 만약 도심과 천리로부터 출발하면 마음이 공적일 뿐만 아니라 바르기도 하지만, 만약 인심과 사욕에서 출발하였다면 그 마음은 사사로울 뿐만 아니라 바르지도 못한 것이다. '인심과 사욕이 중간에 끼기' 때문에 군주의 마음이 그것으로 인해 혼매해지고 막히는 것이다. 따라서 군주의 마음을 바르게 하자면 '극기克己'공부를 통해 사욕을 극복해서 올바름에 도달해야 한다. 마음이 바르면 자연히 "예가 아니면 움직이지 않고 보지 않고 말하지 않고 듣지 않기" 때문에 마음을 바르게 함으로써 천하를 바르게 할 수 있게 되는 것이다. 아울러 '성색聲色·재물·사리'를 경계해야 한다. 그런 것에 빠지면 군주의 마음은 바르지 못하게 된다. 만약 스스로 바르게 하지 못할 경우라면, 어진 신하와 스승의 보조를 받음으로써 의리의 귀결을 밝히고 사사롭고 사악하게 되지 않도록 해야 한다. 그렇게 해서 어진 신하를 가깝게 하고 소인을 멀리하며 군주의 심술이 바르도록 해야만 천하를 바르게 다스릴 수 있다. 천하를 바르게 다스림이란 사회가 안정되고 질서가 잡히고 번영하고 부강함을 말한다.

군주의 마음 또는 심술이 사회역사 발전에 일정한 영향을 미친다는 것은 당연하다. 어떤 경우에는 중대한 영향을 미친다고도 할 수 있다. 그러나 군주의 마음 또는 심술이 사회역사의 발전에서 절대적이고 유일하며 결정적으로 작용한다고 말한다면, 이것은 부분으로 전체를 일반화하는 오류를 범하는 것이다. 다만 그 가능성을 완전히 부정할 수 없을 뿐이다. 특정한 시기, 특정한 상황에서 군주의 마음과 의지는 사회역사에 대하여 결정적인 작용과 영향을 미친다. 심지어 그 마음이 악하고, 사욕에 빠지고, 착한 마음이 아니고, 천리가 아니더라도 말이다. 유종원은 은나라 탕왕과 주나라 무왕이 부득이하게 천하를 사유화하는 봉건제를 실시했던 것은 "제후들이 탕과 무 자신들을 위해 힘을 다하고 자신들의 자손을 보위하기 위해 힘을 다하도록" 만들기 위해서였다고 하였다. 그는 또 진시황이 봉건제를 폐기하고 군현제를 건립한 것도 "제도로 놓고 말하면 매우 공적인 것이지만, 그 동기로 말하면 개인의 권위를 공고히 하고 천하의 사람들을 굴복시키기 위한 것이다"[44]라고 하였다.

봉건제가 천하를 사유화한 것이라면 왜 그것을 폐기하지 못하는가? "봉건제는 성인의 뜻이 아니라 추세이다."[45] 이것은 성인의 의지, 사상에 관한 영혼의 역사의 문제가 아니라 사회역사 발전 추세에 관한 문제였던 것이다. 봉건제뿐만 아니라 군현제 또한 추세였으며, 그 영혼 또는 사상은 사심과 사정에 근거한 것이었다. 즉 악한 마음과 사욕의 마음에서 출발했다는 것이다. 이것이 사회역사의 원래 모습이다. 왕부지는 이렇게 말했다.

> 진나라는 천하를 통치하려는 사사로운 마음으로부터 출발하여 제후를 파면하고 군수를 세웠다. 이는 하늘이 그의 사심을 빌려 대공大公을 이룬 것이다. 사물의 발전은 신묘하여 예측하기 어렵다는 것이 이 정도이다.[46]

진시황은 그 사사로운 마음으로부터 출발하여 봉건제를 폐지하고 군현제를 실시했다. 이것은 하늘이 그 사심을 빌려 군현제라는 대공大公을 널리 시행한 것이다. 바꾸어 말하면, 진시황은 원래 "자기 자손들이 오래도록 살아가기 위하여 사사로운 욕심을 부린 것"이

---

44) 『柳宗元集』(中華書局, 1979), 권3, 「封建論」, p.74.
45) 『柳宗元集』, 권3, 「封建論」, p.70.
46) 『讀通鑑論』, 권1, 「秦始皇」; 『船山全書』 제10책, p.68.

지 '천하지대공天下之大公'을 위한 것이 전혀 아니었는데, 어떤 '보이지 않는 손'의 존재가, 즉 신묘하여 헤아릴 수 없는 힘이 사회역사로 하여금 시대와 더불어 전진하도록 해서 그 발전을 촉진시켰다는 것이다.[47] 여기에서 "그 사사로움을 빌려 천하의 대공을 행하도록 한" '보이지 않는 손'이 곧 하늘이다. 왕부지는 하늘은 인격신이나 의지를 가진 존재가 아니라 추세와 이치의 합일이라고 보았다. "추세는 깊고 미묘하며 이치는 광대하니, 그 둘을 합하여 하늘이라고 한다."[48] 하늘은 사회역사 발전추세의 필연성의 원리와 법칙이며, 영혼의 사심을 지배하고 제한하면서 그 대공을 실행토록 하는 힘이다. 이를 통해 화합적 의미 역사세계(추세의 역사세계)의 영혼의 역사학은 반드시 이치의 역사세계로 탈바꿈하고 화합적 가능 역사세계로 진입해야 한다.

---

47) 모택동은 1973년 8월 5일에 「〈봉건론〉을 읽고 郭沫若 어르께 드리노라」라는 칠언율시 한 수를 지었다. "권하거니와 그대여, 잔나라 시황을 너무 욕하지 말지니, 분서갱유의 사건은 좀 더 살펴보아야 할 일이로다./ 조룡(진시황)은 비록 죽었어도 잔나라는 아직 여전한데, 공자의 학문은 이름만 높지 실제로는 빈껍데기일 뿐이구나./ 백대에 걸쳐 모두 잔나라의 제도를 시행해 왔거늘, (곽말약의) 「10비판서」는 좋은 글이 아니로다./ 당나라 사람(유종원)의 「봉건론」을 잘 읽어 보아서, 子厚(유종원)의 뜻으로부터 文王의 시대에로 역행하지 말지니라."(『建國以來毛澤東文稿』, 제13책, 中央文獻出版社, 1998, p.361) 모택동은 진시황에 대해 각별한 애정이 있었다. 그는 자신을 진시황과 비교하면서 "진시황이 다 무엇이더냐! 그는 단지 460명의 유자를 구덩이에 묻었을 뿐인데 우리는 46000명의 유자를 묻었다.…… 나는 민주인사들과 변론한 적이 있는데, 그들은 우리가 진시황이라고 욕하였다. 아니다. 우리는 진시황을 백배나 초과한 것이다"(1958년 5월 8일, 당의 8대 2차 회의에서의 강화. 許全興이 지은 『모택동 만년이론과 실천』, 中國大百科全書出版社, 1993, p.456 참조)라고 하였다. 그는 자신이 "마르크스에 진시황을 더한 것"이라고 하였다.(闕民, 「鳳凰涅槃 ─ '文化大革命'中的毛澤東與郭沫若」, 『知情者說』 제4책[肖思科 · 顧保孜 등, 中國靑年出版社, 1997], p.63)
48) 『讀四書大全說』, 권9, 「孟子 · 離婁上」;『船山全書』 제10책, p.993.

4. 정신적 안식처로서의 역사

화합적 가능 역사세계에는 현실성과 가능성, 사실과 이상 간의 긴장이 존재한다. 현대의 디지털화된 가상세계에서는 이상이 현실이 되고 불가능한 것이 가능해진다. 카시러는 괴테의 말을 인용하여 "이상세계에서 산다는 것은 곧 불가능한 것을 마치 가능한 것처럼 다루는 것이다. 위대한 정치사회개혁자들은 모두 부득이하게, 불가능한 일을 마치 가능한 것처럼 다루었다"[49]라고 하였다. 인간은 이상세계에서야 비로소 '사실' 또는 '현실성'을 초월해서 불가능의 가능성으로 나아갈 수 있다. 오직 이상세계에서의 창조적 행위를 통해서만 진정한 의미를 가질 수 있고, 이상세계의 지성창조 행위 안에서만 비로소 자유를 얻을 수 있는 것이다. 여기에서 말하는 이상세계는 바로 화합적 가능 역사세계에 해당된다.

1) 합리와 불합리

화합적 가능 역사세계(이치의 역사세계)는 화합사회역사의 충돌을 해소시키고, 화합사회역사의 길을 소명하며, 화합사회역사의 안식처를 구축하고, 화합사회역사의 네트워크를 구축해 가는 것을 가리킨다. 화합적 가능 역사세계에는 생명의 바다의 연꽃이 있는가 하면

---

49) 카시러, 『人論』(甘陽 譯, 上海譯文出版社, 1985), p.77.

현실세계의 추악함도 있고, 화목한 안정이 있는가 하면 혼란과 굶주림의 고통도 있으며, 가치이상에 대한 동경이 있는가 하면 사회의 분열에서 오는 상해도 있다. 즉 현실의 사회역사는 추악하며 아름다운 사회역사란 이상 속에서만 존재하기 때문에, 화합적 가능 역사세계를 이치의 역사세계라고 부르는 것이다.

이치는 사회역사 발전의 원리, 도리로서 합리성과 근본성, 선험성을 가진다. 즉 사회역사 발전의 복잡한 현상 배후에 바로 이치가 그 토대와 근거로서 존재하는 것이다. 따라서 이치는 사건 속에 포함되어 있어서 사회역사와 분리되지 않는다. 분리되는 순간 이치란 존재할 수 없다. 즉 이치는 항상 존재와 연결되어 있는 것이다.

이치에는 작용과 도구이성적 함의뿐 아니라 형이상학적 의미도 있다. 따라서 주희는 "천지가 있기 전에는 오직 이치가 있었을 뿐이다. 이치가 있기에 천지가 있다. 이치가 없다면 천지도 없고 사람도 사물도 없어 모두 담을 수 없다"[50]라고 하였다. 이치는 천지보다 선재하기에, 이치가 없으면 천·지·인·물도 없게 된다. 즉 세계의 어느 것도 없게 되는 것이다. 바꾸어 말하면, 이치는 천·지·인·물의 근거이며, 또한 천·지·인·물이 존재하게 하는 도리이자 원리이다.

사회역사 발전의 원리, 도리는 사회역사진화의 추세 및 발전과 필연적이고 확실한 관련이 있고, 이러한 연결 안에는 필연적 원리, 도리가 함축되어 있다. 따라서 그 원리와 도리는 변화무쌍한 사회역사현상에 비해 상대적으로 안정된 내용과 본질로서 사회역사현상과

---

50) 『朱子語類』, 권1.

사실 및 감정의 역사세계(현실 역사세계)를 규정하고 지배하는 기능을 가지고 있으며, 아울러 형식으로서 필연적인 작용과 영향을 가지고 있다. 사회역사 발전 과정에서의 추세는 이 과정에서의 원리, 도리에 부합되는 경향 혹은 방향을 가리킨다. 사회역사의 원리, 도리는 실제로 보고 들을 수 있는 것은 아니지만, 사회역사 발전의 추세를 통해 직관·체득·이용할 수 있다. 왕부지는 일찍이 『맹자』「이루상離婁上」의 "천하에 도道가 있고 없음"에 대한 주희의 해석을 인용한 뒤, 주희의 해석은 "도가 있는 천天을 이치인 양 말하고" "도가 없는 천을 추세인 양 말한" 것으로서 이치와 추세를 분리했다는 점에서 정밀하지 못한 해석이라고 보았다. 사실 추세의 당연함이 곧 이치이고, 이치의 구체적인 드러남이 곧 추세인 것이다.

　이치는 가능 역사세계 자체가 체현하고 있는 일종의 이상세계의 원리, 도리이다. 사회역사의 가치이상세계는 일종의 가상적 존재로서 형이상적 세계 혹은 미래세계 즉 가능 역사세계가 지향하는 지점이다. 이치의 역사세계는 마땅히 그렇게 되어야 하는 소이연이자, 그러한 추세의 근거 혹은 동인인 것이다. 또한 이치의 역사세계는 사회역사 발전 추세와 필연적 관계 속에 있는, 사회역사 발전 추세의 필연성이자 도리이며 원칙이다. 따라서 이치는 추세의 이치이고, 추세는 이치의 추세이다. 이치는 추세를 확정함으로써 자신도 확정되고, 추세는 필연성을 통해 이치를 표현한다. 결국 사회역사 발전에 있어서의 따름과 거스름, 옳고 그름(順逆可否)은, 이치의 따름과 거스름이 없으면 추세가 될 수 없고, 추세의 옳고 그름이 없으면 이치가 실현될 수 없다. 그러므로 사회역사 발전의 이치에 순응하여 일을 이루어 내는 '옳음'과 이치를 거슬러서 일을 성사하는 '그름'은 이치가 추세를 만들어 내는 것이다. 즉 따름과 거스름의 이치가 옳고 그름의 추세를 만들어 내는 것이다. 역으로, 확정적인 사회역사 발전의 추세에 따르는 것은 곧 이치에 순응하는 것이고, 불확정적인 추세를 이용하는 것은 이치를 거스르는 것이다. 이것은 추세가 이치를 실현하는 것, 즉 옳고 그름의 사회역사 발전 추세가 따름과 거스름의 사회역사 발전의 이치를 실현하는 것이다.

따름과 거스름, 옳고 그름의 시각에서 사회역사 발전의 추세와 그 원리, 도리를 고찰해서 시기와 추세의 변화에 대응하고 판단해야 한다. 시대의 풍조는 변화하고 사회역사 발전의 추세도 변화하기에, 사회역사 발전의 추세가 변화되면 사회역사 발전 원리, 도리도 변화하게 마련이다. 이런 의미에서 사회역사 발전의 추세는 사회역사 발전의 원리, 도리를 판단하는 기준이기도 하다. 사회역사의 활동은 인간의 행위로 구성된 것으로, 모두 합리적인 행위이고 본래부터 현실이 되고자 하는 행위이다. 사회역사 발전의 합리성은 사회역사 발전의 현실성에서 표현된다.

그러나 합리적인 것이 곧 현실적인 것일 뿐, 현실적인 것이 곧 합리적인 것은 아니다. 왜냐하면 사회역사 발전의 현실에서는 불합리한 것도 드러나기 때문이다. 유종원은 삼대의 성왕들이 봉건제를 없애려 하지 않은 것은 아니지만 결국 없애지 못했는데, 그것은 바로 추세 때문이라고 하였다. 그러면서 그는, 이것이 현실적인 합리성에 대해서는 성왕이라도 어찌 할 수 없는 측면이 있음을 설명한 것이라고 보았다.[51] 진시황이 봉건제를 폐지하고 군현제를 실시한 것은 사회역사 발전의 요구였다. 중국을 통일한 진나라의 중앙집권 체제에 부합하는 방식은 봉건제가 아닌 군현제였기 때문이다. 왕부 지는 "군현제가 2천 년을 내려오면서 바뀔 수 없었던 것은 고금과 상하가 모두 편안하게 느꼈기 때문이다. 이는 대세의 흐름이었으니 이치가 아니었다면 어찌 그럴 수 있었겠는가?"[52]라고 하였다. 중국 은 2천 년 동안 군현제를 실시했고, 이는 동아시아 각국의 역사현실 에도 영향을 미쳤다. 그러므로 이는 사회역사 발전의 필연적인 추세 이자, 필연적인 이치이기도 했다. 이러한 제도는 '문화대혁명' 시기까 지도 지속되었다.[53]

2) 가상과 경외의 역사

이치의 역사세계는 가치의 이상세계로서 정신세계에 대한 예설 이다. 이러한 예설은 정신세계의 요구를 충족시킨다. 종교는 인류 정신세계의 한 측면이다. 이치는 비인격화·비신격화된 신이지만, 신은 인격화·정신화된 이치이다. 그러므로 어떤 사람들은 종교를 인류 정신세계의 특수한 기능의 토대로 간주하여, 심지어 인류의 정 신세계 자체를 종교라고 하면서 인류사회역사가 종교의 발전사라고

---

51) 『柳宗元集』, 권3, 「封建論」, p.70.
52) 『讀通鑑論』, 권1, 「秦始皇」; 『船山全書』 제10책, p.67,
53) 錢伯城, 「再讀〈封建論〉幷解讀毛澤東讀〈封建論〉詩」(『東方文化』 1999년 제6기) 참조.

까지 말한다. 특히 중세를 그렇게 일컫는다. 사회역사 발전과 종교의 역사는 매우 밀접한 관계를 맺고 있으며, 이는 현대에 이르기까지 어떠한 국가나 지역도 예외가 아니다.

종교역사학은 불가능의 가능성, 존재하지 않는 존재성에 대한 사회역사의 상상, 가상, 경외에 관한 역사학을 가리킨다. 어떤 이는 종교가 사회역사 발전의 근본 동력이자 근거이며, 신이 아담을 창조한 이래 인류의 사회역사 발전은 신의 계시 하에서 진행되었다고 한다. 그러므로 '천리天理'인 종교의 역사 과정을 체득하지 않고서는 '인도人道'인 사회역사 발전 과정을 체득하기 어렵다는 것이다. 신은 자신의 형상을 따서 인간을 만들어서 만물을 관리할 권한을 부여했다. 그러나 아담과 하와는 신의 뜻을 어기고 선악과를 몰래 훔쳐 먹은 죄로 에덴동산에서 살 권리를 박탈당했다. 이로 인해 인간은 자유의지·양지·이성·도덕관념 등을 얻은 대신 '원죄'를 짊어진 채 인간세상에서 참회하면서 인류의 사회역사 발전 과정을 이어 가게 되었던 것이다.

유럽 중세기 사회역사는 기독교의 역사와 깊숙이 관련된다. 이를테면, 신성로마제국은 최초 왕조인 작센왕조(919~1024)의 초대 황제 하인리히 1세 때부터 황제가 사제직을 수여하는 권력을 행사했기에, 고급 사제의 다수가 귀족출신으로서 사제직을 수여받고 중요한 기밀에 참여했으며 그 대가로 황제는 교회의 영지에서 재정적·군사적 지지를 받았다. 특히 2대 황제인 오토 1세(936~973)는 교회를 왕권의 버팀목으로 삼고 국왕과 교회의 이익을 결합함으로써 대영

주들의 세력을 억눌렀다. 이때부터 사제들이 세속권력에 영합하는 현상이 갈수록 심해져, 결국 교회의 규칙의 정돈과 독립을 호소하는 교회 내부의 개혁운동이 일어났다. 개혁가들은 수도자에게 세 가지 사항, 즉 가난한 생활 속에서도 안정된 마음으로 지낼 것, 속세를 떠나 수도자의 정조를 지킬 것, 수도자의 규범에 복종할 것을 강요했으며, 세속인이 사제의 지위를 수여하는 권한을 지니는 데 반대했다. 1073년 클뤼니파의 주교인 힐데브란트가 교황으로 선출되어 그레고리우스 7세(1073~1085)가 된 이후로 왕권과 교권 간의 팽팽한 긴장관계가 형성되고, 1122년까지 쌍방의 투쟁이 지속되다가 '보름스 협약'을 맺고서야 타협이 이루어졌다.[54] 이처럼 유럽의 사회역사는 종교와 깊이 관련되어 있다. 종교 자체가 사회역사 발전의 중요한 내용이었던 것이다. 그러므로 종교를 빼고서는 유럽의 사회역사를 말할 수 없다.

중동지역의 이슬람국가들도 역시 그러하다. 마호메트(570~632)는 이슬람교의 창시자이다. 그가 지은 성전聖典인 『코란』은 알라가 마호메트를 통하여 세상 사람들에게 알리는 '묵시黙示'였다. '이슬람'의 어원은 귀의와 복종이라는 뜻이고, 신자들을 '무슬림'이라고 부르는 것은 알라를 신앙하고 선각자에게 복종한다는 뜻이다. 메디나에 신권국가를 세운 마호메트는 메카의 신전을 이슬람교 사원인 모스크로 고쳐서 그곳을 신자들이 성지순례하는 곳으로 만들었다. 그는 사망할 무렵에 아라비아반도의 대부분을 통일했다. 그의 계승자는 '칼

---

54) 周一良·吳于廑 주편, 『世界通史: 中古部分』(人民出版社, 1962), pp.43~45.

리파'라 불렸는데, 이는 신의 사자의 계승자란 뜻이다. 최초 네 명의 칼리파는 모두 마호메트와 가까운 친척과 친구들 가운데서 선발되었으며, 그들이 종교, 군사, 행정 삼위일치의 정교합일국가의 수반이 되었다. 그들은 아라비아반도를 출발점으로 하여 시리아, 이란, 이집트, 리비아 등지를 정복해 갔다. 제4대 칼리파가 피살당한 후 우마이야 가문 출신인 시리아 총독 무아위야가 칼리파가 되어 우마이야 왕조(중국의 사서에서는 白衣大食이라 부른다)를 수립하였으며, 이후 칼리파 지위는 세습되었다. 우마이야 왕조는 대외확장을 계속하였다. 8세기 중엽에 이르러 아랍제국은 동쪽으로는 인더스 강 유역으로부터 서쪽으로는 대서양에 이르기까지 아시아, 아프리카, 유럽에 걸친 대제국이 되었다. 많은 아랍인들이 각 점령지로 옮겨감에 따라 각지의 민족성분, 문화, 종교, 신앙이 모두 변화하였고, 아랍어가 법정언어로 되었으며, 데나리우스가 통일화폐로 채택되었다. 토지는 알라의 재산으로 재분배되었고, 성전인 『코란』과 마호메트 생전의 언행록인 『하디스』가 공동의 준칙이 되었다.[55] 그리하여 현재의 아랍 국가들은 기본적으로 정교합일의 전통을 계승하고, 『코란』과 『하디스』를 법전인 동시에 무슬림이라면 반드시 준수해야 할 행위규범과 준칙으로 삼고 있다. 아랍 국가들의 사회역사 발전도 이슬람교의 역사발전이기에, 종교가 곧 역사이고 역사가 곧 종교였던 것이다.

현재 세계 각지의 문명충돌(각 종교의 충돌로 인해 발생한 전쟁을 포함하여)은 갈수록 심각해지고 있다. 화합적 가능세계(이치의 역사세계)의 종

---

55) 周一良·吳于廑 주편, 『世界通史: 中古部分』, pp.77~83.

교역사학적 입장에서 볼 때, 세계 각 종교는 "내가 원치 않는 일은 남에게 강요하지 말라"(『論語』「衛靈公」)는 원칙을 최소한의 공감대로 지녀야 한다. 이는 곧 화생·화처·화립·화달·화애의 5대 원칙이다. 경제세계화, 정치다원화, 문명다원화로 인한 각종 형식의 갈등(종교적 갈등, 전쟁, 테러활동 등)에 대해 '화합하되 동화되지 않는' 모습으로 대응해서, 사람들이 안정되고 단결되며 평화롭고 협력하며 공동으로 발전할 수 있도록 해야 한다. 충돌, 테러, 전쟁은 인민들의 생명과 재산에 돌이킬 수 없는 손실을 초래하는 악행이다. 이러한 악행으로는 내세에 천국으로 들어가지 못하고 지옥에 떨어질 수밖에 없을 것이다.

3) 철학적인 것이 곧 역사적인 것

철학이 역사적인 학문이기에'사회역사에 대한 철학적 이해 역시 역사적인 것일 수밖에 없다. 따라서 철학이 없는 역사란 존재하지 않고, 역사가 없는 철학도 존재하지 않는다. 철학은 역사의 결정체이고 역사는 철학의 전개이며, 철학은 역사의 영혼이고 역사는 철학의 육신이다. 화합철학의 역사학은 역사학에 대한 철학적 연구를 가리키는 것으로, 역사의 발생, 성장, 성숙, 쇠락의 원인과 근거의 소당연·소이연에 관한 학설이다. 즉 철학적 역사학은 철학을 역사학 속에 놓고 인류의 사회역사에 대해 총체적으로 반성하는 것이다. 이러한 반성은 역사 발전의 내재적, 필연적, 본질적 실체를 억지로 추구하지 않고, 역사의 이러한 측면까지 하나의 현상으로 본다. 아울러 사회역사현상 배후에 숨어 있는 '이성'과 '천리'에 대한 규명을 목적으로 하지 않고, 이러한 사회역사의 목적을 '적막한 것'(寂)으로 간주한다. 역사학은 신화와 현실의 경계선에서 너무 오래 망설일 수 없으므로 현실적 가상의 가능성을 직시해야 한다.

20세기 이래로 철학적 역사학은 철학자와 역사학자들의 냉대를 받았지만, 현실적인 철학적 역사학에서 가상적인 철학적 역사학으로 진입함에 따라 철학적 역사학의 현실적 사유방식, 가치평가, 생존방식, 방법론, 논리구조는 새롭게 출발하게 되었다. 이러한 전환은 철학적 역사학의 지평을 확장했을 뿐만 아니라 철학적 역사학의 새로운 활동공간까지도 개척했던 것이다. 이러한 전환이 바로 화합적 전환이었다.

전통적인 철학적 역사학은 내재적 통일을 추구하는 것이기에 다음과 같은 기본적인 틀, 즉 사회역사학의 사유와 활동의 기본적인 출발점을 갖게 된다. 사회역사에 대한 인간의 인식은 감성적 직관에서 이성으로 제고되는데, 그것은 객관적인 사회역사를 반영한 것이다. 따라서 사회역사의 논리적인 진실성은 곧 사회역사의 현실성과 부합된다. 즉 명실이 상부하게 되는 것이다. 이러한 철학적 역사학은 사회역사를 고정불변인 것으로 본다. 비록 사회역사의 발전을 인정하기는 하지만, 사회역사 발전 및 변화의 이치는 고정불변이라고 간주한다. 사회역사가 발전 및 변화하는 현상의 배후에는 그것을 지배하고 규정하는 '보이지 않는 손'이 있다고 주장하는 것이다. 다시 말해, 사회역사의 이치는 불변하고 항구적인 것으로서 현상으로 구현된 경우에든 감추어져 있을 경우에든 논리적으로 항상 존재한다는 것이다. 이러한 사회역사의 이치의 불변성, 항구성은 사회역사의 이치의 통일적·형이상적 성격을 초래하게 된다. 이렇게 해서 사회역사의 '리일理一'이 확립되고 나면 모든 사회역사 변화의 진로, 모델, 원리, 내용, 단계는 '리일'의 '분수分殊'일 뿐이게 된다. 여기에서 '분수'는 '리일'의 다원적 발전이나 창조적 개척이 아니라 "달이 수많은 강물에 비치는"(月印萬川) 식의 복제이자 재판이다. 이러한 인류사회역사 발전의 진로, 모델, 내용, 단계의 획일화는 인류의 비애이며, 인류사회역사의 몰락과 괴멸이다.

화합적 가능 역사세계(이치의 역사세계)는 다원적이기에 철학적 역사학은 인류사회역사의 가능세계 역시 다원적일 것을 요구한다. 인류사회역사 발전의 진로, 모델, 원리, 내용, 단계가 다원적일 때 인류의 사회역사도 비로소 완벽하고 우아하고 아름다운 화합세계의 방향으로 발전해 갈 수 있는 것이다. 그러나 현대 인류사회역사 발전은 여러 가지 조건과 요소의 제약과 도전에 직면해 있다. 여기에는 철학적 사유의 고정적 추세, 가치관념, 잠재의식의 선입견, 교조주의적 태도 등 갖가지 원인들이 있다. 만약 이러한 것들을 극복하고 초월하지 못하거나 이러한 제약과 방해가 되는 조건들을 바꾸지 못한다면 사회역사 발전은 실현될 수 없다. 철학적 역사학 차원의 형이상학적 사유, 관념, 선입견이 인류 사회역사 발전에 방향을 유도하고 영향을 미치게 되기 때문이다.

아울러, 현대 인류사회역사 발전은 각 민족과 국가의 선택일 뿐만 아니라 세계화의 내용과 의미도 가진다. 이러한 상황에서 인류는 인간과 자연의 충돌(생태위기), 인간과 사회의 충돌(사회위기), 인간과 인간의 충돌(도덕위기), 인간 영혼의 충돌(정신위기), 각 문명 간의 충돌(가치위기) 등 5대 충돌 위기라는 도전에 직면해 있다.[56] 이 중 어느 하나의 충돌과 위기라도 적절하게 해소되지 못한다면 사회역사 발전 과정은 정체되거나 퇴보할 수 있다. 무수한 사실이 이러한 사회역사의 '진실'을 증명해 주고 있다. 비록 그렇더라도, 사람들은 참된 현실 혹은 궁극적인 진리에 도달할 수 없을 것이다. 왜냐하면, 참된 과거의 현실은 현재와 시간적으로 차이가 나고, 또한 그러한 차이는 진실에 의해 철저히 제거되지 못할 뿐만 아니라 오히려 부단히 진실을 추구하는 과정에서 더욱 커지게 되기 때문이다. 물론 참된 현실과 비현실적 현실성 사이에는 큰 차이가 있기는 하지만 통할 수 없는 것은 아니다. 사회역사 발전 과정 자체를 놓고 말하자면, 참된 진실과 가상세계의 진실은 다르지만 디지털 가상세계는 이 양자를 융합시킬 수 있기 때문이다.

가상적인 것이 '진실'이 아닌 것은 결코 아니다. 그것은 가능 역사세계의 진실이다. 인류의 사회역사 발전에서 사회역사는 불가능한 가능성에 더 많은 발전공간을 개방했다. 따라서 가상적 시대의

---

56) 이 5대 충돌의 구체적인 내용은 다음 졸저를 참고하기 바란다. 『和合學槪論 — 21世紀文化戰略的構想』(首都師範大學出版社, 1996); 『和合與東亞意識』(華東師範大學出版社, 2001).

가상적 이상사회는 인류사회의 역사 과정에 없어서는 안 되는 것이다. 철학적 역사학은 가상적 이상사회가 사람들의 심리적·상상적 요청과 정신적·신앙적 기대를 반영한 것이라고 주장한다. 그러므로 사람들은 현실이 되지 못한 각종 이상적 사회역사를 가상하고, 이를 통해서 불가능했던 가능성을 현실적 가능성으로 만들어서 새로운 사회역사를 건설하고 현실 사회역사의 합리성을 부정해야 하는 것이다. 이렇게 해야만 비로소 현실 사회역사의 합리성을 초월하여 화합의 생생불식 과정에서 새로운 사회역사의 세계를 창조해 낼 수 있다.

4) 안락한 안식처로서의 역사

화합적 가능 역사세계(이치의 역사세계)의 안식처로서의 역사학은 정신역사학에 대한 사고를 가리키는 것으로, 궁극적 역사학에 대한 사고를 가리키기도 한다. 이는 인간의 정신적인 초조함, 고민, 번뇌, 비애 등을 안정시키고 잠재워 주고 위안해 주는 경지이며, 인간의 정신적 생활에 의미와 가치 그리고 찬란한 빛을 부여해 주는 원천이며, 인간의 영혼세계가 편하고 유쾌하고 개방될 수 있는 전당이다. 바꾸어 말하면 안식처로서의 역사학은 인간 정신세계와 영혼세계가 의탁하고 안치되는 곳을 얻고자 하는 학설이다. 하루 종일 지친 인간의 몸은 긴장을 풀고 자유롭게 쉬면서 피곤을 풀고 재충전할 수 있는 안락한 집을 요구한다. 마찬가지로 인간의 영혼 또한 안락한 정신적 안식처, 즉 영혼을 쉬게 할 수 있는 곳을 요구한다. 그러한 곳이 없다면 정처 없이 떠도는 혼령처럼 되어 버릴 것이다. 영혼은 자신의 정신적 안식처에는 번뇌와 고민, 울분, 번민이 없기에 긴장을 풀고 휴식하며 자유로워진다. 따라서 정신적 안식처는 정신이 대피하고 재조정하는 곳, 화합하는 곳이며, 여기에 처해서야 비로소 정신은 진정한 자유를 얻는다.

안식처로서의 역사학은 신앙에 대한 인간의 가치요구의 역사적 과정이고, 각종 형이상학적 가치변천의 과정 또는 가치이상(인격적인 가치이상과 사회적인 가치이상 등을 포함한)의 과정이다. 중국 고대의 유교 · 불교 · 도교에서의 성인 · 부처 · 신선의 인격이상이나 왕도 · 서방정토 · 선경仙境 등은 모두 정신적 안식처에 대한 요구이자 안식처로서의 역사학에 대한 요구이다. 이러한 요구는 감정적인 것이면서 이성적인 것이기도 하고, 합리적인 것이면서도 가치적인 것이기도 하다.

동서고금에는 가지각색의 가치이상이 있었다. 각 문명에서 철학 사상이 동시적으로 출현했던 시기에도 가치이상은 저마다 달랐다. 중국의 경우 역대의 통치자들은 유교의 이른바 대동사회를 사회이상의 가치목표이자 정신적 안식처로 삼았다. 『예기』 「예운」편에 기록된 대동세계의 경우, 송대 이후로는 그 사상적 기원에 대해 상충되는 견해가 있으므로 여기서는 논하지 않겠다. 하지만 이것이 묘사한 가치이상의 목표 내용은 '대도大道'라는 정신적 안식처였다. 구체적으로 말하면 다음과 같다. ① "천하를 공적인 것으로 생각하는"(天

下爲公) 아름다운 사회의 생활형식에 대한 동경이다. ② "재화를 홀로 감추어 두지 않고"(不必藏於己) 사회의 전체 성원들이 재산을 공유하는 이상이다. ③ "힘이 자기 몸에서 나오지 않으면 안 되는"(力惡其不出於己身), 각자가 자기의 힘(몸의 힘과 마음의 힘)을 다하는 노동제도이다. 이 제도 하에서 사람들은 "반드시 자기 자신의 사리를 위해서만 힘쓰지 않고"(不必爲己) 사회 대중을 위해 힘쓴다. ④ "남자에게는 사·농·공·상이란 직분이 있고, 여자는 시집갈 집이 있는"(男有分, 女有歸) 분공제도이다. 이 제도 하에서 사회성원들은 모두 노동할 수 있는 기회와 권리를 가진다. 즉 "힘 있는 자는 힘을 쓸 수 있는 곳이 있다."(壯有所用) ⑤ "늙은이나 어린이, 환과고독과 불구, 병자도 모두 부양을 받을 수 있는"(鰥寡孤獨廢疾者, 皆有所養) 복지제도이다. ⑥ "어질고 유능한 인물을 선발하는"(選賢與能) 관리선발제도를 실시하고 "능력에 관계없이 자신에게 가까운 사람만 등용하지"(任人唯親) 않는다. ⑦ "진실함과 믿음직스러움을 배우고 화목함을 수행하는"(講信修睦) 인간관계, 사회·국제관계의 원칙이다. ⑧ 높은 사회적 도덕문명을 갖추어, "간사한 모략은 폐기되어 생겨나지 않고"(謀閉不興) "도둑과 도적이 일어나지 않으며"(盜賊不作) "대문을 닫는 일이 없고"(外戶而不閉) "길에 떨어진 것이 있어도 줍지 않으며"(道不拾遺) "밤에 문을 닫지 않으니"(夜不閉戶), 모든 사람이 평안히 살면서 즐겁게 일하며 평화롭고 행복하다. ⑨ "사랑하는 마음을 널리 베푸는"(泛愛衆) 정신이다. 즉 사람들이 "자신의 부모만 친애하거나 자기의 자식만을 사랑하는 것이 아니라"(不獨親其親子其子) 다른 사람의 부모자식에게도 사랑이 미치고 그 사랑이 사회에까지 널리 퍼져 나가는 것이다.[57] 이러한 사회 가치의 이상적 안식처는 중국 역사상 실현된 적은 없으나, 사람들은 항상 그것을 가치이상의 목표와 정신을 안돈시키는 곳으로 여겼다. 관념적 이상세계와 정신적인 안식처로서 이상 속에 늘 존재해 왔으며, 그 실현을 위해 긍정적인 역사적 가치와 의미로써 추구되어 왔던 것이다.

그러나 한 국가의 가치이상의 안식처 또는 한 가문이나 파벌의 가치이상의 안식처에는 상대성과 국한성이 있다. 만약 이러한 가치이상의 안식처를 보편적 이념으로 여겨 국가나 세계로 확장·적용시켜서 모두로 하여금 특정 가치이상의 안식처, 사회이상의 형태나 모델, 정신적 안식처, 심지어 어떠한 형이상학과 종교적 신앙 등을 수용하라고 한다면, 이는 황당무계한 짓이다. 그것을 추진하는 쪽은 종종 자신의 세력이나 지배적인 지위를 통해 강제성, 독단성, 정당성을 행사하고, 그것을 수용하는 쪽은 자신의 약세나 버금가는 지위로 인해 피동성, 수동성, 반역성을 띤다. 따라서 추진하는 쪽은 스스로 보편주의 형식을 통해 "세상 어디에나 적용되는"(放之四海而皆準) 진리를 보급한다고 믿겠지만, 수용하는 쪽에서는 그것이 핍박에 의한 수용이기에 자유로운 선택의 권리와 자기 현실에 근거하여 자신의 길을 걸어갈 자격을 상실할 수밖에 없다. 그 결과 전자는 정신·힘·물자만 소모할 뿐 목적에 도달하지 못하고 후자는 자유를 상실한다는 점에서, 결국 쌍방 모두가 손상을 입게 된다.

---

57) 張立文, 『和合學槪論 — 21世紀文化戰略的構想』 하, pp.1095~1097.

특정한 가치이상을 정신적인 안식처로 삼는다는 것 자체가 이미 정신적 안식처로서의 어떤 중심적인 위치를 인정하거나 긍정함을 의미한다. 만약 어떤 것을 중심에 둔다면, 그것은 다른 것을 배척하고 가장자리로 밀어내게 된다. 왜냐하면, 어떤 가치이상을 정신적 안식처의 중심으로 둔다면 그 전제는 이미 유일정확성, 우수성을 인정하는 것이기에, 이러한 가치판단에 근거할 경우 여기에서 벗어나거나 가장자리에 머물러 있는 것들은 모두 제거되거나 배척되어야 할 것이 되기 때문이다. 이러한 도태설은 "유가만 떠받들고 백가를 배척하는"(獨尊儒術罷黜百家) 것과도 같은 독단과 배척을 초래하기 쉬운데, 그렇게 될 경우 결국 패권주의를 형성함으로써 공정·공평·정의·합리 등의 가치를 말하지 못한 채 완전히 '독단'으로 기울어지고 말 것이다.

보편주의, 중심주의는 다원화, 다양화를 거부한다. 그러나 화합적 가능 역사세계(이치의 역사세계)에서 안식처로서의 역사학은 다원적인 정신적 안식처와 가치이상이 함께 자라면서 모순되거나 해치지 않을 뿐만 아니라 서로 보완하는 것을 핵심으로 둔다. 따라서 사람마다 국가마다 자신의 현실과 요구에 근거하여 알맞은 가치이상과 정신적 안식처를 선택하고 창조해야 한다고 본다. 어째서 하나만 남고 나머지는 모두 없어져야 하는 것이겠는가? '일一'은 다만 특정한 국가나 특정 사회역사 시기의 가치이상 혹은 정신적 안식처에 불과해서, 제한적인 시대적 유효성과 가치성을 지닐 뿐 보편적인 유효성과 가치성을 지니지 않는다. 따라서 정신적 안식처는 반드시 다원적이고 개성적이어야 하며 특수한 것이어야 한다. 왜냐하면 정신적 안식처에 대한 인간의 요구가 다원적이고 개성적이며 특수하기 때문이다. 정신적 안식처가 단일하고 일원적이게 되면 수많은 영혼들이 정처 없이 떠돌게 되어, 신앙도 사라지고 돌아가서 안착할 수 있는 정신적 안식처도 잃게 될 것이다. 다원적이고 개성적이고 독특한 정신적 안식처는 수많은 사람들의 마음과 정서를 안착시킬 수 있다. 따라서 이는 정신을 안정시키는 것뿐 아니라 역사의 번영과 발전에도 크게 유익한 것이다.

화합역사철학은 화합학의 역사체계를 구성하였다. 화합학의 역사체계는 인문학 정신이 역사의 충돌과 위기를 넘어서는 교량으로, 역사철학세계에 내재하면서 또 그것을 초월하는 경로이다.

사회역사는 발전하고 진보한다. 기존의 역사철학은 이것을 빌려 형이상학적 증명을 하면서 역사가 발전하고 진보할 수 있게 하는 동인 혹은 제일원인을 탐구했다. 여기에서 말하는 제일원인은 다른 것을 원인으로 두지 않는 최초 원인을 가리킨다. 그러나 화합역사철학에서는 움직이는 것은 스스로 움직이고 고요한 것은 스스로 고요해서, 즉 스스로 움직여서 움직이고 스스로 고요해서 고요한 것이기에 제일원인을 필요로 하지 않는다고 주장한다. 움직이는 것은 본래 움직이고 고요한 것은 본래 고요하며 움직이지 않는 것은 본래 고요한 것이고 고요하지 않은 것은 본래 움직인 것이기에 역시 제일원인을 필요로 하지 않는다. 이렇게 동정動靜하는 동력인動力因은, 일一과 일이 서로 움직이고, 서로 움직여서 서로 보충되고, 서로 보충해서 서로 도움이 되고, 서로 도움이 되어서 서로 원인이 된다. 따라서 최초의 동력인을 필요로 하지 않는다. 즉 동력인은 사물이나 사회역사의 외부에 있는 것이 아니라, 그 내부에 있으면서 화합하여 사회역사를 구성하고 발전과 진보를 이루어 내는 것이다.

사회역사는 다른 사회역사로부터 그 존재와 필연성을 얻는 것일까? 만약 그렇다고 한다면, 그 논리에 따라 반드시 어떤 것은 그 자체로 필연성이면서 다른 사물에게 필연성과 존재의 이유를 부여할 것이다. 그러나 화합역사철학은 존재하는 것은 스스로 존재하고 필연적으로 존재한다고 주장한다. 그러므로 존재하는 것은 스스로 존재하고 필연적으로 자재自在한다. 자재는 자성自性이고 자성自性은 곧 성性이며, 자성自性은 스스로 있기에 성性이자 유有이다. 따라서 존재는 곧 필연이고 있음은 곧 이유이다. 이것은 외부로부터 부여되는 것도, 부여되어야 하는 것도 아니다.

사회역사의 현실세계는 병적이고 추악한 상태이지만, 가치이상세계는 완벽하고 우아하며 아름답다. 역사의 가치이상세계는 진실眞實하고 완전히 선하며(完善) 우아하고 아름답다(優美). 이러한 진선미는 현실세계의 병적이고 추악한 상태를 비판하게 한다. 이것은 신의 뜻이 아니라 사회역사 발전에 대한 요구이다. 공자는 "사람의 천성은 비슷하지만 습관으로 서로가 멀어진다"(『論語』「陽貨」)라고 하였다. 진실하고 완벽하며 우아하고 아름다운 품성은 모두 '습성으로 서로가 멀어진' 결과로서 선천적인 것이 아니며, 사회역사의 외부 혹은 신이나 하늘이 부여한 것도 아니다. 그러므로 진실한 것은 스스로 진실하고, 선한 것은 스스로 선하며, 아름다운 것은 스스로 아름다운 것이다. 스스로 진실하고 스스로 선하며 스스로 아름다울 수 있는 기준과 원인, 근거는 그 자체 안에 있으므로 하늘이나 신으로부터 부여받을 필요가 없다. 하늘이나 신은 인간의 신앙적인 체험일 뿐 이성을 통해 증명한 것이 아니며, 이성을 통해 거짓임을 증명할 필요도 없는 것이다.

사회역사 발전의 각 시기와 단계는 모두 질서가 있어서, 마치 이미 설계해 놓은 듯하다. 이 '설계자'가 통치자, 지도자, 영웅 같은 인간이든 또는 신이나 하늘이든 간에 사회역사 발전 자체 입장에서는 모두 외재적인 것이다. 이들만 주목할 경우 사회역사 발전의 내재적 질서와 필연성을 소홀히 하게 된다. 이러한 '설계자 증명'은 종종 난처함을 피할 수 없다. 왜냐하면 증명하려는 결론이 이미 그 전제에 숨어 있기 때문이며, '설계자'가 지니는 절대성을 상대적인 인과서열에 집어넣음으로써 무한자가 유한자의 서열에 복종하도록 해야 하기 때문이다. 그래서 화합역사철학은 '설계자'를 두지 않을 뿐만 아니라 '설계자'를 배제하기까지 한다. 화합의 생생은 곧 자신의 지성창조이기에 제일원인, 제일동력을 추구할 필요가 없다. 왜냐하면 인류의 지성창조 또는 가치창조가 바로 그 원인이고 동력이기 때문이다.

역사는 인간 자신의 지성창조이지만, 인간이 자신의 지성으로 창조한 역사를 완전히 주재할 수 있는 것은 아니다. 즉 역사는 인간 자신이 만든 것이기는 해도 인간이 그러한 역사를 완전히 지배할 수는 없다는 것이다. 화합역사철학은 역사형이상학이나 비실존적 본질 또는 발전법칙에 대한 근원적인 탐구에 주목하지 않는다. 화합역사철학은 인간의 현실 역사세계(사실 및 감정의 역사세계) 및 의미 역사세계(추세의 역사세계)와 가능 역사세계(이치의 역사세계)에 대해 탐구하는 것이다. 즉 역사의 생명, 역사의 지혜, 역사의 논리 자체를 탐구하는 것이다. 사람들이 복잡하고 자질구레한 역사 사건과 사실을 파악하고 이해할 때, 우리는 역사 사건과 사실 자체를 중시하기보다는 역사의 생명, 역사의 지혜, 역사의 논리의 의미와 가치를 파악하고 이해하는 데 더 주목함으로써 화합역사철학을 발전시키고자 한다.

인간의 본성 또는 본질은 영원히 만들어 가는 과정 속에 있다. 따라서 인간 본성은 실체적인 존재가 아니라 역사가 역사의 생명, 역사의 지혜, 역사의 논리를 만들어 가는 과정인 것이다. 역사의 본성 또는 본질은 영원히 만들어 가는 과정에 있기에 역사적 시대 및 단계 구분은 상징에 불과할 뿐 역사 자체에 대해서는 의미가 없다. 단지 상징에 불과하기에 쉬지 않고 발전하는 역사 과정에 영향을 주지 못한다.

역사는 미래를 위한 것이지 과거나 현재를 위한 것이 아니다. 지나간 역사를 거울로 삼는 것은 미래에 과거의 전철을 밟지 않기 위함이다. 역사적 실천이라는 측면에서 말하자면, 역사적 사건과 인물들의 성공과 실패, 선과 악, 좋음과 나쁨은 모두 위대한 스승이다. 그러므로 성공, 선함, 아름다움뿐 아니라 실패, 악행, 나쁜 일에서도 소중한 배움을 얻는다. 사실 '역사의 수수께끼'는 바로 성공과 실패, 선과 악, 좋음과 나쁨이 끊임없이 반복되는 가운데에 있다. 역사의 철학관념, 가치관념은 수시로 변화하기에 역사에 대한 체험과 묘사 역시 달라진다. 따라서 역사는 사실상 역사철학자들의 역사이다. 현대의 디지털시대에 있어서 가상적인 개념은 현실적 역사철학이 지배하던 과거의 구조를 타파하고 역사철학으로 하여금 역사철학에 대한 과거의 사고방식과 시각에서 전환하여 새롭게 사고할 것을 요구한다. 이러한 전환이 바로 화합역사철학이다.

정보화시대와 가상철학의 탄생은 기존 역사철학구조의 해체를 불러오고 화합을 사회역사의 주체로 만들었다. 이것은 현대의 역사가 화합을 요구하고, 화합이 이미 인류의 삶의 중심이 되었기 때문이다. 도덕윤리를 본위로 하는 사회에서 도덕의 절대화는 결국 이화異化를 초래하여 도덕이 인간의 삶을 지배하고 억압했으며, 마침내 사회역사 활동을 왜곡시키는 힘으로 작용하였다.

화합이 역사의 주제임을 받아들인다면 역사의 개성화, 다원화, 특수화를 확립해야 한다. 각 역사철학의 사조는 보편적으로 적용될 수 있고 폭넓게 인정을 받아야 하는데, 이러한 적용과 인정은 바로 개성과 다원성 그리고 특수성으로부터 나오는 것이다.

역사는 항상 변화하며, 역사철학 또한 가지각색이다. 역사 자체는 '고요함'(寂)이고 '고요하여 움직이지 않지만'(寂而不動), 감응하면 통할 수 있다. 인간은 역사에 참여하고 역사의 '고요함'을 활성화함으로써 역사의 본질을 드러낸다.

역사는 반성하고 체득해야만 하는 것이다. 역사는 인간에게 경험을 줌으로써 같은 실수를 반복하지 않도록 하고, 교훈을 줌으로써 항상 자신의 행위를 돌아보도록 한다. 역사학은 객관적인 인물과 정신에게서 드러나는 사실 및 감정의 세계이자 추세의 세계이며 이치의 세계이다. 민족의 역사는 민족의 생활방식, 교류방식, 풍속습관, 윤리도덕, 가치관념, 사유방식의 결정체이자 그것이 승화된 것이다. 따라서 민족의 역사는 필연적으로 현대에까지 확대되어 현대적 생활방식, 교류방식, 풍속습관, 윤리도덕, 가치관념, 사유방식 등의 한 부분을 구성하게 된다. 즉 역사적인 것은 철학적인 것이고 철학적인 것은 역사적인 것이다.

제4장 화합언어철학

　"언어란 무엇인가"라는 질문은 "철학이란 무엇인가"와 마찬가지로 간단하면서도 복잡하다. 간단하다고 하는 것은 언어 또는 철학이란 학문에 대한 기본 규정은 사전을 찾아보면 알 수 있기 때문이고, 복잡하다고 하는 것은 수천 년 간 동서양에 언어, 철학에 관한 서적이 태산처럼 쌓였지만 언어, 철학은 여전히 탐색해야 할 문제이고 최종적인 답을 내리지 못하고 있기 때문이다. 이런 상황에서 다시 언어와 철학을 연결하여 '언어철학'이라고 하는 것도 명확히 알 수 없는데, 다시 '화합언어철학'이라고 하니 더욱 어려울 수밖에 없다.

1. 언어적 매개의 혁명

　철학의 문제와 대상은 인류가 자신의 유한, 현실, 차안此岸, 시간적 제한을 초월함으로써 무한, 이상, 피안彼岸, 영원에 도달하고자 하는 요구에서 근원한 것이다. 인간의 이성적 상상 측면에서 말하자면 인간은 무한하고 영원한 자유의 경지에 도달하려는 이상을 가질 수

있지만, 유한하고 실존하는 인간의 측면에서 말하자면 현실적으로
는 그 이상을 실현할 수 없다. 이상을 실현할 수 없지만 그것을 추구
하지 않을 수도 없다는 난처한 '역설' 속에서 철학이라는 사랑스러
운 자식이 잉태되었다. 철학은 자신의 연약함을 가지고 유한과 무
한, 현실과 이상, 차안과 피안, 순간과 영원이라는 간극을 뛰어넘으
려 시도한다. 그러나 연약한 철학의 총아들은 철학의 특정 문제에
대해서만 초월을 할 수 있을 뿐이다. 즉 철학의 특정 문제에 대해서
만 해답을 줄 뿐, 전체 철학문제에 대해 항상 타당하고 보편적인 해
답을 주지 않을 뿐만 아니라 줄 수도 없다. 이것은 초월할 수 없는
간극을 초월하려는 인간의 열정을 불러일으키게 되었고, 따라서 철
학은 수수께끼마냥 수많은 사람들을 사로잡고 평생의 정열을 여기
에 기울이게 하였다.

1) 로고스중심주의

인간은 상상력에 근거하여, 아울러 언어문자기호라는 언어적 매
개를 통해 현실과 이상의 간극을 초월할 수 있다. 언어문자기호는
인간의 사유공간과 기호공간을 창조한다. 즉 인간의 사유공간과 기
회공간은 그러한 초월을 위해 제공된 조건인 것이다.

언어문자기호라는 언어적 매개의 탄생은 인류 언어적 매개의 제
1차 혁명을 상징할 뿐만 아니라 세계 문명사의 출발을 알린 것이다.
인류가 동물과 구별되는 주요한 특징의 하나인 언어문자기호는 인

간이 진정한 인간이 되어 가는 과정과 보조를 같이하였다. 그러므로 인간은 언어만큼 오래되었다고 말할 수도 있다.

언어는 인류가 소통과 사유 활동을 진행하는 도구이고, 인류사회의 특수한 매개체이다. 필자는 『전통학인론傳統學引論』에서 이렇게 말한 바 있다.

> 모든 소통은 매개를 가지며, 그 매개를 통해 이루어진다. 만약 사람들 사이의 능력이 생산물을 매개로 하여 교환한다고 한다면, 사람들 사이의 감정교류는 언어기호체계와 은유적 언어기호체계를 통해 이루어진다.[1]

언어문자기호는 사회적 의사소통의 주요 매개형식이고, 사람들은 각종 언어문자기호를 매개로 하여 직접적이고 체계적으로 사상과 정감 등 정보를 표현한다. 언어기호형식은 일반적으로 구술언어기호와 문자언어기호로 구분된다. 이 두 가지 언어기호의 형식은 각각의 특징과 가치를 지니기에 어느 쪽도 빠뜨릴 수 없다.

구조주의 언어학의 창시자인 소쉬르는 다음과 같은 이론을 제시하였다. 인간이 소통할 때 사용하는 도구는 사물 자체가 아니라 사물 및 그것과의 관계를 대표하는 기호이다. 이를테면 단어는 기호로서 대화자가 그것이 지칭하는 대상을 의식하도록 하고, 문장은 기호의 서열로서 의미대상의 관계를 나타낸다. 언어는 바로 기호와 그것

---

1) 『傳統學引論』(中國人民大學出版社, 1989), p.255.

을 조합하는 법칙으로 구성된 체계이다. 후기구조주의자인 데리다는 『문자학을 논하다』(論文字學)에서 소쉬르의 『일반언어학강의』가 노출된 형이상학에 대한 비판이라고 보았다. 소쉬르는 문자가 언어의 우선적인 지위를 교활하고 음흉하게 찬탈하였다고 규탄하면서 이를 '문자의 폭정'이라고 불렀는데, 왜냐하면 문자가 존재하는 유일한 이유는 언어를 표징하기 위함이기 때문이다. 데리다는 소쉬르의 이러한 이념을 높이 평가하지만, 다른 한편으로 서양의 전통적인 '로고스중심주의'의 역사는 구어가 문자를 억압하는 역사였는데 소쉬르 역시 로고스중심주의를 벗어나지 못하고 문자를 이차적이고 파생적인 것으로 격하시켰다고 지적하였다.

데리다는 '문자학'이 '로고스중심주의'를 대치할 것이라고 간주하면서, 문자는 언어보다 앞서고 언어를 포용한다고 주장했다. 그는 프랑스어의 '차이'(différence)라는 단어를 변경하여 '차연差延'(différance)이라는 단어를 창조하였다. '차연'이 존재-실존이 아니기에 차연이란 왕국은 없으며, 따라서 지배, 통치와 권위도 없다. 이것은 모든 왕국에 대한 전복이다. 해체는 곧 '차연'이라는 비판의 모델로, 데리다는 텍스트 내부로부터 반란을 일으켜 그 결점을 증명했다. 즉 주변적이고 세부적인 것, 심지어 각주에서부터 파고 들어가면서 돌파구를 확대하여 텍스트가 영구적인 구조와 확정적인 의미를 가지지 않음을 증명했다. 그는 이를 통해 플라톤 이래의 이성주의적 사유전통을 부정한 것이다.

데리다는 로고스중심주의에 얽매인 서양 언어로부터 벗어나기 위해 노력했고, 동양의 문자에까지 관심을 확장했다. 『문자학을 논하다』에서 그는 라이프니츠의 말을 인용하여, 한자는 그야말로 귀머거리의 발명과도 같아서 소리의 지휘를 따를 필요가 없다고 말했다. 라이프니츠는 일찍이 중국문자와 이집트문자를 비교하여, 전자는 철학적이고 이지적인 것으로서 마치 수, 질서, 관계 등에 관한 사고 위에서 태어난 듯하고, 후자는 통속적이고 감성적이며 비유적이라고 보았다. 데리다도 한자를 철학적인 문자로 보았다. 왜냐하면 한자는 소리와 분리되었다는 점에서 그 자체로 영구성을 지님으로써 독자적인 기호체계를 이루어 역사 속에서 살아남았기 때문이다. 물론 한자를 음으로 나타낼 수 없다는 것은 아니지만, 한자가 서구식의 표음문자와 다른 점은 이것이 문자의 앞머리나 꼬리에 변화를 주지 않은 채 상호 융합되어 온전한 체계를 이룬다는 점이다. 한자는 일찍이 음을 나타내는 요소가 있지만 구조적으로 뜻을 나타내는 표의문자에 속한다. 이것이 한자체계 내에서의 언어와 문자의 관계이다. 이는 한자가 로고스중심주의 외부에서 발전한 위대한 문명이자 로고스중심주의를 초월했다고 여겨지는 이유이다.[2]

2) 존재의 은폐와 표상

20세기에 서양철학에는 중요한 전환이 발생하였다. 바로 '언어로의 전환'이 그것이다. 분석철학, 존재론, 구조주의, 해석학, 후기구조

---

2) 컬러(J. Culler), 『論解構』(陸陽 옮김, 中國社會科學出版社, 1998), 「譯序」(陸陽), p.2.

주의 등은 모두 언어기호에서 시작해서 세계를 해석하고 세계의 연원 즉 존재를 추적했다. 에른스트 카시러(Ernst Cassirer)가 자신의 기호형식철학이 칸트의 '이성비판'을 '문화비판'(일부 연구자들은 그것을 '언어비판'이라 한다)으로 전환시킨 것이라고 자처할 때도 이미 이러한 전환이 함축되어 있었다. 카시러의 '언어비판' 즉 그 기호형식철학의 목적은 이성의 각종 행위형식을 해석하고 규명하는 것에 있었다. 즉 언어기호학의 관점에 근거해서 세계를 해독하고자 한 것이다. 언어기호가 출발점이 될 수 있는 까닭은, 바로 그것이 세계를 논리의 구속에서 해방시켜 가장 은폐된 것을 표상할 수 있기 때문이다.

언어문자는 일종의 독립적인 기호형식으로서 자기의 세계를 가지고 있을 뿐만 아니라 또 신화와 과학에도 관통하고 침투한다. 신화는 언어 특유의 결점과 약점의 산물이고, 과학은 체계적이고 완벽한 언어기호이다. 때문에 신화와 과학에 대한 비판은 언어비판의 시작이면서 과정이라고 볼 수 있다. 따라서 문화비판은 언어비판으로 규정될 수 있다.

카시러 언어비판의 주지는 코페르니쿠스적 전회의 이론을 활용하여 '명名'과 '실實'의 문제를 해결하려는 것이다. 카시러에 따르면, 언어는 곧 기호로서 자신의 세계(즉 일상언어세계)를 창조하고 규정할 수 있는 힘을 가지고서 바로 그 세계 속에 비로소 확정되고 구성된 '존재'이다. 언어비판은 존재의 기본적인 구조 및 원리에 대한 이해와 해석을 통해 삶 자체를 깨닫고 '존재'에 도달하고자 하는 것이다. 인간은 자신이 몸담고 있는 환경과 함께 언어라는 이 가소성을 띤 매개 안에서 언어와 접촉하고 상호 융해되는 가운데 자신을 향해 존재를 현시할 뿐만 아니라 존재를 향해서도 자신을 현시한다.

언어와 존재의 관계에 관한 문제에서 카시러의 기본 방향은 하이데거와 일치되는 면이 있다. 하이데거는 언어가 존재를 가로막고 있지만, 또한 존재가 표상되도록 한다고 보았다. 그러므로 오직 언어를 통해서만 비로소 '존재의 근원'에 도달할 수 있다고 보았다. 그렇다면 우리는 언어가 어째서 이러한 중임을 감당할 수 있는지에 대한 의문을 가져야 할 것이다.

언어가 존재에 도달하는 중임을 담당할 수 있는 까닭은, 언어가 단순히 표현수단이 아니라 인간이 세계를 구성할 수 있게 해 주는 도구이기 때문이다. 표현수단의 측면에서 말하자면, 동물은 완전히 기호화된 언어가 아닌 정감언어를 통해 실제적인 지칭이 없는 정감을 전하지만, 명제언어 즉 인류의 특수한 언어기호형식은 세계를 묘사한다. 명제언어는 세계를 묘사하는 동시에 세계를 구성한다는 점에서, 묘사 과정은 곧 세계가 구성되는 과정이다.

묘사는 명칭을 부여하는 명명이고, 명명은 유적 차별성에 대한 명명이다. 유적 차별성에 대해 명명할 때 우리는 명명하는 대상을 세계 속에서 분리해 냄으로써 명명하는 사물을 인식한다. 따라서 명명은 추론 및 연역적 행위이기도 하다. 명명은 특정 개체에 대한 명명에 만족하지 않고, 그 특수한 사례로부터 경험적 개념이 규정하는 방향을 따라 전체 존재세계를 포괄하고자 한다. 이를 통해 사물은 고정된 의미와 특성을 부여받고 인간은 세계를 인식한다. 인간이 명명을 통해 세계를 인식하고 이해했다면, 그가 인식하고 이해한 세계는 곧 명명된 세계이자 묘사된 실존세계이다. 묘사된 실존세계가 곧 세계의 본질일까? 바꾸어 말하면 묘사되고 구성된 실존세계가 곧 '물자체'의 세계일까? 그러나 카시러는 더 이상 사유를 진행하지 않았다. 그는 다만 인간이 묘사되고 구성된 실존세계, 즉 기호의 세계 속에서 살아가고 있음을 지적했을 뿐이다. 묘사가 명명의 과정이고 구성의 과정인 이상, 인간은 자신이 구성한 세계 안에서 살아가고 있는 것이다. 여기에서 명명은 언어를 빌려 이루어지므로, 언어가 없다면 명명도 없게 된다. 언어가 세계를 구축하고 인간은 언어가 구축한 세계에서 살아간다는 것은 분명하다.

언어가 세계를 구성했다면 존재도 그 세계 안에 있는 것일까? 그렇다. 존재는 바로 그 안에 있다. 카시러는 언어가 구축한 세계에서 존재를 배제하려는 관점에 극력 반대했다. 그는 언어, 더 나아가 그 어떠한 기호체계도 모두 간접성의 난제를 피해가지 못한다는 사실을 인정했지만, 이 때문에 언어를 사고능력이 허구해 낸 것에 불과하다고 하는 것은 자기혐오에 불과하다고 보았다.

구어가 스스로 '지시하는 의미' 전체를 모두 지니고 있다고 여기지만 실제로는 단순히 제시했을 뿐이고, 현실적인 경험의 구체적인 다양성, 완전성 앞에서 '제시'는 영원히 공허한 껍데기일 뿐이다. 외부세계뿐만 아니라 내부세계에 대해서도 이렇게 말할 수 있다. "하나의 영혼이 입을 열고 말한다. 아아, 영혼이 다시는 말하지 않는구나!"[3]

(그러나) 동물들조차 가지고 있는 감각기관의 인상세계를 변화시
켜서, 그것으로 하여금 하나의 심리세계, 관념과 의미의 세계가 되
도록 하는 것이 바로 명명 과정이다.[4]

존재가 언어가 구축한 세계 안에 있으며, 오직 언어를 통할 때
비로소 파악될 수 있다는 점에는 의심의 여지가 없다. 이러한 사상
은 하이데거의 사상과 유사하다. 이것은 독일 혹은 게르만 인들의
신비주의적 문화전통에서 발원된 것이다. 그러나 반드시 주목해야
할 것은, 카시러가 인간을 '말할 줄 아는 동물'로 정의한 하이데거에
반대했다는 점이다. 하이데거는 『존재와 시간』에서 "인간은 이성적
인 동물이다"라고 한 이 오래된 격언이 본래는 "인간은 말할 줄 아
는 동물이다"라는 말이었다고 했다. 고대 그리스의 문헌에서 로고스
(Logos)는 '이성'(ratio)과 '언어'(oratio)의 의미를 모두 가지고 있었다. 이
러한 측면에서 인간을 말하는 동물이라고 할 수도 있는 것이다.
　비록 카시러가 하이데거보다 연배는 위지만, 카시러의 『인간론』
은 하이데거의 『존재와 시간』보다 18년 늦게 발표되었다. 카시러는
말했다.

인류의 문화생활 형식의 풍부성과 다양성에 대한 이해의 측면에서
말하자면 이성은 매우 부족한 명칭이다. 모든 문화형식은 기호형
식이므로, 우리는 인간을 기호적 동물(animal symbolicum)로 정의함

---

3) 카시러, 『語言與神話』(于曉 등 옮김, 三聯書店, 1988), p.34~35.
4) 카시러, 『語言與神話』, p.55.

으로써 이성적 동물이라는 정의를 대체해야 한다. 그렇게 할 때에야 비로소 우리는 인간의 특성을 명확히 지적할 수 있고, 인간에게 개방된 새로운 길 즉 문화를 향한 길을 이해할 수 있다.[5]

그는 하이데거 등이 인간을 '말할 줄 아는 동물'로 정의한 것은 '일부로써 전체를 평가한 것'이고 '한 측면만 가지고 전체를 개괄한 것'이라고 비판했다. 왜냐하면 인간에게는 개념적 언어와 함께 정감 언어가 있고, 논리적·과학적 언어와 함께 시적 상상의 언어가 있기 때문이다. 언어는 본래 사상이나 관념이 아닌 정감과 애모를 표현했다.[6] 동물에게도 언어가 있다. 침팬지가 그러한 예이다. 인간과 동물의 경계선은 '명제언어와 정감언어 간의 구별'[7]이고, 이 구별이 전체 문제의 관건이다. 동물은 '신호'에 대해 조건반사를 할 뿐이지만 인간은 이러한 '신호'를 의미 있는 기호로 가공해 낸다. 이 둘은 별개의 영역에 해당하는 것이다. 즉 신호는 물리세계에 속하는 것이고, 기호는 인간의 의미세계에 속한다.

카시러가 지칭하는 언어에는 하이데거가 말한 시적인 것이나 일상생활의 정화된 언어만 있는 것이 아니다. 이는 과학적 기호를 포함한 가장 광의적인 언어로, 기호 전체와 맞먹는 것이다. 전반적으로 카시러는 '언어비판'을 통해 언어의 기능과 성격을 규명했다. 그는 언어를 존재에 도달하고 진실성과 의미를 획득하기 위해 반드시

---

5) 카시러, 『人論』(甘陽 옮김, 上海譯文出版社, 1985), p.34.
6) 카시러, 『人論』, p.34.
7) 카시러, 『人論』, p.38.

거쳐야 할 과정으로 간주했다.

카시러의 이러한 관념은 동양의 철학자들의 관념과 정서적으로 다른 것이다. 노자와 장자는 이러한 종류의 관념에 반대했었다. 또 카시러는 언어를 영혼의 가상적 관념으로 보는 것에 반대했지만, 노자와 장자는 반대로 그러한 입장을 굳게 견지했다.

3) 도를 감추기도, 밝히기도 하는 언어

노자와 장자는, 언어가 인류의 창조물이고 현상세계의 변화무쌍한 것에 속하며 사람들이 언어를 필요로 하는 까닭은 오직 방편으로 이용하기 위해서라고 보았다. 따라서 노자와 장자에 있어 언어는 명백한 배척의 대상이었다. 그 이유는 다음과 같다.

첫째, 서양의 존재에 대응하는 '도道'는 언어를 초월한 것이기 때문이다. "도는 본시 이름을 붙일 수 없다"(道常無名), "도는 은미하여 이름이 없다"(道隱無名)에서의 도는 '그러한 형체를 부여하는 자'(形形者)이고 '그러한 사물을 부여하는 자'(物物者)이며 '그러한 상을 부여하는 자'(象象者)이다. 왜냐하면 도는 무형無形의 형이고 무물無物의 물이며 무상無象의 상이기 때문이다. 대물大物은 무물이고 대형大形은 무형이며 대상大象은 무상이기에, 보아도 보이지 않고 들어도 들리지 않으며, 잡아도 잡히지 않는다. 무색, 무성, 무형이기 때문에 "이름을 지을 수 없다"고 하는 것이다. '불가명不可名'의 '명名'은 동사로서 '명명하다'로 풀이되므로, 이 구절은 '도를 명명할 수 없다'라고 해석할 수 있다. 도를 명명할 수 없다면 도는 인식될 수도 없다. 즉 일단 언어를 통해 도를 파악하게 되면 도는 감추어져 드러나지 않게 된다는 것이다. 따라서 도는 언어 밖에 있는 것이다.

둘째, '도'라는 명칭 자체는 지시를 위한 것일 뿐이다. '도'가 지칭하는 대상의 존재 여부는 오직 '도'를 얻어야 알 수 있기에 "도를 즐겁게 얻었다"(『노자』 23장)라고 한 것이다. 명칭으로서의 도는 단지 도라고 지칭할 수 있는 어떤 것이 존재함을 말해 줄 뿐이다. 이른바 "도를 도라고 명명하는 것은 '도'라는 이름을 차용한 것일 뿐이다." (道之爲名, 所以假行) 이와 관련하여 장자는 다음과 같이 말했다.

> 시비를 말하지 않을 때 사물은 조화를 유지하게 된다(不言則齊). 조화를 유지하는 것과 시비를 말하는 것은 서로 용납될 수 없다. 그러므로 "지혜로운 이는 시비를 논하지 않는다"라고 한 것이다. 시비의 말을 하지 않으면 일생 동안 말을 했다 하더라도 말을 하지 않은 것이 되고, 일생동안 말을 하지 않았다고 하더라도 틀림없이 말을 한 것이다.[8]

'불언즉제不言則齊'의 '제齊'자는 『제물론』의 '제齊'자와 같은 뜻을 담고 있다. 즉 도와 합일하여 만물을 차별 없이 대한다는 뜻이다. 이는 말을 하지 않으면 도와의 합일을 바랄 수가 있다는 의미이다. '도'와 합일되는 경지는 언어로 묘사 및 전달할 수 있는 세계와는 다르다. 그리고 "일생 동안 말을 했다 하더라도 말을 하지 않은 것이

---

8) 『莊子』, 「寓言」.

되고, 일생동안 말을 하지 않았다고 하더라도 틀림없이 말을 한 것이다"라는 구절은 득도한 사람에게는 말을 하고 안 하고의 여부는 중요하지 않음을 보여 준다. 말은 단지 지칭일 뿐이고, 그 지칭의 대상은 지칭함 너머에 있기 때문이다.

셋째, 도를 파악하려면 반드시 언어를 떨쳐버려야 한다. 이른바 "고기를 잡으면 그 통발은 잊어버린다"(得魚忘筌)는 것이다. 언어적 진술은 분별행위를 포함하고 있는 것이기에, 상대가 없고 분별이 없는 도에 이르려면 반드시 언어의 제약에서 벗어나야 한다.

이상의 세 가지를 통해 노자와 장자는 언어를 불교 선종의 표현을 빌리자면 일종의 '방편'으로 보았음을 알 수 있다. 어떤 의미에서는 불교의 일부 종파들이 언어에 대해 가지는 태도 또한 노자나 장자와 비슷하다. 문자의 반야般若는 '실상반야實相般若'에 이르기 위한 뗏목일 뿐이니, 일단 언덕에 올라 '실상반야'를 얻었으면 반드시 뗏목을 버려야지 그렇지 않으면 집착이 되는 것이다. 바로 이러한 점으로 인해 불교는 중국에서 뿌리를 내릴 수 있었고, 더 나아가 노자 및 장자의 정신과 일치하는 선종으로 발전·변화하게 되었다고 할 수도 있을 것이다.

선종에서는 "선禪의 진리의 세계는 묵묵히 자신을 관조하는 것이어서, 언어로는 표현할 수 없다. 이는 마음의 작용을 넘은 경지로서 문자나 기록으로도 표현해 낼 수 없다"(禪燈默照, 言語道斷, 心行處滅, 不出示記)라고 하거나, 또 "줄곧 '문자를 쓰지 않는다'고 하나, 이미 '문자를 쓰지 않는다'는 말로써 다른 사람에게 답하고 있으니 타당한 말이 아니다. 왜냐하면 말이 곧 문자이기 때문이다"(直言不用文字, 既言不用 文字, 人不合言語. 言語即是文字)라고 했다. 이러한 언어철학은 노자나 장 자의 언어철학과 비슷하다. 유가는 한결같이 '정명正名'을 강조했지 만, 언어 자체를 그다지 중시하지는 않았다. 서복관徐複觀의 말처럼, 공자는 비록 '명名'의 한계를 벗어나지 못했지만 그의 마음속에는 어 쩌면 자연과 완전히 일치하는 '명'의 이치가 존재했을지도 모른다. 그러므로 언어에 대한 노자와 장자의 위상은 중국 전통 언어철학을 대표한다고 할 수 있다.

이상의 내용을 개괄하면, 카시러와 노장의 '언어비판' 또는 '문화 비판'은 대립의 관계에 있다고 볼 수 있다. 전자는 언어가 세계를 구축하고 존재를 구성한다고 강조하고, 후자는 언어가 도에 이르는 길로 인도하면서도 도를 가린다고 보았다. 우리는 여기에서 더 나아 가, 언어가 구성한 세계와 언어가 은폐한 세계가 도대체 어떠한 세 계인가를 탐구해야만 비로소 카시러와 노장의 득실을 이해할 수 있 을 것이다.

4) 인간의 창조물로서의 언어

언어가 구성한 세계는 근본적으로 존재의 세계를 가리키고, 언 어가 은폐한 세계는 근본적으로 도의 세계를 가리킨다. 존재의 세계 와 도의 세계의 공통점은 모두 논리적 세계에 속해 있지 않다는 점 이다. 어떤 의미에서 노자와 장자 그리고 그 외 동양의 철학자들은 언어와 논리가 밀접해서 분리할 수 없다는 점을 이미 인정하고 있었다. 바로 이 때문에 언어는 비논리적인 세계를 은폐시키는 것이다. 정말 그렇다고 한다면, 언어는 어떻게 비논리적인 세계를 구성할 수 있는 것일까?

언어가 비논리적인 세계를 구성할 수 있는 까닭에 대하여 카시러는, 언어는 논리적인 사유보다 더 깊은 차원의 것이며, 논리를 위주로 하는 이론적 인식은 모두 언어가 세계에 형상을 부여한 뒤의 일이라고 주장했다.

> 모든 이론적 인식은 한 언어가 이미 형식을 부여한 세계에서 출발한다. 과학자, 역사학자 및 철학자에 이르기까지 모두 언어가 보여 준 형식에 근거하여 객체로서의 대상과 함께 살아간다.[9]

논리법칙이 언어와 반드시 일체를 이루는 것은 아니다. 근본적으로 언어가 형상을 부여하거나 명명할 때 논리법칙에 반드시 복종하는 것은 아니며, 역으로 논리법칙 및 거기에 따른 사유 및 세계인식은 비록 언어에 기초하기는 하지만 언어와 관련되는 바로 그 순간에 이미 언어의 개념 형식과 구조를 벗어나 버리는 것이다.

카시러는 언어의 근본적 개념 형식과 구조 즉 언어의 근본적인 기능은 경험을 비교하거나 약간의 공통 속성에 대한 추상을 선택하는 것이 아니라 어떠한 경험을 응집하는 것이라고 보았다. 언어의

---

9) 카시러, 『語言與神話』(于曉 등 옮김, 三聯書店, 1988), p.55.

기능이 명명을 통해 경험을 응집하는 것인 이상 그것은 실체적인 존재이자 힘이다. 따라서 명명할 때 고유명사로 간주되더라도 "그와 동시에 사람의 이름처럼 그 명칭에 인격적 의미가 한 겹 추가된다. 새로운 존재는 이렇게 생겨나고, 자체적 법칙에 따라 발전해 가는 것이다."10) 그러므로 근원적 능력으로서의 언어(로고스)의 전체 존재는 바로 여기에서 기원하게 된다.

전체 존재세계는 언어가 구축한 것이기에 언어가 없으면 존재도 없다. 그 존재가 논리적인 것이든 비논리적인 것이든 상관없이, 언어가 없으면 그것은 존재할 수 없는 것이다. 이것은 마치 명칭이 없는 것은 언어적으로 아무런 지위도 가지지 못하는 것과 같다. 인간은 현존재로서 논리를 버리고 존재를 추적할 수 있지만, 언어가 없을 경우 마치 시인 슈테판 게오르게가 "언어가 산산조각 난 곳에는 만물이 더 이상 존재하지 않는다"라고 읊은 것처럼 된다. 언어가 발생한 이래, 언어 그 자체는 다른 어떤 힘을 가졌다. 그 힘이 바로 논리라는 것에는 조금의 의심의 여지도 없다. 논리의 힘은 언어의 힘을 빌려서 자신이 나아갈 길을 열고 점차 빛을 발하며 절대적 지위를 획득하여, 마치 아름다운 해가 하늘의 한복판에 높이 떠 있는 것처럼 사람들로 하여금 논리가 언어의 근본적인 속성인 양 여기게 한다. 논리법칙이 어떻게 그러한 지위를 얻었는가에 대해 카시러는 상세히 묘사하지 않았다. 다만 그가 밝히려 한 것은, 인류의 문화와 지식은 논리법칙을 토대로 하는 것이 아니라 논리와 비논리에 앞서

---

10) 카시러, 『語言與神話』, p.48.

존재하되 부분적인 논리적 힘을 지닌 언어를 토대로 한다는 점, 가장 기본적인 사유법칙은 논리법칙이 아니라 은유법칙(Metophor)이라는 점이다.

은유적 사유는 논리적 사유와 마찬가지로 개념을 형성하는 기능을 가지고 있다. 그러나 은유적 사유는 논리적 사유처럼 추상에 의해 개념을 형성하는 것이 아니라, 부분적인 것으로 전체적인 것을 대신하는 원칙으로 구체적 개념을 형성한다. 구체적 개념은 구체적인 것을 결코 버리지 않기에, 은유적 사유와 이를 통해 형성된 개념은 경직된 울타리가 아니라 생생하게 살아 있는 전체 생명이다. 은유적 사유는 언어의 본질이다. 그러므로 언어가 구성한 세계는 근본적으로 생기가 넘치는 세계이다.

그러나 논리의 억압으로 인해 이 세계는 더 이상 소통이 어려워졌다. 이러한 논리의 억압을 타파하는 유일한 무기가 바로 언어이고, 오직 언어만이 전체 존재세계로 막힘없이 소통할 수 있다. 존재세계는 사실상 마음의 지혜(心智)의 나라이다. 그 안에서 단어들은 근원적 창조력을 갖추고 있을 뿐만 아니라 또 계속하여 그 능력을 경신하고 있다. 이 나라에서 단어는 끊임없는 영혼의 윤회를 겪으면서 감각적이기도 하고 정신적이기도 한 재생을 경험한다. 따라서 언어가 예술적 표현으로 변화될 때는 바로 이러한 정신이 완성되는 때이다. 이때 언어는 모든 생명을 소생시킨다. 바로 여기에서 우리는 인간의 자아이화自我異化현상 즉 인간이 자신의 창조물에 억압당하고 있음을 발견한 서양 현대철학자들이 어떻게 다시 존재의 문제를 제기하게 되었으며, 어떻게 반드시 언어를 거쳐 존재에 이를 것을 주장하였는지를 확인할 수 있다. 왜냐하면 존재의 세계는 인간의 생명이 자유롭게 활동하는 세계이기 때문이다. 그렇다면 노자와 장자가 말한, 언어가 은폐한 도의 세계도 이와 같을까?

앞서 언급한 『장자』 「응제왕」편의 유명한 우화를 다시 한 번 살펴보자. 바로 남해의 임금인 숙儵과 북해의 임금인 홀忽이 중앙의 임금인 혼돈을 위해 보고 듣고 숨 쉬는 구멍을 뚫어 준 그 이야기이다. 옛날부터 지금까지 이 고사에 대한 수많은 해석이 있었지만, 분명한 것은 중앙의 임금인 혼돈의 함의가 바로 '도'라는 사실이다. 『노자』의 도는 혼돈과 유사한 성격을 띤다. "도라고 하는 것은 오직 있는 듯 없는 듯 황홀하기만 하다."(제21장) "밝은 도는 마치 어두운 듯하고, 앞으로 나가는 도는 마치 뒤로 물러나는 듯하며, 평탄한 도는 마치 기복이 심한 듯하다."(제41장) 따라서 『장자』 「응제왕」편의 이 우화는 '도'의 세계가 어떻게 와해되고 사라지는가에 대한 묘사라고 볼 수 있다. '도'의 세계를 혼돈의 세계로 보아야 한다는 점에는 의심의 여지가 없지만, 혼돈의 세계가 어떠한 세계인가는 분명히 짚고 넘어가야 할 문제이다. 만약 혼돈의 세계가 어떻게 와해되었는지를 밝혀냈다면 우리는 거꾸로 무엇이 혼돈인가를 추론 및 연역해 낼 수 있을 것이다.

일반적으로 혼돈의 죽음에 대한 분석은 남해의 임금과 북해의 임금이 왜 그랬는가, 즉 숙과 홀의 의도가 무엇이었는지를 가리는 것에 초점을 두었다. 그러나 사실 이런 것들은 중요하지 않다. 문제의 관건은 남해의 임금과 북해의 임금이 혼돈과 교류하면서 그의 따듯한 배려에 보답하려다가 혼돈을 죽였다는 것이다. 바꾸어 말해 혼돈이 죽은 근본 원인은 교류이고, 모든 교류에는 어느 정도 사회적 성격이 있다는 것이다. 사회적인 교류가 반드시 공리적인 것은 아니지만 필연적으로 이익을 추구하는 것이다. 장자의 입장에서 보았을 때, 이익을 위한 교류란 혼돈의 세계가 숙과 홀에게 제공한 배려이다. 만약 혼돈이 없었다면 교류도 있을 수 없었으므로, 거꾸로 그러한 교류가 혼돈을 죽음으로 몰아간 것이다. 이러한 점에서 혼돈의 세계는 이중적인 형상을 가진다. 어떤 측면에서는 사회적 교류를 배제하지 않는다는 점이고, 다른 어떤 측면에서는 사회적 교류가 그로 하여금 가능했던 것이 될 수 있도록 하면서도 죽음을 초래할 수도 있다는 점이다. 말하자면 도의 세계 즉 언어가 은폐한 세계는 사회성을 거부하지는 않지만 사회성의 위해를 입을 수도 있다는 것이다. 이렇게 볼 때 도의 세계에 사회성이 결여됐다는 일부 사람들의 비판은 편파적이라고 할 수 있다.

더 나아가, 혼돈을 죽음으로 몰아간 직접적인 원인이 인간의 법칙에 따른 행위라는 점은 매우 뚜렷하다. 인간의 법칙과 상대되는 것은 자연의 법칙이다. 인간의 법칙이 혼돈의 세계의 법칙이 아니라면, 자연의 법칙이 곧 혼돈의 세계의 법칙이라 할 수 있다. 이에 근거하여 우리는 장자가 혼돈의 우화를 이야기하기에 앞서 무엇 때문에 다음과 같은 말을 했는지를 이해할 수 있다.

몸을 무궁無窮에서 다하고, 조짐이 없는 데서 놀며, 하늘에게서 받은 바를 다하고, 얻으려 하지 말며, 또한 비울 뿐이다. 지인至人이 마음을 쓰는 것은 거울과 같아서, 보내지도 않고 맞이하지도 않으며 응하지도 않고 감추지도 않는다. 그러므로 그것은 대상을 능히 비추면서도 자신을 다치게 하지 않는다.[11]

지인이란 즉 도를 얻은 사람 혹은 도의 세계에서 살아가는 사람이다. 이러한 지인은 한없이 넓고 큰 '도'의 경지를 체득하여 무아·무물의 시초에서 노닐면서 끝없는 도의 법칙에 순응하고 만물이 그 속에서 오가는 것을 내버려 두어, 만물을 수용하고 만물의 고유한 법칙을 파괴하지 않는다. 그러므로 도의 세계는 자연의 세계 또는 자연의 법칙을 근본으로 하는 세계라고 할 수 있다.

도에 근거한 세계는 인간세상의 법칙을 거부함과 동시에 인간의 창조성의 합리성도 부정한다. 그러면 이러한 세계를 생기 넘치는 세계라고 할 수 있을까? 이에 대한 답은 생명에 대한 우리의 이해가 어떠한가에 달렸다. 만약 생명을 인간의 창조행위에 의해 드러나는 생명력이라고 규정한다면 도의 세계는 생명이 없는 세계임이 틀림없다. 그러나 만약 생명을 자연적 생명의 유행流行이라고 규정한다면 도의 세계는 생기 넘치는 세계이다. 이렇게 볼 때, 언어가 도의 세계를 은폐하고 심지어 훼손한 장본인으로 평가되는 이유는 현대 일부 학자들이 주장하는 것처럼 언어의 논리성 때문이 아니라 언어

---

11) 『莊子』, 「應帝王」.

가 인간의 창조물이기 때문이다. 그러므로 엄격하게 말해서 언어를 '도'의 기반으로 볼 수 없는 까닭은, 논리적인 것은 논리적이지 않은 것과 소통할 수 없음 즉 논리와 비논리의 충돌 때문이 아니라, 인위 와 자연의 충돌 즉 인위적인 것은 자연의 세계와 막힘없이 소통할 수 없기 때문이다. 이처럼 인위를 거부하면서 인간을 위한 형이상학 적 근거를 탐구하는 사상 역시도 인문정신의 구현으로 본다면, 이미 카시러가 이러한 관점을 제시하긴 했지만 그가 추구하던 가치 속에 담긴 인문정신은 별도의 다른 체계를 요구하게 될 것이다. 따라서 양자를 일체로 융합시키기 위해서는 반드시 새로운 시각이 있어야 한다.

5) 존재의 기반으로서의 언어

언어기호에 대한 카시러의 분석, 더 나아가 언어에 대한 서양철 학의 모든 탐구는 근본적으로 인간존재의 상황을 사실에 더욱 가깝 게 설명하는 것에 목적을 두고 있다. 따라서 카시러의 철학에 함축 된 '전환'은 철학적 시야를 모든 인문학 연구 영역에 확대해야 함을 의미한다. 그것은 문화의 핵심인 철학의 성질에 대해 새롭게 검토하 고 주시함으로써 서양문화전통 자체에 대한 비판을 진행하는 것이 다. 이러한 비판은 언어를 논리법칙의 억압에서 해방시키려는 것에 불과해 보이지만, 존재를 논리와 형이상학의 억압에서 해방시켜 그 시적이고 구체적이며 생동적인 활력을 돌려주려는 의미를 갖고 있다. 존재의 해방을 위해 가장 먼저 해결해야 할 문제는 존재의 기반이 어디에 있고 그 기반에서 존재가 어떻게 활력을 가지는지를 설명하는 것이다. 하이데거나 후기 비트겐슈타인의 입장에서 존재의 기반은 언어이다. 그러나 카시러는 언어가 존재를 구성했기에 존재를 해방시키려면 반드시 언어의 도움을 받아야 한다고 보다 명확하게 지적했다.

여기에서 그들이 말하는 존재는 여전히 전통적인 존재론에서의 이른바 '물物'의 본성 또는 가장 본질적인 속성이지, 세계가 '인간'(Dasein, 현존재)에게 현시하는 본질적·본원적 의미가 아니다. 그러므로 존재를 해방시키려면 반드시 인간의 의미를 새롭게 규정해야 한다. 따라서 이러한 규정은 죽음으로부터의 규정(하이데거), 혹은 미래 차원에서 인간의 생활구조에 대한 통찰이다. 어디에서부터 확정하든지 간에 이러한 확정은 모두 언어의 확정이다. 이를테면 후기의 비트겐슈타인은 "어느 한 언어에 대한 상상은 곧 특정 삶의 방식에 대한 상상을 의미한다"라고 했다. 그러므로 서양철학이 형이상학의 위기를 맞아 언어로 전환한 진정한 의미는 언어를 통해 인간의 삶을 재구성하려는 것이다. 여기에서 위기란 곧 생존의 위기, 특히 사유 방식의 위기였다.

카시러는 인간의 본질은 기호를 사용하는 것이며, 인간은 기호를 통해 세계를 해석하고 재구성할 수 있다고 주장했다. 그러나 하이데거는 인간을 말할 수 있는 동물이라고 규정했다. 이처럼 인간에 대해 대립되는 규정을 내렸지만, 그들은 언어에 대한 견해에 있어서는 일치된 면을 보였다. 즉 두 사람 모두 언어를 인간의 기능으로 간주하지 않고 일종의 '행위'로 보아, 언어란 '듣는 자'와 '말하는 자'의 합일 즉 주체와 객체가 아직 분화되지 않았을 때의 본연적 행위라고 간주했다. 이러한 행위를 통해 인간은 세계를 구성해 낸다. 그러므로 언어에 대한 고찰과 명시는 인간의 의미 행위에 대한 새로운 통찰인 것이다. 언어를 존재와 막힘없이 소통시키고 이를 통해 존재를 해방시킬 수 있는 것으로 간주하는 것은, 곧 인간이 자신의 본원적 행위를 통해 스스로를 구제할 수 있음을 의미한다. 따라서 카시러 및 하이데거 등의 언어철학이 시사하는 인문정신은 인류가 본연적 행위에 대한 탐색을 통해 스스로를 구제하는 정신인 것이다. 이것은 니체가 말한 "신은 죽었다"에 대한 일종의 응답이라고 볼 수 있다. 인간은 신의 도움을 받지 않고서도 스스로를 해방시킬 수 있다. 즉 인간을 '자아창조를 할 수 있는 화합적 존재' 혹은 '자아창조를 할 줄 아는 화합적 존재'로 볼 수 있는 것이다. 인간은 신을 창조할 수도 있고, 또한 신을 죽이고 새로운 것을 창조함으로써 스스로를 구제할 수 있다.

하이데거가 인간을 말할 줄 아는 동물이라고 정의하고, 카시러가 인간을 기호의 동물이라고 정의했을 때도 이러한 정신은 드러나지 않았다. 즉 카시러와 하이데거는 인간의 자아창조성을 아주 편협한 범위에 한정시킴으로써 그것의 발현을 억압했던 것이다. 전반적으로 카시러 철학의 인문정신과 그가 몸을 담고 있는 인문적 문화체계가 강조하고자 했던 것은 인간의 창조성 혹은 주체적 정신이다.

그러나 '자아창조를 할 줄 아는 화합적 존재'[12]로 인간을 규정할 때에야 비로소 주체적인 존재로서의 인간은 보다 명확히 드러난다. 물론 '자아창조를 할 줄 아는 화합적 존재'로 인간을 정의하는 것은 중국 고유의 인문전통에도 충분한 근원을 두고 있다. 따라서 이러한 정의는 중국과 서양의 인문정신전통을 융합한 산물이라고 말할 수 있다.

노자와 장자의 언어철학은 그들이 인간의 창조능력에 대하여 이미 아주 분명하게 인식하고 있었음을 보여 준다. 언어는 인간의 창조물이고 인류사회 소통의 구성부분이다. 노자와 장자는 이를 부인하지 않았다. 그들이 '도는 말할 수 없음'을 재삼 강조한 까닭은, 인위와 자연 간의 충돌은 조화될 수 없고, 인위적인 것은 자연의 대도에 소통할 수 없다고 보았기 때문이다. 인위와 자연의 충돌을 조화시키려면 반드시 어느 한쪽이 완전히 굴복해야 한다. 도의 세계가 사라지든지, 아니면 인간이 자신의 속성을 완전히 포기하든지, 이것 외에는 다른 길이 없는 것이다. 이런 점에서 노자와 장자가 도를 인간의 형이상학의 근거로 설정하면서 인간에게 자신들의 속성을 완전히 포기하도록 요구하는 것은 타당한 것이다. 형이상학의 근거인 도만이 항구성을 지니기 때문이다. 인위적인 모든 것들은 하루를 넘

---

12) 처음에 필자는 "인간은 자아창조를 할 줄 아는 동물이다"라고만 주장했었다. 『新人學導論』(北京: 職工敎育出版社, 1989; 廣東人民出版社, 2000) 참조. 지금 그것을 "인간은 자아창조를 할 줄 아는 화합의 존재이다"로 개정한다.

기지 못하는 바람에 지나지 않고, 인류의 식견이라는 것도 얼음을 알지 못하는 여름 벌레의 견문에 불과할 뿐이다.

영원한 정신을 추구하면서 노자와 장자의 품안에 깊이 머물러 있게 되면 인위를, 더 나아가 인간세상을 부정하고 "빈방 안에 밝은 빛이 들고 거기에 반드시 길한 징조가 깃드는"(『莊子』「人間世」) 경지에 도달하기를 기약할 것이다. 노자와 장자는 그들이 처한 역사적 상황에 근거하여 인간의 창조적 특성과 활동이 재난만 가져올 뿐이라고 보고, 인위적인 법칙을 주도로 하는 인간의 창조를 극력 부정했다. 그러나 그들이 '자아창조를 할 줄 아는 화합적 존재'로서의 인간이 가지는 창조적 합리성을 완전히 부정한 것은 아니다. 그들이 요구한 것은 창조행위를 하지 말아야 한다는 것이 아니라, 도의 법칙 즉 자연법칙에 따라 창조해야 한다는 것이었다. 『장자』에는 노나라의 목공 재경梓慶이 나무를 깎아 악기 거는 도구를 만든 이야기, 꼽추가 매미를 잡는 이야기, 포정庖丁이 소를 잡는 이야기, 위나라 대부 북궁사北宮奢가 영공靈公을 위해 종鐘을 만든 이야기 등이 있는데, 이들 우화가 강조하는 것은 인간의 창조는 오직 도의 자연법칙을 표준으로 삼아야만 한다는 것이었다. 이러한 진정한 창조의 경지에 이르려면 반드시 "손가락과 그것이 만드는 물건이 조화를 부려 마음으로 생각해 볼 필요조차 없음"(指與物化而不以心稽)에 이르러야 한다. 그러나 언어는 인간의 창조물로서 이러한 요구에 도달하기 어렵다. 그래서 노자와 장자는 인간세상의 일상언어 밖에 있는 '말 없는 말' 또는 '말을 잊은 말'을 추구했던 것이다. 이러한 말은 인간세상의 언어가 도달 가능한 것이 아니며, 다의적이고 기의적歧義的(말이나 글에 대한 다른 이해)이며 은유적인 것도 아니다. 이것은 순수하게 자연에 의지한 언어이다. 그러므로 노자와 장자의 도의 세계 및 인간의 창조성에 대한 그들의 견해는 모두 자연법칙을 강조한 것이라고 말할 수 있다. 이런 점에서 노자나 장자는 자연법칙을 너무 강조한 나머지 귀착처가 되어야 할 곳을 출구로 삼음으로써 인간의 창조적 특성을 부정하고 제거하는 것에 뜻을 두었다는 인상을 심어 주고 말았다는 것은 부정할 수 없다.

언어철학에 대한 카시러, 하이데거와 노자, 장자의 견해를 비교하는 가운데 우리는 서양과 중국의 인문·문화전통의 흐름이 상이함을 확인했다. 서양의 흐름은 자연의 철저한 인간화이고 중국의 흐름은 인간의 철저한 자연화이다. 바꾸어 말하면 전자는 인간을 법칙으로 삼은 것이고, 후자는 자연법칙을 근거로 한 것이다. 그러나 양자는 모두 인간의 창조적 특성에 대한 통찰을 근거로 삼았다. 따라서 인간에 대해 자아창조를 할 줄 아는 화합적 존재라고 규정한 것은 두 갈래의 인문전통을 융합하고 정제한 결과라고 할 수 있다. 그런데 이들 인문전통을 융합시키기 위해서는 반드시 인간의 자아창조라는 이 연결고리를 장악해야 한다. 이를 파악하게 되면 중국문화전통의 전환 및 현대화에 대한 전혀 새로운 시야가 열리게 될 것이다.

2. 생활 속으로 돌아가다

중국과 서양의 상반된 언어철학의 차별성은 인간의 철저한 자연화와 자연의 철저한 인간화라는 경향의 차이에서 드러날 뿐만 아니라 인간이 자신이 인식하는 대상과 일체화하는지 아니면 이분화하는지에서도 드러난다. 전자는 자연 속으로 들어가 자연과 일체화하고, 후자는 자연의 밖에서 대상과 분리된다. 간단하게 말해, 전자는 천인합일이고 후자는 천인이분天人二分이다. 서양철학의 '언어학으로의 전환'은 천지 속의 만물과 만사가 말할 수 있는가 없는가의 문제에 대한 탐구이다. 이는 주관과 객관의 관계 문제를 탐구하던 철학이 언어와 세계의 관계 문제로 방향을 돌린 것이다. 언어는 천지만물의 도구이지만, 천지만물은 말할 수 없고 의지를 가진 인간만이 말할 수 있다. 언어는 인간으로 하여금 세계와 융합하고 회통할 수 있도록 만들었다. 따라서 언어는 세계를 열어젖히고 세계를 구축하였으며, 그것들이 의미를 갖게 하였다. 즉 언어는 천지만물의 혼돈을 타파하여 의미가 드러나도록 한 것이다. 그러므로 언어가 창조한 사유공간, 기호공간은 유한과 무한, 현실과 이상, 차안과 피안, 순간과 영원이 일체를 이루어 서로 통할 수 있게 하였다. 여기서는 양단과 양극의 충돌을 융합시키고 인간의 지성창조를 통해 새로운 화합적 경지에 도달한 언어를 일단 화합적 언어, 또는 화합언어철학이라고 명명하겠다.

1) 개념의 표현형식으로서의 단어

화합이란 단어를 중국 한자의 상형象形, 지사指事, 회의會意, 형성形
聲에 따라 풀이하면 어떤 단어일까? 이 단어의 원초적 함의에 대한
언어학적 지식은 무엇을 보여 줄까?

단어는 개념의 표현형식이다. 바꾸어 말하면 언어는 사유의 표
현형식이고, 언어의 기초가 바로 단어이다. 만약 더 들어가서 단어
의 구성성분을 따지고자 한다면, 단어는 어떠한 어소로 구성되었고,
이러한 어소들이 단어에서 가지는 위상과 역할이 어떠한지를 분석
해야 할 것이다.

화합이라는 합성어의 '화和'자는 본래 '화咊'이다. 『옥편』「구부口
部」에 "화咊는 화和의 고문古文이다"라고 기재되어 있다. 『설문해자』
에도 "화咊는 상응相應이다. 입으로 소리에 응한다"의 뜻이라고 해
석하고 있다. 이른바 '상응'이란 소리와 음이 서로 응함을 가리킨
다. 『광운廣韻』「과운過韻」에는 "화和는 소리의 상호 호응이다"라고
적고 있다. 어째서 '화咊'가 '화和'로 변하였는지에 대한 질문에 대해
'화咊'가 담고 있는 기초적 의미는 우리에게 다음과 같은 의미를 알
려 준다.

① '화咊'는 형성자形聲字, 즉 반이 뜻이고 반이 음인 글자이다. 형
성자에서는 뜻을 나타내는 부분을 형形 또는 '형방形旁'이라 하고, 음
을 나타내는 부분을 소리 또는 성방聲旁이라 한다. 화咊자 왼쪽의 '구
口'는 '입'(口)과 관계됨을 의미한다. 인류 최초의 가장 직접적인 경험

346

은 입으로 내는 소리였기 때문에 구口를 따른 것이다. 금문金文「好畜壺」에는 '𠮛'라고 적고 있다.

② 뜻을 의미하는 '화咊'의 형방은 종종 사물의 분류를 나타내기에 글자의 뜻을 판별하는 데 도움을 주고, 소리를 나타내는 성방은 글자의 음을 읽어 내는 데 도움을 준다. 따라서 글자에는 형形, 음音, 의義의 세 가지 요소가 모두 내포되고 함축된다.

③ 고문으로서의 '화咊'는 변천의 과정을 거쳤는데, 그 과정은 글씨를 쓰는 습관과 관계될 뿐만 아니라 중국 형성자의 다양한 성방과 형방의 형식과도 관계된다. 예를 들어 좌형우성左形右聲인 '화咊', 좌성우형左聲右形인 '화和', 상형하성上形下聲인 '呆'[13], 상성하형上聲下形인 '오吾', 내형외성內形外聲인 '문問', 내성외형內聲外形인 '고固' 등 여섯 가지 형식이 그것이다. 화咊와 화和에 나타나는 좌형우성과 좌성우형의 차이는 화咊의 의미에 영향을 주지 않는다.

이상의 분석을 통해 화和의 원초적인 뜻이 "성聲과 음音이 서로 응하는 것"임을 알 수 있다. 바꾸어 말하면 조화를 이루어 따라 부르거나 반주한다는 뜻이다. '화和'는 갑골문에 '𣱵'[14], '𣱵'[15]로 되어 있는데, 『설문해자』는 "화龢는 조調이다. 약龠을 따르고 화禾의 소리를 낸 것이다. 화咊와 같게 읽는다"[16]라고 하였다. 화龢는 형성자로

---

13) 『龍龕手鑒』 口部에 "呆은 俗이고, �는 今이다. 『玉篇』에 '어린아이가 우는 것을 말한다' 하였다"라고 하였다.

14) 『殷墟書契前篇』 2. 45. 2.

15) 『戰後寧滬新獲甲骨集』 172.

16) 郭沫若은 "『說文』에서 和와 龢는 다른 글자이다. 和는 口部에 나오니, '서로 응함

서 뜻을 나타내는 좌형左形의 형방은 '약龠'이다. 『설문』에 "약龠은 악기의 대통인데 구멍이 세 개이고 많은 소리를 조화시킨다"라고 적고 있다. 그 원초적인 뜻은 세 개의 구멍(때로는 6~7개)으로부터 표준적 악곡이 연주되어 나와서 여러 가지 음향을 조화시킨다는 것이다.

인류사회의 교류가 확산되고 복잡해짐에 따라 문자가 내포하는 의미도 갈수록 풍부해졌고 그 속에 함축된 정보량도 날로 증가했다. '화和'자와 '합合'자의 원초적 의미에서도 끊임없이 다른 의미가 파생되었고, 원래의 의미와 달라지고 추상화되었다. 이를테면 '화和'는 부화附和, 대답, 조화, 적중, 희열, 화순, 화목, 화해, 결합, 교역(매매), 구슬리다(欺瞞), 끼어들다 등의 의미를 가지게 되었다. 그 밖에도 수학에서 두 개 이상의 수를 합친 결과를 화和라 하고, 고대 법률에 있어서 간통을 화和라 일컬으며, 마장을 놀 때 그 패를 규정에 맞게 써서 이긴 것도 화和라고 한다.

우리는 한 걸음 더 나아가 '화和'의 원초적 의미와 파생적 의미가 어떻게 추상화되었고 '화和'의 본질이 무엇인지를 탐색해야 한다. 이에 대해 우리는 다음과 같이 분석할 수 있다.

을 가리키는데 口변을 취하고 禾의 소리는 낸 것이다' 하였고, 龢는 龠部에 나온오니 '調라고 한다……' 하였다. 許愼은 어울러서 노래를 부르는 것을 和라 하고 조화를 龢라고 한 것이다. 그러나 옛 經傳에서는 그 둘을 통용하면서 분별하지 않았다. 지금은 龢가 폐기되고 和를 쓴다. 龢와 和는 원래 古今字인데 허신이 억지로 그 둘을 분별한 것이다'라고 주장했다. 金文의 龢자는 모두 品龠을 좇지 않았다. 고대의 제사에서 보면 사실은 亼 모양을 본뜬 것이고 그 본뜬 모양의 象은 관악기를 켜는 형상이다. 그러나 亼는 侖자와는 다르니, 허신이 거꾸로 侖理로 해석한 것이어서 옛 뜻과 크게 어긋난다. 『郭沫若全集』(科學出版社, 1982) 考古編 제1권, 『甲骨文化研究』, p.94 참조.

첫째, '화和'의 인연因緣과 전제는 반드시 두 개 또는 그 이상의 것이어야 한다는 것이다. 어울리다, 적중, 조화, 화해, 화목 등은 모두 단일한 존재에 대한 개념이 아니다. 단일한 존재에게서는 어울림, 적중, 조화 등이 존재할 수 없다. 『광운』 「과운過韻」에 "화和는 견堅도 아니고 유柔도 아니다"라고 했으니, 적절하게 견고하고 부드럽다는 뜻이다. 즉 강하지도 않고 약하지도 않아 지극히 적당하다는 뜻이다. 『집운』 「과운」에서도 "화和는 조調이다"라고 하였다. 『주례』 「천관天官 · 식의食醫」에는 "식의食醫가 임금의 육식六食, 육음六飮, 육선六膳, 백수百羞, 백장百醬, 팔진八珍을 가지런하게 조화시킨다"라고 하였다. 즉 식의가 임금의 육식 등을 조화한다는 것이다. 『상서』 「고요모」에서 "모두 함께 오륜과 오례를 받들고 서로 공경하여 화합하고 선하게 되십시오"라고 했는데, 공안국의 전에서는 "오례五禮로써 제후를 바로 세워 모두 함께 공경하면서 온화하고 선량하도록 한다"라고 풀이했다. 각 제후국 간에 화목하고 화선和善하도록 한다는 것이다. 이처럼 둘 혹은 그 이상의 사물이어야 관계를 이루고, 관계를 맺을 원칙과 규범을 세울 수 있다. 따라서 '화和'는 곧 일정한 상호관계 성립의 원칙과 규범을 활용해서 이룬 조화되고 적중하며 화목한 상태이다. 화和는 이러한 관계에 대한 개괄이자 승화이다.

둘째, '화和'는 충돌과 융합이다. 조화, 소리의 상응, 화해, 조화로운 거래(和賣) 등은 여러 사물, 소리, 인간관계, 매매에 존재하는 여러 가지 차이를 설명한 것이다. 차별성, 차이가 있으면 충돌이 있기 마련이다. 서로 화합되지 않음, 소리가 서로 호응하지 않음,

사람들 간에 화목하지 못함, 거래에서의 이익충돌 등 각종 충돌은 모두 융합되고 화합되어야 한다. 『예기』 「교특생郊特牲」에 "음양이 화합해야 만물이 마땅한 바를 얻는다"라고 했는데, 공영달은 "화和는 합合과 같다"라고 소를 달았다. 융합은 각종 충돌을 조정하고 해결하기 위한 것으로, '화和'의 목표에 막힘없이 소통하기 위해 반드시 거쳐야 하는 길이다. 따라서 '화和'는 충돌융합을 통해 최종적으로 도달해야 하는 가치이상에 대한 추구이자, 이러한 추구에 대한 추상과 개괄이다.

셋째, '화和'는 사회관계, 인간관계, 도덕관계에 대한 체득이고, 인간과 자연의 관계, 인간의 자기성장 및 생성과 성장의 방법과 목적에 대한 체험이다. 조화, 소리의 호응, 화해, 화목, 융합 등은 모두 현상적이고 실존적인 것이다. 이러한 '화和'가 어떻게 추상되어 나왔는가를 탐색하는 것은 곧 조화, 소리의 호응, 화해, 화목, 융합 등의 비실존적 소이연에 대한 탐색이다. 이것은 '화和'라는 단어를 통해 어떠한 추상적 유희를 벌일 수 있는지를 모색하는 것이다.

아울러 '화和'는 또 천天·지地·인人·물物이 가지는 실존성의 근거와 원인을 추궁하는 것이다. 『국어』 「정어鄭語」에는 사백史伯의 다음과 같은 말이 있다.

아마도 반드시 쇠락할 것입니다.…… 화和를 버리고 동同을 취하기 때문입니다. 대저 다른 것들끼리 만나서 서로 조화를 이루면 만물이 번창하지만, 모두를 같게 만들어 버리면 지속되지 못하고 쇠퇴하게 됩니다.(夫和實生物, 同則不繼) 다른 것들끼리 만나서 서로 조화를 이루는 것(平)을 화和라고 하는데, 화합을 이루게 되면 성장과 발전이 지속되어(豊長) 만물이 하나로 되는 경지에 이르게 됩니다. 만약 같은 것들끼리 서로 더하기만 하면(以同裨同) 생명력이 끝나고 맙니다.

이에 대해 위소韋昭는 "화和는 서로 보충(相濟)되는지의 여부를 말한다"라고 주석했다. 어떻게 "다른 것들끼리 만나서 서로 조화를 이루고(和實生物) 서로 도움이 될 것인가?(可否相濟)" 『주역』「계사전」에서는 "천지의 기운이 화합하여(絪縕) 만물이 생기고(化醇), 남녀가 정기를 합하여(構精) 만물이 자라난다(化生)"라고 했는데, 이곳의 '화和'에는 세 가지 뜻이 있다. 첫째, 피아, 가부可否, 천지, 남녀 등의 두 극 혹은 그 이상의 구분과 충돌이다. 둘째, '평平', '상제相濟', '인온絪縕', '구정構精' 등과 같은, 융합이나 결합, 회합의 뜻이다. 셋째, 충돌하고 융합하여 '물을 낳고' '융성해지며' '화순하고' '화생함'이다.

이상 여러 방면에 대한 탐구를 통해 우리는 '화和'라는 단어가 갑골문의 화龢로부터 금문의 화咊로, 다시 현재 통용되는 '화和'로 추상되고 개괄되는 과정을 전반적으로 이해할 수 있었다. 그리고 실존적 현상으로부터 비실존적 배후를 탐색해 내는 방법, 비실존적 배후를 파악하는 방법, 파악될 수 없는 것을 파악해서 그것을 실존적인 것으로 만드는 방법에 대해 추론해 보았다. 이것이 곧 '화和'라는 단어가 부단히 파생되고, 은폐되며, 다시 부단히 파악됨으로써 '화和'의 본연에 접근하는 과정이다. 이러한 접근 역시 역사의 시공간에 대한 접근일 뿐이다. 따라서 '화和'에 대한 화합학의 해석도 이미 전통적인 역사의 시간과 공간을 초월하여 새로운 경지에 들어선 것이다. 이 또한 '화和'의 본질을 새롭게 열어 가는 것이다.

'합合'은 회의자로서 한자의 표의문자적 특성을 담고 있다. 한자는 어음語音과 직접적인 연계가 없기 때문에 글자를 보고 반드시 음을 읽어 낼 수 있는 것이 아니다. 이 점은 글자를 보면 곧 음을 읽어 내는 병음문자와 다른 점이다. 한자 가운데 비록 90% 이상의 형성자가 음을 나타내는 성분을 가지고 있지만, 형방形旁이 표의表意 기능을 여전히 가지고 있기 때문에 성방聲旁 자체가 하나의 단독적인 표의자일 수도 있고 혹은 우연히 가차해서 일부 글자의 발음을 나타낼 수도 있다. 따라서 어음의 변화에 따라 성방의 표음 성분의 발음은 이미 해당 문자 전체의 발음과 같지 않을 수도 있게 되었다. 이것은 표음문자의 '음'이 직접 '형'에 의해 드러나는 것과 매우 다르다.

표의문자는 사회적 맥락이 변화함에 따라 그 의미 또한 변화할 수밖에 없다. '합合'은 최초의 '합구合口'로부터 취합, 연합, 결합, 합병, 부합, 화목, 피복, 배필, 대조, 적합, 대답, 합계, 중합, 그리고 "1미터는 3척尺에 해당한다"(1米合三尺) 할 때의 '해당함', "약藥은 진일辰日에 부합해야 한다"할 때의 '부합함', 시문의 구조 구성에서 맺음말로서의 합合 등의 의미로 발전했다. 원초적인 뜻과 비교하면 갈수록 복잡해지고 점점 추상화되었음을 알 수 있다.

앞에서 '화和'를 탐색해 본 것과 마찬가지로 이제 '합合'의 원초적 의미와 파생적 의미가 추상되어 온 과정을 살펴보고, 이에 근거하여 추상법칙 및 '합合'의 본질을 연구해 보기로 하겠다.

① '합合'의 현상적이고 실존적인 의미는 윗입술과 아랫입술을 합치는 것이다. 또한 '합'에는 취합, 연합, 결합, 부합, 합병, 배필, 대답 등의 의미가 있다. 그것이 포함하고 있는 의미는 다원적이고 다양한 사물들의 비실존적 취합·결합의 상태이다. 『사기』「악서樂書」에서는 "천지가 즐겁게 합하고, 음양이 잘 어울리며, 만물이 따뜻한 햇빛 아래서 자라난다"라고 적고 있다. 천지, 음양의 양극이 서로 즐기고 사이좋은 것을 말한다. 또한 암컷과 수컷의 교배를 합合이라고도 한다. 『노자』는 "암컷과 수컷의 결합을 모르면서도 발기하니, 정기가 가득 찼기 때문이다"(제55장, "未知牝牡之合而朘作, 精之至")라고 하였다. 현대에 '복제'기술이 발명되었다고 하지만, 이것 역시 서로 다른 유전자가 결합한 결과이다. 고대의 철학자들은 만약 암컷만 있고 수컷이라는 배필과, 그들 간의 결합이 없다면 만물이 태어나고 자랄 수 없다고 보았다. 따라서 『주역』혁괘革卦의 「단전象傳」에서는 "두 여자가 같이 있으니, 서로 뜻을 얻지 못한다"라고 했다. '합'은 다원적이고 다양한 사물과 물건이 교류하는 관계망 속에 진입하는 것이며, 또한 그 안에서 관계를 맺고 배필이 되는 것이다. 그것은 일반적인 상호교류에 대한 묘사가 아니라 "아내와 잘 합하니, 금슬이 더없이 좋다"(『詩經』,「小雅·常棣」, "妻子好合, 如鼓瑟琴")에 대한 추상이자 응축이다. 이는 '합合'의 본질에 더욱 근접한 것이라 할 수 있다.

② '합合'이 단지 서로 좋아서 합하는 '호합好合'인 것만은 아니다. '호합'의 과정은 사실 경쟁, 교전, 투쟁, 충돌로 가득 하다. 이는 동물계와 인간사회에 모두 존재하는 현상이다. 『손자』「행군行軍」에

"격노하여 달려온 적군을 다가가 맞았을 때는 오래도록 접전을 하지 않는다"(兵怒而相迎, 久而不合)라고 하였고, 『논형論衡』「복허福虛」에 "지금 송나라와 초나라가 서로 공격하는데, 양군이 교전하지 않았다"(今 宋楚相功, 兩軍未合)라고 하였다. 여기서 '불합不合', '미합未合'이란 교전과 충돌이 일어나지 않음을 가리킨다. 속담에도 "너는 또 누구와 합구合口하였나"라는 말이 있다. '합구合口'는 입씨름, 언쟁을 가리킨다. 다원적이고 다양한 교류망의 형식으로서의 '합合'에는 그 다원성과 다양성으로 인한 차이와 이질성이 존재하고, 이로 인해 충돌이 발생하고, 다시 이러한 충돌로 인해 '합'을 요청하게 된다. 여기서 '합'은 곧 필연적인 경향이고, 또한 가치의 추세라고 할 수 있다.

③ '합合'은 각종 요소, 요인을 각각의 요구에 근거해서 일정한 비례와 비율에 따라 상호 관계망에 넣어 최고의 효과를 발휘하도록 하는 것이다. 이를테면 중의학에서 약을 배합할 때 "이 약을 지었다(合)"라고 한다. 이런 의미에서 말하자면, '합'은 규칙과 모식, 질서가 있는 관계망이다. 비록 수많은 약제법, 즉 '합성'의 효험은 감추어져 있지만, 그것을 먹으면 병세의 호전이라는 합성의 효험이 드러난다. 이것이 바로 '합'의 본질이다.

'합合'자의 구성을 보면 집스자 아래에 구口가 덧붙여져 있다. 집스에 대해 『설문해자』에서는 "세 가지가 합쳐진 것이다. 입入과 일一[17])

---

17) 王筠의 『文字蒙求』에서는 '合'을 회의자로 보았으나, 徐鉉 등은 이 자는 "다만 象形字인 듯하다. 入, 一을 따른 것이 아니다"라고 하였다. 段玉裁는 "入, 一을 따랐으나 會意字는 아니다. 또한 '세 가지가 합쳐진 모양을 형상했다'는 말은 충분히 가하니, '회의자인 듯하지만 사실은 상형자'라고 하겠다"라고 설명했다.

을 따르며, 세 가지가 합쳐진 모양을 형상한 것이다. 집集으로 읽는다"라고 해석하였다. 『육서정와六書正譌』「집운緝韻」에서는 "스은 옛날의 집集자이다"라고 해석하였다. 집集은 여러 가지 요소들을 한데 모으고 배합함을 가리킨다. 이는 현대수학과 논리학에서의 집합集合 (get) 개념에 해당한다. 하반부의 '구口'는 사람의 입 또는 용기의 입구 모양과 같으니, 질량에너지 또는 정보가 드나드는 지점이다. '합合'의 총체적인 의상意象은 수많은 요소를 광범위하게 모으고 합쳐서 입에 넣거나 덮고서 무르익게 하여 새로운 생태를 만들어 내는 것이다. 이는 『주역』 건괘 「문언」에서 말한 "천지와 그 덕을 합하고, 일월과 그 밝음을 합하며, 사시四時와 그 순서를 합하고, 귀신과 그 길흉을 합한다"는 화합의 경지를 구현한 것이다.

2) 가상화된 논리구조

지금까지 '화和'와 '합合'의 글자 형태를 고찰하여 그 원초적 의미와 파생적 의미가 어떻게 추상되었고 그 본질은 무엇인가를 분석해 보았는데, 이제부터는 더 나아가 '화합'을 고찰하고 분석해 보기로 한다. 우리는 앞에서 이미 문자의 기원 차원에서 '화합'이란 단어를 고찰하고 해석한 바 있다. '화합'이란 두 글자가 이어진 것은 『국어』 「정어」에서 찾아볼 수 있는데, 기록에 따르면 정환공鄭桓公의 물음에 사백史伯이 대답한 대목에서 나타난다.

우막虞幕은 협풍協風 소리를 듣고 음악을 만들어 만물을 낳게 했고, 하夏나라의 우禹는 간이한 방법으로 수토를 다스려 만물이 각기 제자리를 찾게 했으며, 상商나라의 설契은 오교五敎를 조화롭게 하여 백성들을 교화하고 보살폈고, 주周나라의 기棄는 백곡과 야채를 심어 백성들에게 먹고 입을 것을 주었습니다.[18]

이는 우·하·상·주가 '천지의 큰 공'을 이룩할 수 있었던 원인과 근거를 진술한 것이다. 우막은 조화된 바람소리를 알아듣고 그 기운에 순응하여 만물을 생육시킴으로써 삶을 즐길 수 있게 했고, 하나라의 우임금은 만물의 높고 낮음이 각기 제자리를 찾게 하였으며, 상나라의 선조 설은 아버지는 의롭고 어머니는 자애롭고 형은 다정하고 동생은 공손하고 자식은 효성스러운 다섯 가르침으로 화합을 이룩해서 백성들을 보살폈으며, 주나라의 선조 기는 백곡과 채소를 백성들이 먹고 입을 수 있도록 하였다. 여기에서 '화합'은 다섯 가르침으로 하여금 잘 어울리고 조화되도록 하는 방법과 가치의 방향을 가지고 모든 사람이 각자 자신이 처한 윤리질서에 따라 도덕규범을 실행하도록 한 것이다. 이렇게 되면 인간관계에 있어서의 각종 교류와 관계는 '화합'을 이룰 수 있게 된다.

대상적 언어에서 '화합'이란 두 글자는 논리명제를 설명하는 술어이고 자유로운 논리함수이다. 즉 "○○은 화합적이다"의 경우, ○○ 안에다 아무 주어나 넣어 논리명제에 대한 제약을 형성할 수 있

---

18) 『國語』, 「鄭語」, "虞幕能聽協風, 以成樂萬物生者也. 夏禹單平水土, 以品處庶類者也. 商契能和合五敎, 以保于百姓者也. 周棄能播殖百穀蔬, 以衣食民者也."

다. 이를테면 "인류의 문화는 화합적인 것이다"와 같다. 그러므로 '화합'은 실체적인 존재가 아니라 단지 존재방식인 것이다. 바꾸어 말하면, 비록 우리는 언제 어디서나 화합의 효력과 잠재력을 느낄 수 있지만 마치 사물을 지칭하듯 그렇게 어느 한 실체적인 명칭으로 '화합'을 지칭할 수는 없다. 시적으로 표현하자면 "수천, 수만 번 그렇게 찾았는데 고개를 돌리니 홀연 화합이 등불 아래 서 있구나"와 같다.

메타언어에서 '화합'이란 두 글자는 자유로운 화합논리함수의 표징기호로서 형식문구의 주어로 채워진다. 이를테면 "화합은 중화문화의 근본이고 원천이다"와 같다. 논리언어형식에서 '화합'은 형식명제의 주어이기에 마치 실체나 본체인 것 같다. 메타언어에서 주어로서의 '화합'은 다만 가상된 실체 또는 본체이다. 즉 화합논리함수의 이름('화합'이라 쓰고 억지로 '화합적 생생도체' 또는 '화합의 도'라 일컫는다)이다. '화합'의 본의는 '존재형상(存相)과 형식에너지(式能)'이므로 절대로 독립적 실체나 본체가 아니다. 그리고 명사화된 '화합'에 대한 서술은, 화합이 실질적인 본체존재임을 가리키는 것이 아니라 가상화된 표면적 논리구조 또는 논리체계임을 가리킬 뿐이다.

'화합'에 관한 화합학의 사상이 하나의 형식적인 체계를 통해 설명되는지의 여부는 서술의 문제이지 창조의 문제가 아니다. 사상은 무한한 탐구의 과정이기에, 서술방식이 고대 그리스의 이성화된 형식논리체계를 취할 수도 있고 고대 중국의 자연화된 실질적 논리체계를 채택할 수도 있으며 고대 인도의 문학화한 초월적 논리체계도 수용할 수도 있다. 사상이라면 반드시 논리체계가 있어야 하지만, 그 사상을 설명하기 위해 반드시 추상개념과 형식논리를 사용해야 하는 것은 아니다. 고대로부터 현대에 이르기까지 중국학자들의 사상체계가 미흡했다는 비판은, 체계를 중시하지 않는 전통적 학문방법에서 벗어나기 위한 것이라는 의미에서는 긍정적인 의미를 가진다. 하지만 중국철학의 자연언어와 그 실직적인 논리라는 '발'을 서양철학의 기호언어와 그 형식논리라는 '신발'에 억지로 맞추려 해서는 안 될 것이다.

3) 새로운 철학혁명으로의 인도

화합언어철학의 핵심은 언어를 통해 인간, 사회, 자연, 영혼, 문명의 기반을 이해하고 드러내는 것이지, 인간, 사회, 자연, 영혼, 문명에 대한 관심을 차단하는 것이 아니다. 언어는 오직 현대의 현실적 인간, 사회, 자연, 영혼, 문명에 관심을 가질 때 비로소 생생불식하는 생명력을 얻을 수 있고 '언어유희'에 빠지지 않을 수 있다. 언어가 현실적인 인간, 사회, 자연, 영혼, 문명의 충돌 앞에서 무능력한 자신의 난처한 처지를 바꾸려면 반드시 서양 언어철학의 중심 내용과 취지를 넘어 현실적 인간, 사회, 자연, 영혼, 문명 속으로 들어감으로써 그들의 진정한 동반자가 되어야 한다. 이것이 바로 화합언어철학이 학설을 세우려는 목적이다.

화합언어철학이 현대 '디지털 사회', '네트워크 사회'가 가져다주는 갖가지 도전과 충돌에 대응하고 문제를 풀어 갈 수 있을까? 디지털 방식이 만들어 내는 가상공간, 데이터 공간, 시청각 공간, 사이버 공간에서 화합언어철학은 어떠한 역할을 할 것인가? 디지털화 방식, 웹 방식은 반드시 언어문자기호의 혁명을 일으킬 것이고, 따라서 인간의 사유방식, 존재방식, 생명방식 및 사회생활방식의 혁명이 초래될 것이라는 점에는 의심의 여지가 없다. 그것은 현실적으로 가능하지 않던 가능성을 가상의 공간에서 가능하게 만든다. 디지털화한 컴퓨터네트워크라는 새로운 생산방식은 어떤 전통적인 생산방식의 과학기술적 역량보다 더 선진적이다. 따라서 그것이 인간의 사유방식의 변혁에 가져온 영향과 역할은 그 깊이와 넓이 측면에서 이전의 어떤 변혁과도 비교 불가능하다. 이러한 것들에 근거해 볼 때, 반드시 새로운 철학혁명이 일어날 것이고 이러한 철학혁명은 세찬 기세로 전 세계를 휩쓸 것임을 예측할 수 있다. 따라서 20~21세기의 수많은 철학사조들은 모두 불가피하게 이러한 철학혁명의 시련을 맞게 될 것이며, 언어철학도 예외가 아니다.

디지털 방식은 모든 영역에서 혁명을 일으킬 것이고, 따라서 언어에도 그 여파가 미쳐 언어혁명이 발생할 것이라는 점에는 의심의 여지가 없다. 1950~60년대 이래 수리언어는 계량언어, 대수언어, 알고리즘 언어를 거쳐 지금의 가상언어에 진입했다. 가상언어는 사유로 하여금 가장 고상하고 우아한 경지에 도달하게 하는 동시에, 가장 저속한 상황으로 타락시키기도 한다. 가상언어는 가상공간에서 시공간의 경계선 및 남녀노소, 빈부귀천, 고저상하의 차별과 등급을 완전히 타파하고 융합충돌의 화합 속에서 교류하고 대화하도록 만든다. 가상언어는 가상공간에서 인간과 자연, 인간과 사회, 인간과 인간, 영혼과 영혼 및 서로 다른 문명 간의 충돌, 간격, 소외를 완전히 무너뜨리고 융합과 화합에 이르도록 할 것이다. 가상언어는 가상공간에서 자신이 가진 화합의 가치이상과 정신적 토대를 창조할 것이며, 인류 보편적 윤리와 궁극적 사랑 및 각종 '황금률'을 세움으로써 화합세계로 막힘없이 소통시킬 것이다.

가상언어는 모두의 언어이자 글로벌 언어이기에 보편적 특성을 가진다. 이는 각 지역, 민족의 언어, 특히 소수민족의 자연언어에 크나큰 충격과 손해로 다가올 것이다. 이것으로 인한 언어의 대규모 멸절은 전 세계 생물종의 멸종 속도보다도 더 빠를 것이라고 예언하는 사람들도 있다.

언어의 소실은 종의 소실과 궤를 함께한다. 이는 고대에서부터 이미 그러했다. 히브리문화의 형성 과정에서 구약시대에 히타이트 문명이 소멸함에 따라 히타이트어도 사라졌다. 지금 전 세계에는 약 6000여 종의 언어가 있다. 미국 소머(Somer)언어학연구소에서 1999년 2월에 발표한 조사보고에 따르면, 전 세계에서 단 한사람만이 말할 줄 아는 언어가 51종인데 오스트레일리아만 28종이 있고, 전 세계에서 사용자가 100명이 채 안 되는 언어는 500종, 1000명이 안 되는 언어는 1500종, 10000명이 안 되는 언어는 3000종, 10만 명이 안 되는 언어는 5000종이었다. 결국 전 세계 96%의 언어를 4%밖에 안 되는 인구가 사용하고 있는 것이다. 따라서 언어는 심각한 위기에 직면하고 있다. 20세기 이래 민족언어를 사용하는 인수가 급격히 줄어들고 있다. 이를테면 프랑스 동북부의 켈트어는 원래 100여만 명이 사용하던 언어였지만 지금은 그 1/4에 불과하고, 50년 후면 소멸할 가능성이 높다. 1998년 7월 17일 파푸아뉴기니 동쪽 산다운 주(Sandaun) 해역에 발생한 7.1급 지진에서 Sissano, Warrap, Aerop, Mallol 등의 마을이 무너졌는데, 이로 인해 Aerop와 Warrap 두 마을 주민의 약 80%가 목숨을 잃었으며 네 종류의 언어가 소멸하고 있는 중이다.[19]

언어가 이처럼 급속하게 소멸되는 원인은 식민지 개척, 도시화 과정과 관련된다. 식민지 개척은 현재 국제적 지위의 언어들을 세계 각지에 전파했다. 이를테면 영어는 북미와 호주의 많은 토착어를 대체했고 스페인어와 포르투갈어가 남미의 주류 언어가 되었다. 주류 언어가 비주류 언어를 대체하는 과정은 주류 문화가 비주류 문화를 동화하고 삼켜 버리는 과정이기도 하다. 결국 한 언어의 소실은 한 문화의 소실을 의미한다. 한편, 도시화 과정에서 탄생하는 도시들은 농촌 주민 및 타지방 출신들을 흡수하여 그들을 도시의 주류 언어에 동화시켰다. 경제활동을 하기 위해서는 그 도시의 언어를 사용해야만 하기 때문이다. 주류 언어는 주류 문화와 호응한다. 주류 문화는 각종 매체를 통해 해당 언어 사용자의 삶의 각 방면에 침투하면서 비주류 언어와 문화를 배척하고 파괴한다. 물론 언어의 소멸 원인으로는 자연재해, 이민, 종족멸종 등도 있다. 여하튼, 어떤 사람은 21세

---

19) 크리스틸(David Krystal), 「新千年的重要信息: 語言的消亡」(영국, 『展望』 1999년 11월호; 『參考消息』 1999년 11월 10일자에 전재됨).

기에는 언어의 절반이, 즉 3000종 언어가 1200개월 동안에 소멸될 것이라고, 대략 2주마다 하나의 언어가 세계의 모처에서 소실될 것이라고 예언하는데, 한 언어의 소실은 곧 한 문화의 소실을 의미하기에 이것은 정말 몸서리쳐지는 숫자이다.

현대인들은 세계화, 단일경제권을 희망하고 있다. 그러나 세계화의 그늘은 언어와 문화의 급격한 소실이다. 특히 인터넷이 세계의 구석구석 심지어 모든 가정에도 급속히 보급되는 상황에서 어떤 사람들은 50년 후이면 정보를 수용하는 입장인 비영어권의 개발도상국과 그들 민족의 언어 및 문화는 급속히 쇠퇴하고, 단일 언어 또는 단일 문화를 형성하게 될 것이라고 예언하고 있다. 따라서 정보를 수용하는 입장인 비영어권과 개발도상국들은 민족 언어와 문화 상실의 위기를 심각하게 체감하고 있다. 이들뿐만 아니라 비영어권의 선진국들조차도 자신들의 민족 언어와 문화가 영미 중심의 언어와 문화에 잠식당할지도 모른다고 깊이 우려하고 있다. 이러한 우려는 결코 지나친 것이 아닐 것이다.

언어는 한 국가, 민족 혹은 지역사회 정신의 정화를 응축한 것으로서, 국가와 민족의 문화와 생명의 지혜 그리고 가치이상과 정신적 토대를 대변한다. 우리는 국가와 민족 언어의 다양성, 다원성을 강조한다. 왜냐하면 언어의 다양성, 다원성은 지성과 문화의 다양성, 다원성을 의미하기 때문이다. 따라서 문화의 다양성, 다원성을 촉진하는 것이 인류 발전의 전제라고 할 때, 문화는 그 다양성과 다원성을 가지고 각기 다른 환경과 사회의 요구에 부응하는 것이다. 언어의 다양성과 다원성은 문화의 다양성과 다양성을 실현하는 전제이다. 왜냐하면 전통문화는 주로 구어와 문자를 통해 확산되기 때문이다. 그러므로 언어와 문화의 다양성, 다원성을 보호하는 것은 지구 생물의 다양성을 보호하는 것과 마찬가지라는 점에서 관심과 주목을 받아야 한다. 실제로 현대세계에서 언어와 문화가 멸절되는 속도는 생물이 멸종되는 것보다 더 빠르다. 인류가 만약 이런 상황을 방치한다면 상상하기 어려운 결과를 맞이할 것이다.

세계 각지의 충돌과 전쟁이 언어와 문화의 다양성과 다원성으로 인해 초래된 것이 아니듯, 단일한 언어와 문화가 통용되는 세계라고 해서 반드시 평화롭고 발전하는 것도 아니다. 사람들은 최근 몇 십 년간 극심한 갈등을 겪은 지역들이 모두 단일 언어를 사용하는 국가였다는 점에 주목하게 되었다. 이를테면 캄보디아, 르완다, 부룬디, 북아일랜드 등이 그런 지역이다. 그러므로 언어와 문화의 독립성과 존엄성 그리고 모든 국가와 민족의 언어 사용의 자유라는 권리를 보호하는 것은 단일 언어를 사용하고 '언어적 패권'을 구축하는 것보다 더 세계의 평화를 촉진하고 더 큰 혜택을 가져올 것이다. 언어의 다양성의 보장하는 정책과 소수민족 언어에 대한 배려가 평화공존의 기초를 튼튼히 할 수 있기 때문이다.[20]

결국 화합언어철학은 다원적인 민족 언어와 문화가 세계화되어야 함과, 세계화된 언어와 문화가 다원화·민족화되어야 함을 주장한다. 세계가 획일적 공간이 아닌 다원적 세계라면, 언어와 문화 또

---

20) 크리스털, 「新千年的重要信息: 語言的消亡」(영국, 『展望』 1999년 11월호).

한 다원적인 것이어야 한다. 만약 단일 언어와 문화가 전 세계를 통일한다면 생기와 융통성을 잃을 뿐만 아니라 정체되고 무력화될 것이다. 언어와 문화가 획일화되는 그때는 바로 인류의 언어가 멸절되는 때이며, 문화의 생멸이 그 박동을 멈추는 때이다.

3. 철학을 지배하는 언어

언어형식과 철학 형태, 이 양자는 상호작용하고 보완하는, 마치 생사고락을 함께하는 형제처럼 불가분의 관계이다. 즉 언어형식에 따라 철학 형태도 결정되는 것이다. 문화마다 각기 다른 언어표현방식을 가지고 있고, 따라서 철학 형태도 달라진다. 결국 언어는 철학을 지배하고 세계를 지배하는 것이다.

1) 언어의 민족적 특성

언어의 형식은 다양하다. 이를테면 구어와 문자, 자연언어 및 인공언어(수리언어, 통계언어, 대수언어, 컴퓨터언어, 인터넷언어 등)가 있다. 그러나 세계인의 절대다수가 사상과 정보를 교환할 때 사용하는 언어는 일상언어이다. 사람들은 일상언어를 통해 교류하고, 철학자도 일상언어를 통해 철학사상을 표현한다. 이처럼 일상언어는 일상생활에서의 구체적이고 유한한 것을 표현할 뿐만 아니라 철학에서의 추상적이고 무한한 것도 표현한다. 전자가 표현하는 것이 경험적인 것이라면, 후자가 표현하는 것은 초경험적인 것이다. 그렇다면 양자 간의 대립은 불가피하게 된다. 서양 전통철학의 입장에서는 철학자들이 말하는 세계와 일상생활의 세계가 전도된다. 일상생활에서의 사람들의 입장에서는 현상세계가 곧 실재하고 진실한 세계이지만, 철학자들의 입장에서 보자면 이는 진실하지 않은 현상세계일 뿐이다. 그들이 보기에 진실한 세계는 현상적이고 실존적인 세계의 배후에 감추어진 비실존적 본질세계이다. 결국 철학자들이 사용하는 일상언어는 일상언어의 의미에서 사용하는 것이 아니다. 이러한 역설로 인해 일상언어와 철학언어 사이에는 간격이 발생하게 되고, 이러한 간격의 해소는 언어형식이 아닌 실질적인 내용에 달려 있다. 따라서 대중들이 철학에 다가가고 철학이 대중에게 다가오고자 한다면, 양자는 반드시 일체가 되어 소통해야 비로소 이러한 간격을 해소할 수 있을 것이다.

철학의 언어형식은 언제나 변화 과정 속에 있다. 그러나 언어철학이 직면하고 있는 언言·상象·의意의 문제는 화수분 같은 보물창고이다. 사실, 철학은 아주 민족적이고 개성적인 것이어서 오직 그 민족의 언어형식을 통해야만 그에 상응되는 철학 형태를 구축할 수 있다. "언어는 언제나 민족적 형식을 가진다. 민족이야말로 언어의 진정하고 직접적인 창조자이다."[21] 철학이 개성을 가지는 것은 다른

---

21) 훔볼트(W. Humboldt), 『論人類語言結構的差異及其對人類精神發展的影響』(商務印書館, 1997), p.45.

것에 의존하지 않고 자족하기 때문이다. 따라서 철학 문제에서는 통일적이고 궁극적인 답이 있을 수 없다. 만약 통일적이고 궁극적인 답이 있다고 한다면 그것은 하나하나 '비추어 말하기'(照着講)일 수밖에 없고, 이것으로는 철학의 발전사를 구성할 수 없으므로 곧 철학이 정체되고 만다. 철학이 정체되는 날은 곧 철학이 사망하는 날이다. 그러므로 철학은 개성적이고, 다원적이며, 이질적일 수밖에 없다. 이 세 가지 특성이 없다면 철학은 구성될 수 없다.

사람들은 '비추어 말하기'에 익숙해지고 있다. 철학자의 입장에서 볼 때, 이러한 사람은 하루 종일 무위도식하면서 반성을 하지 않는 게으름뱅이고, 명철보신하면서 오직 잘못이 없기만을 비는 범용한 인간이다. 확실히 일상생활에서의 '비추어 말하기'는 '스스로 말하기'(自己講)보다, 심지어 '이어서 말하기'(接着講)보다 더 온당하고 안전하다. 따라서 지목을 받아 비판·투쟁의 대상이 되지 않을 수 있다. 그러나 이렇게 되면 철학은 매장되는 것이나 다를 바 없게 된다. 중국철학에 진정으로 창조적 기여를 한 철학자들은 모두 비판의 대상이 되었다. 송명 리학의 창시자 정이程頤는 북송 소성紹聖 4년(1097)에 "사설과 비행으로 인심을 혼란시켰다"는 혐의를 받아 부주涪州 편관編管으로 강등되고 그의 글도 모두 압수당했다. 그는 이렇게 박해를 받던 중 죽었다. 남송의 주희도 경원慶元 2년(1196)에 '위학의 영수'로 지목받았고, 몇몇 사람들은 황제에게 그의 글과 어록을 모두 없앨 것을 주청하기도 했다. 그 뒤에 다시 주희는 '위학의 역당명단'에 이름이 올랐으며, "주희를 참수하여 위학을 끊길 기원한다"고 글을 올린 사람도 있었다. 명대에는 왕수인이 죽은 후 양명심학이 '사설邪說', '위학'으로 비판되고 '위학금지령'도 내려져서 "세습이 중지되고 어떤 휼전恤典도 집행되지 않았다"고 한다. 왜 이들은 탄압을 받았을까? 그것은 그들의 철학·사상적 관념이 당시의 주류 의식 형태와 가치 관념을 초월해서 시대를 앞섰고 창조성을 가졌기 때문이다. 간단히 말하면, 그들이 철학을 창조했기 때문이다.

철학, 오직 철학이야말로 자유로운 학문이다. 따라서 자유가 없다면 철학도 없는 것이다. 철학의 본질은 새로운 것을 창조하는 것이기에, 철학이 만약 새로운 것을 창조하지 않는다면 그 철학은 무의미한 것이 되어 버린다. 바로 여기에 근거하여 화합언어철학은 언言·상象·의意를 그 기초적 범주로 하고 언言과 상象의 합의에 따라 분과 체계를 구축할 것을 주장한다.

필자가 언·상·의를 받아들여 화합언어철학의 기초 범주로 삼는 까닭은, 화합언어철학은 민족적 언어철학으로서 민족정신과 동일한 근원을 가지고 있기 때문이다. 이러한 발생학적 의미에서의 공동 근원은 다음과 같이 설명될 수 있다.

지성형식과 언어형식은 반드시 서로 적응한다. 언어는 곧 민족정신의 외재적 발현이다. 민족의 언어는 곧 그 민족의 정신이고, 민족의 정신은 곧 그 민족의 언어이다. 이 양자의 동일성 정도는 사람들의 상상을 넘어서는 것이다.[22]

---

22) 훔볼트, 『論人類語言結構的差異及其對人類精神發展的影響』, p.50.

물론 민족의 언어와 민족의 정신에는 차이가 있다. 훔볼트는, 정신은 흡사 영혼과도 같고 언어는 바로 그것이 만든 육체라고 비유했다. 민족의 정신과 언어는 마음과 몸의 관계와도 같기에, 몸에 마음이 있어야 생명이 있게 되고 마음이 없으면 생명은 정지된다. 따라서 언어에 정신이 있으면 언어는 생명을 얻게 된다. 양자는 분리되지도, 섞이지도 않는 관계이다. 이렇게 볼 때 "민족의 정신과 특성을 설명할 수 있는 모든 현상 중 오직 언어만이 그 정신과 특성의 가장 깊게 감추어진 비밀을 진술하기에 적합하다."[23] 그러므로 언어는 인간의 사유능력을 지혜의 수준으로 향상시킬 뿐만 아니라 지혜를 활용하여 세계를 인식하고 파악하게 한다.

언어와 민족의 상호작용이라는 측면에서 말하자면, 언어의 존재는 그 언어를 사용하는 민족의 존재를 상징하는 것이다. 즉 한 민족의 존재는 곧 한 언어의 존재인 것이다. 언어적 특성이란 결국 민족정신이 끊임없이 언어에 영향을 미침으로써 나타나는 자연스러운 결과이다. 그렇기 때문에 사람들은 각각의 언어에서 그것과 관련된 민족성을 추측할 수 있고, 언어의 외부구조(이를테면 문법과 어휘구조)를 통해 내부적 특성을 통찰할 수 있다. 언어 속 깊숙이 숨겨진 것이 바로 민족정신의 특성이다. 그 특성은 언어의 외부적 구조에 대한 규정일 뿐만 아니라 바로 그 언어생명이 위치한 곳이다. 따라서 민족정신의 이러한 특성에 의해 규정된 언어구조는 그 자체로 민족정신의 성격을 함축하고 있다. 그것은 한 민족의 사회역

---

23) 훔볼트, 『論人類語言結構的差異及其對人類精神發展的影響』, p.201.

사, 생활방식, 풍속습관, 문학예술, 공예건축 등이 말뜻에서 드러나게 하고, 또 그 민족의 성원들이 보유한 공통의 정신적 힘을 각성시킨다. 이런 과정을 통해 언어구조와 민족정신, 사유방식은 서로 소통하게 된다. 화합언어철학은 바로 언어구조와 민족문화, 민족정신이 충돌하고 융합하는 화합의 출발점에서 언言·상象·의意의 범주를 활용할 것이다.

2) 언·상·의에 대한 해석

세계와 인생의 의미는 언어와 무슨 관계가 있는가? 언어는 의미를 표현할 수 있는가? 의미는 언어에 의하여 완전히 표현되는가? 언어가 객관적 사물을 체득할 수 있는가? 언言·상象·의意는 가상할 수 있는가? 가상의 기능, 의미, 작용은 무엇인가? 우리는 이러한 문제들을 연구하고 토론해야 한다.

전통적인 의미에서 말하자면, 언言은 '말하다', '이야기하다'를 가리킨다. 즉 말하고 발언하는 것이다. 『설문』에서는 "직언直言하는 것을 언言이라 하고, 논란論難하는 것을 어語라 한다"고 하였다. 갑골문에서는 언言자를 ![갑골문]24), ![갑골문]25)으로 표현했는데, 곽말약은 입으로 퉁소를 부는 형상을 본뜬 것이라고 하였다. 『이아爾雅』「석악釋樂」에는 "큰 소簫를 언言이라고 한다"고 적고 있다. 이것이 언言의 본의이고,

---

24) 『鐵云藏龜拾遺』 8.1.
25) 『殷墟書契前篇』 5.20.3.

언설言說이란 언言의 원의를 확대한 것이다.[26] 『광운』「원운」에는 "언言은 언어言語이다"라고 하였다. 『설문』에서 말한 직언과 논란을 통합한 것이다. 그러므로 언사, 언론, 진술, 학설, 논의, 기재 등의 뜻이 있게 되었다. 그렇다면 어떻게 입으로 퉁소를 부는 것으로부터 언설의 언言이라는 뜻이 파생되었을까? 이에 대해 곽말약은 "언言은 원래 악기"라고 단언한 뒤 다음과 같이 말했다.

> (言은) 원시인들의 음악, 즉 원시인들의 언어였다. 먼 곳에서 명령을 전할 때 언제나 악기의 음에 의해 일을 성사시켰다. 따라서 큰 소簫의 언言이 언어의 언言으로 변화되었던 것이다.[27]

곽말약은 갑골문의 ፐ 을 ሩ 과도 같다고 보면서 소簫의 형상으로 해석하였기에 이런 설이 나온 것이다. 그러나 또 다른 해석도 존재한다. 허신許愼은 언言에 대해 "입을 본뜬 것이고 辛의 소리이다"라고 하였고, 정초鄭樵는 『통지通志』에서 "언言은 두 사람의 두 혀를 본뜬 것으로, 이二는 고문의 상上자인데 혀 위로부터 나왔기에 언言이다"라고 해석했다. 이는 사람들의 언설을 혀 위에서 내는 소리라고 여긴 것이다. 이렇게 되면 퉁소 연주에서 언어로 변화되는 과정을 설명할 의무가 없다는 점에서 정초의 해석도 일리가 있다.

상象자는 코끼리와 비슷한 모양자이다. 『설문』에서는 "상象은 남

---

26) 『郭沫若全集』 考古編 제1권, 『甲骨文化硏究』, p.98 참조.
27) 『郭沫若全集』 考古編 제1권, 『甲骨文化硏究』, p.100.

월국南越國의 큰 짐승의 긴 코와 상아를 말하며, 3년에 한 마리가 태어난다. 상象은 그 짐승의 귀와 이빨, 네 발의 형상이다"라고 적고 있다. 따라서 갑골, 금문에서는 모두 코끼리의 코가 긴 특징을 강조하여 🐘 28), 🐘 29)로 적고 있다. 여기에서 형상이 파생되었음을 알 수 있다. 『상서』「열명상說命上」에 "그 형상을 더듬어 그려서 천하에서 두루 찾을 수 있게 하였다"라고 했는데, 공안국은 "꿈에 나타난 사람을 더듬어 그 형상을 그린 것이다"라고 풀이했다. 상형象形이란 바로 형상과 모양이 있어 볼 수 있는 존재상이기에 상징, 모방, 기상, 유사성 그리고 도리 등 뜻을 가진다.

회의자인 의意는 의향을 가리킨다. 『설문』에는 "의意는 지志이다. 마음으로부터 말(言)을 살피면 그 뜻(意)을 안다. 마음을 따르고 음을 따른 것이다"라고 적고 있다. 이에 대해 서개徐鍇는 "마음에서 우러나온 음성이다"라고 하였고, 왕균王筠은 "마음을 따르고 음을 좇은 것이다. 음도 소리이다"라고 하였다. 지志는 지향, 희망이다. 『증운增韻』「지운志韻」은 "의意는 마음이 향하는 바이다"라고 하였으니, 이로부터 생각, 의미, 회의懷疑, 의기意氣, 내심, 짐작, 감정 등의 의미로 확장되었다. 또한 그것은 시적 정취나 그림 같은 아름다움, 봄기운, 취기 등의 정취도 가리키는데, 역시 일종의 정신적인 경지라고 할 수 있다.

---

28) 『殷墟書契前篇』 3.31.3.
29) 『殷墟文字乙篇』 906.

3) 언어 자체의 기능

언어(자연언어와 인공언어를 포함한)는 일종의 기호체계이다. 기호가 없으면 언어도 없는 것이다. 사유의 직접적인 현실로서의 언어는 결코 기호를 벗어날 수 없다. 언어기호는 객관적인 실체의 형상, 존재상을 지칭하고, 지칭 대상으로서의 객관적 실체의 형상, 존재적 형상은 언어기호가 상징하는 지칭과 부합해야 한다. 하지만 실제로 반드시 그러한 것은 아니다. 이것이 바로 '마땅히 그러함'(應然)과 '실제 그러함'(實然)의 관계이다.

언어기호 자체는 지칭되는 형상, 존재상의 상징이고, 그 대상인 객관적 실체의 형상과 존재상은 언어기호를 통해 추상된 것이지 감각적 실재가 아니다. 바꾸어 말하면, 지칭하고 상징하는 언어기호와 그 대상인 객관적 실체의 형상, 존재상, 즉 언言과 상象 사이에는 필연적이고 내재적인 연결이 존재하지 않는다. 따라서 언어기호에는 그가 지칭하고 상징하는 객관적 실체의 형상, 존재상의 특성이 없고, 객관적 실체의 형상, 존재상도 반드시 자신이 가지고 있는 특성과 관련된 지칭, 상징을 선택하는 것은 아니다. 여기에는 어떻게 지칭하고 어떻게 지칭되어야 하는가, 무엇을 지칭하고 무엇을 상징하는가와 같은 선험적이고 의지적인 결정이 담겨 있지 않다. 그러므로 처음에는 이들의 연계가 우연적이거나 어떤 외부적인 인연에 의해 성립되는 것이다. 비록 상형象形이나 지사指事 등 한자를 만드는 육서六書를 통해 대상을 지칭하고 상징하지만, 언어기호와 그것이 지칭하고 상징하는 객관적 실체의 형상이나 존재상 간의 관계는 사회적 약속 하에서 형성되고 확정된 것이다.

이른바 사회적 약속이란 사회적 관계망 내에서 보편적으로 받아들여지고 이해되고 사용됨을 가리킨다. 즉 안정성을 담고 있다는 말이다. 이러한 지칭, 상징이 일단 서로 약속되고 습속을 통해 답습되면 그 지칭, 상징과 그것이 지칭하고 상징하는 대상의 관계는 고정된다. 이것은 아이에게 이름을 지어 주는 것과도 같다. 갓난아이에게는 이름이 없다. 부모들이 그에게 이름을 지어 주면, 아이가 커서 학교에 가고 직업에 종사하는 과정에서 그의 이름이 사회적 관계 안에서 모두에게 인정받음으로써 이름과 사람 사이의 관계가 확정되는 것이다. 장 아무개는 장 아무개만 가리키고 이 아무개는 이 아무개만 가리키기에 양자는 혼동되지 않는다. 이러한 과정을 거쳐 언言과 상象 간에는 고정적 관계가 형성된다. 즉 언어기호로서의 언言과 그것이 지칭하는 객관적 실체인 형상, 존재상 사이의 관계가 확정되는 것이다.

이렇게 확정된 관계로 인해 사람들은 언어기호가 곧 그것이 지칭하고 상징하는 객관적 형상, 존재상 그 자체라고 착각한다. 그래서 양자를 동일시하고, 심지어는 언어기호를 숭배하기까지 한다. 서 아프리카 연안의 어떤 지역에서는 사람과 그 이름 간의 실재적이고 육체적인 연계에 대한 신앙이 존재한다. 그들은 사람의 이름을 가지고 그 사람을 해칠 수 있다고 본다. 어떤 사람의 이름과 연관된다는 것은 그 당사자 또는 그 이름을 부르는 존재자와 연관됨을 의미한다. 이처럼 언어기호와 객관적 실재, 지칭과 지칭대상을 연결시키는 언어기호에는 마치 특수한 마력이 담겨 있는 것처럼 보인다.

중국에도 언어기호를 숭배하는 이러한 습속이 존재한다. 고대의 무술巫術에서 가해하려는 대상의 이름과 사주를 기록해 놓고 사술邪術을 써서 그 사람을 해치는 행위가 그러하다. 이를테면 주영왕周靈王 때 무당 장홍萇弘이 살쾡이 머리를 화살로 쏜 사건, 여태자戾太子의 '무고巫蠱'사건, 양광楊廣이 양수楊秀를 해친 사건 등이다. 『홍루몽』에 이런 기록이 있다.

마도파馬道婆가 조씨의 뇌물을 받고 가보옥賈寶玉과 왕희봉王熙鳳을 해치고자 종이사람 둘을 가위로 자르고, 그들의 사주를 알아내어 이름과 사주를 종이사람 위에 써 놓았다. 그리고 남색종이 한 장을 가지고 시퍼런 얼굴의 귀신을 잘라 만들어서 꽁꽁 겹쳐 바늘로 한데 박아 놓았다. 그러고 나서 조씨에게 "이제 내가 돌아가서 법술을 쓰게 되면 자연히 효험이 있을 것이다"라고 하였다. 며칠 후 보옥寶玉이 두통을 앓고 외마디 소리를 크게 지르면서 땅에서 3~4자나 뛰어오르더니, 마구 고함을 지르며 헛소리만 해 대면서 또한 칼을 휘두르며 죽느니 사느니 했다. 어찌할 바를 모르던 찰나에, 왕희봉이 또한 시퍼런 칼을 쥐고 정원에 뛰어 들어와 닭을 보면 닭을 치고 개를 보면 개를 죽이며 사람을 보면 두 눈을 부릅뜨고 사람을 잡아 죽이려 했다. 이를 본 사람들이 몹시 당황하여 허둥대고 이리저리 떠들었다. 종이돈을 태워 귀신에게 보내자는 사람이 있는가 하면, 무당을 청해 가무와 제물로 귀신을 불러서 병을 치료하자는 사람도 있었으며, 또 옥황각玉皇閣의 장도사張道士를 불러 요괴를 잡게 하자고 추천하는 사람도 있었다. 이렇게 꼭 반나절을 시끌벅적하게 떠든 뒤 백방으로 치료해 보았지만 좋아지는 기미가 보이지 않았다. 3일이 지나고 보니 침대 위에 누워 있는 희봉와 보옥은 숨결마저 약해져서, 가족들은 가망이 없다면서 두 사람의 후사를 준비하고 관도 마련해 놓았다.30)

여기서 마도파는 기호(이름, 사주)와 객관적 실체의 존재상(가해하려는 대상인 보옥, 희봉)을 같은 것으로 보고 사람을 음해하려는 목적을 달성할 수 있다고 생각한 것이다. 언어기호를 숭배하는 이러한 관념과 습속은 지금도 여전히 존재한다. 예를 들어 어떤 지방에서는 아이를 낳으면, 특히 남자아이를 낳으면 유명乳名(이를테면 개똥이 소똥이 등)을 불러야지 진짜 이름을 불어서는 안 된다, 만약 진짜 이름을 누설하면 지나가던 요괴나 마귀가 듣고 와서 혼을 빼 간다고 믿었다. 그 밖에도 "진짜 이름이 적에게 누설되어 적들이 그것을 가지고 사술을 쓸까 두려워한다"31)라는 것도 있었다. 이 점에 있어서는 중국과 서양이 마찬가지이다.

화합언어철학의 언어기호는 명명 및 의미부여의 기능과 지칭의 기능을 가진다. 이 점은 중국의 선진시기에 이미 철학자들에 의하여 확인되었다. 비록 언어기호와 객체사물의 형상 혹은 존재상 간에 긴장감이 존재하기는 하지만, 이들 간에는 지칭할 수 있는 것

---

30) 『紅樓夢』 제25회(人民文學出版社, 1964), pp.288~297.
31) 러셀, 『人類的知識』(商務印書館, 1983), p.68.

(能指)과 지칭을 받는 것(所指), 지칭하는 것(指)과 지칭되는 것(被指)의 관계가 구성된다. 공손룡公孫龍은 『지물론指物論』에서 "사물은 지칭에 의해 표현되지 않는 것이 없지만 지칭이 곧 지칭되는 사물 자체인 것은 아니다"라고 하였다. 사물의 형상, 존재상은 모두 지칭을 가지지만 지칭은 지칭하는 바에 의해 결정되는 것이 아니다. "만약 세상에 지칭이 없다면 사물은 사물로 표현될 수 없다." "지칭은 세상에서 독립적으로 존재하는 것이 아니지만 사물은 세상에서 객관적으로 실재하는 것이다." 만약 천하에 지칭이 없다면 사물의 형상, 존재상은 호칭될 수 없고, 사람들도 사물을 체득하고 인식할수 없을 것이다. 지칭은 본래 존재하지 않는 것이지만 사물은 세상에 실재하는 것이다.

지칭은 그 자체가 본래부터 사물의 형상, 존재상으로 표현되는 특성을 가지는데 어째서 사물에 의존해야 하는가? "지칭은 본래 스스로 지칭이 아닌 것으로 전화되는 특성을 가지는데 어째서 사물에 의존하여 지칭하는 것일까?" 지칭은 사물의 형상, 존재상에 의존하지 않고 독립적으로 존재할 수 있다. 그러나 공송룡은 이렇게 말한다.

지칭은 세상의 모든 사물이 공유하는 것이다. 천하에는 지칭이 없지만 사물에 지칭이 없다고 할 수 없다. 사물에 지칭이 없다고 할수 없다면 지칭이 없는 사물이 없는 것이다. 지칭이 없는 사물이 없다고 한다면 모든 사물은 지칭을 가지고 있는 것이다. 지칭은 개성과 다르고 개성은 지칭이 구체적인 사물에서 드러난 것이다.

기호의 지칭은 천하의 사물이 공통적으로 가지고 있는 일반성 또는 공통성을 담고 있다. 이를테면 돼지, 개, 말 등의 언어기호는 세상에 실제적으로 있는 돼지, 개, 말을 지칭하는 데 쓰는 것이고, 돼지, 개, 말에 대한 사물의 형상, 존재상을 지칭하는 기호는 감각적인 것이다. 그러나 이러한 돼지, 개, 말이라는 사물의 형상, 존재상을 지칭하는 기호는 감각을 잃었기에 추상적인 것이 되었다.

사물의 형상, 존재상은 결국 지칭을 가져야만 한다. 사물의 형상이나 존재상은 모두 지칭을 가지고 있고, 지칭 역시 지칭이 없는 것이 아니기 때문이다. 그러므로 지칭과 지칭되는 돼지, 개, 말이란 사물의 형상, 존재상과의 융합이 바로 "사물이 지칭되다"는 것이다. 따라서 지칭은 사물의 형상, 존재상의 내용을 가진 지칭이지만 그 지칭은 추상성 또는 일반성을 잃었기에 지칭이 아닌 것이다. 이것은 일종의 '역설'이다. 왜냐하면 모든 단어는 개괄적인 지칭이어서, 돼지나 개, 말은 실제의 돼지나 개, 말에 대한 개괄이고 추상이기 때문이다. 언어기호 중에서 감각적 사실로서의 돼지, 개, 말은 기호화되지만, 돼지, 개, 말이라는 언어기호가 돼지, 개, 말의 사실적 기능 및 특성을 가진 것은 아니다. 그러므로 공손룡은 만약 언어기호에 돼지, 개, 말의 사실적 기능을 담고 있다면 그것은 언어기호가 아니라고 하였다. 언어기호는 사물의 형상, 존재상을 지칭하지만 사물의 형상, 존재상 자체는 아니다.

4. 다함과 다하지 못함의 사이

　　언어기호와 사물의 형상, 존재상의 관계는 화합언어철학에서의 언言과 상象의 관계 문제, 즉 명名과 실實의 관계 문제이다. 위진시기 왕필 등 현학자들은 언·상·의의 문제를 가지고 논변을 진행했다. 그 논변은 지금까지도 시사하는 바가 있다.

1) 언은 상을 모두 표현해 낼 수 있는가

　　왕필이 말하는 언言은 언사言辭, 괘卦, 효사爻辭를 가리키고, 상象은 『주역』의 괘상卦象과 효상爻象을 가리킨다. 괘상은 8개 경괘經卦의 괘상과 64개 별괘別卦의 괘상을 포함한다. 한나라 사람들은 역을 해석할 때 상수에 얽매였고, 마음대로 원의를 확대하고 견강부회하여 조리 없이 번잡하게 만들기만 했다. 따라서 『주역』의 전체적인 사유의 본질을 이해하지 못했다. 그래서 왕필은 『주역』의 언言, 상象의 원모습을 되찾기 위해 『주역주周易注』와 『주역약례周易略例』를 지었다. 그는 한대의 역학에 대해 다음과 같이 비판했다.

　　글에 따라 괘를 따져서, 마馬만 있고 건乾이 없는 효사를 만나면 억지로 가져다 붙여서 이리저리 위설僞說을 늘어놓은 것이 이루 다 기록할 수 없을 정도이다. 게다가 호체법互體法이 부족하면 괘변卦變을 끌어다 쓰고, 괘변이 부족하면 오행까지 끌어다 쓴다. 일단 그 원의를 잃으면 꾸밈이 더욱 심해질 뿐이다. 거듭하다가 혹

여 들어맞을 수는 있겠지만, 그 뜻은 취할 바가 없다.[32]

괘상의 상징물에 집착하여 건乾은 말이고 곤坤은 소라고만 하면
서 괘상 배후에 숨어 있는 강건의 도와 유순의 도를 이해하고 깨닫
지 못하니, 상수의 견강부회가 갈수록 심해져서 지극히 번잡한 데에
이르게 되지만 결국 그 요지를 얻지는 못한다. 게다가 '호체互體', '괘
변卦變', '오행五行'이라는 역해법易解法까지 더해져서 더욱 위설僞說이
넘쳐나게 되는 것이다. 이러한 것들은 『주역』의 본의를 이해하고 체
득하는 것을 방해한다.

언言과 상象의 관계는 언어기호가 물상物象을 표현할 수 있을지의
문제뿐만 아니라 물상이 언어기호를 통해 드러날 수 있는지의 문제
도 포함한다. 이에 대해서는 아래처럼 분석할 수 있다.

첫째, 언어(名言)기호는 물상 또는 형상에서 생겨나고 "언言은 상
象에서 생겨나기에 언言을 통해 상象을 관찰할 수 있다"[33]는 것이다.
"무릇 이름이 형상에서 생기는 것이지 이름에서 형상이 생기는 것이
아니다."[34] 이것은 형상에서 이름으로 진행되는 논리적 포함관계 및
순서를 나타낼 뿐만 아니라 언어기호가 물상, 존재상에 의해 결정된
다는 것을 의미하기도 한다.

이름은 그것을 규정하는 것이고 호칭은 그것에 따라 부르는 것이

---

32) 『周易略例』, 「明象」; 『王弼集校釋』(樓宇烈 校釋, 中華書局, 1980), p.609.
33) 『周易略例』, 「明象」; 『王弼集校釋』, p.609.
34) 『老子指略』; 『王弼集校釋』, p.199.

다. 이름은 그것에서 생기고 호칭은 나에게서 생긴다. 따라서 모든 사물은 그렇게 되지 않는 것이 없기에 도道라고 부른다.[35]

명칭과 호칭 등 언어기호는 형상이 있는 사물의 존재상을 확정하고 규정하는 것이고, 호칭은 말하는 사람의 의지에 따르는 것이다. 따라서 명칭과 호칭은 사물의 존재상에 근거해서 화생하고, 호칭은 주체기 부여허는 것이다. 그러므로 "명호名號는 형상에서 생기고 호칭은 요청에 의해 나오니, 명호는 근거 없이 생기는 것이 아니고 호칭도 근거 없이 나오는 것이 아니다"[36]라고 말한다. 명호는 사물이 존재하는 형상, 존재상에 근거하여 확정되고, 호칭은 인간의 인식적 필요에 따라 표현되는 것이다.

둘째, 물상과 존재상은 언어기호를 통해 드러난다. 물상과 존재상은 비록 형形이 있고 상象이 있지만 물상 자체는 자신을 묘사하거나 드러낼 수 없다. 언어기호는 물상, 존재상을 표현하고 설명하는 기능이 있을 뿐만 아니라 물상, 존재상에 대해 서술하고 진술할 수 있다. 이것은 언과 상(名과 實) 간에 서로 융합하고 침투하는 특성이 있기 때문이다. "그 이름이 있으면 반드시 그 형상이 있기"[37]에 이름과 형상은 서로 부합된다. 즉 이름은 실재와 부합되고, 이름이 정해지지 않으면 실재도 논할 수 없다. 이렇게 물상, 존재상은 언어기호를 통해 표현될 수 있고 "상象은 언言에 의해 드러난다." 즉 "언言

---

35) 『老子指略』; 『王弼集校釋』, p.197.
36) 『老子指略』; 『王弼集校釋』, p.198.
37) 『老子指略』; 『王弼集校釋』, p.199.

은 상象을 밝히는 것"38)이기에 언어기호는 물상의 존재 형태를 드러
낼 수 있다.

셋째, 주체는 언어기호의 도움을 빌려 물상과 존재 형태를 이해
하고 확실히 인식할 수 있다. 즉 물상을 철저하게 이해할 수 있는
것은 언어기호를 통해서이다. 우리는 모종의 언어기호를 선택해서
물상을 표현 및 설명할 수 있고, 또 언어기호만을 통해서 물상을 볼
수도 있다. "상象을 모두 표현해 내는 것에 있어 언言보다 좋은 것은
없다."39) 오직 언어기호만이 물상과 존재상을 해석하고 확실히 인식
할 수 있는 것이다.

비록 언言과 상象이 융합성과 침투성을 가지고는 있지만 이들은
명名과 실實과 마찬가지로 결코 섞이지 않는다. 이것은 바로 '언言이
상象을 모두 표현한다는 주장'과 '언言은 상象을 모두 표현하지는 못
한다는 주장'의 대립이다. 이 두 가지 경우는 모두 존재한다. 따라서
'언言이 상象을 모두 표현한다는 주장'으로 '언言은 상象을 모두 표현
하지는 못한다는 주장'을 부정하는 경우나 그 반대의 경우는 모두
편협한 것이다. 화합언어철학은 양자가 서로 분리되거나 섞이지 않
으면서 작용 및 보완한다고 주장한다. 이것은 다음과 같은 입장으로
정리될 수 있다.

명명命名은 결코 그 이름과 실질이 완전히 부합하게 할 수 있는 것

---

38) 『周易略例』, 「明象」; 『王弼集校釋』, p.609.
39) 『周易略例』, 「明象」; 『王弼集校釋』, p.609.

이 아니고, 호칭도 사물을 모두 표현할 수 있는 것이 아니다. 명명
은 반드시 어느 정도의 구별이 있어야 하고, 호칭도 반드시 근거하
는 것이 있어야 한다. 분별이 있으니 완전히 하나인 것은 아니며,
근거한 것이 있으니 사물 전체를 모두 표현한 것도 아니다. 완전히
하나가 아니라면 사물의 본연의 상태와 다른 것이고, 사물 전체를
모두 표현하지 않았다면 그렇게 명명할 수 없다. 이러한 도리는 추
론과 연역을 통해 알 수 있는 것이다.[40]

이름과 실질이 부합하지 않고 호칭과 형상이 완전히 일치되지
않았다면 명名과 실實, 호칭과 상象 간에 분별과 차이가 있는 것이고,
그 분별과 차이로 인해 다른 점들과 표현할 수 없는 점들이 존재하
는 것이다. 즉 완전히 일치할 수 없으면 일정한 한계가 있는 것이니,
곧 보편적인 포용성, 주연성周延性이 없는 것이다. 그러므로 명호와
진실은 크게 다르며 호칭과 형상도 서로 부합하지 않는다.

이러한 '사물의 본질과 크게 다른' 상태와 '명명할 수 없는' 상태
는 현상적이고 실존하는 차원 즉 존재상의 우성(顯性) 차원뿐 아니라
은폐되고 실존하지 않는 차원 즉 존재상의 열성(隱性) 차원에서도 존
재의 존재상이다. 언어기호로 표현되고 설명될 수 있는 물상과 존재
상은 현상적이고 실존하는 차원을 놓고 말하는 것이고, 은폐되고 실
존하지 않는 차원은 곧 도道, 현玄, 심深, 대大, 미微, 원遠으로 지칭되
는 여섯 가지 언어기호가 "각기 구체적인 의미만을 지닐 뿐 만물의
본질을 모두 표현한 것은 아닌 것"[41]과 같다. 천지만물의 근거인 '도

---

40) 『老子指略』; 『王弼集校釋』, p.196.

道', 그윽하고 어두운 데서 화생하는 '현玄', 깊고 고요하여 파헤칠 수 없는 '심深', 천지에 가득 차서 그 극에 도달할 수 없는 '대大', 오래되고 멀어서 도달할 수 없는 '원遠', 심오하고 미세하여 볼 수 없는 '미微'는 그윽하게 극이 없고 미묘하여 형상이 없는 무한無限이자 무상無象이다. 이들은 실존하지 않는 것이기에, 이름을 붙일 수조차 없이 넓고 크고 이름을 붙일 수조차 없이 넓고 크다. 바꾸어 말하면 명호와 호칭을 붙일 수 없는 본체의 경지이다. 만약 언어기호와 호칭을 억지로 부여할 경우 상기한 여섯 가지는 불변성을 상실하고 본래상태를 떠나게 된다. 그래서 "성인은 언言을 위주로 하지 않기에 불변하는 상도를 어기지 않고, 명名을 상도로 여기지 않기에 그 본래상태와 분리되지 않는다"[42]라고 말하는 것이다. 본래상태와 분리되고 상도를 잃으면 언어기호의 지칭은 그 존재의 가치와 의미를 상실하고 만다.

결국 우리는 언어기호로써 지칭할 수 없는 것이 있다는 것을 인정해야만 한다. 여기에는 형상, 존재상뿐만 아니라 도道, 현玄, 심深, 대大, 미微, 원遠도 포함된다. 이러한 언어기호의 제한성은 언어기호가 만능이 아님을 말해 준다. 따라서 왕필은 '득상망언得象忘言'을 주장했다. "'언言'은 '상象'을 밝히는 것이기에 '상'을 얻으면 '언'을 잊어야 한다"는 것이다. 형상과 존재상을 얻었으면 언어기호를 잊거나 포기할 수 있으며, 그렇게 "언言을 잊은(忘言) 자는 상象을 얻는 자이

---

41) 『老子指略』; 『王弼集校釋』, p.196.
42) 『老子指略』; 『王弼集校釋』, p.196.

다."43) 여기에서 망언忘言이란, 언어기호에 의해 제한되고 변질된 형상 혹은 존재상의 원래 모습에 근접했다는 것이고, 직관을 통해 형상이나 존재상의 본질에 근접하여 그들의 원래 모습을 드러냈다는 것이다. 이것은 인식론적 문제이면서도 또한 해석학적 문제이기도 하다.

현상적이고 실존하는 물상에 대한 인식뿐만 아니라 은폐되고 실존하지 않는 본체, 경지에 대한 해석에 있어서도 언어기호는 유한한 형식적 매개체이다. 인류가 언어기호를 가지면서부터 제1차 매개체 혁명이 시작되었고, 그로 인해 인류는 문명의 시대로 진입하게 되었다. 고금을 통틀어 인류의 모든 성과와 발전은 언어문자기호와 밀접하게 연결된다. 그런데 현대의 컴퓨터, 인터넷에 의해 개척된 디지털시대의, 디지털화 방식으로 구성된 가상방식의 매개체계는 언어문자기호보다 더 심오하고 중대한 혁명을 일으키게 될 것이다. 가상방식이 언어문자기호가 창조한 사유공간, 기호공간에서 일으키는 혁명은, 그 안에서 가상세계, 숫자세계, 시청각세계, 인터넷공간을 창조한다는 것이다.44) 가상적 공간과 인터넷세계에서 언言과 상象, 명名과 실實의 관계는 모두 가상화될 수 있고, 불가능한 가능성은 가상적 방식을 통해 이루어질 수 있으며, 언言과 상象, 명名과 실實은 충돌융합을 통해 화합을 이룰 수 있다.

---

43) 『周易略例』, 「明象」; 『王弼集校釋』, p.609.
44) 陳志良, 「虛擬: 哲學必須面對的課題」(『光明日報』 2000年 1月 1日).

2) 사물의 상과 의미의 상호참여

"상을 깨닫는 것은 말을 잊는 것에 달려 있다"라는 말에서 '상象'이 언어문자기호가 드러낼 수 없는 형상 혹은 경지를 의미하는 것이라고 한다면, 이제 우리는 의미와 형상의 관계를 탐구해야 할 것이다. 사실 형상과 의미 자체와 그들 간의 관계는 드러낼 수 있는 차원(優性·顯性 차원)과 드러낼 수 없는 차원(劣性·隱性 차원)을 모두 함축한다. 형상과 의미에 관한 문제는 물상物象(사물의 상)이 어떻게 생겨나고 의미는 어떻게 드러나며 양자 즉 물상과 의미가 어떻게 연계되고 그 관계는 어떠한지 등을 포괄한다.

왕필은 "상象은 의意에서 나오는 것이므로 상을 탐색하여 의를 찾아낼 수 있다"[45]라고 하였다. 물상은 존재의 상이기에 의미와 의의가 있는 것이다. 의미가 없는 물상에는 가치도 없다. 이런 의미에서 "상象은 의意에서 생겨난다"는 말을 이해해야만 물상과 의미가 가지는 기능과 가치가 부각되고 합리성도 갖추어지게 된다. 왜냐하면 물상과 의미가 상호 작용하고 스며듦으로써 상에 의가 있고 의에 상이 있게 되는 것이다. 그러므로 물상을 탐구하면 의미를 관찰할 수 있다. 의미란 물상이 가진 의미를 드러내는 것이기에 드러낼 수 있는 우성적인 물상과 드러낼 수 없는 열성적 형상, 경지를 내포한다. 따라서 만약 의미가 그것을 부여하는 물상, 형상, 경지 등을 잃어버린다면 그 생명도 잃게 된다.

---

45) 『周易略例』, 「明象」; 『王弼集校釋』, p.609.

물상, 형상, 경지가 의미를 담은 운반체인 만큼 물상과 형상을 통해 의미를 이해하고 체인할 수 있다. "무릇 상이란 의미를 나타내는 것이다"(夫象者出意者也), "의意를 충분히 나타내는 데는 상보다 나은 것이 없다"(盡意莫若象), "의는 상을 통해 모두 드러난다"(意以象盡).[46] 따라서 동일한 의미를 가지는 사물은 동일한 물상을 통해 드러날 수 있다. 물상을 통해 의미를 이해하고 체인할 수 있다는 주장은, 사람들이 이해하고 체인하는 의미는 이미 감추어진 물상이라는 전제를 함축하고 있다. 따라서 이해와 체인 역시 일종의 자기이해 혹은 자기인식의 경로인 것이다. 이것이 곧 "상象은 의意에서 생겨나고" "상은 의를 모두 표현하는 것이다"(象以盡意)라는 말의 함의이다.

"성인은 상을 세워서 뜻을 모두 표현하고, 괘를 만들어서 참과 거짓을 모두 밝혔으며, 설명을 붙여서 말의 뜻을 모두 밝혔다."[47] 여기서 상象과 의意, 괘卦와 정情, 사辭와 언言[48]은 서로 분리되지도 섞이지도 않는 관계이다. 이들은 차이를 가지면서도 융합하고 서로 의존하면서도 대립하는 상호작용 및 보충의 관계에 있으니, 뜻은 상을 통해 드러나고 상象은 의미를 부여받는다. 상은 뜻을 모두 드러내는 중개자이자 도구여서, 상을 통해 뜻을 간직하는 것이다.

---

46) 『周易略例』, 「明象」; 『王弼集校釋』, p.609.
47) 『周易本義』, 「繫辭上」.
48) 『周易』에서 가리키는 상은 괘상, 즉 사물의 상징이다. 崔憬은 "伏羲가 위로는 하늘을 우러러 보고, 아래로는 백성을 잘 살피어 8괘의 상을 세워 그 뜻을 다하였다"고 말하였다. 意는 의미, 의의를 가리키고 辭는 괘상을 해석하는 기본 개념인 괘, 효사를 가리킨다. 崔憬은 "文王이 괘와 효의 辭를 만들어 괘의 상을 세운 伏羲를 이었기에 상이 의를 다하였으니 사도 말을 다한 것이다"라고 주석하였다.(李道平, 『周易集解纂疏』, 商務印書館, 1936, pp.414~415)

상象은 의意를 간직하는 것이기에, 의를 얻었으면 상을 잊어야 한다. 마치 올무(蹄)는 토끼를 잡기 위한 것이므로 토끼를 잡았으면 올무는 잊어버려야 하며, 통발(筌)은 물고기를 잡기 위한 것이므로 물고기를 잡았으면 통발은 잊어버려야 하는 것과 같다. 그러므로 언言은 상象의 올무이고 상은 의意의 통발이다.[49)]

『장자』「외물外物」에서는 올무와 통발의 비유를 통해 언言과 의意의 관계를 설명하면서 뜻을 얻었으면 말을 잊어야 한다고 주장했는데, 왕필은 그 의미를 발전시켜서 위와 같이 언言과 상象, 상象과 의意의 관계를 설명하고 있다. 토끼를 잡는 도구인 '올무'(蹄)와 물고기를 잡는 도구인 '통발'(筌)의 가치지향과 목표는 바로 상象과 의意이다. 이 비유를 상象과 언言의 관계에 적용하자면, 올무와 통발에 해당하는 언言은 상象을 잡는 도구이기에 상을 얻었다면 도구인 올무와 통발은 잊거나 버려도 된다. 다시 이 비유를 상象과 의意의 관계에 적용하자면, 올무와 통발에 해당하는 상象은 의意를 얻는 도구이기에 의를 얻었다면 도구인 올무와 통발은 잊거나 버려도 된다. 도구는 단지 목표나 목적에 도달하는 수단일 뿐이지, 그 자체가 목표나 목적인 것은 아니다.

상을 잊는 것은 의를 얻었기 때문이고, 언을 잊는 것은 상을 얻었기 때문이다. 득의는 망상에 달려 있고, 득상은 망언에 달려 있다. 그러므로 상을 세우는 것은 의를 모두 표현하기 위함이기에 (의를

---

49) 『周易略例』, 「明象」; 『王弼集校釋』, p.609.

얻었으면) 상은 잊어도 되고, 그림을 중시하는 것은 감정을 잘 표현하기 위함이기에 (감정을 이해했다면) 그림은 잊어도 된다.[50]

그러나 도구가 없으면 일정한 목표, 목적에 도달할 수 없다. 즉 올무와 통발이 없이는 토끼와 물고기를 잡을 수 없는 것이다.

사람들이 의미를 체인하게 되는 이치는 올무와 통발을 가지고 토끼와 물고기를 잡는 이치와 통한다. 올무와 통발에만 집착하면 목표에 도달할 수 없고, 곧바로 목표에만 집착하면 참된 목표에 이를 수 없다. 사람들은 반드시 물상을 통해야 의미를 체인할 수 있지만, 복잡다단한 상에 집착하거나 막히게 된다면 진정한 의미를 체인할 수 없는 것이다. 이런 의미에서 말하면 득의망상得意忘象은 일리가 있다. 왜냐하면 사람들은 변화무쌍하고 개별적이며 우연적인 물상에서 안정적·항구적·보편적·필연적인 감추어진 의미를 얻어내고, 그것을 이해 및 체인해야만 하기 때문이다.

여기에서 안정적·항구적·보편적·필연적인 감추어진 의미를 얻음이란 순찬荀粲이 말한 다음 것들을 가리킨다.

미묘한 이치는 물상으로 모두 표현될 수 없다. 지금 "상을 세우고 이를 통해 뜻을 모두 드러낸다" 하는데, 이것은 뜻 외(意外)의 것과 통할 수 없다. "설명을 달아서 그 말의 뜻을 모두 밝힌다" 하는데, 이 또한 언사言辭 외의 것을 말하지 못한다. 상 밖의 뜻과 언사 밖의 말은 깊게 감추어져 있는 것이지 드러나는 것이 아니다.[51]

---

50) 『周易略例』, 「明象」; 『王弼集校釋』, p.609.

'이치' 중에는 물상에 담긴 이치도 있다. 이는 드러난 유有로서, 상을 풀이했을 때 이해되고 체인될 수 있다. 그러나 그 밖의, 궁극적인 이치도 있다. 이 이치는 숨어 있는 무無로서, 언과 상을 초월하기에 상을 풀이한다고 해서 이해되고 체인될 수 없다. 이를테면 공자가 말한 '성性과 천도天道'는 우주와 인생에 관한 근본적인 이치와 의미이기에 '상 밖의 뜻'이고 '언사 외의 말'이 된다. 따라서 이들은 물상과 언어를 벗어난 의미를 가진다. 그것은 '이치 중에서도 미묘한 것'이기 때문에 분명히 드러나는 것이 아니다. 그러므로 '숨겨져 있어 드러나지 않는 것'(蘊而不出)으로, 언어와 상을 통해 표현될 수 없다. 바꾸어 말하면 '상 밖의 뜻'이고 '언사 외의 말'인 까닭에 상과 언어에 의해 가려진 존재이다. 상과 언어는 표현될 수 있는 영역에만 머물러 있을 뿐이므로, 이들에 의해 가려진 영역에는 미치지 못한다.

3) 언·상·의 득망의 갈림길

언言·상象과 상象·의意에 관한 논변을 밝히고 다시 '득상망언得象忘言'을 탐구하면, '득의망상得意忘象' 이후의 언言·의意에 관한 논변 곧 '득의망언得意忘言'을 논리적으로 추론해 낼 수 있다. 이 추론은 위진시기에 비로소 명확해진 것이지만 언·의에 관한 논변은 이미 선진시기에 시작되었다고 볼 수 있다. 이 논변은 우주와 인생의 의미

---

51) 何劭, 「荀粲傳」(『三國志·魏志』, 『荀彧傳』의 裵松之 注에 인용되어 있음).

그리고 그것과 언어기호와 관계, 언어기호가 의미를 표현할 수 있는 지의 여부, 인지에 있어 언어기호가 가지는 역할 등의 문제와 관련 된다. 이 논변에는 기본적으로 두 가지 견해가 있는데, 하나는 말이 뜻을 모두 표현한다(言盡意)는 입장이고, 다른 하나는 말이 뜻을 모두 표현하지는 못한다(言不盡意)는 입장이다. 이것은 언어기호와 의미 간 에 유한과 무한의 충돌이 존재함을 말해 준다.

『좌전左傳』에서는 "'말로써 뜻을 이루고 문식文飾으로써 말을 이 룬다' 했으니, 말을 하지 않으면 그 뜻을 누가 알겠는가?"[52]라고 하 였다. 이는 언어가 뜻을 완전히 표현할 수 있다는 입장이다. 여기 에서 『좌전』은 공자의 말을 인용하여 유가가 말이 뜻을 다한다는 것을 긍정했음을 알려 준다. 그러나 도가는 이에 반대해서, "말로 표상해 낼 수 있는 도는 항구불변의 도(常道)가 아니고, 이름 지어 부를 수 있는 이름은 참다운 이름(常名)이 아니다"[53]라고 했다. '상 도常道', '상명常名'은 언어로 표현하거나 명칭을 붙일 수 있는 것이 아니다. 언어로 말할 수 있고 명칭으로 명명할 수 있는 것은 곧 '비 상도非常道', '비상명非常名'으로, 이 말은 언어기호의 기능이 가지는 한계를 드러낸 것이다. 또한 "도를 터득한 사람은 말이 없고, 말하 는 사람은 도를 터득하지 못했다"[54]라는 대목은 인지의 한계를 뚜 렷이 드러내고 있다. 이러한 도가의 입장은 모두 말이 뜻을 다 표

---

52) 楊伯峻, 『春秋左傳注』(中華書國, 1981), 襄公 25년조, p.1106.
53) 『老子』, 제1장.
54) 『老子』, 제56장.

현할 수 있음을 부정한 것이다.

『좌전』에서 인용한 공자의 말이 "말이 뜻을 다 표현한다"는 입장을 긍정한 것이라고 한다면, 반대로 『주역』 「계사상」에서 인용한 공자의 말은 "말이 뜻을 다 표현하지 못한다"는 입장을 대변한 것이라고 할 수 있다. "공자는 말하기를 '글은 말을 다 표현하지 못하고, 말은 뜻을 다 표현하지 못한다' 했으니, 그렇다면 성인의 뜻은 볼 수 없단 말인가?" 그러나 「계사전」은 이어서 다시 "말이 뜻을 다 표현한다"는 입장에 해당하는 공자의 말을 인용한다.

> 공자가 말했다. "성인은 상象을 세워서 이것으로 뜻을 다하고······
> 설명을 달아서 그 말을 다 표현한다."

이것은 비록 상象과 의意, 사辭와 언言의 관계를 말한 것이지만, 언言·의意 논변에서의 '언言'은 넓은 의미에서 '입상立象'과 '계사繫辭'를 포함할 수 있으므로 "말이 뜻을 다 표현한다"는 주장을 지지하는 것으로 볼 수 있다. 여기에서 「계사」의 저자는 화합의 방법을 취하여 상충되는 두 관점을 융합시켰다. 이러한 융합론은 이후의 언·의 논변에 심대한 영향을 미쳤다. 사실 "말이 뜻을 다 표현한다"는 주장뿐 아니라 그 반대의 주장도 특정한 대상과 범위에 있어서는 모두 합리적인 것이다. 쉽게 말해, 언어기호는 현장에 있는 물상의 의의들을 다 표현해 낼 수 있지만 상 배후의 비실존적 의미까지 모두 표현할 수는 없다. 왕필이 '득상망언', '득의망상'에서 '득의망언'까지 도달한다는 것은 본체세계의 의미 차원에서 말한 것으로, 본체의 의미를 직관적으로 체험한 뒤 언어를 잊는다는 것이다. 왜냐하면 실존하지 않거나 실현되지 않은 심연에 대해서는 일상언어의 방식으로 표현할 수 없기 때문이다. 이것은 "말이 뜻을 다 표현한다"와 그 반대 주장을 긍정하거나 부정하는 것이 아니라, 양자가 충돌·융합하여 화합하는 것이다.

4) "말이 뜻을 다 표현함" 혹은 "말은 뜻을 다 표현하지 못함"

언言과 의意의 충돌·융합·화합을 이념으로 해서 언·의 논변을 자세히 살펴보면 "말이 뜻을 다 표현한다"는 주장과 "말이 뜻을 다 표현하지 못한다"는 주장 모두 하나의 본체가 관통하는 두 차원을 깊이 탐구한 것이다. 이 두 차원은 상호작용 및 보완하면서 충돌하고 융합하며 새로운 화합의 경지에 도달한다.

"말이 뜻을 다 표현하지 못한다"는 입장의 대표적 인물로는 혜강 嵇康 등이 있다. 비록 지금은 유실되었지만, 그는 「언부진의론言不盡意論」을 지었다. 그리고 이에 맞서 후세 사람 구양건歐陽建이 「언진의론言盡意論」을 지었다. 구양건은 명실名實관계와 언의言意관계를 논했는데, 우리는 이를 통해 혜강이 이 두 문제에 관해 논한 적이 있음을 추측할 수 있다. 현학은 개념을 통해 추론하기를 즐겼다. 당시 사람들은 이러한 논변형식을 '허승虛勝'이라고 불렀다. 혜강의 저서는 모두 문답과 논변의 형식을 취했으며, 그 속에서 그의 사상적 지혜와 생명적 활력은 더욱 부각되었다.

우리는 혜강의 「성무애락론聲無哀樂論」에서 「언부진의론」에 관한 정보를 얻을 수 있다. "나는 (한 모퉁이를 알면 나머지) 세 모퉁이를 아는 것을 두고 '뜻을 얻었으면 말을 잊음'이라고 본다."55) 사상의 의미를 설명하고 표현하기 위해 우언과 비유를 사용할 수는 있지만, 우언과 비유가 사상과 의미 자체인 것은 아니다. 그것은 사람들이 사상과 의미를 깨닫기 위해 제공한 하나의 형식과 방법일 뿐이다. 따라서 의미를 깨달았다면 언어형식은 잊어도 된다. 왜냐하면 언어 기호 자체는 사상과 의미가 없는 껍데기로서, 사람들이 사물의 형상에 부여한 상징일 뿐이기 때문이다. "말은 고정된 자연사물이 아니다. 동서남북과 중앙의 풍속이 각기 다르고 같은 일이라도 표지가 다르기에 이름을 하나 지어 표지하는 것이다."56) 각 지방과 민족의 습속과 방언은 매우 판이하기 때문에 "같은 일일지라도 표지가 다른" 경우가 아주 일반적이다. 그러나 우리는 언어기호가 "오랜 세월에 걸쳐 일반화되고 인정된" 것임을 부정할 수도 없다. 그것은 인간이 주관적·임의적으로 부여한 '표지'가 아니라 특정 민족과 지역에서 일반적으로 동일시되고 확정된 것이다.

언어기호에는 지칭되는 사물을 '표지'하는 기능이 있다는 점을 부인할 수 없지만, 혜강의 입장에서 보면 이러한 '표지'의 기능에는 한계가 있다. 이를테면 성인이라 하더지라도 이민족의 지방으로

---

55) 「聲無哀樂論」, 『嵇康集校注』(戴明揚 校注, 人民文學出版社, 1962), 권5, p.209.
56) 「聲無哀樂論」, 『嵇康集校注』, 권5, p.211.

갔을 때 그곳의 언어를 모른다면 어떻게 정보를 교환할 것인가 하는 문제가 있다. "직접 접촉해서 그 말을 따져볼 것인가? 피리를 불어 그 소리를 비교해 볼 것인가? 기색을 살펴서 그 마음을 알 것인가? 이런 것들이 기색으로부터 마음을 안다고 하는 것이다. 무언으로부터도 도리어 앎을 얻을 수 있다. 이로써 앎이라는 것이 반드시 말을 통해야만 하는 것이 아님을 알 수 있다."57) 마음을 알고자 한다면 기색을 살피면 된다. 즉 사람의 기색, 표정 등 은유적 언어로부터 알 수 있으므로, 꼭 말로 된 언어가 필요한 것은 아니다. 혜강은 각 민족 언어의 차이라는 사회적 현상에 있어서, 언어와 물상, 언어와 의미 간에 필연적 관련성이 존재하지 않으며, 각기 다른 언어 간에는 불통이 존재한다는 것을 언급했다. 따라서 언어 기호가 비록 하나의 '표지'로서 사회적으로 규정된 일정한 내용을 함축하고 의미의 세계를 체인하게 하는 작용을 하기는 하지만, "말은 고정된 자연사물이 아니며" 서로 다른 언어들 사이에는 공통된 표준이나 내재적인 관련이 없다. 이로써 "마음은 말할 필요가 없고 말은 마음을 증명하지 못하며", "마음은 말에 얽매이지 않고" "말은 마음을 증명하기에 부족하다"고 하는 것이다. 이는 말이 마음의 뜻을 다 표현할 수 없다는 뜻, 즉 영혼세계의 의미가 언어를 초월한다는 뜻이다.

말이 뜻을 모두 표현하지 못한다는 혜강의 주장은 그의 인지론과 관계된다. 사람들이 사물의 효과에 대해 인지할 때, 그 대상은

---

57) 「聲無哀樂論」, 『嵇康集校注』, 권5, p.210.

전부 즉각적으로 드러나는 것이 아니라, '드러남'(見)과 '감추어짐' (遙), '가까움'(交)와 '멂'(賒) 등의 구별이 있다.

> 약이 병을 낫게 했다면 약의 효험이 드러났기에 군자는 그것을 믿
> 는다. 하지만 택宅의 길흉吉凶은 그 보답이 아직 멀고 아득하기에
> 군자는 그것을 의심한다. 만약 가까움과 멂을 허실虛實로 삼는다면
> 아마도 사물의 본질을 깨닫는 자가 적을 것이다.[58]

사람들은 보통 바로 드러나고 효험이 있는 것을 믿고, 바로 드러 나지 않고 효험이 나타나지 않는 것을 믿지 않는다. 이에 근거하여, 바로 드러나고 효험이 있는 것은 언어기호가 표현할 수 있는 의미이 고, 바로 드러나지 않고 효험이 나타나지 않는 것은 언어기호로 표 현할 수 없는 것이라고 부연할 수 있다.

"말이 뜻을 다 표현할 수 없다"는 주장은 그 당대와 이후 중국 문학, 예술, 미학공예, 사유 및 가치평가에 매우 심대한 영향을 미쳤 다. 중국인들은 그래서 "말이 뜻을 다 표현할 수 없음"을 문학, 미학, 예술의 최고 경지를 상징하는 것으로 간주했고, 언어를 초월하고 상 을 끊어 버린 경지를 추구했다. 여기에서 이른바 경지란 마음이 노 니는 선경仙境, 혹은 상상적 형상을 가리킨다. 선경은 예술이 예술로 구성되는 경지이고, 형상은 영혼주체의 생명정서와 자연경관의 충 돌·융합 및 화합이다. 선경으로서의 경지는 무한한 의미를 담고 있

---

58) 「答釋宅無吉凶攝生論」, 『嵇康集校注』, 권9, p.307.

고 미묘한 운치가 넘치며 의미심장하다. 그것은 초월적이면서도 내재적이기에 일정한 인물, 사물, 정서, 현상을 초월하면서 또한 그들 안에 내재해 있다. 이러한 정서와 현상의 충돌·융합 및 화합에서, 감정은 영혼에 대한 투사이고 현상은 영혼에 대한 투영이다. 그것은 가장 깊은 감정을 불러일으키고 가장 아름다운 현상을 관통한다. 따라서 감정과 현상은 마치 정중동靜中動, 동중정動中靜과도 같다. 정靜은 정靜하면서 동動하고 동動은 동動하면서 정靜하여, 감촉하더라도 항상 적막하고 적막하더라도 항상 감촉하며, 허하면서도 항상 실하고 실하면서도 항상 허하다. 이렇듯 감정과 현상, 동과 정, 감촉과 고요함, 허와 실 등이 모두 둘이 아닌 원융을 이룬 상태이다. 따라서 감정과 현상의 융합, 고요함과 적막함의 관조 및 생명의 감동은 중국인들의 "말이 뜻을 다 표현할 수 없다"의 생명 정서와 예술경지를 이루었다. 이것은 전통적인 언·상·의 형식에 대한 화합언어철학의 일종의 통합과 변혁이다.

심미적 예술 경지의 진상은 허가 실의 기반이 되고, 색色이 공空을 받쳐주며, 허와 실에 차이가 없고, 공과 색이 다름이 없음이다. 그 내재적 영혼은 "믿음으로써 진실을 이룸"(信以爲眞)이니, 영혼이 진실하면 그 경지 역시 진실할 것이다. 감정의 기복에 따라 정서가 요동치고 마음에 의해 갖가지 경지가 만들어질 때, 이는 하나의 고정된 물상이 모두 짐작해 낼 수 있는 바가 아니다. 오직 무한히 넓고 넓은 대자연의 품과 변화무상한 만상萬象이라야만이 비로소 주체적 생명의 경지와 운치를 펼쳐 보일 수 있다. 생명은 이 안에 있을 때에야 비로소 풍부하고 활기 넘치며 번성하고 원기왕성하게 된다. 이처럼 생동하는 경지는 언어문자로 완전히 표현될 수 있는 것이 결코 아니다.

비록 언어기호가 영혼과 경지를 완전히 표현할 수 없음을 주장하지만, 이것이 언어기호의 작용을 부정하는 것은 결코 아니며, 또한 장한張韓의 "혀를 쓰지 않는다는 주장"(不用舌論)에 동의하는 것도 아니다. 장한은 '혀를 쓰지 않음'으로써 말이 뜻을 다 표현하지 못함을 논증했다. 그는 혀를 쓰지 않으면 말을 할 수 없기에 혀가 없어서 말을 하지 못하게 되면 언어를 쓰지 않고도 사상과 의미를 표현할 수 있다고 주장했다. 그에 따르면, 언어기호는 이치에 통할 수 없다. 즉 언어기호는 공자의 성性과 천도天道 같은 깊고 미묘한 도리를 설명할 수 없다. 말이 이치에 통할 수 없는 이상, 마음으로 이치에 통할 수밖에 없다. "나는 말에 뜻을 싣는 것이 말을 하지 않음에 뜻을 싣는 것보다 못하다고 생각한다. 모두들 혀가 없어서 마음으로 통해야 한다는 것만 알고, 혀가 있어도 반드시 마음으로 통해야 한다는 것은 알지 못한다."[59] 혀가 없으면 말할 수 없고 사상이나 정보를 교환할 수 없기에 당연히 마음으로 소통해야 하겠지만, 실은 혀가 있어 말할 수 있다고 하더라도 반드시 마음으로 소통해야 한다. 그는 언어라는 매체를 떠나 직접 마음으로 소통해야 한다고 주장함으로써 말이 뜻을 모두 표현할 수 있다는 주장을 부정했던 것이다.

---

59) 『全晉文』, 권107, 「不用舌論」(張韓); 『全上古三代秦漢六朝文』(中華書國, 1958), p.2077.

구양건은 당시의 '언부진의言不盡意'의 사조에 맞서 「언진의론」을 지었다. 그 당시 풍부한 식견과 다양한 재능을 갖추었던 장제蔣濟, 종회鍾會, 부하傅嘏 등의 인물들이 모두 말은 뜻을 모두 표현할 수 없다는 주장을 끌어와서 눈동자로 그 사람을 알 수 있다는 주장과 재주 및 성품에 관한 이론을 전개하고 논증했는데, 구양건은 "여러분들의 견해에 반박하노라"라고 선언하며 말이 뜻을 모두 표현할 수 없다는 수장을 비판하고서 말이 뜻을 모두 표현할 수 있다는 자신의 주장을 논증했다.

먼저, 구양건은 자연사물의 형태, 색채와 사람들의 식별 기능이 명칭과 언어에 의해 규정되거나 그것에 의지하는 것은 아니라고 주장하였다.

하늘은 말이 없지만 사시가 변화하고, 성인은 말을 하지 않지만 감식鑑識이 여기에 있다. 형상은 이름을 기다리지 않아도 이미 사각형과 원형으로 드러나 있고, 색채도 명칭에 의지하지 않아도 이미 흑백으로 밝혀져 있다.

사시, 감식, 사각과 원형, 흑백은 모두 스스로 존재하는 사물이고 명칭과 언어는 이처럼 자재하는 사물에 대해 무엇을 부여하거나 어떠한 작용을 일으키지 못한다. "그러므로 명칭은 사물에 대해 하는 것이 없고, 언어는 이치에 대하여 무위하다." 무엇도 하지 않고 무위하기에 절로 그러하다는 것이다. 명칭과 사물이 대응하고, 언어와 이치가 대응한다. 명칭이 사물을 지칭하는 것은 개념이고, 언어가 사리의 시비판단을 드러내는 것은 모두 자연스러운 것이다.

또한 구양건은, 비록 명칭과 언어가 사물과 이치에 대해 본래 그러한 것이 아니며 무엇인가를 부여하거나 작용하지도 않는다고 보았지만, 그렇다고 해서 명칭과 언어 자체가 가지고 있는 작용을 부정하는 입장은 아니었다.

이치는 정말로 마음으로 깨닫는 것이지만 언어가 없으면 막힘이 있게 되고, 사물은 그 자신에 의해 결정되지만 명칭이 없으면 분별할 수 없다. 언어가 뜻을 소통시켜 주지 못하면 뜻이 서로 접할 수 없고, 명칭이 사물을 분별하지 못하면 감식이 이루어지지 않는다. 감식이 이루어져서 명칭과 품절이 나누어지고, 언어와 명칭이 접함에 따라 감정과 뜻이 시원스럽게 된다. 그 까닭을 거슬러 올라가면, 사물에 본래 그러한 명칭이 있어서가 아니라 이치상 반드시 정해진 명칭이 있기 때문이다.

사물의 도리는 인간의 마음에서 체인되는 것이지만 언어가 없으면 표현될 수 없다. 사물은 이미 그 사물로서 확정된 것이기는 하지만 명칭이 없으면 이 사물과 저 사물을 분별할 수 없다. 언어는 사람들이 사상, 감정, 정보를 교류하는 도구이기에, 언어가 막혀서 소통되지 않으면 교류할 수 없다. 이러한 의미에서 언어는 없어서는 안 된다. 명칭은 사물을 분간하는 도구로, 명칭을 통해 사물을 분별하지 않으면 사람들은 사물을 감정 및 식별할 수 없으므로, 명칭도 없어서는 안 된다. 이것이 바로 언어와 명칭이 존재해야만 하는 자연성과 필연성이다. "사실을 분별해 내려면 명칭을 달리해야 하고 뜻을 드러내려면 명칭을 세워야 한다." 이것이 바로 사물을 분간하고 뜻을 드러내고자 하는 요구이다. 그러므로 현실적인 희망과 요구는 언어와 명칭을 존재하게 하는 근거이다.

마지막으로, 언어에 이념을 표현하는 기능이 있고 명칭에 사물을 분별하는 기능이 있음을 인정한다면 사상이념과 사물이 변화함에 따라 언어와 명칭도 변화되어야 한다. "명칭은 사물에 따라 달라지고 언어는 이치에 따라 변화된다." 그러므로 명칭과 언어는 '사물에 따라', '이치에 따라' 변화되어야 한다. 언어와 명칭, 사물과 이치의 관계는 "소리가 나면 메아리가 생기고 형상이 있으면 그림자가 붙는 것과 같아서, 이들은 둘이 되어서는 안 된다." 소리와 메아리는 별개의 것이 아니고, 형상과 그림자는 서로 떨어지지 않는다. 이에 근거하여 구양건은 "만약 그것이 별개가 아니라면, 말이 표현하지 못할 것은 없다"라고 논증했다.[60]

구양건의 전반적인 논변 과정을 살펴보면 아주 간명하여 이해하기 쉽다. 그는 현상적이고 실존적인 사물과 사상의 교류 차원에서 명칭과 언어를 논했고, 비현상적이고 비실존적인 사물의 본체와 사상의 경지 차원은 언급하지 않았다. 전자의 차원에 대해서는, 말이 뜻을 모두 표현할 수 없다고 주장하는 이들도 언어와 명칭에 표현하고 지칭하는 기능이 있으며 말이 뜻을 다한다는 것을 부인하지 않았

---

60) 지금까지 인용된 구양건의 발언들은 모두 그의 「言盡意論」(『全晉文』 권109; 『全上古三代秦漢六朝文』, p.2084)에 실려 있다.

지만, 후자의 차원에 대해서는 언어와 명칭이 모든 것을 완전히 표현하고 지칭하지 못한다고 주장했다. 왜냐하면 그것은 비현상적이고 미발한 것이기에 직관적으로 체험할 수밖에 없는 것으로서, 명칭과 언어로 표현하고 지칭할 수 있는 것이 아니기 때문이다. 이런 의미에서 말하자면, 말이 뜻을 모두 표현할 수 있다는 구양건의 주장은 말이 뜻을 모두 표현할 수는 없다는 주장과 첨예하게 대립되는 것이 아니라 "하나이면서도 둘이고 둘이면서도 하나인", 언言·의意의 이중적인 경지와 상태를 한쪽의 측면에서 논술한 것이다. 따라서 양측은 사실 충돌하면서도 융합하는 화합의 관계이다.

언·의의 충돌·융합 및 화합관계에 대해서는 남송의 요로饒魯의 경우가 시사하는 바 크다. 그는 "아래에서 배워 위로 통하니, 뜻은 말에 실려 있다"라는 정이의 말을 해석하면서, 성인이 지은 경전의 의미는 위의 차원에 속하는 것이고 언어는 아래 차원에 속하는 것이라고 주장했다.

> 만약 독서를 통해 그 뜻을 깨닫고 말을 통해 이치를 깨달으면 위로 통달할 수 있다. 그러나 장구의 분석과 해석에만 빠져서 뜻의 소이연을 규명하지 못한다면 사장과 훈고만 일삼은 것이 될 뿐 결코 이치를 통달할 수 없다.[61]

언言과 의意는 상하 두 차원의 일로서 양자 간에는 차이와 충돌

---

61) 『宋元學案』, 「雙峰學案」.

이 있다. 바로 이분二分이다. 요로는 독서에 임할 때 아래 차원인 언어문자에만 머물지 말고 반드시 언어문자를 중개로 삼아 그 소이연에 도달해야 하며, 그래야만 하학상달이라 할 수 있다고 보았다. 이것은 곧 언·의의 융합을 논한 것이다. 언과 의의 충돌을 융합하여 '그 이치에 통하는' 것은 곧 '의意와 리理가 합일되는' 화합의 경지이다. 이 역시 화합언어철학이 추구하는 경지이다.

5. 언言·상象·의意에 대한 각 차원별 설명

지금까지 화합언어철학의 기초적 범주인 언言·상象·의意의 논리적 구조와 상호보완적 관계망에 대해 살펴보았다. 이제 언·상·의의 각 부분별 체계를 확립할 것이다. 화합학 개론의 원리인 태극도를 거울삼아 '팔유八維' 즉 여덟 갈래로 화합할 경우, 언·상·의 매개의 기초 범주는 서로 대응되는 여덟 개의 존재상存在相 개념으로 나누어 볼 수 있다. 그것은 '언'을 중심으로 언사言辭와 우언寓言, 언론言論과 단언斷言, 언교言敎와 격언格言, 언전言詮과 미언美言으로 구성되고, '상'을 중심으로 상수象數와 현상現象, 상형象形과 표상表象, 상징象徵과 진상眞象, 상망象罔과 상상想象으로 구성되며, '의'를 중심으로 의경意境과 합의合意, 의취意趣와 미의美意, 의념意念과 선의善意, 의상意象과 낙의樂意로 구성되는 논리적 범주구조이다.

〈태극도에 함축된, 화합언어철학의 기초 범주인 言·象·意 각각의 여덟 가지 존재상〉

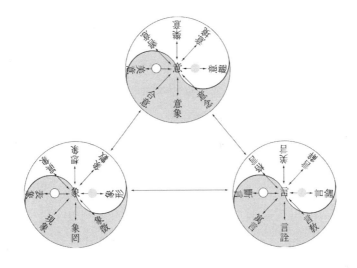

1) 언의 여덟 갈래 현현

여기에서는 태극도에 함축된 24개의 개념과 그 논리적 구조 안에서 언·상·의의 기초 범주를 간략히 설명하는데, 먼저 언言을 중심으로 설명해 보겠다.

첫째, 언사言辭와 우언寓言이 있다. 언사는 언어에 사용되는 단어와 문장을 가리킨다. "명실에 따라 시비를 판정하고, 비교와 검증에 근거하여 언사를 살핀다."[62] 명실상부의 원칙에 따라 비교와 검증을 통해 언사의 시비와 진위를 판단한다는 뜻이다. 언설에서 사용하는

---

62) 『韓子淺解』(中華書局, 1961), 「奸劫弑臣」, p.104.

제4장 화합언어철학   403

어구에 대한 시비진위는 일종의 가치판단이다. 이러한 가치판단은 오직 실제 사안과 연계되는 언어환경에서만 이루어지므로 언사 자체에는 어구로서의 시비진위의 문제가 존재하지 않는다. 그러나 일상 언설에서 종종 언사를 둘러싸고 시비진위의 문제가 발생하며, 그것이 옳고 참이라는 것을 설명하기 위해 다른 사람의 말에 의지한다. 즉 고사에 기대거나 혹은 자연물에 대한 의인화를 통해 해당 도리를 설명하는 것이 곧 우언이다. 성현영成玄英은 『장자』「우언」에 대해 "'우寓'는 '기寄'이다. 세상 사람들이 어리석고 미혹되어 제멋대로 의심하고 자신의 말을 들으면 의심하며 믿지 않기에, 타인의 말에 기탁하는 것이다"라고 하였다. 일부 사람들이 언사에 대해 의심하고 싫어하기 때문에 그 도리에 대한 의심을 풀기 위해 타인의 논증에 의지해야만 했다는 것이다. 당나라 육덕명陸德明의 『경전석문經典釋文』에서도 "'우'는 '기'이다. 사람들이 자신을 믿지 않기에 타인의 말에 기탁한다"63)라고 하였다. '타인'이란 너, 나 외의 제3자로 볼 수 있다. 즉 제3자의 도움을 받아 옳고 참임을 증명하여 자신에 대한 의혹을 제거할 뿐만 아니라 그름과 거짓도 증명할 수 있다. 그러므로 언사와 우언은 증명관계이면서 또한 대응관계이기도 하다.

둘째, 언론言論과 단언斷言이 있다. 언론은 의론과 언담言談을 가리킨다. "오직 풀 수 없는 것을 푸는 자만이 그와 의론할 수 있다."64) 설명할 수 없는 것을 설명한다면 그와 담론할 수 있다는 것이다. 공

---

63) 『莊子集解』(中華書局, 1961), 「寓言」, p.947.
64) 『淮南鴻烈集解』(中華書局, 1989), 「人間訓」, p.619.

자가 동쪽 들판에 갔을 때 말이 농부의 곡식을 먹었다. 농부는 말을 잡아 두고 돌려주지 않았다. 하여 자공이 가서 겸손한 말로써 농부한테 말을 돌려 달라고 했으나 농부는 주지 않았다. 공자가 마부를 시켜 말을 찾게 하자 농부는 크게 기뻐하면서 말을 풀어 마부에게 주었다. 마부가 바로 "풀 수 없는 것을 푼 자"이다. 무엇이 농부로 하여금 기꺼이 말을 돌려주게 했을까? 말이 서로 통했기 때문이다. 바꾸어 말하면, 마부의 말이 농부의 마음에 들었기 때문에 농부로 하여금 빠른 결정을 내리게 한 것이다. 이러한 빠른 결정은 흔들림 없이 단호한 것으로 단언과 통한다. 단언은 곧 두말할 것 없는 말, 즉 틀림없는 말로서 언론과 대응된다.

셋째, 언교言敎와 격언格言이 있다. 언교는 말하는 방법으로써 다른 사람을 교육하는 것을 가리킨다. "듣건대, 제왕, 공주, 귀척貴戚들이 교만하고 사치스러우며 분수에 넘치는 행동을 한다고 하는데 수도에서 이러하니 어찌 먼 외지 사람들을 단속할 수 있겠습니까? 그러므로 '자기가 바르지 않으면 명령이 있어도 따르는 사람이 없다'고 하는 것입니다. 행동으로써 가르치면 사람들이 따르지만 말로써 가르치면 논쟁을 일으키기 쉽습니다. 음양이 조화되어야 풍작을 거둘 수 있듯이 군신이 한마음이 되어야만 교화를 이룰 수 있는 법입니다."[65] 제오륜第五倫은 나라를 위해 충성을 다하며 간언함에 망설임이 없었다. 그는 수도에 살고 있는 제왕, 공주, 귀척들의 교만하고 사치스러우며 분수에 넘치는 행동을 비판하면서, 관리로서 자기 한

---

65) 『後漢書』, 「第五倫傳」.

몸이 바르지 못하면 그 명령을 따를 자가 없기에 반드시 행동으로 가르쳐야 한다고 주장했다. 즉 자기 한 몸이 올바를 때에만 명령이 이행되고, 단지 말로만 가르치면 진정으로 그 목적에 도달할 수 없다는 것이다. 따라서 중국인들은 솔선수범을 통해 가르치는 것을 중시했다. 즉 자신이 직접 모범적으로 도덕을 실천함으로써 다른 사람을 가르치고 그들에게 영향을 준다는 것이다. 그러나 그는 말로 가르치는 것도 어느 정도 작용을 가진다는 점을 부인하지는 않았다. 말로 하는 생생한 교육 역시 부지불식간에 인간의 정신적 소질을 향상시키는 감화 작용을 일으킨다. 그러나 말로 교육하는 자의 언행이 일치하지 않으면 누구도 그의 가르침을 따르지 않을 것이다. 반대로 만약 자신의 가르침과 행동을 일치시킨다면 적은 노력으로도 많은 효과를 거둘 수 있을 것이다. 말로 가르칠 때 중국인들이 즐겨 사용하는 격언을 활용한다면 그들은 교육내용을 더욱 잘 받아들일 것이다. 격언은 교육적 가치를 지니고 있고 또한 규범이 될 수 있는 성어成語, 혹은 문장을 가리킨다. 이를테면 "자만하는 자는 손해를 초래하고 겸손한 자가 이익을 얻는다"(滿招損, 謙受益), "세 사람이 같이 길을 가면 그 중에는 반드시 나의 스승이 될 만한 사람이 있다"(三人行必有吾師) 등이 그것이다.

넷째, 언전言詮과 미언美言이 있다. 언전은 언사로써 의리義理를 명료하게 논술하는 것을 가리킨다. 부재傅縡는 홍황사興皇寺의 혜랑惠朗 법사한테서 『삼론三論』을 전수받았다. 당시 대심고大心暠법사가 「무쟁론無諍論」을 지어 『삼론』을 비판하자, 부재는 「명도론明道論」을 지

어 그 논란을 해석하였다. "말은 마음의 부림을 받고 마음은 말의
해석에 영향을 받는다. 육근六根(目·耳·鼻·舌·身·意)과 육경六境(色·
聲·香·味·觸·法)이 화합하여 바람을 일으켜서 말이 되는 것이다."[66]
언어는 의사, 사상의 표현이고, 의사는 언사로써 의리를 명료하게
논술하는 것이다. '근진根塵화합'에서 '근根'은 '낳아 가고 불어나다'
라는 의미를 담고 있다. '근진'은 눈·귀·코·혀·몸·의의 육근과,
육근이 상대하는 색·성·향·미·촉·법의 육경을 가리킨다. 육경
은 육진六塵이라 하고, 육근과 육진이 화합하여 언어를 구성한다. 언
어는 마음의 지배를 받고 의리를 명료하게 논술하는 것에 사용된다.
화합은 육근과 육경의 전체 화합일 뿐만 아니라, 눈과 색의 화합,
귀와 소리의 화합 등 각 요소 간의 화합이다. 이러한 화합은 마치
"귓속에서 부드러운 소리가 들리면 입에서 아름다운 말이 나오는
것"[67])과도 같다. 아름다운 말이란 아름다운 언사를 가리킨다. 귀가
조화로운 소리를 들으면 심정을 평화롭게 만들어 입에서 반드시 아
름다운 말이 나오게 되니 지극히 즐겁다. 만약 보고 듣는 것이 조화
되지 않으면, 즉 음악을 듣는 데 진동이 생기고 색을 보는 데 현혹되
면, 입에 들어오는 맛이 감미롭게 느껴지지 못하고 기가 유실되어
몸에서 흐르지 않게 되어, 분별없고 도리에 어긋나는 언사가 튀어나
오기 마련이다. 아름다운 말은 반드시 온화함과 관련되어 있어서,
온화함이 없으면 못하면 도리에 어긋나는 언사가 나오게 되는 것이

---

66) 『陳書』, 「傅縡傳」.
67) 『國語』, 「周語下」.

다. 언전으로부터 육근·육경의 화합으로, 더 나아가 귓속의 부드러운 소리와 입에서 나오는 아름다운 말에 이르는 것은 자연적인 과정이다.

언ᄅ의 여덟 갈래는 둘씩 짝을 맺어서 상호 관통, 침투 및 교차된다. 그것이 화합언어철학의 '언ᄅ'이 태극도 팔유八維와 같은 논리구조를 구성하는 방식이다.

2) 상의 여덟 갈래의 전개

상象을 중심으로 하는 화합언어철학 여덟 갈래의 논리구조는 다음과 같다.

첫째, 상수象數와 현상現象이다. 상수는 괘상卦象, 효상爻象과 음양수陰陽數, 효수爻數를 가리킨다. "귀복龜卜은 모양을 나타내고 서筮는 수를 나타냅니다. 만물은 생겨날 때부터 상을 가지고, 상을 가진 후에 불어납니다. 불어난 뒤에 수가 있게 됩니다."[68] 여기서 말하는 상은, 귀복을 그을려서 나타난 징조의 모양으로 길흉을 예측하고 시초로 점을 쳐서 얻은 숫자로 화복을 분간하는 것을 가리킨다. 사물이 있은 후에 형상이 있고, 형상이 있은 후에 생장하고 번성하여 뻗어 나가고, 그 뒤에 또 수가 있게 된다. 『좌전』은 거북이 등껍질로 상을 해석하고 시초의 수로 수를 해석하였다. 『주역』은 거북을 사용하지 않고 시초를 사용하여 점을 쳤는데, 그 상은 괘·효상을 가리

---

68) 『春秋左傳』, 僖公 15년조.

킨다. 이를테면 여덟 괘는 천·지·산·못·바람·우레·물·불을 상으로 하고, 여섯 효는 아래에서 위로 가면서 9(양효)와 6(음효)을 수로 한다. 두 책은 상을 해석하는 데 있어 차이가 있지만, 징조와 수화水火 등과 같은 상징물들이 모두 드러난 현상이라는 점에서는 공통적이다. 현상은 사물이 변화하는 과정에서 나타나는 외재적 형태와 연계를 가리킨다. 현상에는 자연적인 것, 사회적인 것, 삶에 관한 것 등이 있다. 이들은 모두 드러난 것이며, 언어에 의해 지칭된다. 상수가 비록 드러난 징조와 괘상이기는 하지만 그 함의 중에는 감추어진 것들도 있기 때문에 직관적 체험에 의존해야 한다.

둘째, 상형象形과 표상表象이 있다. 상형은 사물의 형상에 근거하여 글자를 만드는 것으로, 그 글자를 보면 그것이 가리키는 것이 무엇인지를 알 수 있다. 이러한 한자구성원리는 도화圖畵의 특징을 보존하고 있다. 중국의 상형자, 이집트의 성서자聖書字, 페니키아문자는 모두 형태를 통해 뜻을 나타내는 단계와 음을 나타내는 단계를 거쳤다. 형태를 나타내는 표형表形문자는 시각을 활용하고, 뜻을 나타내는 표의表意문자는 지혜를 활용한다. 소리는 언어의 외재적 표현이고, 문자는 언어를 기록하는 기호이며, 기호는 언어 속 단어의 소리를 표현한다. 이는 어떤 문자를 막론하고 모두 나타나는 특징이다. 표형문자와 표의문자가 나타내는 소리에는 형체가 없다. 중국어는 표의문자로서 음과 연계되지 않기에 글자를 보고 음을 읽어 낼 수 없다. 이것은 글자를 보고 음을 읽어 낼 수 있는 병음문자와 완전히 구분되는 점이다.

상형이 모사한 사물의 형상은 사물 밖에 드러난 가시적 현상인데, 그렇게 밖으로 드러난 징후가 바로 일종의 표상表象이다. 『사기』「귀책전龜策傳」에 "점을 칠 때 표상表象을 예견할 수 있게 되면 먼저 그 이로움을 따진다"라고 하였다. 인지적 의미에서 말하자면 표상은 외재적 사물이 감각을 거쳐 머릿속에 사물의 형상을 재현하는 것이다.[69] 상형이 표현하는 것이 감각적 형상이라면, 표상이란 이미 존재하는 형상을 가지고 새로운 감각적 형상을 만드는 일종의 인지적 활동이다. 표상은 유추와 연상을 활용할 수도 있고, 원래 존재하는 표상과 새로운 표상을 비교하여 새로운 형상적 관념의 사유로 융합해 낼 수 있다. 표상적 사유의 과정에서 인간의 두뇌는 우선 외부대상을 형상으로 가공한다. 이 형상은 인간이 사회적 활동을 통해 축적한 경험 혹은 '지식체'이다. 유추와 연상은 유사성을 추적하는 사유이다. 그것은 입수한 정보와 기존의 정보 즉 '유사한 지식체' 간에 정합을 이루는 과정으로 이루어진다. 라이프니츠는 "당신이 유사성에 대해 생각했다면 당신은 그것뿐만 아니라 다른 어떤 것도 생각한 것이다. 보편성이란 바로 이 안에 있을 뿐이다"[70]라고 말했다. 표상적 사유에서의 유사성 원칙은 천차만별의 현상 영역에서 우리가 항상 유사성이라는 간단한 원리를 체현하고 있다는 것을 보여 준다.

셋째, 상징象徵과 진상眞象이 있다. 상징은 어떤 사물을 활용하여

---

69) 表象에는 여러 가지 형식이 있다. 허황한 표상, 창조적인 표상, 예견적인 표상이 그것이다. 이 세 가지 표상에 대한 해석은 필자의 『和合學槪論 ― 21世紀文化戰略的構想』(首都師範大學出版社, 1996), pp.312~314 참조.

70) 라이프니츠(G. W. von Leibniz), 『人類理智新論』(商務印書館, 1982), p.582.

특정한 의미를 표현하는 것을 가리킨다. 구체적인 사물을 차용해서 특정한 의미를 나타내는 것이다. 이처럼 다른 사물과 구분되는 특정한 의미는 사물 자체가 가지고 있는 것이기에 개체성을 가질 뿐만 아니라 보편성도 가지며, 이질성뿐만 아니라 동질성도 가진다. 표상적 사유에서의 유추, 연상의 원칙이 구현하는 유사성의 사유는 인지 활동 가운데 동질성을 추구하기도 하고 이질성을 추구하기도 한다. 특정한 의미를 구현하는 구체적 사물을 선택하면 이 구체적 사물과 의미 사이에는 유사성이 생긴다. 만약 그들 사이에 유사성이 없다면 그 특정한 의미가 구현될 수 없다. 그러나 특정한 의미란 것은 본질적으로 동화를 거부하는 것이기에 그것과 같은 사물의 의미로는 그 특정한 의미를 구현해 낼 수 없다. 만약 특정한 의미와 동일한 사물의 의미가 존재한다고 인정하는 순간 그것은 더 이상 특정한 의미가 될 수 없다. 이런 의미에서 보면 구체적인 사물로 어떤 특정한 의미를 구현한다는 전제는 성립될 수 없다. 따라서 상징은 특정한 의미와 유사한 의미 혹은 유사성을 통해서만 구현될 수 있다.

　이른바 진상眞象이란 일반적으로 사물의 진상 혹은 진실한 상황을 가리킨다. 그러나 형이상학의 관점에서 보면 자연계, 사회 영역에서 진상 혹은 진실한 상황이라고 하는 것들은 모두 변화하고 고정되지 않는 현상일 뿐이다. 참다운 진상 혹은 진실은 사물의 현상 배후에 은폐되어 있는, 비실존적인 어떤 것이다. 디지털화 방식으로 구성된 컴퓨터와 인터넷의 출현은 각 영역에서 혁명적인 변화를 일으키게 될 것이다. 자연, 사회의 진상뿐 아니라 정신의 진상 역시 정보화 처리방식에 의하면 모두 1과 0의 조합으로 인지된다. 즉 모두 디지털화된 존재가 되는 것이다. 따라서 인간이 인지하는 사실의 진상 또는 진실은 이미 '원형'의 진실이 아니라 컴퓨터가 가공하고 개조한 '가상의 진상'이다. 디지털화 방식이 창조한 가상의 세계는 원형의 진상세계를 복제할 수 있을 뿐만 아니라 원형의 진상세계 속에 없는 '가상세계'도 창조할 수 있다. 그렇다면 '가상세계'는 진상·진실의 세계인가 아니면 허위적이고 허황한 세계인가? 우리는 그것이 진상의 세계이면서도 가상의 세계이고, 진실이면서도 거짓이라고 말할 수 있다. 이를테면 주체가 자신의 눈, 귀, 손으로 가상적인 현실의 광경에 몰입하는 경우이다. 만일 자신의 진짜 몸으로 가상적 현실세계로 들어가 그것을 귀로 듣고 눈으로 보면서 진상을 떠올린다면, 그 가상세계는 진실한 것이다. 그러나 가상세계는 디지털화 방식으로 구성된 '가상적 현실'이기에 진실한 원형이 아닌 가상으로 모방한 세계이다. 예를 들면 모방한 음식은 보기에는 좋지만 먹을 수 없다. 진상의 원형으로서의 음식이 아니라 허위적인 것이기 때문이다. 진상뿐 아니라 상징도 모방할 수 있기에 상징과 진상은 진실 속에 있으면서도 모방 가운데 존재한다.

넷째, 상망象罔과 상상想象이 있다. 상망은 『장자』 속의 가상적인 인물로, 상象이 있는 것 같기도 하지만 사실은 없음을 의미한다. '무無'자는 무심無心을 가리켜 말한 것으로, 마음이 없었기에 현주玄珠를 얻을 수 있었다는 것이다. "황제黃帝가 적수赤水 북쪽에 유람하다가 곤륜산으로 올라가 남쪽을 바라보고 돌아왔다. 그때 현주를 잃어버렸다. 그래서 지知를 시켜 찾게 했으나 찾아오지를 못했고, 이주離朱를 시켜 찾게 했으나 그도 찾지 못했으며, 끽후喫詬를 시켜 찾게 했으나 그도 찾지 못했다. 그래서 곧 상망을 시켜 찾아오라 하니 상망이 찾아왔다."[71] 사마표司馬彪는 이 우언 속의 '현주'에 대하여 "진실을 말한 것이다"라고 해석하였다. 황제는 앞서 세 사람을 보내어 현주를 찾게 하였는데 모두 찾지 못하고 돌아왔다. 그런데 상망이 도道를 구해 오니 황제가 이상하게 생각하였다. 그러면 상망은 어떻게 현주를 얻은 것일까? 성현영은 이렇게 설명한다. "지와 이주는 물가에서 돌아오고 끽후는 변명을 했다. 모두 힘을 들였기에 진실을 잃었다. 오직 상망만이 아무 생각이 없었기에 홀로 현주를 얻을 수 있었다." '상망'은 감정을 버리고, 생각을 끊으며, 마음을 없앰을 말한다. 그렇게 했기에 도를 얻을 수 있었던 것이다. 다시 말해 상망의 가치이상이 도였던 것이다. 도는 텅 비어 있지만 만물의 요구를 채워 줄 수 있고, 쉼 없이 달리지만 만물이 귀착할 수 있는 곳이다. 도의 세계는 가상적 이상세계이며, 상상적 가능세계이다.

상상想像은 인간의 자아의식이 여러 요구를 좇아 세계의 현실적 도식을 목표화 · 이상화해서 이상적 도식의 가능세계를 추구하는 것이다. 현실세계에서 승화된 각종 이상적 도식은 상상의 결과에 속한다. 상상은 현상을 감각하고 표상을 지각하여 이상적 진상으로 나아가는 과정이다. 상상은 표상적인 상상(감각적 상상)과 이성적 상상으로 나눌 수 있다. 감각적 상상에는 과학이론, 기술 및 예술이 발명되

---

71) 『莊子集解』(中華書局, 1961), 「天地」, p.414.

고 창조되는 맹아가 함축되어 있어서, 인간이 탐구적이고 창조적인 사유활동을 진행하도록 독려한다. 이성적인 상상은 개념사유의 판단, 추리에 근거하여 상상적 가설을 제기한다. 가설은 현실세계의 어떤 사물의 상황, 구조, 성질에 근거하여 미래 발전추세에 대한 추측과 가능한 해석을 제기한다. 따라서 가설은 새로운 이론으로 낡은 이론을 대체하는 필연적인 형식이다. 감각, 지각, 이지적인 사상은 모두 가능세계를 창조할 수 있다. 이성적 상상의 가능세계는 감각적인 상상의 가능세계를 기초로 하여 승화된 것이고, 또한 재분열하면서 새롭게 충돌·융합한 결과물이다.

상의 여덟 갈래는 상호 연결되고 촉진하면서 점차 심화된다. 이것은 두 항씩 대응하는 것 외에도 모두가 종횡으로 연결됨으로써 화합언어철학의 상을 태극도의 팔유와 같은 논리구조로 구성한다.

3) 의의 여덟 갈래 경지

의意를 중심으로 하는 화합언어철학 여덟 갈래의 논리구조는 다음과 같다.

첫째, 의경意境과 합의合意이다. 의경은 작품에 함축되고 드러나는 정서와 경지를 가리킨다. 의意는 정감에 의해 발생 혹은 촉진되는 의념과 의지이며, 경境은 인간의 정신상태 혹은 인간이 도달한 수준이다. 의경은 감정에서 발생하고 감정은 욕구에서 발생한다는 점에서, 의경은 인류의 욕망의 누설 혹은 승화의 표현이다. 그것은 음악과 무용이란 형식으로, 원시부락의 음악과 춤에 함축된 수렵에 대한 욕망 및 충동, 집단혼에서의 성적인 욕구에 대한 충동 등의 흔적이다. 인간들은 이러한 주술적인 음악과 무용을 활용해서, 박자와 동작을 통해 인간의 욕망이 자신들이 숭배하는 신령과 만날 수 있게 하고, 인간의 정욕 및 충동을 승화시킴으로써 인간이 야만에서 문명으로 진보하게 했던 것이다. 사실 인류 초기의 음악과 춤에는 이미 감정에 기반을 둔 의경이 함축되어 있었다. 이러한 의경은 초월적이고 신비로운 경향을 지녔을 뿐만 아니라 모호한 성격도 내포하고 있다. 『상서』「순전」에 이런 기록이 있다.

> 임금님께서 또 말씀하셨다. "기여! 그대를 전악에 임명하니, 주자冑子들을 가르치되 곧고도 온화하며 너그럽고도 씩씩하며 강하고도 포악하지 않으며 간이하면서도 오만하지 않도록 해 주오. 시는 마음의 감동을 말로 표현한 것이고, 그 말을 길게 뽑은 것이 노래이며, 성聲은 길게 뽑아 거기에다 고저강약高低强弱을 붙인 것이고, 음률은 성음을 잘 조화되게 한 것이니, 모든 악기(팔음)가 서로 조화를 이루어 올바른 정서를 빼앗지 않게 하면 귀신과 사람들은 모두 조화롭게 될 것이오." 기가 말하였다. "아아! 제가 경磬을 치고 두드리니 여러 짐승들도 다 같이 춤추더이다."[72)]

"여러 짐승들도 다 같이 춤추더이다"는 여러 짐승으로 분장한 춤을 가리킨다. 음악과 무용은 욕구의 충동을 표현하는 것일 뿐만 아

---

72) 蔡沈, 『書經集傳』, 권1.

니라 욕구가 절제된 후 인간의 정신을 교화하고 그들의 도덕문명을 제고하는 중요한 방법이기도 했다. 아울러 음악과 무용은 신과 인간을 소통시킬 뿐만 아니라 그들이 화합을 이루게 하는 방법 중 하나였다. 인간은 음악과 무용이라는 예술적 형식을 통해 자신의 사상과 감정을 토로하고 신과 인간의 화목을 달성했다. 『시경』은 바로 '마음의 감동을 말로 표현한' 민요의 모음집으로서, 음악과 무용에 담긴 정서와 정경을 정신의 경지로 승화시킨 것이었다.

중국의 문학과 예술은 모두 초월적인 의경을 추구하였다. 이는 두말할 것 없이 정경情境 곧 정서에 부합하는 의경을 추구한 것이다. 정서에 부합한다는 것은 바로 마음의 뜻에 부합한다는 것이다. 왜냐하면 '정情'은 마음의 표현이기 때문이다. 마음의 뜻에 합치되면 곧 합의合意이다. 다시 말해, 의경과 합의는 상대적이면서도 관계된다. "시는 뜻을 합하는 것이고 노래는 그러한 시를 읊는 것이다."73) "시는 뜻을 말로 표현한 것이다"(詩言志)에서의 '뜻'(志)은 의意로 이해될 수 있다. 시는 정서를 표현하는 것이라는 점에서 시詩와 의意의 합合이다. "요조숙녀는 군자의 좋은 배필"이라는 『시경』의 구절은 남녀 간 사랑의 정서를 표현한 것이고, "위衛나라가 그리워 고향 생각 안 하는 날 없다"는 구절은 고향을 그리는 정서를 표현한 것이며, "한수漢水에 노니는 아가씨가 있어도 강물에 가로막혀 가까이 갈 수가 없네"는 신(한수에 노니는 아가씨)과 인간이 화목을 이루는 정서를 서술한 것이다. 이러한 정서는 시의 의경과 잘 융합되어 시의 합의를 묘합

73) 『國語』, 「魯語」.

의 경지로 끌어올린다. 이것이 바로 "시는 뜻을 합하는 것이고 노래
는 그러한 시를 읊는 것"이라는 말의 의미이다.

중국 시詩·서書·화畵의 의경은 광대하면서도 심오하여 유한한
물상의 범위를 초월하고 무한한 천·지·인과 융합되어 일체를 이룬
다. 천·지·인이 일체를 이루는 경지는 득도의 경지로서, '물형物形
의 유사성'으로부터 '물상의 유사성'에 도달하고 다시 신묘한 정신
적 유사성에 도달한 것이다. 청나라 초 유명한 화가인 축중광竺重光
은 "배경을 맑게 하여 빈 경관이 드러나게 하고"(實景淸而空景現), "진경
眞境에 가까워지면 신묘한 의경이 살아난다"(眞境逼而神境生)고 하였다.
현실적인 시적 정서와 경지로부터 '물상 밖으로 초월하는' 시심詩心
과 도심道心이 바로 합의의 경지이다.

둘째, 의취意趣와 미의美意이다. 의취는 사상과 정감의 취지를 가
리킨다. 혜강은 "그 까닭을 미루어 보면 아마도 처음부터 음악의 오
묘함을 이해하지 못한 것 같고, 그 취지(趣)를 살펴보아도 예악禮樂의
정취에 이르지 못했다"[74]라고 말했다. 이선李善은 "취趣는 의意이다"
라고 주석했으니, 곧 지취旨趣는 지의旨意이며 의취意趣는 사상과 정감
의 취지이다. 어릴 때부터 음악을 즐겼던 혜강은 거문고의 소리가
"신기로운 기운을 인도하고 기를"(導養神氣) 뿐만 아니라 "마음의 뜻
을 고르게 조화시킬"(宣和情志) 수 있기에 정감과 뜻을 조화시키고 훈
육할 수 있다고 주장했다. 그는 당시의 분위기가 풍속을 문란하게만
하여 소리는 슬픔과 설움을 주로 하고 비애를 귀하게 여긴다고 비판

---

74) 「琴賦序」, 『嵇康集校注』, 권2, p.84.

하면서, 이것은 소리 자체에 애락의 연고가 없음을 이해하지 못하고 예악이 감정에 의해 만들어짐을 알지 못했기 때문이라고 지적하였다. 사실 예나 악은 곧 감정이다. 따라서 사상과 정감의 취지가 제고되면 미의 경지에 도달할 수 있다.

미의美意는 선의, 호의, 낙의樂意의 의미를 가리킨다. 혜강은 거문고 소리가 "신비로운 기운을 인도하고 기른다"고 하면서 장수를 빌었다. 미의美意에도 수명을 연장한다는 의미가 있다. 시·서·화가 감정을 널리 알리는 수단인 이상 심정이 좋고 나쁨과 감정이 좋고 나쁨은 모두 시·서·화의 의경에 영향을 미치게 된다. 따라서 사상 및 정감의 의지와 취향은 미의美意와 연계된다. 만약 마음이나 생각이 선하고 좋으면 정감의 취지도 잘 어울려서 완벽하고 우아하고 아름다울 것이다. 반대로 나쁜 마음을 품고 있다면 정감의 취지도 비뚤어지고 추악할 것이다. 이러한 긍정적·부정적 사상 및 정감의 취지는 모두 언어문자기호를 통해 표현될 수 있다.

셋째, 의념意念과 선의善意이다. 의념은 생각 또는 의사의 일종이다. 선종의 혜능慧能은 "돈頓(한순간에 단도직입적으로 깨닫는 방법)과 점漸(순서에 따라 차차 깨닫는 방법)은 모두 무념無念을 종지로 하고 무상無相을 본체로 하며 머물지 않음(無住)을 근본으로 한다"[75]라고 하였다. '무념'이란 모든 잡념, 망념을 배제한다는 뜻이다. 그렇다고 아무것도 생각하지 않는 것이 아니라, 진여본성眞如本性의 '정념正念'을 체험하는 것에 집중하는 것이다. 그래서 혜능은 정념正念을 부정하지 않았

---

75) 慧能, 『六祖壇經』.

다. 그는 "모든 생각에 집착함이 없도록 한다. 이전의 생각, 지금의 생각, 이후의 생각이 서로 이어지니, 하나의 생각에 집착하고 머물러서 단절되거나 끊어짐이 없도록 해야 한다"라고 했다. 이는 의념이 끊임없이 변동하고 흘러감을 말한다. 아울러 그는 또 "모든 생각을 절제하여 중도를 지키고 모든 존재에 집착하지 말지어다. 한 생각에 집착하면 생각마다 집착하게 되느니라"라고 하였다. '머묾'(住)이란 곧 집착이다. 만약 생각이 명예에 집착하면 명예라는 생각에 구속되기에, 아예 집착하지 않아야 구속되지 않는다. "모든 생각에 집착함이 없도록 한다"는 말은 생각(念)이 변동한다는 점과 고정되지 않는다는 점을 말해 준다. 변동하고 흘러가서 고정된 속성이 없고 집착하지 않아서 고착됨이 없으면, 이것이 곧 무념의 상태이다. 선종조차 '념念'을 부정하지 않는 이상 세속세계의 의념은 존재의 당위성을 가질 뿐 아니라 다양성도 갖추게 된다. 불교에서의 념念이란 사물에 대한 기억이며, 잊힐 수 없는 것이다. "념이란 마음속에 존재하는 생각의 다른 이름이다." '념'은 곧 의념이다. 세속 사람들에 있어서 의념은 끊을 수도 없고 없어지지도 않는 것이다. 불교에서는 단지 육념六念이나 팔념八念만을 말하지만, 사실 인간들은 헤아릴 수 없는 의념을 가지고 있다. 이러한 의념이 모두 악한 것만은 아니고, 또 악한 의념이라 할지라도 역사적 가치가 없는 것은 아니다. 유종원은 은나라 탕왕과 주나라 무왕이 봉건제를 실시한 것이 오로지 공평만 생각하고 전혀 사심이 없었기 때문이 아니라, 제후들이 자신을 위해 힘을 다하도록 만들고 그들의 힘을 빌려 자신의 자손들을 보호하려는 목적 때문이었다고 주장하면서, 이 점에서는 진시황도 마찬가지라고 하였다. "진나라가 봉건제를 혁파한 것은 제도의 측면에서 보았을 때는 매우 공적인 것이었지만, 그 감정은 사적이었다. 이는 사사롭게 황제가 개인의 권위를 튼튼히 하여 천하 사람들이 자신에게 복종하도록 한 것이다."[76] 이러한 사심을 착한 생각, 선한 의념이라 할 수는 없다. 그러나 군현제 자체를 놓고 말하자면 그것은 매우 공적이었기에 중국의 2천 년 역사가 줄곧 그것을 본받았고, 또한 동아시아 각국에도 영향을 미쳤다는 점에서 거대한 역사적 가치를 지니고 있다.

만약 선의善意와 선념善念을 지니고 또한 크게 공정하면서 인민을 위해 이익을 도모한다면, 이것은 가장 이상적이다. 선의善意는 선량한 마음 또는 좋은 뜻을 의미한다. 선량한 마음에서 좋은 일을 한다면 동기와 효과가 융합된 것이다. 선행은 좋은 보답을 받고, 악행은 응징을 받는다. 물론 현실에서는 이와 상충되는 경우가 많다. 즉 좋은 마음에서 나쁜 일을 저지르거나 선행이 나쁜 보답을 얻는 경우, 또 나쁜 마음이었지만 좋은 일을 하거나 악행이 좋은 결과를 얻는 경우 등을 흔히 볼 수 있다. 그러나 총체적으로 말하면, 역사는 공정하다. 선행이 나쁜 보답을 받고 악행이 좋은 결과를 얻는 등의 현상은 역사를 통해 결국 공정한 평가를 받게 될 것이다. 의념과 선의의 관계를 설명하자면, 의념은 선의의 기초이자 출발점이며, 선의는 의념의 표현이다. 의념은 선의로 발전되어야 하고 선의는 의념의 긍정

---

76)「封建論」,『柳宗元集』(中華書國, 1979), 권2, p.74.

적 가치를 드러낸다.

넷째, 의상意象과 낙의樂意이다. 의상은 의경이 향상된 형상이다. "화폭에 곰과 고라니의 상을 그려 놓고 그 천에 제후라고 이름을 붙여 불렀다. 화폭에 그려진 상으로 예의와 질서를 표현하고 그 상이 내포한 뜻에 근거하여 이름을 취한 것이다."[77] 『의례』 「향사기饗射記」와 『백호통白虎通』 「향사饗射」에서는, 천자는 곰을 쏘고 제후는 고라니를 쏘며 대부는 범과 표범을 쏘고 선비는 사슴과 돼지를 쏘는 등 등급에 따라 각기 쏘는 대상이 있다고 기록하고 있다. 곰과 고라니는 정말 실물을 쏘는 것이 아니라 천에 그려 놓은 곰과 고라니를 쏘는 것이다. 정현은 곰과 고라니의 머리를 정곡에 그려 놓는 것은 등급에 따라 각기 그 쏘는 대상을 분별함으로써 예의의 의상을 나타내는 것이라고 보았다. 예에 대한 이러한 의상은 실물을 그림에 함축하고, 등급을 짐승에 함축하고, 예를 활쏘기에 함축함과 아울러 "맹위를 복종시킴을 상징하는" 의상을 함축하였다. "천자가 곰이 그려진 과녁을 쏘는 것은 무엇 때문인가? 사나운 것을 제압하고, 교활하고 간사한 사람을 멀리한다는 것을 나타내기 위함이다. 곰은 짐승 중에서 가장 사납고 교활한 동물이기에, 천자는 사나운 자를 굴복시켜야 할 뿐만 아니라 천하의 교활하고 아첨하는 신하를 제압해야 함을 보여 준다. 제후는 왜 큰 사슴(麋) 그림의 과녁을 쏘는가? 이것은 사람을 미혹시키는 자를 멀리해야 함을 보여 주는 것이다. '미麋'라는 글자는 '미혹시킨다'는 뜻의 '미迷'를 뜻한다. 대부는 왜 호랑이와 표범 그림

---

77) 王充, 『論衡』, 「亂龍篇」.

의 과녁을 쏘는가? 이것은 사나운 것을 제압함을 보여 주기 위해서이다. 일반 선비들로 하여금 사슴과 돼지 그림을 쏘게 하는 것은 무엇 때문인가? 그것은 해로움을 끼치는 것을 제거한다는 상징성을 갖고 있다. 이들은 각각 덕으로써 복종시킬 수 있는 것들을 비유로 취한 것이다."[78] 즉 천자, 제후, 대부, 선비 각자의 권위 및 통치 범위와 기능을 부각시킨 것이다. 이것은 오늘날 정치 및 전장제도와 윤리 영역에서 통치에 유익한 의상을 보여 주는 것이다.

예술 영역의 의상은 다음 대목과 일치한다. "심오한 도리를 알고 있는 머리는 기교를 잘 모색한 후에 먹줄을 정한다. 마치 안목이 탁월한 장인이 상상한 모형에 맞추어 도구를 사용하는 것과도 같다."[79] 여기에서의 의상은 다음의 내용을 함축한다. 상에는 형이 있지만 의에는 형이 없고, 상에는 다함이 있지만 의에는 다함이 없으며 의에는 다다름이 있지만 상에는 다다름이 없으니, 의는 상 앞에, 혹은 상 밖에 있다는 것이다. 마치 "몸은 사방 각지를 떠돌아다니지만 마음은 늘 조정을 걱정함"과 같이 형체와 마음이 달라서, 형상은 유한하지만 심의는 무한하다. 이것은 상충되고 상대적인 측면에서 말한 것이다. 융합과 회통의 측면에서 말하자면, 상과 의, 형과 심은 형에

---

78) 『白虎通』, 권2, 「響射」.
79) 劉勰, 『文心雕龍』, 권6, 「神思」. 王元化는 『文心雕龍創作論』(上海古蹟出版社, 1984) 에서 "神思라는 말은 아마 유협이 가장 먼저 제기한 것이다"(p.130)라고 주장하였다. 그러나 楊明照는 『文心雕龍校注拾遺』(上海古蹟出版社, 1982)에서, "曹植의 「寶刀賦」에 '약동하는 정신과 마음(神思)에 따라 象을 만든다'(여기에 나오는 '神思'라는 두 글자가 가장 먼저이다) 하였고, 「宗炳別傳」에 '「畵山水序」에 이르기를, 만 가지 재미가 그 神思에 녹아든다'(『歷代名畵記』 권6에 인용) 하였다"(p.229)라고 주장하였다.

서 마음으로, 마음에서 형으로, 상에서 의로 의에서 상으로, 이렇게 상호 침투 및 보조하면서 의 같기도 하고 상 같기도 하지만 의도 아니고 상도 아닌 의상의 경지에 도달하게 된다.

의상의 경지는 조화와 화락和樂, 즉 즐겁고 만족스러운 낙의이기도 하다. 낙의는 좋아하고 사랑하고 만족스럽다는 의미이다. "슬기로운 사람은 물을 좋아하고 어진 사람은 산을 좋아한다."(『論語』「雍也」) 주희는 이를 해석하여 "슬기로운 사람은 사리에 밝아서 막힘없이 통함이 마치 물과 같기에 물을 좋아하고, 어진 사람은 의리에 만족하여 너그럽고 듬직하고 옮겨감이 없음이 마치 산과 같기에 산을 좋아한다"[80]라고 하였다. 주희는 '리理' 개념을 가지고 인仁과 지智를 해석하고 '안安'과 '달達'로부터 너그럽고 듬직하며 막힘없이 통한다는 의미를 끌어내어 산과 물을 의상으로 삼았다. 사실 이보다 앞서 『한시외전韓詩外傳』에서도 유학의 예악과 도덕을 인지산수仁智山水에 담아 그 뜻을 표현한 적이 있다. 글자에 비추어 낙의를 이해해 보면, 슬기로운 사람은 물을 좋아하고 즐기며 어진 사람은 산을 좋아하고 즐긴다는 것이다. 여기에서 자연의 산과 물은 이미 의인화되었고, 인간은 자신의 감정과 기질을 산과 물에 투영하여 여기에 자신의 희노애락을 담았다. 이렇게 만들어진 의상의 경지가 곧 화락과 낙의의 경지이다. 의상과 낙의는 서로를 내포한다. 낙의는 의상의 정신 혹은 심경心境을 나타내고 의상은 낙의의 정신 혹은 심경이 자리 잡는 곳이므로, 양자는 서로 분리되거나 뒤섞이지 않는다.

---

80) 『論語集註』, 「雍也」.

4) 천인화락天人和樂의 경지

화합언어철학에서 전개되는 언·상·의의 범주는 각각 태극도와 유사한 논리구조를 이루고 있으며, 각 논리구조는 긴밀하게 서로 연결되어 있다. 여기에서 태극도는 양 안에 음이 있고 음 안에 양이 있는 음양의 충돌·융합의 화합사상을 부각시켰을 뿐만 아니라, 또 화합언어철학의 언·상·의를 연계시켜 이들의 전체 논리구조를 구성했다. 음양의 원소, 요소, 기호 간 충돌·융합의 화합으로서의 태극도는 그 자체로 천지, 건곤, 남녀, 부자, 군신, 상하, 내외, 표리 등의 충돌·융합을 특성으로 지니며 그것을 표현해 낸다. 이러한 특성과 표징이 바로 상술한 언·상·의 24가지 개념이다. 이 24가지 개념은 곧 언·상·의 각각이 태극도에서 나타나는 여덟 갈래의 화합체이고, 매 화합체는 다시 각각의 원소, 기호의 화합이다.

화합언어철학은 중국문화정신이라는 튼튼한 기반과 풍부한 함의에 대한 세세한 체득에 뿌리를 박고 있다. 태극도의 흰색은 양을 상징하고 흑색은 음을 상징하며, 양은 해를 향한 쪽이고 음은 해를 등진 쪽이다. 즉 각각 햇빛이 비추는 곳과 비추지 않는 곳을 의미한다. 음양어陰陽魚는 충돌·융합하면서 화합하는데, 이것이 바로 음양의 원소, 기호 간의 상호 교합이고, 이러한 교합 자체는 대칭되고 상관되며 또한 변화하고 아름다운 것이다.

화합언어철학의 기초적 범주인 언·상·의는 어떻게 각각 여덟 개의 개념으로 분리될까? 사실 이들은 모두 지성의 창조이자 언어기호를 활용하고자 하는 요구이며, 언어의 존재상태가 노출된 것이다. 각 언어의 존재상태가 함축하는 의경, 의취, 의념, 의상 등은 모두 무형무상으로, 보이지도 들리지도 않는 차원이다. 이러한 고요하면서도 감추어진 잠재태와 드러나고 감통하는 현재태는 상대적이면서도 상관되는 것으로, 분리되거나 뒤섞이지 않는다. 의경, 의념은 불투명한 잠재태이다. 리쾨르(P. Ricoeur)는 사르트르의 의식투명성을 비판하면서 "정감의 성질은 모호성 그 자체이다"[81]라고 지적했다. 그러나 모호성이라고 해서 감지할 수 없는 것은 아니며, 불투명한 잠재태라고 체인할 수 없는 것도 아니다.

화합언어철학의 현재성과 잠재성은 언어존재상태의 전환 개념으로서 인간을 생락生樂의 본체에 도달하게 한다. 그 논리구조는 다음과 같다.

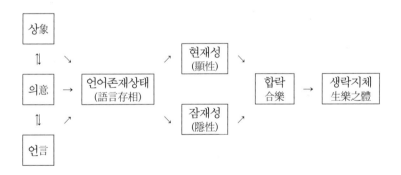

---

81) 리쾨르, 「意志與活動的哲學」, 『意志與活動的現象學』(Geiffith ed., 1961), p.378.

합락合樂은 다 같이 즐기는(樂樂) 동시에 합주한다는 의미를 지니고 있다. 중국 고대 향촌의 대부가 손님을 상문庠門 밖에서 맞아 들어오는 예에는 현자를 존경하고 늙은이를 대접한다는 의미가 담겨 있다.

> 악공樂工이 들어와 당에 올라서 녹명鹿鳴 · 서모西牡 · 황황자화皇皇者華의 세 곡조를 연주하고 나면 주인이 그에게 술을 주고, 생황生簧을 부는 사람이 들어와서 당 아래에서 남해南陔 · 백화白華 · 화서華黍라는 세 곡을 취주吹奏하고 나면 주인이 그에게 술을 준다. 당 위와 당 아래가 번갈아가면서 노래와 생황 취주 3곡을 끝마친다. 당 위와 당 아래가 노래와 비파, 생황으로 세 번 합주가 끝나면 악공은 음악을 모두 연주했음을 고하고 나온다.[82]

여기에서 '공工'은 악정樂正을 가리키고 '합락'은 당 위와 당 아래가 함께 큰 거문고를 튕기고 생황을 부는 것을 말한다. 이러한 향음주례는 '화락불류和樂不流'를 의미하는데, '불류不流'란 사특함에 빠져 예에 어긋나게 되는 것을 방지함이다. 손님을 대접하는 이러한 예의는 현자를 존중하고 늙은이를 우대하는 좋은 사회적 분위기를 형성하도록 하며, 또한 화목하고 행복하며 질서 있는 예의지국禮儀之國에 진입했다는 표지이기도 하다.

어떻게 해야 화락의 도체에 이를 수 있을까? 장자는 다음과 같이 말했다.

---

82) 『禮記正義』, 「鄕飮酒義」.

대저 천지의 덕에 밝게 통한 자를 만물의 대본大本, 천하의 대종大宗
이라 하는데, 하늘과 조화를 이루고 천하를 고르게 조화시키며 사
람들과도 화합할 수 있는 자이다. 인간과 더불어 화합하는 것을 인
락人樂이라 하고, 하늘과 더불어 조화를 이루는 것을 천락天樂이라
한다.[83]

자연무위를 덕으로 하는 천지를 이해하면 대본과 대원大源을 분
명히 알기에 천지와 충돌이 없이 융합되는 것이고, 천하의 사물을
고르게 조화시켜 서로 잘 어울리도록 하면 인간과 충돌 없이 융합되
는 것이다. 천지와 융합되면 천락이고 인간과 융합되면 인락이다.
이른바 천락이란, 도가 만물을 잘 조화시켜서 난폭하지 않고 백성들
을 잘 조화시켜서 혜택이 만세에 미치게 하며 골고루 베풀고 편애하
지 않는, 머나먼 옛날(上古) 이전부터 있었어도 늙었다고 할 수 없고
하늘을 가리고 땅을 실어 일체의 만물을 빚어내면서도 기교를 드러
내지 않는 것을 말한다. 다시 말해 천락은 도에서 나오고 도는 드러
나지 않는다. 도가 '인하지 않고'(不爲仁) '장수하려 하지 않으며'(不爲
壽) '꾸미지 않는'(不爲巧) 것이 곧 자연무위이다. 하지 않지만 하지 않
은 것이 없고, 하지 않은 것이 없어서 크게 해 내고, 드러나지 않고
감추어져 있으나 조화로운 상태이다. 조화로부터 큰 즐거움에 도달
하니, 인간들이 화목하니 인간들이 즐겁고 하늘이 조화되니 하늘이
즐거운 것이다. 인간의 화목과 하늘의 조화에서 인간의 즐거움과 하

---

83) 『莊子』, 「天道」.

늘의 즐거움에 도달하는 까닭은 합合의 특성 때문이다. "자네는 하늘과 합한 사람이고 나는 사람과 합한 사람이다."(『莊子』「天道」) 인간이 하늘과 합하고 인간이 나와 합함으로써 하늘과 조화되고 인간과 조화되며, 하늘과 합하고 인간과 합함으로써 천인이 화합하고 함께 즐거워하는 화락의 경지에 도달하는 것이다.

　형이상학적 의미에서 화락의 경지를 이해하면 화락은 인락·천락에 대한 총체적인 섭취이고 인화人和·천화天和의 소이연이다. 화락의 경지는 생락生樂의 함의를 함축하고 있다. 화합학의 중심이 되는 사유는 바로 '생생生生'으로, "천지의 큰 덕을 생生"이라 하고 "생生하고 또 생하는 것을 역易"이라 하기에 생을 천지의 근본적인 성질로 본다. 화합학은 우주만물과 사회, 인생을 쉼 없이 생하고 또 생하는 화합체로 본다. 이 화합체는 음양, 강유, 건곤, 남녀의 충돌과 융합으로 형성되었으며, 대립하고 충돌하는 가운데 균형, 조화, 발전, 변화를 추구한다. 결국 우주만물의 화생과 번영은 천지, 음양, 강유 등 다양한 충돌과 융합의 화합이고, 사회의 평화와 번창은 인간과 자연, 인간과 인간의 다원적 문명의 충돌과 융합의 화합이다. 따라서 우주가 화생하고 번영하며 사회가 평화롭고 번성하는 것은 곧 쉼 없이 생하고 또 생하는 생락을 의미한다.

제5장 화합가치철학

    가치는 지식과 마찬가지로 하나만 있는 것이 아니라, 거리에 집들이 빽빽하게 들어서 있듯 가치의 종류는 무척이나 많으며 그 형태 또한 매우 다양하다. 중국과 서양을 놓고 말하자면, 중국사상은 예로부터 구도求道를 목적으로 하였는데, 구도는 선善을 추구하기 위한 것이었으므로 가치판단에 근거하는 측면이 강했다. 이에 비해 서양의 사상은 예로부터 지식을 구하는 것을 목적으로 했는데, 지식을 구하는 것은 진실을 추구하기 위한 것이므로 사실판단에 근거하는 측면이 강했다.

    이러한 양자의 차이가 절대적인 것은 아니다. 이러한 구분이 대체로 크게 틀린 것은 아니지만, 실제 사상을 놓고 말하자면 중국사상에도 지식과 진실을 추구한 면이 없지 않았고 서양사상에도 도를 구하고 선을 추구한 면이 있었다. 그러므로 양자가 충돌·융합하며 더 나아가 화합을 이룬다면 진선미眞善美의 화합적 가치의 경지에 도달할 수 있다.

1. 가치창조의 본질은 화합에 있다

인류는 다양한 분야에 대한 탐구활동을 통해 사회뿐 아니라 과학기술의 진보를 이루어서 빛나는 성과를 내고 재화도 축적했다. 그러나 이는 사회적 위기와 환경오염뿐 아니라 빈부의 불균형과 문명의 파괴도 초래했다. '구求'에는 얻어내다, 욕심을 부리다, 선택하다, 감응하다 등의 의미가 있고, 가치에 대한 추구, 방향선택, 평가, 척도 등의 의미도 함축되어 있다. 화합가치철학에서의 '구함'은 창생과 창조의 의미를 내포하고 있다. 화합가치철학은 일반적 의미에서의 철학적 가치관이 아니라 가치문제에 대한 화합형이상학적 탐구이다. 화합의 범주는 가치창조의 형식 에너지를 충분히 발휘하고 가치창조의 존재상태를 드러내기 때문에, 가치의 화합은 지성이 만물을 낳고 기르는 천지자연의 활동에 참여하고 협조해 나아가는 메커니즘이라고 할 수 있다.

20세기는 가치가 충돌하고 산산조각 나는 시대이다. 또한 전통적 가치관 및 가치적 경향이 대화유행大化流行하여 끊임없이 해체되어 가는 시대이기도 하다. 이런 시대에 가치를 논하는 것이 황당한 것처럼 보일 수 있다. 그러나 황당하기에 질서가 없고, 질서가 없기에 움직이고 변화하며, 움직이고 변화하기에 정처가 없고, 정처가 없기에 머무는 곳이 없고, 머무는 곳이 없기에 고정된 본성이 없고, 고정된 본성이 없기에 죽음도 없는 것이다.

1) 가치 문제에 대한 철학적 탐구

21세기 초에 가치관의 '대전大戰'이 요란스럽게 시작되었다. 전 세계적으로는 미국의 원자력 잠수함이 일본 어선을 침몰시켰고, 중국 비행기를 공격해 사상자를 냈으며, 외교적으로는 남한과 북한 간 긴장이 고조되고, 그 뒤에는 전 세계를 충격에 빠뜨린 9·11테러사건이 일어났다. 이러한 문제에 대해 미국의 기자는 다음의 질문을 제기했다. "어떻게 하면 당근과 채찍을 함께 사용하고, 어떻게 하면 미국의 이익을 수호하면서도 아시아인들의 감정을 상하지 않게 하고, 어떻게 하면 안보에 부담을 주지 않으면서 미국의 무역을 보호할 수 있을까?"[1] 아시아만 보아도 일본의 역사교과서는 침략전쟁을 왜곡하고, 인도와 파키스탄은 카슈미르지역에서 빈번하게 충돌하고, 중동지역에서의 팔레스타인-이스라엘 충돌도 잦아들지 않고 있다.

이러한 충돌의 배후에는 사실 관념적인 문제가 내포하고 있다. 즉 정치적·경제적·군사적·민족적·지역적·역사적·문화적 가치관 문제가 배후에 자리하고 있다. 미국의 기자인 마르크스 마버리 역시 다음과 같이 말했다. "부시 대통령이 '교토의정서'를 국회에 제출해서 비준 받지 않겠다고 선언한 뒤, 그리고 아마도 한 쌍의 네덜란드 동성연인이 세계에서 처음 성대한 혼례식을 올리고 난 뒤, 나는 국방과 환경 등에 관한 정책에서 동성연인의 권리와 사형제 존폐 등의 문제에 이르기까지 정치적·사회적·문화적인 가치관념 간의

---

1) 생어(D. Sanger), 「布什迎面撞上亞洲」(『參考消息』 2001년 4월 17일자 게재) 참조.

격차가 갈수록 벌어지고 있다고 보고 있다."[2] 9·11테러는 대단히 복잡하고 뿌리가 깊은 정치적·문화적·종교적·사회적 원인을 가지고 있지만, 그 근원은 상대방에게 관용적 태도를 가지지 못하는 양립 불가능한 가치관에 있을 것이다.

사실 인간과 자연의 충돌이 초래한 생태 위기, 인간과 사회의 충돌이 가져온 사회적 위기, 인간과 인간의 충돌이 만들어 낸 도덕적 위기, 인간 영혼의 충돌에서 빚어진 정신적 위기, 각 문명 간 충돌로 인해 누적된 문명의 위기 등 현대사회의 5대 충돌과 5대 위기는 결국 가치의 충돌과 위기이다.[3] 세계의 모든 충돌과 위기를 5대 충돌과 위기라는 범주 내에 포함시킬 수 있다는 점에서 그들 역시 결국은 가치의 충돌과 위기라고 할 수 있다. 왜냐하면 가치관 문제는 문화, 정치, 경제의 핵심적인 문제이고 사회문명발전의 동력이자 결과물이기 때문이다. 바꾸어 말하면 인간의 판단 근거와 지향 및 인간 행위방식의 가장 기본적인 동력이 바로 가치관으로 구성됐다는 것이다. 인류가 직면한 5대 충돌과 위기는 모두 인간과 관계되며 인간이 만들어 낸 것이지, 인간과 관련 없거나 혹은 인간의 무위無爲로 인한 것이 아니다. 이런 의미에서 말하자면 인간이야말로 5대 충돌과 위기를 조성한 주범이다. 따라서 인간이라는 주범이 없었더라면 5대 충돌과 위기도 없었을 것이다. 그러나 인간이 없으면 아무것도

---

2) 「歐美價値觀的分岐及危險」(『參考消息』2001년 4월 14일자 게재) 참조.
3) 필자의 『和合學槪論 ― 21世紀文化戰略的構想』(首都師範大學出版社, 1996) 참조. 또한 『和合與東亞意識』(華東師範大學出版社, 2001), pp.33~36도 참조.

없었을 것이기에 충돌과 위기도 없었을 것이고 이것의 가치와 의미 또한 존재하지 않았을 것이다.

이렇게 볼 때, 모든 가치 문제는 본질적으로 인간의 문제이고 인간을 둘러싸고 전개된다. 실천 영역에서 이루어진 인간의 각종 행위와 성과의 총화인 문화의 핵심은 가치이며, 이는 문화적 가치로 표현된다. 이것이 바로 인간-문화-가치라는 3차원의 충돌·융합·화합이다. 따라서 가치창조의 본질은 화합에 있다.

가치란 무엇인가? 이 문제에 대해서는 지금까지도 일치된 결론에 도달할 수 없었다. 국내외 학계에서 가치에 대해 내린 정의는 헤아릴 수 없을 정도로 많지만 대체로 여섯 가지의 유형으로 나누어 볼 수 있다. '요구'로 가치를 규정하는 경우, '의미'로 가치의 범주를 확정하는 경우, '속성'으로 가치에 대한 정의를 내리는 경우, '노동'으로 가치를 평가하는 경우, '관계'로 가치를 규정하는 경우, '효과'와 '기능'으로 가치의 범주를 확정하는 경우 등이다.[4] 이들은 가치를 규정하는 근거를 '요구'처럼 주체에 두기도 하고 '속성'처럼 객체에 두기도 하며, '효과'처럼 주체와 객체의 관계에 두기도 한다. 이렇게 그들은 주체와 객체의 이원대립적 사유패턴에 깊숙이 빠져서 헤어 나오지 못하고 있다. 주체의 요구와 실천 활동에서 출발하여 가치의 저울이 주체 쪽으로 기울게 하거나, 객체의 물리적 속성과 충족, 기능에서 출발하여 가치의 저울이 객체 쪽으로 기울게 한 것이다. 따라서 가치에 대한 이론적 사유는 주체와 객체의 사이에서

---

4) 王玉梁, 『價值哲學新探』(陝西人民出版社, 1993), pp.127~170 참조.

우왕좌왕하며 방황하게 되었고, 가치철학에 대한 연구도 개인주의와 종파주의, 이기주의와 이타주의, 공리주의와 도덕이상주의 사이에서 방황하게 된 것이다.

이러한 주객이원적인 사유패턴은 이미 사람들의 사유의 틀, 가치판단의 척도, 문제를 사고하는 잠재의식으로 자리 잡았다. 비록 어떤 학자들은 가치철학이 전통적인 본체론 사유패턴을 초월하여 실천적인 사유방식으로 탈바꿈해야 한다고 주장하지만, 소위 실천적인 사유방식으로의 전환은 일종의 관계적 존재를 가치본질로 보는 것이다. 이러한 관계적 존재는 주체에 대한 객체의 관계적 존재이거나 객체에 대한 주체의 관계적 존재, 혹은 주체에 대한 주체의 관계적 존재이다. 이러한 관계성은 주체와 객체라는 이원적 관계패턴의 설정을 전제로 한 것으로, '객체가 주체의 요구를 만족시킬 것'을 가치관계의 판단기준으로 보는 전통적 가치철학의 울타리를 넘어서는 것이 결코 아니다.

이론적 사유와 학술논쟁의 역점은 주체의 요구의 객관성, 차원성, 합리성과 건전성 등이 생리학, 심리학, 경영학, 사회학 등 구체적인 과학의 변두리에 종속되는 특성을 지니고 있다. 설령 가치의 본질이 바로 주체가 객체에 대해 관계적 존재를 만족시키는지에 달려 있다고 인정한다 하더라도, 가치에 대한 철학 연구는 관계적 존재를 만족시키는 것과 관계되는 문제에 중심을 두어야 할 것이다. 그 중의 하나는 만족 방식의 가치평가 기준으로, 생물진화에서 가장 야만적인 방식으로 만족시키느냐 아니면 사회진보에서 비교적 교양 있는 방식으로 만족시키느냐 하는 것이다. 다른 하나는 만족 수준의 양적 가치의 한도에 관한 것으로, 현재 상태를 유지하느냐 아니면 본래 의미에서 확대하느냐, 혹은 전통적 습관을 고수하느냐 아니면 새로운 가능성을 창조하느냐 하는 것이다. 이 두 가지 문제야말로 철학적 의미에서의 진정한 가치 문제이다. 주체와 객체의 관계성을 만족시키는 기준이라는 이론사유의 맹점은 전통적인 가치철학 연구가 규칙을 위반해서라도 구체적인 과학의 가치연구를 대신하지 않으면 또 빈둥거리다 주어진 직책을 다하지 못한 채 '지혜에 대한 사랑'이라는 철학 본래의 긍정5)을 실현하지 못할 것이라는 점을 경고해 준다.

2) 가치사유의 이원 분열

인류의 문명사는 유목문명-농업문명-산업문명으로부터 현대의 정보화문명에 이르렀다. 그동안 과학기술의 고도성장은 인류를 위해 엄청난 물질적 재화를 창조해서 인류의 생활수준을 미증유의 수준으로 끌어올렸다. 그러나 주체와 객체의 이원대립이라는 가치관념의 잘못된 인도로 인해 발생한 극도로 편향된 사변적인 가치들은 분열을 일삼고 "너 죽고 나 살자" 식의 투쟁을 지속했다. 마치 하늘과 싸우는 것을 즐거움으로 삼고, 땅과 싸우는 것을 즐거움으로 삼으며, 인간과 싸우는 것을 즐거움으로 삼는 것 같았다. 하늘과 싸운 결

---

5) 祁潤興의 「價値創造的本質在于和合 — 張立文敎授和合學融突觀評價」(타자본) 참조.

과 오존층에 거대한 구멍이 나고 기후는 악화되었으며 환경이 오염되고 인류는 위험에 빠져 괴로움을 겪게 되었다. 땅과 싸운 결과 토지는 갈수록 사막화되고 수자원이 부족해지며 장마와 가뭄이 겹쳤으며, 화학비료와 농약의 대량 사용은 생물환경과 인류건강에 막대한 해를 끼쳤다. 인간과 싸운 결과 곳곳에서 전쟁이 끊이지 않고 난민들은 살아갈 길이 없으며 테러와 범죄조직들이 도처에서 폭거하여 강탈·살인·방화를 일삼으면서 사람들의 생명과 재산을 위협하고 있다. 남북의 빈부차이, 강대국이 약소국을 핍박함에 따라 약소국의 국민들은 큰 고통을 겪고 있다. 소위 '즐거움'이란 단지 강자, 패자, 포악한 자, 독재자들의 입장에서 자신들이 만든 '걸작'을 자화자찬한 것일 뿐, 전체 인류는 더 없는 고통의 심연에서 허덕이고 있다. 이른바 '낙樂'이라는 것이 사실 인류의 '고苦'인 것이다.

인간만 아는 인간중심주의, 오직 나만 권력을 휘두르겠다는 크고 작은 패권주의, 싸움을 낙으로 하는 극단적인 테러리즘 등의 가치관념은 이미 인간과 자연, 사회, 인간관계, 영혼, 문명의 5대 충돌과 생태, 사회, 도덕, 정신, 가치의 5대 위기를 초래했다. 테러가 발생하고 문명들이 충돌하며 가치가 해체되는 이른바 철학적 '해체의 시대'에 인문정신, 가치이성, 생명지혜는 시대에 뒤떨어진 도덕적 편견이 되었으며, 모든 인문적·이론적 학술연구들은 생명에 대한 비방을 핵심으로 하는 생명의 최고 예술과 디오니소스적 논리에 봉사하게 되었다. 옛 표현을 가지고 이러한 상황을 묘사하자면, 병리적이었던 지난 20세기에 인류의 운명은 여전히 사신死神의 손아귀에 놓여 있었고 문화와 사상의 발전은 투쟁의 논리를 선택해서 생존, 독립, 자유를 위해 싸웠다. 한마디로 말해, 진리를 위해 싸운다는 명목이 전 세계적으로 사회진화론, 문화적 파시즘, 허무주의 등 문명충돌의 3대 슬로건이 되어 버린 것이다.

인류는 비극적인 세기의 끄트머리에서 '사신'과 운명의 잔혹한 지배에서 벗어나 냉전시대를 끝내면서 투쟁논리가 불완전했음을 선고하게 되었고, 드디어 새로운 시대의 서광을 맞이하게 되었다. 그리고 오늘날 세계의 다원화, 경제의 세계화, 인터넷의 보편화 속에서 인류문명은 산업문명으로부터 정보화문명으로 탈바꿈하였다. 첨단기술, 컴퓨터, 인터넷이 디지털화 방식으로 구축한 가상공간과 가상세계는 인류의 전통적인 생활방식, 행위방식, 노동방식에 충격을 가했을 뿐만 아니라 인류의 전통적인 인지방식, 사유방식, 가치관념까지 변화시켰다. 그 결과 정치, 경제, 철학, 문화 등 인문사회과학 영역에서의 혁명이 일어나고 있다. 이러한 전환과 혁명에 직면해서 동·서양의 정치가, 사상가, 전략가들은 어떻게 이에 대처하고, 어떠한 사유, 원리, 가치로 새로운 질서와 관계를 정립해서 인류를 안착시킬지 고민하고 있다.

21세기 평화, 발전, 협력에 대한 가치지향은 인류사회발전의 이치와 추세로 인정받고 있다. 화생和生하고 화처和處하는 현실논리, 화립和立·화달和達·화애和愛하는 인문정신은 이미 인류가 직면하고 있는 5대 충돌과 5대 위기를 극복할 핵심적 가치가 되었다. 일본의 일부 학자들은 우리의 가치지향이 인간을 포함한 모든 생명체가 자연에서 함께 살아가는 것이어야 한다고 주장했다. 이러한 동양적 가치관은 공생의 가치관을 제창하고 있다. 공생의 가치관이란 함께 살아가고 서로 돕는 것을 중시하는 가치관이다.[6] 천지가 나와 함께 낳아가며 천지와 각 생명체가 분열·충돌하면서도 서로 융합되어 조화로운 공생기초를 다져가는 것이 바로 화생和生이다. 화생은 공생에서 발전되어 나온 것이기에 자연, 사회, 인간관계, 영혼, 문명은 충돌·융합의 과정을 통해 화생에 도달해야 한다. 오직 화생을 통해서만 함께 번영하고 유복해질 수 있다. 그렇지 않으면 서로 상처 입히고 함께 망하고 말 것이다. 이것이 바로 화생의 가치관이다.

화생의 가치관은 경쟁을 배척하지 않는다. 화생과 경쟁은 물과 불처럼 서로가 용납될 수 없는 관계가 아니다. 오히려 화생은 경쟁과 충돌을 필요로 한다. 경쟁과 충돌이 있어야만 발전할 수 있고, 그렇지 않을 경우 화생의 상태가 유지될 수 없기 때문이다. 오늘날 사람들은 '경쟁의 가치관'과 '공생의 가치관'을 가장 근본적인 가치관 대립으로 보지만, 이것은 이원대립적 사유방식의 영향을 받았기 때문이다. 이러한 사유와 가치관의 지향성은 인위적으로 '이것이 아니면 저것' 식의 취사선택을 강요하거나, '이것도 저것도 아니라는' 양비론을 펼치거나, 혹은 "갈라진 지 오래되면 반드시 합하고 합한 지 오래되면 반드시 갈라진다"(分久必合, 合久必分)는 식의 이원순환적 가치를 만들어 낸다. 이러한 수많은 이원분열의 가치 사유로 인해 수많은 가치적 오류와 폐단이 발생했다.

---

6) 「第二次中日價値哲學學術研討會槪述」(『哲學研究』, 2000年 11期) 참조.

그러나 화생적 경쟁은 적자생존의 경쟁을 유도하는 것이 아니라 조화롭고 융합되는 것을 가치 지향으로 하는 긍정적 경쟁이다. 그 결과 적자는 더욱 강해지고, 그렇지 못한 자 역시 점차 경쟁력을 키워 간다. 반대로 대립적 경쟁은 적자만 생존하고 그렇지 못한 자는 소멸되는, 공존이 불가능한 경쟁이다. 이러한 경쟁은 결과적으로 다양성, 다원성을 훼손하고 인종주의와 전체주의, 패권주의를 초래하고 만다. 화생의 가치원리가 지향하는 경쟁은 새로운 생명, 사물, 환경의 탄생과 등장을 함축하는 것으로, 지성창조가 이룩하는 함께 발전하고, 부강해지며, 번영하는 대도이다.

화합의 가치는 여러 형상·무형상의 지성이 새롭게 창조하는 과정이다. 화합에 참여하는 여러 형상·무형상은 저마다 독립성을 가지고 있기에 모두 필수불가결한 가치 근원이다. 지성은 이러한 가치 근원들을 조화시키는 체계이자, 갈등을 거쳐 서로 정합시키는 과정이다. 지성의 목적은 여러 가치 근원들을 모두 수용하여 새로운 구조, 형태, 생명을 창조하는 것이다. 따라서 화합학의 화합적 지성창조는 "이것이 아니면 저것" 혹은 "너 죽고 나 살자" 식의 취사선택 구조가 아니다. 오히려 그 취사선택의 구조가 깨지고 난 후 여러 가치 근원들이 상호 대체 불가능하게 되고 약육강식의 원칙이 통하지 않을 때가 되어서야 비로소 화합의 가치창조체계가 정상적으로 작동하게 된다. 따라서 화합가치의 유행에서는 특수한 경우에만 나쁜 것을 버리고 좋은 것을 선택하는 것이 논리적으로 유효하다. 즉 동종·동질의 가치 근원에 근거해서 조건적 선택을 하고, 동일한 의미·동일한 형식의 척도에 근거해서 가중치에 대한 비교를 진행하며, 동류·동형의 구조와 형태에 근거해서 합목적적 선별을 하는 것이다. 그 외에도 화합의 창조에는 최적의 선택이라는 체계가 없다. 만약 그런 것이 있다면 화합은 취사선택 구조가 되어 버리기 때문에 화합가치를 다루는 학문은 그 본래 취지를 상실하게 된다.

3) 가치화합의 창조체계

19세기 중엽 이래, 동서양 문명의 충돌은 비극적인 가치 위기를 초래했다. 가족주의, 자연평화주의, 도덕이상주의를 낳았던 동양의 문화가치관은 피정복자, 피지배자 처지가 되었다. 이러한 문명충돌의 비극을 연출한 장본인은 우생주의, 극단적인 개인주의, 세계적 패권주의인 사회진화론 등의 가치관념이다. 인문가치체계에 잠재해 있는 이러한 악성 종양이 확산되어, 소위 약골과 야만이라고 간주된 수많은 토착주민과 부녀자, 아동들이 학살당했고, 또한 문명과 우등을 자처한 정복자들 간에도 적자생존의 경쟁이 일어나 전쟁으로 확대되기도 했다. 문명 간 치열한 충돌은 전 세계적 가치긴장을 초래했다.

화합의 "융합·충돌에 대한 관점"에 따르면, 사회진화론의 악성 종양이 전이됨에 따라 자연계의 자연도태법칙은 인류사회의 발전·진보법칙으로 떠받들어졌다. 그것은 과학기술의 원리와 민주제도 등 문명의 성과로 하여금 약육강식의 야만적 논리를 위해 봉사하게 만들었고, 인류는 그저 도구이성을 생존수단으로 하는 탁월한 짐승으로 전락하여 마치 이성을 잃은 투우장의 소처럼 되었다. 사회진화론의 가치지향은 인류로 하여금 인간성을 상실하고 야수성만 증가하게 만들었다. 이것이 사회문명충돌의 잔혹한 내막이다. 인류문명에서 인문적 가치의 쇠락은 인간과 자연, 인간과 사회, 인간과 인간 더 나아가 영혼 간의 긴장과 대립을 초래하게 된다. 결국 악독한 인신매매와 노동착취, 대량의 마약밀매와 아편전쟁, 잔혹한 인종차별과 종족학살이 끊이지 않고 발생함에 따라 인류의 현실세계는 생지옥이 되어 버렸다.

화합적 가치의 의미세계에서는 각 개인, 민족, 인종은, 더 나아가 각 국가, 지역, 사회는 저마다 자신만의 독특한 생명지혜와 독립적인 문화전통을 가지고 있기에 그 어떤 개인, 민족, 종족, 국가, 지역, 사회도 절대적으로 우월하거나 지고지상至高至上하지 않다. 거시적 가치척도의 상대성원리로부터 출발하자면, 그 어느 개인, 민족, 종족, 국가라도 사회조직체계 내의 문화적 존재자는 반드시 인문정신인 화합가치를 배양 받아야 한다. 모든 종류의 인문정신가치가 개인, 민족, 종족, 국가, 사회, 지역의 심리구조, 행위방식, 사유방식 및 생활세계에 관철될 때 비로소 생동적이며 교양적인 정신을 확립할 수 있다. 여기에서 말하는 인문정신이란 결국 민족적이고 시대적인 가치형태로, 상호 간에는 민족적 특색과 시대적 특징을 감상하는 가치 지평이 존재할 뿐이다.

거시적 가치 영역에서, 인류는 개인, 민족, 국가마다 빛나는 건강미를 지니고 있으며, 또한 드러나지는 않더라도 유순한 선善을 지니고 있다. 그러므로 "위에서는 밝게 나타나지 않고 아래에서는 어둡지 않은"(『노자』 제14장) 인문정신과 도덕이상을 끊임없이 실현해 가기만 하면 인류는 진선·진미의 경지에 오를 수 있다. 화합의 세계에는 통일적인 가치규범이 없을 뿐만 아니라 단일적인 의미표준도 없고, 절대적인 문명의 중심은 더더욱 있을 수 없다. 그럼에도 몇몇 개인, 집단, 국가, 민족들은 생물진화법칙에 근거하여 반칙을 범하고, 또한 냉전적 사유의 역사해석을 신봉하여 일시적으로 사회조직의 문화자원과 관리권한을 독점하며, 자신을 진리의 집대성자, 선善의 화신, 공정한 심판으로 가장하면서 패권주의와 압제를 서슴지 않고 전쟁과 무력도발도 감행한다. 이것이 바로 문명충돌의 의미적 차원에서의 악성 종양이라고 할 수 있다.

화합가능세계에서, '명칭'은 우주관적 가치의 초월적 원리를 위해 만들어진 것이다. 신비스럽고 예측 불가능한 무한한 우주에 비해 인간은 자연계에서 가장 취약한 존재이다. 창조적 사상은 위대한 문화와 존엄한 도덕을 구성하여 인류로 하여금 생물적 의미에서의 죽음과 우주적 의미에서의 취약성을 끊임없이 초월하게 만들었고, 자연의 생태환경과 우주의 시공간 구조에는 존재하지 않았던 인문정신을 창조해 내도록 하였다.

기계적 유물론과 사회진화론의 영향으로 인해 사상의 가치는 지속적으로 낮아졌다. 우선 인간의 사상을 로고스의 지령에 따라 자연에 대해 입법하는 도구이성으로 간략화시켰으며, 다시 그것을 리비도(Libido)의 설정대로 꿈과 환상을 쌓아 가는 생물적 본능으로 환원시켰다. 이러한 '두 가지 과도한' 철학적 과장으로 인해 위대한 사상과 존엄한 도덕을 소유하고 있던 인류는 도구적 이성만을 가진 기계왕국의 천사 혹은 무의식적 본능의 지배를 받는 짐승으로 전락하고 말았다. 이성주의와 비이성주의의 협공 속에서 사상은 완전히 해체되어 비실존적 무無의 상태가 되어 버렸다. 따라서 허무주의 사상은 20세기의 화합가능세계에 만연한 논리 차원의 악성 종양이 되었고, 이는 사상을 시대착오적 도덕편견으로 만들어 버렸다.

　　19세기 말, 독일의 철학자 니체(F. Nietzsche, 1844~1900)는 인류사상의 처참한 황혼과 사회문명의 죽음을 예견하고 현실·의미·논리 차원에서 악성 종양이 끊임없이 발생하는 병리적 시대가 다가올 것을 예감했다. 그리고 하이데거는 제2차 세계대전을 통해 사회진화론, 파시즘과 허무주의가 모든 가치를 집어삼키는 비극적인 시대를 목격했다. 그 후 그는 어쩔 수 없이 『단 하나의 신만이 우리를 구원할 수 있다』(Nur noch Kann ein Goutt uns retten, 1976)라는 글을 저술하여 죽은 신이 다시 살아올 것을 고대했다. 그러나 신은 인류의 사상 및 도덕적 존엄이 낳은 가치적 우상 혹은 논리적 기호일 뿐이다. 오직 전 인류의 지성 실천 활동 및 화합적 가치창조만이 참으로 우리를 구제할 수 있는 위대한 지혜일 것이다.[7]

---

7) 祁潤興의 「價値創造的本質在于和合 — 張立文敎授和合學融突觀評價」(타자본) 참조.

2. 가치세계를 파악하는 기본 방식

화합가치철학은 인류가 가치세계를 해석하고 파악하는 기본
방식이다. 인간의 모든 활동은 결국 가치를 추구하고 창조하는 활
동이며, 가치는 선험적이고 이미 존재하는 것이 아니라 인간이 창
조한 것이다. 따라서 인간을 떠나서는 이 세계에 가치가 존재하지
않는다. 바꾸어 말해 화합학의 천·지·인 세 차원이 존재할 수 있
는 것은 인간계의 가치창조가 천·지의 두 세계에 가치를 부여했기
때문인 것이다. 인간은 가치를 추구하고 창조하는 활동에서 자신
의 가치를 실현하고 규정할 뿐, 천지의 명령을 필요로 하지 않는다.
인간이 창조한 세계는 인간에 귀속되는 세계이자 문화의 세계이며
가치의 세계이다. 따라서 인간은 자신이 창조한 가치세계의 주체
이다.

1) 화합가치세계에 대한 해석

화합가치철학은 인간의 지성창조를 핵심으로 하고 가치창조의
활동을 매개로 하며 천·지·인 삼재지도三才之道를 구조로 삼아서 화
합가능세계, 의미적 가치세계와 현실가치세계, 즉 미의 가치세계, 선
의 가치세계와 진의 가치세계로 전개된다. 인간의 가치창조활동은
'삼계三界' 밖에서가 아니라 화합학의 '삼계' 속에서 대화유행하며,
가치생명이 쉼 없이 낳고 또 낳아 가면서 전개된다. 각각의 가치세

계 속에서의 가치창조와 현시는 일원─元 혹은 이원二元이 아니라 다원적이고 다양한 현상으로 드러난다.

화합현실세계를 놓고 말하자면 우선, 인간의 가치창조활동은 일정한 현실적 시공간, 환경, 조건 하에서 실현된다. 가치창조의 활동을 실현하는 가운데 가치주체는 주도적 지위와 결정적 역할을 지니므로 현실의 시공간, 환경, 조건은 가치주체의 관조 하에 가치창조활동의 영역으로 진입한다. 이렇게 할 때에야 비로소 현실의 시공간과 환경 및 조건이 자연적 현실세계로부터 가치적 현실세계로 전화된다. 다음으로, 인간의 현실은 지성창조를 비롯해 모든 가치를 실현하는 기초와 전제이다. 인간의 모든 가치창조는 인간 현실가치의 전개와 체현이다. 바꾸어 말하면 인간의 모든 가치창조는 다른 무엇보다도 인간의 생존을 위하는 것이다. 즉 인간의 생존은 가장 근본적인 가치이다.

인간의 현실가치세계는 인간의 세계로서, 사물의 가치세계와 구별된다. 사실, 인간의 현실세계가 없다면 화합의 가치세계는 있을 수 없고, 화합가치철학의 세계도 있을 수 없으며, 사물의 가치세계도 있을 수 없다. 인간이 현실가치세계를 구성하는 까닭은, 인간의 현실은 사회적 현실이자 각 가치주체로 결정된 일정한 사회적 상호 관계이며, 또한 이러한 일정한 사회적 상호 관계 속에서 가치를 실현하는 창조활동이기 때문이다. 인간을 인간이라 할 수 있고, 인간이 가치를 실현하는 창조적인 활동을 할 수 있는 까닭은 무엇인가? 첫째, 일정한 사회적 교제 관계 속에서 살아가는 사회적 인간이기 때문이다. 둘째, 인간의 현실은 일종의 자유롭고 자주적인 현실이기 때문이다. 비록 인간은 자연적 인과율과 사회적 인과율의 영향을 받지만, 인간 자체에 지知·정情·의意 및 창조적인 지성이 갖추어져 있기 때문에 인과율을 파악하고 이용할 수 있으므로 인간은 자주, 자유, 자율적인 주체적 존재이다. 셋째, 가치주체로서의 현실은 자아의 현실가치이다. 이것은 마치 육구연이 말한 것처럼 '스스로 주재하는' 현실가치이기에 특정 객체 가치에 내한 것이 아니다. 왜냐하면 그것은 "밖에서 스며들어 온 것이 아니라 인간의 마음에 뿌리하고서 온 천하에 도달하는"8) 본심이기 때문이다. 이러한 본심은 객체의 도움을 받아 자신을 드러내는 것이 아니라 자족하는 가치주체이다. 가치주체는 거듭 스스로의 가치를 창조해 나가는 가운데 자신의 가치를 실현하고 확인한다.

화합학의 시선으로 볼 때, 화합적 현실가치세계는 진眞의 가치세계에 해당한다. '진眞'의 의미를 보자.

첫째, 고대 한문에서 '진眞'은 본래 의미와 파생적 의미를 가진다. 『설문해자』에서는 "진眞은 신선이 형체를 바꾸어 하늘에 오름을 가리킨다"라고 했고, 단옥재는 "이것이 진眞의 본의이다"라고 주석했다. 이것은 도가에서의 진은 '본성을 닦아 득도한' 사람 혹은 '신선이 된' 사람이 장생불사하고 승천할 수 있는 것을 가리킨다. 즉 이상적인 인격과 이미 도달한 경지를 놓고 말한 것이다. '진인眞人'은 "높은 곳에 올라가도 떨지 않고, 물에 들어가도 젖지 않으며,

---

8) 『陸九淵集』, 권23, 「大學春秋講義」.

불에 들어가도 뜨거워하지 않는"[9] 사람이고, "삶을 기뻐하지도 않고 죽음을 싫어할 줄도 모르기"[10] 때문에 망상이 없고 감정과 사려도 없으며 생각도 끊어버린 경지에 이른 자이다. 이것이 진의 첫 번째 의미이다.

둘째, 진의 파생적 의미에는 본원本原, 본성本性이란 의미가 있다. 『장자』「추수秋水」에서 말했다. "'인위로써 자연을 멸하지 말고, 고의故意로써 천성을 멸하지 말며, 명리를 위해서 천성의 덕을 잃지 말라'고 하네. 삼가 지켜 잃지 않는 것을 일러 천진天眞으로 돌아가는 것이라 하네." 곽상은 "진眞은 천성 안에 있다"고 해석했고, 성현영은 "어리석거나 슬기롭거나, 요절하거나 장수하거나, 가난하거나 막힘이 없거나, 영예롭거나 영예롭지 못거나를 막론하고 모두 자연으로부터 품부되므로 각기 그 분수가 있으니, 오직 삼가 지키고 외물을 좇지 말며 분수 안에서 얻고 도를 잃지 않는 것을 일컬어 근본과 시원으로 되돌아가고 진성을 회복하는 것이라고 말한다"라고 해석하였다.[11] 소나 말에 네 발이 있는 것을 자연이라 하고, 말의 목에 굴레를 씌우거나 코뚜레를 채우는 것을 인위라 한다. 인위로써 자연을 멸하지 말고, 고의로써 천성을 멸하지 말며, 명리를 위해서 천성의 덕을 잃지 않아야 한다. 이러한 도리를 삼가 지켜 잃지 않아야 천진으로 돌아갈 수 있다. 여기서 진은 본원적이고 천연적인 본래의

---

9) 『莊子』, 「大宗師」.
10) 『莊子』, 「大宗師」.
11) 『莊子集釋』(中華書局, 1985), pp.590~591.

것이다. 그것은 진성이자 거짓이 없는 것으로, 사물의 본래적이고 천연적인 규정성이다. 사람들이 목도한 "말의 목에 굴레를 씌우거나 코뚜레를 채움"은 사물의 현상이지 소와 말의 진성에 대한 규정이 아니며, 진실하지 못한 현상이다. 이것은 존재론 또는 본체론의 의미에서 말하는 것이다. 이렇게 보면 진은 진실에 해당한다. 『장자』「전자방田子方」에의 기록이다. "자방이 이르기를, '그의 사람됨이 매우 진실해서 사람의 모습을 하고 있지만 그의 마음은 하늘과 통하고 있습니다. 사물에 순응하면서 자신의 천진함을 지키고, 청렴하면서 만물을 포용합니다' 하였다." 이에 대해 곽상은 "거짓이 없음이다"라고 주석하였고, 성현영은 "이른바 진짜 도인을 말한다"라고 적고 있다.12) 여기에서 말하는 진실은 허구와 거짓으로 부각시킨 진실이다. 진실은 그 사물이 존재하는가 즉 '있음'(存有)에 대한 추구가 아니라, 어떠한 '존재자'에 대한 규정성이 '존재자'의 진성과 부합되는가를 검증하는 것이다. 이것은 '있음'(存有)에 대한 추구와는 다른 차원에 속한다.

셋째, 진眞은 옳음과 옳지 않음, 바름과 바르지 않음, 즉 진짜와 가짜에 대한 파생적 의미이다. 『자회字彙』「목부目部」에서 "진眞은 바름(正)이다"라고 하였고, 『장자』「대종사大宗師」에서는 다음과 같이 말했다. "대저 지식은 반드시 대상을 기다린 후에야 그에 대응하는데, 그 대상은 매우 일정하지 않다. 그러니 어찌 내가 말하는 바의 하늘이 사람이 아니고 내가 말하는 바의 사람이 하늘이 아님을 알겠

---

12) 『莊子集釋』, p.702.

는가? 진인이 있은 뒤에라야 진지眞知가 있는 것이다." 이에 대해 곽
상은 "진인이 있은 뒤에라야 천하의 지식이 모두 그 진실함을 얻어
흐트러질 수 없다"라고 주석했고, 성현영은 "대저 성인이어야 참으
로 진실에 깊숙이 들어가고 도에 부합하며 나를 잊고 사물을 버릴
수 있다. 이러한 성덕을 품은 뒤에라야 이러한 진지가 있으니, 이
때문에 혼일한 진인은 얽매임이 없다"[13]라고 해석하였다. 지식은 반
드시 대상 즉 '경境'이 있은 후에야 그것이 정확한지 아닌지를 판단
할 수 있지만, "대상은 생멸이 일정하지 않기"에 지식이 정확한지의
여부를 판단하는 것도 일정하지 않다. 그러므로 진인만이 진지 즉
정확하고 진리에 부합하는 지식을 얻을 수 있고, 그런 뒤에야 천하
의 지식이 모두 그 진실성을 얻을 수 있다. 여기에서 '진'은 인식론
적 함의뿐 아니라 가치론적 함의도 담고 있다.

진의 인식론적 함의에는 반드시 앎(知)의 주체가 있다. 이를테면
'진인'이 그것이다. 또한 앎에는 대상인 '경境'이 있다. 그래서 성현영
은 "대저 지知에는 반드시 상대되는 경이 있으니, 경이 아니면 올바
르지 않다"[14]라고 하였다. 이렇게 되면 주체와 객체, 지와 경은 "생
멸이 일정하지 않고" "기다리고 빼앗음(待奪)에 일정함이 없는" 이원
대립의 폐단에 빠져들게 된다. 즉 옳음과 그름, 정확한 것과 정확하
지 않은 것이라는 이원대립의 병폐에 빠지게 된다는 것이다. "오직
경과 지를 다 잊고 능能과 소所를 다 끊어야 가함도 불가함도 없게

---

13) 『莊子集釋』, p.225~226.
14) 『莊子集釋』, p.226.

될 수 있으니, 그런 뒤에야 걸림이 없다."15) 중국철학에서 능能과 소
所는 주체 즉 인식능력과 객체 즉 인식대상을 가리킨다. 경境과 지知,
능能과 소所를 다 잊고 끊어버려야, 즉 경과 지 혹은 능과 소의 이원
대립을 초월해야 비로소 걸림이 없어지는 것이다. 이것은 인식론과
논리학적 의미에서 진眞을 논한 것이다.

　　넷째, 진眞에는 정精과 순淳의 뜻이 있다. 『편해유편篇海類編』「목
부目部」에서는 "진은 정精이다"라고 하였고, 『자회字彙』「목부目部」에
서는 "진은 순淳이다"라고 하였다. 『장자』「어부漁父」에 "진이란 정성
精誠의 극치이다"라는 구절이 있는데, 성현영은 "정精은 섞이지 않음
(不雜)이고 성誠은 굽히지 않음(不矯)이다"16)라고 풀이하였다. 『노자』
에서는 "아득히 어두워 보이지 않지만 그 속에 생명의 본질인 정精
이 있으니, 그 정은 심히 진실하여 그 속에 참됨이 나타난다"17)라고
하였는데, 여기에서 '정精'은 가장 좋고 완미하다는 뜻이다. 『설문해
자』에서는 "정精은 쌀에서 가장 좋은 것을 골라낸 것이다"라고 하였
는데, 단옥재는 "원의를 확대해 보면 가장 좋은 것을 일컫는 것이다"
라고 하였고, 『광운廣韻』「청운淸韻」은 "정精은 선하고 좋음이다"라고
하였다. 『논어』「향당鄕黨」편에는 "밥은 정미된 흰 쌀밥을 싫어하지
않는다"라는 구절이 있는데, 유보남劉寶楠의 『논어정의論語正義』에서
는 "정精은 선미善米이다"라고 풀이하였으니, 곧 선미善米란 좋은 쌀

---

15) 『莊子』, 「大宗師」.
16) 『莊子集釋』, p.1032.
17) 『老子』, 21장.

이라는 뜻이다. 진眞은 정精이고 정精이 선善과 호好라는 것은 쌀의 좋고 나쁨에 대한 가치평가이다. 좋은 쌀은 진짜 쌀이고 나쁜 쌀은 진짜 쌀이 아니므로, 나쁨과 가짜는 좋음과 진짜라는 가치평가 표준에 따라 문제적인 것이 된다.

'순淳'은 '진眞'에서 파생된 의미로서 아름답다(美好)는 뜻을 가진다. 『한서』「서전상敍傳上」에 "중려重黎가 고신高辛에서 번영할 때 초나라는 장강 일대에서 위세를 떨쳤다"(黎淳耀于高辛兮, 羋强大于南汜)라고 하였는데, 안사고顔師古는 "응소應劭가 '려黎는 초나라의 선조이고 순淳은 아름다움이다'라고 말하였다"[18]라고 설명했다. 초나라의 선조인 려黎는 고신의 화정火正이었는데 아름답고 찬란하게 빛났기에 그의 후예들이 남방의 초나라를 차지할 수 있었다. 이는 려의 업적을 찬미하는 가치평가이다.

'진眞'에 담긴 이상과 같은 네 차원의 함의는 '진'이 경지론에서 다루는 가치이상, 존재론에서의 본원과 본성에 대한 추구, 인식론에서의 경境과 지知 혹은 능能과 소所로서의 진인眞人과 진지眞知에 대한 탐구, 가치론에서의 정미精美, 순미醇美, 최호最好에 대한 가치평가임을 말해 준다. 경지론은 인간의 수양 수준이 도달할 수 있는 일종의 정신적인 경지를 가리킬 뿐만 아니라, 인간으로서 기대할 수 있는 가치이상의 아름다운 모습도 가리킨다. 전자는 인간의 도덕품성, 정신적 풍모, 인생수양에 대한 가치평가이고, 후자는 가치이상 중에서의 어떤 경지에 대한 가치긍정, 즉 긍정적 가치이다. 존재론에서의

---

18) 『漢書』(中華書局, 1983), p.4218~4219.

진정한 '존재' 또는 '~임'(是) 역시 가치이상에 대한 인간의 추구이다. 동서고금의 성인과 철학자들이 설정한 이상적 경지, 즉 최고의 본체, 피안의 세계, 극락과 천국, 열반과 선경 등은 모두 아름답고 완미하며 진실한 것이지, 추하고 악하며 허위적인 것이 아니었다. 형이상학적 '이념', '하느님', '절대관념' 역시 마찬가지였다. 그러므로 이들이 가치이상에 대한 가치평가였다는 것은 틀림이 없다. 인식론의 지·경, 능·소의 관계에서 인간이 지식을 추구하는 욕구로서의 경境 및 소所와 가치창조의 전제인 '진眞'은 경境과 소所로서의 '진眞'이 지성에 대해 가지는 가치이다. 이러한 가치는 지와 경, 능과 소의 융합 속에서 충분히 구현되기에 그것은 인간이 추구하는 경지 즉 진眞의 가치적 경지이다.

이렇게 볼 때, 경지론, 존재론, 인식론은 모두 가치론의 문제를 내포한다. 그렇다고 해서 경지론, 존재론, 인식론이 곧 가치론이라는 것은 아니다. 진眞이 가지는 네 차원의 함의는 본래 하나의 뜻이었지만, 시대, 언어환경, 해석에 따라 그 함의에 대한 견해도 달라졌다. 고대 한문에서는 진眞을 목부目部로 분류시켰다. 이는 가치주체의 시각 기관과 기능이었다. 이는 옛사람들이 시각을 필수적인 감각 기관으로 생각했기 때문이다. 시각의 주체와 시점의 차이로 인하여 진眞에 대한 체득의 내용도 달라진다. 이를테면 공자에 대한 긍정적·부정적 평가를 보면, '만세의 스승'이라고 하는가 하면 또 '반동적인 노예주'라고도 하고 위대한 사상가·교육가·정치가라고 높이 평가하기도 한다. 도대체 어느 것이 진정한 공자일까? 주희는 노년에 '위학偽學'을 했다는 비판을 받았다. 즉 진짜 학문이 아니라는 것이다. 뿐만 아니라 '역당'으로까지 몰려서 '위학역당적偽學逆黨籍'의 요주의 인물로 간주되었지만, 9년 후에는 주희를 '위학역당적'으로 지정했던 영종寧宗에 의해 문文이라는 시호를 부여받고 '주문공朱文公'으로 불리게 되었다. 이후 원·명·청 삼대의 통치자들은 맹자에게 제사를 올리는 예의로써 주희를 제사지냈을 뿐만 아니라 조서를 내려 주희의 고향을 '궐리闕里'로 지정하고 공자와 같은 급의 대우를 했다. 그러나 현대의 문화대혁명으로 인해 공자와 주희는 다시 가장 나쁜 사람으로 취급받고 그들의 사상은 완전히 부정되었다. '문화대혁명'이 끝난 후 그들은 다시 위대한 사상가, 교육가로 평가받고 있다. 도대체 어느 것이 진정한 공자와 주희일까?

인간에 대해 어떻게 진眞과 아닌 것을 분별할지, 즉 진을 찾아내는 가치척도에 대해서는 문제가 존재한다. 진眞의 가치척도를 연구하기에 앞서 먼저 진眞의 다의성, 중의성, 복잡성 문제를 검토해야 한다. 이러한 성격이 형성되는 원인으로는 다음과 같은 네 가지 요인이 존재한다.

첫째, 역사적 시대성이다. 각 역사 시기마다 그 시대의 시대정신이 있다. 시대정신은 그 시대사조로 드러나며, 각 시대사조가 만들어 낸 문화적 분위기, 사회적 풍습 및 학술적 가치지향에는 판이한 차이가 있다. 따라서 무엇이 진짜이고 가짜이며, 무엇이 좋고 나쁜가에 대한 가치평가가 크게 달라진다.

둘째, 사물의 구체성이다. 진眞의 가치세계에 속한 인물과 사건은 보편성뿐만 아니라 구체성도 지니고 있다. 또한 그 보편성이라는 것 역시 더 상위의 추상적 차원에서 볼 때는 상대적으로 구체적일 수도 있다. 어떤 구체적인 가치도 모든 추상적인 진리값들을 포괄할 수 없다. 또한 구체적 인물과 사건에 대한 가치평가는 모두 그 인물과 사건이 낳은 환경 등 여러 요인과 복잡한 관계를 형성한다. 이러한 것들은 분명히 진眞에 대해 가치평가에 영향을 준다. 따라서 진眞이란 가치적 상대성을 지니지 않을 수 없다. 따라서 상대석 가치라고도 한다.

셋째, 가치주체의 역량이다. 평가란 대상에 대한 주체의 설정과 체득이므로, 이러한 설정과 체득은 가치주체 자체의 역량, 이를테면 지식수준, 도덕수양, 학술경향, 정치경향, 가치관념, 사유방법, 심리구조 등과 연관된다. 가치주체의 역량은 인물과 사건에 대한 가치평가에 영향을 줄 뿐만 아니라 심지어 완전히 다른 가치평가를 형성할 수도 있다. 이것은 인물과 사건의 정치집단, 당파·학파의 이익과도 관련되지만, 또 일정 시기의 의식 형태와도 관련된다. 그러나 주체의 역량이 쌓아놓은 의식습관과 관성 역시 잠재의식으로서 가치에 대한 올바른 평가를 제약할 수 있다.

넷째, 가치의 진실성이다. 인물과 사건의 진실성이 드러나는 것에는 과정이 있으며, 이것은 대단히 오래 걸릴 수도 있다. 여기에는 여러 가지 인위적인 요소뿐만 아니라 주체가 관념적으로 체득하고 파악한 시공간이라는 요소도 있다. 가치평가에 대한 진실성은 대체로 가치평가대상의 진실성 자체가 드러내는 참과 거짓, 수준, 정도의 영향을 받게 된다.

이상의 네 가지 측면은 모두 가치평가를 상대적인 것으로 구성할 수도 있고, 또한 '진眞'의 다의성, 중의성, 복잡성을 낳기도 한다. 이러한 여러 가지 교란을 배제하고 진의 가치척도에 관한 최소한의 공감대를 확보하기 위해서는 다음과 같은 몇 가지를 제시할 수 있다.

첫째, 현대문명의 화합발전, 더 나아가 미래문명의 화합발전에 유리한지의 여부이다. "맞다, 그렇다"는 진의 가치이고 "아니다"(否)는 거짓의 가치인데, 이 그렇다와 아니다, 진과 거짓 사이를 매개하는 가치가 있다. 바로 가치를 선택하고 선별하는 과정이다. 사실 참과 거짓의 가치를 드러내고 승인하는 것 역시 선택과 선별의 과정 중 하나이다. 선택하고 선별하는 과정에서 진의 가치에 끊임없이 다가설 수 있다.

둘째, 더 많은 사람들의 이익, 나아가 인류 전체의 이익에 부합되는지의 여부이다. 진은 인간의 이익을 거들떠보지 않을 뿐만 아니라 심지어 이익과 멀리 떨어져 있다. 그러나 진이 제공하는 선택지와 기능은 인간에게 유익할 수도 있고 해로울 수도 있다. 인간이 진에 대한 선택지와 기능을 인식하고 파악하여 그것을 인간에게 유익하게 전환시킬 때, 이것은 인간에게 유익한 가치가 된다. 인간에게 유익한 진의 가치는 종종 권력자들에게 강탈당하기도 한다. 권력자들은 대중과 인류를 위해 진의 공리公利를 도모한다는 명목을 내걸지만, 실제로는 개인 또는 특정집단의 사리私利를 추구한다. 이렇게 그들은 진의 공리적 가치가 가지는 보편성을 내세워 대중을 노예로 부리고 그들을 '순종적인 도구'로 만들어 버린다. 이런 것들은 대중과 인류의 이익에 부합되지 않는 것이므로 모두 진의 가치가 아니다. 눈앞의 성공과 이익에만 급급해 하는 오늘날 대중의 요구에는 부합한다 하더라도 장기적 이익 및 후손들을 위한 지속적 이익에 부합되지 않는다면, 이 역시 진의 가치가 아니다.

셋째, 인간성의 자유로운 발전에 유익한가의 여부이다. 진의 가치는 내재적으로 인간성의 자유로운 발전과 연관된다. 인간은 감성적 실체로서 낯선 현실세계에 던져졌을 때, 그가 마주한 부모, 가정, 국가, 민족, 종족, 사회환경, 문화 분위기 등은 모두 자유롭게 선택한 것이 아닌, 불가피하게 받아들인 현실이다. 실제로 인간은 이 낯선 현실세계로 온 첫날부터 선택의 자유를 박탈당하고 약자로서 생모의 품에 안겨 생명을 유지시켜 주는 젖줄에 의지할 수밖에 없었다. 다시 말해 인간의 사회활동은 첫날부터 이미 규정된 것이고, 인간은 이미 존재한 부모, 가정, 민족, 종족, 사회, 국가, 문화의식에 종속되게 된다. '복제인간'이라고 할지라도 이러한 상황이 달라지는 것은 아니다. 그러나 '인간은 자아창조를 할 수 있는 화합의 존재'로서 자신의 현실세계를 변화시키는 활동 중에서 낡은 현실세계를 새로운 현실세계로 변화시키고, 자재적 존재에서 자주적 존재로 이행하며 자연적 인간성을 자유로운 인간성으로 변화시킬 수 있다. 가치의 주체가 자재自在와 자연自然을 초월하여 자주와 자유自由를 실현할 때, 비로소 인간성의 자유로운 발전에 유익한 현실적 가능성을 창조할 수 있다. 우리는 이러한 것들을 통해 진眞의 가치척도에 관한 최소한의 공감대를 형성할 수 있다.

2) 화합적 현실가치세계의 확장

화합적 현실가치세계가 진眞의 가치세계인 까닭은 현실가치세계가 진의 세계, 즉 진실한 가치세계이기 때문이다. 『옥편玉篇』「비부匕部」에는 "진眞은 거짓이 아니다"라고 하였고, 『고금운회거요古今韻會擧要』「진운眞韻」에서는 "진眞은 실實이고, 위僞의 반대이다"라고 하였다. '위僞의 반대'(僞之反), '거짓'(假)의 반대로 진眞을 규정한 것은 부정으로 긍정하는 가치판단이다. 이러한 가치판단은 현실세계가 진眞의 가치를 가지게끔 만들었다. 현실세계에서의 진眞의 가치는 그것이 현실의 진실성, 현실성을 제공한다는 점이다. 이렇게 될 때 현실세계와 진眞의 가치세계는 원융된다.

현실에는 생명의 현실과 무생명의 현실이 있다. 생명의 현실에는 인간의 생명적 현실과 물物의 생명적인 현실이 포함되는데, 그 중에서 오직 인간 생명의 현실세계만이 화합적 현실가치세계라고 할 수 있다. 바로 이것이 인간의 현실세계가 기타 생물의 현실세계와 근본적으로 다른 점이다. 바꾸어 말하면 화합적 현실가치세계는 인간의 가치세계이고, 그것은 인간이 이룩한 가치의 화합이다. 인간은 자신들의 가치를 알고 실천하는 충돌·융합을 통해 진眞의 현실가치세계를 확장해 간다. 이때 화합적 현실가치세계(眞의 가치세계)는 환경가치, 공리적 가치, 정감적 가치 순서로 나아간다.

(1) 인간화된 환경가치의 긴장

환경가치란 인간이 주위환경, 즉 자연환경, 사회환경, 생활환경 등과 맺는 특정한 관계이며, 또한 이들과 인간의 가치들 간의 물질, 에너지, 정보의 상호 관계 속에서 체현되는 가치이다. 즉 자연의 지리·공간·대기 등 생태환경, 사회의 정치·경제·문화·정보 등 사회인문환경, 생활·습속·예의 등 문명환경 등 이 세 가지 환경과 인간의 가치 간에 발생하는 물질, 에너지, 정보의 상호 관계와 융합·충돌 및 화합이 가지는 가치를 가리키는 것이다.

비록 자연환경, 사회환경, 생활환경의 가치는 인간이 부여한 것이기에 인간이 없으면 가치가 있다고 할 정도는 아니지만, 자연환경, 사회환경, 생활환경은 인간의 현실에 있어 필수불가결한 요소이다. 이러한 것들이 없으면 인류는 탄생할 수 없고, 탄생했다 하더라도 존속하지 못했을 것이다. 다시 말해 자연, 사회, 생활 자체는 인간의 현실에 필요한 가치를 갖추고 있지만, 이러한 가치 자체는 은폐되고 드러나지 않는다. 오로지 인간이 있은 뒤에 인간의 현실적 요구로부터 자연, 사회, 인생환경 자체의 가치가 개발되고, 길러지며, 드러나고, 변화되는 것이다. 그것이 드러나는 정도와 수준은 가치주체가 갖춘 지식, 과학기술, 가상 수준과 관련된다.

인간의 가치 주체가 장악한 지식, 과학기술, 가상 수준이 높아짐에 따라 그것이 자연, 사회, 생활환경에 대해 의지하는 정도 역시 갈수록 강해졌다. 이와 더불어 인간의 가치주체가 자연, 사회, 인생환경의 지배에서 벗어나고자 하는 목소리도 함께 높아졌다. 이것은 마치 역설인 것 같지만, 자연, 사회, 인생환경과 인간의 가치 사이에 존재하는 물질, 에너지, 정보의 상호 관계 상에 일정한 긴장이 유지되어야 함을 말하는 것이다. 이러한 긴장은 가치 간의 상호 관계와 충돌·융합 속에서 위와 같은 역설을 해소하고 화합에 이름으로써 화합적 현실가치세계(善의 가치세계)를 실현할 수 있다.

인간과 환경의 가치적 상호 관계에서 환경은 인간의 현실과 발전을 위해 여러 가지 필수불가결한 자원 및 생존과 발전에 필요한 공간을 제공하였고, 또 인간의 생활과 생산 활동을 위해 끊임없이 자원을 제공했다. 이러한 환경은 인간들이 실천적이고 현실적인 활동을 위한 공간 전체이자 무대로서, 인간들의 현실 활동과 연출 및 효율, 효과, 이익의 획득에 영향을 주거나 제약한다. 환경은 인간의 심리, 생리 등 신체적·정신적 생활에 대해 중요한 가치를 가지기에, 현대사회의 환경오염, 오존층 파괴 등은 이미 인류에게 여러 가지의 질병을 안겨 주고 있으며, 범죄조직과 테러조직의 창궐, 정경유착, 정치의 부패, 빈부차이의 확대 등은 인간의 현실 환경과 생명, 재산에 직접적인 위해를 가하고 있다. 역사를 회고해 보면 마야문명, 누란왕국의 멸망은 모두 생활환경의 파괴와 관계된다.

이러한 현실적 상황에 근거하여 일부 사람들은 인간과 환경의 관계에 대해 비관적인 가치평가를 내리고 있다. 1972년 로마클럽은 메도즈 등이 작성한 『성장의 한계』[19]라는 보고서를 발표했다. 그들은 인구, 공업생산, 오염, 식량생산과 자원소모 등 다섯 가지 요소를 통해 각 방면의 증가세는 계속될 것이지만 경제성장은 100년 내에 한계에 도달할 것이라고 내다보았다. 이를테면 자원의 매장량, 오염 물질의 수용능력, 경작지의 면적과 단위면적 당 생산량 등은 모두 한계가 있기에 '지구의 한계'라고 할 수 있는데, 이 극한을 넘어설 경우 갑작스럽고도 통제할 수 없는 붕괴를 초래할 수 있다는 것이다. 이런 연구는 인류가 직면한 자연환경과의 충돌과 위기에 대한 경각심을 일깨워 주지만, 그 이론이 일방적이기만 하다는 약점을 지닌다. 그들은 환경적 요인이 인간의 판단작용에 미치는 영향이 유한하다는 점만 과장했을 뿐, 인간이 환경을 개선하고 스스로 발전을 위한 환경을 창조하는 무한하고 능동적인 힘을 지닌다는 점, 특히 첨단기술이 발전하고 환경보호 의식이 높아감에 따라 인간과 환경의 충돌을 해소할 수 있음을 간과했다.

환경비관론자들이 구축한 세계모델에 대해 비관론자들은 '세계의 마지막 날'이라고 일컫는다. 시몬(Julian Lincoln Simon)은 『최후의 소비』라는 책에서 환경낙관론의 가치지향을 보여 주고 있다. 그는 환경비관론자들이 강조한 '자원고갈'이란 예측은 잘못되었다고 하면서 첨단기술의 발전이 대체자원을 개발할 수 있을 뿐만 아니라 이용 가능한 자원을 확대할 수 있다고 하였고, 인구성장의 빠름과 늦음 그리고 많고 적음에 대한 인식은 인간의 가치적 관념의 제약을 받기에 '최대 다수의 최대 이익'에서 출발해서 그 가치를 판단해야 한다

---

19) 메도즈 등, 『增長的極限』(於樹生 옮김, 商務印書館, 1984).

고 지적했다. 환경낙관론은 '한계'의 상대성을 강조하기에 인간의 주관적 능동성을 고무시키는 데 유리하다는 장점이 있다.

비록 인간의 생활환경에 대한 좋고 나쁨의 가치평가가 가치관념의 제약을 받기는 하지만, 낙관론은 인류가 자연환경에 대해 거리낌 없이 파괴행동을 저지를 수 있게 만들어서 인간과 자연환경 간의 물질, 에너지, 정보의 상호 관계를 더욱 긴장시키는 결과를 초래할 수도 있다. 이런 의미에서 말하면 '인간중심주의' 가치관을 타파하는데 있어 환경비관론은 환경낙관론보다 더욱 효과를 가지고 있다. 또한 환경비관론은 인류가 스스로를 통제하고 환경보호의식을 고양하며 자연환경과 충돌하면서도 융합·화합하는 방향으로 나아가도록 이끈다는 점에서 보다 자각적이다.

화합적 현실가치세계의 환경가치는 다음과 같은 의미를 지닌다.

첫째, 자연·사회·생활환경과 인간의 가치 간에 진행되는 물질, 에너지, 정보의 상호 관계에서 인간과 환경이 충돌·융합하는 화합가치율을 구축하고자 한다. 이러한 충돌·융합의 화합가치율은 그 넓이와 깊이에 있어서 '천지만물은 원래 나와 일체'라는 관념을 초월하였고, 형식과 내용에 있어서는 물질, 에너지, 정보의 상호 관계의 범위가 협소했던 옛사람들을 초월하였으며, 또한 높은 차별성과 발전이라는 토대 위에 건립된 현대 충돌·융합의 화합가치율과 지향을 달리한다. 이것은 인간과 환경 간의 단편적인 이분대립의식과 적대의식을 제거하고, 아울러 인간과 환경 간에 구분 없이 융합해야 한다는 혼돈되고 불확정한 의식도 버렸다. 이렇게 했을 때야 비로소 환경가치학의 충돌·융합의 화합가치율에 따라 인간과 환경이 전면적으로 상호작용 및 보충하며 조화롭고 협력적인 화합의 관계를 이룩할 수 있다. 따라서 이러한 가치관계는 도덕적이고 완미한 것이라고 할 수 있다.

둘째, 화합적 현실가치세계의 환경가치는 인간과 환경 간에 조화롭고 협력적인 가치율을 건립하고자 한다. 인간과 환경 간의 충돌과 그로 인한 생태 위기는 인류가 자연환경에 대해 일방적으로 얻어내고 투쟁하며 노예화하고 이용하던 관계를 변화시켜서, 인류의 생태환경을 수호하고 개선해서 생태 평형과 조화를 이루는 발전에 기여한다. 이것은 생태가치라고 말할 수 있다. 몇 천 년 동안 인류가 자연환경에 대해 지은'죄업'에 대해서는 궁극적으로 모두 그 죗값을 치러야 하며, 인류가 빚은 괴로운 술은 결국 인류 자신이 마셔야 한다. 현대 사람들은 이러한 '응보'를 갈수록 심각하게 느끼고 있다. 조화로운 가치율은 인간과 자연환경 간 최적의 관계를 창조하고자 할 뿐만 아니라 인류 자신의 이지적이고 도덕적인 의식과 행위를 통해 자연환경의 선순환에 기여하고, 인간과 환경이 조화를 이루고 협력하는 분위기를 만든다. 또한 환경가치학으로 하여금 화합가치 철학의 관조 하에서 인간과 환경의 화생和生, 화처和處, 화립和立, 화달 和達, 화애和愛라는 가치목표를 실현하도록 한다.

(2) 인간에 대한 공리적 가치의 추동

환경가치 속에는 이미 공리적 가치가 내포되어 있다. 생활환경의 가치는 기초와 전제에 해당하는 것이다. 따라서 이러한 기초와 전제가 없으면 인간은 존재할 수 없고 공리적 가치도 운운할 수 없다. 공리적 가치도 다른 가치에 상대해서 말하자면 역시 기초적인 것이다. 인간은 삶을 위해 공리를 추구하고, 이런 추구는 인간의 행위에 있어서 가장 기초적인 추동력이다. 공리는 인간으로 하여금 환경과 생활조건을 개선하고 창조적인 활동을 하도록 추동해서 인류 사회가 발전하고 번영하도록 한다. 공리에 대한 인간의 추구는 가장 기본적인 추구이자 가장 근본적인 요구이다. 바꾸어 말하면 인간의 가치추구에서 공리적 가치는 가장 우선적이다. 인간은 태어나면서부터 먹고 입는 등의 가치에 대한 만족을 추구한다. 따라서 삶을 추구하는 인간의 가치는 공리적 가치와 밀접하게 연결되어 있다. 인간의 모든 활동은 결국 어떠한 공리가치를 강구하기 위한 것으로, 개인이나 국가, 민족을 불문하고 누구도 공리에 대한 지향과 추구를 회피할 수 없다. "천하가 북적대는 것은 모두 이익을 좇아오는 것이고, 천하의 왕래가 빈번한 것도 모두 이익을 좇아가는 것이다"[20]에서도 나타나듯 이것은 세속의 일반적 모습이다.

'공功'에 대해 『설문』에서는 "수고로써 나라를 안정시킴이다"라고 했다. 이는 공적, 공업功業을 가리키고, 공효, 효과를 가리키기도 한다. '리利'에 대해 『설문』에서는 "날카로움이다. 칼끝이 예리함을 따른 것으로 곡식을 베어 이익을 얻음이다. 『역』에는 '리利란 옳음의 조화이다'라고 하였다"라고 적고 있다. 여기에서 이익, 유리有利,

---

20) 『史記』, 권129, 「貨殖列傳」.

순리順利 등의 뜻이 파생되었다. 결국 공리功利는 공효와 이익을 가리킨다. "그러므로 공적이나 이익은 노력으로 얻고자 애써야지, 위로 임금에게 아첨하여 은혜로 받고자 하지 않는다."[21] 또한 이것은 공명功名과 이욕利慾을 가리키기도 한다. "공리나 기교 따위가 그의 마음에는 결코 없구나."[22] 공자는 의리를 가지고 군자와 소인을 평가하면서 "소인은 이익에 밝다"고 했다. 이상에서 보다시피 리利은 주로 공명과 이욕으로 이해되지 공훈, 업적, 이익으로 받아들여지지 않는다. 간단하게 말하자면 공리는 인간의 행위가 인간에게 가져다주는 이익, 효과 및 좋은 점을 추구하는 것이고, 공리적 가치란 인간의 행위와 각종 사물 등 인간의 공리적 요구에 부합되는 가치를 말한다.

중국 고대 사상에서 도의와 공리, 도덕과 물욕의 가치 문제는 각 학파들 간 논쟁의 중심이 되곤 했다. 선진시기에 의리와 이익이 서로 포용한다는 '의리호함론義利互涵論', 의리와 이익이 서로 배척한다는 '의리거척론義利拒斥論', 의리로 이익을 제어해야 한다는 '의이제리론義以制利論' 등이 형성되었다. 논쟁자들은 논쟁을 통해 상부상조하며 서로의 논의를 급속히 발전시켰다. 이러한 유형은 고대에 있어서 인류가 주체의 현실적 발전을 담보하기 위해 진행한 가치활동을 보여 주는 것이자, 인류가 생산, 정치, 문화, 정신활동에 종사하는 가운데서 나타난 가치추구의 승화이다. 먼 옛날의 불분명한 가치추구로

---

21) 『韓非子』, 「難三」.
22) 『莊子』, 「天地」.

부터 은·주시기의 형상과 본성, 감각과 지각에 대한 가치추구로, 더 나아가 춘추시대에 형성된 의리가치 관념형태에 이르기까지, 그 모든 것들은 이후 중국 각 학파들 간에 진행된 의리義利논변의 원천이 되었다.

　유교의 독존을 이끌어 낸 동중서는 도의를 도덕가치로, 공리를 물욕의 가치로 간주하면서 "언행은 정의正義에 부합하고 사리私利를 도모하지 않으며, 도리를 밝히고 공리를 따지지 말 것이다"[23]라고 하였다. 동중서의 이런 주장은 중요한 시대적 의의를 지닌다. 당시의 사회 위기는 대단히 심각해서 "부유한 자의 밭은 밭두렁을 넘어 이어지고 가난한 자는 송곳조차 꽂을 수 없는" 형편이었기에, 그는 부유하고 권세가 있는 자들과 통치자들이 "천하의 이익을 두고 백성과 다투어" 백성들을 헐벗고 굶주리게 만들지 말아야 한다고 호소했다. 그의 이런 주장에는 한무제가 "밖으로 사방 오랑캐와 싸우고 안으로 공리를 좇는 것"에 대해 반대한다는 의미도 함축되어 있다. 그는 "백성들과 이익을 다투지 말아야 이익이 고루 미치고 백성들이 넉넉해진다"[24]고 주장했다. 여기에는 그의 애민사상이 내포되어 있다.

　한나라 이후 동중서의 "언행은 정의에 부합하고 사리를 도모하지 않으며, 도리를 밝히고 공리를 따지지 말 것이다"라는 주장과 부

---

23) 『漢書』, 권56, 「董仲舒傳」. 또 『春秋繁露』 권9 「對膠西王越大夫不得爲仁」에서는 "正其道不謀其利, 修其理不急其功"이라 하였다.
24) 『漢書』, 권56, 「董仲舒傳·對策三」.

유하고 권세가 있는 자들과 통치자들이 백성과 '이익을 다투고' '일을 다투는 것'을 반대하는 사상은 점차 희미해져 갔고, 결국 완전히 사라지고 말았다. 반대로 그의 사상은 일방적으로 해석되어 백성들의 정당한 공리적 요구를 억압하고 그들을 교화하는 도구와 채찍이 되었다.

송명시기에 사상적 활동이 활발해지고 다양한 학파가 형성되면서, 이익을 앞세우고 의리를 뒤에 두는 선리후의형先利後義型, 의리를 앞세우고 이익을 뒤에 두는 상의후리형尚義後利型, 의리와 이익이 함께 나아가야 한다는 의리쌍행형義利雙行型과 같은 의리융합론義利融合論들이 형성되었다. 또한 의리를 귀하게 여기고 이익을 천하게 여기는 귀의천리형貴義賤利型, 오직 의리만 높이고 이익을 버리는 유의기리형唯義弃利型과 같은 의리거척론도 형성되었다. 이러한 주장들은 규범화된 특징을 가졌다. 주희는 「백록동서원학규白鹿洞書院學規」에서 "언행은 정의에 부합하고 사리를 도모하지 않으며, 도리를 밝히고 공리를 따지지 말 것이다"라는 동중서의 주장을 제시하여 실천요강으로 삼았다. 이에 맞서 영가永嘉학파(공리학파라고도 한다)의 대표적 인물인 섭적葉適은 "공리가 없으면 도의도 쓸데없는 헛말이다"[25]라고 주장하면서 정의를 추구하고 도를 밝히기만 하면서 공리를 따지지 않는 것은 우활迂闊하고 소용없는 빈말이라고 비판했다. 이처럼 도의를 모든 현상과 활동의 가치척도와 표준으로 보았던 관점과 공리와 효용을 가치평가와 취사의 표준으로 삼는 관점이 대립하였다.

---

25) 『習學記言序目』(中華書局, 1977), 권23, p.324.

공리에 대한 평가가 이처럼 현저하게 달라진 까닭은, 가치평가의 형식으로서의 공리 평가는 대상과 사물의 유효성 혹은 자신 및 그 집단에 유리한가의 여부에 따라 변화하기 때문이다. 서로 다른 개체 및 그가 대표하는 집단의 차이는 서로 다른 가치평가를 형성한다. 공리평가는 공리가치에 대한 평가이다. 따라서 이것 역시 공리가치의 토대와 그것의 변화에 의해 제약을 받으며, 이 점에서 공리평가는 임의성과 융통성을 가진다.

서양 공리주의자들에게 있어 가치관은 공리가치에 대한 추구와 가치지향에 대한 평가체계를 가리킨다. 그들은 로크와 엘베시우스의 행복론과 쾌락론을 계승하여 쾌락을 추구하고 고생을 회피하는 것은 인간의 본성이자 근본적인 가치선택이라고 주장했다. 벤담은, 인성人性은 인간의 사회문화의 근원적인 것이고 생존, 부, 안전, 평등은 인성의 기본적인 요구이며, 쾌락과 고통은 인간을 제한하는 두 가지 큰 억압이고 쾌락을 추구하고 고생을 회피하는 두 가지 힘은 인간이 무엇을 해야 하고 어떻게 해야 하는지를 결정한다고 주장했다. 쾌락을 좇든 고생을 피하든 이것들은 모두 즐거움을 위한 것이고, 즐거움은 곧 공리이다. 1960년대에 일어난 신공리주의 사조 내의 행위공리주의(Act-utilitarianism)와 규범공리주의(Rule-utilitarianism)는 행위의 효과를 어떻게 규정할 것인지, 그리고 인간이 어떻게 행동해야 최고의 가치를 얻을 수 있는가 등에 관해 논쟁을 벌였다. 행위공리주의는 어떻게 행동하는 것이 자신에게 유효하고 유리한가를 개인이 결정하고 나면 그것이 곧 가치규범에 부합하는 것이라고 주장하

면서, 규범공리주의자들이 인간의 행위를 평가할 때 개인의 가치실
현을 홀시한다고 비판했다. 규범공리주의자들은 인간의 행위가치규
범과 효용원칙을 결합하여 가치를 구축하고 체계를 규정지음으로
써, 인간 행위의 가치선택이 일정한 가치규범에 따를 수 있도록 하
한 뒤 이렇게 할 때에만 최대의 이익과 행복을 낳을 수 있다고 주장
했다. 이들 둘은 비록 관점을 달리했지만 모두 효용을 기본으로 했
다. 따라서 80년대 이후 두 관점은 서로 융합되면서 관심의 초점을
보편적 가치규범과 가치표준 등의 문제로 옮겨 갔다.

화합현실세계(眞의 가치세계)의 공리가치세계는 생존에 반드시 필
요한 가치에 대한 추구이고, 또한 기타 모든 가치형식의 기초이자
가치체계를 구축하는 초석이다. "9층 높이의 높은 대臺도 흙을 쌓아
올려서 지어진 것이고, 천 리의 먼 길도 발밑의 한 걸음으로 시작된
다."(『노자』 64장) 여기에서 말하는 '쌓아올리다'와 '발밑'이 바로 9층
높이의 높은 대와 천 리의 먼 길의 시작이다. 이것이 곧 공리가치가
지니는 의의이다.

(3) 인간에 대한 정감적 가치의 공용

공리가치가 지니는 기초·초석으로서의 성격은 인간을 단순히
공리를 위하는 동물로 만들지는 않는다. 옛날에는 "사람은 재물을
위해 죽고 새는 먹이를 위해 죽는다"라는 말처럼 공리의 추구를 먹
이를 꾀하는 동물의 행동으로 낮추고는 했다. 예로부터 지금까지 사
회상에서 인성을 말살하고 물성에 방임하는 일부 사람들이 존재했

고, 그런 이들이 재물을 얻고 물욕을 채우기 위해 수단과 방법을 가리지 않는 것도 사실이다. 그러나 인간은 비록 '식욕과 성욕을 본성'으로 하는 동물이기는 하지만 또한 감정을 가진 동물로서 정감의 요구를 충족시켜야 하며, 그러한 요구를 충족시키는 것은 물욕의 공리적 요구를 충족시키는 것보다 상위 차원의 요구이다. 정감의 가치는 현대 서양의 가치철학에서 비교적 중요한 위치에 있다. 러셀은 "우리가 무엇에 대해 '가치'있다고 단언할 때, 우리는 우리들 각자의 정감을 표현하고 있는 것이다. 우리 개인의 정감이 서로 다른 만큼, 여전히 믿을 만한 사실에 대해 표현하고 있는 것이 아니다"[26]라고 주장했다. 러셀의 이런 사상은 에이어와 스티븐슨의 사상에서 발전된 것이다.[27]

이른바 '정情'이란 인간의 내심에서 발하는 욕구, 정감을 가리키며, 칠정七情이라고도 표현된다. 비록 칠정이 배우지 않아도 발하는 인간의 본능이기는 하지만 모두 어떠한 사물에 의해 감촉되는 바가 있어야 발하는 것이고, 또한 이것은 밖으로 드러나기도, 드러나지 않기도 한다.

'감感'에 대해『설문』에서는 "사람의 마음을 움직이다"라고 하였으며, 여기에는 감응, 감화 등의 뜻이 있다.『주역』함괘咸卦「단전象傳」에서는 "천지가 감동해서 만물이 화생하고, 성인이 민심을 감응

---

26) 러셀,『宗敎與科學』(北京: 商務印書館, 1982), p.123.
27) 에이어,『語言, 眞理與邏輯』(上海: 上海譯文出版社, 1981), p.106·145 및 스티븐슨, 『倫理學與語言』(北京: 中國社會科學出版社, 1991), p.305 참조.

시켜 천하가 화평하다"고 적고 있다. 천지, 건곤, 음양이 서로 감응하여 만물이 화생하고 성인이 인심을 감화시켜 천하가 화평하다는 것이다. 정감 즉 감정은 인간이 생물적·사회적 요구에 적응 혹은 부적응하는 현실적 현상으로 인해 발생하는 일종의 체험이다. 그것은 인간 가치의식의 심리형식이 현실적 현상과 감응·감동·감화하여 밖으로 나타나는 칠정의 상태로서, 개인의 정신적 특성을 띤 태도와 가치체험이다. 인간은 얼굴, 몸, 언어와 동작 및 표정을 통해 대상에 대한 자신의 정감적 태도를 표현한다. 이를테면 인간의 정감인 마음을 드러내는 창문인 눈을 놓고 말하자면, 어떤 눈은 빛이 나고 아주 밝지만 어떤 눈은 울적하고 생기가 없다. 전자는 정감이 흥분된 상태이고, 후자는 정감이 침울해진 상태이다. 인간의 목소리, 성조, 리듬, 속도를 놓고 말해도, 어떤 것은 드높고 빠르나 어떤 것은 울적하고 느리다. 전자는 정감이 즐거운 상태이고 후자는 정감이 슬픈 상태이다. 이러한 감정의 표현은 진실한 것으로, 겉치레가 아니다. 따라서 '정情'은 진실, 혹은 솔직함을 의미하기도 한다. "무릇 행동에 정情이 실렸으면 비록 지나쳐도 원망이 없고, 정이 없으면 충실해도 싫어한다."[28] 이 『회남자』의 구절에 대해 고유高誘는 "정情은 성誠이다"라고 해석했다. 이에 근거하여 우리는 정감가치학을 화합적 현실가치세계 즉 진眞의 가치세계에 위치시킨다.

정감을 화합적 현실가치세계에 위치시키는 까닭은 이것이 생물체적 요구의 충족 여부와 관련되는 체험이기 때문이다. 생물체를 자

---

28) 『淮南鴻烈集解』(中華書局, 1989), 「繆稱訓」, p.320.

극하는 배고픔, 갈증, 추위, 더위 등의 느낌은 모두 정감적 파동을 일으킬 수 있다. 발생학적 시각에서 말하자면, 동물은 인간과 비슷하여 정감이 있는데, 이를테면 원숭이가 그렇다. 인간과 동물(원숭이)을 구분하기 위해 이러한 정감을 정서라고 부르지만, 사실 이 둘은 별개의 것이 아니다. 이를테면 정감은 정서적인 희노애락 등의 형식을 통해 표현되고 정서는 정감에 의거하며, 정감의 경향성과 안정성은 정서의 무절제성을 제한한다. 『중용』에서는 "희노애락이 아직 발하지 않은 것을 중中이라 한다. 이미 발해서 법칙에 모두 맞는 것을 화和라고 한다"라고 했다. 정서와 정감은 모두 같은 성질의 심리활동이지만, 정감의 표현은 사회의 예의, 제도의 제한을 받아야 하고 절도에 부합되어야 한다는 점에서 정서와 다르다. 이를테면 목이 마르면 인간과 동물에게 초조한 정서가 생기는데, 정상적인 상황에서는 물을 구하여 실컷 마시면 이러한 초조함은 사라진다. 그러나 물이 부족한 상황이라면, 인간은 자신을 절제하여 다른 사람도 물을 마실 수 있도록 하지만 동물은 그렇게 할 수 없다. 이것이 정감과 정서의 구분이다.

인간은 정감을 필요로 하는 화합적인 존재이다. 이것은 인간의 생활적 요구이면서 정신적 요구이기도 하다. 희노애구애오욕喜怒哀懼愛惡慾 등의 정감활동이 일정한 정도로 분출되어야 쾌락으로 전환될 수 있다. 또한 인간은 혈육 간의 정, 동정, 위로, 고무 등과 인간관계에서 오는 정감을 필요로 한다. 이렇게 할 때 정감은 조화로운 균형을 이룰 수 있다. 정감에 대한 요구가 충족되지 않으면 감정이 상하고 신체 및 정신 건강을 해치게 된다. 이런 의미에서 화합은 인간이 정감에 대해 본질적으로 원하는 것이고, 또한 칠정이라는 정감적 충돌이 융합을 통해 이루어 내는 조화로운 상태이다.

인간의 정감활동이 조화롭게 발산되지 못하고 극단에 이르면 정신적 붕괴를 초래하며, 심지어 너무 기뻐 죽거나 화나 죽는 상황까지 빚어낼 수 있다. 그러므로 정감의 가치는 화합적 정감의 가치인 것이지 충돌적 정감의 가치가 아니다. 정감의 가치는 말 그대로 정감의 시각에서 인간 자신 혹은 사물의 가치를 따지는 것으로, 사람으로 하여금 희노애구애오욕 등 갖가지 체험을 하게 만드는 모든 사물과 사람은 정감적 가치를 지니고 있다. 정감의 가치가 크고 작고 많고 적음을 가늠하는 것은 인간의 정감요구를 만족시킨 정도에 따라 결정된다.

정감의 가치는 사물과 인간의 행위가 인간의 정감적 요구를 충족시키는 기능이 있음을 가리킨다. 정감의 가치가 인간 또는 개체에 대한 정감 자체의 의미와 작용을 가리킨다는 것은, 비유하자면 정감활동이 개별 인간의 지知·정情·의意와 그 자신의 건강 및 인격의 발전과 완성이라는 가치를 지니며, 타인에 대해서는 동정심을 통해 비통한 사람을 위로하고 사랑의 마음을 통해 사랑을 받는 사람들과 사랑을 필요로 하는 사람들을 행복하고 즐겁게 만드는 등의 가치를 지님을 의미한다. 정감은 인간의 현실과 생활에서 의미와 가치를 지니기에 인간은 아름다운 정감적 현실과 생활의 세계를 구축하여, 즐거운 마음과 낙관적인 정감으로 자신과 타인의 심신을 편안하게 하도록 노력해야 한다. 이러한 목표는 오직 화합을 통해서만 가능하다. 우리는 화합을 통해 화합적 현실가치세계의 화합적 정감가치세계에 도달할 수 있다.

3. 의미가치의 주체성 원칙

화합적 현실가치세계(眞의 가치세계)는 환경, 공리, 정감적 가치에 대한 이론적 해석이지, 특정 가치가 보편적인 필연성을 갖도록 하려는 것이 아니다. 그것은 끊임없이 변화하고 대화유행하는 세계와 마주하면서 채택한 가치의 다원성과 상대성이다. 인간은 알몸으로 대자연의 품에서 태어난 지적 존재이다. 지혜의 선악과를 훔쳐 먹은 죄로 인해 빈손으로 에덴동산에서 쫓겨났지만, 바로 그 '빈손'으로 무궁한 창조성과 무한한 자유를 발휘했다. 인류는 생명의 지혜와 지성에 의지하여 천지간에 꿋꿋하게 자리 잡고 막막한 혼돈의 세계에서 생존하면서, 천지의 화육에 자각적으로 참여하여 천문, 지리와 함께 '삼극'에 해당하는 인문가치세계를 창조했다. 인류의 이러한 인문적 화합창조는 경천동지할 비약이었다. 화합역사의 출발점은 기나긴 지적 동면상태로부터의 각성이었다. 이로 인해 인간은 자아가치에 대해서도 각성하게 되었고, 화합의미가치세계(善의 가치세계)를 탐구하는 역사 과정도 시작되었다.

1) 선의 가치에 대한 추구

화합의미가치세계는 가치규범을 통해 증식되는 의미구조체를 가지고 있으며, 화합정신의 완벽한 원리를 구현한다는 점에서 선善의 가치세계라고도 한다. 인간은 태어나자마자 의미와 가치를 추구하는 세계에 놓이게 된다. 따라서 인간은 의미와 가치를 추구하는 존재자일 뿐만 아니라 의미와 가치의 창조자이자 이들을 규정하는 입법자이다. 또한 의미적 상태의 시공간을 확장하고 갱신시키는 가치의 생명수이기도 하다.

의미와 가치를 추구하는 인간의 활동은 인간의 사회적 관계와 관련된다. 의미란 인간이 사회적 행위와 관계 중에서 언어를 매개로 하여 전달하는 관념, 정감과 희망이고 현실세계의 함의, 속성, 특징, 원리 및 그에 대한 인간의 가치평가, 가치지향에 관한 표징이다. 그것은 인간의 외부세계와 내부세계의 내용을 응집하여 의미세계 즉 화합의미세계를 구성한다.

인간은 자신의 현실적 요구를 충족시키기 위해 그러한 요구를 만족시킬 수 있는 대상과 관계를 구하는데, 그러한 관계를 체험하는 의식이 곧 의미의식 혹은 가치의식이다. 인간의 요구와 그 요구를 만족시키는 활동형식이 강해짐에 따라 인간은 정감적인 경험에 근거해서 범주에 따라 대상에게 호칭과 기호를 부여할 수 있다. 이것이 인간의 의미와 가치관념이 탄생하는 단계이다. 물론 요구 자체가 가치는 아니지만, 이것이 의미와 가치를 형성하는 전제이기에 의미와 가치는 요구로부터 나온다고 할 수 있다. 이런 의미에서 말하자면 요구는 가치를 발생시키는 주체적 근거이자 척도이다. 인간의 요구는 복잡다단하고 가지각색이므로 가치와 의미 역시 다원적이고 다양하다. 이를테면 요구의 성질, 수량, 종류와 포화점 등은 가치의 질량, 수량, 상태, 정도와 연계되고, 요구의 성질에는 정당한 것과 정당하지 않은 것, 합리적인 것과 비합리적인 것 간의 구분이 있다. 주희는 "먹고 마시고자 하는 것은 천리이고, 좋은 맛을 원하는 것은 인욕이다"[29]라고 하였다. 목이 마르면 물을 마시고 배가 고프면 음식을 먹는 것은 천리에 부합하는, 즉 '마땅히 그래야 하는' 합당하고 합리적인 요구이다. 그러나 좋은 맛만을 원하는 것은 곧 인욕이기에 '그러지 말아야 하는 것' 즉 합당하지 못하고 비합리적인 것이다. 이런 식으로 합당한 가치와 합당하지 못한 가치라는 '가치의 질質'이 형성된다.

요구에는 수량, 차원, 만족도 등 양적 차이가 존재하기 때문에 가치 역시 그에 따라 '가치의 양量'을 구성한다. 위에서 말한 합당한 것과 합당하지 못한 것, 합리적인 것과 비합리적인 것은 이원二元과 양극兩極이다. 이는 곧 좋지 않으면 나쁘고, 진실이 아니면 거짓이며, 선하지 않으면 악하다는 식의 간단한 이분법 사유로, 다원적이고 복잡다단한 가치관계를 이분법적으로 간소화하는 과정에서 복잡한 중간 단계를 생략해 버리기 때문에 사물 자체 및 그 변화 과정과 부합하지 않는다. 이러한 간소화한 이분법은 화합학의 '생생법生生法', '창

---

29) 『朱子語類』, 권13.

조법'과 상이한 것이다.

　요구는 다양하고 형태도 각기 다르기에, 가치형태도 이에 따라 달라진다. 요구의 주체, 객체 그리고 그 양자의 관계 측면에서 말하자면 개인, 집단, 사회, 인류에 대한 요구가 있고, 물질, 정신, 인간에 대한 요구도 있으며, 공리, 진선미, 자유에 대한 요구도 있고, 생존, 향수, 발전에 대한 요구도 있다. 이에 따라 개인, 집단, 사회, 인류의 가치, 물질, 정신, 인간의 가치, 공리, 진선미와 인간의 가치, 생존, 향수, 발전의 가치가 구성되고, 이런 것들은 다시 '가치의 형태'를 구성한다. 인간의 요구는 일정한 한도가 있어야 한다. 이러한 한도를 초과하거나 미치지 못하면 과불급이 발생한다. 『중용』은 치우치거나 기울지 않고 지나치거나 미치지 못하는 것이 없는 '중中'을 지킬 것을 주문한다. 즉 적정한 '가치척도'를 준수해야 한다는 것이다. 여기서 말하는 가치는 의미와 같다.

　철학의 측면에서 말하자면 의미는 단어기호 자체가 지니고 있는 함의 또는 내포를 가리킨다. 또한 단어기호가 지칭하는 존재와 인간의 관계를 가리키기도 한다. 모든 사물은 인간과 만날 때, 즉 사물이 일정한 단어기호를 통해 인간의 인지 영역에 들어올 때 비로소 의미를 가진다. 돌멩이는 인간과 마주치든 말든 존재이다. 그러나 인간을 만나 인간에게 이용되거나 감상되면 의미를 가지게 되고, 그렇지 않으면 의미를 가지지 않는다. 이렇게 볼 때는 의미에 있어 주체는 인간임을 알 수 있다. 바꾸어 말하면 돌멩이의 의미는 인간에 대해 발생하는 것이다. 여기에서도 의미와 가치는 일치하다.

화합의미가치세계는 '인간'의 세계이고, 단어기호로서의 '인간'에는 그 자체가 가지는 함의, 내포 및 그것이 지칭하는 인간과 인간의 관계가 담겨 있다. 인간의 의미란 것은 간단하게 말해, 인간이 인간, 사회, 국가와의 상호 관계에 있어서 효용을 가지는지의 여부, 즉 의미와 가치가 있는지의 여부이다. 다른 시각에서 말하자면 타인, 사회, 국가와 인간(개인)의 상호 관계가 개인에 대해 효용이 있는지의 여부 및 효용의 크고 작음을 말한다. 즉 의미와 가치의 유무 여부와 그것들의 대소 문제, 개인의 의미와 가치를 최대한 발휘하기에 적합한지의 여부 등을 가리킨다. 거기에는 다시 의미와 가치에 대한 선택의 문제가 존재한다. 그렇지 않으면 인간의 의미와 가치는 제한을 받게 되고 심지어 말살될 수도 있다. 이는 수많은 역사적 사실에 대한 나의 체험에 근거한 것이다.

관념으로서의 의미와 가치는 사회관계 및 활동관념에 대한 인간의 이해방식이다. 인간의 사회관계 및 활동에서 정보, 에너지의 상호작용이 없으면 의미와 가치관념도 발생할 수 없다. 인간의 인지가 발생하는 단계는 인지와 가치, 의미의 융합체이다. 이 혼융한 융합체를 놓고 말하자면 대상의 가치, 의미에 대한 인지가 주도적 위치를 차지하는 것이지, 대상의 자연적 속성이 우선적 지위를 차지하는 것이 아니다. 대상이 인간의 인지 영역에 들어오게 되면 대상은 곧 인화人化되고, 인간은 항상 대상을 요구의 대상으로 간주하면서 관조하는 것이다. 따라서 이것은 인간과 관계없는 사물로 볼 수 없다. 이런 의미에서 말하면 의미의식, 가치의식은 주체인 인간 자신의 요구이자 내재적인 표준의식이다. 즉 주체적 의식이다.

의미의식이 주체적 원칙을 가지는 까닭은, 비록 사물의 속성이나 기능이 잠재적 의미와 가치를 지닌다고 하더라도 사물의 속성, 기능 자체가 곧 의미와 가치는 아니기 때문이며, 또한 의미와 가치는 오직 사물의 속성, 기능에서 체현되지만 사물의 가치와 의미는 인간의 발견과 요구에 의존하기 때문이다. 즉 주체는 역사 발전에서 사물 자체의 속성과 기능, 구조가 아니라 대상에 대한 요구를 척도로 삼는다.

의미가치의 주체적 원칙은 주체의 창조적 활동에서 근원한다. 창조적 활동은 인간만의 활동이다. 즉 인간만이 창조적 활동을 진행할 수 있을 뿐 여타 동물은 그럴 수 없다. 인간만이 진행할 수 있는 창조적인 활동이야말로 사물의 형태, 구조, 속성을 의미와 가치로 변화시킬 수 있고, 자연성을 효용성으로 바꿀 수 있으며, 잠재된 의미를 드러낼 수 있다. 한마디로 말하면 의미성과 가치성은 바로 창조성으로 인해 존재할 수 있다. 여기에서 사물의 속성, 구조를 의미와 가치로 변환시키는 '화化'는 곧 창조성이다. 화化의 창조적 본질은 화합으로 인해 존재한다. 화합은 의미가치학의 새로운 방법인 화생을 함축하고 있다.

화합의미가치세계는 의미에 대한 가치연구 즉 의미의 의미에 대한 연구도 함축하고 있다. C.K 오그던과 L.A 리처즈는 1923년 런던에서 『의미의 의미』라는 책을 출판하여, 언어의 상징적 의미와 정감적 의미를 구분하는 것은 언어의 사용과 이해에 있어서 중요한 의미를 가진다고 주장하였다. 이것은 언어철학적 의미에서 의미에 대해 연구한 것이다. 사실 의미의 가치는 인간의 사회관계 및 활동에서의 정보, 에너지의 상호작용에서 드러난다. 만약 인간의 사회관계 및 활동에서의 정보, 에너지의 상호작용과 분리된다면 의미 자체의 가치는 의지할 곳이 없게 된다.

화합의미가치세계에 대한 추구는 어떤 의미에서 말하자면 자체의 행복과 발전의 의미에 대한 인간의 추구이다. 바꾸어 말하자면, 이는 선의 가치에 대한 추구이다. 고대 한문에서 '선善'은 길상吉祥, 미호美好, 우호友好, 호好 등의 뜻을 가진다. 『설문해자』에는 "선善은 길吉이고 언言과 양羊을 따른다"라고 하였다. 의미의식과 가치의식은 생활 중에서의 기본적인 의미가치에 관한 인간들의 신념, 신앙, 이상 등 의식적인 지향을 총칭한 것으로서 중국어의 '좋다'(好)와 서로 통한다. 불교는 선의 가치란 이치에 순응함을 가리킨다고 하면서 "이치에 순응하면 선이다"(順理名善)라고 하였다. 이른바 '순리順理'란 불교의 이치와 부합되는 언행을 말하므로, 이것이 곧 선이라는 것이다. 『구사론俱舍論』의 심소心所 46법 가운데 '선심소善心所'는 신信(불교 교리를 신앙함), 근勤(수행을 부지런히 함), 행사行舍(집착을 버림), 점漸(잘못에 대하여 수치심을 느끼고 같은 실수를 다시 범하지 않도록 방비함), 괴愧(죄업을 수치스럽게 느낌), 무탐無貪(욕심이나 탐심을 없앰), 무진無瞋(분개하거나 증오하지 않음), 불해不害(자비를 베풀고 중생을 해치지 않음), 경안輕安(몸과 마음을 가볍고 안정되도록 함), 불방일不放逸(善法을 수양하여 여러 가지 번뇌를 다스림)이며, 모든 선심善心은 대선지법大善地法이라 일컬어진다. 이것은 선의 함의에 대한 규정이자 선에 대한 가치판단이며, 선의 표준에 대한 불교의 설명이다.

고대 그리스의 소크라테스는 '대화'의 형식을 통해 기본 신념을 형성하는 근거와 전제에 대하여 고찰하고 비판하도록 인도하면서 선善에 대한 철학적 탐구를 시작했다. 그는 '덕성이 곧 지식'이고, 도덕행위를 판단하는 표준은 이성과 지식이며, 선善도 지식에서 비롯되기에, 인간이 비록 전성적으로 타고난 지식과 미덕을 가지고 있기는 하지만 반드시 교육과 지도를 통해야만 지선至善으로 나아갈 수 있다고 주장하였다. 이로써 지식의 '산파'로서의 소크라테스가 자연에 대한 연구를 인간에 대한 연구로 전환하는 '혁명'을 시작하였고, 그 뒤부터 서양철학은 선에 대한 연구를 중단한 적이 없었다. 칸트는 『도덕형이상학의 원리』에서 선의지를 주장했다. 그것은 유일하고 무조건적인 선으로, 일반적인 이성의 범위에서 그 자체로 선량한 의지, 즉 그 자체로 자재하는 선이다. 또한 선의지는 도덕규칙의 관념에 따라 실천하는 능력이기도 하다. 따라서 그것은 모든 선하고 훌륭한 품격 혹은 사물의 전제와 조건으로 간주되고, 가치 있는 모든 것이 가치 있게 되는 근거로 설정된다.

선의 가치세계에서는 어떠한 행위 또는 사건이 일정한 도덕원칙과 규범에 부합되어야 한다. 사회발전과 시대, 민족마다 선을 판단하는 기준 역시 크게 달라진다. 같은 시대라 할지라도 각 민족, 국가, 집단 그리고 개인마다 이익이라는 기반에서 자라난 가치관념과 목표의 차별성에 따라 선에 대한 가치평가기준 역시 달라졌다. 게다가 평가대상의 차원도 각기 다르기 때문에, 도덕을 평가하는 주체는 일반적으로 자신이 가지고 있거나 믿고 있는 도덕원칙, 규범, 이상을 선의 가치표준으로 간주한다. 이러한 선에 대한 도덕가치의 평가기준의 상대성으로 인해 선 역시 상대성을 지니게 된다. 그러나 상대적인 도덕가치의 평가표준도 그 자체 범위 안에서 혹은 특정한 시공간 내에서는 절대적인 것이 되므로, 그 안에서는 모든 것이 그 기준에 따라 재판을 받게 된다.

선善은 좋고 아름다운 것으로서, 윤리학과 도덕가치의 범위를 초월하고 정치 · 경제 · 문화 등 영역에 두루 침투한다. 따라서 현실의 인간과 사회에 대해 공리公利적 · 도덕적 의미를 가지는 가치는 모두 선한 가치이다. 맹자는 도덕형이상학에서 출발하여 선善과 정치 · 경제 · 교육의 관계를 탐구하였다.

> 좋은 정치제도보다는 좋은 교화가 백성들을 심복시킬 수가 있다. 좋은 정치제도는 백성들에게 외경심을 일으켜 따르게 할 수는 있으나, 좋은 교화는 백성들로 하여금 통치자를 사랑하게 할 수 있다. 또한 좋은 정치제도는 백성들의 재화를 얻을 수는 있으나, 좋은 교화는 백성들의 마음을 얻을 수가 있다.[30]

좋은 정치제도는 백성들의 외경심을 이끌어 낼 수 있고 그들의 재화를 얻을 수 있지만 통치자를 사랑하는 마음을 얻게 해 주지는 못한다. 오로지 좋은 교화만이 백성들의 사랑과 옹호를 받을 수 있

---

30) 『孟子』, 「盡心上」.

게 하고 민심을 얻을 수 있게 해 준다. 이는 정치·경제·교육의 작용과 기능의 가치를 병렬하기만 했던 묵자의 견해와 다른 것이다. 맹자의 도덕심성수양의 방향은 외재적인 정치·경제·교육 등의 활동으로부터 내재적인 도덕인격, 지조의 함양으로 전환되었던 것이다. 이러한 전환을 이루어 낼 수 있는 중요한 계기는 타인의 강점을 수용할 줄 아는 것이고, 그것이 곧 선이다.

도덕적인 주체는 관념에 위치한 선善이 추구하는 목적을 현실적인 결과로 실현시킨다. 맹자는 "모든 사람들이 바랄 만한 것을 일러 선이라고 한다"(可欲之謂善)31)라고 하였다. 선善은 인간이 도덕적 행위를 통해 가치목표를 실현하는 것이다. 도덕적 행위는 선을 가치목표로 하지만, 또한 주체의 욕망, 필요, 흥미의 제약을 받기도 한다. 그러므로 맹자는 주체의 도덕성 제고를 중시하면서 "뜻을 이루면 백성에게 은택을 더욱 베풀어 주고, 뜻을 얻지 못하면 물러나 자신의 몸을 수양함으로써 후세에까지 이름을 남긴다. 궁하면 오직 자신 하나라도 홀로 선을 간직하고, 잘되면 온 천하와 선을 함께해야 한다"32)라고 하였다. '홀로 선을 간직함'에서 '선을 함께함'으로, 개인에서 사회로의 확산은 서로 다른 상황 하에서 선을 실현하는 방법이다. 맹자가 "선으로 백성들을 교화한 후에야 온 천하의 백성들을 모두 심복시킬 수가 있다"33)라고 말한 것처럼, 이러한 방법으로 개인과

---

31) 『孟子』, 「盡心下」.
32) 『孟子』, 「盡心上」.
33) 『孟子』, 「離婁下」.

사회를 완벽하게 하는 것이다.

도덕 범주라는 협의의 선과 윤리도덕을 초월한 광의의 선을 막론하고 이들은 모두 화합의미가치세계(善의 가치세계)의 범주에 속한다. 이들은 모두 중국의 인성人性가치학, 도덕가치학, 정치가치학, 경제가치학 및 인생가치학과 연계된다. 우리는 화합의미가치세계에 대한 연구 가운데 선에 대한 이해와 해석을 완성할 수 있을 것이다.

2) 인생가치의 창조

화합의미가치세계가 선善의 가치세계인 까닭은 의미가치세계가 선의 세계이기 때문이다. 그것은 대체로 인생가치, 도덕적 가치, 영혼가치의 순서로 진행된다.

인생가치는 인간이 자신의 생명활동 과정에서 어떻게 자아를 실현하고 어떻게 자아와 사회의 요구를 충족시키는가에 관한 가치학설이다. 인간은 우선 생명존재이다. 생명이 존재하지 않으면 모든 것이 무의미하기 때문이다. 그러나 인간은 다만 생명의 보존만을 위해 사는 것이 아니라 인간다움을 위해 살아간다. 즉 인간을 목적과 이상을 가진 존재로 간주하고, 자연적 생명존재의 초월을 지향하며, 또한 이러한 목적성, 이상성을 가지고 인간 생명존재의 전체 과정을 지도하여 이를 완성하고 인간으로서의 존재가치를 실현하는 것이다. 이것이 바로 인생가치이다.

생명, 생존, 인생이란 이 삼자는 차례로 진행되는 발전단계이다.

생명가치는 인간에 대한 생명적 의미를 가리킨다. 이는 인간의 가장 기본적인 가치이므로 생명은 진실로 소중하다고 한다. 생명은 누구나 하나밖에 가지지 못한 것이고 되돌릴 수 없는 것이다. 따라서 생명을 어떻게 소비해야 하는가의 문제는 그 누구에게나 대단히 중요한 문제이다. 사람들은 재물과 욕정을 위해, 혹은 명리를 위해, 또는 창조를 위해 생명을 소비한다. 그러나 진정한 생명의 가치는 창조적 가치이다. 창조적 가치만이 인간의 생명가치를 실현하고 드높일 수 있다. 이러한 의미에서 생명의 가치는 곧 창조성이다. 창조가 없으면 생명이 아무리 길어도 의미가 없다. 딜타이는 인간의 생명은 인간 자체의 순수한 생물학적 존재일 뿐만 아니라 인간 생명활동에서의 창조와 표현이기도 하다고 말했다. 사회, 역사 자체는 생명활동의 창조이다. 즉 '생명의 객관화'인 것이다. 다시 말해, 생명은 신성한 것이다. 그러므로 인간은 생명의 가치를 파악하고 이해해야 한다. 인간이 생명을 모독하거나 짓밟는 것은 생명을 잘못 파악하고 오도誤導한 것이다.

생명가치의 본질은 창조성에 있고 가치창조의 본질은 화합에 있다. 생명은 무한한 창조력의 보고이고, 끊임없이 자아를 실현하고 만족시키는 원동력이다. 우리는 생명의 본질이 생명가치를 추구하는 데 있다는 쇼펜하우어의 주장에 동의하지 않을 뿐만 아니라 생명의 본질이 권력의 가치에 있다는 니체의 견해에도 동의하지 않는다. 생명의 본질은 결국 화합의 가치이다.

생명가치는 육체적 생명가치, 생물적 생명가치, 정서적 생명가치, 도덕적 생명가치, 정신적 생명가치 등으로 나눌 수 있다. 육체적 생명가치는 인간의 존재뿐 아니라 창조적 활동을 포함한 인간의 모든 활동에 대한 전제와 조건이 되는 가치이다. 생물적 생명가치는 '인화人化'된 생명가치를 말한다. 이것은 과학기술 및 의료, 약물이 발전함에 따라 인간의 육체와 생물적 기관이 강화되고 죽음을 멀리하면서 생물적 생명연장의 꿈을 만족시키는 가치이다. 정서적 생명가치는 삶을 좋아하고 죽음을 두려워하는 인간의 요구를 만족시키는 가치이다. 삶을 열망하는 정서는 죽음을 극복하려는 체내 각종 요소와 힘들을 조절하고 활성화하여 질병을 이겨내고 생명을 연장하고자 하는 요구를 충족시키는 가치이다. 도덕적 생명가치는 '마땅히 그러함'(應然)의 생명가치이고, 도덕적 생명가치의 실천은 '실로 그러한'(實然) 가치이다. 정신적 생명가치는 인간의 정신생활에 요구되는 요구를 만족시키는 가치이다.

생명가치에 대한 체득과 인식에 근거하여 19세기말부터 20세기에 이르기까지 중국과 서양의 철학자들은 생명의 탄생, 변화, 발전을 통해 우주와 세계에 대한 학설을 설명하려 하였다. 어떤 사람은 생명을 생물의 진화와 연계시켜서 운동변화의 관념을 가지고 생명현상을 설명하였고, 어떤 사람은 생명을 인생과 일정한 문화와 제도 환경에서의 인간의 삶으로 해석하였으며, 또 어떤 사람은 생명을 '낳고 또 낳아감'으로 해석하기도 했다. 이렇게 구축된 각종 생명철학체계들은 서양의 현상학, 실용주의, 존재주의, 그리고 중국의 현대 신유가 등에 상당한 영향을 미쳤다.

인간에게는 생명의 가치뿐만 아니라 지知·정情·의意의 가치도 있다. 육체적 생명을 유지한다는 전제와 조건 아래에서 생명의 존재를 목적으로 하는 의식적·목적적·이성적 활동에 종사한다는 점에서 인간은 생존가치를 지닌다. 생명은 흔히 자연생명의 본능에 굴복하고 자연환경에 적응하거나 그것을 이용하여 자기의 생명을 유지한다. 생명을 유지하는 인간의 활동은 동물과는 그 활동의 성질, 방식, 목표가 아주 다르다. 인산은 자연적이고 본능적이며 자재적인 성질과 능력에 의거하는 것이 아니라, 의식적이고 이지적이며 인위적인 지도에 근거한다. 생명유지를 위한 인간의 활동은 의식적이고 이성적이며 인위적인 지도 하에서 자연·사회·문화적인 환경에 적응하고 그것을 이용하고 개조하여 생명존재의 역량과 수준을 향상시키고자 하는 요구를 만족시킨다. 생명존재를 유지하는 이러한 실천 활동이 바로 생존가치이다.

인간 생존활동의 가치는 생명활동의 가치보다 높기에 생존가치는 생명의 활동가치를 위해 더욱 큰 활동공간을 창조한다. 그러나 생존가치는 여전히 생명가치를 유지하고 생명활동을 더욱 완벽하게 하는 것에 불과하다. 만약 생존가치가 생명을 유지하기 위한 것이라고 한다면, 생명가치는 무엇을 위한 것일까? 즉 인간은 무엇 때문에 사는가? 이는 곧 인생의 가치와 의미에 대한 물음이다.

인생은 마치 한 단락의 과정과도 같아서 눈을 감고 와서 눈을 감고 가고 어둠 속에서 와서 어둠 속으로 가는데, 이 과정은 시공간을 따라 뻗어 나아가면서 인간의 일생을 엮어 간다. 인생은 스스로를 인식하는 일생일 뿐만 아니라 스스로에게 떳떳한 일생이어야 한다. 스스로를 인식해야 비로소 자연세계, 인문세계를 인식할 수 있고, 스스로를 인식해야 비로소 자신을 파악하고 우주와 세계를 파악하여 행위를 규범화할 수 있고, 스스로를 인식해야 비로소 인생의 의미와 가치를 창조할 수 있다. 그러므로 스스로를 인식하는 것은 영원히 끝나지 않는다. 스스로에게 떳떳해야 비로소 가정, 국가, 천하에 떳떳할 수 있고, 스스로에게 떳떳해야 비로소 맡은 바 책임을 맡아 장도에 오를 수 있고, 스스로에게 떳떳해야 비로소 가치창조의 무궁한 동력을 불러일으킬 수 있다. 따라서 스스로에게 떳떳한 것 역시 끝이 없다. 스스로를 인식하는 것이 자신을 활짝 열어 놓는 것이고 자아가치에 대한 체득과 인식을 스스로 실현하는 것이며 자아의 요구에 대한 충족을 스스로 실현하는 것이라고 한다면, 스스로에게 떳떳한 것은 자아의 실현이며 스스로 끊임없는 창조를 실현하여 인간의 요구를 충족시키는 것이다. 이 양자의 융합이 곧 인생의 가치이다.

인간이 가치를 체인하고 창조하는 것은 인생의 가치를 실현하기 위해서이다. 인생은 언제나 무엇을 위해 살고 어떻게 살아야 하는가의 질문과 도전을 마주하게 된다. 이러한 질문과 도전은 인간 자신이 자신의 존재 목적에 대해 던지는 질문이지 다른 외재적 목적을 위해 던지는 질문이 아니다. 특히 인생의 유한함은 인간으로 하여금 자아에 대한 이러한 질문과 도전에 대답하고 자각적으로 인생의 가치를 실현하도록 재촉한다.

인생은 마치 글자를 아직 써 놓지 않은 종이와도 같아서 우리는 그 위에 자유롭게 글을 쓸 수 있다. 자신을 악역으로 만들 수도, 선한 역으로도 만들 수도 있으며, 이중인격으로 만들 수도 있다. 물론 여기에는 외재적 요소나 힘의 작용과 영향이 있겠지만, 그래도 주도권은 여전히 자신의 손에 있다. 왜냐하면 자아의 인생가치를 실현하는 것은 주로 자아가 그 필요성을 자각했기 때문이다. 이는 자아의 내재적인 목적인 것이지 외재적인 다른 목적이 아니다. 그러므로 글을 아직 쓰지 않은 종이 위에 어떤 글을 쓰고, 글씨의 크기와 양은 얼마로 하며, 칭찬하는 글, 좋은 글, 선한 글, 아름다운 글을 쓸 것인지 아니면 헐뜯는 글, 나쁜 글, 악한 글, 추잡한 글을 쓸 것인지는 자신에게 달렸다. 또한 그 글은 자신이 스스로에게 쓰는 글이기에 일단 쓰면 지울 수도 가릴 수도 없다. 설사 잠시 지우고 숨겼다 하더라도 결국은 드러나게 된다. 예로부터 지금까지 수많은 사람들이 자신이 써 놓은 불명예스러운 나쁜 글, 악한 글, 추잡한 글을 지우고 숨기려고 애썼지만 결국은 다 헛수고였다. 지우고 숨기는 것은 불가능하다. 그러나 나쁜 것을 좋게 만들고, 악을 변화시켜 선으로 나아가게 하며, 추잡했던 것을 아름답게 변화시키는 것은 가능하다. 그래서 증자는 "나는 매일 세 가지에 대해 자신을 반성한다"라고 하였고 『주역』건괘에서도 "군자가 종일토록 부지런히 노력하고 저녁이 되어 반성한다면 위태로운 일이 있어도 허물이 없을 것이다"라고 하였다. 이는 정말 타당하고 또한 필요한 것이다.

인간은 인생의 가치를 창조하는 활동에 종사할 수 있을 뿐만 아니라 인생가치를 창조하지 않는 활동에 종사할 수도 있고, 또 인생가치를 거스르거나 인생가치를 초월하는 활동에 종사할 수도 있다. 인생가치에 거스르는 활동이 반드시 나쁜 것, 악한 것, 추한 것만은 아니며, 오히려 시대를 앞서가고 또는 미래 지향적인 가치활동일 수도 있다. 가치관념, 가치표준, 가치평가의 상대성, 가변성으로 인해 인생가치에 대한 평가 역시 끊임없이 변화한다. 그러나 그 변화 속에는 불변하는 가치원칙과 표준이 있다. 이것은 바로 자아의 요구를 충족시키기 위해 인류와 국가, 민족의 이익 및 사회발전, 타인 재산과 생명에 해를 끼쳐서는 안 된다는 것이다.

3) 내적 깨달음과 외적 실현

인간의 생명가치는 다차원적이기에 육체적 생명가치 외에 도덕적 생명가치도 존중되어야 한다. 육체적인 생명만 있고 도덕적인 생명이 없을 수는 없다. 인간이 인간인 이상 육체적 생명가치만 있고 도덕적 생명가치가 없을 수 없고, 인간이 인간이게끔 하는 가치에 있어서도 도덕적 생명 및 생명가치만 있고 육체적 생명 및 생명가치가 없을 수는 없다. 만약 그렇게 된다면 도덕적 생명 및 생명가치의 기초와 전제를 상실해서 도덕적 생명과 그 가치를 근본적으로 실현할 수 없게 된다.

도덕적 가치는 도덕 자체가 가지고 있는 가치에 대한 학설을 가리킨다. 도덕은 사회적 존재방식으로서, 인간에게 어떤 것을 해야 하며 무엇이 이상적인 방향인가를 알려 준다는 정신적 가치를 지니고 있다. 또한 도덕적 가치는 인간의 언행이 지니고 있는 도덕적 의미와 영향력을 가리키기도 한다. 도덕은 인간만이 가지고 있기에, 인간이 아닌 것에게는 도덕도 없다. 순수한 자연현상, 사물의 존재 자체에는 도덕가치가 없다. 또 인간의 모든 언사에 전부 도덕적 가치가 담겨 있는 것도 아니다. 바꾸어 말하자면 인간의 언행은 도덕적 가치에 의거해야 하지만 도덕적 가치에 근거하지 않는 것도 있다는 것이다. '도道'에 대해 『설문』에서는 '가는 길'(所行道)이라고 했고, 이 '도로道路'의 의미를 중심으로 인도引導, 도리, 원칙, 학설 등의 뜻이 파생되었다. '덕德'은 '덕悳'으로도 쓰는데, 『설문』에서는 "밖으로 사람을 얻고 안으로 자신을 얻다"로 해석하였다. 도덕은 인간의 실천을 통해 화생되고 체현되어야 한다. 중국 고대에는 도덕을 '도덕적 마음'과 '도덕적 실천'의 융합으로 간주하였다. '내적 깨달음'(內得)은 마음의 자득이고 '외적 실현'(外得)은 혜택을 사람들이 얻도록 함이다. 이 둘은 마음 안에서 자득해서 실천으로 옮김을 말한다. '외적 실현'과 '내적 깨달음', '심心'과 '행行'이 융합되어 도덕적 가치학설을 구성한다.

중국의 전통도덕은 내적 깨달음과 외적 실현을 위해 가치척도와 표준을 세웠다. 왜냐하면 덕德(得)은 사람에 따라 다르고, 사안에 따라 구분될 수 있기 때문이다. 따라서 같은 경로와 방법을 따랐더라도 결과는 천차만별일 수 있다. 여기에는 마땅히 얻어야 하거나 얻지 말아야 하는 도덕적 가치 관계가 내재적으로 함축되어 있다. 공자는 "부귀는 누구나 원하는 것이지만 도道로써 얻은 것이 아니면 누리지 말고, 빈천은 누구나 싫어하는 것이지만 도로써 벗어날 수 없다면 벗어나려 하지 말라"[34]라고 했다. '도道로써 한 것', '도道로써 한 것이 아닌 것'에서의 '도'가 바로 부귀와 빈천을 누릴 것인가 버릴 것인가를 정하는 가치 표준과 척도이다.

누릴 것인가 누리지 말 것인가, 버릴 것인가 버리지 말 것인가를 결정하는 도덕적 가치척도인 '도'는 '내적 깨달음'뿐만 아니라 '외적 실현'의 함의도 가지고 있으며, '형이상'뿐만 아니라 '형이하'의 함의도 가지고 있다. 전자는 도덕·종교와 통하고 후자는 예법의 가치와 통한다.

사람들은 흔히 고정적인 사유모델에 얽매여서 도덕을 선악의 기준이 되는 것으로 파악하여 사회적 가치관계를 평가하는 방식으로 간주해 버리고, 가치에 대해서는 단순히 좋고 나쁨으로 이해해 버린다. 다시 말하자면 사람들은 사유의 고정적 흐름에 근거하여 자각적이든 그렇지 않든 도덕, 가치 등을 전부 이원대립의 모식 안에 집어넣는다. 일단 이러한 이원대립의 모식 안에 들어가게 되면 선과 악, 좋고 나쁨은 양립불가능하게 된다. 이를테면 부귀에 있어서의 '누릴 것'과 '누리지 말 것', 빈천에 있어서의 '버릴 것'과 '버리지 말 것'이 그러하다. 이들 중 하나만 선택해야지, '누릴 것'과 '버릴 것'을 함께 선택하거나 '누리지 말 것'과 '버리지 말 것'을 같이 선택할 수 없다. 즉 이것이 아니면 저것인 식이어야지, 이것이면서

---

34) 『論語』, 「里仁」.

또 저것인 식일 수는 없는 것이다.

사실 도덕은 다원적이고 가치도 다양하다. 선악 기준의 이론적 전제를 고찰해 보면, 우리는 특정한 사회적 생활조건, 문화적 분위기, 이상과 신념, 풍속과 습관과 연계되는 인간과 인간, 인간과 사회, 인간과 자연 간의 행위준칙과 규범으로서의 도덕표준(선악기준)이 일률적이거나 이원대립적이지 않다는 점을 발견할 수 있다. 도덕가치에는 선과 악의 구분뿐만 아니라 선하지도 않고 악하지도 않은 상태도 존재한다. 이를테면 선하기도 하고 악하기도 한 경우, 체는 선이나 용이 악인 경우, 체는 악이고 용은 선인 경우, 원인은 선이나 결과는 악인 경우, 원인은 악이나 결과는 선인 경우, 선한 마음이 악하게 드러나거나 악한 마음이 선하게 드러나는 경우 등이 있다. 이러한 현상은 모두 현실적으로 존재하는 것이다. 도덕가치는 결코 이원대립적이기만 한 것이 아니다. 다양한 도덕이 병존하면서 갈등하지 않고 화합적으로 발전할 수도 있다.

도덕은 일종의 실천정신으로서 그것은 인간과 인간, 인간과 사회의 상호활동 중에서 생성·발전하여 사회적 가치의식 속에서 드러나는 도덕적 가치의 도덕원칙과 규범이다. 이러한 도덕원칙과 규범은 특정한 시대의 생활양식과 상호이익 그리고 각 계층, 집단, 개인의 가치관념을 구현하기 때문에 가치관념, 가치평가, 가치표준은 다양할 수밖에 없다. 따라서 보편적이고 일률적인 가치란 있을 수 없다. 독일 철학가인 C. 볼프는 도덕일원론을 제기하면서, 도덕가치표준은 일원적이고 도덕은 하나의 본원에서 기원한다고 주장하였다. E. H. 헤켈과 플레하노프는 『종교와 과학 사이의 유대로서의 일원론』과 『일원론 역사관의 발전』이라는 글에서 '일원론'에 대해 한 걸음 더 나아가 설명했다. 도덕일원론은 도덕가치의 일원론으로 나아갈 수 있다는 점에서 다양한 현실사회의 도덕가치와도 부합하지 않는다.

도덕가치에는 도덕원칙, 규범, 기준, 경지, 이상이 함축되어 있다. 도덕가치원칙은 도덕가치본질의 체현이다. 바꾸어 말하면 그것은 인간과 인간, 인간과 사회 간 상호 관계를 운용 및 조정하는 핵심적 원칙과 출발점이며, 여러 도덕규범체계를 구성하는 이론적 기초이다. 도덕가치원칙의 전개로 인해 도덕가치의 규범, 범주, 체계 등이 형성된다. 도덕가치규범은 인류가 특정 역사시기, 특정 국가, 민족의 공동체 생활과 활동 중에서 형성되는 요청을 가리키며, 이는 해당 국가, 민족의 풍속과 습관 등 전통형식에 장기간 축적되어 무의식적인 영향을 미친다. 종종 도덕적 가치규범은 주류 의식 형태의 요청에 따라 사회적 상호 관계에서의 평가와 판단의 가치표준이 되어 사람들의 도덕적인 언행을 규범화했다.

도덕가치표준은 도덕적 요구 자체가 가치표준이 되어 인물과 사건 등을 따지고 평가하는 것을 가리킨다. 우리는 도덕가치표준을 통해 각종 사회관계와 규범을 구성하며 여러 도덕적 갈등을 해소하고, 도덕적 가치충돌 가운데 공리적 가치와 도의적 가치의 관계를 정확히 체득하고 인식할 수 있다. 공리적 가치를 말살하고 도의적 가치만 말하면 "천리를 보존하고 인욕을 없애야 한다"(存天理, 滅人慾)는 식의 편파성이 나타나게 되고, 공리적 가치만 숭상하고 도의적 가치를 홀시하면 역시 배금주의의 폐단을 초래할 수 있다. 화합적 도덕가치 표준은 공개적이면서 공평·공정하며, 합리적·합법적인 도덕가치 체계를 건립하고자 한다.

도덕가치의 경지와 이상에는 차원과 단계에 따라 구분이 있다. 사람마다 도덕적 교육과 수양의 방법과 정도가 다르기 때문에 이를 통해 형성되는 도덕적 자각과 품성에도 차이가 있을 수밖에 없다. 일반적으로 말하면, 사람들은 초보적 도덕경지, 중급의 도덕경지, 고급의 도덕경지(이상적인 도덕경지) 등 몇 단계의 도덕경지를 거친다고 수 있다. 이러한 도덕경지는 모든 사람이 경과 혹은 도달 가능한 것이 아니다. 첫 단계에도 도달하지 못하는 사람이 있는가 하면 첫 단계에만 겨우 도달하는 사람도 있고, 어떤 사람은 고급 단계까지 도달할 수 있다. 이러한 차이는 개인의 도덕적 자각과 수양공부에 달렸다. 고급 도덕경지에 오를 수 있는지의 여부 역시 도덕적 자각과 공부의 체험 수준에 달려 있는 것이다.

도덕가치이상은 특정 도덕가치원칙과 규범의 융합을 가리키며, 이러한 완벽한 융합은 도덕가치이상으로 설정된다. 도덕가치이상은 이에 해당하는 모범적인 인물이나 사건에 투영하거나 혹은 그러한 인물을 도덕적 가치이상의 화신 혹은 인격으로 만들어 낼 수도 있다. 도덕가치이상은 자재적인 것에서 자주적인 것으로, 필연에서 자유로 이행하는 역사적 과정이자, 도덕의 지知·정情·의意 및 도덕적 행위, 습관 등 방면에서의 인간 자아개조, 연마, 수련을 통해 이상적

인격을 양성하여 도덕적 가치이상의 요구를 만족시키고자 하는 역사적 과정이다.

4) 영혼가치의 특징

도덕적 가치는 의미가치(善의 가치세계)의 중요한 가치적 요구이다. 도덕적 가치는 영혼가치 속에 포함될 수 있고, 영혼가치는 '극한'의 가치로서 형이상학 가치, 인지가치, 언어가치, 도덕가치 등과 뒤엉켜 있다. 영혼가치는 영혼 자체의 존재적 가치 및 마음과 몸, 마음과 대상, 마음과 도道의 관계적 의미와 가치에 관한 학설이고, 영혼과 영혼 자신 및 마음과 몸, 마음과 대상, 마음과 도의 관계에 대한 학설이기도 하다.

중국의 가치학은 영혼가치를 특별히 사랑한다. 이것은 중국 가치학의 가치지향과 관계된다. 중국의 가치학은 주체와 객체의 관계에 대한 연구를 그다지 중시하지 않고 인간 자신과 영혼이라는 심성의 문제에 대한 연구를 중시했다. 따라서 서양과는 가치학의 지향이 달랐다. 중국의 가치학은 영혼가치학을 특징으로 하고, 영혼가치는 감통感通, 내적 성찰, 동태성動態性 등의 특징을 가진다. 감통이란, 영혼의 존재 형태는 '고요하여 움직이지 않음'이지만 '느끼면 바로 통함'의 성격을 함축하였고, 이러한 감통성은 유기성과 전체성을 내포하고 있음을 가리키는 것이다. 맹자는 "우주 만물의 도리가 모두 나에게 갖추어져 있다. 그러므로 내 자신을 돌이켜 살펴서 진실하다면 그보다 더 즐거울 수 없다"라고 하였다. 여기에서 말하는 '만물'은 천지만물의 도리로 이해될 수 있다. 이는 의미가치세계를 말하는 것이지 실존적인 '만물'의 질료가 아니다. 그러므로 주희는 "이것은 이치의 본연을 말한 것이다. 크게는 군신부자, 작게는 사물의 미세한 것의 당연한 이치 중 어느 하나 본성 안에 있지 않음이 없음을 말한다"35)라고 설명했다. '본성 안'이란 곧 내심이고, '반신이성反身而誠'에서의 '성誠' 즉 진실함은 마음을 보존한 상태이다. 진실함은 선善의 가치일 뿐만 아니라 진眞과 미美의 가치이기도 하다. 진실함이란 만물과 나의 마음이 감통을 이루어 그 감통을 감각하는 상태로, 더없이 큰 기쁨을 체험하는 것이다. 이것이 바로 만물과 나의 영혼이 감통하는 방향성이다.

동시에 맹자는 마음에서 밖으로 확충할 것도 강조하였다. 이것은 영혼과 하늘(천지만물)이 감통하는 방향성을 말한 것이다. "자신의 영명한 본심을 끝까지 발휘하여 깊이 생각할 수 있는 사람은 하늘이 부여해 준 자기의 본성을 알 수가 있다. 하늘로부터 주어진 본성을 알면 하늘의 도리를 알 수가 있다." 이에 대해 주희는, 마음은 인간의 신명神明이므로 "모든 이치를 구비하여 만사에 응할 수 있다"36)고 보았다. 영혼은 모든 이치를 갖추고 있을 뿐만 아니라 만사에도 응할 수 있다. 이렇게 갖추고 있을 뿐만 아니라 감응하기도 하는 마음의 이러한 기능과 작용을 확충하기만 한다면 '마음'(心)−'성性'−'천

---

35) 『孟子集注』, 「盡心章句上」.
36) 『孟子集注』, 「盡心章句上」.

天'이 감통할 수 있다. 즉 마음과 하늘의 융합을 이루는 것이다.

영혼가치의 감통성은 만물이 나의 영혼과 안으로 감통하는 방향뿐만 아니라 영혼이 하늘(천지만물)과 밖으로 감통하는 방향도 포함한다. 안으로 감통하는 방향은 영혼이 모든 도리를 갖추고자 하는 요구를 만족시키는 것, 즉 "만물의 이치가 이미 빽빽하게 갖추어져 있음"(萬物森然已具)과 "만물의 이치가 마음 사이에 빽빽하게 있음"(萬物森然于方寸之間)과 같은 요구에 관한 학설이고, 밖으로 감통하는 방향은 영혼이 만사에 감응하고자 하는 요구를 만족시키는 것, 즉 '존심存心', '양성養性', '사천事天'의 요구에 관한 학설이다. '안으로의 감통'뿐 아니라 '밖으로의 감통'도 모두 영혼을 중심으로 가치의 주체성을 확립하기 위한 것이다.

영혼을 중심 가치로 하는 주체성을 부각시키기 위해서 선종禪宗의 "마음을 맑게 하여 본성을 본다"(明心見性), 유식종唯識宗의 "모든 법은 오직 식이다"(萬法唯識), 장재의 "대심大心", 정호의 "심즉천心卽天", 주희의 "마음이 모든 이치를 담는다"(心包萬理)·"마음이 태극이다"(心爲太極), 육구연의 "심즉리心卽理"·"나의 마음이 곧 우주이다"(吾心便是宇宙), 왕수인의 "마음은 하늘 연못이다"(心是天淵)·"마음은 천지만물의 주인이다"·"마음은 몸의 주재이다" 등의 주장이 잇따라 등장했다. 이들은 영혼가치를 지렛대로 삼아 심-성-천의 논리적 구조를 세워서, "마음을 말하면 천지만물을 다 드는 것"이고 "만물이 화육되는 근원은 항시 마음에 있다"는 식으로 전체성과 유기성을 갖춘 영혼가치의 감통을 구성했다. 여기에서 우리는 영혼가치에 대해 형이상학적 본체론의 절대성과 같은 의미를 추궁하지 않는다. 왜냐하면 그러한 추궁은 서양의 영혼가치학이 설정해 놓은 주객이원대립의 함정에 빠질 수밖에 없기 때문이다. 중국 영혼가치의 감통성은 이러한 주객이원대립에 대한 해소라고 볼 수 있다.

영혼가치의 내적 성찰에는 발전 과정이 있다. 서양철학에서는 소크라테스가 "너 자신을 알라"고 말한 이래로 외재적인 대상세계와 구분되는 내재적인 영혼세계를 발견하게 되었고, 그로부터 자아인식이라는 기나긴 역사 과정이 시작되었다. 그 후 데카르트가 "나는 생각한다. 그러므로 나는 존재한다"라고 하여 주체성을 부각시켰다. '생각함' 자체의 자각에 의해 그것과 그것의 주체 즉 '나'(정신, 영혼)의 존재를 인식하게 된 것이다. 바꾸어 말하자면, 인간의 자아영혼의 의식활동으로 말미암아 인간 인식의 새로운 영역 즉 정감, 의지, 판단, 추리, 회의, 감각과 같은 수많은 내재적 심리활동을 개척하게 된 것이다. 로크는 인식의 영역이 내성과 직각에 의존할 수 있다고 주장했다. 즉 영혼이 자신을 반성하여 영혼 자체의 가치를 탐구할 때면 표상과 실재의 격차가 해소되고 영혼 속 형상이 '마치' 그러한 것처럼 간주된다는 것이다. 현대 서양에서는 첨단기술인 컴퓨터의 자극으로 말미암아 정감, 형상, 의식, 신념 등에 대한 연구 관심이 증폭되고 있다. 그러나 어떻게 자신의 정감, 신념, 의식 등에 관한 지식을 얻을 수 있으며, 내성은 어떻게 자신의 영혼을 인식하는 방법이 될 수 있는가, 그리고 자신 이외의 대상 혹은 타인의 영혼활동을 어떻게 인식할 수 있는지 등의 문제는 여전히 탐색해 나가야 할 부분이다.

자신의 영혼에 대한 내성은 중국의 영혼가치의 내적 성찰과 비슷한 데가 있다. 내적 성찰은 영혼이 스스로에게 되돌아감을 가리킨다. 즉 스스로에 대해 반성적으로 체인하며, 내적 성찰의 각성을 통해 자아의 영혼을 완성하고 자아영혼의 가치를 실현하는 것이다. 자연적인 본능의 차원에서 말하자면 "마음의 기능은 생각함"이다. 마음은 생각하는 기관으로서, 인간의 사유, 지혜의 장소이다. 그러나 심체의 차원에서 말하면 마음은 견지하거나 버리고 존재하거나 사라짐에 있어 신명하고 예측할 수 없는 마음을 가리키는 것이지, 신체기관으로서의 심장을 가리키는 것이 아니다. 심체는 만물의 본체일 뿐만 아니라 도덕의 본체이고 가치의 본체이기도 하다. 심체는 자족하는 것으로, 천지만물의 이치는 심체 밖에 있지 않기에 천지만물의 이치를 구하려면 안으로 돌이켜 마음에서 구해야 한다. 육구연은 "사람이면 마음이 없는 이가 없기에 도는 밖으로 구하는 것이 아니다. 문제는 내가 도둑맞고 잃어버리는 데 있다. 옛사람들은 마음을 보존하고(存心) 마음을 기르며(養心) 잃어버린 마음을 구하도록 (救放心) 사람을 가르쳤다"[37]라고 하였다. '존심存心'이란 곧 한 걸음 물러서서 사색하는 것으로, 바깥에 힘을 쏟지 말라는 것이다. 바깥에 힘을 쏟으면 물욕에 구속되어 마음을 보존할 수 없다. '양심養心'에는 욕심을 줄이는 것보다 좋은 것이 없다. 욕심을 줄이면 저절로 진실해진다. 또한 양심은 함양의 귀결점이자 진실함을 보존하는 곳

---

37) 『陸九淵集』, 권5, 「與舒西美」.

이기도 하다. 결국 마음을 기른다는 것은 욕심을 줄이는 것이자 마음에 사욕의 폐단이 없게 하는 것이다. '구방심求放心'의 '방심放心'은 영혼이 밖으로 질주하고 물욕을 좇아 마음의 본성을 잃어버린 것을 가리킨다. 그러므로 구방심은 놓쳐 버린 마음을 거두어들이는 것 즉 영혼본성으로 회귀시켜 마음을 지키는 것이다.

내적 성찰은 자신의 생활을 절실하게 반성하는 '절기자반切己自反'의 자기반성이고 안으로 구하는 것이며 물욕을 없애는 공부이다. 육구연은 이것을 '벗겨내는'(剝落) 공부라고 간단하게 설명했다. '벗겨냄'은 끊임없이 자신의 마음을 반성하여 부단히 '본심'으로 다가가는 것이다. 마음의 때를 다 벗겨내어 버리면 본심의 맑음을 회복할 수 있다. 이러한 내적 성찰이라는 영혼가치의 특성은 영혼가치의 자아실현이자 자아초월의 체현이다.

영혼가치의 동태성은, 영혼이 끊임없이 변동하고 대화유행하는 것임을 가리킨다. 영혼이 변화무궁한 까닭에 영혼가치도 변화무쌍하다. 영혼의 존재는 감각, 지각, 기억, 사유, 상상, 정감, 의지, 욕망, 의식 등 각양각색의 활동을 통해 드러난다. 인간은 이러한 영혼의 활동을 통해 자연, 사회, 인간관계 및 기타 문명과 상호활동을 구성해 내며, 인간으로 하여금 이러한 상호작용 중 발생하는 충돌, 융합을 통해 화합을 이루어 내게 한다. 그리고 이를 통해 자연, 사회, 인간관계, 영혼, 문명 가운데에서 영혼의 위치를 확정하고 그 자체의 가치를 부각시킨다.

중국의 영혼가치가 가지는 동태성은 정태성靜態性을 배척하지 않고, '고요함은 고요함의 움직임' 식으로 동태의 특수한 상태 중 하나로 간주한다. 순자는 "마음은 움직이는 것이지만 그래도 이른바 고요함이 있어야 한다는 것은, 꿈속의 상상과 망령된 생각이 인식을 방해하지 않는 것과 같다. 이런 것을 고요함이라 한다"[38]라고 하였다. 마음은 시시각각 움직이고 있다. 즉 수면 중에서도 영혼은 터무니없는 생각을 하여 꿈과 같은 정신현상을 만들어 낸다. 이른바 '마음의 고요함'(心靜)이란 꿈속의 상상과 망령된 생각이 정상적인 인식의 사유 활동을 방해하지 않는 것을 말한다. 그러므로 '마음의 고요함'이란 죽은 듯이 고요한 것이 아니라 영혼이 정상적인 상태로 회복한 것을 두고 말하는 것이며, 우리는 이러한 것을 하나의 특수한 동태적 상태라고 부른다. 바꾸어 말하면, 마음이 움직일 때 망령된 생각을 하지 않은 것이 바로 고요함이며, 이때 영혼은 동태적 가치를 획득한 것이 된다.

중국의 영혼가치에서 영혼은 '허령불매虛靈不昧'한 마음이고 '잡으면 보존되고 놓아 버리면 없어지는' 마음이며 '신묘하여 헤아릴 수 없는' 마음이고 '영명靈明한 지각'의 마음이니, 기능·가치·경지로서의 성격을 가지고 있기는 하지만 실체성을 띠는 것이 아니다. 그것은 물질적인 실체(신체기관으로서의 심장)가 아닐 뿐만 아니라 정신적인 실체, 관념적인 실체, 혹은 불멸하는 영혼도 아니다. 영혼의 기능·가치·경지로서의 성격은 '본심', '심체'의 형이상적 존재를 부인하지 않지만, 중국에서 "형이상보다 높은 것을 도라 한다"고 할 때의

---

38) 『荀子』, 「解蔽」.

형이상은 서양의 실체주의적 의미에서의 형이상이 아니다. 중국의 '심체', '본심'을 실체주의적으로 해석해 버리면 본래의 의미와 매우 동떨어지게 된다. 이른바 '본심', '본체'의 형이상적 성격이란 잠재적 가능성을 가리킨다. 이것은 곧 화합가능가치세계를 말하며, 우리는 이것을 화합가능가치경지라고도 일컫는다.

4. 화합정신의 우아한 원리

화합의미가치세계(善의 가치세계)는 우주자연 자체에 대한 해석이 아니라 인생, 도덕, 영혼가치에 대한 이론적 해석이다. 그러므로 자연계 자체는 화합학적 의미에서의 화합상태가 아니다. 자연계의 비非생태계에는 오직 기계적 조합, 물리적 집합, 화학적 결합이 존재할 뿐이고, 생태계에는 생물개체의 결합, 집합체의 융합, 질량에너지의 교환관계에서의 생태계 균형만이 존재할 뿐이다. 이 두 체계 내에는 화합적 지혜가 존재하지 않는다.

화합은 인문적 세계에만 특수하게 존재하는 가치의 창조 과정이자 정신적인 자유의 경지로서, 자연현상으로 환원시킬 수 없는 것이다. 화합은 지성창조의 논리적 계기이므로 화합의 길은 자연의 도道가 아니라 자유의 도道이다. 인위적 세계는 본래 화합된 세계가 아니었다. 이것은 문명체계에서의 가치충돌과 정신세계의 가치 위기가 빚어낸 인문적 재난이다. 인위적 세계는 반드시 화합으로 나아가야만 한다. 이것이 바로 화합전략의 구상이 제시하는 역사적 사명이고, 화합학 체계 구축의 논리적 전제이다.

화합은 인도人道 차원에서의 탁월한 돌연변이이다. 이것은 성긴 듯하면서도 빠뜨림이 없는 '하늘의 그물' 같은 어떤 법칙이나 쉽사리 손에 넣을 수 있는 보편적인 본질이 아니라, 지혜가 창조해 낸 정신적 자유의 경지 즉 화합가능세계이다.

1) 미의 존재양식

화합가능가치세계(美의 가치세계)는 논리화된 예술의 가상세계이고, 대단히 자유로운 가치창조의 공리公理이며, 가치충돌을 화해시키고 정신적 생명을 위로해 주는 궁극적 관심이다. 화합가능가치경지에는 생기가 넘쳐흐르지만, 공정한 절차의 의미적 척도의 심미적 취향의 논리구조도 존재한다. 이러한 경지의 존재는 가상된 생명지혜이자 그 지혜를 깨달은 상태이지, 물화物化된 객관적 실재나 이미 완성된 경험적 사실이 아니다. 이것은 화합적 정신의 우아한 원리를 드러내는 것이다. 그러므로 우리는 이것을 미의 가치세계라고도 부른다.

미美는 일종의 가치로서 스스로 정신적인 유쾌함과 기쁨에 대한 요구를 충족한 상태이다. 우리는 미美의 어원에 대한 고찰을 통해 이러한 의미를 확인할 수 있다. 『설문』에서는 "미美는 감甘이다. 양羊을 좇고 대大를 좇는다"라고 했고, 이에 대해 단옥재는 "감甘은 다섯 가지 맛 중의 하나이지만, 다섯 가지 맛 각각의 빼어난(美) 것들 또한 모두 감甘이라 일컫는다"라고 해석하였다. 감이라는 유쾌한 즐거움은 '다섯 맛의 빼어난 것들'에 대한 체험이다. 그래서 소식蘇軾은 「안락정顔樂亭」에서 "하늘이 백성을 낳으시고 또 그들을 위하여 코와 입을 주셨네. 맛좋은 것을 씹을 수 있고 향기로운 것을 맡을 수 있네"라고 읊었다. 입으로 씹어 감미甘美로움을 맛보고 아름다움을 즐긴다면, 이것이 곧 미의 가치를 얻은 것이다. 이러한 심미적 정감에 대한 느낌과 체험은 공리적 요구의 만족을 함축할 뿐만 아니라 심미적 정감의 기능에 대한 체험도 포함한다. 『논어』 「팔일八佾」에 "공자께서 순임금의 음악 소韶에 대해 '진선·진미로다'라고 평가하였다"고 하였는데, 이는 공자가 우아하고 감동적인 '소韶'를 칭송한 것이다. 미는 인간의 고상한 인품과 지향에 대한 칭송에도 등장한다. 다음은 『논어』 「요왈堯曰」의 기록이다.

> 자장子張이 물었다. "다섯 가지 미덕은 무엇입니까?" 공자가 대답하였다. "군자는 백성들에게 혜택을 베풀 뿐 낭비하지 않고, 백성들을 부리되 원망을 받지 않으며, 원하되 탐욕스럽지 않고, 태평하되 교만하지 않으며, 위엄이 있으되 사납지 않아야 한다."

이러한 다섯 가지 아름다운 인품과 덕성을 높이 받들어 공경하고 숭배하는 것은 심미적 정감의 윤리적 체험과 체득인 동시에 완미하고 순수하며 선량한 도덕적 경지에 대한 찬양도 내포한 것이다. 『국어』 「초어상楚語上」에 "미美라 함은 상하, 내외, 대소, 원근에 전혀

504

해로움이 없기에 미美라 일컫는다"라고 적고 있는데, 이는 초나라 영왕靈王이 장화대章華臺의 아름다움에 대해 묻자 오거伍擧가 올린 대답이다. 여기에서 오거는 초나라가 장화대를 짓기 위해 백성들을 지치게 하고, 재정을 탕진하며, 농작물 수확을 방해하고, 백관들이 불만을 가지게 만들어서, 모두들 이루 말할 수 없는 고통을 겪고 있는데 어떻게 아름다움을 느끼고 체험하길 기대할 수 있냐고 비판한 것이다. 그는 아름다움이란 상하, 내외, 대소, 원근이 다 서로 협력하여 평안하며 잘 어울려서 해로움이 없는 것이라고 답했다. 그래야 비로소 사람들이 장화대의 아름다움을 감상할 수 있고 그 가운데 심미적 즐거움을 얻을 수 있기 때문이다. 미에 대한 느낌과 체험은 정신적인 것이며, 내재적 도덕정신의 즐거움이다. 『초사』「원유遠遊」에서는 "속으로 기뻐하고 스스로 좋아하며 그저 스스로 즐기며 만족한다"[39] 라고 하였다는데, 왕일王逸은 "충성스러운 마음으로 즐기니 그 덕이 순수하고 두텁다"라는 주석을 달았다. 이것은 심미적 정감의 경지에 대한 느낌과 체험에 대해 말한 것이다.

미美의 가치는 인간의 조화롭고, 완벽하고, 우아한 느낌을 구현하는데, 그것은 인간이 미에 부여한 기대이다. 미의 가치세계가 심미적 이상과 회통한 것이 바로 화합가능가치세계이다. 인간이 곧 미의 가치척도이기에, 인간의 존재양식 없이는 미에 대한 느낌과 체험도 있을 수 없다. 그러한 인간의 존재양식이 다양하기에 미에 대한

---

39) '自樂'을 '淫樂'이라고도 한다. 주희는 "淫樂은 즐거움이 깊은 것이다"라고 하였다.(『楚辭集注』, 권5, 「遠遊」)

개인들의 느낌과 체험 역시 달라질 수밖에 없다.

미는 인간이 창조한 것이고, 미의 가치창조의 본질은 화합에 있으며, 화합은 중국문화의 근원적 가치이자 세계 문명을 관통하는 대도大道이다. 인간은 영혼을 척도로 진선진미盡善盡美를 추구하지만, 그것은 추구한다고 해서 반드시 실현되는 것은 아니다. 이러한 추구는 화합가능가치세계가 함축하는 본래적 의의이지만, 진선진미는 영원히 완성될 수 없는 일종의 '과정'으로서의 추구이다.

인간의 존재양식은 인간이 창조한 것이고 인간의 존재양식의 미美 역시 인간이 창조한 것이다. 인간은 자기 존재양식의 미를 창조함과 동시에 자신을 창조하였다. 화합의미가치세계(善의 가치세계)는 인간의 성정과 품격을 수양한다. 화생·화처·화립·화달·화애라는 화합학의 5대 중심 가치는 인간성의 미美의 원동력과 생명수이며, 또한 인성·인정·인품·인격의 미美의 장력과 원천이다.

미는 인간의 존재양식 속에 존재하며, 자연, 사회, 인간관계, 영혼, 문명에는 모두 미의 잠재 에너지가 내포되어 있다. 인간의 성정과 품격, 소질, 흥취, 이상, 경지가 고원하고 고상하며 우아할수록 미의 잠재 에너지도 더 광대하고 깊고 정미하고 지혜롭게 개발될 수 있다. 따라서 화합가능가치세계(美의 가치세계)는 인간이 미의 잠재 에너지를 부단히 개발하여 미의 즐거움이라는 가치를 체험할 것을 기대한다.

지금까지의 가치세계 및 전반적인 가치철학은 모두 현실성을 출발점으로 하여 모종의 '통일성'을 추구할 것을 원칙으로 하는 세계

506

와 철학이었다. 현실성을 가장 큰 특징으로 하는 이러한 가치세계와 가치철학은 개조의 실행을 인간 행위의 가치척도와 표준으로 삼았고, 이를 통해 인류사회의 발전과 철학적 사유의 번창을 이루었다. 개조의 가치는 현실적인 자연, 사회, 인간 자체를 직시하고 개조하려는 것이기에, 이러한 활동은 자연, 사회, 인간 자체의 진리성에 대한 인식을 획득하는 경로라고 간주되었으며, 또한 가치세계와 가치철학을 구축하는 초석으로 간주되었다. 그러므로 현실성은 그 당시의 가치세계와 가치철학의 주도적이고 주류적인 이론이 되었다. 플라톤, 데카르트로부터 헤겔에 이르기까지 서양의 전통철학은 감성직관적인 '실존'과 논리적 개념의 '실존'을 진실한 것으로 보면서, 드러나지 않거나 상술한 실존에 부합하지 않는 것은 진실하지 않는 것으로 간주했다. 이러한 현실성의 표준은 근본적으로 드러날 수 없거나 또는 아직 드러나지 않은 것을 배제하면서, 그것이 진실 혹은 현실이 아니라고 주장했다. 이런 의미에서 볼 때, 지난 몇 천 년 동안의 전통적인 가치세계와 가치철학은 모두 현실성을 기초와 영혼으로 삼았던 것이다.

전통적인 가치세계와 가치철학의 영향 아래 모든 가능가치세계는 현실성을 근거로 한다. 다시 말하자면 현실성으로 인해 가능가치세계가 존재하는 것이다. 가능성은 곧 현실성의 가능성이고, 가능가치세계 역시 현실성의 가능가치세계이다. 현실성은 가능가치세계에 상상의 공간을 제공한다. 모든 상상과 이상의 가능성 및 가능가치세계는 현실성의 가능성을 모형母型과 근거로 삼는다. 즉 모든 상상 혹은 이상의 가능성과 가능가치세계는 이미 현실성 속에 함축되어 있으며, 현실성은 장래에 펼쳐질 모든 가능성과 가능가치세계를 이미 내포하고 있는 것이다.

화합가능가치세계(美의 가치세계)가 현실성의 가능가치세계와 구분되는 지점은, 화합의 가능성과 현실성을 초월하는 가능성을 가지고 있는, 현실성을 초월하는 가능가치세계라는 것에 있다. 현실성의 가능가치세계는 개조의 실행방식을 기초로 하여 세계를 개조하는 것을 그 직책으로 삼지만, 화합가능가치세계는 창조의 실행방식을 기초로 하여 세계를 창조하는 것을 그 목적으로 한다. 인간의 생명은 바로 창조에 달려 있다. 필자는 『신인간학 입문』(新人學導論)에서, 아리스토텔레스가 인간의 형체, 사유, 사회적 현실성에 대한 이해를 바탕으로 인간을 '정치적 동물', '사회적 동물'로 규정한 것에서부터 시작해서 카시러가 인간을 '말하는 동물', '이성적 동물'이 아닌 '기호적 동물'로 규정한 것에 이르기까지 인간에 대한 모든 규정은 인간의 현실성에 대한 체득에 근거했다고 주장했다. 그리하여 필자는 현실성의 전통에 근거한 아리스토텔레스 이래의 인간에 대한 규정을 부정하고 "인간은 자아창조를 할 줄 아는 동물(화합적인 존재)"[40]임을 논증하였다. 창조는 현대인의 시대정신이자 모든 민족의 영혼이다. 우리는 반드시 인간에 대한 전통적인 규정을 부정하고 "인간은 자아창조를 할 줄 아는 동물(화합적인 존재)"임을 확인해야 한다. 반드시 전통적 가치철학의 현실성의 사유방식,

---

40) 張立文, 『新人學導論』(수정본, 廣東人民出版社, 2000), p.45 참조.

실천방식을 부정하고 창조성의 사유방식, 실천방식을 수립하여 '기호적 동물'에서 '자아창조를 할 줄 아는 동물'(화합적 존재)로 도약함으로써, 현실적 개조형 인간의 사유와 실천방식을 벗어 버리고 화합적 창조형 인간의 사유와 실천방식으로 탈바꿈해 나가야 하는 것이다.

화합적 창조형 인간의 사유와 실천방식은 초월, 생생, 일신日新(창조)을 중심으로 하는 가치철학 형태이고, 현실적 개조형의 전통적 인류의 사유와 실천방식은 습득, 모방, 추상을 중심으로 하는 전통적인 가치철학 형태이다. 초월, 생생, 일신(창조)을 화합적 창조형 인류의 사유와 실천방식으로 설정하는 까닭은, 이러한 현실적 개조형 인간의 사유와 실천방식에 대한 초월은 가상을 중개로 해서 현실적인 각종 불가능성, 비존재성을 지양함으로써 그 불가능성과 비존재성을 '생생'하고 '일신'하여 가능성과 존재성, 즉 불가능한 가능성과 존재하지 않는 존재성으로 재창조하기 때문이다.

불가능한 가능성, 존재하지 않는 존재성을 창조하고 낳고 또 낳을 수 있는 것은 그 가상성 덕분이다. 컴퓨터를 도구로 하는 오늘날 디지털시대, 사람들은 현실성으로는 불가능했던 각종 가능성과 존재성을 가상하여 그것으로 하여금 현실성을 초월한 가상현실이 되도록 할 수 있다. 현실적인 합리성에만 얽매여 초월하지 못하게 되면 생생, 일신(창조)할 수 없다. 생생, 일신(창조)은 바로 현실적인 합리성에 대한 타파이기에 이러한 활동은 가상성을 띠게 된다. 가상은 인간에게 창조의 공간을 열어 주고 가능성과 불가능한 가능성을 통해 인간의 가치이상세계, 즉 화합가능가치세계(美의 가치세계)를 구상하는 작업을 추진한다.

2) 종교적 가치의 관심

인간의 창조활동 속 가상성은 논리적 개념의 사유활동뿐 아니라 비논리적인 상상 속에서도 드러나는데, 특히 신화와 종교 속에서 뚜렷이 표현된다. 화합가능가치세계(美의 가치세계)의 종교적 가치는 곧 인간의 창조활동의 가상이다. 그 가상은 이미 논리와 이성의 한계를 초월하여 현실적으로 불가능한 존재를 논리적으로 가능성을 띤 것으로 가상하고, 심지어 논리적으로도 불가능한 것까지도 가상해 냈다. 그러므로 인간 창조활동으로서의 종교는 현실성을 초월한 가상성을 띠고 있다, 현실성을 초월한 가상적인 종교는 가치가 없는 것이 아니라 오히려 사람들로부터 더 의미 있고 가치 있는 것으로 간주된다.

이른바 종교적 가치란 불가능한 가능성, 존재하지 않는 존재성에 대한 신앙을 충족시키는 가치 학설을 가리킨다. 종교는 종교적 관념, 정감, 행위, 조직 등으로 구성된 하나의 사회적 가치체계이다. 정신현상으로서의 종교는 사람으로 하여금 영혼의 위로와 안정을 찾고 심리적 조화로움과 균형을 얻는 것에 대한 믿음과 숭배이며, 높고 아득한 어딘가에서 인간을 지배하는 이질적 권능에 대한 신앙과 경외이다. 따라서 인간들은 신앙하고 경외하는 불가능한 가능성,

존재하지 않는 존재성이 자신들의 운명을 걸고 정신을 안착시킬 곳이라고 여긴다. 간단하게 말하면 종교가치학은 사람들이 종교적 시각으로 우주, 사회, 인간세상의 관념, 정감, 행위, 조직의 가치를 분석·고찰하는 학설이다.

현대 서양의 여러 신학 학파들은 종교가 지향해야 할 가치에 대해 여전히 열띤 논의를 진행하고 있다. 오늘날 종교는 대체적으로 두 가지 형태를 띠고 있다. 하나는 체제화된 종교이고 다른 하나는 정신화한 종교이다. 전자의 측면에서 말하자면, 종교는 자체의 발전 과정에서 이미 자기의 교의敎義, 교규敎規, 교의敎儀, 교단 등을 형성하였다. 이를테면 유대교, 기독교, 불교, 이슬람교, 인도교, 도교 등이 그것이다. 후자의 측면에서 말하자면, 인간은 물질생활이 어느 정도 충족되었을 때 진지하고, 보편적이며, 영구적으로 정신적 생활을 필요로 한다. 왜냐하면 물질생활은 인간을 흥분시키고 자극하며 육체적 만족만을 줄 뿐 정신적 위로와 영혼의 안정을 줄 수 없기 때문이다. 이런 의미에서 종교는 자연과 자아를 초월하여 궁극적 관심으로 나갈 수 있다. 따라서 종교사상가 폴 틸리히는 "종교라는 이 단어의 가장 넓고 가장 기본적인 의미는 곧 궁극적 관심(ultimated concern)이다"[41]라고 하였다. 여기에서 종교신앙은 인간 정신생활 중 최종적이고 무한하며 무조건적인 지점을 탐구하는 것이다. 종교의 취지는 최후의 해탈, 영혼의 구제, 심신의 안정에 있다. 사실 최종적인 해탈 혹은 영혼의 구제는 신 아닌 신과 천국이 없는 천국에 대한 신앙이

---

41) 『文化神學』(*Theology of Culture*, Oxford University Press, 1959), 「序」.

다. 현대 첨단기술에 근거한 가상의 시대인 오늘날 인간이 가장 갈구하는 것은 정신의 궁극적인 관심과 영혼의 구제이지 종교의 형식이 아니다. 왜냐하면 인간은 자아의식과 인생의 의미를 추구해서 궁극적 존재, 궁극적 가치와 화합하고자 하고, 자아초월을 추구해서 궁극적 관심과 화합하고자 희망하기 때문이다. 이러한 요구를 충족시키는 것이 곧 종교의 가치이다.

종교의 궁극적 관심과 영혼구원체계의 핵심은 종교와 신앙에 관한 문화체계이다. 여기에는 종교이론, 예의, 제도, 계율, 문화예술 등이 포함되며, 기본 경전을 핵심 근거로 삼는다. 이를테면 기독교의 『성경』, 이슬람교의 『코란』, 불교의 불경, 도교의 도경, 유교의 『논어』 등이 그것이다. 이러한 경전들은 신도들을 교화하고 단결시키고 통섭하는 핵심 근거이자, 해당 종교를 수용하고 신앙하게 하는 가치적 근거이며, 세계와 인류의 기원, 인생의 궁극적인 가치, 인과관계에 대한 설명이다. 수십억 교인들에게 있어 경전은 그들의 신앙과 행위, 생활과 사상의 토대이다.

만약 우리가 체제화한 종교의 표준을 초월하여 정신화한 종교를 떠올린다면, 즉 서양 기독교를 기준으로 모든 종교를 판단하는 현실을 초월한다면 중국 고대에 이미 종교적 전통이 존재했을 뿐만 아니라 여러 가지 종교가 공존했음을 알 수 있다.

중국은 상고시대인 하·은·주 시대부터 이미 자연숭배 → 토테미즘 → 조상숭배의 종교가치문화가 존재하였다. 자연숭배는 하나라 이전부터 존재하였다. 『좌전』의 소공昭公 원년에 "산천의 신에게

는 수재와 한재, 전염병 같은 재앙이 퍼졌을 때에 빌고(禜), 일월성신
日月星辰의 신에게는 서리, 이슬, 바람, 비가 제때에 오지 않을 때에
빕니다"[42]라는 기록이 있다. '영禜'에 대해『설문』에서는 "풀더미(絕)
를 쌓아 대를 만들어서 일월성신과 산천께 제를 올림으로써 바람·
비·눈·서리·수재·한재·역병 등을 막으려는 것이다"라고 적고
있다. 초목을 쌓아 대를 만들고 제물을 올려 산천과 일월성신의 신
께 화를 거두어 가고 복을 줄 것을 빌었던 것이다.『예기』「제법祭法」
에도 "산림·강과 계곡·언덕이 구름과 비바람을 만들며 괴물이 출
몰하는 것을 모두 신神이라고 했다. 천하를 가진 자는 온갖 신에게
제사를 지낸다.…… 이것은 오대五代에 변치 않은 것이다"라고 적고
있다. 이러한 자연숭배의 종교적 제사행위는 오랜 시간 동안 지속되
었다.『논어』「팔일」에 다음과 같은 기록이 있다.

> 애공이 재아宰我에게 사社에 대해, 그 심는 나무가 시대에 따라 어
> 떻게 다른지를 묻자, 재아가 답했다. "하후씨는 소나무를 심었고,
> 은나라 사람들은 잣나무를 심었고, 주나라 사람들은 밤나무를 심
> 었습니다." 그리고 덧붙여서 "주나라 사람들이 밤나무를 심은 것은
> 백성들을 전율시키고자 한 것입니다"라고 했다.

여기에서 '사社'란 토신土神을 가리키는데, 토신은 적절한 나무를
골라 신의 상징으로 삼기에 시대마다 상징물이 달랐다. 다시 말해
토신에게 제사지낼 때 삼대는 서로 다른 나무로 토신의 위패를 만

---

42)『春秋左傳』, 昭公 元年.

들어 그 위패를 주主라고 이르면서 신령이 깃들어 있는 곳으로 여겼던 것이다. 『회남자』「제속훈齊俗訓」에 "유우씨有虞氏의 제사에는 토土를 썼고" "하후씨는 사신社神에 소나무를 썼고" "은나라 사람들의 예는 사신에 돌을 썼고" "주나라 사람들의 예는 사신에 밤나무를 썼다"라고 하였다. 『논어』「팔일」에는 체제사禘祭祀를 비롯하여 태산, 선조, 아랫목의 신, 부엌의 신에 올리는 제사에 관한 공자의 말씀과 천신에 관한 정보를 담고 있다. 이는 유교의 창시자인 공자에게 있어서도 제사의식이 아주 깊고 두터운 종교적 기초였음을 설명해 준다.

유가는 요순을 존숭하였지만 문왕과 무왕의 전장제도를 특히 추종하였다. 공자는 "나는 주나라 예를 따르겠다"고 말했다. 공자가 주례를 따르겠다고 하면서 하나라와 은나라의 예를 일부만 수용하게 된 까닭은 천명론의 종교적 가치관 때문이다. 은나라의 천天(帝)은 자연종교적 성격을 띠고 있지만 주나라 사람들의 천과 천명은 윤리적 종교성을 띠고 있다. 다시 말하면 천天(帝·上帝)에 대한 은나라 사람들의 종교적 신앙에는 윤리적 함의가 비교적 희박했으나, 주나라 사람들의 사상에는 이미 "덕 있는 사람을 공경하고 백성을 보호한다"(敬德保民), "오직 덕 있는 사람을 돕는다"(唯德是輔), "덕으로 하늘과 짝한다"(以德配天) 등의 윤리적 함의가 함축되어 있었다. 은나라와 주나라 천명론의 이러한 변화는 주공周公에 의하여 완성되었고, 공자는 주공을 따라 그의 천과 천명에 관한 종교적 가치관을 계승했던 것이다.

공자는 "하늘에 죄를 지으면 빌 곳이 없다", "천명을 두려워할 것이다", "아아! 하늘이 나를 버리는구나! 하늘이 나를 버리는구나!", "하늘이 내게 덕을 부여해 주었거늘, 환퇴가 나를 어떻게 해치겠는가?", "하늘이 그(문왕)의 문화를 없애 버리려 했다면 후세 사람들이 그 문화를 누리지 못했을 것이다. 하늘이 그 문화를 없애지 않고자 하는 이상 광인들이 나를 어떻게 하겠느냐?"라는 말들을 남겼다. 그의 사상 속에는 천명에 관한 종교적 가치관이 심원한 근거로 자리 잡고 있었던 것이다. 그리고 이러한 종교적 가치관은 그가 궁지에 몰렸을 때 초인적 자세를 되찾게 하는 힘이 되었으며, 정신적·심리적인 의지와 위로가 되기도 했다. 공자가 보았을 때 초인적 힘으로서의 천명은 알 수 있는 것이었다. "쉰 살에 천명을 알았다", "소인들은 천명을 알지 못하므로 두려워하지 않는다." 천명에 대한 두려움은 종교적 가치관의 기본적 조건이다. 전체 구조에서 공자와 유가의 천명관을 살펴보면, 그것은 세속적이고 일상적인 차원에 머물러 있는 것이거나 도덕적이고 윤리적인 차원만 고려한 것이 아니라, 궁극적인 경지 혹은 궁극적인 관심을 추구하는 것이었음을 알 수 있다.

유가의 영혼구제사상에는 풍부한 종교적 자원이 있다. 유대교의 『토라』, 이슬람교의 『코란』, 기독교의 「산상수훈」, 힌두교의 『바가바드기타』, 불교의 붓다의 가르침과 마찬가지로 유가의 공자에게도 황금률이 있다. 이를테면 "내가 원치 않는 일을 남에게 강요하지 말라", "남이 나에게 강제로 가하는 것도 원치 않으며, 나 또한 남에게 강제로 가하길 원치 않는다", "자기가 서고자 하면 남을 세워주고 자기가 이루고자 하면 남도 이루게 한다", "군자는 화합하되 뇌동하지 않는다", "번지가 인에 대하여 묻자 공자께서 '사람을 사랑하는 것이다'라고 하셨다", "두루 여러 사람을 사랑하라", "자신의 욕망을 극복하고 예로 돌아감이 인이다", "공손, 관대, 신의, 민첩, 은혜의 이 다섯 가지를 천하의 어느 곳에서든지 실천할 수 있으면 인이라 하겠다" 등등이 그 사례이다. 사람은 모두가 공경스럽고 관용적이며 인도적이고 성실하며 정직하고 어질게 남을 대하고 사회, 자연을 대해야 하며, 그 역시 타인과 사회로부터 이러한 대접을 받아야 한다. 이러한 황금률은 보편적으로 적용될 수 있고 모든 사람들의 영혼을 구제하는 처방이 될 수 있다. 그런 점에서 이는 생명에 대한 관심이자 심신을 안정시키는 가치이다.

유학은 천명에 관한 깊고 두터운 종교적 기초뿐 아니라 궁극적인 관심과 영혼의 구제에 대한 내재적 초월의 성격과 기능적 가치를 가지고 있다. 따라서 유학은 이미 그 자체로 정신화한 종교의 성격(또는 인문지성형 종교)을 갖추고 있었다. 송명 리학자들은 천리의 관점에서 세계와 인류의 기원 그리고 인생 생명의미와 가치를 탐구함으로써 유가의 종교적 천명관을 이론화, 사변화시켰다. 만약 유학 또는 유교를 절대적으로 경외하고 숭배하며, 이를 자신의 궁극적인 관심 또는 궁극적인 이상경지로 간주한다면, 정신화한 유교는 바로 종교일 것이다.

종교가 폭넓은 가치를 획득할 수 있는 까닭은 그것이 정신적 위안과 궁극적 관심에 관한 요구를 대체로 충족시키기 때문이다. 유교의 "천명을 두려워한다"는 말은 인생의 운명을 짐작할 수 없음에 대한 경외이고, 불교의 인과응보는 내세에 지옥에 떨어질 것에 대한 두려움이며, 기독교의 원죄설은 죄를 짓는 것에 대한 두려움이다. 인간은 이러한 두려움이 있기에 신앙도 있는 것이며, 또 좋은 운명, 좋은 응답, 장수를 기원하고 죄를 얻지 않기를 희망하기 때문에 대동의 세상, 서방의 극락서계, 신선세계, 천국을 갈망하는 것이다. 화합의 종교가치는 궁극적 관심, 영혼의 구제, 심신의 안정에 관한 가치에 대한 긍정이자, 현대의 환경 문제, 사회 문제, 도덕 문제, 심리 문제, 문명 문제에 대한 해소 및 치료이며, 자연, 사회, 도덕, 심리, 문명이 건강한 화합세계를 이루려는 노력이다. 따라서 인간이 의지할 무언가에 대한 이러한 탐구는 반드시 개체중심적 사고를 벗어나서 궁극적 존재 즉 종교형이상학에 관한 문제를 설정해야 한다. 화합의 종교가치는 그러한 가상적 설정을 부정하지 않고, 유교의 몸을 안정시키고 명을 세움(安身立命)과 덕을 완성하여 성인이 됨(成德成聖), 불교의 열반해탈, 견성성불, 예수교의 영혼구원과 영생의 천국을 모두 긍정한다. 각 종교의 가치이상은 모두 '화이부동和而不同'할 수 있고 "함께 자라면서 서로 해치지 않을" 수 있다. 그러므로 화합의 생생도체 경지에서 화합의 궁극적인 관심은 각 종교를 서로 구분하는 것이 아니라 오히려 원융회통하고 상부상조하면서 서로의 기능을 더욱 잘 발휘하게 하는 것이다.

3) 철학가치의 추구

화합철학의 가치학은 철학의 가치학에 대한 연구 즉 가치의 기초, 근거, 발생, 귀착에 관한 소당연과 소이연에 관한 학설을 가리킨다. 바꾸어 말하자면 철학의 가치학은 일반적 가치학에 대한 연구로서, 가치의 여러 가지 근본 문제에 관한 탐구와 해답이다. 철학은 모든 가치학의 가장 보편적인 이론적 가치이지 방법론적 전제이다. 화합철학의 가치학은 화합학의 시각에서 철학의 가치학 연구에 대한 총칭이다.

철학의 가치학은 철학이론구조의 구성 부분이고, 가치학은 철학 이론체계 중에서 존재와 체인 및 그것을 파악하는 방식, 그리고 그 것이 인간에 대해 가지는 의의 및 가치에 관한 이론이다. 이런 의미에서 말하면 가치학의 화육과 발전은 완벽성에 대한 철학이론 형태의 가치지향성을 상징한다. 철학 존재론에 대한 연구는 필연적으로 존재의 의의와 가치에 대한 탐구로 나아가게 된다. 그렇지 않다면 철학의 존재론은 공허하게 될 것이다.

화합철학의 가치 추구는 근본적으로 인간 자신의 '안신입명'에 대한 가치 추구로서, 인간 자체의 존재와 발전의 궁극적인 근거, 표준, 척도에 관한 가치를 추구하는 것이다. 전통철학은 궁극적 존재, 궁극적 해석과 궁극적 가치, 즉 세계, 지식, 의미의 통일성이라는 가치를 추구했다. 이러한 전통철학의 가치추구는 현실세계에서의 안 신입명을 확정하기 위한 것이다. 따라서 세계, 지식, 의미의 통일성은 모두 현실적 통일성이고, 이는 기존에 존재했던 하나의 가능성에 대한 선택이다. 이러한 선택은 그 가능성에 대해서만큼은 역사적인 합리성을 가지고 있지만, 역시 기존의 전통적 발전형식일 뿐이다. 반면 가상을 특징으로 하는 시대에서 인간은 각종 비현실적 가능성을 가상함으로써[43] 현실성을 초월할 수 있고, 또 현실성을 기초로 하는 세계, 지식, 의미의 통일성을 초월할 수 있다.

창조는 이미 시대의 영혼과 정신이 되었다. 따라서 만약 현실성에만 집착하게 되면 인간의 사유방식, 행위방식과 실천방식의 날개는 꺾이게 된다. 창조는 현실성을 초월할 때 비로소 가능하다. 화합철학의 가치학은 곧 창조학이고, 창조는 화합가치학의 근거와 원천이다. 디지털기술과 새로운 중개방식, 새로운 실천방식을 통해 가상을 진행한다면, 이것은 창조를 위한 더욱 광활하고 자유로운 발전공간을 제공할 것이다.

우리가 화합철학의 가치학을 창조학이라고 일컫는 까닭은 창조학이 현실성에 대한 부정을 내재적으로 함축하기 때문이다. 무릇 현실적인 철학적 가치학은 그 사유방식, 중개방식, 실천방식의 기본적인 틀 차원에서 모두 이미 존재하였거나 확정된 것이었다. 그것은 일정한 역사적 시공간 내에서 세계의 궁극적 존재, 지식의 궁극적 해석, 의미의 궁극적 가치를 지향하며, 아울러 이 세 가지 궁극적인 것을 보편적이고 궁극적인 진리와 인류의 안신입명으로 기술하고 심지어 그것을 영원불변하며 절대적인 것으로 설명한다. 이를테면

---

43) 張世英·陳志良의「超越現實性哲學的對話」(『中國人民大學學報』 2001年 3期) 참조.

정주학에서는 '이치'(理)를 '그 어디에 두어도 모두 들어맞는 것'이라 하면서 '산천과 대지가 다 꺼져도 그 이치만은 그곳에 있는' 영원히 변하지 않은 '정결하고 광활한 세계'라고 설명했다. 그러나 역사적 시공간의 변천에 따라 "우주가 곧 나의 마음이고 나의 마음이 곧 우주이다", "마음 밖에 따로 이치가 없고" "마음 밖에 따로 물(物)이 없다"고 주장하는 육구연·왕수인의 '심즉리' 철학에 의해 정주학의 형이상학적 '이치'는 해체되고 부정되었다. 즉 기존 철학이 궁극에 대해 제시한 삼중三重의 설명과 역사적인 시공의 변천 간에 충돌이 빚어진 것이다. 새로이 탄생한 철학적 가치학은 필연적으로 기존의 현실적 철학적 가치학 체계를 초월하게 된다. 이것이 철학적 가치학 창조의 조건이다.

기존의 현실적인 철학적 가치학 체계는 궁극에 대한 삼중의 설명을 통해 도출한 이치를 모든 것을 이해하고 판단하고 평가하는 근거, 표준, 척도로 삼는 바람에 스스로를 얽어맴으로써 철학적 가치학의 해석에 있어서의 순환오류를 초래했다. 철학적 가치학의 창조적 자아비판이 있을 때만이 해석에서의 순환오류를 초월하고 기존의 현실적인 철학적 가치학 체계를 초월하여 창조를 실현할 수 있다.

화합철학의 가치학은 인류가 화합현실가치세계(眞의 가치세계), 화합의미가치세계(善의 가치세계), 화합가능가치세계(美의 가치세계)를 이해하고 해석하는 일종의 기본적인 가치방식이다. 그것은 화합현실가치세계와 화합의미가치세계를 위하여 철학적 가치학의지지 기반을 제공해 주었고, 화합가능가치세계를 위해서는 자아비판의 동기와 동력을 제공해 주었다. 화합철학적 가치학이 기존의 철학적 가치학과 구별되는 지점은, 전자는 늘 새로운 사유방식, 중개방식, 실천방식을 끊임없이 수용하고 언제나 '과정으로서의' '쉼 없이 낳고 또 낳아 가는' 철학적 가치학인 데 비해, 후자는 자아비판이라는 철학존재론의 가치학을 비판적 철학존재론이 아닌 가치학적 신앙으로 변화시켜 버렸다는 점이다. 현대 서양철학 각 학파는 비록 전통적 철학의 존재론적 가치학에 대해 변호하거나 비판하거나 거부하거나 재구성하는 등 다양한 입장을 보이지만, 이성지상주의의 수용을 전통철학의 존재론적 가치학의 근거로 본다는 점과 확정된 궁극적 해석의 추구를 거절한다는 점에서는 일치점을 보이고 있다. 전통철학의 존재론적 가치학의 해석에 대해 특히 과학주의와 인본주의는, 비록 그 출발점, 진로, 지향성 등의 방면에서는 차이를 지니고 있지만, 전통철학의 존재론의 절대주의와 이성주의의 가치를 거부하고 상대주의와 비이성주의 가치를 퍼뜨린다는 점에서는 일치하는 모습을 보이고 있다.

화합가능가치세계의 철학적 가치학은 이성지상주의의 멍에에서 자유로울 뿐만 아니라 궁극적인 것에 대한 확정적인 추구도 요구하지 않는다. 궁극적인 것은 모두 끝이 없는 것이기에 늘 낳고 또 낳아 가며, 존재하는 것은 모두 절대적이지 않기에 늘 과정으로서 존재하는 것이다.

4) 예술적 가치의 함의

화합가능가치세계(美의 가치세계)의 예술적 가치는 예술적 가치학에 대한 사고를 가리킨다. 예술은 인간이 관념적으로 세계를 이해하고 파악하는 특수한 방식이고, 예술가치는 예술 자체에 관한 가치를 가리킨다. 바꾸어 말하자면 예술가치는 아름다움과 쾌락을 추구하는 인간의 요청에 따른, 만족스럽고 우아하며 아름답고 유쾌한 예술적 정신경지에 관한 가치학설이다.

예술의 자주성은 미美와 예술이 분리된 상황을 변화시켜 양자를 연계시켰다. 특히 '미의 예술'이 나타나면서부터 미는 선善의 내포를 획득함으로써 진정한 의미를 얻게 되었다. 칸트의 『판단력 비판』은 처음으로 사람들에게 예술의 자주성을 납득할 수 있게 증명했다. 그는 기존의 모든 체계들은 예술의 원칙을 이론적 지식과 도덕적 생활로부터 분리해 내지 않고 오히려 그것을 이론적 지식과 도덕적 생활로부터 찾아 왔다는 점을 지적하고 바로잡았다.

칸트는 『판단력 비판』에서 '미의 예술'을 언어예술(웅변술), 조형造型예술(조소, 회화, 조각, 건축, 원예), 감각자유의 예술(음악, 색채예술) 등 세 가지 유형으로 나누었다. 이러한 분류에 별다른 특징이 있는 것은 아니지만, 쿠쟁(Victor Cousin)은 칸트를 계승하여 미를 이해하려면 반드시 예술과 미학의 영역을 통해야 한다고 주장하면서 진·선·미를 통해 자신의 철학을 구축했다.

고대 그리스의 철학자, 사상가들은 예술을 일종의 생산적인 제

작활동, 특히 일종의 기예技藝활동으로 간주하였다. 이는 중국 선진
시기의 철학자, 사상가들의 인식과 아주 유사하다. 공자는 "도道에
뜻을 두고 덕德을 지키며 인仁에 근거하고 예藝에서 노닐어라"라고
하였다. 이는 도를 이상적인 목표로 하고 덕과 인으로써 인간의 행
위에 규범을 부여해야 도의 경지를 실현할 수 있다는 것이다. "예에
서 노닐라"(遊于藝)는 것은 단지 기예 이를테면 '육예六藝'만을 가리키
는 것이 아니라, 기예를 익히는 과정에서 얻을 수 있는 심미적인 감
각과 정신적인 쾌락 즉 예술의 향수를 말한다. 이러한 감각과 쾌락
이 곧 예술의 가치이다.

맹자는 문학의 예술적인 언어와 비예술적인 일반 언어와의 충돌
및 서로 다른 표현형식상의 특징을 인식하고 있었다. 그는 『시경』을
해석할 때에는 있어서 "표면적인 문자에 얽매여서 시구의 뜻을 해치
거나"(以文害辭) "시구의 뜻에 얽매여서 작자의 본의를 해쳐서는"(以辭
害志) 안 되므로 마땅히 "자신의 뜻에 비추어 작자의 본의를 거슬러
해석해야"(以意逆志) 한다고 강조하였다. 『시경』이라는 텍스트를 해석
할 때, 해석하는 사람은 무아, 무의식, 무감정이 아니라 의식을 가지
고 감정을 가진 존재자이다. 해석자와 『시경』의 작자 간의 '뜻'과
'본의'의 교류 및 대화는 『시경』의 작자가 창조한 예술의 형식(텍스트)
과 해석자의 시간차에 근원을 둔다. 그러므로 『시경』의 예술형식이
내포한 '본의'에 대한 해석자의 체험은 반대 방향의 체험 또는 감각
의 과정일 수밖에 없다. 이러한 체험과 감각은 해석자가 자신의 '뜻'
에 근거하여 그 이전의 예술작품을 이해하고 상상하고 깨닫는다. 그

리고 이를 통해 『시경』의 작자가 예술작품을 통해 전달하는 감정 또는 함의를 파악한다. 맹자는, 해석자와 감상자가 시간의 차이를 넘어서서 예술작품의 형식(텍스트) 속에 담긴 작자의 의미 혹은 미감 美感을 파악·체험·감각함으로써 '본의'와 '뜻'이 소통을 이룰 때, 예술작품의 형식(텍스트)과 '본의'는 뒤에 오는 해석자에 의해 체험되고 느껴지고 감상되기 때문에 그 해석자와 감상자의 '뜻'에 좌우됨을 피할 수 없다고 보았다. 비록 해석자가 파악한 '본의'가 원래의 예술작품이 내포한 '본의'와는 차이가 있을 수도 있지만, 그러나 바로 이 때문에 비로소 원래의 예술작품이 의식하지 못한 새로운 함의와 생명의 지혜가 드러날 수도 있는 것이다.

화합의 예술가치는 인간이 자연, 사회, 인간관계, 영혼, 문명에 대한 심미활동을 통해 예술적 함의를 추구하는 과정에서 발생하는 인간 각자의 심미적 취미·관념·이상·표준·능력의 차이로 인한 충돌·융합 및 화합의 가치학설, 그리고 자연, 사회, 인간관계, 영혼, 문명의 아름다움에 대한 정신적 체험과 체득의 방식에 관한 가치학설을 가리킨다.

화합예술가치는 개방된 체계이고, 무수한 형상·무형상으로 구성된 방식이며, 생명적 지혜를 가장 잘 갖춘 방식이다. 그것은 예술의 심미활동에 의한 심미적 정감·쾌락·감흥·경지·체험인 동시에 정情과 경景, 심心과 물物, 선善과 미美, 문文과 도道 간에 일어나는 충돌과 융합의 화합이다. 정신활동방식으로서의 예술의 심미적 활동은 심미적 정감의 즐거움에 대한 철학적 가치논증을 위한 것이 아니라 심미적 예술가치의 경지에 도달을 추구하는 것이다.

만약 자연이 만들어 낸 경지(境)가 인간의 '심경心境'과 정감적으로 서로 작용하고 교류하지 않는다면 자연이 만들어 낸 경지는 예술의 심미 영역인 '마음에 근거해서 대상을 만들어 냄'(因心造境), '마음이 곧 대상'(心卽境也)인 경지에 진입하지 못한 것이다. 이러한 경지는 인간이 자아의 심성과 정신적인 정감을 통해 신령하고 기이한 것을 만들어서, 자연조화의 풍경을 예술의 심미적 시선 안에 넣고 마음을 움직여서 상상과 기묘한 깨달음으로부터 가상적 경지를 창조해 내는 것을 가리킨다.

예술심미가치의 경지는 마음을 따라 물에 옮겨 가서(因心緣物) 순간적으로 드러나는, 직관적 감각으로 체험되는 가상적 경지이다. 마음을 따라 물에 옮겨 가는 것으로부터 신神과 물物이 노니는 가상적 예술심미가치의 경지로의 제고는 어느 순간에 '기상천외'한 '확 뚫리는 깨달음'처럼 있게 된다. 이것은 예술의 심미적인 정신경지의 순간적인 제고로서, 현실세계를 초월하여 비현실적 예술의 심미적이고 정신적인 가상의 경지로 비약한 것이다.

화합적 예술심미경지는 '유아지경有我之境'에서 '무아지경無我之境'으로 충돌·융합하는 가운데서 '무아지경'이 '유아지경'을 초월하며 화생되는 것이다. 이른바 '유아지경'은 예술의 심미주체의 생명적 정감과 지혜가 그 속으로 들어가 "나의 관점으로 사물을 보아"(以我觀物) "사물이 모두 나의 색을 띠는 것"으로, 사물이 그 심미주체의 영혼정감을 드러내는 경지를 말한다. 반면 이른바 '무아지경'이란, 예술의 심미주체가 자아생명의 정감, 지혜를 초월하고 자신과 사물에 대한 집착에서 해탈하여 무아·무물의 예술·심미적 자유 경지에 도달함을 가리킨다.

화합가능·가치세계의 예술·심미적 자유 경지는 진·선·미가 충돌·융합하며 화합하는 자유 경지이다.

5. 인문적 화합가치의 제고

화합학의 가치체계는 인문정신이 가치충돌과 의미의 위기를 돌파하게 하는 노아의 방주이다. 실로 『주역』 중부괘中孚卦(☲)의 "큰 냇물을 건넘이 이로우니, 나무에 타고 배를 비웠기 때문이다"라고 상징한 바와 같다. 나무배의 한가운데가 비어야 중생을 태울 수 있고, 리괘離卦(☲)의 불은 속이 비어야 찬란하게 빛날 수 있다. 마찬가지로 예술의 심미는 가상의 경지를 이용해야 비로소 바다가 모든 하천을 받아들이는 것과 같을 수 있다. 화합학은 그 범주 및 논리구조에 근거하여 인문화합정신과 그 가치의 변화 과정을 설정함에 있어, 산골짜기만큼이나 깊고 겸허한 자세와 변화무쌍하고 포착하기는 힘들지만 애매하지 않은 개념구조를 통해 모든 것을 포용할 수 있다. 그리하여 "건도가 변화해서 각각의 성명性命을 바르게 하며 대화大和를 보존하고 화합시키는" 무궁한 경지를 구현한다.

1) 공허무애한 경지

화합학의 가치체계는 그 어떤 실체적인 의미 중심을 세우지 않기에, 화합철학체계로 하여금 '무유無有', '무아', '무아집', '무법집無法執'의 '텅 빈 듯한' 허령한 경지를 드러내어 그 내재적 종지가 화합의 가치본체의 무한한 형식, 기묘한 상相, 우수한 기능을 충분히 체현할 수 있도록 한다. 이를테면 입 안이 비어 있어야 비로소 울기도 하고 웃기도 하며 소리 내어 읊을 수도 있고, 술잔이 비어야 비로소 술을 따라 즐길 수 있는 것과 같다. 언설과 상상은 화합가치도체의 관건으로, 가상이 아니고는 그 경지를 소명疏明할 수 없고 텅 비지 않고서는 그 감통을 이룰 수 없다.

송명철학에서 양명심학의 가치체계가 독자적으로 한 유파를 형성할 수 있는 까닭은 '양지'의 개념에 힘입었다기보다는 '태허'의 경지 때문이다.

> 양지의 허虛는 곧 하늘의 태허이고, 양지의 무無는 곧 태허의 무형無形이다. 일·월·풍·뢰·산·천·민民·물物 등 형체를 갖춘 모든 사물들이 태허의 무형 속에서 작용하고 유행하지만 일찍이 하늘의 운행을 가로막은 적이 없다. 성인은 다만 그 양지의 유행에 순응할 뿐이고 천지만물은 모두 나의 양지로부터 작용하고 유행할 뿐이니, 어찌 무언가가 양지 밖에 있으면서 장애가 되겠는가?[44]

---

44) 『王文成公全書』, 권3. 「傳習錄下」. 또한 권6의 「答南元善(丙戌)」에 "오로지 有道한 선비만이 진실로 양지의 昭明靈覺을 꿰뚫어 보아서 원융·통찰하고 확 트이어 태허와 동체를 이룰 수 있다. 태허 속에 무엇인들 없겠는가마는 어느 하나 태허

여기에서는 양지의 본체가 단지 태허일 뿐이라고 기술하고 있다. 이와 상반되게, 주자학의 가치체계는 기질에서 '천리'가 제한된다는 점과 '태극'이 만물 속에 낙착된다는 점에 지나치게 집착한 끝에 조화를 이루지 못하고 오히려 "이치로써 사람을 죽이고" "학술로써 천하의 후세를 억압하는" 비극을 무수히 연출해 냈다.

화합가치도체는 지극히 무無하고 지극히 공空인 본연의 존재이다. 그것은 원융회통하고 텅 비어 '태극', '태화', '태허'와 융통하여 초월도 하고 유행도 하는 무한의 경지이다. 그러나 '화합'은 '태극', '태화', '태허' 등의 내재적 초월 형식의 도체와는 판이하다. 화합가치도체는 강상윤리의 점착을 제거하였을 뿐만 아니라 그 경지가 더욱 허령불매하고 청명하다. 더욱이 대단히 형식화된 범주의 논리구조를 부여하여 그 기상이 위엄 있고 장엄하며 질서정연하기 때문에 화합학 가치체계의 '공성空性', '허성虛性', '무성無性'에 대해 질의할 필요도 없다. 화합가치도체는 결코 구체적 전제 혹은 실제적 기초로 떨어지지 않는다. 그렇지 않으면 화합학과 그 가치체계는 말뜻이 너무 신중하여 앞으로 나아갈 수 없고 경지가 너무 가득 차고 막혀서 통하지 않게 될 것이다.

화합학의 가치체계 및 화합철학의 사변체계는 논리구조, 개념

의 장애로 될 수 없다"라고 하였다. 권35 「年譜」의 기록에 따르면, 嘉靖 6년 9월 왕수인은 '天泉證道' 후 錢德洪과 王畿에게 이르기를 "양지본체는 원래 있는 것이 아니다. 본체는 태허일 뿐이다. 태허 속에 日月星辰, 風雨露雷, 먼지, 악취 어느 것이 없겠는가마는 또 어느 하나 태허의 장애로 될 수 있겠는가? 인간의 마음의 본체도 이와 같다. 태허는 형체가 없기에 지나가면 변화되고 자그마한 힘도 필요로 하지 않는다"라고 하였다.

범주와 상수기호를 이용하여 화육해 낸 인문적 건축물이자, 사람들로 하여금 심신을 쉬게 하고 자신의 영명한 본심을 끝까지 발휘하여 하늘이 부여해 준 본성을 깨닫도록 해 주는 정신적 안식처이다. 화합가치도체 및 그 가상의 형상적 경지는 시인의 마음속에서는 곧 '천 만 칸의 넓은 방'(廣夏千萬間)이다. 빈부귀천 및 장소와 상관없이 생명의 과정을 밟고 있는 모든 사람들은 화합이라는 큰 건물에서 몸을 쉬고 영혼을 위로할 수 있다. "천하의 가난하고 힘없는 선비들이 함께 즐기는"(天下寒士俱歡顔) 화합의 건물은 우주대화宇宙大化의 역참이고 생명유행의 역관이다. 여기에는 고정된 준마駿馬도, 상주하는 손님도 없으며 '명백한' 뿌리 또한 없다.

모두가 편안히 거처할 수 있는 곳으로서의 화합의 건물은 "넓기가 한이 없어 하늘과 같고 깊기가 한이 없어 바다와 같지만" 사실은 텅 비고 넓고 공평무사하며 훤하게 빛나고 영묘하며 무궁한 깊은 연못일 뿐이다. 무궁하고 뿌리가 없기 때문에 그럼에도 "깊은 그 바다와 넓은 그 하늘"이 되어 천지만물을 담을 수 있고 우주만상을 함축할 수 있는 것이다. "위로는 솔개가 하늘 높이 날아올라 노닐고 아래로는 고기가 연못에서 뛰놀며 즐긴다."

천지 사이에 태어난 인간의 생명은 아침과 저녁 사이에 달려 있다. 대화유행 과정 중에서의 생명은 원래 삶에서 죽음으로 쉼 없이 달려가는 창조의 과정이기에, 궁극적인 안식처와 영원히 머물 수 있는 곳은 아예 없다. 그러나 주체가 편파적으로 각성하고 스스로를 주변화시킴에 따라 가장 편안한 그 건물과 가장 찬란한 그 예술은 가장 인도적인 피난처로 되고 말았다. 속제俗諦 차원에서는 이를 편의적으로 유有라 하니, 늙은이와 어린이의 생명, 부부의 사랑, 천륜의 즐거움을 버리지 않는다. 그러나 이러한 거처에 지나치게 집착하면 오히려 자기중심주의와 인간중심주의로 빠져서 나, 인간, 뭇 생명, 목숨이라는 네 가지 가상假相에 의해 대화大化의 발육과 유행의 리듬을 방해받게 된다. 심지어는 이러한 거처에 욕심을 부리고 눈앞의 성공과 이익에만 급급해서, 닥치는 대로 살아가면서 사람으로서 못할 짓을 벌임으로써 천벌을 초래하기도 한다. 본연을 잃은 사람은 육구연이 말한 "우주는 인간을 막아 놓지 않았는데 인간 스스로 우주를 막아 놓은"[45] 사람이다. 인간과 뭇 생명들이 안정을 찾을 수 있는 화합의 거처는 원래 막힘이 없지만, 인간들이 이원대립의 '아집'과 '법집'으로 무궁한 화합의 건축물을 가려 버리고 자기중심주의와 인간중심주의라는 편파성을 파생시킨 것이다.

새처럼 높이 날아오를 수 있게 만들어 주는 심신의 거처, 물고기마냥 뛰놀 수 있게 해 주는 정신적 안식처는 분명 텅 비고 무궁한 심연일 것이다. 장자의 말대로 하면 그것은 "어떤 방향도 없는 광막한 들판"이다. 왜냐하면 생명은 본래부터 의미도 없고 머물지도 않으며 고정된 상도 없는 깊은 연못에 근거하고 있기 때문이다. 그러나 인간은 "이기적이고 지혜를 사용하기" 때문에 넓고 끝없는 깊은 못을 빠져나가 편안히 살면서 즐겁게 일할 수 있는 정토淨土를 찾아 헤맨다. 인생의 모든 고통과 비극이 바로 여기에서 생겨나게 된다.

---

45) 『陸九淵集』, 권34, 「語錄上」.

만약 무한히 넓고 활달한 마음으로 물物과 함께 노닐며, 깊은 못에 몸담고 있어도 놀라지 않고 두려워하지 않을 수 있다면, 이때 비로소 본연적 의미에서의 심신의 안정을 찾고 완전히 깨달은 수준으로 자신의 영명한 본심을 끝까지 발휘해서 하늘이 부여해 준 자신의 본성을 알게 될 것이다. 도가에서 가상한 넓은 도량과 공평무사함은 종신토록 위태롭지 않은 자연의 거처이니, 이는 곧 근원으로 돌아가고 본성으로 회귀하는 끝없는 심연(마음속 선한 못)이다. 그 실질을 따지고 보면 도가의 장수할 수 있는 도리와 깊고 굳은 뿌리, 도교의 내외의 단丹과 하늘로 날아가 신선이 되는 것은 모두 허虛의 극치에 도달함이자 돈독히 정靜을 간직함이며 덕이나 지혜를 감추고 흙과 먼지와 함께하는 끝없는 심연인 것이다.

인간은 심연에 있을 때 비로소 무궁한 희망을 얻을 수 있고, 그 경지 또한 날마다 새로워질 수 있다. 인생이 끝없는 심연을 '넓은 보금자리'(廣居)와 '조용한 거처'(安宅)로 한 이상, 이른바 '궁극적인 관심'도 '그 끝을 알 수 없는' 영원한 기대가 될 수밖에 없다. 초월된 인도人道에는 종착역이 없을 뿐만 아니라 궁극적 '건물'도 없으니, 생명은 영원히 과정 중에 있다. 유행하는 인생에는 궁극적인 의미가 없을 뿐만 아니라 절대적인 목적도 없으니, 지혜는 그저 영원히 갈구하고 탐색할 따름이다. 최종 목적과 궁극적 관심은 부득이하게 형식적으로 붙인 명칭으로, 사실은 가장 변화무쌍한 도덕의 장난과 추상적 논리의 가상, 감추어진 해석 방법이다. 그것은 영원히 기대하는 존재의 애타는 근심과 무한히 탐구하는 여정의

피로를 풀어 주는 것일 뿐이다.

진상眞常을 무상無常에 포함시키고 진아眞我를 무아無我에 포함시키며 적정寂靜을 항동恒動에 포함시키고 환락을 고통에 포함시키는 불교의 반야지혜 및 그 열반의 경지는 사실 역시 심연을 거처로 하는 불이법문不二法門이다. "세상 모든 일은 다 공허하다"(四大皆空)와 "모든 감각된 것은 다 공허하다"(五蘊皆空)는 모두 반야지혜의 무지성無知性과 열반경지의 심연성을 진정으로 설명한 것이다.

전통적인 종교가 철학보다 고명한 것은 사변의 정교함(복잡한 명상에 빠지기 쉽다)과 체계의 완비함(경직된 교조에 빠지기 쉽다) 때문이 아니라, 생명의 지혜를 성의껏 수호하고 신령의 오묘함을 경건하게 경외하며 끝없는 심연을 교묘하게 숨겨 주었기 때문이다. 바꾸어 말하자면 종교는 박애의 감정과 광신적 신앙, 특출한 상상으로 이성의 무관심과 이지理智의 근시를 효과적으로 제압했다.

이와는 반대로 전통적인 형이상학은 냉철한 이성으로 생명을 임의로 해석하여 찬란한 지혜를 묵직한 지식으로 전락시켰고, 대담하게 신을 죽여 무한한 신비로움을 제한된 일상성으로 환원시켰으며, 본연과 무한함을 거절해서 끝없는 심연을 천박한 평야로 메워 놓았다. 그리고 전통적인 형이상학은 상대적인 운동실체를 근시안적인 이지로써 파악했기 때문에 절대적인 것이 실은 허무적인 존재임을 망각했고 또 실존하는 유한자만 겨냥할 뿐 실존하지 않는 무한자를 간과했다. 결국 이성 또는 이지만으로 경영하고 만들어 낸 전통적인 형이상학 체계는 생명이 메마르고 지혜가 시들어가며 신이 부재하고 심연이 종적을 감추고 말았다. 그리하여 결국 마땅히 있어야 할 생기와 활력을 잃은 채 세상에 나오자마자 학술의 금자탑에 매몰된 미라로 변질되어 버렸다.

종교 및 신학 체계는 경건한 신앙, 진지한 사랑, 아름다운 상상으로 인간으로 하여금 영원히 어린이와 같은 천진하고 순수한 영혼과 비이성적인 창조적 충동을 유지하도록 하였기에 뭇 생명들이 더 높은 수준에 도달할 수 있도록 무한히 이끌 수 있었다. 가치본체론에서 종교가 철학보다 고명한 것은, 인간의 절실한 이익에 주목했기 때문이 아니라 사람들이 절실하게 이익을 추구하는 것에 대해 결코 의도적으로 간섭하거나 방해하지 않았기 때문이다. 시끌벅적하게 오가는 천하의 뭇 생명들은 모두 이익에 대한 자주적인 움직임과 자연적 충동 하에 자발적으로 자신의 생계에 관심을 기울일 수밖에 없다. 굳이 인위적으로 어려움을 만들고 자원을 독점하며 시장을 왜곡시키는 등의 일을 하지 않고 무위하더라도 얼마든지 세상이 잘 다스려지고 천하가 태평할 수 있는 것이다.

그러나 지혜의 선악과를 훔쳐 먹은 인류는 신을 경외하지 않을 뿐만 아니라 살육을 즐기고 자연과 투쟁하며 타인과 대결하고 이원 대립하고 있다. 그 기세는 마치 불과 물과 같고, 수단과 방법을 가리지 않고 있다. 이는 결국 한번 노하면 피가 넘쳐흘러 방패가 떠내려갈 정도로 가혹한 무력으로 천하를 안정시키는 성인을 출현시킨다. 철학본체론(존재론)과 그 형이상학 체계가 부단히 갱신되면서도 여전히 환멸의 전철을 밟게 되는 까닭은, 개념에서 개념으로의 논리적인 연역이 철학체계로 하여금 인간들의 절실한 이익과 유리시키기 때문이 아니라, 실체화한 이지가 본분을 지키지 않고 공리에 매혹되어 스스로를 성군을 위해 봉사하는 문무의 기술 및 학술의 빌미로 전락시켰기 때문이다. 엄격하게 말하자면, 이익에 물들지 않았던 형식체계와 이해득실에 관심을 돌리지 않았던 초월적 경지가 바로 인류문화가 긴 세월 동안 전승해 온 학술의 불후의 걸작이었으며, 영원히 무너지지 않은 정신의 성채였다.

2) 심연이 곧 근거

심연을 근거로 삼지만 사실은 근거가 없고, 무극을 종극으로 하지만 본래 시작도 없고 끝도 없다. 인도人道는 천도天道와 지도地道의 사이에 끼여 천지간 강유剛柔의 기氣가 합하고 음양이 뒤섞여 화생된 것으로서, 독립적 본성이 없는 기생적인 형태이다. 이 점은 인간의 도를 세우는 『주역』의 괘효 구조에서도 엿볼 수 있다. 이를테면 건괘乾卦에서 인도를 상징하는 구삼九三과 구사九四효는 모두 "거듭 강剛하니 중中이 아니다. 위로는 하늘에 있지 않고 아래로는 밭에 있지 않다"라고 하였다. 이는 높이 솟아 허공을 밟고 있는 부유의 상태를 말한다. 구삼에서 비록 "종일토록 부지런히 노력하고" 때를 만나서 반성하며 덕을 전진시키고 공업을 닦으며 천도에 뜻을 두라고 하였지만, 천과 인의 관계는 무서운 것이기에 마음으로만 뜻을 둘 뿐 몸은 그 자리에 있지 말아야 한다. 구사는 "혹 뛰어도 못 속에 있어서"

승강에 일정함이 없고 진퇴가 고정되지 않으며 의심과 근심이 많고 감추어 누설하지 않는다고 하였다. 결국 인도는 늘 뿌리 없는 허공에 처해 있기 때문에, 오직 "사특한 일을 하지 않는"(非爲邪) 정의正義를 통해 천도에 감응하고 "무리를 떠나지 않는"(非離群) 인애仁愛를 통해 지도를 감동시켜야만 비로소 총체적으로 걱정하지 않고 미혹되지 않으며 두려워하지 않은 화합적 인문의 위대한 기상을 드러낼 수 있다.

비유적으로 말하자면 인간은 언어를 사용할 수 있는 부평초이며 생각하고 사색할 줄 아는 갈대이다. 사람과 사람은 우연히 만나 첫눈에 반하고, 언어로 생명을 찬미하며, 박애의 감정을 토로하고, 피리를 연주하며, 끝없이 공상하고, 사색과 토론으로 경지를 해설하며, 환락의 분위기를 널리 퍼뜨린다.

그러므로, 고금과 미래를 고찰해 볼 때, 동양과 서양을 막론하고 인류에게 있어서 가장 보편적인 가치이상은 절대로 장수 따위의 전도된 몽상이 아니라, 마치 장자가 삶을 온전히 하고 몸을 보존했던 것처럼 지금의 삶을 소중히 여기고 현존재의 공명정대한 해석과 가르침에 입각하는 것이다. 또한 가장 실질적인 의미는 성인이 되고 왕이 되어야 한다는 따위의 치열한 경쟁이 아니라, 도연명의 「귀거래사歸去來辭」에서와 같은 따뜻한 정감이 넘쳐나고 서로 사랑하며 함께 살아가는 평안하고 고요한 즐거움이다. 마지막으로 가장 자유로운 도덕경지는 공을 세워 이름을 날리는 일에 집착하는 것이 아니라, 공자가 "나도 증점과 같다"(吾與點也)고 한 것과 같은 화기애애하고 흐뭇하며 우아한 쾌락이다.

　본래 화합학의 가치체계와 그 이론적 사유체계는 다원성, 다차원, 다양성의 초월 및 유행 과정으로, 여기에는 고정된 논리구조와 실체화한 형상적 원리가 없다. 만약 화합형이상학 체계에 화룡점정과 같은 몇 획이 있다면, 그것은 바로 화생和生, 화애和愛, 화락和樂이라는 세 개의 경지 범주이다. 이를 예술적으로 부각시키고 시적 풍미를 과장할 수만 있다면 화합학 가치체계 전반을 활성화하고 생동감을 불어넣을 수 있을 것이다. 이것을 불교 학술용어로 비유하자면 화생은 '문수보살과 같은 생명의 지혜이자 큰 소원을 빠짐없이 두루 갖춘 '혜안'이고, 화애는 '관음보살과 같은 비悲와 지智가 함께 운행하면서 고난을 구제하는 '법안法眼'이며, 화락은 석가처럼 참된 즐거움을 가진 완전히 깨달은 '불안佛眼'이라 하겠다.

3) 무극이 곧 종극

　화합가치도체에 이성과 이지가 함축되어 있지만 이것이 곧 이성과 이지로 귀결되는 것은 아니다. 화합학의 가치체계를 활성화하려면 범주의 논리적 구조를 합리화하는 외에도 상상과 초월을 정情에 부합하게 하고 언설과 유행을 뜻에 부합하게 하는 것이 핵심이다. 종교적 격정, 서사시적 염원, 철학적인 이지, 이 셋이 삼위일체가 되어야 비로소 화합가치도체의 우람한 건물을 뒷받침할 수 있고 화합인문정신의 아름다운 장원을 함께 가꾸어 갈 수 있다.

전통적인 형이상학적 본체론의 가장 큰 결함은 지나치게 이지화·논리화하여 종교적 격정과 시적 염원을 상실하면서 결국 영감의 원천이 고갈되고 체계의 틀이 경직되고 만다는 점이다. 화합생생도체는 이러한 전철을 밟지 않고자 한다. 이를 위해 무엇보다도 이성의 전통적인 지배권을 제약하고 이지의 운용범위를 제한하며 이성법정의 독재와 이지왕국의 독점을 해소해야 한다. 그리고 이를 통해 오만과 편견이라는 합병증에 걸린 이지로 하여금 반드시 생명지혜의 화합적인 초월에 적응하여 인문정신의 화합적인 유행에 따르도록 해야 한다.

칸트가 위대한 이유는, 처음으로 순수이성의 논리적인 경계선을 명확히 탐사하고 측량하여 이성과 이지가 법칙을 어길 때 필연적으로 발생하게 되는 이율배반과 자체모순을 폭로했기 때문이다. 반면에 그의 실수는, 지나치게 과학이성지식의 협박에 복종함으로써 본래는 이성의 관할 범위가 아닌 도덕양심, 자유의지, 심미정감, 종교신앙 등 인도적 실천 영역을 실천이성에게 양도하여 냉혹하게 분석하도록 만든 것이다. 이는 격정, 염원, 상상, 영감, 신앙 등과 같은 비이성적이고 생생한 생명지혜의 요소들을 모두 이성의 법정에 올려놓고 최후의 심판을 하고 사정없이 이지의 빙고에 가두어 버린 것이나 다름없다.

인간의 실천 및 생명의 여정에서 이루어지는 모든 행위들의 가장 원시적이고 본질적이며 심오한 동력들은 대부분 비이성적인 것들이다. 이성과 지성 및 그 논리적 활동은 다만 전체 의식영역과 정신세계의 표층의식 및 절차화된 구조일 뿐이다. 정신세계의 잠재의식과 무의식은 끝없이 넓은 혼돈과도 같은 비이성적이고 원초적인 존재이다. 신경생리학에서 말하자면, 이성과 지성 및 그 논리적 활동은 단지 대뇌피질에서 발생되는 현상적 신경반응일 따름이고, 격정, 의지, 상상 등 비이지적 활동이 좌뇌와 우뇌, 뇌하수체, 소뇌, 간뇌 및 전체의 신경계통을 차지한다. 비유하자면, 이성과 지성 및 그 논리적 활동은 전체 의식의 빙산 중 수면 위로 떠오른 아주 작은 일부분에 불과하고 비이성은 수면 아래에 잠재하고 있는 대부분인 것이다. 비이성과 비교했을 때 이성과 지성은 정신세계 중 측량 가능한 편서偏序(partialorder)적 구조일 뿐이다. 즉 전체 수에서 극히 일부인 유리수이거나, 의식의 혼돈이 남겨 놓은 생기를 상실한 화석인 것이다. 그래서 미셸 푸코는 보편적 이성에 반대하면서 지식고고학 계보에 대한 연구를 진행했던 것이다.

화합학의 가치체계 및 화합철학의 이론체계 내에서는 이성과 지성 및 그 논리적 활동을 화합역사철학의 영역 내로 한정하고 그것이 반칙을 범해서 화합가치철학, 화합언어철학 등의 영역을 침범하지 못하도록 한다. 화합가치체계 내에서의 이지의 지위는 생명지혜의 논리적 시녀이고, 그 역할은 인문정신의 운반자에 불과하다. 이러한 이지는 양날의 검과 같아서, 더 높은 차원에서 인문정신의 가치화합을 촉진하여 생명지혜의 횃불을 더욱 웅장하고 아름답게 단장할 수도 있지만, 반대로 인문정신의 화합강도를 약화시켜서 생명지혜의 화합의 빛을 가리고 심지어 정신적 안식처의 생태평형까지 위협할 수도 있다.

　이지에 대한 화합의 관점에 비추어 볼 때, 최적화라는 개념은 계산적이고 이성적인 의사결정 문제에만 관련되는 것으로서 현대 시스템과학의 제어이론분과에 속하기에 화합의 가치체계를 끝까지 밀고 나가는 중임을 감당하기 어렵다. 최적화 개념의 함의는 제어 가능한 시스템이 시작점에서 목표 집합으로 도달하였을 때 그 성능지표가 최소한의 통제만 받는 것이며, 이것이 곧 최적화 제어라고 할 수 있다. 최적화 의사결정이론의 전제는 무한이성에 대한 인정이다. 즉 의사결정자(또는 제어자)는 무한이성을 가지고 있기에 최적의 목표를 확정할 수 있고, 또 그 어떤 수준에서도 체계적 수학모형을 구축할 수 있다. 그러나 대부분의 체계적 수학모형은 고급 미분(또는 적분) 방정식이기에 해답을 구하기 힘들거나 아예 해답이 없다. 따라서 현대의 의사결정과학은 이미 무한이성에 대한 가정과 최적화 추구를 포기하고 유한이성에 대한 가정과 만족 추구를 주장한다.

　화합학의 시각에서 보면 최적화는 화합가능세계의 가장 극단적인 논리 형태 즉 최대치와 최소치, 극대치와 극소치일 뿐이다. 현실 생활에 있어서 대다수 사람들이 추구하는 가치목표는 만족이지 최적화가 아니다. 그렇다고 해서 최적화목표가 추구할 가치가 없다는 것은 아니다. 다만 최적화에 도달하기 위한 대가가 너무 크고 심지어 생명이 허락하는 시간적 한도를 크게 벗어나기도 한다. 왜냐하면 가치체계의 최적화는 무한한 이성의 연산능력과 의사결정을 위한 축적된 정보를 요구하기 때문이다.

"생명에는 한계가 있으나 지식에는 한계가 없다. 유한한 것을 가지고 무한한 것을 추구하는 것은 위험하다." 장자가 「양생주」에서 드러낸 이 난제는 그저 체념적인 비탄에 그치지 않는다. 그러나 이 말은 과학적 인식과 그 최적화제어가 근본적으로 한계를 가질 수밖에 없음을 설명하고 있다. "모든 방법을 다 썼거늘 오히려 본성마저 잃게 되었다", 『홍루몽』의 채찍질과 같은 이 경구는 우주의 이치를 설파한 것이다. 하이데거는 『형이상학 입문』에서 고대 그리스의 "지혜에 대한 사랑의 학문"이 사라지게 된 원인을 말하면서 생명본체론의 입장에서 계산적인 도구이성을 엄격하게 비판했다.

일반적으로 산업문명 이전의 사람들이 숭상한 도덕의 가치목표는 절제와 과욕이었는데, 이는 농업경제가 물질적으로 결핍되었다는 점과 관계된다. 산업문명과 후기산업문명시대에 사람들이 추구하는 공리적 가치목표는 만족과 욕망이었는데, 이는 산업경제가 상대적으로 부유하고 생산능력이 높은 것과 관계된다. 그러나 화합학의 가치체계는 자족적이고 비제어적인 무한체계로서 충분한 양적 분석을 할 수 없기에 최적화개념을 수용할 수 없다. 게다가 최적화개념은 범다원주의적 색채가 뚜렷하다. 그러므로 최적화개념(약육강식)은 다만 개체 사물 자신의 최적화에만 엄격하게 한정시켜야 한다. 그렇지 않고 개체 간 혹은 집단 간에 최적화를 적용할 경우, 이는 이미 고정된, 혹은 자의적인 우열 기준으로 '저질', '열등'의 개체와 집단을 제거하게 된다. 그렇게 되면 강세의 개체 혹은 집단은 '혁명'이라는 명목, '진리'라는 명의, 기타 스스로 고상하다고 여기는 명분에 근거해서 타인들을 도탄에 빠뜨리고, 이단을 공격하며, 상대방을 사지에 몰아넣지 못해 안달하게 된다.

"천지의 본성은 인간을 가장 귀히 여긴다"고 한 중국 고대의 가치학설도 역시 실은 인간중심주의이다. 그런 주장은 인간들이 산해진미를 게걸스럽게 먹어 치우고 여러 짐승들을 마구 잡아 죽이는 것도 옹호할 수 있기에, 여기에는 생물 다양성의 해체와 생태평형의 위기가 내포되어 있다. 이렇게 보면 본체화 과정에서의 최적화는 너무 위험하다. 동양 문명사에서 불교는 비록 중생의 평등(즉 평등한 재질)과 불살생의 위대한 계율을 가졌지만 역시 가치훼멸의 문명적 비극을 없애기에는 부족했고 살육을 즐기는 인간의 호전적인 동물적 본성을 근절하기에도 역부족이었다. 만약 '최적화'가 적용된다면 승자의 광기 어린 포효와 패자의 구슬픈 울음만이 둘 사이에 울려 퍼질 것이다.

제6장 화합예술철학

인문정신(仁愛)과 과학정신(理智) 그리고 예술정신(自由)의 화합을 실현하고, 단조롭고 평면적이며 천박하게 변해 가는 정신세계를 근본적으로 치료하며, 복합적이고 독특하며 입체적인 정신적 근원을 정립시키는 것은 화합학和合學 철학체계의 중요한 사명이다. 예술은 인간의 정신적 근원이 드러나는 형식 중 하나라고 할 수 있다.

화합의 도체(和合道體)는 이미 존재하는 현실성이나 아직 존재하지는 않는 가능성이 아니라, 인문학의 지평을 끊임없이 확장하는 가치의 창조성이다. 화합의 토대와 원천은 외형상의 차별성이나 충돌 또는 융합에 있는 것이 아니라, 인류문화의 지식창출과 가치창조에 있다. 달리 말하자면, 화합의 본래의 취지는 바로 끊임없이 낳고 또 낳는 생생불식生生不息의 창조성 또는 창신성創新性에 있다.

누차 이야기했지만, 예술의 본래 취지는 창조와 창신이며, 바로 이 점에서 예술은 화합과 서로 통한다. 화합의 본래 취지가 곧 예술의 본래 취지인 것이다. 때로는 초월하기도 하고 때로는 유행하기도 하면서 '화합해 나가는' 과정에서 예술은 이 창조성으로 현재의 한계를 초월해 나간다.

1. 인간의 정신적 근원이 드러나는 형식

인간은 영원히 이어지는 탐구의 과정 속에 있다. 이른바 최종적인 탐구, 최종적인 관심이라는 것 역시 실은 탐구 과정에 있는 일종의 역참驛站 같은 것일 뿐이며, 이 역참은 또 다른 탐구의 출발점이 된다. 때문에 탐구는 한계가 없는 것이다. 그럼에도 어떤 한계가 나타난다면, 그러한 한계가 바로 '역참'이다. '역참'과 '역참'이 거듭되며 끝없이 이어지는 것이 마치 원융무애圓融無碍한 화엄華嚴의 경지와 같다.

1) 예술이 추구하는 '역참'

예술은 인간이 추구하는 원융무애한 화엄의 경지이기도 하고, 인간만 가지고 있고 인간을 위해 존재하는 창조이기도 하다. 예술은 인간의 영혼이 형상을 초월한 형식으로 표현된 것이며, 또한 자기 자신에 대한 통찰과 인지의 수준을 표현하는 것이다. 예술은 때로는 시대정신의 정수이기도 했고, 항상 사회와 문명을 발전시키는 동력이기도 했다. 예술은 인간의 창조적인 정신활동이면서 또한 인간의 따뜻하고 우아한 정신적 근원이다. 그것은 신기한 단꿈과 같아서 사람들로 하여금 끊임없이 뒤돌아 음미하도록 한다.

그러나 인간의 영혼과 지혜를 쏟아 부은 예술에 대해 우리는 오직 마음으로 깨닫고 터득할 수밖에 없다. 이 때문에 천 명의 독자가 있으면 각기 다른 천 명의 햄릿이 있게 되는 것이다. 고개지顧愷之의 「낙신부도洛神賦圖」나 다빈치의 「최후의 만찬」역시도 인물의 개성과 표정에 대한 탐구이자 회화와 언어의 창조로, 생동감 넘치는 선과 은밀하게 영혼을 드러내는 기법은 사람들로 하여금 경쾌감을 연상하게 만든다.

화합적 예술은 이러한 예술적 경지를 통해 예술 본질에 대해 제기되는 무미건조한 질문들을 제거하고자 한다. 현대의 서양예술철학에서는 '예술'을 '부표'라고 부르면서 예술의 범주가 가지는 가변성과 불확정성을 표현했다. 이 때문에 예술에 대하여 정의를 내리려는 것은 힘만 들일 뿐 좋은 결과를 얻지 못한다.

비록 히피아스로부터 비웃음을 받기는 했지만, 플라톤이 사람들에게 "아름다움이란 무엇인가?"라는 질문을 제기했을 때, 그것은 히피아스가 말한 아름다운 여인, 아름다운 새 등과 같은 증명할 필요도 없는 상식이 아니라, 여인, 새 등의 이질적인 것들이 무엇 때문에 모두 '아름다운 것'이 될 수 있는가, 즉 아름다움이 아름다움이도록 하는 것은 무엇인가[1]에 대한 물음이었다. 플라톤의 이 물음은 인문사회과학뿐만 아니라 나아가 자연과학에까지도 큰 영향을 미쳤다. 의심할 여지없이 예술 역시 플라톤이 제기한 질문의 그림자에서 벗어날 수 없었다. 그리하여 예술에 대하여 정의를 내리고자 한 사람들은 모두 플라톤의 물음에 따라 예술만이 가진 보편적 본질을 찾고자 애썼던 것이다.

---

1) 張法, 『美學導論』(中國人民大學出版社, 1999), pp.22~23.

예술은 미학, 철학과 마찬가지로 이미 익숙해진 용어이다. 어떤 사람은 철학에 대해 "한평생 철학을 공부하고 철학을 논하였지만 평생토록 철학에 대해 잘 모르겠다"라고 했는데, 예술 또한 이와 같다. 이 말이 다소 겸손하거나 자조적인 표현일 수는 있겠지만, 예술이 무엇이냐는 질문이 주는 곤혹감은 사람들을 괴롭혀 왔으며 지금도 괴롭히고 있다는 것만은 분명하다. 바로 이 때문에 예술은 영원한 생명력을 가지고서 인간들의 열정을 불러일으키며 그들의 욕망을 불타게 하는 것이다. 따라서 인간이 예술을 이해하고 창조하는 시간은 곧 인간 스스로를 이해하고 창조하는 시간이다.

예술이라는 개념은 역사가 진행됨에 따라 그 의미가 겹겹이 덧붙여졌다. 그러나 설사 이 예술이라는 개념 위에 겹겹이 쌓인 '먼지'를 때때로 털어 낼 수 있다고 하더라도, 도대체 어느 것이 "본래 어떠한 사물도 존재하지 않았던 것"(本來無一物) 같은 본래의 진실이고 본래의 의미인지에 대해서는 여전히 언어적 표현으로 그 함의를 다 표현할 수 없고, 그 함의로 나타낼 수 없는 간극이 있다. 따라서 서양에서는 고대 그리스로부터 현대에 이르기까지, 동양에서는 중국의 선진시대로부터 근현대에 이르기까지[2], 이 간극은 결코 해소되지 못하고 있다.

사실주의寫實主義는 예술의 본질은 물체에 대한 모방과 재현에 있다고 주장하며 외재적인 세계를 표준과 참조 체계로 간주한다. 디드

---

2) 張立文, 『和合學槪論 — 21世紀文化戰略的構想』(首都師範大學出版社, 1996), 「藝術和合與和合美學」, pp.946~960 참고.

로는 말했다. "우리에게 있어 최선은 물체의 원래 모습을 있는 그대로 표현해 내는 것이다."[3] 모방과 재현에 대한 이러한 주장은 아리스토텔레스가 "모든 예술은 모방이다"라고 말한 이후로 2천여 년 동안 서양을 제패하였다. 모방과 재현은 거울을 통해 대상을 보는 것이 아니라 거울처럼 대상을 드러내는 것이다. 이는 거울의 비유를 통해 재현과 재현되는 대상, 모방과 모방되는 대상 간의 관계를 밝히고, 또한 예술과 현실의 관계를 비유한 것이다. 이 비유는 현실을 예술의 근원으로 보아, 예술과 그것에 의하여 재현되는 현실 간의 일치성을 추구하는 것으로, 예술을 창조하는 사람의 개성과 예술 자체가 가지는 독립성을 경시한 것이다. 그리하여 예술은 현실의 필연성과 보편성을 자기의 본질로 간주하게 되었다. 일반적으로 말해서 현실주의, 자연주의, 현실비판주의는 모두 사실주의의 범주에 속한다. 왜냐하면 이들은 모두 외부대상을 향해 객체의 재현성, 형태적 유사성 및 객관적 진실성을 추구하는 방식, 즉 수동적인 재현이기 때문이다.

사실주의가 지나치게 강조하는 자연에 대한 재현은 화합예술철학이 말하는 '화립의 진실함'(和立之眞)에만 해당될 뿐이다. 이 둘 간의 근본적인 구별 지점은, 화합예술철학에서 말하는 화립의 진실함이란 예술철학의 언어에서 가정한 주체적 정신이라는 참된 존재의 운용이지, 자연사물이 선천적으로 부여받은 진정한 속성이 아니라는 점이다. 화합예술철학의 입장에서 볼 때, 자연계의 각종 객관적

---

3) 『西方文論選』 상권(上海譯文出版社, 1997), p.382.

사물은 결국 진실한 존재인 주체적 정신을 발견하기 위해 원래부터 있던 안내 표지판일 뿐이며, 자연에 대한 재현과 모방은 대상을 통해 주체적 정신을 표상하는 방식이다.

낭만주의浪漫主義는 예술의 본질이 정감情感의 표현과 토로에 있다고 주장한다. 표현이란 예술을 창조하는 사람의 영혼 또는 정감의 자연스러운 표출과 영감靈感의 외재화를 가리킨다. 칸트는 천재적 예술창작의 능력은 선험적으로 영혼에 부여된 것이며, 그것은 예술에 법칙성을 규정해 줌으로써 현실을 초월하고 모방을 초월한다고 하였다. 조각은 물론이거니와 시 역시도 모두 강렬한 정감의 자연스러운 표출이자 내재된 본성과 영혼이 깊이 있게 표현된 것이다. 크로체는 영혼의 직관 능력이야말로 예술의 본원本源이라고 보고, 모든 예술은 직관의 형식을 통한 창조이며, 창조는 곧 표현이고 형식이라고 하였다. 일반적으로 말해서 표현주의, 상징주의는 모두 낭만주의의 범위에 속한다. 왜냐하면 그것들은 모두 내면을 향해 주체의 표현성, 정신적 유사성 및 주관적 소박성을 추구하는 방식, 즉 주동적인 표현방식이기 때문이다.

낭만주의가 정감의 표현을 부각시키는 것에 치중하는 것은 화합예술철학에서 말하는 '화달의 선함'(和達之善)에 해당된다. 이 둘 간의 구별점은, 화합예술철학에서의 '화달의 선함'이란 도덕적 영혼이 선善에 도달하는 과정일 뿐 개인적 정감의 직접적인 표현이 아니라는 점에 있다. 개인의 감정은 단지 도덕적 영혼이 선에 도달하는 여정을 시작하는 출발점일 뿐이기에, 오로지 상호 주체적인

548

감정들 간의 융합을 거쳐야만 비로소 보편적인 화달로서의 감정으로 승화될 수 있다.

현대주의現代主義는 예술의 본질이 추상적인 구조와 형식에 있다고 주장한다. 헤겔은 예술이 낭만적인 형태의 예술로까지 발전해 가면 예술의 발전은 그 종착점에 도달한 것이라고 하였다. 이 말의 뜻은, 정신적 내용과 물질적 형식의 분열에 이르러 예술이 스스로를 부정하면서 의식은 예술보다 더 높은 형식을 찾아 철학적 개념 형식으로 관념을 이해하게 되기 때문에 예술이 철학에 의해 대체되어 소멸된다는 것이다. 비록 '예술의 죽음'이라는 것이 헤겔의 논술에 대한 후대 사람들의 이해방식이기는 하지만, 그 당시에는 이 문제로 인해 큰 논쟁이 일어나서 현대주의 예술의 발생으로 이어졌다. 이러한 과정은 새로운 예술형식이 나타날 때면 필연적으로 그 이전의 예술 형태를 부정하는 작용이 발생한다는 것을 설명해 준다. 헤겔이 비록 '예술의 죽음'을 예언하였지만 이것이 실현되지는 않았다.

사실주의가 외재적 세계와 비슷한지의 여부를 예술의 표준으로 삼았고 낭만주의가 예술 창조자의 주체적 영혼을 예술의 표준으로 삼았다고 한다면, 현대주의는 현실의 재현을 부정하고 내면적 삶에 대한 표현을 긍정하였다. 이 점에서 표현주의와 혼동되지만, 이러한 혼동은 포스트모더니즘에서는 완전히 사라져 버린다. 일반적으로 현대주의자들의 예술관은 낡은 관념과 질서에 대한 반역이지만, 그들은 형식을 강조하였으며 예술창작품을 독립적으로 존재하는 생명

유기체로 간주하여 현실을 초월한 경험 너머의 세계 혹은 물자체로 보았다. 결국 그들은 현실과의 관련을 단절시켰을 뿐만 아니라 또 주체와의 관련도 단절시켜 버림으로써 형식본체론의 함의를 드러내었다.

현대주의가 극력 추구하는 추상적 형식은 화합예술철학이 구성하는 '화애의 아름다움'(和愛之美)에 해당된다. 이 둘 간의 분기점은 화합예술철학에서의 화애의 아름나움이 수리과학과 같은 고도의 추상적인 구조가 아니라 무한히 완전무결한 자유의지의 경지라는 점에 있다. 추상적 구조는 단지 자유의지의 완벽한 경지를 추구하는 논리상의 단계일 뿐이므로, 자유의지의 경지를 향해 끊임없이 나아갈 때에야 비로소 초월 및 유행할 수 있는 '화애의 도리'(和愛之道)를 구축해 낼 수 있을 것이다.

사실주의의 재현, 낭만주의의 표현, 현대주의의 형식에 대한 논의는 모두 예술을 규정한 것으로, 이러한 규정은 모두 예술을 옳고 그름, 참과 거짓, 좋고 나쁨이라는 이원적 대립구조 속에 집어넣은 뒤 이것이 아니면 바로 저것, 네가 죽어야 내가 산다는 식으로 다투게 만드는 바람에 예술의 사유, 공간, 형식의 자유를 속박하게 된다. 사실 예술은 외연이 열려 있고 함의가 변화되며 경계가 분명하지 않은 화합의 범주이다. 우리는 그들의 화합적인 특성에 대하여 묘사할 수 있을 뿐이지 예술의 본질이 무엇인지에 대해 단언하기가 쉽지 않다. 그래도 굳이 말하자면 예술의 본질은 예술 자체의 화합창조의 과정 안에 있다고 할 것이다.

예술 화합의 특징은 이탈리아 시인 니콜로 토마세오(1802~1874)가 지은 「시가詩歌」라는 시에서 잘 드러난다.

> 찬란한 형상도 아니고 또한 감추어져 있는 사상도 아니며
> 운율의 조화로움도 아니고 또한 사랑의 창조도 아니다.
> 사상, 운율, 형상은 사랑의 산들바람을 낳고,
> 그 어울림 속에서 시편, 생화, 세계가 탄생하노라.[4]

예술은 그 '화합해 가는' 과정에서 사랑의 창조를 통해 어울리고 충돌하며 화합해 가고, 그러한 가운데 새로운 시편과 꽃과 세계를 탄생시키고 새로운 예술세계도 탄생시키는 것이다.

'아름다움의 추구' 즉 심미審美를 예술의 영원한 보편적 본질로 간주하는 것은 플라톤주의 미학의 선입견이다. 사실 수많은 예술의 형식들은 심미와 무관하다. 이를테면, 중세 유럽의 종교적 소재를 다룬 회화들의 취지는 영혼의 구원에 있고, 현대 서양의 아방가르드 예술의 취지는 흥미에 대한 추구에 있으며, 중국의 전통적인 산수화의 취지는 기상을 드러내고 예술적 경지를 생생하게 묘사하는 것에 있다. 특히 "아름다움이 쇠퇴하고 추함이 부상"하여 예술 개념이 다원화됨에 따라 이제 아름다움은 결코 예술창조의 유일한 가치목표가 되지 못한다. 따라서 아름답다는 개념도 흔들리게 되었다. 중국의 속담에 "추함의 아름다움"(醜美)[5]이라는 것이 있다. 즉 추함 역시

---

4) 아리에티(S. Arieti), 『創造的秘密』(錢崗南 옮김, 遼寧人民出版社, 1987), p.235 注에서 인용.

아름답지 않은 것은 아니라는 것이다. 미운 것과 밉지 않은 것, 아름다운 것과 아름답지 않은 것에 대한 판단은 인간의 관점, 관념, 가치, 방법이 다르기 때문에 생겨나는 것이다. 개념적 기호로서의 예술은 그 자체로 아름답거나 추한 것이 아니다. 그리고 예술에는 그 자체의 독립된 언어체계가 있다. 마르셀 뒤샹(1887~1968)이 작은 변기를 가져다 놓고 '샘'이라고 제목을 붙였을 때, 이 '샘'이 추한지 아름다운지에 대해서는 이것이 아니면 저것이라고 판단내리는 이분법적 사유로는 곤경에 빠질 수밖에 없다. 조각가가 구리와 철의 합금 조각 작품의 설계도를 공방으로 보냈을 때, 그 조각 작품은 이미 조각가 자신의 직접적인 체험과 끊임없는 노력과는 분리되어 버리기 때문에 조각작품의 예술적 개성과 기품은 희석될 수밖에 없다.

아름다움은 예술이라는 왕국의 세습군주가 결코 아니다. 예술은 자립하고 자주적이며 자유로운 생명정신의 세계이다.[6] 예술창조가 가진 화합의 사명은 화립, 화달, 화애의 기초 위에서 생명정신의 진실을 발견하고 도덕적 영혼을 선함을 계발하며 자유의지의 아름다움을 추구하는 것이다. 이상적으로 말하자면, 예술창조의 주된 취지는 화합이 가능한 세계에서 생명의 진실, 영혼의 선함, 의지의 아름다움의 화합적 창조의 길을 모색하는 것이다.

---

5) 로댕은 노쇠하고 용모가 추한 늙은 기녀상을 조각한 바 있었다. 그 늙은 기생은 온 얼굴에 주름으로 가득 찼고 두 눈은 움푹 패고 몹시 여위어 뼈만 앙상한 데다가 허리를 구부리고 있었다. 부녀자들도 차마 바로 볼 수 없었던 이 「늙은 기생」에 대해 예술가들은 "그토록 정밀하고 아름답게 추할 수 없다"고 칭찬하였다.
6) 張立文, 『和合學槪論 — 21世紀文化戰略構想』 하권, pp.947~946 참조.

2) 예술철학을 예술철학이라 부르는 것

화합예술철학이란 간단하게 말해 화합적 예술에 대한 철학적 반성이다. 이러한 철학적 반성은 흔히 최고의, 최종적 혹은 본질적·보편적으로 적용되는 것에 관한 서양철학의 난제에 빠지게 된다. 서양의 현대철학에서는 이러한 난제의 구속에서 벗어나기 위해 애썼다. 이를테면 비트겐슈타인의 '가족유사성', 구조주의의 '심층구조', 정신분석학의 '무의식', 하이데거의 '존재와 존재자' 등이 바로 최고의, 최종적 본질에 대한 추구를 대체하려 한 것이었다. 그러나 그들은 여전히 현상에 대한 내재적인 이해, 현상과 유리된 해석을 추구하고 있을 뿐이었다. 총체적으로 보았을 때, 현상의 배후에 대한 내재적인 이해와 현상과 유리된 해석은 서양철학의 난제의 연장선상에 있을 뿐, 궁극적인 의미에서는 그 구속에서 벗어나지 못한 것이다. 마찬가지로 현대 중국에서도 예술의 철학적·미학적 본질이 무엇인가를 탐구하는 서양적 난제 안에 중국 예술철학과 미학을 가두어 놓음으로써 중국 예술철학과 미학은 전혀 다른 모습으로 변했고 매력도 모두 잃게 되었다.

화합예술철학은 자연, 사회, 인간관계, 영혼, 문명 등에서 인간의 예술활동을 통해 묘사되는 예술현상에 대한 예술이론 상에서의 검토를 지칭한다. 예술의 관념, 예술적 이상, 예술적 표준, 예술적 지성 등에서의 차별성으로 인해 이들은 충돌·융합·화합하게 된다. 화합적 예술이론에 대한 사고를 통하여 우리는 예술의식과 예술정감의 소통을 획득할 수 있고, 자연, 사회, 인간관계, 영혼, 문명 상에서의 예술정신과 예술의 생명지혜에 대해 이해할 수 있다.

3) 생명예술적 정서

화합적 예술은 생명에 대한 긍정이며, 순간의 분노와 슬픔, 우울과 고뇌, 미소 등 생명이 가지는 예술적 정감을 강화시킨다. 동한東漢 시기의 「과사수확戈射收穫」이라는 벽돌초상화에 나타난 굳세고 힘이 넘치는 창 쏘기 동작에서 우리는 의식적이고 목적적인 인간의 생명 활동과 피동적인 동물의 생명활동 간의 대비와, 인간이 노동을 실천하는 가운데 인간적 자각과 역량을 실현해 감을 깊이 이해할 수 있다. 보티첼리의 「비너스의 탄생」에서 나타난 조용하고 존귀하며 사랑스럽고 희열에 찬 표정에서 우리는 인간 생명의 위대함과 숭고함을 깨달을 수 있고, 아병阿炳의 「이천영월二泉映月」에서는 생명의 박동과 운명에 저항하는 선율을 느낄 수 있다. 또 장욱張旭의 『고시사첩古詩四帖』, 『두통첩肚痛帖』의 날쎄고 분방하며 끊임없이 감도는 듯하고 용솟음치며 자유롭고 변화무쌍한 필적에서 우리는 붓끝의 거침없음이 생명의 내재적인 율동과 융합되어 강렬한 생명의 정감을 분출하는 것을 깊이 이해할 수 있다. 한유韓愈는 장욱이 초서草書를 잘 쓴다고 하면서, "화가 나거나 곤궁하거나 슬프거나 즐겁거나 원망스럽거나 사모하거나 깊이 취하거나 무료하거나 불평이 있는 등, 마음에서 동하는 바가 있으면 반드시 초서를 빌려 표현하였다"[7]라고 평했다.

장욱의 필적은 그의 진실한 생명지혜가 표출된 것이었음을 말해 주고 있다.

생명의 정서가 예술이란 형식을 통해 생명의 지혜로 응결될 때 예술은 시공간을 초월하는 의미를 가짐으로써 생명 자유의 경지에 오른다. 허버트 리드는 "창작의 자유는 생명의 과정 자체를 긍정하고 강화하는 자유로 이해될 수 있다"[8]라고 하였다. 표면상에서 보면 예술가들은 모두 '거짓말의 형식'을 만들거나 '언어적 유희'로 장난 치는 것처럼 보이지만, 본질의 측면에서 보자면 예술가는 바로 '모종의 아름다운 거짓말'을 통해 사람들이 자아생명의 주체적 정신의 진실한 존재를 발견하도록 유도한다. 리드는 피카소의 말을 여러 차례 인용하면서 아래와 같이 논증하였다.

> 예술의 관점에서 보면 사람들을 납득시킬 수 있을 정도의 크고 작은 거짓말의 형식이 있을 뿐, 구체적인 형식이나 추상적인 형식이 따로 있는 것은 아니다. 우리와 같은 정신적 존재에게 있어 이러한 거짓말이 필요하다는 것은 의심의 여지가 없다. 왜냐하면 우리들은 바로 이러한 거짓말을 통해 우리들이 속한 세계의 심미적 형상들을 만들어 내기 때문이다.[9]

> 예술의 중요한 과제는 탐구가 아니라 발견이다.[10]

---

7) 『韓昌黎集』, 권21, 「送高閑上人序」.
8) 리드(Herbert Read), 『現代藝術哲學』(百花文藝出版社, 1999), p.97.
9) 리드, 『現代藝術哲學』, p.155.
10) 리드, 『現代藝術哲學』, p.34.

예술가는 타인들로 하여금 꾸며 낸 진실성을 믿도록 설득할 수 있
는 방법과 수단을 반드시 가지고 있어야 한다.11)

예술가의 아름다운 거짓말을 통해 만들어진 예술의 세계가 진실
성(즉 허구한 진실성)을 가졌다고 할 수 있는 근본적 이유는, 예술가와
그 작품이 자연생명에 대한 충분한 긍정, 완전한 수용 및 끊임없는
강화를 통해 예술세계에서 생명의 주체적 정신의 진실한 존재를 발
견하기 때문이다. 자연사물이 유형有形의 존재라는 것에 대조적으로,
생명의 주체적 정신은 "적막해서 움직이지 않다가 감동하여 마침내
천하의 일에 통하는"(寂然不動, 感而遂通) 무형의 존재이다. 무형으로부
터 유형을 보게 되면 무형은 유형보다 우월하다. 왜냐하면 진정 생
동적인 예술형식과 주체의 생명정신의 예술표징이라야 비로소 "가
장 큰 소리는 들리지 않고 가장 큰 형상은 형태가 없다"(大音希聲, 大象
無形)는 예술생명의 진실을 실현할 수 있기 때문이다.
　무형의 예술의 생명정신 존재의 표출은 그 허구적인 진실성을
드러내 보인 것이다. 예술작품을 창조할 때 예술가에게는 허구적인
언어기호의 도움을 빌리는 것 외에 다른 방법이 없다. 그러므로 화
합적 예술창조는 무엇보다도 '언어의 수립'(立言)이라는 가설적 과정
이다. 가설된 명칭과 문자 및 이를 통해 확립되는 예술의 언어체계
를 운용함으로써 예술가와 그의 작품은 사람들에게 화합이 가능한
세계, 즉 생명의 주체적 정신의 자립, 자주, 자유의 화합적 예술세계

---

11) 리드, 『現代藝術哲學』, p.156.

를 열어 준다. 바꾸어 말하자면, 예술가는 가설적 언어체계의 운용을 통해 현실세계를 초월해서 완전히 자유로우면서 순전히 가능적인 정신세계를 창조하고 허령불매虛靈不昧하고 기품 있는 내재적 정신의 진실을 밝힌다. 바로 이러한 의미에서 허버트 리드는 "현대 예술가의 규범은 진실이지 아름다움이 아니다"12)라고 하였다. 독일의 고전철학자 셸링 또한 일찍이 "모든 예술적 형상(무엇보다도 수많은 신들)이 진실한 것이 될 수 있는 까닭은 그들이 가능적 존재이기 때문이다"13)라고 말한 바 있다. 따라서 생명의 주체적 정신존재와 그 화합적 예술세계 안에서, 가능성과 진실성 간에 등가관계가 성립할 수 있음은 아주 분명하다.

이처럼 가능성과 진실성 간에 등가관계가 성립하는 현상은 중국의 서화에서도 나타난다. 청대 화가 운남전惲南田은 어떤 그림의 풍경을 이렇게 묘사했다. "이 풍경을 자세히 살펴보면 풀 한 포기, 나무 한 그루, 언덕 하나, 골짜기 하나에까지 모두 영명한 생각이 독창적으로 만들어 낸 것이지 인간세상에 있는 것이 아니다. 그 뜻과 형상은 육합六合의 바깥에 있고 그 번창과 쇠락은 사시四時의 바깥에 있다." 종백화宗白華는 운남전의 이 말을 다음과 같이 분석했다.

예술의 경지는 원래 가상(幻)이기 때문에 "영명한 생각이 독창적으로 만들어 낸 것이지 인간세상에 있는 것이 아니다"라고 한 것이다. 그러나 그것은 동시에 한 단계 높은 진실을 밝혀 주는 것이기

---

12) 리드, 『現代藝術哲學』, p.66.
13) 셸링, 『藝術哲學』(魏慶征 옮김, 中國社會科學出版社, 1997), p.48.

에 "그 뜻과 형상은 육합六合의 바깥에 있고 그 번창과 쇠락은 사시四時의 바깥에 있다"라고 한 것이다. 옛날 사람들은 "형상 밖으로 초월하여 그 핵심을 얻는다"고 하였다. 가상의 경지를 빌려 가장 심오한 진실의 경지를 표현하고, 가상을 통해 진실로 들어간다. 여기에서의 '진실'은 보편적인 언어문자도 아니고, 과학적인 공식으로 표현할 수 있는 '참'의 의미도 아니다. 이것은 오직 예술이 가진 '상징의 힘'(象徵力)으로만 밝힐 수 있는 진실이다.[14]

여기서 말하는 이른바 진실성이란, "번창과 쇠락은 사시四時의 바깥에 있다"는, 형상을 초월하고 현실의 시공을 초월한 진실성이다. 이것은 곧 허구적인 진실성 즉 가능적 진실성인 것이다.

새로운 인간학의 관점에서 보았을 때, 인간은 '스스로 창조할 줄 아는 동물'[15]로 간주되며, 예술은 자유로운 창조의 위대한 걸작이다. 석기시대의 동굴벽화나 신석기시대의 인면문人面紋·군무문群舞紋의 채문도기彩文陶器로부터 후기공업시대의 추상적 조각예술에 이르기까지, 예술창조는 시종일관 주체의 생명정신을 발견하기 위해 반드시 거쳐야 할 길이었다. 비록 현대 서양 철학자들이, 가령 푸코가 '인간의 죽음'을 말하고 데리다가 '주체의 해체'를 부르짖으며 후기구조주의자 롤랑 바르트가 '작가의 죽음'을 이야기하는 등, 주체의 해체를 외치고 있어서 예술의 창조적 주체가 비판에 직면하기는 했

---

14) 宗白華, 「略談藝術的價値結構」, 『藝境』(北京大學出版社, 1987), p.80.
15) 張立文, 『新人學導論』(廣東人民大學出版社, 2000), p.38. 글쓴이의 말: 지금 나는 그 것을 "인간은 스스로 창조할 줄 아는 화합적 존재"라고 수정한다. 이러한 규정은 '화합학' 정신의 취지에 더욱 부합된다.

지만, 사실 그것은 생명주체를 창조하는 정신의 위기를 표현한 것으로서, 그들은 생명의 '물'(水)과 영혼의 위로를 획득하여 생명주체의 정신이 직면한 위기를 해소하려 했던 것이다.

종교가 없는 종교사회에서 그들이 표현하고자 한 것은 절대적이고 궁극적인 진리였으며, 이 때문에 그들은 주체적 생명에게 시공時空과 토대를 남겨 놓았다. 현대주의 예술가들은 낭만주의 예술가들이 천착하던 우주에서의 인간의 주체적 지위가 소실되었다는 것을 더 이상 한탄하지 않고 오히려 이러한 주체적 지위의 소실을 당연한 것으로 간주하였다. 더 심한 경우 포스트모더니즘은 주체의 축출을 선택하고 예술창작에서 주체적 지향성이 가지는 의미를 소멸시켰다. 이것은 마치 '만물이 나와 하나가 되는'(萬物與我爲一) 상태인 것처럼 표현되는데, 사실 이것은 주체적 자아의 무한한 팽창과 방만한 확대로, 주체적 자아관념이 예술과 예술품을 삼켜 버린 것이다. 예술가공을 거치지 않은 자연물, 또는 작은 변기나 자연의 부표생물에게 주체적 관념이 스스로 예술품으로서의 의의를 부여하여 예술박물관에 가져가서 전람시키기만 하면 이것은 예술품이 될 수 있다. 현상적으로 이것은 주체에 대한 추방이지만, 실제적으로는 주체관념인 자아의 확대인 것이다. 주관과 객관의 이원대립의 차원에서는 인간을 중심적 시각의 해체이지만, '만물이 나와 하나가 되는' 차원에서는 오히려 주체관념인 자아를 고양하여 예술이 예술이도록 할 수 있는 모든 권한을 완전히 주체관념인 자아의 손에 넘겨준 것이다.

예술은 결국 인간의 주체적 정신이 가진 특수한 지능의 창조이다. "왜냐하면 오직 예술만이 인간과 인간 외적의 것들을 구분하는 차별성이기 때문이다. 예술은 오직 인간만이 가지고 있는 것이다! 오직 예술가를 통하여야만 본성은 영혼의 경지에 도달하고, 아울러 그 자신을 실현할 수 있다. 예술에서는 목적 그 자체가 바로 수단이니, 자유는 자유를 통하여 성장한다."16) "인간은 기호의 동물이다" 라는 카시러의 말이 궁극적 의미에서 인간학 명제가 아닌 까닭은, 기호 자체는 인류 스스로가 창조한 예술의 매개에 불과할 뿐 화합적 예술창조 자체는 아니기 때문이다.

2. 영혼의 깨달음과 체험

예술에는 초월을 향한 열렬한 갈망이 있다. 이러한 갈망의 존재로 인해 인간은 개인과 인간 자체를 끊임없이 초월한다. 초월에 대한 의식과 갈망이 있을 때에야 비로소 창조의 열정을 불러일으킬 수 있고, 전통의 모든 울타리에서 벗어나 천지를 자유롭게 비상하는 것 같은 상태에 진입하여 신묘한 예술의 아름다운 경지를 만들어낼 수 있으며, 예술의 아름다운 경지에서 활연하게 자신의 가치, 정감의 원융圓融, 궁극적인 배려를 느낄 수 있다. 이러한 영혼의 심오한

---

16) H. M. 作倫, 『藝術與自由』(張超金 옮김, 工人出版社, 1984), p.306.

깨달음과 체험은 예술의 아름다운 경지에 심취한 계발로, 인간 본성 가운데에서 영원토록 가장 아름다운 것이다.

1) 예술과 도덕의 융합

예술이 창조한 미경은 곧 조화를 이룬 경지(和境)이기도 하다. 아름다움의 비례와 심미에 초점을 둔 서양의 전통 조형예술의 핵심 사상과 원리는 물론이고, 중국의 전통예술의 심미활동에서 부각되는 사유의 방향과 원칙 역시 조화로움 즉 조화를 이룬 경지에 막힘없이 통할 것을 강조한다. 전자는 피타고라스의 조화론(和諧觀)이나 헤라클레이토스의 투쟁으로 구성되는 총체적 조화관(和諧整體觀)의 경우를 말하고, 후자는 『국어國語』「정어鄭語」의 "상나라는 다섯 가르침을 화합시켰다", "조화는 실로 만물을 낳는다"(和實生物), 혜강嵇康의 "위대한 조화로움을 지극한 즐거움으로 여긴다" 등의 경우를 말한다. '위대한 조화로움'은 '조화로운 소리와 밝은 빛이 있는' 평안하고 여유로운 예술의 환경 속에서 인간의 정신적 정감을 '소요유逍遙遊의 태화太和'라는 고도로 자유로운 '조화로운 경지'로 승화시킨다. 위대한 조화의 경지에서의 지극한 즐거움은 식색의 욕망 등 육체적 만족을 초월하여 생기는 즐거움으로, 정신이 조화를 이루어 자유로워지면서 지극히 선하고 아름다운 태화太和의 경지에 도달한 것이다.

예술의 미경은 인간세상의 환경을 조성하고 인간의 영혼을 윤택하게 하며 인간으로 하여금 화해의 감정을 가지고 화해의 덕을 키워 가도록 한다. 이렇게 되면 예술의 아름다움과 영혼의 선함이 서로 통하고, 예술적 가치와 도덕적 가치 간의 연결이 드러나게 된다. 그러나 현실세계에서 이 두 가지는 자주 충돌된다. 선한 마음이 항상 예술의 아름다움을 감상하고 수용하며 이로부터 가르침을 받는 것은 아니다. 그러므로 한나라 때의 초상화가 그려진 벽돌과 묘석이 사람들에 의하여 돼지우리를 막는 데 사용되고, 수희가 거울을 보고 초상화를 그려 넣은 석비도 건구建甌의 한 농민의 집에 방치되어 있었던 것이다. 문화대혁명 기간에 예술의 아름다움은 봉건주의, 자본주의, 수정주의 등의 반동적인 사상의 표현으로 비판받았기 때문에, 누구도 조금이라도 산뜻한 색을 띤 옷을 감히 입지 못했고 얼굴에 분이나 립스틱을 감히 바르지 못했으며 아름다움은 죄악으로 간주되었다. 수많은 세계유산과 국보급 예술품이 철저히 파괴되었다. 지금 생각해 보면 이러한 일들이 잘 이해가 되지 않을 수도 있지만, 사실 이러한 행위는 여전히 존재한다. 아프가니스탄의 탈레반은 바미안의 큰 불상을 폭파시켜 몇 천 년을 내려오던 귀중한 예술작품을 하루아침에 없앴고, 이 사건은 전 세계 사람들을 경악시켰다. 이러한 선함과 아름다움, 예술과 도덕 간의 치열한 충돌은, 선한 자는 아름답지 않고 아름다운 자는 선하지 않다고 하는, 이것이 아니면 저것이라는 식의 이원대립적인 정형화된 사고방식에서 비롯된 것이었다. 이러한 사고방식은 양자 간의 충돌을 해소하려는 노력을 방해할 뿐이다. 결국 충돌을 발생시키는 근본적인 원흉은 가치관의 문제였던 것이다.

고대 그리스의 소크라테스는 사물의 유용성을 아름다움과 좋음(善)에 대한 가치평가의 기준으로 삼았다. 그리고 이 기준에 근거하여, 유용성의 측면에서의 자신의 목적을 달성할 수 있다면 그것은 좋은 것일 뿐만 아니라 아름다운 것이며, 반대의 경우 그것은 나쁜(惡) 것일 뿐만 아니라 추하기까지 하다고 주장하였다. 플라톤은 도덕을 가치기준으로 보면서 예술과 아름다움을 배척하였다. 그는 자신이 구상한 이상국가의 전사들이 신과 같은 지성을 갖추고 영웅과 같은 그러한 강건함을 구비하게 만들기 위하여, 시인들에게 향수를 쏟아 붓고 털모자를 씌워서 이상국가에서 추방할 것을 명하였다. 왜냐하면 시인들이 창작해 낸 시는 이상국가의 수호자를 배양하고 교육하는 데 적합하지 않기 때문이다. 예술로서의 시에서는 흔히 신과 영웅들이 갖은 못된 짓을 하고, 목숨을 아까워하고 죽음을 두려워하며, 사람이 사람을 속이고 모함하는 것으로 묘사한다. 이러한 종류의 인간은 이상국가의 전사들의 본보기가 될 수 없다. 시를 포함한 예술은 사람에게 진리를 가르치는 것이 아니라 거짓말을 가르치므로, 진리를 추구하고 진리에 복종하는 것을 가치목표로 삼는 이상국가의 전사들에게 어긋나는 것이다. 시인은 사람들에게 불건전한 감정을 심어 주어서, 그들로 하여금 지성을 상실하고 무분별하게 감정을 쫓게 만들기 때문에 지성을 통해 감정을 통제해야 하는 이상국가의 전사들에 위배된다. 특히 중세시대 일부 광신도들은 예술을 증오하여 귀중한 회화와 고대 그리스 비극의 사본 등을 불태워 없앴다.

이처럼 도덕과 예술, 아름다움과 선함 간의 충돌은 서양에서 유구한 역사를 가지고 있다.

'예악禮樂이 무너지던' 중국 춘추시대에 공자가 "지극히 선하고 지극히 아름답다"(盡善盡美)고 평가했던 '소韶'라는 음악은 순舜임금의 공덕을 칭송한 것이다. 요堯임금의 선양으로 왕위에 올라 정치를 잘 했던 순임금은, 그 정치가 당대의 민심과 부합하였기에 지극히 아름 답다고 말한 것이고 예를 다하여 왕위를 물려받았기에 지극히 신하 다고 말한 것이다. 지극한 선함과 지극한 아름다움이라는 가치평가 의 기준은 짙은 정치도덕적 색채를 띠고 있음이 분명하다. 그러나 춘추시대의 사람들은 이미 전통적인 '소韶' 음악에 흥취를 잃고 격정 이 넘치는 세속적인 민간의 음악과 춤을 좇고 있었다. 『맹자』「양혜 왕하梁惠王下」에는, 제나라 선왕宣王은 자신이 옛 성왕聖王들의 음악을 좋아하는 것이 아니라 그저 세속에 유행하는 음악을 좋아할 뿐이라 고 말했다는 기록이 있다. 세속에서 유행하는 이러한 음악을 당시에 는 '새로운 음악'(新聲)이라고도 했다. 『한비자韓非子』「십과十過」에, 옛 날에 위衛나라 영공靈公이 진晉나라로 가다가 복수濮水의 물가에 이르 러 새로운 음악이 연주되는 것을 듣고서는 이 곡을 좋아했다는 기록 이 있다. 위령공이 좋아했다는 그 새로운 음악은 즉 '새로운 음란한 음악'(新淫聲)이었다. 『사기史記』「은본기殷本紀」에는 "주왕紂王이 악관 樂官인 연延에게 새로운 음란한 음악을 짓도록 했다"는 기록이 있다. 당시의 '새로운 음악'은 더욱 강렬한 예술적 감화력을 가지고 있었 고 감정표현도 더욱 풍부하였기 때문에 당시 사람들로부터 이른바 고상하고 우아한 '소韶', '무武'보다도 더 많은 사랑을 받았다.

그러나 일부 사람들은 전통적인 도덕으로부터 출발하여 '새로운 음악'이라는 새로운 예술형식을 부정하면서 예술을 도덕과 대립시켰다. 진나라의 악관인 광曠이 진평공晉平公에게 "이것은 나라를 망하게 하는 음악입니다"라고 하였다. 어째서일까? 그 원인에 대해 광은 "이것은 악관인 연이 만든 음악인데 주왕紂王을 위해 지은 퇴폐적인 음악입니다"[17]라고 설명하였다. 즉 악관 연이 주왕을 위해 지은 음란한 음악이라는 것이다. 공자 역시 "음악은 '소韶'와 '무舞'를 쓰고 정鄭나라 음악을 물리치며, 아첨하는 사람을 멀리하라. 정나라 음악은 음란하고, 아첨하는 사람은 위태롭다"[18]라고 하였다. 당시 정, 위 등의 나라에서는 세속적인 음악이 유행하였는데, 공자는 여기에 도덕적 기준을 적용하여 마땅히 정, 위의 음악을 철저히 금지하고 소인들을 멀리할 것을 주장한 것이다.

악관 광과 공자가 정치도덕적 차원에서 성聲 · 색色 등의 예술의 가치와 의의를 부정하였다면, 묵자墨子는 민중의 윤리 혹은 민중의 요구라는 차원에서 아름다움과 예술의 기능과 가치를 부정하였다. 그의 도덕이상과 윤리가치는 백성들이 직면한 '세 가지 걱정'(三患), 즉 굶주린 이에게 먹을 것이 없고 추운 이에게 옷이 없으며 피곤한 이에게 쉴 곳이 없는 상황을 해소하는 데 있었다. 그런데 사람들이

---

17) 『韓子淺解』, 「十過」.
18) 『論語集注』, 「衛靈公」. 「舞」는 「武」와 같다. 放에 대하여 주희는 "禁絶也"라고 주석하였다.

아름다움을 추구하고 예술적인 활동에 종사하는 것은 이 세 가지 걱정을 해소하는 것과 심각하게 충돌했다. 묵자는 큰 종, 북 그리고 거문고, 피리 등의 악기 소리가 천하의 이익을 증진시키고 해로움을 없애는 데 도움이 안 된다고 보았다. 그것은 남자들이 밭 갈고 파종하며 수확하는 등의 농사를 짓는 때를 놓치게 하고, 여자들이 실을 뽑고 천을 짜는 일을 폐하게 하기 때문이다. 백성들이 먹고 입을 것을 생산할 시간을 빼앗아서 음악에 힘쓰게 하고 무늬를 꾸미거나 조각을 새겨 넣는 데 종사하게 하는 것은 굶주리고 추위에 떠는 사람들을 더욱 어렵게 만들 뿐이다.[19] 이 때문에 묵자는 '음악을 비판할 것'(悲樂)을 주장했던 것이다.

선함과 아름다움, 도덕과 예술의 충돌로 인해 중국의 전통문화는 도덕적 교화의 기능을 중시하였다. 따라서 중국은 시를 통해 교화를 진행하는 유구한 전통을 가지고 있다. 이것은 역사적으로 예술 창조가 영혼의 도덕적 선함을 끌어내는 방면에서 유효했음을 말해준다.

"시는 뜻을 말로 표현한 것이고, 노래는 말을 운율에 실은 것이다."(詩言志, 歌咏言.) 시가예술은 내면세계의 사랑을 토로함으로써 생명의 주체적 정신 간에 사랑의 교감과 공감 그리고 화해를 끌어내고, 상호 주체적인 '화애和愛'의 정감세계를 형성한다. 이것은 화합예술철학의 차원에서 설명한 것이고, 만약 도덕의 이상적 가치의 차원에서 말하자면 '시는 뜻을 말로 표현한 것'이라고 할 때의 '뜻'은 의

---

19) 吳毓江, 『墨子校注』(中華書局, 1993), 「悲樂上」, pp.380~382.

지를 말한다.[20] 즉 마음이 향하는 곳을 뜻이라 하고 말로 표현하는 것을 시라고 하므로, 시는 마음속 뜻을 표현하는 언어형식인 것이다. 의지意志는 일반적으로 유교적 윤리도덕에서의 내재적 심성으로 해석되고, 예술로서의 시는 이러한 윤리도덕적인 정서와 의지를 교화하고 배양하는 교과서로 간주되었다. 이 때문에 공자는 3천 편이나 되던 시에서 '생각에 사특함이 없는'(思無邪) 3백 편만 남겨『시경』을 엮었던 것이다. 그가 시를 골르는 기준은 첫째, 예의禮儀에 실행할 수 있는 것, 둘째, "'소韶', '무武', '아雅', '송頌'과 같은 음악에 맞는 것", 셋째, "이 시들을 통해 고대의 예악에 대해 기술하여 왕도정치를 준비할 수 있는 것"[21]이었다. 그는 시를 유가의 윤리도덕의 범위에 귀속시킴으로써 예술을 도덕교화의 수단으로 변화시켰다. 바로 여기에서 예술과 도덕의 융합이 이루어진 것이다. 후세의 시를 통한 교화도 대체로 이러한 맥락을 그대로 답습했다.

예술적 교화로서의 시교詩敎가 가지는 긍정적인 가치는 그것이 내포한 도덕적 함의 때문이다. "공자가 말하기를 '그 나라에 들어가면 그들의 예교禮敎를 알 수 있다. 그 나라의 사람들이 부드럽고 유순하고 돈후한 것은 시를 통한 교화 덕분이다'라고 하였다."[22] 시를 가르침으로써 성정性情을 도야하고 도덕적 소질을 제고할 수 있다. 이것이 바로 예술 교화가 가진 가치이다. 후대 담약수湛若水는 스승

---

20) 『說文解字』, "志는 意이다."
21) 『史記』, 권47, 「孔子世家」.
22) 『禮記正義』(十三經注疏本), 권50, 「經解」.

인 진헌장陳獻章의 시교詩敎에 담긴 함의에 대해 "작품을 지을 때의 뜻이 시에 함축되었기에 도덕의 정미한 내용은 반드시 시를 통해 표현된다"[23]라고 설명하였다. 즉 진헌장은 가르치고자 하는 바를 시 속에 함축시키고, 높은 감화력을 갖춘 시라는 예술적 형식을 통해 도덕의 정미한 내용을 표현하였다는 것이다.

시교가 비록 현실세계의 선하지도 아름답지도 않은 추악한 것들을 해소하고자 하는 것이기는 하지만, 내적 요인과 외적 원인 그리고 사유방식의 한계로 인해 도덕과 예술의 충돌·대립이 발생하여 도덕이 예술을 흡수하고 예술이 도덕화되거나 그렇지 않으면 예술이 퇴폐와 음란함에 빠지게 된다. 이는 화합적 예술창조를 통해 '극히 선하고 극히 아름다운', '생각에 사악함이 없는' 도덕적 지선至善의 경지로 나아가는 것을 방해한다. 사실, 현실세계와 의미세계 양쪽 모두에서 '지극한 선함과 지극한 아름다움'은 어디까지나 궁극적인 가치목표이자 끊임없는 추구의 과정일 뿐이다. 이 영원한 여정은 결코 끝나지 않을 것이다.

그러나 분명히 짚고 넘어가야 할 것은 중국 고대의 시가詩歌와 악무樂舞는 혼연일체渾然一體로 된 화합적 예술창조활동이었고 고대 사람들의 특수한 정신적 생활방식이었다는 점이다. 시가를 노래하는 것이 언어를 통해 개인의 심지心志를 토로하는 것에 치중하였다면, 악무의 공연은 집단정서적 행위를 통한 감화에 치중하였다. 언어를 통해 개인의 심지를 토로하는 것과 집단정서적 행위를 통해

---

23) 「白沙子古詩敎解」, 『陳獻章集』(中華書局, 1987), p.699.

감화하는 것 모두 화합적 예술창조활동 가운데서 예술혼의 경지를 끌어올려야 하는 일들이다. 즉 이러한 예술혼의 경지야말로 비로소 생명주체인 도덕적 영혼으로 하여금 육체의 생물적 한계를 초월하여 하나로 화합된 천하동락天下同樂의 경지를 실현하게 해 줄 수 있는 것이다.

화합적 예술창조활동이 오랜 시간 동안 예술과 도덕, 선함과 아름다움의 충돌과 반성을 거치고 나서야 화합학은 화합예술철학을 다시 구축할 수 있었다. 비록 이러한 화합예술철학이 중국 고대의 예술창조에 깊이 뿌리내리고 있지만, 그러나 그것은 어디까지나 반성을 거친 후 현대에 이르러서야 재구성된 것이다. 현상학의 분석에 따르면, 주체의 정신세계는 절대적으로 진실한 의식존재이기는 하지만 동시에 그것은 라이프니츠의 단자單子세계와 마찬가지로 필연적으로 고독할 수밖에 없는 '예정조화'(先定和諧)이다. 주체적 정신이 고독한 단자의 세계에서 벗어나 상호주체적인 현실세계로 들어가려면 반드시 지향적 활동을 통해 대상세계를 구축해야 한다. 자명한 직관과 상호적 깨달음은 주체정신이 자아로부터 대상사물과 타인에 이르는 현상학의 통로이다. 사실 『중용』에서 말한 '미발의 중'이 바로 단자식의 개체의 정신세계이고, '이발의 화和'는 교감이 이루어진 현실세계의 감정이다. 감정의 분출은 항상 타인 또는 대상사물을 향하기 때문에 "부모를 잘 모시고서는 백성들을 어질게 대하며, 백성을 어질게 대하고서는 만물을 사랑한다"(親親而仁民, 仁民而愛物)는 것이 선진 유가의 도덕적 지선으로 통하는 화애의 준칙으로 된 것이다.

예술창작이 개체의 생명적 정감을 승화시켜 도덕적 지선의 경지에 점진적으로 진입하는 것은 화합적 예술창조활동의 내재적 요구이다. 뒤프렌느(Mikel Dufrenne)가 칸트의 "아름다움은 도덕의 상징"이라는 견해를 설명하면서 이러한 사상을 표현했다.

아름다움은 우리가 선함을 실현할 수 있다는 것을 특별히 강조한다. 왜냐하면 이해관계에 얽매이지 않는다는 심미적 즐거움 고유의 특성은 바로 우리의 도덕적 사명의 상징이고, 심미적 정감은 도덕적 정감을 표현하고 예비했기 때문이다.[24)

도덕과 예술, 선함과 아름다움의 화합이 화합예술철학의 내재적 요구인 까닭은, 양자 모두 이해관계에 얽매이지 않는다는 특성을 공통의 가치지향과 가치상징으로 설정하기 때문이다. 근본으로 돌아가 어원학의 관점에서 고찰하자면, 『설문해자』에서는 '선善'자에 대해 '종경종양從誩從羊'이라고 하고 '미美'자에 대해서는 '종양종대從羊從犬'라 하였다. 두 글자 모두 양을 좇는다는 의미가 있다. 즉 선과 미의 두 글자는 서로 통한다는 것이다. 『의례』「사상례士喪禮」에서는 "아름다운 것이 그 안에 있다"(美者在中)고 했는데, 정현鄭玄은 "아름다움이란 선함이다"라고 주석하였다. 또 『국어國語』「진어晉語」에는 "그는 악함에서 시작하였으나 아름다움으로 끝났다"(彼將惡始而美終)라고 했는데, 위소韋昭 역시 "아름다움은 선함이다"라고 주석하였다. 『여

---

24) 뒤프렌느, 『美學與哲學』(孫非 옮김, 中國社會科學出版社, 1995), p.16.

씨춘추呂氏春秋』「고악古樂」에 "그 선함을 드러낸다"(以見其善)라는 말이 있는데, 그 주에서도 "선함은 아름다움이다"라고 하였다. 노래를 잘 부르는 것을 "음성이 부드럽고 아름답다"(音聲和美)라고 하는 것도 마찬가지이다. 그러므로 『설문해자』에서는 일찍이 "선善은 의義, 미美와 같은 뜻이다"라고 했으며, 단옥재段玉裁의 주에서는 "미美는 선善과 같은 뜻이다"라고 했던 것이다. 결국 화합예술철학에서 예술과 도덕, 선함과 아름다움의 융합은 내재적 온축을 바탕으로 이루어진 화합이다.

2) 예술창조의 자유 경지

화합적 예술은 생명의 주체적 정신 및 도덕적 영혼의 해방자이다. 예술창조와 심미활동 모두 정신과 의지의 자유를 궁극적 가치 지향점으로 둔다.

자유는 하나의 정신이다. 정신은 길들여질 수 없으며 외부대상에 의해 지배받는 것을 거부한다. 이러한 정신은 예술로 하여금 항상 태곳적 황량한 생명의 들판 너머를 향해 나아가도록 했고 생명의 격정과 행동의 탐구자로 살아남도록 했다. 자유의 공功과 명성이 혁혁하기에 우리는 한 예술가와 그가 해 낸 일을 창조라고 일컫는 것이다.[25]

---

25) H. M. 作倫, 『藝術與自由』(張超金 옮김, 工人出版社, 1984), p.6.

예술창조와 심미활동은 공리성을 초월한 주체적 영혼의 정신적 자유라는 특징을 가지고 있다. 이것은 초월에 대한 인간의 요구이자 이화異化되지 않는 고급 정신활동이다. 초월을 추구해야만 비로소 공리성의 제약에서 벗어나 자유로운 정감과 영혼을 구현하는 예술을 창조할 수 있다. 바꾸어 말하자면, 자유는 예술창조와 심미활동의 생명이고, 예술창조자는 자신의 육체적인 생명보다 자유를 더 중요하고 귀중한 것으로 여기기까지 한다. 왜냐하면 육체적인 생명은 시간과 공간의 제약을 받기에 유한하고 자유롭지 못한 것이지만 예술의 생명은 시공을 초월한 무한하고 자유로운 것이기 때문이다. 오직 자유만 있다면 예술창조와 심미활동을 위해 끊임없이 새로운 경지를 개척할 수 있는 것이다.

화합적 예술의 최고 목표는 화합적 현실세계에서의 감성적인 쾌락이 아닐 뿐만 아니라 화합적 의미세계에서의 심미적 정취도 아니다. 그 목표는 화합적 가능세계에서의 자유의지, 즉 주체정신으로 하여금 명예와 이익을 다투는 격렬한 각축의 장을 초월하여 "마음이 원하는 바를 좇아도 법도를 넘어서지 않는" 화애和愛의 경지에 들어가게 하는 것이다. 화합예술철학의 입장에서 보았을 때, 예술작품의 심미적 가치는 예술이 영혼의 도덕적 삶을 위하여 완전히 자유로운 정신의 경지 즉 화애의 화합적 가능세계를 표현한다는 점에 근거하고 있다. 그러므로 자유를 동경하고, 추구하고, 배양하고, 선전하고, 수호하는 것이 화합적 예술창조의 원동력이자 목적지가 되는 것이다. 자유롭기 때문에 아름답고 우아하며, 아름답고 우아하기 때문에 자유롭다. 이것이 바로 화합적 예술의 인과적 논리이다.

예술의 본질에 대한 기존의 주객이분적 탐구는 "정신과 사물의 어울림"(神與物游)을 가로막아서 자유로운 정신으로 하여금 물아가 융합되고 화애의 화합적 가능세계에 막힘없이 통하는 것이 불가능하게 만들었다. 정신과 사물의 어울림은 인간의 사유능력의 오묘한 경지로, 영혼의 자유라는 예술적 경지에 들어갈 수 있는 것이다. 여기에서 예술적 경지란, 전념의 대상으로서의 영혼의 경지 혹은 상상 속의 형상 즉 의상意象인 것이다.26) 영혼의 경지란 바로 예술이 예술일 수 있게 하는 경지이며, 마음속 형상은 영혼의 주체적 생명 정서와 자연의 정경 간의 화합이다. 이러한 의미에서 말하자면 예술적 경지는 인간 정감과 자연 정경의 충돌·융합의 화합이다. 왕안석은 시에서 이렇게 읊었다.

풀빛과 하늘의 구름은 고요하고,
나무 그늘과 지는 해는 그윽하다.
서른여섯 갈래의 물줄기를 보면서,
흰머리 늙은이가 강남이 그리워지는구나.27)

앞의 세 구절에서 묘사한 풍경은 인격화(人化)된 풍경, 즉 풍경이 정감으로 인격화된 것이다. 바꾸어 말하자면 '마음속 형상'인 것이

---

26) 『周易』「繫辭上」은 "성인은 象을 세워서 이것으로 뜻을 다하였다"고 하였다. 象을 세우는 목적은 뜻(意)을 다하기 위하여서이기에 意象이라고 한다.
27) 王安石, "草色浮云漠漠, 樹陰落日潭潭. 三十六陂流水, 白頭想見江南."

다. 마지막 구절은 무한한 번민과 상상, 그리고 희망을 이끌어 내면서 정감과 외부 풍경이 어울려 하나가 되는 영혼의 예술적 경지를 구성한다.

정감은 영혼이 투사透寫해 가고 외부 풍경(景)은 영혼에 투영投映되어 온다. 예술혼이라는 경지의 창건은, 구자국龜玆國의 불교 예술 벽화가 풍부한 색상을 통해 가장 높은 영혼의 경지를 표현하여 선경禪境이라 불리는 것과 마찬가지이다.[28] 이러한 선경禪境은 영혼과 정경이 하나가 된 고요함 속의 움직임이자 움직임 속의 고요함이다. 고요함은 움직임이 멈춘 것이고 움직임은 고요함이 움직인 것이니, 감응하면서도 항상 고요하고 고요하면서도 항상 감응하며 비어 있으면서도 늘 차 있고 차 있으면서도 늘 비어 있다. 이 원융무애한 표현들은 모두 정감과 외부 풍경을 담고 있는 근본으로서의 마음(心源)을 직접적으로 가리킨 말들이다. 이러한 고요한 관조觀照와 정경의 감동이 바로 선禪의 내면상태이며, 중국인들의 생명적 정서와 예술의 경지를 구성하는 것이다.

예술의 경지는 초월적이면서도 내재적이다. 그것은 일정한 인간, 사물, 정감, 풍경을 초월하는 동시에 인간, 사물, 정감, 풍경에 내재해 있다. 정감과 외부 풍경 간의 충돌·융합·화합은 가장 깊은 감정을 이끌어 낼 뿐만 아니라 또 가장 아름다운 경치에 스며들어 간다. 그리하여 외부 풍경은 정감의 풍경이 되고, 정감은 외부 풍경의 정감이 되는 것이다. 마치 "천지의 기운이 화합하여 만물이 빚어지는

---

28) 霍旭初의 『龜玆藝術研究』(新疆人民出版社, 1994), pp.31~33을 참고할 것.

것"과도 같아서, 그것은 아주 새로운 마음속 형상(意象)이며 아름답고 오묘한 영혼의 경지이다. 그것은 이미 내재·외재의 구분을 초월하여 "밖으로 자연의 조화를 스승으로 삼고 안으로 마음에 대해 깨우친"(外師造化, 中得心源) 자유로운 창조에 막힘없이 통한다.

영혼의 예술적 경지의 우아한 아름다움은 윤리학적 의미에서의 완전한 선함도, 생태학적 의미에서의 자연의 아름다움도 아니다. 그것은 생명·영혼·자유·경지가 화합된 예술적 아름다움이다. 생명의 영혼에 깃든 감정과 생각이 변화하고 또 그 마음에 따라 외부 풍경이 조성되어 천만 가지의 형태를 만들어 낼 때, 어떤 하나의 고정된 사물도 그것들을 모두 수용해 낼 수 없다. 오직 무한히 넓은 대자연의 품과 대화유행大化流行하는 만상萬象이라야 비로소 생명 영혼의 자유라는 예술적 경지와 운치를 표현해 낼 수 있다. 태어나고, 숨 쉬고, 먹고, 움직이는 등의 생의가 가득 차게 되고, 활력이 넘쳐 흐르면서 영혼이 가득 채워진다는 것이다. 이러한 생생한 경지는 너무 아름다워서 이루 다 받아들일 수 없을 정도이다. 이것이야말로 세속에 초연한 채 자유자재하는 것이다.

'정신과 사물의 어울림'은 자유로운 영혼의 경지를 가리키는데, 이러한 자유는 대상과 나 사이의 구분을 벗어던진 것이다. 『장자』의 '포정해우庖丁解牛'와 같은 자유의 경지가 바로 예술의 창조인 것이다. 포정이 소를 해체할 때, 그 칼질하는 소리는 모두 음률에 들어맞았으며 은나라 탕왕 때의 「상림桑林」이라는 악장의 무용 장단에 맞을 뿐만 아니라 요임금 때의 음악인 「경수經首」라는 장단에도 맞았다고 한다. 이것은 소를 해체하는 행위 그 자체를 넘어 자유로운 예술적 경지에 오른 것이다. 이때 그가 해체한 대상은 '한 덩어리의 소'(全牛)가 아니라, '눈으로 보고'(目視) '감각기관으로 지각하는'(官知) 경험적 차원의 한계를 초월해서 있는 대상이었다. 즉 "정신으로 마주할 뿐 눈으로 보지 않고, 감각기관의 지각을 멈추고 정신으로 행하는 것"이다. 이것이 바로 주체정신의 자유로운 창조라는 묘용의 경지, 즉 대상과 나의 구분을 잊어버리고 마음이 원하는 대로 좇는 자유의 경지이다.

화합적 예술에서 자유로운 영혼의 예술적 경지에 막힘없이 통해나가는 것은 생명의 주체적 정신이 고양되는 과정이다. '포정해우庖丁解牛'는 세 단계를 거쳤다. "보이는 것이라고는 한 덩어리의 소뿐이었던" 단계, "소가 보이지 않는" 단계, "감각기관의 지각을 멈추고 정신으로 행하는" 단계이다. 정판교鄭板橋가 대나무를 그릴 때 역시 세 단계를 거쳤다. 눈 속의 대나무, 마음속의 대나무, 손 가운데의 대나무가 그것이다. 이러한 발전 경로는 화합적 예술의 생명지혜가 지닌 긴장이 '정신으로 마주함' 또는 '마음'을 통한 예술형식을 통해 드러난 것이다. '포정해우'는 감각대상으로서의 소의 자취가 없어지고 정신으로 마주하는 경지에 오름으로써 '재주'를 초월하여 도道를 추구한 것이다. 중국의 회화, 서법은 마음으로 그림을 그리고 마음으로 글씨를 쓰면서 화합적 예술의 가능세계의 도를 추구한다. "서도書道는 현묘하니 반드시 정신으로 마주함을 바탕으로 삼아야지 힘으로는 구할 수 없고, 기교는 반드시 마음으로 깨달아야지 눈으로는 얻을 수 없다."[29] 도를 구하는 사유의 방법은 분석적이고, 논리적이며, 이성적인 것이 아니라, 직관하고, 체득하며, 활연관통豁然貫通하는 화합적 깨달음이다.

3) 예술 범주의 세 차원

인류의 역사 속에서 위대한 사상해방운동은 항상 예술창조에서부터 돌파구를 찾아왔다. 유럽의 르네상스운동도 바로 인문주의적 예술탐구로부터 시작되었다.

> 예술은 자연 또는 이전의 예술을 새롭게 운용하는 것으로, 영혼으로 하여금 그것을 둘러싼 각종 강제와 억압의 요소로부터 해방되도록 한다. 설령 그것이 순간이라 할지라도.[30]

중국 위진魏晉시대에 있었던 정신해방 역시 바로 예술창조를 통해 도덕적 영혼이 인성을 속박하던 명교名敎로부터 해방되어 개개의 생명들로 하여금 눈부신 생명의 활기를 되찾아서 자연과 인생에 대해 자유롭게 감수할 수 있도록 한 것이었다. 죽림칠현의 시가창작과 음악 연주는 예술창조가 추구하는 자유의지의 화합적 취지를 아주 깊이 있게 설명하고 있다. 양주팔괴揚州八怪[31]의 기이한 심미적 감각

---

29) 虞世南, 『筆髓論』, "書道玄妙, 必資神遇, 不可以力求, 機巧必須心悟, 不可以目取也."
30) H. M. 作倫, 『藝術與自由』(張超金 등 옮김, 工人出版社, 1984), p.38.
31) 청나라 건륭 연간(1735~1796)에 江蘇省 揚州에서 활동했던 8명의 화가들을 일컫는 말. 이들의 그림은 양식에 있어서도 유사성을 보이고 있는데, 대개 간단한

과 포스트모더니즘의 당혹스러운 취향 역시 어느 정도 화합적 예술
창조가 가진 사상해방의 기능과 의지적 자유의 사명을 구현한 것이
라는 점에서 서로 위배되지는 않는다.

　예술은 독립적 '논의의 영역'(universe of discourse)[32]으로서 자유로
운 성격을 지닌다. 비록 "플라톤으로부터 톨스토이에 이르기까지 예
술은 인간의 정감을 격동시킴으로써 도덕적인 생활 질서와 조화로
움을 어지럽혔다고 비난을 받았지만"[33] 사실주의, 낭만주의, 모더니
즘을 막론하고 모두 화합적 예술창조가 가진 사상해방의 기능과 의
지적 자유의 사명을 박탈할 수 없었기에 화합적 예술창조를 일정한
영역 안에 묶어 놓을 수밖에 없었다. 플라톤은 인간의 성욕, 분노와
원망, 욕구, 비애 등과 같은 경험이 마땅히 사그라져야 할 때 시의
상상력은 오히려 이러한 감정들에 물을 대 주고 영양을 공급하여
다시 살아나도록 한다고 보았으며, 톨스토이도 예술 안에서 악한 감
정을 전염시키는 요소를 발견하였다. 그러나 사실, 인간들의 도덕적
인 생활 질서와 조화로움을 어지럽히는 것은 예술의 작용이 아니라
사회의 정치, 경제, 문화적 원인들이다. 고급 정신활동으로서의 예
술이 가지는 감화력은 도덕적인 정서를 완성시키고 정신 수준을 고
양하며 자유의지를 키우는 원동력이다. 화합적 예술창조는 설사 희

스케치라고 할 만한 것이 많고, 보다 덜 웅장한 자연의 모습을 표현한 소품들이
많으며, 양식상의 창조적인 독립성도 느낄 수 있다. 양주8괴에서 '괴'의 의미는
당시 유행하던 의고주의적 예술 조류에서 벗어나 자신들의 길을 개척한 것이
괴이하다는 의미이다.
32) 카시러, 『人論』(甘陽 옮김, 上海譯文出版社, 1985), p.193.
33) 카시러, 『人論』, p.187.

노애락의 감정이 발동한다 하더라도 그것들이 중절함에 부합하고 조화를 두루 화합하게 할 수 있다.

화합적 예술창조가 추구하는 의지적 자유는 모종의 전제에 '의지하는'(有待) 상대적 자유(이를테면 정치자유과 같은)가 아니라 '마음이 대상과 함께 노닐고'(心與物游) 어떠한 조건에도 의지하지 않는 정신적 자유, 즉 장자가 말한 '소요유'이다. "(그 나무를) 아무것도 없는 마을이나 광막한 들에 심어 놓고, 그 곁을 하는 일 없이 거닐고 소요하다가 그 밑에 누워서 자라."[34] 이렇게 보자면 화합철학이 규정하는 예술창조와 의지적 자유는 정신적 삶의 핵심적인 도리(大事因緣)가 된다.

화합철학의 영역 안에서 예술 범주는 세 차원의 화합적 함의를 내포한다. 그것은 주체정신의 가상적 진실, 도덕적 영혼이 지향하는 선함(善), 자유의지의 경지에서의 아름다움(美)이다. 주체정신의 가상적 진실이란, 기호화된 예술언어의 도움으로 확립된 현실초월적 진실함으로, 화립의 언어(和立之言)는 화합예술철학과 화합적 언어철학에서 하나를 보고 열을 알게 되는 기호의 일환이다. 도덕적 영혼이 지향하는 선함이란, 생명주체 간 상호감응의 과정을 통해 드러나는 초개인적 지극한 선함으로, 화달의 본성(和達之性)은 화합예술철학과 화합적 역사철학이 일체가 되도록 하는 핵심적 논리이다. 자유의지의 경지에서의 아름다움이란, 생명의 주체정신이 공덕의 기회와 성현의 기상을 부단히 초월하여 완전무결에 이르는 것으로, 화애의 도

---

34) 『莊子』, 「逍遙游」, "無何有之鄉, 廣漠之野, 彷徨乎無爲其側, 逍遙乎寢臥其下."

리(和愛之道)는 화합예술철학과 화합적 가치철학을 관통하는 본체론적 근거이다. 이렇게 되어 화합적 가치철학에서의 진선미眞善美는 화합예술철학 안에서 완전히 대응되고 완전히 관통된다. 그 논리적 구조의 관계는 대략 다음과 같다.

화애지도和愛之道: 자유의지 – 예술경지의 완미성完美性 / 화합적 가
　　　　　　치철학(眞, 善, 美)
화달지성和達之性: 도덕영혼 – 예술지향의 지선성至善性 / 화합적 역
　　　　　　사철학(情, 勢, 理)
화립지언和立之言: 주체정신 – 예술가상의 진실성眞實性 / 화합적 언
　　　　　　어철학(言, 象, 意)

　　화합예술철학의 성립(立), 도달(達), 사랑(愛)의 범주와 화합적 언어철학의 언言, 상象, 의意, 그리고 화합적 역사철학의 정情, 세勢, 리理와 화합적 가치철학의 진, 선, 미 범주는 상호 운동하고(互動) 상호 보충하고(互補) 상호 스며들고(互滲) 상호 수용하고(互納) 상호 이익을 주며(互贏) 상호 번영하는(互榮) 관계를 이룬다.

3. 위대한 조화를 지극한 즐거움으로 여기는(大和至樂) 경지

　　화합적 예술이 창조되는 과정은 인류 화합의 가능세계에서 주체정신이 화립和立하고 도덕적 영혼이 화달和達하며 자유의지가 화애和

愛하는 낳고 또 낳아 가는 화합적 과정이다. 따라서 화합예술철학의
연구 취지는 근본에서부터 각종 예술 형태의 기호화에서 나타나는
가상적인 특징, 상호적 정감 내함 및 예술적 경지로서의 자유 사명
을 명백하게 드러내는 것이다.

1) 입경立境과 입상立象과 입리立理

화합적 예술세계는 언제나 기호화된 예술언어를 통해 창조되는
데, 인간의 몸과 마음의 구분은 인간과 사물이 철저히 분리되었음을
의미한다. 따라서 초자연적, 영혼적, 정신적인 존재형식으로서의 '마
음'은 자연적, 육체적, 물질적인 존재형식으로서의 '몸'과 구분된다.
이런 식의 구분은 초기 갑골문자의 기호에서도 나타난다. "경무일에
점을 쳤는데, 입이 바르다고 나오니 왕의 마음이 '약若'해졌다",[35]
"임오일에 점을 쳤는데, 바르다고 나오니 왕의 마음이 망고亡皷했
다."[36] 여기서 '약若'에는 '잘 따르고 선량하다'는 뜻이 있다, 즉 왕의
선량한 마음 또는 순종하는 마음, 혹은 왕의 마음속 의혹이 해소되
었음을 말한다. 이 두 곳의 마음은 모두 육체와 구분된 정신의 의식
및 마음속 사유활동을 가리킨다. 이러한 정신의 의식과 사유활동은
언어적 기호형식에 의해 표현되어 최초의 서법書法 예술로 된 것이
다. 이러한 의미에서 기호화된 예술언어는 정신과 육체의 분리와 함

---

35) 『鐵云藏龜拾遺』, 9, 11.
36) 『甲骨文字拾零』, 78.

께 발전한 것이라고 할 수 있다.

하이데거는 언어는 존재의 터전이라고 하였다. 화합예술철학의 화립의 언어는 주체가 화합적 가능세계라는 자유로운 정신 영역으로 진입하는 입구이다. 세부적으로 말하자면 화합적 가능세계의 예술언어는 여러 가지 방식으로 확립된다. 음악의 언어는 음향, 높낮이, 박자, 선율, 화성이고, 회화의 언어는 색채, 선, 필묵, 빛, 그림자, 명암이며, 건축의 언어는 질료, 분포, 구조, 비례, 균형과 장식 등등이다. 한국의 장우성張遇聖 교수는 한국, 중국, 일본의 회화가 각각의 화풍에는 차이가 있다고 하면서도 동양화의 특징이 선을 기본 요소로 한다는 점을 들면서 다음과 같이 말했다.

소박함과 기개를 가지고 있는 그대로 그려 내기만 할 뿐, 멋대로 지어내지 않는 태도로 창작하는 그림이다. 이런 관점에서 보면, 동양화의 원형은 추상적인 정신이기도 하다. 이러한 정신은 오늘에까지 계속되고 있다. 이와는 반대로 서양은 고대와 중세를 거쳐 근대에 이르러서야 비로소 추상적인 예술을 탐구하기 시작했다.[37]

동양화에 함축된 내용은 동양의 철학, 종교, 정신의 진면목을 깨닫는 것이다. 동양의 예술이란 결국 인간의 주체정신이 예술언어를 통해 성립시킨, 개성과 특색이 풍부하게 담긴 마음속 형상(意象)인 것이다.

---

37) 張遇聖, 「弘揚三絶精神的文人畵家張遇聖」, 『高麗亞那』 2001년 冬季號(韓國國際交流財團 出版發行), pp.40~45.

화합예술의 마음속 형상은 외부 형상(景象)에 대한 주체정신에 내재된 사유 활동의 예술적이고 심미적인 관조이자 정감과 외부 풍경의 충돌 및 융합이다. 유협劉勰은 『문심조룡文心雕龍』「신사神思」편에서 "안목이 독특한 장인은 마음속 형상(意象)에 따라 도끼를 다룬다"[38]라고 하였다. 여기에서 의意는 깨달음의 과정 안에서 획득하는 체험과 느낌이며, 상象은 구체적인 물상을 초월해서 형태가 없는 형태, 물질이 없는 대상으로 설명되는 황홀한 형상이다. 따라서 의상意象 즉 마음속 형상은 주체정신에 수용된 예술적·심미적 상태이다. 이러한 단계야말로 정감과 외부 풍경이 완전하고 우아하게 융합되었다고 할 수 있는 것이다. 왕부지王夫之는 이렇게 말했다.

> 정감과의 관계에 있어, 외부 풍경은 자연히 그 정감과 '호박琥珀과 개자芥子가 서로 끌어당기는' 것과 같은 관계를 형성한다. 비록 감정과 외부 풍경 사이에서 어느 것은 마음에 있고 어느 것은 대상에 있다는 차이가 있기는 하지만 외부 풍경이 정감을 낳고 정감이 외부 풍경을 만들어 내기에, 슬픔과 기쁨의 감정이 유발되는 것과 영화로운 풍경과 초췌한 풍경이 눈에 들어오는 것은 모두 서로에게 의탁함이 있다.[39]

정감은 마음에 있고 외부 풍경은 대상에 있다는 구분으로 인해 충돌이 생기고, 충돌이 있기에 또 융합이 있게 된다. 마음은 슬프고

---

38) 劉勰, 『文心雕龍』, 「神思」, "獨照之匠, 窺意象而運斤."
39) 『姜齋詩話』, 「詩譯」; 『船山全書』(15책, 岳麓書社, 1995), p.814, "關情者景, 自與情相爲珀芥也. 情景雖有在心在物之分, 而景生情, 情生景, 哀樂之觸, 榮悴之迎, 互藏其宅."

즐거운 등의 감정을 지닌 채 대상에 감촉하고 의지하며, 대상은 영화롭고 초췌한 모습으로 사람을 맞이하고 정감에 깃들어 간다. 그렇기에 이 둘은 '서로에게 의탁함이 있고' 서로 화생化生시켜 주는 것이다. 따라서 정감은 모두 풍경이 될 수 있고, 외부 풍경은 항상 정감을 머금고 있다. 이렇게 정감과 외부 풍경이 묘합을 이루는 가운데 신묘한 이치가 그 사이에 유행하게 된다. 여기에서 정감이 담긴 풍경(情景)이든 풍경을 담은 정감(景情)이든 모두 최고의 경지로 통하는 것이다. 왕창령王昌齡은 『시격詩格』에서, 시에는 세 가지 경지가 있는데 대상의 경지(物境), 정의 경지(情境), 뜻의 경지(意境)가 바로 그것이라고 하였다. 여기서 말하는 대상의 경지는 풍경으로서의 경지(景境)에 해당한다.

> 마음으로 이것을 추상하여,
> 그 경지에 자신을 위치시켜 두고
> 마음에서 그 경지를 바라보아야 한다.
> 그러면 확연히 손안에 들어오게 되니,
> 그런 뒤에 생각하게 되면
> 실제 대상의 상이 또렷해지므로
> 그 비슷한 형상을 얻을 수가 있다.[40]

비슷한 형상(形似)이라는 것은 초월한 것이기도 하고 내재한 것이

---

40) 王昌齡, 『詩格』, "神之於心, 處身於境, 視境於心, 瑩然掌中. 然後用思, 了然境象, 故得形似."

기도 한 황홀한 형상이다. 마음속 형상은 정감과 외부 풍경을 대립시키는 것을 초월할 뿐만 아니라 재현再現과 표현, 전형典型과 예술경지 간 대립도 초월한다. 화합예술철학 즉 화립和立의 경지에서 보았을 때, 왕창령이 말한 세 가지 경지는 곧 경지를 세움 즉 '입경立境'이다. 이른바 입경이란 첫째, "그 경지에 자신을 위치시켜 두고 마음에서 그 경지를 겪어 보아야 한다"는, 마음과 경지가 서로 융합된 형상을 가리킨다. 둘째, 경지를 취하고(取境) 뜻을 세운 것이 고상하고 우아함을 가리키는 것으로, 경지를 취하기 위해 먼저 세심한 사유를 축적하여 뜻을 세워야 함을 강조한 것이다. 그러므로 입경立境은 화합적 예술의 허령한 경지를 가리킨 것이다.

화합예술철학의 화립和立적 마음속 형상은 간단하게 말해, 형상을 세움, 즉 '입상立象'이다. 이른바 입상이란 첫째, 주체적 정감情感에 투영된 형상에서 드러난 분위기, 역동성, 색조, 기세 등을 가리키고, 둘째, '형상 외의 형상' 또는 '풍경 외의 풍경'을 가리키는데, 이것은 형상이지만 형상이 아니고 풍경이지만 풍경이 아닌 마음속 형상이다.

주체적 정감에 투영된 형상에서의 분위기, 역동성 등은 기상氣象과 관련이 있다. 유희재劉熙載는 『예개藝槪』 「시개詩槪」에서 이렇게 말했다.

산의 정신을 그려 내지 못하겠으면 안개와 노을을 통해 그것을 그려 내고, 봄날의 정신을 그려 내지 못하겠으면 풀과 나무를 통해

그것을 그려 내어야 한다. 시에 기상이 없다면 정신은 어디에도 머무를 곳이 없게 된다.[41]

안개, 노을, 풀, 나무는 산과 봄이 아니지만 사람들은 이것들을 산과 봄에 연계시킴으로써 산과 봄의 외재적인 기세, 분위기, 색조와 역동성 등을 표현해 내는 것으로 만들었다. 이것이 곧 산과 봄의 기상이고, 이러한 기상은 곧 산과 봄의 정신을 그려낸 것이라고 할 수 있다.

'형상 외의 형상' 또는 '풍경 외의 풍경'은 마음속 형상과 연계된다. 연기와 운무가 피어오르는 것에는 고정된 형상이나 형태가 없다. 바꾸어 말하자면 확실한 경계선 없이 혼연하게 전체를 이루고 있다는 것이다. 왕부지는 "'질경이를 캐자'(采采芣苢)는 말에서, 뜻은 말보다 앞서 있기도 하고 뒤에 있기도 하니, 가만히 푹 잠겨 생각해 보면 본래 그 기상을 느낄 수 있다"[42]라고 하였다. 다시 말하면, 마음속 형상意象이 '말보다 앞서' 있는지 '말의 뒤에' 있는지의 문제에는 확실한 경계선이 없지만, 마음을 평온히 하고 기운을 가라앉혀서 『시경詩經』「부이芣苢」에 푹 잠겨 생각해 보면 질경이를 뜯는 아낙네들의 노랫소리와 주고받는 말들이 끊어졌다 이어지고 멀어졌다 가까워지는 본래의 그 기상을 홀연히 느낄 수 있다는 것이다. 이러한

---

41) 劉熙載, 『藝槪』, 「詩槪」, "山之精神寫不出, 以煙霞寫之. 春之精神寫不出, 以草樹寫之. 故詩無氣象, 則精神亦無所寓矣."
42) 『薑齋詩話』, 「詩譯」; 『船山全書』(15책), p.808, "采采芣苢', 意在言先, 亦在言後. 從容涵泳, 自然其氣象."

기상은 사실 허상이기는 하지만 체득하여 깨달은 마음속의 형상(意象)이다.

입경과 입상은 주체적 생명 정감의 박동으로, 입경은 육체와 정신과 대상의 융합이고 입상은 감정과 외부 풍경 간의 교감이다. 그렇다면 화합예술철학에서 화립和立의 이치는 곧 이치를 세움, 즉 '입리立理'라고 할 수 있다. 이른바 입리란 첫째, "하늘의 계시를 깊이 깨달음"(妙悟天開)을 가리키는 것으로, 이는 지극한 이치로부터 경지를 깨달았음을 말한다. 하늘의 계시를 깊이 깨달은 예술적 경지는 예술적·심미적 관조에서의 실제적 경지(實境)가 아니라 가상적 이치의 경지(理境)이다. 가상적 이치의 경지는 형상에 대한 관찰을 통해 획득되는 것이 아니라, 형상을 직접 체험하고 음미하면서 얻은 깨달음 속에서 획득되는 것이다. 둘째, 형상에 대한 체험과 음미는 입경, 입상立象을 가리키는 것으로서 그것은 "각기 그 이치에 들어맞기"(各中其理) 위한 것이고, 그 이치를 깊이 인식하여 '지극한 이치'(至理)의 경지에 막힘없이 통하기 위한 것이다. 그러므로 입리立理는 화합예술철학의 화립和立에 대한 추구이다.

화립和立의 경지로부터 화립和立의 이치에 이르는 과정에서, 화립和立의 형상(象)은 매개의 역할을 맡는다. 예술창조자는 형상에 대해 관찰하는 '눈 속의 대나무'(眼中之竹)라는 입경로부터 '가슴속의 대나무'(胸中之竹)라는 마음속 형상(입상)을 빚어내어 마음과 경지가 서로 융합되게 하고, "마음에 의해 경지가 이루어지고 손으로 마음을 움직이게 함"(因心造境, 以手運心)으로써 화합적 예술 경지에 막힘없이 통하게 된다. 그리하여 기호화한 예술언어를 통해 '가슴속의 대나무'를 '손안의 대나무'(手中之竹)로 그려 낸다. 즉 예술의 마음속 형상을 예술의 형상(화립의 형상)으로 변화시켜 내는 것이다. 이렇게 창조된 예술의 형상은 그 허령함이 마치 "공중의 소리, 바탕의 색, 물속의 달, 거울 속의 상"과도 같아, 예술의 창조자와 감상자에게 광활하고 풍부한 상상의 공간을 안겨 주며 겉으로 드러나지 않은 형상 외의 형상에 대한 심미적 영감을 불러일으킨다. 이러한 차원에서 말하자면, '손안의 대나무'가 종이에 떨어졌다고 말하는 것보다는 마음에 떨어졌다고 하는 것이 더 적절할 것이다. 이것이 이른바 "뜻이 붓보다 앞서 있다"(意在筆先)는 것이다. 뜻이 붓보다 앞서 있다고 할 때의 뜻은 곧 화립의 이치에 대한 깊은 깨달음, 즉 입리이다.

입경-입상-입리의 단계 중 어느 하나도 기호화한 예술언어를 통하지 않는 것이 없다. 그러나 엄우嚴羽는 바로 '물속의 달, 거울 속의 상'을 말할 때 언어적 난관에 봉착했다. 즉 "말에는 한계가 있으나 표현하고자 하는 뜻에는 끝이 없는"(言有盡而意無窮) 곤란이 발생한 것이다. 명나라 화가인 심호沈顥는 『화진畵塵』에서 "대나무를 그리기 전에 마음속에서 대나무의 형상을 상상하지만, 붓을 대면 반드시 뜻한 바대로 되는 것은 아니다"[43]라고 말하였다. 붓이 그려 낸 그림이 머릿속에서 구상하고 상상한 것과 서로 대응하지 않게 되는 경우는 두 가지이다. 하나는 뜻이 다 표현되지 못하여 그림이 머릿속 상상

---

43) 沈顥, 『畵塵』, "胸中有完局, 筆下不相應, 是舉意不必."

과 차이가 있게 되는 것이고, 다른 하나는 그림의 의미가 무궁하고 마음이 내키는 대로 붓을 놀려서 그 기상의 변화와 현묘함을 예측할 수 없기에, 뜻이 붓보다 앞섬을 초월하여 더욱 완성도 높은 경지에 도달해 버린 것이다. 그러나 예술에서의 구상과 상상이 곧 예술품 자체인 것은 아니어서, 이들은 반드시 예술의 매개물인 예술언어를 통해야만 실현될 수 있다. 서로 다른 종목의 예술이 서로 다른 예술언어를 갖고 있고 자신의 예술 종목에서 해당 예술언어에 대한 창작자의 장악 수준이 다르기 때문에, 예술언어는 주체정신의 예술창조활동에 동시에 참여하면서도 또한 예술창조활동의 성과를 제약하기도 하는 것이다.

예술창작자들이 봉착하게 되는 "말에는 한계가 있으나 표현하고자 하는 뜻에는 끝이 없는" 난제는 그 어떤 예술의 창작활동도 피할 수 없는 것이다. 예술창조자의 주체정신이 접촉하게 되는 모든 예술언어가 경우에 따라서는 몇 천 년에 이르는 장구한 역사를 가지고 있어, 역사의 진행 과정 속에서 끊임없이 풍부해지고 발전되었기 때문이다. 오랜 시간 축적되어 온 예술언어 환경에서 어떻게 심오한 도리를 탐구하고 깊이 숨겨진 의미를 발견하면서도, 또한 창의성을 발휘할 것인가? 어떻게 진부하고 상투적인 논조에서 벗어나 답습과 모방을 초월할 것인가? 예술언어의 창조와 고유한 예술언어의 발생을 어떻게 실현할 것인가? 이러한 것들은 모두 재창조의 문제, 즉 쉼 없이 낳고 또 낳음의 문제들이다. 이렇게 되어야만 비로소 새롭고 생생한 예술의 혁신으로 사람들의 심미적 정감과 영혼을 감동시킬 수 있다. 재창조는 예술의 생명이 쉼 없이 낳고 또 낳는 과정이고, 이러한 과정에서 발생하는 예술언어의 곤혹과 난처함이 예술재창조를 촉진하는 동력으로 되는 것이다.

화합적 예술창조가 언어기호를 통해 가상해 낸 주체정신세계는 천지와 나란히 서고 해와 달과 함께 빛나며 만물과 함께 살아가는 화립의 세계이다. 즉 천도와 지도(天地之道)와 나란히 서 있는 세 번째의 극인 인도人道의 자립적 공간이면서, 만물의 변화 발전을 '돕는'(贊) 인문적이고 자주적인 존재이다.

2) 달정達情과 달성達性과 달명達命

언어적 기호가 가설적으로 상정해 낸 화합적 예술세계에는 항시 화달의 본성(和達之性)이 넘쳐흐른다. 화달의 본성이란 주체 상호 간의 마음과 마음 사이에 발생하며 성명誠明과 화합에 막힘없이 통하는 도덕적 성명性命의 정감이다. 주체적 도덕 영혼 간의 상호적 감동을 통해 발생하는 이러한 화달和達의 성명 정감은 예술의 창조자가 새로운 예술창조활동에 종사하도록 자극하고 독려하는 근원적인 충동이자 원동력이다. 뿐만 아니라 이것은 독자, 감상자, 해석자들로 하여금 예술 텍스트의 세계를 수용하도록 유도하여 감동을 이끌어내는 근원적인 기대이자 이해이기도 하다. 현대 서양철학의 해석학에서 말하는 '시야의 융합'과 '효용의 역사' 입론의 논리적 기초가바로 예술창조의 전반 과정에 관통되는 화달의 본성이다.

화합적 예술세계의 입경-입상-입리는 주체적 생명 정감의 박동이고 영혼의 성명적 작용이다. 금문金文에 따르면, '본성'은 땅 위의 초목이 생장하는 것을 가리킨다. 따라서 성性에는 생의가 있다. 또한 이것은 자신의 마음을 따르는 것이기에 주체성과 관계된다. 그리고 성은 생명, 생리, 정감, 본성 등으로 파생되기도 한다. 성이 사물보다 먼저 있는 것인지 아니면 뒤에 있는 것인지에 대하여 『중용』에서는 아래와 같이 주장했다.

하늘이 사람에게 명한 것을 성性이라 한다.

성性은 명命에서 생기고 명命은 하늘에서 내려 주며, 도道는 정情에서 시작되고 정은 성性에서 생긴다.[44]

이것은 명-성-정의 논리적 순서를 나타낸 것이다. 만약 '천天'을 생활세계로 이해한다면, 명은 곧 인간의 생명주체와 생활세계가 상호 관여하고 격동하는 가운데 형성되는 일종의 생명의 존재상태로서, 이러한 생명의 존재상태는 때로는 인간의 성품과 인격에 영향을 주거나 나아가 그것을 형성하기도 한다. 생명의 존재상태가 가지각색이고 서로 다르기 때문에 충돌이 생긴다. 그러므로 화합예술철학의 화달의 본성은 "건도乾道가 변화해서 각각의 성명을 바르게 하는" 상황에서 '위대한 조화(太和)를 보전(保合)하는' 예술의 심미적 경

---

44) 「性自命出」(「有性」); 『郭店楚墓竹簡』(文物出版社, 1998), p.179, "性自命出, 命自天降, 道始于情, 情生于性."

지로 막힘없이 통해야 한다.

화합예술의 화달의 본성에서의 '본성'은 각각의 주체의 입장에서 말하자면 모두 각각의 본성을 가진다. 이것은 예술을 창조하는 주체들이 저마다 심미적 추구를 한다는 의미를 내포하는 것으로, 예술적 의미규범의 입법자인 감추어진 규정성과 가치지향성이다. 감추어진 규정성으로서의 본성이란 주체정신에 내재된 도량, 정조, 소질, 인격, 도덕 등으로,[45] 이것은 예술창작의 경지, 예술 활동의 조예 및 예술감상의 수준에 영향을 준다. 그러므로 오직 화달和達의 기회를 만날 때에야 비로소 완벽하고 우아하고 아름다운 예술적 효과를 거두어 이른바 달성達性 즉 본성에 막힘없이 통했다고 말할 수 있는 것이다.

본성이 감추어진 것이라 한다면, 정감은 드러난 것이다. 즉 본성은 '미발未發'의 상태이고, 감정은 '이발已發'의 상태이다. "풍경을 접하자 정감이 일어난다."(觸景生情) 우주·자연·생명의 현현으로서의 풍경은 주체의 정감적 생명의 체현인 정감과 교감하고 소통하며 예술생명의 정서가 산천山川을 대신하여 말하고자 하는 충동을 불러일으킨다. 그리고 예술생명의 정서는 정감과 풍경의 융합을 통함으로써 감추어진 채 아직 발하지 않고 있던 본성과 소통하여 명확해지고 현현하게 되며 드러나게 된다. 바꾸어 말하면, 정감이 없는 풍경은

---

45) 宗白華는 「中國藝術意境之誕生」이라는 글에서 '意境創造와 人格涵養'이라는 "이러한 미묘한 경지의 실현은 오직 예술가의 평소의 정신함양과 관계되고 天機의 형성은 활발한 심령의 비약과 함께하는 깊은 사색의 고요한 觀照의 체험에서 갑작스럽게 이루어지는 것이다"라고 하였다.(『藝境』, p.154.)

예술적 경지에 통할 수 없고 풍경이 없는 정감은 예술적 형상을 낳을 수 없으며, 본성이 없는 정감은 예술적 정감을 욕망에 빠뜨리고 정감이 없는 본성은 예술적 감각을 가로막는다.

정감과 풍경의 관계를 논하자면 왕부지의 다음 말과 같다.

풍경을 표현한 말(景語)을 지어내지 못하면 또 어찌 정감을 표현한 말(情語)을 지어낼 수 있겠는가? 옛날 사람들의 뛰어난 시구(絕唱)에는 풍경을 표현한 말이 많았다. 이를테면 "높은 대臺에는 늘 슬픈 바람이 불어닥치고"(高臺多悲風), "나비가 남원으로 날아가며"(胡蝶飛南園), "연못가에 봄풀이 돋아나고"(池塘生春草) 등등은 모두 그렇게 정감을 풍경 속에 담은 것이다. 외부 풍경을 묘사하는 심리로 정감을 말하면 심신 안에서 혼자만 알 수 있던 그 미묘한 것을 쉽고 편안하게 집어낼 수 있다.[46]

풍경을 표현한 말은 정감을 표현한 말의 의미를 함축하고, 감정을 표현한 말은 풍경을 표현한 말을 시사하며, 풍경을 표현한 말은 정감을 표현한 말을 토로하고, 감정을 표현한 말은 풍경을 표현한 말에 깃든다. 정감과 풍경이 함께 어우러져 주체적 정신의 예술적 생명의 정서를 고취하고, 이것을 현묘하게 표현한다.

본성과 정감의 관계를 논하자면 왕부지의 다음 말과 같다.

---

46) 『姜齋詩話』, 「夕堂永日緒論內篇」; 『船山全書』(15책), p.829, "不能作景語, 又何能作情語邪? 古人絕唱多景語, 如'高臺多悲風', '蝴蝶飛南園', '池塘生春草'……皆是也, 而情寓其中矣. 以寫景之心理言情, 則身心中獨喻之微, 輕安拈出."

정감을 머금어 통하고 풍경을 모아 마음을 낳으며 모든 사물을 체화하여 신묘하게 되면, 저절로 신통한 글귀가 있게 되고 천지의 조화造化에 참여하는 묘함을 얻을 수 있다. 만약 글귀의 교묘함에만 힘쓰면 성정性情이 먼저 바깥에서 흔들리게 되고 활기가 없어지고 만다.[47]

풍경과 한덩어리로 되고 정감을 품어 마음과 정신의 본성에 정통할 수 있다면 곧 천지의 조화에 참여할 수 있다. 주체적 마음과 정신의 본성은 이러한 정화淨化의 과정 속에서 밝게 드러난다. 이것은 정감에 막힘없이 통함, 즉 달정達情이라고 말할 수 있다.

풍경에 막힘없이 통하여 정감에 막힘없이 통하고, 정감에 막힘없이 통하여 본성에 막힘없이 통하며, 본성에 막힘없이 통하여 명命에 막힘없이 통한다. 풍경은 정감을 반사한 것이고, 정감은 본성을 생생히 표현한 것이며, 본성은 명이 변화되어 나온 것이다. 풍경은 우주의 풍경에 막힘없이 통하고, 정감은 천하의 정감과 막힘없이 통하며, 명은 건곤의 명과 막힘없이 통한다. 본성과 정감의 관계에 대해서는 "정감이 그 본성이다"(情其性)라고도 하고 "본성이 그 정감이다"(性其情)라고도 한다. "본성이 그 정감이다"에 나아가 말하자면 예술적 창작은 본성을 가지고 정감을 제약하는 것이다. 왕부지는 아래와 같이 평가했다.

47) 『姜齋詩話』, 「夕堂永日緖論內篇」; 『船山全書』(15책), p.830, "含情而能達, 會景而生心, 體物而得神, 則自有靈通之句, 參化工之妙. 若但於句求巧, 則性情先爲外蕩, 生意索然矣."

『시경』은 도를 가지고 본성과 정감을 표현한 것으로, 본성에 예속된 정감을 말한 것이다. 본성에는 천덕天德, 왕도王道, 사공事功, 절의節義, 예악禮樂, 문장文章이 모두 갖추어져 있는데, 이것을 『역易』, 『서書』, 『예禮』, 『춘추春秋』에 나누어 놓았으니 이들이 『시경』을 대체하여 본성의 정감을 말할 수는 없다. 인간의 정감을 꽁꽁 동여매어 본성의 찬란한 빛을 감추고 시를 망친 원흉이 두보杜甫가 아니면 누구겠는가?[48]

'본성의 정감'은 본성이 천덕, 왕도, 예악 등으로 정감을 절제한 것으로서 인간의 정감이 본성의 질곡에서 벗어나지 못한 것이다. 본성이 그 정감이라는 예술의 심미적 척도에 따르면,「국풍國風」은 여색을 좋아하고(好色)「소아小雅」는 원망하고 비방하는(怨誹) 것으로서 다 정감에서 나온 것이다. 사실 정감이 없으면 예술은 이루어질 수 없고 정감을 억제하면 예술적 경지에 통할 수 없다.

'본성의 정감'과 대응해서 '정감이 그 본성'이라는 주장도 있다. 원매袁枚가 말했다. "본성은 구할 데가 없기에 늘 정감에서 본성을 구한다는 것을 반드시 알아야 한다", "지극한 정감이 있은 뒤에야 지극한 본성이 있는 것이다. 정감이 지극하지 못하면 본성은 이미 죽은 것이다."[49] 화달和達의 정감을 고취시키면 본성은 정감의 본성이고 정감이 있은 뒤에 본성이 있기에 정감이 없으면 본성도 죽는다. 원매는 주희의 스승인 이동李侗을 비판했다. 이동은 고요한 가운

---

48) 『明詩評選』, 권5; 『船山全書』(14책, 岳麓書社, 1996), pp.1440~1441.
49) 『讀外餘言』, 권1, "須知性無可求, 總求之於情耳." "蓋有至情而後有至性, 情既不至, 則其性已亡."

데 희노애락의 본성이 발하지 않을 때의 기상을 체득하라고 가르쳤는데, 원매는 이것이 "없는 것을 찾고 안 보이는 것을 캐는"(捕空索隱) 짓이라고 하였다. 그는 또 "부모에게서 태어나기 이전의 면목을 확실히 인식하라"고 가르치는 불교에 대해서도, 그것은 터무니없는 '공허한 환상'이라고 비판했다. 이러한 터무니없는 환상들의 공통된 특징은 정감을 잊고 본성을 구한다는 점이다. 그 결과 정감이 지극하지 못하여 본성이 죽게 된다. 이 때문에 화합적 예술세계의 화달의 본성은, 본성과 정감의 충돌·융합·화합을 통해 본성이 그 정감이고 정감이 그 본성이라는 식으로, 본성과 감정의 내외구분과 미발·이발의 이분대립으로 나타나는 예술적 심미양식을 초월하고자 하는 것이다.

화합적 예술세계의 화달의 본성 또는 정감과 본성이 융합되는 예술적 경지의 현현은 모두 명命과 연계된다. 명이 인간의 생명주체와 생활세계가 상호 관여하고 작용하는 가운데 구성되는 생명존재의 상태라고 한다면 생존의 상태로서 가지는 함의는 매우 풍부하다. 이를테면 경제·정치적 생존상태에서의 빈부와 귀천, 생리적 생존상태에서의 생로병사, 정감의 생존상태에서의 희노애락, 삶의 여정이라는 생존상태에서의 길흉화복 등이 그것이다. 이러한 생존상태로 구성된 생명의 여정은 인간의 생명지혜와 융합되어 예술창작의 경지에 대한 인간의 지향에 어느새 영향을 미치고 이끌어서 기품 있는 운율, 생생한 천기天機, 신묘한 깨달음의 승화를 얻게 한다. 이렇게 정감과 풍경, 본성과 명命은 충돌·융합하면서 끊임없이 낳고 또 낳는 화합의 예술경지를 이루어 간다.

화합적 예술세계 안에서 화달의 본성이 가진 동시적 작용을 통해 정감과 풍경, 본성과 명, 배우, 관중이 다 함께 화합예술의 교감세계로 들어가 얼굴을 맞대는 상호 참여적이고 상호 감화적인 대화를 거치면서 서로 도덕적 영혼의 진동과 공명을 일으킨다. 화달의 본성이 가진 시간적 영향을 통해 창작자와 독자는 함께 예술 전파의 세계를 구축하고, 자신의 마음에 비추어 상대방의 마음을 이해하는 상호 연결의 대화의 과정에서 공명하는 순간 도덕적 정취情趣에 대한 깨달음과 실증을 달성한다. 이렇게 보았을 때 화달의 본성에 근거하여 드러나는 화합적 예술세계는 예술가와 독자, 관중이 다 함께 현장에 있는 상호작용적 감응이 있는가 하면, 서로 다른 시공간에 있으면서 연결되는 감응도 있다. 이 두 측면은 종횡으로 서로 보충되어 화합적 예술의 역사적 시공을 조성한다. 이것은 철학적 시공을 향해 펼쳐지는 화합적 예술의 전개방식이 화합적 역사철학의 정情, 세勢, 리理와 서로 융합되어 있음을 설명한다.

3) 예술에 대한 사랑, 도에 대한 사랑, 조화에 대한 사랑

주체적 정신과 그것의 도덕적 영혼이 역사의 큰 흐름 속에서 서로 감응하면서 결성된 화달지성은 하늘을 감동시키고 해와 달을 움직이며 귀신을 울리는 초월적인 정감이다. 즉 단순한 개인적인 은원의 감정과 개별 상황 속 불운함을 초월하여 이루어진 "마음을 채워

발출되고 우주를 가득 채우는" 호연한 뜻(浩然之意)이고, "적막하게 움직이지 않다가 감동하면 마침내 천하의 일에 통하는" 화애의 도리(和愛之道)이다.

화합적 가능세계에서 화애의 경지(和愛之境)는 하늘과 사람이 함께 조화를 이루고 즐거워하는 아름답고 원만한 경지이자 인류의 궁극적인 정신적 고향이다. 화애지도和愛之道는 중국의 예술정신의 체현으로서 서양 예술의 현실성에 대응하는 것이다. 화애지도는 중국 예술의 불굴의 기개, 기품, 경지가 가장 깊이 있게 축적된 밑바탕이자 가장 특색 있는 지점이기도 하다.

화합예술철학에서 화애지도는 화립지언和立之言의 입경立境 - 입상立象 - 입리立理와 화달지성和達之性의 달정達情 - 달성達性 - 달명達命을 떠받치고 총괄하는 것이며, 그 생명의 지혜와 영혼이다. 장자의 시선으로 보면, '도道'는 형이상의 원리로서 '예藝'와 완전히 결합되어 떨어질 수 없다. 이 견해는 중국의 철학적 경지와 예술적 경지가 공유한 지점을 체현한 것이다. 다시 말하자면 중국의 철학과 예술은 모두 '생명 자체'를 통해 '도'의 리듬을 깊이 깨닫는 것이다. "도는 삶과 예악의 제도에서 형태가 갖추어지며, 더 나아가 '예藝'에서 표상된다. 찬란한 예는 도에게 형상과 생명을 부여하고, 도는 예에게 깊이와 영혼을 안겨 준다."[50] "도의 경지와 예술의 경지 간에 한 몸으로 결합하여 간격이 없음"은 중국 예술철학 전체를 관통하는 것일 뿐만 아니라 중국 현대 예술철학의 생명지혜와 예술영

---

50) 宗白華, 「中國藝術意境之誕生」, 『藝境』, pp.157~159.

혼의 승화에도 영향을 주었다.

화애지도和愛之道에서의 도道는 우주정신과 인간정신의 융합이고, 천도天道 · 지도地道 · 인도人道라는 이 '삼재지도三才之道'의 총화이며, 음양, 강유, 인의가 충돌하고 융합하면서 낳고 낳으며 화합한(生生和合) 것이다. 화합예술철학의 '삼재지도三才之道'의 "한 몸으로 결합하여 간격이 없음"은 곧 "천지는 만물을 형성하는 공이 있어도 그것을 말하지 않는"51) 상태이고, "천지에 갖추어진 아름다움"52)의 상태이다. 천지가 스스로 자신의 아름다움을 아름답다 여기지 않기에 인간이 천지를 대신하여 그 아름다움을 세우고, 천지가 스스로 자신의 도道를 도라 여기지 않기에 인간이 천지를 위하여 도를 세운다. 이것은 천지에게는 본래 마음이 없기에 인간이 천지를 위하여 마음을 세우고, 천지에게는 본래 예술이 없기에 인간이 천지에게 예술을 부여하기 때문이다. 천 · 지 · 인이 "한 몸으로 결합하여 간격이 없는" 이러한 경지는 "천지의 기운이 화합하여 만물이 화생하고"53) "천지가 나와 함께 살아가고 만물이 나와 하나가 될 수도 있는"54) 낳고 또 낳음의 리듬이자 신묘한 운율이며, 화합적 예술의 경지라는 원천으로부터 끊임없이 흘러나오는 샘물이자 가치의 준거이다.

인간이 천지를 위하여 마음을 세우고 도를 세운 이상 인도人道는

---

51) 『莊子』, 「知北遊」, "天地有大美而不言."
52) 『莊子』, 「天下」, "備於天地之大美."
53) 『周易』, 「繫辭下」, "天地絪縕, 萬物化醇."
54) 『莊子』, 「齊物論」, "天地與我竝生, 而萬物與我爲一."

천도天道・지도地道에 내포되고, 인간의 경지(人境) 또한 하늘의 경지 (天境)와 땅의 경지(地境)에 함축된다. 이 '깨끗하고 공활한' 천지의 경지는 철학적 이치의 현묘하고 아득한(玄遠) 경지일 뿐만 아니라 또한 예술의 맑고 아름다운 경지이다. 이들은 모두 가장 자유로운 인간자아의 인경人境에서 길러지는 것들이다. 바로 여기에서 예술생명의 박동을 느낄 수 있고 예술적 격정의 힘을 향유할 수 있다. 그러므로 화합적 예술세계는 철학적 이치의 경지와 예술의 경지가 '한 몸으로 결합하여 간격이 없는' 도의 경지 즉 도경道境인 것이다.

중국에서 예술의 도경에 대한 추구는 곧 예술의 자유정신에 대한 추구이다. 그것은 예술의 자유에 대한 놀람과 기쁨, 유쾌함과 즐거움을 함축할 뿐만 아니라, 예술의 자유에 수반되는 유동감流動感과 진력감眞力感을 의미하기도 한다. 왜냐하면 도의 예술적 자유정신이 바로 위대한 조화가 유행하고 변화가 이루어지는 가운데 자리 잡고 있기 때문이다. 결국 도의 예술적 자유정신이란 주체적 인간의 예술적 자유정신이 현현한 것이다. 서복관徐復觀은 이렇게 말했다.

장자가 추구한 도는 한 예술가가 드러낸 최고의 예술정신과 본질적으로 완전히 같은 것이다. 그 차이는 다만, 예술가는 그로부터 예술작품을 얻어내고 장자는 그로부터 예술적 인생을 실현한다는 점뿐이다. 장자가 그렇게 되라고 요구하고 본인도 희망했던 성인聖人, 신인神人, 진인眞人은 사실 인생 자체의 예술화일 뿐이다.[55]

---

55) 徐復觀, 『中國藝術精神』(春風文藝出版社, 1987), p.49.

예술화된 인생은 그 도의 자유정신을 예술에 투입시켜 예술정신으로 체현된다. 이런 의미에서 말하면 예술의 정신은 곧 화애지도의 정신이다.

'예藝'의 본래 뜻은 기예技藝, 재예才藝를 가리키는데, 예란 예 그 자체만을 위한 것이 아니라 도에 이르기(達道) 위한 것이다. 이러한 함의를 밝혀낸 이가 바로 장자이다. 장자의 포정해우庖丁解牛는 기예를 위해 기예를 부린 것이 아니라 '좋아한 것이 바로 도'라는 명제를 도에 이르는 방법으로 삼은 것이다. 예에서 도에 도달하는 과정은 곧 유한에서 무한에, 부자유에서 자유에 이르는 과정이다. 포정은 절로 그러한 듯하게(自然而然) 기술을 써서 몸과 마음이 자유의 경지에 들도록 했으니, 이것이 바로 도경道境이다. 도경은 내재적인 자유정신이고, 예경藝境은 도경의 자유정신을 외적으로 표현한 것이다. "그림도 예이니, 그 수준이 오묘한 정도에 이르면 예가 도인지 도가 예인지 알 수 없다."56) 예가 도와 결합하면 예가 곧 도이고 도가 곧 예이다. 오직 마음에서 지극한 도를 깨달아야 비로소 자기의 뜻대로 자유롭게 해도 도와 일치하지 않음이 없게 된다.

화합예술철학의 화애지도는 주체의 자유정신과 도덕영혼이 교감하고 화합하여 화생한 것이기에 '화애지애和愛之愛'이다. 『설문』에서는 "애愛는 걷는 모습(行貌)이다"라고 하였다. 여기에서 파생된 의미로는 남녀 간의 애정으로 인한 끌림, 동족 간에 자애하는 사랑의 힘과 마음의 힘, 다른 사람이나 대상과의 관계에서 친애하는 응집력

---

56) 『宣和畵譜敍論』, 「道釋」.

등이 있다. 이러한 끌림, 사랑의 힘, 응집력은 예술적 영혼의 자유로운 교류와 대화이고 예술 주체정신의 자유로운 융합과 소통이다. 이것이 곧 예에서 도에 도달하게 하고 예경에서 도경道境으로 승화하게 하는 내재적 근거이고 원동력이다. 바꾸어 말하자면 예를 사랑함에 따라 도를 사랑하게 되는 것이며, 도를 사랑함이 곧 예를 사랑함이라는 것이다.

화합예술철학은 예에 대한 사랑, 도에 대한 사랑으로부터 화합을 사랑하는 것(愛和)에 이른다. 화합은 중국 예술의 최고 경지 즉 "위대한 조화를 지극한 즐거움으로 여기는"(大和至樂) 지극한 아름다움의 경지이다.

> 위대한 조화를 지극한 즐거움으로 여긴다면 부귀영화도 추구하기에 불충분할 것이고, 평안하고 고요함을 지극한 맛으로 여긴다면 주색도 가까이하기에 불충분할 것이다. 만약 이러한 뜻을 이룬다면 세속의 즐거움은 다 하찮은 것일 뿐이어서 아쉬워할 바가 아니다.57)

'지극한 즐거움'의 예술정신의 경지가 품고 있는 함의는 위대한 조화이다. 그것은 이미 부귀영화와 주색 등과 같은 세속적이고 생리적인 육체적 감각의 즐거움을 초월한, '하늘의 조화에 순응하여 본래 그러한' 즐거움이다. 이것이 바로 "사람과 더불어 화합하는 것을 인락人樂이라 하고, 하늘과 더불어 조화를 이루는 것을 천락天樂이라

---

57) 「答難養生論一首」, 『嵇康集校註』(人民文學出版社, 1962), p.190.

한다"58)라는 구절에서의 인락과 천락의 경지이다. 인락과 천락이 이루어질 수 있는 까닭은 인간의 조화로움(人和)과 하늘의 조화로움(天和) 때문이다. 바꾸어 말하자면 인화人和와 천화天和는 곧 인락과 천락이고, 이것이 바로 하늘과 인간이 함께 화합하고 즐거워하는 지극히 아름다운 경지이다. 이것은 화합예술철학이 궁극적으로 추구하는 것이다.

'대화지락大和至樂'이란, 음악가로서의 혜강이 얻었던, 그 예술정신이 극도로 자유롭고 영혼이 무한히 유쾌할 때 문득 다가왔던 예술적 깨달음을 가리킨다. "세상물정에 얽매이지 않고 세속의 번뇌를 죄다 팽개쳐 버린 채 태화太和의 세계를 유유히 거닐면서 참된 벗을 만나 영악靈岳에 올라가 거문고를 타며 맑은 노랫소리를 울려보는"59) 이것이 바로 그러한 예술정신과 예술적 깨달음에 대한 묘사이다. '태화太和'란 곧 대화大和 즉 위대한 조화이다. 고대에는 '태太'자와 '대大'자가 서로 통하거나 가차할 수 있었다. '태화의 세계를 유유히 거닌다'(逍遙遊太和)는 것은 곧 "천지를 벗어나 만물을 잊어서 그 정신이 일찍이 고통을 받은 적이 없는"60) 상태를 가리킨다. 오직 이렇게 해야만 비로소 '위대한 조화'의 경지에 막힘없이 통할 수 있고 '지극한 즐거움' 속 미경美境을 얻을 수 있는 것이다. 여기에서 위대한 조화는 곧 위대한 도리(大道)이면서 또한 위대한 아름

---

58) 『莊子』, 「天道」, "與人合者, 謂之人樂, 與天合者, 謂之天樂."
59) 「答二郭三首」, 『嵇康集校註』(人民文學出版社, 1962), p.63~64, "遺物棄鄙累, 逍遙遊太和, 結友集靈岳, 彈琴登清歌."
60) 『莊子』, 「天道」, "外天地, 遺萬物, 而神未嘗有所困."

다움(大美)과 지극한 즐거움(至樂)이기도 하다.

화합예술철학의 최고 경지는 바로 위대한 조화 속 낙경樂境이다. 중국문화의 핵심적 내용 중 하나가 바로 예악의 문화인데, 예禮와 악樂 모두 원래는 원시적인 예술과 분리될 수 없었다. "위대한 음악(大樂)은 천지와 화합하고 위대한 예는 천지와 박자를 함께한다", "음악은 천지의 화합이고 예는 천지의 질서이다."[61] 음악의 가치목표와 기능적 효용은 '조화'(和)이기에 만물이 어울려 화육되게 하는 것이고, 예의 가치지향과 기능적 효용은 질서이기에 천지에 제사지내고 만물에 분별이 있도록 하는 것이다. 상고시기 중국의 음악은 시(呪文), 음악(타악기 위주의), 춤(가면을 쓰거나 분장을 한 상태의), 극劇(줄거리에 대한 시뮬레이션) 등을 포함한 융합으로써 조화로운 예술인문적 분위기와 환경을 형성하였다. 예禮는 인간과 토템(후에는 신), 인간과 인간, 씨족과 씨족 간의 관계를 조화시키는 것으로서 최초의 토템 신앙의 의식이었다. 예의 의식 가운데 음악, 춤, 주문, 시가, 복식, 도화 등의 예술 양식들이 모두 예의 의식 형식으로 나타났기에, 예는 음악의 예술적 기능, 효과, 구조의 협조자이다.[62] 때문에 예禮와 악樂은 분리되지 않는다.

"예의는 사람들의 마음을 이끄는 것이고, 음악은 사람들의 정감이 조화를 이루게 하는 것이다"[63]라고 하였듯이, 예악은 나라가 흥

---

61) 『禮記正義』(十三經注疏本), 권37, 「樂記」, "大樂與天地同和, 大禮與天地同節", "樂者, 天地之樂也, 禮者, 天地之序也."
62) 彭吉象이 주편한 『中國藝術學』(高等敎育出版社, 1997), pp.3~4를 참조할 것.
63) 『禮記正義』(十三經注疏本), 권37, 「樂記」, "禮以道其志, 樂以和其聲."

망성쇠, 정치의 혼명치란昏明治亂, 백성의 희노애락喜怒哀樂과 연결됨
으로써 아주 강력한 의식 형태의 색채를 띠게 된다.

> 치세의 음악은 즐거움을 편안하게 여기니 이는 정치가 평화롭기
> 때문이고, 난세의 음악은 원망하며 분노하니 이는 정치가 비뚤어
> 져 있기 때문이고, 나라가 망할 때의 음악은 슬퍼하며 그리워하니
> 백성이 고통을 겪고 있기 때문이다. 이렇듯 음악의 이치는 정치와
> 통한다.64)

음악은 인간의 마음에서 나오는 것이다. 마음이 대상에 감동되
어 감정을 낳고, 감정이 마음속에서 움직여서 소리를 형성하니, 그
것을 두고 음악이라고 부른다. 음악은 치세, 난세, 망국 등 그 시대
에 따라 서로 다른 감정과 지향으로부터 발생하여 저마다 다른 효과
를 일으킨다. 그러므로 「악기」는 올바른 예를 가지고 인간의 의지를
교도하고, 올바른 음악을 가지고 목소리를 조화롭게 할 것을 주장하
였다. 음악이 조화되면 정치도 평화로워지고, 정치가 평화로우면 만
사가 잘 풀리는 것이다.

화합적 예술의 아름다움은 조화에서 흘러나온 것이거나, 조화에
서 근원한 것이다. 유가는 의례에 쓰는 음악에서 대화지락을 구하
고, 도가는 '천제보다도 앞에 있는'(象帝之先) 도의 자연에서 대화지락
을 구한다. 양자가 추구하는 방향에는 저마다의 정취가 있지만 궁극

---

64) 『禮記正義』(十三經注疏本), 권37, 「樂記」, "治世之音, 安于樂, 其政, 和亂世之音, 怨以
怒, 其政乖, 亡國之音, 哀以思, 其民困. 聲音之道, 與政通矣."

적으로 지향하는 가치는 비슷하다. 『시경』과 『상서』는 형상적인 사유방식으로 조화를 표현하였는데, 음악에 담긴 조화의 아름다움(和美)은 마치 강유剛柔의 어울림과도 같다. 『국어國語』에서 사백史伯은 "다른 것들끼리 만나서 서로 조화를 이루는 것을 화和라고 한다"라고 하였다. 여기에서의 조화는 다양성들 간의 융합을 가리킨다. 『좌전』 소공昭公 20년조에 안영晏嬰이 『시경』 「열조烈祖」에 나오는 '화갱和羹'의 설을 인용하면서, 서로 나른 재료와 소미료가 모여 주체적 인간의 가공과 융합을 통해 '모자라는 것은 더해 주고' '많은 것은 덜어냄'으로써 여러 맛이 잘 어울리고 조화된 상태에 이른 화갱이 만들어진다고 하였다. "다섯 가지 맛(五味)을 조화시켜 입맛에 맞추고" "여섯 음율(六律)을 조화시켜 청각이 예민해지도록 하는 것"은 오미, 오색, 오성, 육률에 대한 예술심미주체의 체험이다. "입맛에 맞추고"(調口) "청각이 예민해지도록 하는"(聽耳) 화합적 아름다움(和美, 이하 화미)은 심미주체의 영혼세계를 승화시켜 '대화지락'의 화미의 경지로 진입하도록 한다.

서양도 물론 그러했지만, 동양은 여러 형상形相과 무형상無形相의 충돌·융합의 화합을 화미의 존재 근거로 삼았다.65) 중국의 서법예술가인 손과정孫過庭은 『서보書譜』에서 이렇게 말했다.

---

65) 고대 그리스의 헤라클레이토스는 "자연은 대립물을 연합하여 이루어진 조화인데 예술도 그러하다. 이를테면 회화는 흰색과 검은 색, 황색과 붉은 색이 혼합되었고 음악은 부동한 음률의 고음과 저음, 長音과 短音이 혼합되었다"라고 하였다.(『西方美學家論美和美感』, 商務印書館, 1980, p.15)

수화목금토 오행을 병용하여 체득하면 의표와 형상은 끝이 없으
며, 여덟 음률을 연주함을 형상하면 감회에 정해진 방향이 없다.
여러 필획을 그리는 것에 이르러서는 그 형상이 각자 달라지며, 여
러 점을 나란히 벌여놓으면 그 형체가 서로 어긋난다. 따라서 한
개의 점은 한 글자의 규범이 되고, 한 글자는 곧 전체 작품의 표준
으로 된다. 필획은 비록 각기 다르지만 서로 범하지 않으며, 조화
를 이루지만 부화뇌동하지 않는다(和而不同).…… 붓끝에서 무한히
변화하여 종이 위에서 정서와 합해진다.[66]

서법의 글자 모양, 점과 획, 구조와 붓의 움직임의 속도, 방원,
곡직 등은 예술가가 오행을 체험하고 여덟 음률에서 감회를 얻으면
서 전체의 조화를 이루는데, 그 속에서 '무한히 변화하며' 또한 '정서
와 합해지며' 얻어지는 조화이다. 손과정은 이를 "각기 다르지만 서
로 범하지 않으며 조화를 이루지만 부화뇌동하지 않는" 원칙이라고
개괄하였다. 중국의 서화예술은 혼연일체의 화미和美를 추구한다. 이
러한 화미의 특징은 "각기 다르지만 서로 범하지 않음"이니, 이것은
곧 조화를 이루지만 부화뇌동하지 않는 것으로서 기품이 탁월하여
범상치 않다. 이러한 혼연일체의 서화예술은 각기 다르지만 서로 범
하지 않으며, 침범하는 것 같지만 침범하지 않으며, 가지런하지 않
으면서도 가지런하고, 변화하지 않으면서도 변화해 가는 화이부동和
而不同한 '대화지미大和至美'의 화경和境을 이루어 간다.

---

66) 孫過庭, 『書譜』, "體五材之並用, 儀形無極, 象八音之迭起, 感會無方. 至若數畫並布, 其形
   個異, 衆點齊列, 爲體互乖. 一點成一字之規, 一字乃終篇之准. 違而不犯, 和而不同,……窮
   變態於毫端, 合情於紙上."

화합예술철학의 화애지도의 예경, 도경, 화경은 '맑고 광활한'(淨潔空闊) 정회로, 인간과 자연, 인간과 사회, 인간과 인간, 인간과 영혼, 인간과 문명의 교감체계를 윤택하게 만들어 준다. 곤경에 처했을 때 발생하는 개인 정감의 동요, 시공적인 장벽으로 인하여 생기는 민족관념의 편파성, 미래에 대한 불안으로 인해 생겨나는 인간의 우환의식 같은 것들은 모두 화애지도 안에서 초월될 수 있다. 그러므로 화애지도는 자유의지의 무한한 존재 영역이다. 그것은 일종의 '큰 공이 있어도 말하지 않는' 완벽한 도경道境이고, 대화지락의 지극히 아름다운 화경이며, 상상할 수 없는 무한한 자유의 공간이자, 말로 다할 수 없는 영원한 정신적 터전이다.

화합예술철학의 전반적인 범주적 논리구조의 흐름은 다음과 같다. 가상적인 입경立境 – 입상立象 – 입리立理의 화립지언和立之言에서 출발하여 상호적인 달정達情 – 달성達性 – 달명達命의 화달지성和達之性을 거쳐 무한한 애예愛藝 – 애도愛道 – 애화愛和의 화애지도和愛之道인 '대화지락大和至樂'의 경지에 도달하는 것이다.

4. 예술이 세계를 체오하는 방식

예술이 세계를 체오體悟하는 방식은 화합을 통한 창조이다. 즉 화합적 가능세계의 창조를 통해 현실세계를 수용하는 것이다. 예술창작의 본래 양식은 가상적이기에 모든 예술작품과 그 정신세계는 기호적 수단과 감성적 자료를 통하여 가상해 낸 것이다. 화합예술철학은 현실을 초월한 가상적 철학으로서 오직 초월을 통해서만 창조할 수 있다. 창조는 화합예술철학의 생명지혜이고, 주체적 자유정신의 생명지혜가 실현된 것이다.

1) 산천을 대신하여 입언하다

화합예술철학은 어떻게 해야 화합학의 5대 화해원칙이 유행될 수 있는가의 문제에 기초하여 성립된 형이상적 논의 영역이다. 그 기초적 범주인 화립和立, 화달和達, 화애和愛는 분명 화합철학체계 안에서 전체를 관통하는 논리적 작용을 갖춘 것들이다.

범주적 논리구조의 측면에서 말하자면 화합예술이 탄생하게 된 계기는 다음과 같다. 인간은 매번 어떠한 충돌 상태에서 각성한 후 화합적 현실세계에 존재하는 각종 역설적인 이론적 곤경에 부딪칠 때마다 영혼의 지혜를 이용하여 "산과 물줄기가 거듭되어 길이 없을 것 같은"[67] 가치 위기를 헤쳐 가려 한다. 그때마다 주체정신은 먼저 예술세계의 지평에 우뚝 솟아 있는 가상적 '입언立言'활동을 통하여 앞장서서 화합적 가능세계에서 '길이 없는'(無路) 곤경을 벗어나는 논리적 출로를 모색하게 된다. "길이 아득히 멀기만 하지만 나는 위아래로 살펴 찾아보겠노라."[68] 굴원屈原의 이 천고千古의 절창은 화합적

---

67) 陸游, 「遊山西村」, "山重水複疑無路."
68) 屈原, 『離騷』, "路漫漫其修遠兮, 吾將上下而求索."

예술 탄생의 전체 '천기天機'를 폭로했다. 그러므로 '길이 없는'(無路) 생존의 곤경과 '빛이 안 보이는'(無明)의 가치 위기를 헤쳐 나아가는 것은 곧 화합예술의 '입덕立德', '입공立功', '입언立言'의 영원한 지렛대 이다.

화립和立의 범주는 화합적 가능세계의 논리적 대문을 열어젖히는 진정한 지렛대이다. 왜냐하면 화합적 가능세계는 자재하고 기성적 이며 객관사물이 소새하는 자연세계가 아니라, 자각적이고 고정되 지 않은 주체정신이 있는 자유세계이기 때문이다. 형상이 없는 지혜 의 공간으로서의 화합적 가능세계는 오직 예술언어의 가상적인 활 동(虛構, 擬物, 擬人)을 통했을 때에만 비로소 그 언어의 존재상을 드러 내고 그 가치의 잠재적 에너지(式能)를 발휘하여 역사적 효용을 낳을 수 있다. 때문에 화합예술의 자유로운 창조는 무엇보다도 영원한 '입언立言'의 활동이다.

"시는 마음의 뜻을 말로 표현한 것이고(詩言志), 노래는 그 말을 길게 뽑은 것이다(歌咏言)"라고 하였듯이, 오래된 시가예술은 화합예 술의 화립和立 기초를 가장 잘 구현하였다. 화합적 생활세계에서의 입공立功의 행위와 화합적 의미세계에서의 입덕立德의 조치는 모두 화합적 가능세계에서의 입언의 활동에 있을 때에야 비로소 청사에 길이 이름을 남기고 대대로 전해지고 끊임없이 이어지는 불후의 공 덕이 될 수 있다. 옛날 사람들은 바위에 그림을 그리고 청동기에 글 을 새겼는데, 그것은 모두 언어기호로 가상된 예술작품을 통해 삶의 곤경과 가치 위기를 풀어 가려고 한 것이다. 그들의 이러한 공덕은 천고에 길이 빛나고 미담으로 전해지고 있다.(秦漢시기의 泰山刻石, 후세에 널리 세워진 碑林寺觀, 건물, 祠堂, 당대의 名人碑刻, 塑像 등은 모두 건축과 조각 예술의 형식을 통해 그 공덕의 불후함을 가상해 낸 것이다.)

예술언어의 가상 작용을 통하여 가능한 공덕功德의 존재형상과 잠재적 가치 에너지 및 역사적 효용을 드러낼 수 있다. 이것은 모든 예술창조활동의 화립적 특성이다. 가상에 사용되는 예술의 언어기호는 색채와 선일 수도 있고 음향과 선율일 수도 있으며, 텍스트에 있는 것일 수도 있고 테스트에 없는 것일 수도 있으며, 천연적인 재료(이를테면 암석, 흙)를 사용한 것일 수도 있고 인공적인 재료(이를테면 강철, 시멘트)를 사용한 것일 수도 있다. 측천무후의 '무자비無字碑'(아무 글자도 새기지 않은 묘비)에는 비록 문자기호가 없지만 그 돌비석 자체가 이미 언어기호를 새겨 놓은 것과 마찬가지의 의미를 지니고 있다. 천 수백 년이 되는 긴 세월 동안 이 돌비석은 '글자 없는' 언어로써 당唐왕조의 역사적 격변과 모진 풍파를 흥미진진하게 이야기해 주고 있으며, 사회적 환경의 풍운風雲 및 변환變幻과 그것의 정치적 의의를 깊숙이 함축하고 있다. 이것을 두고 이른바 무성無聲이 유성有聲을 이기고 글자를 쓰지 않은 것이 글자를 쓴 것을 이기는 화합예술의 의경意境을 찬란하게 드러낸 것이 아니라고 할 수 있겠는가!

화합의 범주가 입덕, 입공, 입언 등 불후의 활동을 포함하고 있기는 하지만, 인간이 다른 무엇보다도 언어적 존재라는 점에서 언어의 자유는 모든 자유의 진정한 출발점이며 언어창조는 예술창조의 기호적 출발점이다. 따라서 화합예술철학의 화립和立 범주는 입언立

言을 논리적 출발점으로 간주한다. 한번 생각해 보자. 한 사람의 말에 수많은 사람이 호응할 수 있고 수많은 사람이 같은 말을 할 수 있는 상황에서 언론의 자유가 없다면 어떻게 의지의 자유가 있을 수 있겠는가? 남의 말을 앵무새처럼 되뇌고 재잘거리기만 할 뿐 언어기호를 통한 예술창조가 없다면 어떻게 새로운 형식의 문명건설이 가능할 수 있겠는가?

입제立體(본체를 세움)정신을 '심는'(植立) 깃은 언어기호의 예술창조와 활용에서부터 시작된다. 그러므로 화립和立의 언어가 가상해 낸 주체정신과 그것의 진실성은 현실세계의 불가능성을 화합세계의 공정하고 합리적인 가능성으로 탈바꿈시켜 준다. 화합세계의 이러한 가능적 진실성은 현실의 진실성보다 더 진실한 본연의 존재방식이다. 왜냐하면 모든 현실성은 사변적으로 자신의 반대 방향으로 돌아가 현실에서의 불가능성으로 변하고, 나아가 결국 존재하지 않는 것이 되어 사라지기 때문이다. 반면에 주체적 정신이 화합세계에서 가지게 되는 가능적 진실성은 예술언어를 통해 창조되고 초월적인 사변을 통해 영원히 존재하는 진실인 것이다.

예술작품의 화립지언이 비록 가상적이고 '영혼을 만상에 투사하고 산천을 대신하여 입언하는'[69] 등 이름을 지어 붙이는 명명활동일 뿐이기는 하지만, 이것은 인간들에게 무한한 자유를 가진 화합적 가능세계를 열어 주었다. 주체정신은 이처럼 무한히 자유로운 가능세계에서야 비로소 자신을 의탁할(安身立命) 수 있는 영원한 고향을 찾

---

69) 宗白華, 「中國藝術意境之誕生」, 『藝境』, p.151.

을 수 있다. 르네상스시기의 인문주의 예술은 화합예술창조가 가진 해소의 공덕을 한껏 보여 주었다. 이를테면 다빈치의 「최후의 만찬」 등 명작은 일반적으로 중세기의 신학적 제재를 거부하지 않고, 다만 그 안에 있는 신비성을 제거한 채 그것을 새롭게 해석하고 응용하였다. 하이데거는 『숲속의 길』에서 반 고흐가 그린 「구두」와 고대 그리스의 신전을 현상학적으로 분석하였는데, 사실 이 분석은 화합예술철학에서 말하는 예술언어의 화립적 현상과 일치하고 융합되는 것이다.

영원에 대한 옛날 사람들의 이해에 근거해 볼 때, 입언이 비록 '삼불후三不朽' 중 가장 낮은 지위에 머물지만 그 작용은 오히려 가장 근본적인 것이어서 전체 화합적 예술창조의 영원한 출발점이 된다. 입덕과 입공이 영원한 것이 될 수 있는 까닭은 공적과 은덕을 찬양하는 입언의 활동과 그 예술작품들이 있기 때문이다. 이것이 바로 입언의 활동에 부여된 영원성의 의미이며, 이를 통했을 때에만 비로소 입덕과 입공이 영원한 존재가치를 얻게 되는 것이다.

명칭을 가상하는 화립和立의 과정은 예술언어의 힘을 빌려 '길이 없는' 삶의 곤경 속에서 낳고 또 낳아 가는 완전히 새로운 길을 개척하고 '빛이 보이지 않는' 가치의 위기 속에서 찬란한 가치의 서광을 비추려는 것이다. 화합예술철학에서의 화립의 범주는 바로 영원한 입언 활동을 통해 해소의 공덕을 드러냈다. 그러므로 이것은 삶의 곤경과 가치의 위기 속에서 헤매는 인간들을 위해 쉼 없이 낳고 또 낳아 가는 화생和生의 이치를 밝혀 줄 수 있었던 것이다.

2) 마음과 마음이 통하다

화립지언이 가상한 예술작품에 다시 도덕적 영혼에서 발생한 정감의 성명性命을 보충하면 영원한 예술적 매력을 가진 정신적 존재가 된다. "그 어떠한 예술적 매력이라도, 그것은 모두 전적으로 그 감화력에 달려 있다. 즉 그것이 사상과 정감에 대해 불러일으키는 성삼인 것이다."[70] 화합적 예술세세에서 작품으로 표현되는 화달지성은 일상적인 생활세계의 각종 정감, 본성, 명命에 대한 의리義理의 초월이자 지혜의 결정체이다. 즉 예술창조를 통해 정감과 성명을 승화시키는 것이다. 따라서 개인의 성정과 비교했을 때 화달지성은 뚜렷한 예술형식과 안정된 의미구조를 가지고 있어서 다시는 특정한 시공간의 제한을 받지 않는다. 그러므로 이것은 이미 보편적으로 적용되는 도덕적 정서이자 광범위한 영혼적 지향이다.

어떤 의미에서 말하자면 개체적인 생리와 동물의 본능적인 수준을 초월한 이러한 화달지성은 화합적 예술형식가치의 충분한 실현이다. "형식가치의 실현은 심미활동이다."[71] 다른 한편으로 화달지성은 예술가의 "생명과 사랑 그리고 죽음에 대하여 격정으로 가득한 사고"[72]에 근원한 것이다. 즉 화합예술의 창조활동을 통해 예술가의 내면세계에 잠재되어 있던 정감, 본성, 명命 등의 잠재적 가치에너지가 기호화되어 예술작품 안에서 표현된다는 것이다. 또 다른 한편으

---

70) 리드, 『現代藝術哲學』, p.183.
71) 리드, 『現代藝術哲學』, p.2.
72) 리드, 『現代藝術哲學』, p.163.

로 화달지성은 생명과 사랑 그리고 생사와 성명性命에 대한 독자들의 격정으로 가득한 사고에 근원한 것이다. 즉 화합예술의 감상활동을 통해 독자 영혼 깊숙한 곳의 정감, 본성, 명의 잠재적 가치에너지가 예술작품에 의해 환기된다는 것이다. 이처럼 도덕영혼의 내재적인 정감, 본성, 명은 상호주체성 속에서 서로 격동되고 감화되며 유행된다. 이렇게 화합학의 화처和處 원리는 상호주체적인 화달和達의 정감, 본성, 명 속에서 예술로 실현되는 것이다.

예술은 인간 영혼을 소통시키는 교량이자 매개체이다. 서로 다른 국가, 민족, 종족뿐 아니라 서로 다른 가치와 관념, 사유방식, 풍속과 습관을 가진 사람들도 모두 신비로운 미소를 짓고 있는 「모나리자」와 아름답고 우아하며 장중한 '밀로의 비너스상', 항상 용감히 나아가면서 영원히 만족하지 않는 『파우스트』 등을 수용하고 찬미할 수 있다. 바로 여기에서 마음과 마음이 통했다고 말할 수 있다. 예술은 인간의 영혼을 소통시키며 진실하고 선량하고 완미한 인성을 일깨워서 '대화지락'의 경지에 막힘없이 통하게 한다.

'마음과 마음이 통함'은 예술작품의 수용 과정에서 예술창조 주체와 예술감상 주체로 하여금 완전한 결합에 도달하게 하는 매개체이다. 바꾸어 말하자면, 예술작품에서 드러나는 정감, 형상, 철학적인 사유에 의해 예술감상 주체의 영혼이 격동될 뿐 아니라, 예술작품을 재창조하고 재해석하는 활동 가운데 감상주체의 정감 및 성명性命이 예술을 창조한 주체의 정감 및 성명과 서로 소통하기도 하는 것이다. 국가, 민족, 종족 등 외부적 요인들과 관념, 사유, 심리 등 내부적 요인으로 인한 모든 간격들은 바로 이 '통함'에 근거하여 모두 사라진다. 왜냐하면 음악의 "리듬과 멜로디는 영혼의 깊은 곳으로 침투함에 있어 가장 강렬한 힘을 갖고 있고" 연극·문학적인 줄거리와 언어는 인간의 마음을 격동시킴에 있어 가장 강렬한 힘을 갖고 있어, 영혼을 즐거움에 젖어들게 해 주기 때문이다. 바로 이런 식으로 예술활동의 창조성은 가장 아름답게 발휘된다.

예술창조 주체와 예술을 감상하고 평가하는 주체의 영혼이 하나로 융합되는 현상을 예술의 '공진共振'현상 또는 '공명共鳴'현상[73]이라 부를 수 있다. 그것은 예술창조 주체와 예술감상 주체의 정감, 본성, 명이 한곳에서 만나, 쌍방이 모두 자아를 잊어버리는 상태에 들어갔을 때 도달할 수 있는 가장 강렬한 화합이다. 이러한 가장 강렬한 화합 속에서 예술창조 주체의 작품의 의미가 실현되고 이것이 실현되는 가운데 예술창조 주체의 정신가치도 구현된다. 이와 더불어서 예술감상 주체는 예술작품을 통해 예술창조 주체와 영혼의 대화를 나눔으로써 예술의 세계에서 영혼의 여행을 하며 자아의 예술정신세계를 풍요롭게 만든다. 예술감상 주체는 예술세계에서의 여행을 통해 흉금을 활짝 열어젖힘으로써 몸과 마음이 정신자유의 경지에 푹 빠져 무한히 우아하고 아름다운 고향에서 유유히 거닐게 된다.

위대한 예술혼의 여행은 인간의 영혼을 정화시킨다. 그러나 해석학의 이해에 따르면, 예술혼의 여행을 떠나기 전 예술감상 주체에

---

73) 陳旭光의 『藝術的意蘊』(中國人民大學出版社, 2000), pp.191~193를 참고할 것.

게는 이미 '앞서 획득한 지식'(前識)이 존재하고 있다. 다시 말해, 예술을 감상하는 주체는 그 자신이 이미 얻었던 지식을 예술감상의 전반 과정에 투입한다. 따라서 먼저 획득한 지식들은 예술을 감상하는 과정에서 감상주체의 영혼을 강하게 자극하여 감상주체의 영혼으로 하여금 찬란하게 눈부신 예술의 빛을 방출하도록 한다. 이것은 감상주체의 영혼을 밝게 비추어 주어 영혼을 승화시키고 예술창조 주체의 영혼도 정화시킨다.

예술에서의 '앞서 획득한 지식'이란 예술작품에 대한 재창조 및 재해석이다. 그러나 각 시대별로 문화적 분위기, 주된 문제의식, 가치관념이 서로 다르고 또 국가, 민족의 종교신앙, 윤리도덕, 풍속과 습관이 크게 다르다. 따라서 예술창조 주체는 이미 존재하고 있는 예술의 문화적 분위기, 예술관념 구조의 영향을 받게 되고, 예술감상 주체는 또 자신의 '앞서 획득한 지식'을 예술작품에 적용함으로써 예술작품을 '오독'할 수 있다. 이것은 결국 예술감상 주체로 하여금 예술창조 주체가 창조해 낸 예술작품의 본의로부터 멀어지게 한다. 이것이 바로 사람마다 예술을 감상하고 평가하는 시각이 달라지는 모습, 즉 "어진 이는 어진 점을 보고, 지혜로운 이는 지혜로운 점을 본다"(見仁見智)는 것이다. 예컨대 다빈치가 창작한 「모나리자」의 신비로운 미소에 대한 수많은 분석과 추측, 모나리자의 모델 원형에 대한 분분한 해설과 증명 같은 것들이 그러하다. 이렇게 많은 차이와 갈등이 있기 때문에 일치된 결론에 도달할 수는 없지만, 모나리자의 미소가 영원히 실존할 것이라는 점에서만큼은 모든 해석자들이 의견의 일치를 보이고 있다. 이러한 의견 일치는 예술창조 주체와 예술감상 주체의 '공명'현상의 한 단면이라고 볼 수 있다.

3) 예술혼의 화락和樂 경지

예술품에 대한 공명현상 속에서 예술의 영원한 매력이 드러난 다. 예술창조 주체와 예술감상 주체는 예술품에 대한 전체적 감상(完形想像), 감정이입(移情感通), 이성적 해석(理性解釋)을 통해 예술에 대한 재인식, 재창조라는 활연한 감각 속으로 함께 들어가게 된다. 이러 한 감각은 특정한 역사적 시공이나 시대의식의 제한을 초월한 것으로, 어느 정도 보편성을 띠고 있다. 즉 그것은 예술창조 주체와 예술 감상 주체의 공명현상으로부터 발산되어 전 인류에게까지 미칠 수 있다는 것이다.

> 이것이야말로 예술혼이 도달할 수 있는 최고의 경지이다! 비울 수 있고(能空) 버릴 수 있기에(能捨) 깊어질 수 있고(能深) 채워질 수 있으니(能實), 이렇게 된 후에는 우주생명 중 어떤 이치와 사물도 그것의 가장 깊은 뜻을 찬연하게 드러내 보이지 않음이 없게 된다.[74]

비었기에 모든 경지를 다 받아들일 수 있으니, 비었으나 비어 있 지 않음은 인간생명의 몰입이다. 버리기에 멀리 닿을 수 있으니, 버 리지만 버리지 않음은 인간정신의 담박함에 대한 관조이다. 깊기에

---

74) 宗白華, 「論文藝的空靈與充實」, 『藝境』, p.180.

감추어진 것에 통할 수 있으니, 깊지만 감추어짐이 없음은 인간 예술혼의 호방한 우주적 기상이다. 채워지기에 왕성할 수 있으니, 채워져서 공허하지 않음은 인간 예술창조의 풍부한 아름다움이다. 이러한 예술혼의 최고 경지가 바로 화합예술철학의 화애지도和愛之道인 대화지락의 경지인 것이다.

"충실함을 일러 미美라고 한다." 예술의 가상적 형식에 충실한 화애지도는 예술의 심미적인 자유정신이 환하게 드러난 것이다. 자연계에 있어서 혼돈과 질서, 암흑과 광명, 필연성과 자유는 모두 충실한 존재라는 점에서는 동일하다. 그러나 예술이 창조해 낸 화합의 세계에서만큼은 조화로운 질서, 따스한 광명, 무한한 자유만이 충실한 존재이고, 또한 주체정신과 도덕영혼 그리고 자유의지에 부합되는 영원한 가치 형태이다. 이와는 반대로 질서 없는 혼란, 빛이 없는 암흑, 맹목적인 필연성은 인문학적 의의도 없고 충실하지도 못한 존재이다. 이러한 관점에서 보면 화합의 예술이 창조해 낸 주체정신의 고향은 바로 전적으로 인간에게 속하는 화합적 가능세계이다.

화애和愛에서 '애愛'자는 신성한 글자이다. "사랑은 하나의 예술이다."[75] 세상에서 화애지도보다 더 중요한 것은 없으며, 화애의 예술보다 더 숭고한 것은 없다. 화애의 세계는 인생과 우주에 대한 인간의 가장 경건하고 정성스러운 소망이다.

화합학이 창립한 3차원의 화합세계에서 화합예술의 창조는 주체

---

75) 에리히 프롬(Erich Fromm), 『愛的藝術』(華夏出版社, 1987), p.4 참조.

정신이 화합적 가능세계로 들어가는 언어의 통로를 닦았으며, 도덕 영혼을 화합의 정신적 고향에 정착시키는 감정, 본성, 명의 갑문을 열어젖혔다. 이로써 화합예술의 창조는 무한한 자유를 가진 지혜의 경지가 예술작품 안에서 활짝 드러나게 하여, 사람들로 하여금 즐겁게 노닐고 정신적으로 왕래하며 서로 어울려서 하나의 경지를 이루도록 하였다. 이처럼 무한히 자유로운 지혜의 관조 아래 사람들은 더욱 '유연하게 남산을 볼' 수 있게 되었다. '유연하게' 세상만사를 조용히 바라보다 홀연히 영혼의 투명함을 깨닫게 되고, '유연하게' 황홀한 자태를 관조하다 '이런 삶 속에 참뜻이 있는' 남산을 더 깊이 이해하게 되는 것이다.

해석학의 전문 용어를 빌려 말하자면 예술작품은 감상주체의 순환해석(오독을 포함하여)을 통해 각자의 관점을 가진 감상주체에게 서로 다른 함의와 가치의 품격을 보여 준다. 해석, 해독 및 비평의 끊임없는 수용을 거쳐 화합예술철학은 화합적 가능세계에서 화합적 의미세계로 진입한다. 또한 도덕적 감정, 본성, 명에 대해 끊임없이 해석하고 해독하는 과정에서 종교적인 정화와 승화를 불러옴으로써 역사적 명운에 대한 철학적인 반성과 관조를 낳는다.

화합예술철학이 화애지도의 도경道境 및 대화지락의 화경和境을 초월하게 되면 예술의 체험세계는 예술의 초경험적 세계로 승화된다. 이것은 예술창조 주체와 예술감상 주체의 영혼세계가 완전히 개방되어 밝고 투명해진 상태이다. 이는 말로 표상할 수도 없고 명명할 수도 없는, 명칭과 언어를 초월한 심오하고도 심오한 함의이자 경지이다. 예술의 이러한 형이상적 함의 안에서 피아의 구분은 모두 잊히고, 체용은 둘이 아니기 때문에 화합적 예술은 그 눈부신 청춘을 영원토록 간직하게 된다.

화합예술철학이 탄생하는 계기는 화합적 현실세계가 직면한 '길이 없는' 곤경에서 벗어나서 화합적 의미세계에서 나타나는 가치충돌과 가치위기를 해소하고자 하는 노력에 있다. 일단 예술을 창조하는 위대한 주체가 화합적 가능세계 안에서 나아갈 만한 자유의 길을 성공적으로 찾아내게 되면, 전체 화합적 인문세계에서 일련의 공명반응을 일으켜 중대한 과학의 발견, 기술의 발명, 공예의 혁신이 일어나게 될 것이다. 따라서 충돌이 해소되고 위기가 극복되어 곤경에서 벗어남으로써 인간으로 하여금 '우거진 버들꽃이 활짝 피어 있는 마을'과 같은 빛나는 미래를 맞이하게 할 것이다.

제7장 화합철학의 논리구조

화합학이 이성의 법정에서 자기 존재의 정당성을 변호할 필요는 없지만, 반대로 이성은 화합의 건물에서 자기의 적당한 자리를 찾기 위해 반드시 애써야 한다. 화합학의 삼중三重 화합세계(화합적 현실세계, 의미세계, 가능세계)를 구축하고 화합적 역사철학, 화합적 언어철학, 화합적 가치철학, 화합적 예술철학 등 화합학의 날개와 뿌리와 기초를 전개하는 것은, 유사 이래 존재했던 인간의 문화, 철학 및 가치의 형상에 대해 화합적으로 통괄하는 것이다.

화합철학은 화합학을 철학 문제로 연구하여 철학의 위기를 해소하며 철학적 고통을 치료하는 것이지, 기존의 철학적 이론에 '비추어' 논하는 것도, 과거의 철학적 이론에 '이어서' 논하는 것도 아니다. 화합학은 '스스로 논하기' 즉 화합학 스스로 '자기를 논하는' 철학이다. 그렇지 않다면 화합학 역시 역사상 존재했던 여러 철학이론 중의 하나로 해체·환원되고 말 것이다.

1. 화애和愛와 지혜의 결정체

우리는 화합의 충돌·융합의 현상을 계기 혹은 방법으로 삼아 화합의 낳고 또 낳는 도체(生生道體)에 통달하고 화합의 길을 밝혀 설명하며 화합의 정원을 구축함으로써, 화합학으로 하여금 진정으로 지혜의 숲속에 빛나는 열매, 생명의 바다 속의 연꽃, 위대한 조화가 유행하는(大化流行) 가운데에서의 역참이 되도록 해야 한다.

1) 화합학의 궁극적 토대

화합의 생생도체生生道體는 화애와 지혜의 결정체이고, 인류의 5대 위기를 벗어나기 위한 노아의 방주이며, 첨단기술과 세계화라는 배경 안에 안착할 수 있는 정신적 고향이다. 그러므로 반드시 여러 방면에서 자원을 채집·발굴하고 동서고금의 다양한 문화 경험을 고농도로 정제해서, 학문체계를 구축하는 설계도에 대해 여러 방면에서 살펴보고 엄격한 자기검열을 실시해야 한다.

화합학의 충돌융합론은 현상적인 계기 혹은 방법일 뿐 화합이 화합일 수 있는 내재적인 근거 혹은 화합의 초석은 아니다. 그렇다면 화합학이 화합학일 수 있는 근거는 도대체 무엇인가? 또한 화합학 논리체계의 초석은 어디에 있는가? 이것은 본연의 화합을 내포하면서도 이성의 비판을 이겨 낼 수 있는 화합학의 전제가 도대체 무엇인지를 묻는 것이다. 학문적 토대에 제기되는 이러한 문제에 대해 화합학은 반드시 해답을 주어야 한다.

논리적인 관점에서 자세히 살펴보면 차별성이 반드시 충돌을 야기하는 것도, 충돌이 반드시 융합을 이루어 내는 것도 아니며, 충돌·융합이 반드시 화합을 불러오는 것 역시 아니다. 다시 말하면 화합의 토대와 원천이 반드시 형상形相과 무형상無形相의 차별성, 혹은 충돌과 융합에 있는 것은 아니라는 말이다. 화합의 궁극적인 토대는 인류 문화와 철학의 지성창조 혹은 가치혁신에 있다.

지성의 창조 혹은 가치의 혁신만이 비로소 화합학의 기초이고 영혼일 수 있으며, 그것만이 화합의 생생도체의 품격과 개성을 확실하게 구현할 수 있고 과거의 객관철학과 주관철학을 초월할 수 있다. 왜냐하면 창조와 혁신이 있어야만 초월이 있을 수 있고 유행이 이루어질 수 있기 때문이다. 한마디로 말하자면, 창조와 혁신이 있어야만 화합이 이루어질 수 있다는 것이다.

유기적 통일체인 화합적 세계에서 가치혁신은 삼차원의 입체적 구조를 가진다.

첫째, 화합적 현실세계의 지적 활동은 가치혁신의 발생학적 기초이다. 생명지혜와 그것의 자연지성의 도덕적 각성과 과학기술의 발명이 없이는 인류문화와 철학의 고유한 가치혁신도 나타날 수 없을 것이다.

둘째, 화합적 의미세계의 규범척도는 가치혁신의 윤리학적 전제이고 근거이기에, 어떤 문화와 철학의 가치혁신도 반드시 "하늘에 순종하고 사람에게 응하는"(順乎天而應乎人) 이층구조의 윤리기준에 부합해야 한다. 즉 가치혁신 활동은, 인간사회는 오직 천지의 화육에 참여함으로써 비로소 만물을 이용할 수 있기에 한편으로는 반드시 자연생태계의 법칙을 좇아야 하지만, 다른 한편으로는 역사발전 상의 승부의 규칙에 복종하고 천인 간 소통의 요구를 충족시켜 만백성을 양육해야 한다. 천인 사이에서 진행되는 가치혁신활동은 생태의 윤리규범과 발전의 윤리규범이 화합하면서 작용한 결과이다.

셋째, 화합적 가능세계에서 '명칭'을 입안하는 것은 가치혁신의 논리적 전제이다. 고도로 자각적이고, 스스로 원하며, 자유로운 목적적 소통활동은 가치혁신이 기대하는 목표이다. 이것은 결국 마음속 형상인 의상意象을 창조하는 기호형식으로서, 소통활동의 실천에 앞서 존재하고 가치혁신의 과정 전반에서 목표에 대한 피드백으로 작용한다. 인류문화와 철학 영역에서의 모든 가치혁신 활동은 바로 이렇게 끊임없이 명칭에서 실체로, 입안에서 실제 제작으로, 가능태에서 현실태로 옮겨 가는, 낳고 또 낳아 가는 화합의 과정이다.[1]

2) 토대가 토대일 수 있는 까닭

화합의 토대와 원천이 반드시 형상과 무형상의 차별성 혹은 충돌과 융합에 있지 않고 인류문화와 철학의 지성창조 혹은 가치혁신에 있다고 하는 까닭은 다음과 같다.

---

[1] 祁潤興의 「價値創造的本質在于和合 ─ 張立文教授和合學融突觀評價」(타자본) 참조.

첫째, 형상·무형상의 차별성과 분화는 다양성의 미시적 근원이자 개별성과 특수성을 성립시키는 논리적 근거이다. 일반적으로 말하자면, 형상과 무형상의 차별성에는 네 가지 양식이 있다. ① 불연속적인 것과 연속적인 것, 셀 수 있는 것과 셀 수 없는 것, ② 양질의 것과 저질의 것, 동질적인 것과 이질적인 것, ③ 음성적인 것과 양성적인 것, 드러난 것과 잠재적인 것, ④ 고급스러운 것과 저질스러운 것, 상급인 것과 하급인 것 등이 그것이다.

형상·무형상 간 차별성의 수준은 인문정신의 시각 내에서 세 가지 방면의 조건에 의해 결정된다. ① 대상 자체의 분화 정도와 특화 수준, ② 인간이 가지고 있는 분석 수단과 식별 능력, ③ 사회적 요구의 차별성 층차와 제어 가능한 차별성의 정도가 그것이다. 이를테면 마이크로전자기술, 나노기술과 표면물리기술은 모두 차별성의 수준이 매우 높은 현대 과학기술이다. 따라서 "바보인 척하기도 어렵다"(難得糊塗)는 오래된 지혜도 여기에서는 통하지 않는다.

차별성이 꼭 충돌을 유발하는 것은 아니다. 오히려 일부 근본 없고 병적인 '위선적 충돌'을 제거할 수 있다. 왜냐하면 형상·무형상의 분화 정도가 세밀하면 할수록 특화 수준이 더욱 성숙되고 피차간의 보상성도 더욱 강해져서 충돌이 발생할 수 있는 경계면의 면적이 줄어들기 때문이다. 예를 들면 인체의 기관, 특히 감각기관의 경우 고도로 차별화 및 특화되었기에 대부분의 경우 저절로 조정되고 충돌이 아주 적다.[2] 또 사회경제의 분업화가 세밀해질수록 피차간에

---

2) 병적인 상태에서는 기능상에서 병리적 충돌이 생긴다. 중국 전통의학에서의 心

의존성이 더 강해지고 협력 수준에 대한 기대치도 더욱 높아진다. 형상·무형상의 차별성은 반드시 전체 화합을 요청하며, 전체 화합이 실패할 경우 차별성은 충돌로 오도되기 쉽다.

둘째, 사물의 대립과 갈등은 모순성의 거시적 표상이자, 양극화와 적대성이 존재할 수 있는 현실적 토대이다. 일반적으로 충돌은 동질적인 처지에서도 흔히 발생할 수 있다. 『주역』 혁괘革卦 「단전彖傳」에서는 "두 여자가 같이 살고 있으니, 서로 그 뜻을 얻지 못한다"라고 말했다. 성별이 같기 때문에 피차간에 뜻을 얻지 못하겨 서로 다투는 것이다. 한 나라에 두 임금을 세우지 않고 하나의 산에 두 마리 호랑이가 용납되지 않는다는 이러한 '양립 불가능한' 충돌의 근원은 쌍방이 모두 배타적이고 독점적인 권세를 목표로 한다는 점에 있다. 『삼국지연의』에서 적벽대전을 전후하여 발생한 제갈량諸葛亮과 주유周瑜 간의 충돌 역시 동일한 지력, 지위, 목적을 놓고 다툰 것이었다. "주유를 낳아 놓고서는 왜 또 제갈량을 낳았는가?"라는 힐문은 둘 간의 충돌에 대한 합리적인 회의이자 타당한 거부였다. 집안싸움식의 중국 사람들 간의 충돌은 상당 부분 '크게 통합된'(大一統) 문화가 만들어 낸 '거의 비슷한' 국민성에 근원하고 있으며, 몇천 년을 내려온 '동질성을 추구하는'(尙同) 가치관념의 역사가 만들어 낸 산물이다. 이들을 적절하게 취합할 체계가 없는 상황에서 동질적인 것들끼리 서로 배척한다는 것은 확실한 법칙이다.

『국어國語』 「정어鄭語」에서는 "모두를 같게 만들어 버리면 지속되

腎不交의 증상이나 서구 의학에서 말하는 신장성 심장병 같은 것이 그 예이다.

지 못한다"(同則不繼)라고 하였다. 동질성도 충돌의 근원 중 하나이다. 그러나 서로 동질적이라고 반드시 충돌을 초래하는 것은 아니다. 특정한 시기, 특정한 상황이라는 조건에 부합되기만 하면 상호 동질성으로 인해 서로를 배척하는 충돌이 발생하지는 않는다. 다음의 경우가 그렇다. ① 상호 동질성을 가진 사물들이 모종의 취합 체제를 통해 협동체를 형성하는 경우. "만상(万)은 동류끼리 모이고, 만물은 무리끼리 나누어지는"(方以類聚, 物以群分) 곤충세계의 개미떼와 벌떼, 그리고 인간의 군사집단 등이 이에 해당한다. ② 상호 동질성을 가진 사물들이 특정 경우에서 상호협동체제를 형성하는 경우. 이른바 '하나의 배를 타고 함께 강을 건너는' 현상이나 '근심과 고난을 함께하는' 현상 등이 이에 해당한다. ③ 추구하는 자원이 충분하여 무한에 가까울 때 자원이라는 목표를 둘러싸고 집결한 동질적 현상이나 사물은 충돌이 없이 '평화롭게 공존'할 수 있다. 이를테면 『도화원기桃花園記』에서의 주민들, 먹고 입는 것이 풍족한 시골 사람들, 먹이가 충분할 때의 아프리카 대초원의 맹수 무리 등이 이에 해당한다. 이러한 특정한 조건이 갖추어지지 않을 때, 이를테면 동질적 원소들이 취합 체제를 결핍하여 이들 간 협동체를 형성하지 못하였거나 단체로 협동하지 못하였을 때, 그리고 추구하는 자원이 극도로 결핍하게 되었을 때, 상호 동질성은 곧 충돌을 의미하는 것이 된다. 따라서 이 경우 동일성은 투쟁성의 논리적 전제가 된다.

동질적인 것들끼리 상호 충돌하게 되면 반드시 적대적 관계를 형성하고 변증법 사유에서의 모순 범주를 구성하게 된다. 적대적 사물끼리 서로 '나를 위해 상대방을 배척하게' 되면 반드시 충돌상황에 빠지게 되는 것이다. 충돌의 양 주체가 가능한 빨리 충돌을 해소시키지 못할 경우, 필연적으로 양극화를 초래하게 되어 일진일퇴를 거듭하며 양측이 함께 소모되고 손상되어 간다.

현실적인 관점에서 보면 충돌은 파괴적 힘을 가지기에 "낡은 사회를 박살 낼 수 있다." 그러나 충돌이 반드시 "새로운 세계를 건설하는" 힘을 가신 것은 아니다. '문화대혁명'과 세계의 여러 사건들은 이처럼 모순, 충돌, 대립만을 강조하는 이른바 '변증법적 사유'가 '낳고 또 낳아 가는' 큰 덕을 결핍했음을 분명하게 보여 주었다.

화합은 새롭게 창조하고 건설하는 힘으로서, 충돌의 파괴적 힘과는 다르다. 그러므로 충돌은 화합의 근거가 될 수 없다. 만약 충돌을 화합의 근거로 간주한다면 화합의 혁신성은 충돌에 근거한 파괴이고, 화합의 건설 능력은 충돌에 근거한 구조 해체의 힘이 되어 버리는 논리적 곤경에 빠질 수 있다.

셋째, 충돌융합론에서, 충돌은 '정해진 명칭'(定名)이고, 융합은 '비워 둔 자리'(虛位)이다. 융합은 충돌의 적대성을 전화시키고 충돌의 파괴성을 약화시키는 일을 맡을 힘이 없다. 따라서 융합만으로 화합의 혁신성과 건설적 성격을 설명하기는 부족하다. 설령 물과 젖처럼 서로 잘 섞이는 융합이라고 할지라도, 영구적이고 점차 상승하는 것일 수도 있고 일시적이고 점차 하강하는 것일 수도 있다는 점에서 상대성을 가진다. 융합의 영구성은 그것의 안정성을 설명하고, 일시성은 그것의 불안정성을 의미한다. 즉 융합체는 일반적으로 단일결정체보다 안정성이 떨어진다. 융합체의 가장 큰 문제는 그것이 상대적으로 하강하는 성질을 가진다는 점이다. 즉 순도가 하강하고, 가치가 하락하며, 성능이 혼잡해진다. IT기술을 상징하는 '실리콘밸리'를 예로 들자면, 반도체의 재료 중 가장 많이 사용되는 것은 규소와 기타 원소가 결합된 융합원소 즉 규소를 함유한 화합물(규산염 등)이 아니라, 바로 높은 순도의 규소결정체이다.

융합의 수준이 하강된 극단적 상태가 바로 혼돈이다. 혼돈융합체 내에서 모든 질서와 등급은 다 물거품으로 돌아가고, 모든 가치 있는 분화와 의미 있는 경계선들도 해체되어 소멸된다. 따라서 혼돈은 화합의 원천도 아니고 화합지도和合之道도 아니다.

융합은 화해를 촉진하는 힘이다. 둘이 하나로 합하든 여럿이 하나로 합하든, 모두 혁신 또는 창조를 직접 의미하지는 않는다. 바꾸어 말하자면, 융합으로부터 낳고 또 낳아 가는 생생生生에 도달하는 것은 융합과 화합의 순환을 초월했을 때에만 비로소 실현될 수 있다. 논리적 연산으로 말하자면, 융합은 덧셈법 무리 안에서의 원소 교환으로서 결합률結合律을 따르는 것이므로 수치가 일정하게 보존되면서 끝내 증가하지 않는다. 이와는 반대로, 화합은 주판(算子)을 초월한 것으로서, 가치 영역 내 요인들이 투영된 것에 속하므로 수치가 일정하게 머물러 있지 않고 증가한다.

충돌이든 융합이든 혹은 쌍방의 충돌·융합이든, 이 중 어느 것도 화합이 화합일 수 있게 하는 토대를 확립할 수 없다.

3) 충돌융합론의 방편과 수단

충돌·융합은 화합학의 기초가 될 수 없다. 비록 충돌·융합이 화합에 함축된 것이라고는 할 수 있겠지만, 화합학의 기본 원리가 충돌융합론으로부터 도출된 것이라고 말할 수는 없다. 그렇다면 화합학에서 충돌융합론은 어디에 위치해야 하며, 어떤 역할을 맡아야 하는가? 이 문제는 화합학 내부에서 명징하게 해결되어야 한다.

충돌융합론은 화합학이 가지는 화해의 효용의 차원에 위치한 방편과 수단이자, 화합학자가 변증법적 사유에서 화합적 논리로 도약하는 발판이며, 또한 화합의 정원으로 들어가는 '가로수길'(林陰道)이라고 할 수 있다.

첫째, 충돌과 융합은 철학 범주로서 전통적 변증법의 기본 개념과 비슷한 데가 있다. 일반적으로 말하자면, 충돌은 모순대립의 관계와 투쟁성의 범주에 대응할 수 있고, 융합은 모순통일의 관계와 동일성의 범주 그리고 모순대립을 해결하는 일시적 방식에 대응할 수 있다. 그러므로 충돌융합론이 전통적인 변증법적 사유의 논리구조를 벗어나기 위해서는 아직 한 단계의 과정을 더 거쳐야 한다는 것이다. 이를테면『주역』「계사전」의 "역易에는 태극이 있다. 태극은 양의兩儀를 낳고, 양의는 사상四象을 낳으며, 사상四象은 팔괘八卦를 낳는다"라는, 이러한 "하나가 나누어져 둘이 된다"는 구조가 바로 그 것이다. 노자의 "화禍 속에 복福이 깃들어 있고, 복 안에 화가 숨어 있다"(58장)는 말에 담긴, 대립 국면에서 나타는 상호전화의 의미,

"무력이 강하면 결국 소멸되고 나무도 억세면 결국은 꺾이고 만다"(76장)는 말에 담긴, 사물의 확장이 극에 달하면 반드시 반전된다는 논리, 그리고 동서 전통 변증법의 여러 가지 대립 범주들, 이를테면 음양, 건곤, 명실名實, 유무, 유한/무한, 차안此岸/피안彼岸, 순간/영원 등은 여전히 충돌융합론이 필요로 하는 개념들이다.

둘째, 화합학은 전통적인 변증사유로부터 벗어나는 과정에서 여전히 충돌융합론의 도움을 빌려 이원관계를 탐구한다. 삼차원의 화합세계를 놓고 말하자면, 경지(境)/이치(理), 본성(性)/천명(命), 도리(道)/조화(和)는 변함없이 『주역』적 사유구조의 흔적을 가지고 있다. 그러나 화합학의 논리적 구조체계는 전통적인 이차원적 가치논리가 아니라 현대적인 다차원적 가치논리이다. 따라서 화합학 내부에서는 배중률이 효력을 잃고 극단화한 진리값이 출현되지 않음으로 인해 어느 한쪽으로 치우치거나 기울어지지 않은 중정의 도(中正之道)를 창조할 수 있게 된다. 화합세계의 전체 구조에서 보자면 인도人道는 곧 천도天道와 지도地道 사이에 있는 중정의 도이다.

셋째, 가치충돌 및 그로 인해 초래되는 생존 위기를 해소하는 것은 화합학이 자각적으로 짊어진 현실적인 사명이고, 또한 화합학 체계가 환골탈태하여 다시 태어나는 역사적인 '계기'이기도 하며, 더 나아가 화합의 생생도체生生道體가 지혜의 수풀 속에 우뚝 서는 '효용'으로서의 기준점이기도 하다. 화합학이 충돌과 그로 인한 위기를 해소하려고 한 이상, 다시 충돌을 생생도체의 핵심적인 범주로 설정하는 것은 타당하지 못하다.

충돌은 낳고 또 낳아 가는 혁신이 아니라 가치를 전복시키고 의의를 훼멸시키는 것일 수밖에 없다. 따라서 가치창조와 의미부여를 목적으로 하는 화합학이 계속 '충돌해 나가기만'(衝突下去) 할 수는 없다. 만약 계속 충돌해 가기만 한다면 화합학은 헌팅턴의 '문명충돌론'이 유교에 대해 가졌던 오해를 비판할 충분한 논리적 근거를 가지지 못할 뿐 아니라, '문화대혁명'의 파괴행위를 비판할 충분한 이론적 역량을 가지지도 못할 것이다. 그러므로 '충돌'과 '화합'은 양립불가능한 두 가지 언어체계이다.

그러나 우리가 충돌로 가득 찬 현실과 위험으로 가득한 지금의 시대에 살고 있는 이상, 화합학은 충돌의 문제에 대해 고민하지 않을 수 없다. 그러므로 충돌로부터 이야기를 시작하겠다. 이것은 논의의 편의를 위한 것일 뿐만 아니라 또한 "독으로써 독을 공격하는" 치료법이기도 하다. 이렇게 하는 이유는 사람들로 하여금 끝없이 충돌해 가기만 할 경우 가치가 훼손될 것이며, 쉬지 않고 근본까지 혁명해 나갈 경우 생명자원이 파괴될 것임을 분명히 이해시키고자 함이다. 따라서 충돌융합론은 사람에게 주의를 환기시키는 화합학의 '경종'이자 죽은 사람을 되살리기 위한 '극약'이며, '치우침을 바로잡고 폐단을 없애는'(補偏救弊) 언어방식이다.

전통적인 변증사유를 초월하고 화합의 낳고 또 낳아 가는 논리를 드러내는 것은 화합학 자체의 책임이다. 따라서 화합의 해소효과에서 출발하여 화합의 충돌·융합 현상을 정확하게 드러내야 한다. 이것이 곧 화합 자체인 것은 아니지만, 화합으로 하여금 무대에 등

장하고 자신을 드러내게 하는 것이다. 그리하여 화합학적 방법으로
하여금 철학적 이론과 실천의 문제를 해결하는 가운데 그 무궁한
매력을 과시함으로써 하나의 새로운 학술 패러다임을 이루게 하고,
아울러 화합의 생생도체에 도달하게 하는 것이다.

2. 화합에 대한 자기식의 세세한 체득

'화합'이라는 두 글자는 스스로 자신을 표현하는 것이라고 말할
수 있다. 마치 정호程顥가 "천리天理라는 두 자는 스스로 자신을 표현
하는 것이다"3)라고 말한 것과도 같다. 사실, 천리는 일찍이 『장자』
「양생주」에서 나왔고, 또 『예기』「악기」에서도 '천리'와 '인욕'에 관
한 말이 나온다. 정호가 천리에 대해 "스스로 자신을 표현한 것"이
라고 말한 까닭은, 천리를 핵심 범주(주도적인 개념)로 하여 리학의 이
론적 사유구조를 구축하고 그것을 실현시켰기 때문이다. '화합'이란
두 글자도 일찍이 춘추시대의 『국어』에서 나왔는데, 이것을 '스스로
자신을 표현하는 것'이라 하는 까닭도 역시 '화합'을 핵심 범주로 하
여 화합학의 이론적 사유구조를 구축하고 현대 중국철학의 이론적
사유구조로 거듭나게 했기 때문이다.

---

3) 『河南程氏外書』, 권12, "天理二字, 卻是自家體貼出來."

1) 인문정신이 생생불식하는 현묘한 이치

화합 두 글자는 선진시대에 발생하여 동서양을 융합하는 것으로, 이 하나의 개념으로 생생불식하는 인문정신의 현묘한 이치를 꿰뚫을 수 있다. 중화의 화합적 인문정신은 찬란하게 싹을 틔우기도 하고 비장하게 화를 당하기도 하면서 기나긴 기다림과 우여곡절 끝에 새롭게 단생하여 생동감 넘치고 아름다운 새 징을 열었다. 그러나 전국시대에 천인과 음양이 각자 자기 갈 길을 갔기에 화합의 정신은 점차 지평선 아래로 후퇴하여 방기方技 · 술수術數로 몰락해 버렸다. 이 때문에 천도와 인도의 범주체계는 모순율의 제약으로 인해 항상 대립적 관계에 위치하였고, 사유의 화합률和合律은 그저 구조적 연결체계 상의 전환기제로 형식적으로만 잔존해 있을 뿐이었다. 따라서 화합의 이론적 사유와 가치기준은 선진 문화와 철학에서만, 그나마도 불명확한 대립항으로만 존재할 뿐이다. 진한 이후로부터는 중화 정통문화 범위 내에서만큼은 이미 화和도 합合도 아닌 변이와 분열로 가득 차서 화합정신은 존재하지도 않는 열반상태와 같은 처지에 놓이게 되었다.

여기에 입각해 말하자면, 화합적 사유는 중국 역사를 관통하면서 단절이 없었던 것도 아니고, 세상만물 안에 보편적으로 존재하는 것도 아니다. 화합은 인문정신과 시대정신이며 화합 본체는 의심의 여지없이 관념에 의해 가상된 가치 본체이지만, 전통적 로고스중심주의가 스스로를 표방하고 흥미진진하게 서사하는 식의 무한정적인 보편성을 갖추지는 못했던 것이다.

화합은 어디에나 있는 것이 아니다. 세상은 위험으로 가득 차 있고 충돌은 횡행하고 있기 때문에 본래의 진실한 화합은 아직 무대에 등장하지도 않았으며, 인문세계의 주도적 규범이 되지도 못했다. 설사 화합이 국지적이고 개별적인 현상으로 존재한다 하더라도 전체적으로는 여전히 부재 상태라고 할 수 있다. 화합적 현실세계로서의 우주자연의 '경境'은 단지 화합되기를 기다리는 원자재일 뿐이므로, 그 자체에 대해 화합이냐 아니냐를 논할 것이 없다. 비유하자면 쟁반에 위에 있는 모래에 대해 화합이냐 아니냐를 논할 것이 없는 것과 같다. 오직 쟁반 위에 있는 모래가 건축 재료로 사용되고, 벽돌구조의 건축물에 응집되어 있을 때에야 비로소 건축예술 안에서 화합의 의미와 가치를 얻게 되는 것이다. 근본적으로 말해서, 화합이 부재하여 현실에 존재하지 않는 까닭에 화합이야말로 주창할 만한 가치가 있으며 반드시 부르짖고 구축해야 할 철학 범주가 되는 것이다. 만약 화합이 이미 어디에나 있고, 사방에서 꽃피워 가고 있다면 화합은 특별할 것 없는 이야기, 흔한 현상이 되어 철학적 개성과 독창성을 상실하게 될 것이다.

또한 화합은 '언제나 있는 것'이 아니다. 왜냐하면 생명이 없는 우주는 쥐 죽은 듯 고요할 뿐, 낳고 또 낳아 가는 화합이 없기 때문이다. 그러므로 장재는 "천지를 위하여 마음을 세운다"(爲天地立心)고 하였다. 다시 말해, 인류가 없는 천지는 혼매한 존재일 뿐이므로 결코 가치의 화합을 숭상할 수 없다. 우주자연이 진화해 온 역사는 화합적 창조의 역사가 아니다. 오직 문화를 창조하는 인간의 역사만이 비로소 '화합을 해낼' 수 있다. '스스로 창조할 줄 아는 화합의 존재'로서의 인간은, 생물적 본능으로부터의 어떠한 도움도 없는 상태에서 대자연에 의해 생물로서의 모든 본능을 박탈당한 채 지성적인 화합창조를 통해서만 생존하고 진보할 수 있는 인문학의 대로, 즉 실낙원 이후의 고난의 여정에 내몰려 있었다. 따라서 하늘과 인간이 각기 세 길을 가게 되면서부터 인문적 화합에 의한 가치창조의 공정이 비로소 정식으로 태동하게 된 것이다.

포스트모더니즘은 이미 '세상 어디에나 다 들어맞는' 식의 무한한 보편성은 절대주의의 신화일 뿐이자, 전형적인 '언어의 폭정'이라고 지적했다. 사실 이른바 '보편성'이란, 유사성으로부터 추상해 낸 본질 또는 언어유희적 가족유사성일 뿐이다. 절대주의가 승인하는 만사만물의 공통적 본질과 일반적 규칙성은 원래부터 허구적인 철학의 잠꼬대이다. '보편성'의 가면이 벗겨진 이상 화합학은 결코 다시는 '어디에나 다 있고' '언제나 존재하는' 식의 보편성 개념을 운용하면서 화합학의 합리성과 정당성을 증명해서는 안 될 것이다.

화합은 인문정신의 독특한 경지이다. 그것은 선택적이면서 만나기 어렵다는 특성을 가지고 있는데, 이것이 어떻게 보편적으로 존재할 수 있겠는가? 무릇 모든 창조성 넘치는 정신적 경지는 유일무이한 뛰어난 존재이므로, 이들은 결코 보편화될 수 없다. 만약 화합의 보편성을 끝까지 규명하려 든다면 크게 실망하게 될 뿐 아니라 긍정적인 답도 얻을 수 없을 것이다.

2) 화합은 인문적 창조에서 비롯된다

인문정신과 시대정신으로서의 화합은 전통적인 로고스중심주의의 경우와 같은 보편성을 가지지 않기에 우주 역시 화합의 특성을 가지지 않는다. 화합이 의미를 부여하고 가치를 상징하며 가능성을 선명하게 드러낸다는 점에 비추어 볼 때, 자연과학이나 물리학적 의미에서 말하는 우주만물에는 화합이 없다. 바꾸어 말해, 화합은 저절로 존재하는 우주의 실재가 아니다. 그러므로 화합학은 전통적 의미에서의 우주관, 즉 우주만물의 자체적 본성이 실재한다는 물리학적인 관점과 우주론적 견해를 내포하지 않는다. 그렇지 않으면 화합학 역시 플라톤이 선의 이데아로 우주를 해석할 때 부딪쳤던 모든 논리적 역설과 가치적 곤경에 똑같이 직면하게 될 것이다.

크게는 천지만물, 작게는 초목과 땅강아지나 개미 같은 것까지도 모두 화합적이라고 한다면, '화합' 범주의 외연은 무한대로 확장되고 내포는 무한대로 작아질 것이기 때문에 그 논리적 설득력은 결국 영(零)으로 수렴될 것이다. 왜냐하면 만약 우주존재와 천지만물이 모두 화합적이라고 가정한다면 다시 그것들을 화합시켜야 하는데, 이것은 완전히 쓸데없는 짓이기 때문이다. 게다가 선도 악도 모두 화합적이라고 하는 데까지 추론해 감으로써 화합적인 것들 간에 필연코 구태의연한 선악의 싸움이 이어지게 될 것이다.

사실, 화합은 인문학에서 비롯하여 존재하는 것이고, 인간성에서 비롯되었기에 귀중한 것이다. "예를 시행함에 있어서는 조화가 귀중

하다"(『論語』「學而」), "천지의 본성 가운데 인간이 귀중하다."(『孝經』 「聖至章」) 인간은 예악의 문화가 가지는 효용에 근거하여 천지 사이에 확고히 자리를 잡고 우주 안에서 밝게 깨닫는다. 예악의 문화는 인간의 지성창조에서 비롯되어 화합을 숭상하며, 천지만물은 인문적 화합창조를 받아들이기에 그에 상응한 의미와 가치를 지닌다. "분명한 것은 그 어떤 하나의 관념적 사물의 존재를 가능적 실재로 곡해하려는 시도는 필경 모두 실패할 것이라는 점이다. 왜냐하면 가능성 자체가 관념의 대상이기 때문이다. 실재하는 세계에서 보편적 수, 보편적 삼각형을 찾아볼 수 없듯이, 우리도 가능성을 찾아낼 수 없다."4)

전통적인 철학의 우주관, 자연관을 화합학 안에 포함시키지 않는 입장은 화합학의 철학적 가치와 효용을 손상시키는 것이 아닐까? 사실 이러한 입장은 화합학의 화해기능과 혁신적 특성을 조금도 떨어뜨리지 않을 뿐만 아니라, 기존의 철학적 우주관, 자연관과도 명확히 경계선을 그을 수 있다. 바꾸어 말하자면 우주천체의 운행에 관한 문제는 코페르니쿠스 이후로부터 자연과학의 신성불가침적인 연구 영역이 되었기에, 철학은 가급적 이 주제에 손을 대지 말아야 한다. 그렇지 않으면 결국 헤겔의 『자연철학』과 같이 웃음거리로 사상사에 기록될 것이다. 아인슈타인의 일반상대성이론에 근거하면, 우리가 살고 있는 우주는 팽창하고 있는 4차원의 리만구체로서, 공간은 무한하지만 경계가 있고, 시간은 시작이 있지만 끝이 무수히

---

4) 후설, 『邏輯硏究』(倪粱康 옮김, 上海譯文出版社, 1998), 제2권, p.120.

나뉜다. 팽창이 계속됨에 따라 형체가 있는 모든 물체는 결국 조각으로 부서지거나, 혹은 블랙홀에 떨어져 암흑물질이 되거나, 그것도 아니면 인멸되어 양자 수준에서의 미립자가 될 것이다. 적어도 지금까지의 현대 물리학 이론은 화합적 우주관을 지지하기에 아직 여러 가지 난관이 남아 있다. 어쩌면 아주 오랜 시간이 지난 후라야 이러한 상황에 비로소 변화가 있을 것이다.

화합의 생생도체는 실재하는 현실성도 아니고, 실재하지는 않는 가능성도 아니다. 이것은 인문의 지평을 부단히 초월해 가는 지성적인 창조 혹은 가치의 혁신이다. 왜냐하면 화합적 가능세계는 전체 화합세계의 하나의 구성차원 또는 경지의 영역으로서, 그 가능성은 이미 화합세계의 각 차원의 체계에 녹아들어 있기 때문이다. 따라서 논리구조를 가지고 말하자면, 다시는 가능성의 범주를 사용하여 전체 화합세계를 묘사하거나 화합도체의 존재방식을 추적할 수 없다. 혹시라도 그런 시도가 있을 경우 화합세계는 부분과 전체의 자아적 어의가 서로 관련되어 폐쇄적이고 보수적으로 변질됨으로써 개방체계를 구축하고자 했던 요구를 만족시킬 수 없게 될 것이다.

3) 화합적 창조의 원만한 표출

화합의 본래 모습은 쉼 없이 낳고 또 낳아 가는 창조성이다. 근본적으로 창조성은 잠재하거나 예정된 가능성이 아니라 화합학의 토대이다. 그러므로 어떤 의미에서는 창조성의 범주가 가능성의 범주보다도 더 초월적인 것으로 나타난다. 창조성이 드러내는 것은 잠재되어 있는 가능성이 아니라 인류의 본성과 명命이 요구하는 가치와 의미이다. 비행기, 로켓은 모두 현대 과학기술의 창조물로, 인규가 꿈에서 그리던 하늘을 날고 우주로 나아가려는 초월적 숙원을 창조적으로 표출해 낸 것이다. 그렇지 않다면 우리는 도체道體의 관점에서 과학기술 창조에 내재된 인문적 가치와 정신적 의미를 높이 평가하기 어려울 것이다.

화합의 창조성은 화합의 가능성보다 더 설득력이 있는 화합적 초월 범주이다. 화합의 창조성 문제는 우주적 문제로 확장될 수도 없으며, 보편 영역에 속한 것으로 일반화되어 그저 그렇게 해석될 수도 없다. '과정'으로서의 화합학은 먼저 예술의 공덕에서 충돌·융합의 현상으로 떨어졌다가 충돌·융합의 현상에서 다시 생생도체로 도약하여 화합의 경지를 완벽하게 드러내게 된다.

3. 전통의 함정 뛰어넘기

창조성을 토대로 하는 화합학은 전통 형이상학이 겹겹이 설치해 놓은 함정을 창조적으로 뛰어넘고 전통적 이데올로기가 물샐틈없이 펴놓은 수사망을 뚫고 나아가서 화합의 생생도체로 직접 통하는 길을 개척해야 한다.

1) 자연주의적 편파성의 극복

자연주의적 함정이란 인문정신으로 상징되는 화합적 지혜를 자연현상으로 환원시켜 버리는 것이다.

화합은 인문정신이 가진 지혜의 명맥이다. 대자연의 최고 형태인 생명현상에 대응시켜 말하자면, 화합은 전체 인문정신(과학정신을 포함한)의 최고 표현인 지혜의 현상이다. 그것은 인간으로부터 비롯되어 존재하는, 인도의 근본 법칙이다. 인간이 있기에 비로소 화합적 현실세계, 화합적 의미세계와 화합적 가능세계가 있게 된다. 인간이 없으면 세계는 없으며, 화합의 지혜도 운운할 수 없다.

화합학이 비록 도가의 영향을 받기는 했지만, 자연세계는 화합적이고 인위적인 세계는 화합적이 아니라고 인식하는 "도는 자연을 본받는다"(道法自然)는 식의 자연주의적 폐단은 극복되어야 한다. 자연계의 무생물적 요소 간에는 기계적 조합, 물리적 취합, 화학적 결합 같은 상호관계와, 생물 간의 개체결합과 공동체 결성 및 질량에너지의 교환관계에서의 생태평형 등만이 있을 뿐 화합적 지혜는 존재하지 않는다. 왜냐하면 화합은 인문세계에만 특수하게 존재하는 가치의 창조 과정이자 정신적 자유의 경지로서, 결코 자연현상으로 환원할 수 없기 때문이다. 비유하자면, 자연계에는 빛의 파장만 있을 뿐 회화는 없고, 음파만 있을 뿐 음악은 없다. 새가 지저귀고 꽃이 향기로운 것이 곧 관현악인 것은 아니고, 강산 자체가 곧 산수화인 것도 아니다. 따라서 자연계를 두고 회화적이라거나 음악적이라고 할 수 없듯이 자연계를 화합적이라고 할 수는 없다.

화합은 인간세계의 보편적 현상이 아니고, 충돌과 융합 역시 보편적인 현상이 아니다. 인간세계가 화합적이지 않은 이유는 문명체계 간 가치충돌과 정신세계의 가치 위기가 초래한 인문환경 차원의 재난 때문이다. 인문세계는 반드시 화합으로 나아가야 한다. 그것이 바로 화합의 전략적 구상에서 제기한 역사적 사명이고 화합학 체계를 성립시키는 논리적 전제이다.

2) 실재주의의 심연으로부터의 탈출

자유의 경지를 묘사하는 화합의 세계에 대해, 이것을 실재사실로 인정하는 것은 실재주의의 함정에 빠진 것이다.

화합은 전 인류로 하여금 충분히 '몸과 마음을 의탁할 수 있는' 정신적인 터전이고 무한한 정도의 자유를 가진 가치의 경지이다. 이 자유의 경지에서 가치를 가진 모든 것은 쉼 없이 낳고 또 낳아 가는 창조에서 원 모습으로 존재하기 때문에 충돌·융합적인 가치의 화합이 있을 뿐 파멸적인 가치충돌은 없다. 그러므로 화합은 인문적 창조활동이 기약하고 있는 최종 목표이자 최고 경지이고, 미래지향적이고 기대할 만한 화락和樂의 경지이다.

화합학은 근대 자연과학의 객관적 원칙으로부터 영향을 받은, '허무를 거절하는' 실재주의의 심연으로부터 탈출해야만 한다. 화합이라는 것이 관찰할 수 있는 실재사실이라고 여기거나 일상생활에서 경험할 수 있는 객관적 실재라고 여기게 되면, 급기야 화합에 관한 몇 가지 간단한 사례를 들어 놓고는 화합을 증명했다고 간주하는 지경에까지 이르게 된다.

중국의 철학사상계는 오랜 시간 파블로프의 조건반사심리학과 반영론의 '선입견'의 영향으로 인해 '공허증恐虛症'의 질곡에 갇혀서, '허령불매虛靈不昧'가 영혼의 본원적인 특징이고 가상은 정신이 자유롭게 창조할 수 있는 필요충분조건이라는 점을 감히 시인하지 못하였다. 실용주의의 범람으로 인해 학자들의 영혼은 과도하게 충실함만을 추구하고 지리멸렬해진 끝에, 결국은 옛날부터 중국의 철학문화와 그 예술적 경지는 '비어 있는 영혼'(空靈)을 최고로 쳤음을 망각해 버리고 말았다.

화합은 논리화된 예술적 가상세계로서, 매우 자유로운 가치혁신이 공적으로 상정된 것이다. 화합의 자유 경지를 체득하기 위해서는 '산골짜기만큼 깊은 겸허한 마음'이 있어야 한다. 화합적 가치의 생생도체 역시 '텅 비어 아무것도 없는' 마음의 상태에서만 자유롭게 창조되고 표출될 수 있는 것이다. 물론 화합의 경지는 화합적 현실세계의 경험적 사실로 강화될 수 있다. 그러나 화합생생도체는 경험사실 속의 실체가 아니다. 화합을 실체화했을 경우 발생하는 가장 큰 위험은 자유가 상실되고 창조성이 소멸된다는 것이다. 정주리학이 '천리'의 범주를 실체화한 결과 '리理로써 사람을 죽이는' 비극을 초래하였고, 결국 송명 이후 중국문화의 창조성이 크게 위축되는 지경에 이르렀다.

3) 이성이 자연에 대해 입법한다는 사상적 한계 벗어나기

막힘없이 통할 수 있고 얻을 수 있는 화합의 도체를 이성적 가능성으로 귀결시키는 것은 칸트주의의 함정이다. 화합생생도체로서의 화합은 순수이성의 의미에서의 '물자체'(절대객체)가 아니며 실천이성의 의미에서의 '선의지'(절대주체)도 아니다. 이것은 심미적인 판단력 수준에서의 오성이 창작한 것이다. 화합적 가치도체는 심미적인 차원을 따라 자유로운 창조로 막힘없이 통하는 인문적 통로이며, 화합적 자유창조의 경지는 초월도 하고 유행도 하는, 획득 가능한 정신적 고향이다. 따라서 화합적 생생도체는 이성의 범주나 비이성적인 관념이 아니라 오성에 의한 창작이다.

근대 서양 인식론의 영향에 의해 화합에 대해 선천적인 종합판단이 가능하다고 보는 인식이 있는데, 화합학은 이러한 "이성이 자연에 대해 입법하는" 칸트주의의 울타리에서 벗어나야 한다.

첫째, 화합은 가치적 생생도체로서, 선험적인 자연 존재도 아니고 경험적인 인식 대상도 아니며, 경험을 넘어선 신앙의 우상은 더더욱 아니다. 이것은 "내가 인仁을 바라면 인仁은 바로 이르는" 것과도 같은 맑고 투명한 희망이다. 화합은 가장 동경할 만한 염원의 경지이다. 이러한 위대한 추구를 거치면 화합학이 갈망하던 자유의 경지는 도달 가능한 가치목표가 된다. 바꾸어 말하자면 화합생생도체는 화합적 현실, 가치 및 가능성을 포괄하는 세계이다. 하이데거의 존재주의 현상학적 분석에 따르면, 세계는 경험하는 대상이 아니며 선험적인 존재나 초경험적인 신앙의 대상은 더더욱 아니다. 세계는 인간의 삶을 따라 다 함께 도달하는 맑고 투명한 경지이다. 한마디로 말해, 화합생생도체는 대상화된 추상적 가능성이 아니라 모든 가능성과 불가능성을 다 수용하고 통섭하는 자유의 세계이다.

둘째, 생생도체生生道體로서의 화합해 내기란 잘게 쪼개어진 최소단위가 아닐 뿐더러 통합된 최대의 전체도 아니다. 이것은 역사적 효용, 가치의 기능, 언어의 존재상과 예술의 공덕이라는 네 층위의 시야가 융합된 것으로, 초월도 하고 유행도 하는 자유로운 혁신의 길이다. "땅 위에는 본래 길이 없었다. 다니는 사람이 많아지자 길이 된 것이다." 도道가 포장된 길이라면, 로路는 사람들이 지나다니면서 만들어진 것이다. 인문적 화합의 길은 잠재적인 물리적 가능성이 아니라 드러나고 있는 가치창조의 길이다.

셋째, 이성화한 가능성 범주로 화합을 정의하는 것은 화합적 가능세계를 설명함에 있어 논리적으로는 유효하겠지만 화합적 현실세계, 화합적 의미세계 그리고 전반적인 화합세계에 대한 설명으로는 설득력이 턱없이 부족하다. 막힘없이 통할 수 있는 창조의 길과 획득 가능한 자유 경지로서의 화합생생도체는 기획이나 계산을 용납하지 않는, 그야말로 "여기에서 더 이상 존망과 가감을 논할 것이 없는" 것이다. 만약 칸트주의 방식을 빌려 화합생생도체에 대하여 "화합이 가능한 것인가?"라고 따지고 묻는다면, 결국에는 논리적으로만 타당성을 유지한 채 헤겔주의의 절대이념, 필연성 법칙과 보편적 규율 등등의 형이상학적 잠꼬대에 빠지고 말 것이다. 즉 화합생생도체는 일련의 변증법적 전환을 거쳐 결국 하나의 절대적·필연적·본질적인 객관법칙으로 변질되고 말 것이다.

이상의 삼중 함정은 화합학 이론체계의 창립을 저해하는 것들이다. 사실, 화합의 보편성과 가능성을 캐묻는 바로 그 순간에 우리는 독일 고전철학이 설치한 함정으로 빠져 들어갈 수밖에 없다.

4. 화합의 생생도체가 지닌 애지적 품격

여기에서는 철학이 지닌 '애지愛智에 대한 약속'의 관점에서 화합의 철학과 그 방법의 내재적인 구축을 돌이켜 보고 초월과 유행의 차원에서 화합생생도체를 탐색하고자 노력할 것이다. 화합학의 방법을 통해 전통철학의 중대한 이론적 문제를 명확히 밝히고, 이를 기초로 하여 화합학의 창조적 성격과 기능을 충분히 드러내고, 전통철학과 그 방법에 대하여 화합학의 관점에서 비판하는 가운데 화합의 생생도체가 지닌 애지적 성격이 드러나게 될 것이다.

1) 세 차원의 화합세계와 네 방면 철학의 연결

화합학의 세 차원인 화합적 현실세계, 화합적 의미세계, 화합적 가능세계는 화합철학의 네 방면인 화합적 역사철학, 화합적 가치철학, 화합적 언어철학, 화합적 예술철학과 서로 대응하며, 또한 네 방면의 화합철학은 논리구조 상 세 차원의 화합세계 속에 융합된다. 그리하여 세 차원의 화합세계와 네 방면의 화합철학 간의 논리적 연결은 더욱 내재적으로 변하고 더욱 밀접해진다.

세 차원의 화합세계와 네 방면의 화합철학 간의 논리구조의 연결방식으로는 상호 관련되거나 또는 상호작용 중 침투되는 두 가지 경우가 있다.

첫째, 상호적으로 위치를 확정지어 주는 관계라는 관점에서 그 논리적 구조를 살펴보겠다.

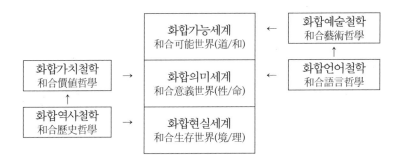

화합적 현실세계는 인간과 동물이 공유하고 있는 경지/이치의 화합세계이다. 화합적 현실 차원에서 인류와 동물의 구별은 다만 생존 방식이 다르다는 점뿐이다. 즉 문화체계를 창조하는 것과 자연환경에 순응하는 것의 차이이다. 화합적 현실세계와 화합적 역사철학의 정情－추세－리理는 화합적 연결을 구성하며, 이것은 화합적 현실세계에 대한 철학적인 소명이다. 즉 경지 속에 대상(景)이 포함되고 대상을 접하면 감정이 일어나며, 감정이 모여 형세(勢)를 이루고 그 형세는 반드시 실행된다. 정세情勢의 유행은 질서 있게 진행되고 이치가 있는 것이다. 즉 이치를 알면 경지를 명확하게 이해하고, 이치를 실천하면 경지를 변화시키는 것이다. 그러므로 화합적 역사철학의 '화제 자체'는 상대적으로 정확하게 화합적 현실세계에서 위치를 잡을 수 있다. 인간은 생존을 위해 스스로 굳세어지고 조금도 쉬지 않으면서 낳고 또 낳아 가는 과정을 창조한다. 이 과정은 화합적 역사의 이야기 줄거리이자 웅장하고 아름다운 서사시이다.

화합적 가치철학과 화합적 언어철학은 모두 화합적 의미세계인 성性─명命의 화합적 연결에 대한 철학적 해석이다. 성─명의 화합적 연결이야말로 화합철학의 가치 텍스트이고 화합적 가치철학과 화합적 언어철학 연구의 가치적 연구 주제 그 자체이다. 반대로 오랜 시간 시비, 선악, 미추에 관한 인문학자들의 논변으로 형성된 텍스트는 화합적 의미세계의 근원적인 텍스트가 아니며, 화합철학이 연구하려는 핵심 주제도 아니다. 구체적으로 말하면, 기호체계로서의 언어는 "사회계약적 방식으로 의미를 부여하며 화합적 의미세계의 소통매개가 되고 가치존재의 기호구조"를 구성한다. 측량체계로서의 가치는 세밀한 계산행위를 통해 화합적 의미세계의 '자기 준칙'이 되고 의미 변환의 공간을 형성한다.

화합적 가능세계에 대한 철학적인 해석은 반드시 일반화한 예술 창조(전통적인 의미에서의 문예창작, 과학기술발명, 건축, 정원 등과 현대적 의미에서의 논리적 모방, 수학적 가설을 포함)의 힘을 빌려야 비로소 완성할 수 있다. 예술화의 자유로운 상상과 가상은 화합적 가능세계로 들어감에 있어서 반드시 거쳐야 하는 경로이다. 화합적 가능세계 자체는 시제를 초월하고, 불가사의하며, 말할 수 없는 무한한 논리적 공간이기에 그 '가능적 연구 주제 그 자체'는 역사와 가치, 언어를 논할 수 없다. 한마디로 말하자면, 역사는 유한한 화합적 현실세계의 실제상황 및 그 시간적인 변화이지만, 무한한 화합적 가능세계에는 역사가 없다. 또한 언어와 가치는 모두 화합적 의미세계 내에서의 표준척도 및 그 연산대입 모형이지만, 측량 불가능한 무궁한 화합적 가능세계는 언어의 개입을 허용하지 않고 가치계산도 허용하지 않는다. 물론 화합적 가능세계에 대한 예술적인 해석과 논리적인 소명은 예술발전사 또는 논리사상사 그리고 현실, 가치, 역사, 언어, 가치의 이상, 가상 등으로 구성된다는 점에서 현실 및 의미세계에 대한 의미부여와 가치추구라고 할 수 있다.

둘째, 혼연일체로 서로 호응하는 관계라는 측면에서 그 논리적 구조를 살펴보겠다.

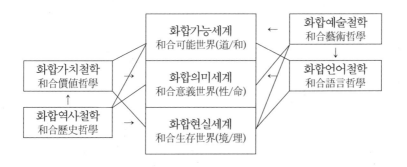

혼연일체로 서로 호응하는 관계란 위치확정관계의 기초 위에서 파생되어 생겨나는 '화합적 훈보量譜'5)이다. 그것은 비교적 간접적인 화합적 호응관계이다. 예를 들면, 화합적 역사철학은 오직 화합적 가치철학의 의미굴절을 통해서만 화합적 의미세계에 진입할 수 있다. 즉 오직 주체가 일정한 의미모형과 평가척도에 근거한 평가활동을 통해 역사적 인물과 역사적 사건을 판별할 때야만 비로소 역사적 인물에 대한 명확한 가치판단이 성립되고, 역사적 사건에 대해 상대적인 존재적 의미를 갖게 된다. 역사적 인물은 쉼 없이 나타나기에 그 자체에는 고정적인 가치가 없고, 역사적 사건도 끊임없이 발생하기에 그 자체에는 고정된 의미가 없다. 이것은 화합적 현실세계의 경지-이치의 화합적 연결에 의해 규정되는 것이다.

정확한 위치확정관계에 대한 기초적인 지지도 부재하기 때문에 화합학은 협력관계에 있어서 모호성이 발생한다. 이러한 모호성은 일부 주변적, 교차, 상호 침투와 같은 상황을 발생시킬 수 있으며, 또한 정확하게 위치를 확정할 수 없는 상태를 초래할 수도 있다. 이런 것들은 형식적으로 경계가 다소 불분명한 것 같지만 현실에서 왕왕 존재하는 것들이다. 그러므로 고정된 위치확정관계를 초월하여 그 관계를 생각하고 나아가 새로운 분과학문의 창립을 위한 가능

---

5) [역자주] 暈譜라는 말은 저자 張立文의 독창적인 용어이다. '暈'은 '무리 훈'인데 빛의 그림자거나 색깔과 광택의 모호한 부분을 가리키는 의미가 있다. 그리고 '譜'는 '계보 보'인데 체계와 체계를 의미한다. 저자의 생각에 따르면, 만물은 혼연일체의 유기적 존재로서 사물 간에 분명한 위치관계가 이루어지는 외에 또 서로 분명하지 않은 관계 즉 모호한 부분도 있는 것이다. 이러한 부분도 일정한 체계를 형성하므로 그것을 暈譜라 일컫은 듯하다.

성을 활짝 열어 놓아야 한다. 이것은 화합학의 '과정으로서의'와 '화합해 내기'라는 취지에 부합되는 것이다.

2) 화합적인 초월과 유행의 길

화합학의 세 차원과 화합철학의 네 방면이 맺고 있는 위치확정 관계와 혼연일체로 호응하는 관계를 밝혔다면, 여기에서 더 나아가 화합철학의 네 방면의 내재적인 논리관계를 밝혀, 그들로 하여금 상하내외로 관통되어 혼연일체가 되도록 해야 한다.

화합학은 각종 '혼합체混合體'에 대해 분석 및 해체를 진행하여 가치본령(價値元)을 환원해 내서, 병들어 가고 사라져 가고 있는 화합의 정신적 '유전자'를 빨리 구출해 내야 한다. 화합적 역사철학 연구와 화합적 가치철학 연구와 같은 방법을 통해서 말이다. 따라서 각종 '화합체'를 구축하고 가치본령을 활성화하여, 전통문화에 깊이 스며 있는 화합적 인문정신이 성공적으로 환골탈태하도록 만들어야 한다. 화합적 언어철학 연구와 화합적 예술철학 연구와 같은 방법을 통해서 말이다.

초월하고 유행하는 두 갈래의 궤도에 따라 화합생생도체의 범주를 점차 확장하고 화합학의 방법론 체계를 확립해야 한다. 화합범주 연구 및 논리구조 연구와 같은 방법을 통해서 말이다. 따라서 화합적 정신근원의 예술적 풍채, 시적인 정취와 그림 같은 아름다움 그리고 한없는 즐거움을 묘사하고 심미적인 방식을 통해 '궁극적인 배려'를 실현해 내야 한다. 화합적 정신근원에 대한 연구와 화합적 자유경지에 대한 연구와 같은 방법을 통해서 말이다.

초월의 길과 유행의 길을 '화합시키는' 화합생생도체는 화합적 공허성이라는 원대한 품격을 지니고 있다. 초월과 유행의 결합체계는 화합체로 하여금 형통성과 연결성을 지니고 화합철학 범주의 논리구조 연결망이 종횡으로 관통함으로써 원융무애하도록 한다. 초월의 길은 효용의 역사에서 출발하여 감정의 근원에 깊이 들어가고 지혜 안에 융합의 사랑이 있게 함으로써 화합체로 하여금 정貞에서 다시 원元으로 시작하는 것과도 같은 순환성을 갖게 한다. 또한 화합생생도체가 생명지혜인 지성의 창조와 가치의 혁신에 뿌리를 내리도록 함으로써 영원히 고갈되지 않도록 한다.

화합적 유행의 길은 예술의 공덕으로부터 시작하여 현실세계에 내려와서, 사랑 안에서 지혜를 드러내어 화합도체로 하여금 공을 세우고 사업을 일으키는 성격을 띤 '이利'(用)가 있도록 한다. 낳고 또 낳음을 내세우는 화합학의 이론체계는 사람들의 현재 삶에 관심을 두며 보통 사람들의 일상생활과 유리되지 않는다. 화합적 가능세계는 '허령불매'하고 '깨끗하고 확 트인' 가상의 공간으로서, 그 속에 건健－순順이 번갈아 결합하여 이루어진 논리적 선율6)이 흘러넘치는 무한한 자유와 가능성을 가진 공간이다. 화합적 가능세계는 충실한 의미를 통해 화합적 의미세계로 진입하여 특화된 예술 공간, 인문

---

6) 한번 健하였다가 다시 順하는 것은 순전히 화합적 공허성에 의한 섭동의 선율로, 2진법의 1, 0과 방법은 다르나 효과는 같다.

공간, 가치 공간 등을 이룬다. 그리고 이를 통해 인간의 성명性命과 관계되는 의미를 드러낸다. 다차원적인 화합적 의미세계는 지성창조를 통해 화합적 현실세계를 변화시켜서 예술 생활환경, 인문 생활환경 등 현실적 삶의 방식을 이룬다. 화합세계가 '위에서부터 아래로' 충실해져 가는 과정은 화합창조의 과정에서 가상이 시원적 역할을 맡고 있음을 보여 주기에 부족함이 없다.

초월은 상상적 이해가 아래(현실세계)에서 위(가능세계)로 전개되는 논리적 유행이자 역사적 효용이 끊임없이 활성화되는 것이며, 가치형식에너지의 부단한 재탄생이다. 유행은 언어가 위(가능세계)에서 아래(현실세계)로 펼쳐지는 시공적인 초월이자 예술 공덕이 부단히 해답을 구해 나아가는 과정이며, 언어적 존재상의 부단한 실현이다. 초월은 상상적 이해의 유행이고, 유행은 언어의 초월이다. 화합생생도체가 '정貞'(固)이라는 구조적 안정성을 지니고 있기에, 화합학의 제범주는 변화의 와중에도 변화하지 않는 지점이며 초월의 계단이자 유행의 중추이다.

화합학에 있어서 화합생생도체는 가상적 초월의 길이자 유행의 도체이며, 화합해서 즐거움을 낳아 가는 형상의 경지와 그것에 대한 자유로운 추구이다. 화합체는 길, 도체, 형식에너지, 즉 존재상, 효용과 공덕을 하나로 융합한 다차원적이고 상호 연결된 논리구조체계이다. 여기에는 유행과 초월의 복선 기제가 갖추어져 있으며, 또한 상상 및 표현 가능한 이상二相의 축적도 갖추어져 있다. 이를 통해 서양철학의 형이상학적 본체가 가지고 있는 실체화와 유일성 등 신

학적 특질을 효과적으로 극복하고, 아울러 동양철학 본체의 신비성
과 현학적 특성을 성공적으로 극복할 수 있다.

'과정으로서의' 화합철학체계는 부단한 초월과 영원히 멈추지 않
는 상상 외에도, 마주치는 여러 일들을 마무리 짓고 번뇌를 제거하
며 나아가는 과정에서, 장애물들을 제거하고, 생명지혜의 격정을 시
적으로 토로하며, 문명을 꽃피우고, 그 열매를 맺어야 한다. 그러므
로 효용의 역사와 형식에너지로부터 정화되어 나온 '화합지도和合之
道'는 반드시 언행과 논의를 담고 있어야 하며, 반드시 가능세계로부
터 의미세계와 현실세계로 되돌아와 위로부터 아래로의 유행의 길
을 완성해야 한다.

'과정으로서의' 화합철학체계의 추론 과정은 "정貞 뒤에 다시 원
元이 시작되는(貞下起元) 것과도 같은 끝없는 순환"이다. 이는 마치 '기
제既濟'에서 '미제未濟'로 진입하는 것과도 같아서, 논리적 종결終結이
없고 영원히 미래를 향해 나아갈 뿐이다. 엄격한 의미에서 말하자
면, 화합철학체계는 오직 다차원적 구상, 여러 겹의 경지와 다원적
인 사상만 있을 뿐 절대적인 이론체계는 없었다. 화합생생도체는
"변동하며 고정되지 않아서, 육허에 두루 흘러 위아래에 일정함이
없으며, 강유가 서로 바뀌어 고정된 법도가 될 수 없는 변화 그 자
체"7) 즉 변화의 '허체虛體'이다. 이는 '도체'라고도 부를 수 있는데,
도道는 곧 허虛이고 무無이며 공空이다. 그러나 일단 언어를 사용하여
경지를 상상하고 문자를 사용하여 도체를 말한다는 점에서, 법도와

---

7) 『周易』, 「繫辭下」, "變動不居, 周流六虛, 上下無常, 剛柔相易, 不可爲典要, 唯變所適."

질서가 생기고 스스로 체계가 갖추어진다.

화합철학체계는 화합학의 3대 화합세계를 하나의 이치로 관통함으로써 화합 시간의 3차원적 존재 형태가 혼연일체, 원융무애의 상태를 이루게 만든다. 전체 화합철학체계는 화합의 변역점變易点이라는 근본 성격에서부터 드러나는 것이지만, '화합함'이라는 허체의 '표현할 수 있고' '이름 붙일 수 있는' '실존하는' 차원이며, 상상할 수 있고 표현할 수 있는 '화和하여 합合하는 허虛'(道)이다. 그리고 그것은 '화합함'의 허체(도체)인 '항도恒道', '상명常名' 또는 '실존하지 않는' 화합생생도체의 차원으로서, 상상할 수 없고 말할 수 없는 '형이상의 도'(虛)이다. 물론 상상할 수 없음이 곧 상상하지 못함인 것은 아니며, 말할 수 없음도 곧 말하지 못함인 것은 아니다. "만물은 만들어지고서야 비로소 이름을 갖게 되기에"(始制有名) 화합철학의 생생도체에 억지로 이름을 붙여 '허虛'라 하고 '도道'라 하며 억지로 자호를 붙여 '화합도체和合道體'라 할 뿐이다. 이것이 상상함과 상상할 수 없음, 말함과 말할 수 없음에 대한 화합철학의 구상이다.

화합의 허虛(道)를 상상하고 화합생생도체를 논함에 있어 두 가지 상호보완적 논리탐색 과정이 있다.

첫째, 이미 지나간 시간을 의미하는 아래 차원의 화합역사철학으로부터 출발하여 화합현실세계의 접선을 초월하고 화합가치철학의 단면으로의 전환과 승화를 거쳐 화합의미세계로 진입한다. 그리하여 화합허체(도체)의 변역점에 도달하고, 효용의 합合 → 가치형식 에너지의 화和 → 화합생생도체 순서로 드러내는 것이다. 이것은 효용의 역사와 그 가치형식에너지가 상상·화합·초월하는 과정이다.

둘째, 미래시간을 의미하는 위 차원의 화합예술철학 및 그 화해의 공덕으로부터 출발하여 화합가능세계의 접선을 넘고 화합언어철학의 조경造境과 의미부여를 거쳐 화합의미세계에서 실행된다. 그리하여 아래로 화합허체(도체)의 변역점에 이르러 공덕의 화和 → 존재상의 합合 → 생생도체의 순서로 드러내는 것이다. 이것은 화해의 공덕과 그 언어존재상이 언설·화합·유행하는 과정이다.

이 두 갈래 화합의 탐색 과정은 상하로 서로 보충하면서, 즉 역사적인 효용으로부터 상달하고 예술적인 공덕으로부터 하학하면서 서로 호응한다. '효용의 역사'는 화합현실세계의 '지성창조'가 '미발'로부터 '이발'에 이르는 종적 역사초월의 과정이고, '화해의 공덕'은 화합가능세계의 '명칭입안'이 '가상'으로부터 '충실'에 이르는 종적 논리유행의 과정이다. 이처럼 양자는 화합적 대비관계를 형성하고 있다. 이것은 양 날개로부터 화합도체(허체)를 증명하는 것이며, 그 논리적 방법은 마치 구름으로 달을 받치는 것과도 같은 경지이며, 법문法門이다.

화합철학체계가 초월 및 유행하는 과정은 서로 관통하고 원융하면서, 그 안에 내포되어 있는 형상적 경지, 논리 범주 및 전환개념을 제시한다. 화합철학체계 안에서의 범주 전환은 '합하여 전환'(合轉)하고 '가운데서 전환'(中轉)하는 등 변역·전환방식을 취하지만, '대립하여 전환'(對轉)하는 방식을 취하지는 않는다. 이를테면, 상象을 전환하여 이치로 만들고, 이치를 전환하여 선善으로 만들며, 선善을 전환하여 사랑으로 만들고, 사랑을 전환하여 의미를 이루는 것 등이 그것이다. 이렇게 하는 까닭은 '대립하여 전환'하는 논리 시스템은 모순의 대립통일이라는 이원적 변증사유이고 양극화된 대립추리로서, '너 죽고 나 살자'는 식의 이율배반에 빠져 체계를 붕괴시키는 내부 장력을 낳기 쉽기 때문이다.

합하여 전환하는 '합전合轉'은 삼원적 화합이다. 예를 들면 진眞·선善·미美가 화합하여 가치형식에너지가 되고, 언言·상象·의意가 화합하여 언어의 존재상이 되며, 정情·추세(勢)·리理가 화합하여 역사적 효용이 되고, 입立·달達·애愛가 화합하여 예술의 공덕이 되는 것 등이다. 가운데서 전환하는 '중전中轉'은 중개 범주의 병행적 전환이다. 예를 들면 언어존재상은 '드러난 본성'(顯性)과 '숨어 있는 본성'(隱性) 간의 전환을 거쳐 '합락合樂'의 범주가 됨으로써 화합하여 즐거움을 낳는 길로 들어선다. 역사적 효용은 '미발'과 '이발'의 전환을 거쳐 융합의 범주가 됨으로써 가운데서 융합(中融)하는 화합의 길로 진입한다. 가치형식에너지는 '분산'과 '통합'의 전환을 거쳐 중화中和의 범주가 되어 가운데서 융합(中融)하는 화합의 길로 진입한다. 예술의 공덕은 '가상'(虛擬)과 '충실'의 전환을 거쳐 화생和生의 범주가 되어 즐거움을 낳는 화합의 길에 들어간다. 화합철학의 네 차원인 '화합생락지도和合生樂之道'와 '화합중융지도和合中融之道'는 '화합생생도체'로 승화된다. 이로써 〈화합철학 범주의 논리구조망〉(수직적 모식[그림 1]과 수평적 모식[그림 2])을 구성한다.

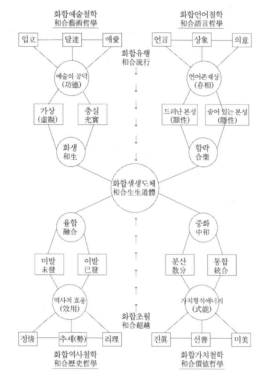

[그림1] 화합철학 범주의 논리구조망(수직적 모식)

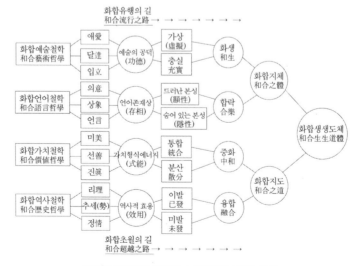

[그림2] 화합철학 범주의 논리구조망(수평적 모식)

3) 화합철학 네 차원의 내재적인 논리

화합철학체계의 상상·초월의 길은 효용의 역사로부터 출발하여, 화합가치형식에너지를 거쳐, 화합의 건순본체의 초월하는 길로 나아간다.

사마천은 역사현상에 대해 시적인 정취를 담아 이렇게 묘사한 바 있다. "천하 사람들이 기쁘게 오고 가는 것은 모두 이익 때문이며, 천하 사람들이 어지럽게 오고 가는 것도 모두 이익 때문이다." 천하 중생들이 줄지어 오고 가는 것은 모두 공리功利를 효용 목표로 삼기 때문이고, 천하 중생들이 기뻐하고 어지러운 것 또한 효용을 역사적인 형상으로 삼기 때문이다. 공리를 위해 오고 감은 가치형식에너지 구동에 속하는 현상이다.

화합역사철학은 효용의 역사의 상하와 부침을 상징적으로 구현했다. 이것은 변화무쌍하여 예측하기 어려운 역사적 생존경험과 꼭 들어맞을 뿐만 아니라, 또 현대철학인 해석학의 효용의 역사(또는 효과의 역사)에서의 개념사용과 융합됨으로써 고금의 역사 형상을 원융시킨다.

화합가치철학에서 가치형식에너지의 순탄하지 못한 흐름은 "최고의 선善은 물과 같다"(至善若水)라는 도가의 지혜와 약간은 호응하고, 아리스토텔레스의 『형이상학』과 관련되는 형식-본질이 제1본체라는 논술과도 논리적으로 등가를 이룬다. 왜냐하면 진·선·미는 가치형식에너지로서 효용의 역사적 활동의 심층구조이자, 그 이상理

想에 대한 추구이면서, 또한 화합지도의 본질이자 변화방식이기 때문이다. 아리스토텔레스의 형이상학과 비교하면, 화합철학체계의 가치형식에너지 범주는 형식과 잠재된 에너지를 일체로 융합시킬 수 있을 뿐만 아니라, 사실과 가치, 도구이성과 가치이성 간의 화합관계를 구현하기에도 충분하다. 중개 범주로서의 화합적 가치형식에너지는 화합현실세계로부터 화합의미세계를 드러내고, 화합의미세계로부터 화합가능세계를 드러내며, 아울러 효용에서 생생도체로 다가가는 초월이라는 목표를 실현하는 데 그 취지가 있다. 이러한 중개 범주 설정은 본체에 관한 아리스토텔레스 형이상학이 가지는 내재적인 충돌을 극복하는 데 도움이 될 뿐만 아니라, 또 본체를 직접 진술하는 언사의 역설과 상상의 암초를 피할 수도 있다.[8]

화합가능세계는 화합철학체계의 안식처이자 달도達道이다. 그것은 기본적으로 '실존하지 않는' 방식으로 존재하기에 오직 음양기호를 통해서만 건순의 조합관계를 드러낼 수 있다. 또한 미발 개념 및 미발과 이발이라는 융합적인 범주를 통해 그 발생체계를 파악하고, 분산과 통합 개념 및 양자의 '중화中和'적인 범주를 통해 그 논리적 구조를 가상한다. 융합과 중화라는 두 개의 중개 범주는 사실 이미 화합가능세계로 진입했고, 화합생생지도의 형이상적 본체인 허체(도체)에 다가간 것이다.

---

8) 아리스토텔레스는 『範疇篇』에서 구체사물은 第一本體라고 주장하고 『形而上學』 제12권에서는 또 理性인 神이 第一本體라고 주장하였으며 『形而上學』 제7, 8, 9권에서는 다시 형식인 본질이 第一本體라고 주장하였다.

상상·화합·초월의 길에서, 상상의 화합·초월의 길은 그러함(然)에서 그 소이연所以然에 이르는 것이고, 화합현실세계의 드러난 효용의 역사에서 출발하여 화합의미세계가 분명함(顯)에서 은미함(微)으로 변화하는 과정을 거쳐, 위로 드러나지 않고 상相이 없는 허체(도체)인 화합가능세계의 가치형식에너지로 승화함에 도달하는 것이다. 화합의 허체가 "만물로 흩어졌다가" "하나의 도"로 복귀하고, "천지사방에 널리 퍼지는"(彌六合) 방사성 형태로부터 "물러나 자취를 감추는"(退藏於密) 응집 형태로 돌아오는 논리적 과정이다. 이것과 비교했을 때, 서로 보충·보완하는 언사의 화합·유행의 길은 정반대로 화합가능세계(화합예술세계가 있는 화합세계)와 화합의미세계(화합언어철학이 위치한 곳)가 짝을 지어 드러난다. 화합가능세계에 나타난 화해의 공덕은 화합의미세계가 은미함(微)에서 분명함(顯)으로 변화하는 과정을 거치고, 언어존재상에서 물러나서 감추어진 채 새롭게 화합됨을 기다리는 화합현실세계의 생락지체生樂之體에 이르러, 상相이 없는 허체(도체)에 도달한다. 이로써 화합가능세계의 화합도체와 화해공덕의 '체용일원'을 구성하고, 분명함(顯)에서 은미함(微)으로 변화되는 화합의미세계의 가치형식에너지와, 은미함(微)에서 분명함(顯)으로 변화하는 언어존재상 간에 '현미무간'을 구성하며, 화합현실세계의 드러난 역사적 효용과 감추어진 채 새로운 화합을 기다리는 도체 간의 '체용일원'을 구성하는 것이다.

5. 화합철학체계에 대한 전체적인 관통

    화합철학체계에 대한 탐구 가운데 세 차원의 화합세계의 드러남과 은미함, 체용관계는, 한편으로는 "현실은 곧 가능이고 가능은 곧 현실이다"라는 생명의 지혜를 드러내고, 다른 한편으로는 "체와 용은 근원이 하나이고 드러나고 감추어짐은 틈이 없다"라는 역학의 원리에 부합된다. 화합철학체계의 상상·초월과 언설·유행이라는 두 갈래의 경로에서 체용은 구분된다. 언설·유행의 길은 가능한(可能性) 전략적 구상으로부터 실행할 수 있는(可行性) 실천에 이르는 것으로서, 지성이 의미를 창조하는 길에 속한다. 화해공덕에서 생락生樂의 본체를 드러내고, 유행하는 화해공덕을 화합가능세계에 위치시키고, 확립된 생락의 본체가 화합현실세계에서 자리 잡을 때까지 기다린다. 상상·초월의 길은 변화하는 효용역사로부터 변화하지 않는 화합도체(허체)에 이르는 것으로서 가치적 지성이 승화하는 길이다. 효용의 역사로부터 화합도체를 드러내고, 이미 이루어진 효용의 역사를 화합현실세계에 위치시킴으로써, 미묘한 화합도체는 화합가능세계에 비밀스럽게 묻힌다.

    화합의미세계는 화합현실세계와 화합가능세계가 상하로 전환하는 중추이기에 화합철학체계 탐구의 과정에서 이상성二象性을 지닌다. 상상·초월의 경로에서 그것은 가치형식에너지가 드러남(顯)에서 은미함(微)으로 상승하는 단계이고, 언설·유행의 통로에서는 언어의 존재상이 드러남(著)에서 감추어짐(密)으로 하강하는 경로이다.

가치형식에너지와 언어의 존재상이란 두 개의 중개 범주는 모두 화합의미세계에 위치해 있다. 전자는 의미를 실질적으로 내포한 것이고 후자는 의미의 형식적 외연이다. 그것들의 대응관계는, 화합가치철학의 '형식' ㄷ '잠재'이 언어철학의 '잠재' ㄷ '명칭'과 같은 위치에서 대응하는 것이다.

1) 정 · 추세 · 리의 효용

화합역사철학은 정情(사실) · 추세(勢) · 리理(이치)라는 세 개의 기본 범주로 구성되어 있다. 『중국철학논리구조론』에 근거하면, 정情 · 추세 · 리理는 모두 실성實性 범주에 속한다. 전통문화에서 정情이란 범주는 여러 가지 본능, 욕망, 충동과 혼연일체이기 때문에 더러운 흙탕물과 같이 취급되었고, 항상 전통문화의 홀대를 받았다. 따라서 중국역사는 일부러 죽음을 찾아가는 격이 되었고, 진한 이래로 '무정無情'이 중국 전통문화의 가장 큰 아쉬움이 되었다. 미상의 작자가 창작한 『공작동남비孔雀東南飛』는 "신분이 다르지 않은가?"라는 질문과 "못에 몸을 던지는" 행위로써 사랑이 도구로 희롱되고 혼인이 비극으로 끝난 것을 규탄했다. 관한경關漢卿의 "사랑에 빠진" 『목단정牧丹亭』의 서막과 조설근曹雪芹의 "정에 보답하는" 『홍루몽』의 이야기는 모두 정情이 일찍 죽어버려 오래도록 부재한 것에 대한 예술적 사고이고 개성 있는 항의였다. 따라서 화합역사철학은 반드시 시인과 같은 담력과 식견 그리고 예민한 감각으로써 농업문명, 종법윤리와 전제정치 체제의 폐허에서 민족적 격정을 구원하여, 이것이 혼탁한 오수가 깨끗한 물이 솟는 샘으로 탈바꿈하도록 만들어야 한다.

격정은 인간성 중 가장 원시적인 충동이고, 과학기술의 발명, 예술창작, 역사진보의 가장 귀중한 동력이다. 자연경제와 종법윤리 그리고 전제정치의 통제를 장기간 받았기 때문에, 지성창조의 원천인 정情은 마치 우물에 진흙이 들어찬 것처럼 틀어 막혔고, 활력과 생명의 지혜를 잃어버렸다. 정을 억누르고 욕망을 없앤 탓에, 중국문화는 위대하고 찬란한 선진시대가 그 시작을 열었지만, 한당대의 전성기 이후로는 국력이 갈수록 기울어서, 결국 '용의 후손'이 '동아시아의 환자'가 되기에 이르렀다.

격정의 근원을 잃은 효용의 역사는 계속해서 예악을 통한 정벌을 실행해 나갔다. 이러한 무정無情의 정벌은 마치 계곡물의 붕어를 놓아주지 않듯이 소외된 피지배계층을 속박했고, 정감이 사라지고 정과 욕망이 없는 예악의식은 마치 물항아리를 깨뜨리듯이 사람들이 근거했던 자원과 공간을 파괴했다. 따라서 역사에는 묵은 것을 고치고 낡은 것을 없애는 이성은 있었지만 혁신하고 공을 세울 정감이 없었다. 이는 고대 중국에 전란이 빈번했던 주요 원인 중 하나이다. 인애仁愛의 감정이 없는 예악은 넘보지 못할 등급질서와 경계선이 되었고, 정감 기초가 없는 이성은 통치를 위한 권세가들의 도구와 수단으로 변질되었다. 그리하여 "이치로 사람을 죽이고" "인의로 사람을 잡는" 역사비극을 끊임없이 반복시켰다.

'이치'(理)의 본래 의미는 자연스러운 무늬에 따라 옥을 다듬어서

원석을 보배로운 그릇으로 만드는 것이다. 감정의 '화근'은 바로 '보옥寶玉'과 '대옥黛玉'이다. 만약 '가모賈(假)母'와 '가정賈(假)政'에 해당하는 인물들이 멋대로 옥을 다룬다면 '보옥'은 큰 그릇으로 될 수 없을 것이며, '대옥'마저도 온전하기 힘들 것이다. 더 없이 값진 '화씨벽和氏璧'이라 할지라도 평범한 '보채寶釵'로 가공될 수 없는 것이다. "하늘도 만약 정情이 있다면 사람과 같이 늙을 것이다." 무정의 윤리(즉 천리)가 온 천하를 통제하고 무엇도 그에 비교될 수 없게 됨에 따라, 중국 전통문화에서는 아리스토텔레스의 '물리학'과 비슷한 학설을 낳지 못할 수밖에 없게 되었다. 다만 한참 뒤인 명청대에 와서야 비로소 방이지方以智의 『물리소식物理小識』이라는 조그마한 결실이 나오게 되었다. 격정이 없기에 지식을 탐구하려는 욕망도 없고, 지식을 탐구하려는 욕망이 없으니 로고스도 없고, 로고스가 없으니 물리학도 없고, 물리학이 없으니 진정한 과학과 실재주의 역사의 진보도 없었던 것이다.

전제적 통치 하에서 신하와 백성은 움츠러들 수밖에 없고, 군주는 기세등등하고 안하무인이게 된다. 이에 백성들은 오직 명군과 성현의 출현을 기대할 수밖에 없었지만, 5백 년에 한 번 있을까 말까 할 만큼 개명한 군주, 성현, 장수, 재상의 등장은 드문 일이었다. 따라서 천하의 대세는 치세와 난세를 반복하는 양상을 보였다. 즉 분열된 지 오래되면 합해지고, 합해진 지 오래되면 반드시 갈라지며, 다스려진 지 오래면 반드시 어지럽게 되고, 어지러운 지 오래면 반드시 다스려졌다. 따라서 화합지도는 점차 쇠미해지고 백성들은 임시변통으로 현존재로서의 인생을 살아갈 뿐이었다.

내성외왕이라는 이중의 기대는 바로 문무의 긴장 및 이완, 분리와 통합의 교체, 치란의 순환, 정과 이치의 잘못된 문화적 응어리이다. 성현은 비록 널리 은혜를 베풀어 뭇사람을 구제하고 백성을 자기 자식처럼 사랑하는 인자함과 부드럽고 따뜻한 마음을 가지고 있기는 하지만, 걸왕이나 주왕 같은 폭군의 권세와 지위는 가지지 못했다. 군왕은 비록 천 리 밖에서 승리를 거두고 천하를 정복시키는 지성과 재주를 가졌지만 요순과 같이 제왕의 자리를 선양하는 정취와 우아함은 없었다. 한당시기 감정과 이치를 양분해서, 본성은 선하지만 감정은 악한 것이라고 간주했고, 송원시기에는 이치와 욕망을 대립시켜서 이치만 지키고 욕망을 부정했으며, 명청시기에 와서는 이치와 추세를 하나로 합해서 정처 없이 쇠퇴하기에 이르렀다. 이렇게 화합역사철학의 기본 범주는 중국 전통문화에서 시종 삼위일체의 화합태세를 이루지 못하였고, 역사 발전이라는 큰 나무는 공자진龔自珍의 『병매관기病梅館記』(『療梅記』라고도 함)에서 묘사한 매화마냥 뿌리가 얕고 굽으며, 꽃과 열매가 시들어서 서리와 눈 위에 꿋꿋이 피어오를 힘은커녕 찬바람을 견뎌 낼 기력도 없었다. 이것은 모두 바른 것을 잘라 내고 곁가지만 기르며, 빽빽한 것을 쳐내고 어린 가지를 일찍 죽임으로써, 곧음을 없애고 생기를 막아 버린 결과이다. 따라서 민족적 정감은 사정없이 훼손되었고 주체정신은 조롱을 받았으며, 옛것에만 얽매였던 2천여 년의 '정이 없는' 역사는 마침내 강력한 서북풍에 의해 사정없이 끝나 버리고 말았다.

진시황이 여섯 나라를 정복하고 중국을 통일하기 얼마 전 시인 굴원은 스스로 강에 몸을 던졌고, 청나라 마지막 황제 부의가 일본이라는 늑대를 제 집에 끌어들여 만주를 분열시킨 후 시인 왕국유王國維는 스스로 곤명호에 몸을 던졌다. 중국의 역사와 전통문화는 이렇게 시인의 희생을 그 대가로 삼았다. 강대했던 당나라 때도 이백, 두보가 불우하고 세상을 떠돌아다녔다는 것은 중국역사가 맹목적으로 '천명'의 추세만 따르고 전통문화는 한사코 '과욕寡慾'의 이치만 고집했음을 충분히 설명해 준다. 실제로 춘추시기에 있었던 화동和同에 관한 논변이 끊기고, 그 뒤로 같음을 숭상하는 묵가의 주장이 범람했던 것을 보면 선진 이후에 '화합'이란 두 글자는 이미 갈라져 각자의 길을 갔던 것이다. 따라서 '화和'는 『악경樂經』과 함께 실종되었고, '합合'은 천인관계로 인해 밝혀지지 못했다. 간단하게 말하자면, 진한 이후의 중국사는 권세만 있었지 측은지심이 없었고, 믿는 구석이 있어 두려움이 없는 학정은 호랑이보다 더 사나웠으며, 경학 이후의 전통문화는 삼례三禮만 있을 뿐 『악樂』이 없었고, 이치만 있고 정情이 없었기에 학술은 얼음처럼 차디찼던 것이다. 따라서 『화합학개론』으로 대표되는 '화합지도'의 자상한 보살핌은 서술 가치가 있는 역사적 사실이자 학문적인 원리인 것이다. 비록 선진 이후 중국 전통문화에서 '화합적 단서'는 끊기고 이어지길 반복하기는 했지만, 전체 기상을 결정할 수는 없었다.

낡은 것에 집착하는 역사가 생명의 지혜를 섭취하고 교훈을 얻어 뼛속까지 스며드는 격정의 원천을 열어 주어서 선진의 화합사상이 다시 태어나게 하려면 반드시 '효용效用'을 중개 범주로 하여 "죽은 버드나무에 다시 싹이 트게" 해야 한다. 효용의 역사는 정을 기초로 해서 위로는 이치와 추세를 합한다. 아울러 미발과 이발이라는 전환개념의 도움을 빌려서 장기간 "하나가 나뉘어 둘이 되어" 있던 정과 이치(情理), 정과 추세(情勢), 이치와 추세(理勢) 간의 대립 장벽을 철저히 소통시킴으로써 화합지도의 첫 경지인 합경合境을 현실세계에 온전하게 드러낸다.

정情의 원천을 열어 주어서 침착하고 조리 있게 정리하고, 굳건함으로써 곤란과 위험을 극복하고, 충돌로써 융합을 이루며, 정情·이치·추세가 "큰 냇물을 건너는 것이 이롭다"(利涉大川)의 공훈과 업적에서 화합의 효용을 낳아야 한다. 그리고 이를 통해 화합지도의 '건健'이라는 이름(名)과 '합合'이라는 자(字)를 구현해야 한다. 정情·이치·추세가 화합적인 변화를 거쳐 다시 태어난 화합의 인문정신은 원래의 우환의식으로부터 위기의식으로 탈바꿈하고 자강하는 가치목표에 도달한다. 화합역사철학은 이로써 화합가치철학의 차원에 도달한다.

2) 진·선·미의 형식에너지

화합가치철학은 진·선·미라는 기본 범주의 조화로 이루어진다. 『중국철학논리구조론』에 따르면 진·선·미는 가치척도와 의미 표준으로서 모두 허성虛性 범주이다. 진眞은 음의 기호로 순順의 자리에 위치하며 허성에서 실實의 범주에 속하고, 선善은 양의 기호로 건健의 자리에 위치하며 기상에 과불급이 없고 허성에서 상象의 범주에 속하며, 미美는 음의 기호로 순順의 자리에 위치하고 그 도道가 텅 비어 허성에서 허虛의 범주에 속한다.

중국 전통철학의 사유방식과 가치관념은 어디까지나 개체화된 심성을 진리존재의 논리적 출발점으로 삼고 도덕화된 수양을 진리를 탐색하는 실천방식으로 삼았다. 중국철학사에서 현대철학의 진리 범주와 대응되는 개념은 '성誠'이다. "지성至誠은 하늘이 우리에게 내려 준 참다운 도리이고, 그 하늘의 도리인 지성을 완성하고자 생각함(思誠)은 우리 인간이 실천해야 할 도리이다."(『孟子』「離婁上」) 왕부지는 '성'을 '실유實有'로 해석함으로써 '지성을 완성하는 것'을 사명으로 하는 인도人道로 하여금 '허심虛心이 채워진' 명백한 형상을 가지도록 하였다. '허심'의 생각함(思)은 진리형식(즉 허성의 논리구조)이고 채워진 도道는 진리의 내용(즉 實 범주의 형상 경지)이다. 그러나 유가뿐 아니라 도가에서도 '성誠'은 관념 또는 의욕을 지극히 선하게 하는 수양일 뿐이었고, '성誠과 명明의 합일'의 경지는 내재적 초월 과정에서의 천인의 혼연일체일 뿐이었다. 중국의 전통윤리학은 지식론을 포용하고, 도덕적 경지가 진리의 과정을 포함하며, 수양방법이 사유방식을 포괄하기 때문에 진眞의 범주는 기형적으로 전개되었다. 윤리적 차원에서 진실한 말과 성실한 마음, 도덕적 수양의 진성眞性과 진심眞心은 매우 중시되었고, 심지어 도교에서는 전진파全眞派가 큰 세력을 얻기도 했다. 결국 지식론, 존재론과 본체론적 의미에서의 진眞 범주는 충분히 발전하지 못했던 것이다.

지식을 탐구하고자 하는 의욕은 진리의 역사가 발전하는 정감적인 동력이고 진리를 위한 진리는 진리를 끊임없이 소명하는 이성법칙이다. 하지만 중국철학은 장자의 「양생주養生主」 사상의 영향을 받아 지식탐구의 욕구를 결핍했고, 유한한 생명으로써 무한한 지식을 감히 추구하지 못한다고 생각했으며, 진리의 벼랑 끝에서 모험하기를 두려워했다. 따라서 공리화公理化된 논리체계와 연역적 기하체계를 형성하지 못했다. 그리고 "삶과 본성을 온전히 하고"(全生保眞) "장수할 수 있으며"(長生久視) 늙음을 되돌려 어린아이로 돌아가는 수련에 생명의 지혜와 모든 정성을 쏟아 부었다. 이것은 의심의 여지없이 비장하고 불가능한 비이성적 도박이었다. 모든 사람이 자기만의 생명의 우물을 파고 세상의 지혜의 강물에 관심을 두지 않았기에 진리의 강에는 물구멍이 너무 많아 지하천이 되어 버렸고 진리는 의리醫理, 명리命理, 괘리卦理, 상리象理 등 술법에서 자생자멸하고, 민간의 속담과 명현들의 격언에서 간혹 드러나기만 했다. 생리生理가 진리에 저항하면서 지식에 투신하길 거부하고, 윤리倫理가 진리眞理를 대신하여 격물이 양지에만 머물렀으며, 심리心理는 진리가 두려워 감히 죽음을 미리 알고자 하지 못했다. 결국 진리는 이 삼중의 장애에 막혀 빛을 볼 수 없었다.

맹자는 선善을 심성 내에 위치시키고 이를 선천적 본성으로 간주했다. 선을 행하고 악을 제거하는 것은 하늘이 선지자와 선각자들에게 내려준 대임이 되었고, 양지양능을 보존하고 지선至善의 인격을 추구하는 것은 모든 개인의 규범이 되었다. 전제군주가 무도하고 포악하며, 도덕이 도구화되어 정치적으로 활용(孝로써 천하를 다스리는 것)되면서 중국 고대철학과 문화는 가는 곳마다 이율배반으로 가득 찼다. 즉 인성은 본래 선하나 못된 짓이란 못된 짓은 다하고, 오로지 공적인 것을 위할 뿐 전혀 사심이 없다 하지만 향락을 탐내는 욕심이 흘러넘치고, 모든 사람에게 책임이 있다 하면서 천하를 자기 집처럼 만드는 것 등이 바로 그것이다. 어차피 천하가 승자와 그 가족의 사유재산이 된다면 누가 천하를 얻든 달라질 것은 없다. "흥해도 백성들은 고생하고, 망해도 백성은 고생한다", "삶이 곧 고통이다"라고 주장하는 불교가 인도에서는 사라졌지만 중국에서 흥한 것을 보면 정말 이것과 깊은 관련이 있는 것처럼 보인다.

중국 고대의 '선善'은 소크라테스가 말한 지혜의 미덕이 아닐 뿐만 아니라 예수 그리스도의 신앙화한 미덕도 아니다. 이는 오직 심성에 자리 잡은 인의예지신의 윤리적·도덕적 규범이다. 이렇게도 많은 가치규율로 마음의 지혜(心智)를 선험적으로 봉쇄함에 따라 원초적인 창조적 충동과 자유로운 탐구를 상실했던 것이다. 컴퍼스나 곡척을 쓰지 않으면 원이나 사각형을 그릴 수 없지만, 컴퍼스나 곡척에 지나치게 의지해도 마찬가지로 사각형이나 원을 그릴 수 없다. 지나친 규범은 결국 중국 사람들의 성격을 겉으로는 원만한 듯하나 속은 모난(外圓內方) '살아 있는 옛 동전'(活銅錢)처럼 변하게 하여, 결국에는 이익을 추구하지만 실상 추구할 이익이 없고(황실에서 천하의 여러 가지 이익을 다 독점하였기 때문이다) 어디에나 파고들지만 막상 파고들 틈이 없는(발명·창조의 모든 경로가 윤리도덕에 의해 막혔기 때문이다) 곤경에 **빠**지게 만들었다.

선善의 범주는 지나치게 내재적이고, 산만하며, 도구적 이화異化가 끊임없었고, 또 정치적으로 이용당했다. 이것이 중국 전통철학의 미美 범주 변질의 근본 원인이다. 선善의 가치지향은 마음의 지혜가 안으로부터 밖으로 전개되는 과정이고, 생명의 지혜가 현실세계에서 끊임없이 지식의 꽃을 피우고 공용功用의 열매를 맺게 하는 창조의 과정이다. 내재적 선善은 가치의 잠재적 에너지일 뿐이다. 이것은 인문문화의 표현형식을 결핍하기 때문에 가치형식에너지가 될 수 없다.

"천지는 만물을 생성하는 공이 있어도 말하지 않는다."(『莊子』「知北遊」) 장자는 미美와 진眞을 일체로 보아서 천지자연과 현묘한 이치 속에 머물게 했다. 도가의 미학사상은 중국의 시가, 음악, 회화와 서법 등에 깊은 영향을 끼쳤으나, 질박한 형태와 허무맹랑하고 현실성 없는 환상으로 인해 비극적인 숭고함이 부족했고, 희극적인 열기는 더욱 없었다. 공자는 "마을의 풍속이 인仁한 것을 아름답게 여기고" (里仁爲美) "아첨하는 말을 하고 얼굴색을 꾸미는 짓"(巧言令色)을 반대했으며, 미美와 선善을 간단하게 동일시함으로써 그 둘이 윤리도덕 안에 녹아들어 백성의 일용생활에 위치하게 했다. 유가의 미학사상은 비록 전통적인 심미적 정취를 폭넓게 지배했지만 과유불급의 중용의 면모와 평범한 내용으로 인해 우환을 넘어 투쟁에 도달하지 못했고, 몸은 조정에 있지만 마음은 강호에 있는 격이 되어 버렸다.

불교의 미학은 "모든 것은 내 마음이 만드는 것"(一切唯心所造)이라고 보기에 보살십지菩薩十地, 화엄세계華嚴世界, 미륵정토彌勒淨土는 모두 일념의 깨달음에서 벗어나지 않았다. 불교의 심미는 교의에 대한 깨달음의 과정에서의 '전도된 몽상'이기에 마치 물속의 달과 거울속의 꽃과도 같이 공空하여 실상이 없다. 무상無相의 반야지혜가 심미적 가치를 가진 모든 형상적 경지를 없애 버린 것이다. 정리하자면, 중국 전통철학은 미의 범주에 대해 윤곽을 그리듯 설명했을 뿐이다. 공자는 "다 털어내다"라고 하였고, 노자는 "허虛의 극치에 도달하고 돈독함의 정靜을 간직하라"고 하였으며, 장자는 "마음을 재계(心齋)하고 앉아서 모두 잊으라(坐忘)"고 주장하였고, 불교는 "무릇 형상이 있는 것은 다 허망하다"(凡所有相, 皆是虛妄)라고 하였다. 이상의 것들은 모두 명확한 설명이 아니었기에 중국미학은 현묘함과 신비로움으로 가득 차 헤아릴 수 없고, 마치 밑이 없는 함정과도 같아서, 현묘한 경지를 탐구할 최상의 방법을 찾아내기 힘들었다.

공공空空, 현현玄玄, 허허虛虛와 같은 주변적 설명 외에도 전통철학의 미학 범주가 포괄하는 영역은 매우 한정되었다. 도가는 고산유수高山流水와 같아서 지음知音을 구하기 어려웠고, 유가는 너무 통속적이어서 사람들이 관심을 두지 않았으며, 불교는 봄날에 내린 눈과 같이 흔적을 남기지 않았다. 전통적인 심미 영역들은 의식주의 세속생활을 벗어나지 못하거나 혹은 일상생활과 너무 멀리 떨어지고, 가깝게 눈앞에 있고 손에 잡힐 듯하거나 혹은 아득히 멀고 구석진 곳에 있어 그 경지에 닿을 길이 없었다. 이렇게 인문정신을 키워 가는 심미의 우물은 수렴만 할 뿐 변혁이 없었기에 '크게 경사스러움이 있는'(元吉在上) '대성大成' 수준에 도달하기 어려웠다.

전통적 가치형식에너지의 진·선·미 범주를 탈바꿈시킴에 있어 핵심적인 문제는 지나치게 독선적인 선善의 범주가 가지는 문화적 지위를 변혁시키는 것이다. 이렇게 해야 화합가치철학도 의미세계의 수양 규범을 초월하여 가능세계의 건순健順이라는 명칭에 도달할 수 있게 된다.

중국의 미학은 지극히 고명해서 평범하거나 속되지 않았다. 가치형식에너지는 "반드시 정상에 올라 더 낮은 산들을 둘러보리라"[9]라는 기백으로 화합지도의 숭고한 형상에 도달했다. 가치형식에너지의 형상이 완전히 일신함에 따라, 선善의 범주는 지극히 강하고 웅대함이 없는 험한 상象에서 강함 속에서도 웅대함이 있는 곤坤의 순順한 상象으로 탈바꿈했다. 마치 대지의 나무가 아래로는 황천의 물을 빨아들이고 위로는 창천의 구름 속으로 치솟으며, 그 가운데에서 삼극지도三極之道가 이어지고 통하게 하는 동량이 되는 것처럼 인문정신 역시 활기가 넘쳐흐르게 되었다.

변화를 거친 뒤 가치형식에너지는 분산되고 조리가 없던 진·선·미의 형태를 극복하고 조화롭고 규범화된 전체로 통합된다. 따라서 화합가치철학은 전통적으로 진·선·미가 취한 전환형식에너지를 중개 범주로 해서 분산과 통합을 대립전환개념으로 삼는다. 분합이란 대구적인 전환개념을 초월하고 나면, 가치형식에너지는 '화

---

9) 杜甫, "會當凌絶頂, 一覽衆山小."

和'자를 따라 화합가능세계로 진입해서 화합생생도체의 경지에 도달하게 된다.

진眞은 가치형식에너지의 순도이고, 주체의 진실한 염원에 대한 직접적인 표명이며, 객체의 진실한 형상에 대한 솔직한 표현이다. 화합가치철학에서 진眞의 범주는 주체의 진실한 염원과 객체의 진실한 형상이 인문적 의미세계 안에서 화합하는 가치형식에너지이다. 현상학은 환원을 통해 본질에 도달하길 지향한다. 그것은 실로 화합 의미세계에서 객체가 직접적으로 표현되는 진실한 형상이다. 현상학은 비록 진리 범주에서 주체의 진실한 염원에 대해 주목하였지만 후설현상학의 반심리주의 경향 때문에 지향성 개념 자체가 객체의 의식유행을 가리키는 것이 되었기에 주체의 진실한 염원은 정당한 논리적 위치를 부여받지 못했다.

선善은 가치형식에너지의 명도明度이고 주체의 지선한 양지와 객체의 완벽을 향한 추세가 화합의미세계 안에서 화합하는 가치형식에너지이다. 주체의 지선한 양지가 지닌 영명한 빛은 도덕적 격식이 되어 객체가 인문가치표준에 대해 가지는 결함을 소명하고 보완해 준다. 주체의 지선한 양지는 마음의 등불과도 같이 생명지혜의 빛으로 만물의 존재 방식과 의미 질서를 밝혀 준다. 전통 윤리학의 선善 개념과 비교했을 때 화합가치철학의 선善 범주는 우선 존재론적 기본 측도이자 가치론적 의미표준이다. 화합가치철학의 화합생생도체 및 그 논리적 구조에 따르면, 지선은 '인간이 인간이도록 하는 것' 즉 인간의 존재론적 사명이고 가치론적 본성이다. 인간의 마음의 지혜가 동물계를 벗어나 각성된 이후 지선한 생명지혜는 미약하지만 영명한 빛을 드러냈다. 이 빛은 끊임없이 확장되고 빛을 내뿜으며, 인격을 완성시키면서 더욱 아름다운 빛깔이 되어 천지만물을 소명하고 무궁한 우주를 채워 나간다. 악惡 역시 생명지혜의 영명한 빛이 막혀서 어두워진 정도로 볼 수 있다.

미美는 가치형식에너지의 색상色相이자 주체의 심미적 정취와 객체의 가능태가 의미세계 안에서 화합한 가치형식에너지이다. 주체의 심미적 정취는 무한한 정도의 자유를 갖고 있기에 이러한 자유가 객체적 태세 및 언어의 존재상에서 드러날 수 있을 때 미美는 제한적으로나마 표현방식을 획득한다. 따라서 화합가치철학에서의 미의 범주와 화합언어철학에서의 언言·상象·의意 범주는 서로 통한다. 화합의 삼차원 구조 측면에서 말하자면 미의 범주는 세계에 걸친 초월적인 본성을 가진다. 즉 미美 범주의 내함을 화합의미세계에 위치시킬 수 있기에 그 형식논리적 촉각은 이미 화합가능세계로 펼쳐진다.

3) 상하 탐구의 맥락

화합철학체계가 소통을 통해 본체에 도달하는 상상·초월의 길은 중국 전통철학 및 문화가 환골탈태하도록 화합학 공정을 완성하는 핵심적 국면이다. 따라서 이 체계는 전체적으로 비판 속에서 구축되며, 화합생생도체로 통하는 초월의 계단은 효용의 역사 개척을

거쳐, 가치형식에너지로 승화되고, 화합지도의 합合 → 화和 → 도道
의 순서로 펼쳐진다. 이 과정은 세 갈래의 탐구맥락으로 구성된다.

첫 번째 탐구맥락: 화합세계의 이상적 경지의 전환: 현실세계 →
　　　　　　　　의미세계 → 가능세계
두 번째 탐구맥락: 기본 범주의 중개 전환: 정情, 추세, 이치의 화합
　　　　　　　　적 효용역사 → 진·선·미의 화합적 가치형식
　　　　　　　　에너지 → 언言·상象·의意의 언어존재상 → 입
　　　　　　　　立·달達·애愛의 예술적 공덕 → 화합생생도체
세 번째 탐구맥락: 개념전환의 대립적 연결: 미발·이발 → 분산·
　　　　　　　　통합 → 현성顯性·은성隱性 → 가상·충실

이 세 갈래 맥락은 화합세계 경지의 전환, 음양기호의 변화 과정,
형상적 경지의 가상적 전환, 기초 범주의 중개전환 그리고 전환개념
이 대립적 연결을 융합하여 상상 가능한 무수한 화합·초월의 길을
제시한다.

화합·상상·초월의 길에서 효용의 역사와 가치형식에너지는 차
별성이 부족하고 조화로운 생성에 무력하여 혼란이 발생한다. 따라
서 효용역사를 준설해 내려면 반드시 본원을 개척하여 정情의 범주
를 음순陰順에서 양건陽健으로 전화시켜야 한다. 감정의 원천을 열어
주고 이치에 맞게 효용을 발휘하면 그 추세는 황하의 물이 하늘에서
떨어지듯이 되어, 정情과 추세의 합리성 속에서 지성 창조에 의해
현실세계의 요구가 끊임없이 충족될 것이다. 가치형식에너지를 승

화시키려면 반드시 위험한 물줄기를 차단하여 선善의 범주로 하여금 양건에서 음순으로 물러나게 해야 한다. 선善과 명命이 중화를 이루어 밖으로 드러나고 성취가 더욱 진실에 다가가고, 격조가 숭고하고 아름다워지며, 인생이 천지지간에 우뚝 서고 그 인문정신이 해와 달에 견줄 만큼 빛날 것이다. 의미세계는 선善과 진·미의 속에서 승화되어 점차 자유자재하는 가능적 경지로 진입한다. 정情과 추세가 이치에 부합하고 자강하는 격정(乾健의 情)을 취하고 선과 진·미가 두터운 덕으로 사물을 담는 아름다운 뜻(坤順의 意)을 선택하여 화합·원융하면 상하가 교합하는 초월적 화합지도를 이룰 수 있다.

화합철학체계 탐구의 길은 화합예술철학과 그 예술의 공덕이 중국과 서양을 관통함으로써 차이를 화생和生으로 변화시키고 번뇌를 화락和樂으로 탈바꿈시키는 등 학술적 사명을 실행하는 것에 역점을 둔다. 이것은 입언立言에서 입공立功과 입덕立德으로 이르기까지 화합의 학설이 전파되도록 하는 유행의 과정이다. 이것은 고금을 융통하는 것에 집중하는 첫 번째 경로와 상호 보완하면서 화합생생체계의 학술목표를 달성하는 것이다.

화합철학체계를 주장하고 유행시키는 것은 화합예술철학과 그 공덕으로부터 출발하는 것이기에 그 최초의 형상적 경지는 『주역』의 천화天火 즉 '동인괘同人卦'의 획을 빌려 가상할 수 있다. 화합예술철학과 그 화해원칙은 화합언어철학과 화합생생도체와 상응하는 언言·상象·의意 및 입立·달達·애愛의 기초 범주 그리고 언어존재상과 예술 공덕의 중개 범주 및 현성·은성隱性, 가상·충실이라는 전환개

넘을 거쳐 화생·화락이라는 생락生樂의 본체에 진입하는 것이다.

『역전易傳』은 "천하가 같은 곳으로 돌아가지만 길은 달리하고, 이루는 것은 하나이지만 생각은 백 가지나 된다"고 하였다. 인류의 수많은 인종과 세계의 각종 문화는 모두 저마다의 지역에서 독립적으로 발생된 것이기에 그 정취가 아주 다르다. 하지만 결과적으로는 모든 하천이 바다로 흘러 들어가듯이, 하늘 아래 땅 위의 인문이라는 가운데로 모여든다. 인간은 천지 사이에서 본래 동포이고 동족이다. 산업문명의 세찬 불꽃은 저마다 부지런히 경작해 가던 대지의 들판을 밝게 비추고 칠대주를 자본으로 가득 찬 공동시장으로 결합했으며, 과학기술지식이라는 예리한 양날의 칼은 한 마을, 한 가족 단위로 처량하게 유지해 가던 혈연적인 유대를 잘라 버리고 오대양을 사통팔달의 정보망으로 엮어 버렸다. 세계화와 전 세계적 협력은 이미 인류의 공통적 운명이 되어 버렸다.

세계화는 동인괘同人卦의 형상으로 나타났다. 비록 "문명적이면서 강건하고(文明以健) 중정함으로 응함(中正以應)"은 인류가 '대화大和'의 이상을 실현하기에 유리한 시기이지만, '제자리를 얻고 중도를 얻는'(得位得中) 음순陰順이 세력이 미미하기에 음과 양이 균형을 잃었고 '천天과 화火'의 뙤약볕 아래 생태 위기가 누적되었다. 그러므로 뜻있는 선비와 어진 사람은 "처음에 울다가 나중에는 웃는"(先號咷而後笑) 탁월한 선견을 갖추어서, 과학기술지식의 악용을 경계하고, 산업문명의 병리가 확장되지 않도록 바로잡으며, 인류의 가장 원시적인 화생和生의 지혜를 잘 보살피고, 세계에서 가장 순박한 화락和樂의

정취를 추구하며, 가장 이상적인 인문정신의 화합의 근원을 수호해
야 한다.

"다른 것들이 만나 조화를 이루면 만물을 낳지만, 같은 것만 있
으면 지속되지 못한다."(和實生物, 同則不繼) 인류는 동일한 명命을 가졌
기 때문에 근본적으로 서로 연계되어 타인에게 인자함을 베풀고 만
물을 사랑할 수 있다. 하지만 세계를 획일적으로 만들어 버리면 종
족끼리 배척하고 백성들이 도탄에 빠지게 된다. 그러므로 화합의 언
설이 유행하는 여정은 무엇보다도 동류 간의 배척과 인류의 이화異
化 등 충돌과 위기를 해소할 수 있는 길을 찾고, 전략적 차원에서
세계화가 가져오는 획일화의 이로움과 폐단, 득실을 총괄적으로 살
핀다. 그리고 이를 통해 가치충돌과 생태 위기를 해소하는 화합학의
기본 원칙을 실현함으로써 현실적 실천의 최고 법칙이 된다.

"동인을 들에 모이게 하는"(同人于野) 존재적 상황은 여전히 논리
적으로 대립구조에 속한다.

표면적, 그리고 거시적 관점에서 보자면, "만물이 필경 같으면서
다른 것을 '크게 다르다'고 말한다."(『莊子』,「天下」, "萬物畢同畢異, 此之爲
大同異.") 획일화 추세는 인류문화가 '만물이 필경 같으면서 다름'과
'크게 다름'의 진동구조에 점차적으로 접근하도록 한다. '만물이 필
경 같으면서 다른 것'은 전칭全稱을 용납지 않는 선언추리選言推理 격
식이다. 이는 모든 것을 동질적으로 만들어서 차이와 개성을 제거하
고 동공동수同工同酬, 동고동락, 동심동덕同心同德, 동생동사同生同死를
추구한다. 이렇게 '필경 같음'의 일원화, 단일화를 실시하게 되면 세

계의 문명을 괴멸시킬 수 있다. 그렇다고 모든 것을 이질적으로 만들어서 공통성과 일원성을 해소하고 보편성을 거부하여 이성이심異性異心, 이족이류異族異類, 이언이어異言異語, 이사이상異思異想의 '필경 다름'을 추구해도 인류의 문화구조를 해체시키게 된다. 이를 통해 '크게 다름'은 곧 크게 나눔과 크게 합함, 크게 어지러움과 크게 다스려짐 사이에서 발생하는 주기적인 진동임을 알 수 있다.

심층적이고 미시적인 견지에서 보자면, "전체적으로는 같으면서 조금 차이가 나는 것을 '조금 다르다'라고 말하고, 모든 만물이 서로 각기 다른 점을 지니는 것을 '크게 다르다'고 말한다."(『莊子』, 「天下」, "大同與小同異, 此之爲小同異.") 세계화 추세는 갈수록 "전체적으로는 같으면서 조금 차이가 나는" "조금 다름"의 곤혹스러운 상태를 나타낸다. "전체적으로는 같으면서 조금 차이가 남"은 특칭特稱을 용인하는 선언추리 격식이다. 천하를 공적인 것으로 여겨서 세력과 협조를 얻는 '대동大同'일 수도 있고, 혹은 천하를 제 집으로 삼아 이익을 잃고 고독한 '소동小同'일 수도 있다. 그 취사선택은 모두 시세와 공리, 그리고 다원식의 경쟁시스템을 통해 가차 없이 결정된다. 득세한 자는 세상을 지배하지만, 이것이 반드시 정도에 맞는 것은 아니다. 이를테면 미국의 문화가 글로벌화의 과정에서 이전에는 없었던 강세强勢를 드러낸 것을 들 수 있다. 또 세력을 잃은 자는 밀려나지만, 반드시 정도에 맞지 않는 것은 아니다. 인디언이 미국에 군사적으로 패한 후 맞이한 비참한 결과가 바로 그러하다. 세력과 이익으로 하여금 맹목적으로 세상을 지배하게 하면, 전 세계적 차원에서 나누어진 것이 오래되면 반드시 합쳐지고 합쳐진 것이 오래되면 반드시 나누어지며, 다스려진 지 오래되면 반드시 어지러워지고 어지러워진 지 오래되면 반드시 다스려지는, 격렬한 이중적 진동을 초래하게 된다. 이를테면 중국의 역사에서 여러 민족들이 중국의 문화에 동화되는 과정과 그 문화가 크게 하나로 통일되는 진행 과정은 전형적인 '작은 다름'식의 구조적인 진동이었다.

현재 직면하고 있는 세계의 구조적 분합과 치란의 진동을 해소하려면 화합하되 부화뇌동하지 않는 '화이부동'이라는 화합의 원칙을 반드시 도입해야 한다.

4) 입·달·애의 공덕

화합의 예술공덕으로부터 출발해서, 가치충돌을 해소하는 화합학의 기본 원칙을 활용하여 현실의 위기를 뛰어넘어야 한다. 화합생생도체는 화합학의 5대 화해원리에서 추출해 낸 입立·달達·애愛라는 세 가지 기본 범주를 언설과 유행의 논리적 출발점으로 한다.

입立·달達·애愛 가운데의 입·달은 인애仁愛 속에서 화생和生하고, 인애仁愛는 화립和立, 화달和達 위에서 구현되며, 화합예술철학은 가상에서 실현된다. 이것은 화합의 예술공덕이 논리적 가능성뿐만 아니라 현실적 실행가능성도 가짐을 말해 준다. 공덕을 중개로 삼아 가치충돌을 화합적으로 해소하는 혜택은 만세에 미치는 큰 공덕이자 창조적 인문성의 금자탑이다. 화립·화달·화애는 가치충돌을 해소하는 공덕의 원칙일 뿐만 아니라, 또한 인류문화 발전에서 반드시 추구해야 할 현실에 대한 가상이기도 하다. 그 궁극적인 목적은 전 인류가 "몸을 편안히 하고 명을 세울"(安身立命) 수 있도록 화합의 정신적 안식처를 확립하는 것이다. 이것을 관철하고 실행하는 것은 화합인문정신이 전 세계적 범위에서 예술적으로 전개되는 과정이며, 가치충돌에 대한 예술적 화해이다.

화합예술철학은 화해의 공덕 및 그 가상과 충실에 관한 중개적 전환을 거쳐 입·달·애라는 화생의 목표를 실현했다. 화애는 현존재로서의 인생에 대한 영원한 가상이고 화립·화달은 생명지혜의 유행과 충실이다. 인생의 가치가 실현된다는 것은 곧 화애라는 가상이 충분히 표현되는 것이고, 현존재의 의미를 부여하는 것은 화립·화달의 충실에 대한 최선의 해답을 모색하는 것이다. 입·달·애는 화생의 삼중적 화음이다. 이것을 화합의 악곡으로 만들려면 반드시 음양기호가 가상한 화합가능세계로부터 언어문자로 표현되는 화합의미세계로 다시 진입하고, 나아가 화합이 주장되고 유행하는 중추적 전환인 화합언어철학 및 그 언言·상象·의意에 관한 범주체계를 탐구해야 한다.

"동인을 들에 모이게 하고"(同人于野) 위기가 끊임없이 반복되는 문명의 가치충돌을 해소하기 위해서는 '화이부동'의 화생과 화립·화달·화애의 원칙을 끌어들이는 것 외에 반드시 언설의 과정에서 언어문자의 차이로 인해 발생하는 오해를 해결해야 한다. 『성경』에 나오는 바벨탑의 이야기는 언어의 화합이 인류에게 있어 가장 달성하기 어려운 화합임을 말해 준다. 인류 문화정보의 교류 과정에서 언어행위에 대한 오해, 상징적인 기호에 대한 오역, 그리고 핵심 텍스트에 대한 오독은 인류사회의 사상충돌, 민족적 감정의 충돌, 개인적 상상의 공허를 낳는 중요한 원인이다. 화합언어철학의 논리적 취지는 인문정신세계에 널리 퍼져 있는 각종 오해를 제기하고 인류가 함께 누릴 수 있는 합락合樂의 바벨탑을 건립하는 것이다.

5) 언·상·의의 존재상

화합언어철학은 언言·상象·의意라는 세 범주를 통해 화합생생 도체를 구축한다. 화합철학체계가 주장되고 유행하는 길에서 화합언어철학의 중개 범주는 '존재상'이고, 전환개념은 '현성顯性'과 '은성隱性'이며, 생락生樂의 도체로 진입하는 방법은 '합락合樂'이다. 화합언어철학의 언·상·의 범주는 최종적으로 합락合樂을 거쳐 본체로 진입한다. 이것은 감정의 표현이라는 언어의 기능적 본질을 구현한 것이다. 『중국철학논리구조론』에 근거하면 언·상·의는 모두 허성虛性 범주에 속한다.

언어는 마음이나 생각에 대한 가상적인 표현이자 희망과 염원에 대한 상징적인 토로이다. 그래서 각자의 의견을 표현해야 하며, 반대로 여러 사람이 하나의 소리를 내는 것을 경계해야 한다. 서로 다른 소리를 내야 비로소 아름답고 즐거운 악곡을 화합해 낼 수 있기 때문이다. 대지가 울리는 소리인 지뢰地籟, 인간의 음악인 인뢰人籟, 하늘의 소리인 천뢰天籟는 모두 각자의 연주방식으로 우주를 유행한다. 동과 정, 고와 하, 청과 탁, 궁음宮音과 상음商音을 막론하고, 이들은 모두 자연이라는 조화로운 악장의 내재적 선율과 각각의 템포이다. 따라서 화합언어철학의 언·상·의 세 범주는 반드시 동인의 경우를 무너뜨리고, 문자의 집안을 벗어나서, 상징적인 종법을 거부하고, 예술적 경지와의 싸움을 끝내야 한다. 그리하여 부화뇌동하거나 강하기만 하고 중정하지 못해서 유행하기 어려운 모식을 변화시켜야 한다.

"하늘이 무슨 말을 하더냐? 사시가 바뀌고 만물이 계절에 따라 자라고 시드는데, 하늘이 무슨 말을 하더냐!"(『論語』「陽貨」) 천지만물은 소리를 내지만 말은 하지 않는다. 언어는 인도人道에만 특수하게 존재하는 것으로, 정보를 생성하고, 부호화하고, 전달하고, 접수하고, 해독하고, 이해해 가는 체계이다. 오직 인간만이 '말할 수 있는' 의미적 존재이기에 "우주는 인간을 제한하지 않았는데 인간 스스로 우주를 제한했다." 언어는 기호화된 의미체계로서 교묘하고 그럴 듯한 '교언巧言'에 의해 스스로를 얽어매고, 우주의 진상을 가리며, 영혼과 천지만물의 직접적인 교류를 제한해서, 천인 간의 불통을 조성할 수도 있다.

언어를 이해했다는 '지언知言'은 생명지혜의 존재적 사명이다. 언어의 원초적 본질은 만물을 명명하고 만상에 의미를 부여함으로써 혼돈에서 인문적 질서를 낳고 무상한 유행의 정신적 의미를 드러내는 것이다. "만물은 만들어진 후 비로소 이름을 갖게 되었다"(始制有名), "인간은 천지의 마음이고 마음은 만물의 주인이다", "이성은 자연을 위해 입법한다", "언어의 한계는 곧 세계의 한계이다", 노자로부터 왕수인에 이르기까지, 칸트로부터 비트겐슈타인에 이르기까지, 중국과 서양의 철학자들의 이러한 언명들은 모두 화합의미세계에서의 언어적 존재형상의 기능과 논리적 구조를 설명한 것이다. 『노자』는 '도'와 '명名'을 대립시켰고, 육왕학파는 인간 마음의 한 점인 '영명함'을 천지만물의 의미적 주재로 삼았고, 칸트는 이성을 통해 자연에 대해 범주 법칙을 건립했으며, 비트겐슈타인은 말할 수 없는 것에 대해서는 침묵을 지키라고 경고했다. 이런 것들은 모두 명명과 의미부여라는 언어의 본질을 입론의 전제로 한 것이다. 명명과 의미부여라는 언어활동과 행위는 화합생생도체가 화합가능세계에서 화합의미세계로 주장과 유행을 실현한 것이다.

명명과 의미부여라는 언어의 본질에 대한 화합언어철학의 암시에 근거하자면, 뒷사람들은 공손룡의 「지물론指物論」을 상당히 오해하고 오독했다. "모든 사물은 그 지칭이 있지만 그 지칭이 곧 사물인 것은 아니다."(物莫非指, 而指非指) 모든 사물은 언어를 통해 명명되고 의미를 부여받을 수 있고, 명칭과 의미가 있어야만 교류의 과정에서 지칭될 수 있다. 왜냐하면 지칭은 암호화된 언어의 교류기능, 언어의 파생적 속성, 수단적 활용이기 때문이다. 지칭에 사용되는 언어는 전체 언어의 의미세계에서 결정된다. 이는 언제나 가상된 암호이며, 특정 의미세계에서 오랫동안 통용된 부호로, 그 자체는 지칭성을 가지 않는다. 후대 선종의 『지월록指月錄』은 언어의 본질이 명명과 의미부여일 뿐 지칭이 아님을 더욱 형상적으로 설명했다. 왜냐하면 손가락으로 달을 가리킬 때 반드시 동시에 입으로 그 이름을 부르고 마음으로 그 뜻을 생각해야 하기 때문이다. "보시오, 저것이 바로 달이라오. 항아姮娥가 날아갔던 곳 말이오.…… " 여기서 명명과 의미부여가 먼저이고 지칭이 그 뒤임을 알 수 있다.

언어행위에서 명명이라는 본질은 언어가 사물에 도달하지 못함을 설명한다. 즉 언어 자체는 사물의 실재적인 상태를 변화시킬 수 없고, 다만 사물의 의미를 드러내는 방식에 관계될 뿐이다. 사물은 언어 밖에 있고, 뜻만 언어 속에 있다.

언어의 명명에 의해 획득된 사물의 의미는 오직 화합의 경지에서만 그 '상相'(Idea)을 간직할 수 있다. 즉 논리적 분류와 특징적인 비교를 통해 심지心智는 일정한 개념, 범주 또는 경지의 도움을 빌려 인류의 현실생활, 의미추구와 자유로운 상상과 관계된 사물의 가치관계를 드러낸다. 언어에 의해 교묘하게 편집 및 각색된 의미세계는 오색찬란한 존재형상으로 화합되어 성립된 것이다.

화합적 언어존재상과 화합의 가치형식에너지는 모두 화합의미세계의 화합생생도체를 구현한 것이다. 비교하자면 화합의 가치형식에너지는 진·선·미를 좇아 측정해 낸 초월적 가치관계망이고, 화합의 가치에너지에 대한 상상적 초월은 화합생생도체에 대한 탐구를 화합지도의 가능 영역에 도달시키는 것이다. 그리고 화합의 언어존재상은 언·상·의에 근거해서 묘사해 낸 유행적 의미의 척도이

고, 화합의 언설과 유행은 화합의 생생도체에 대한 탐구를 생략지체
生樂之體의 현실 영역으로 스며들게 한다.

화합의 언어존재상은 화합의 가치형식에너지의 기호전달수단이
다. 언·상·의와 진·선·미는 상호 화합을 통해 화합의 범주망을
형성함으로써, 화합철학체계 내에서 화합의미세계의 중추적 위치를
구현할 수 있다.

화합의미세계에서 언어존재상은 가치형식에너지의 나침판과 지
도이다. 그러나 나침판이 곧 방향인 것은 아니며, 지도가 곧 지리인
것도 아니다. 따라서 맹목적으로 교묘한 말과 단어를 엮어 냈다고
해서 새로운 가치가 창조되는 것은 아니며, 미묘한 경지를 과장해서
표현했다고 해서 이상적인 현실환경이 실현된 것도 아니다. 언어는
인간 간에 존재하는 소통체계일 뿐이다. 따라서 이것이 천지만물의
생태적 국면과 인류사회의 삶의 질을 직접 변화시킬 수는 없다. 도
교의 부록파符籙派의 경우 언어기호체계를 인간 간의 교류로부터 신
인神人 간의 교류로 간주함으로써 신비화를 초래하기도 했다.

화합언어의 존재상은 언어의 명명을 통해 가치의 활동범위를 확
대하고, 상징적 연상을 통해 지성창조의 충동을 유발하며, 형상적
경지를 통해 정신적 기반을 건설한다. 화합언어의 존재상은 시야의
겸용방식을 통해 새로운 의미 영역을 부단히 개척해서 다의적 현상
으로 가득 찬 언어의미세계를 형성한다. 언어의 존재상 체계에서 옛
뜻과 지금의 뜻, 본의와 파생의, 넓은 의미와 좁은 의미, 진의와 가
의假義는 항시적이고 동시적으로 병존하고 원융무애한다. 정보를 간

직하고 수용하는 화합언어존재상의 기능은 언어체계를 인류문화 내재적 의미 기억장치로 만들었을 뿐만 아니라 더 나아가 역사를 거울로 삼고 미래를 예견할 수 있게 하였다. 그러나 만약 언어존재상이 가진 저장과 수용 기능을 악용하여 태평성대를 가장하고, 사악함을 은폐하며, 염치를 잊고, 멋대로 행동한다면, 이는 언어의 폭정일 것이다.

화합언어의 존재상은 이중적인 기능을 지니고 있다. 그 중 하나는 언어의 명명, 상징적 관계와 경지에 대한 형용 등 드러난 기능이다. 이는 언어세계의 의미 영역을 끊임없이 확장하고 어휘를 풍부히 하여 가치창조를 이끌어 낸다. 다른 하나는 어형語形을 추상하고 어휘를 겸용하며 화용話用을 간직하고 수용하는 등 잠재된 기능이다. 이는 끊임없이 언어의 표현을 모으고 경험지식을 쌓아 주어 역사의 전통을 수호한다. 이처럼 언어는 수많은 화합의 존재양상과 기능을 갖추고 있으며, 따라서 하이데거는 '언어는 존재의 집'이라고까지 표현했다.

그러나 언어적 존재양태로 이루어진 존재의 집은 단지 인문정신의 '소가족'일 뿐이다. 따라서 그 화합의 즐거움은 '소국과민'과 같은 조건 아래에서의 가족 간에 누리는 즐거움인 '합가환락合家歡樂'에 불과하다. 왜냐하면 화합언어의 존재상이 지닌 본래의 경지는 완전히 틀어 막혀 전혀 소통되지 않는 비도否道의 하괘下卦이기 때문이다. 천지, 상하, 만물, 국가 간에는 공유된 언어가 없어서 교류가 쉽지 않다. 가상된 언어의 집에서 존재는 한 집 단위로 갈라진 연결망을 형성하기에, 비록 질서정연하기는 하지만 실상 상호 교류가 없다. 따라서 언어는 다만 존재가 '덕을 거두고 어려움을 피하며'(儉德辟難) '봉록을 영화로 여기지 않는'(不可榮以祿) 초가집일 뿐이기 때문에 가을바람에 무너지지 않을 수 없다.

화합철학의 생생도체가 "하늘을 아버지라 하고 땅을 어머니라 하는" 인문정신의 대가족을 꾸리려면 반드시 백성은 모두 동포이고 만물은 모두 동반자라는 '민포물여民胞物與'의 화합적 요구에 근거해서, 의미세계에서 화합언어의 존재양상을 계속 확장하고 천지간, 인간과 만물 간에 존재하는 의미적 차벽을 제거해야 한다. 그리하여 '우주 만물의 도리가 모두 나에게 갖추어져 있는' 그것을 "마음을 가득 채워 발산해서 우주를 채워야 한다." 막혀 있는 화합언어의 존재양태를 우주에 가득 찬 것으로 변화시키려면 반드시 언어가 위치한 화합의미세계를 통과해 화합현실세계로 진입해야 한다. 화합언어의 존재양상이 시공간적 자아가 없는 "무아상無我相, 무인상無人相, 무중생상無衆生相, 무수자상無壽者相"에 이르게 되면 생명지혜의 '실상반야實相般若'(實相無相)에 진입해서 화합생락도체和合生樂道體를 체득하고 화합유행의 본연에 소통할 수 있다.

화합생락도체는 비록 고정된 상을 가지지는 않지만 화립, 화달, 화애가 곧 삶이고, 합언合言, 합상合象, 합의가 곧 즐거움이다. 이것은 진실무망한 진리이다. 따라서 언어와 화합유행의 이상적 경지 즉 화합생락의 경지는 여전히 언어의 도움을 빌려 구성된다.

화합예술철학은 이성과 논리에 부합되는 일종의 선택이자 가치충돌을 해소하는 하나의 방안으로서 하늘에 떠 있는 해처럼 미래의 전망을 밝게 비쳐 준다. 다만 상호 제어 및 전환 체계가 없다면 여름날 무더위처럼 견디기 어려울 것이다. 그러므로 중정中正한 화애의 원리를 변함없이 간직하고 화립과 화달을 가상에서 현실로 변통해서 서로 다른 현실적 조건하에서 그 해답을 구해야 한다. 화합예술철학은 건순健順이라는 화생和生 범주의 변역을 거쳐 강유剛柔가 올바른 자리를 찾고, 상하가 서로 호응함으로써 화립과 화달이 화애를 둘러싸고 전개된다. 여기에 이르면 화합예술철학과 그 예술적 공덕의 가능성과 실현가능성이 온전히 드러나게 된다.

화합철학은 입·달·애의 범주로써 화생의 원리를 구현해서 위기를 생生의 기회로 탈바꿈시킨다. 우리는 생의 기회가 싹트도록 하고, 화합예술철학을 가능세계에서 현실제계로 진입하도록 함으로써, 화합적 예술에 잠재된 공덕의 함의를 드러내야 한다.

인간은 천지 사이에 태어나고, 언어는 인간 사이에서 유행한다. 화합예술철학이 현실세계에서 실행되도록 하려면 반드시 언어의 존재형상의 도움을 빌려 인간 사이에 널리 퍼지도록 해야 한다. 화합언어철학은 화합철학체계가 아래 차원으로 유행하도록 하는 중요한 중추이자, 화합의 예술철학과 그 공덕이 세상에 유행하도록 하는 관건이다. 언·상·의는 비록 전통 역학의 개념이자 전문용어이지만, 언·상·의의 범주에 대한 화합언어철학의 이해에 있어서는 전통 역학과 매우 큰 차이가 있다. 전통 역학은 "상象을 세워 뜻을 다하고" (立象以盡意) "사辭를 달아 말을 다할 것"(繫辭以盡言)을 주장한다. 위진

이래 상학象學이 쇠락하고 리학理學만 발전해서, "말은 상을 다하지 못하고"(言不盡象) "상은 뜻을 다하지 못해서"(象不盡意) 언·상·의가 분화하기 시작했다. 그 뒤로 도가 미학의 영향을 받아 "경은 상 밖에서 생기고"(境生象外) "뜻은 말 밖에서 생긴다"(意生言外)는 식으로 단정하는 현상이 나타나 언·상·의가 뚜렷이 분리되어 다시 화합하지 못했다. 화합언어철학은 언·상·의의 관계를 재해석하고자 한다. 그러기 위해서는『노자』,「계사전」등과 같은 원전의 사상을 수용하는 것 외에도 현대 언어학과 언어분석철학의 긍정적인 성과와 독창적인 견해를 광범위하게 수용하고 융합하여 화합철학만의 언어철학 체계를 형성해야 한다.

화합언어철학은 전통철학의 "말 밖의 뜻"(言外之意)과 "상외의 경"(象外之境)이라는 편파적인 견해를 극복하고, 언어의 도식, 한도와 유희 등에 관한 비트겐슈타인의 탁월한 관점을 수용해야 한다. 이를 통해 언·상·의 삼위일체의 화합구조를 확립하고, 언과 상이 화합하여 의를 드러내며, 경지가 언과 상을 섭취하고 융합하는 등에 관한 언어존재상 이론을 건립해야 한다. 화합언어철학은 불교 반야학, 법상法相유식학과 선종 등 경지의 반야, 문자의 반야로부터도 영양분을 흡수해야 한다.

화합언어의 존재상과 화합가치형식에너지와의 관계는 물과 물결에 관한 화엄종의 비유와 유사하다. 언어의 존재양태는 인문이란 대도의 음파 혹은 음악의 파랑이다. 언어의 존재양태에는 현성顯性과 잠성潛性이라는 두 가지 존재방식이 있지만 언어와 소리의 유무와 상관없이 그 존재양태는 모두 유의미하다. 때로는 침묵이 요란함보다 더 나을 수도 있다.

화합언어의 존재상은 인도와 천도라는 처음 갈라지는 지점이자 인문정신의 첫 목표물이다. 언어존재상은 인간과 천지만물과의 교류를 제한하고 차단할 수도 있지만 인간과 인간 외 모든 것과의 정보를 소통시킬 수도 있다. 제한과 차단이라는 언어의 기능은 본원적인 의미에서 차폐성을 지닌다. 오류도 이로 인해 전파되고 전통도 이로 인해 응집된다. 인류는 최초에 신화, 우언, 동화 등과 같은 오류를 통해 비로소 의식의 심연에 임시로나마 인문정신을 위치시킬 기반을 마련했다. 제한과 차단이라는 언어의 기능과 차폐성은 다른 측면에서는 가치형식에너지에 반드시 가假·악惡·추醜라는 부정적 가치가 존재함을 말해 준다. 가·악·추는 진·선·미의 현현을 차단할 수도 있지만 반대로 진·선·미의 오묘함을 수호할 수도 있다.

일상생활 속에서 현존재로서의 인생이 가진 유한성과 피할 수 없는 죽음, 그리고 궁극적인 가치의 허무함과 가능성은 반드시 차폐되어야 한다. 어떤 의미에서, 언어존재상으로 구현되는 의미세계는 가상화된 기호세계이다. 그러나 제한과 차단은 오직 외향적이면서 심화되는 것이기에, 언어존재상은 인간 사이에서 소통적 기능을 발휘해야 한다. 화합언어의 존재상은 봄비와도 같이 "바람 따라 밤에 몰래 숨어들어, 만물을 윤택하게 하면서도 가늘어 소리가 없다."[10] 이것은 언어존재상이 생명지혜의 원천에 따라 대지에 스며들고 화

---

10) 杜甫, "隨風潛入夜, 潤物細無聲."

합현실세계의 실천에서 실행되어야 함을 말해 준다.

화합예술철학과 그 예술의 공덕이 언어존재상에 따라 화합현실
세계에서 유행하게 되면 화생和生, 합락合樂은 내재적인 가치법칙이
되고, 상상·화합·초월의 길에서 효용의 역사와 통합하여 모든 제
한과 막힘을 떨쳐버린 화합의 격정이 되며, 모든 충돌을 해소하는
화합의 이성과 모든 위기를 뛰어넘는 화합의 태세로 합류하게 될
것이다. 이렇게 되면 화합철학체계는 앞뒤가 맞물리고, 고금을 관통
하며, 중국과 서양을 융통하는 도체道體가 되어, 전체 화합철학의 생
생도체의 논리구조가 막힘없이 실현될 수 있을 것이다.

지은이 **장립문張立文**

중국 折江省 출신.
북경 中國人民大學 철학과를 졸업하고, 동 대학 철학과 교수를 거쳐
현재 명예교수로 있다. 아울러 동 대학에 孔子硏究院 설립한 후 원장
으로 재직 중이다.
대표 저술 및 편저로는 『宋明理學硏究』, 『周易思想硏究』, 『朱熹思想
硏究』, 『道』, 『理』, 『氣』, 『和合學槪論』, 『和合哲學論』 등이 있다.

옮긴이 **홍원식洪元植**

고려대학교 철학과를 졸업하고 같은 대학교 대학원에서 박사학위를
받았다. 현재 계명대학교 철학윤리학과 교수로 재직하고 있으며, 동
아인문학회 회장과 한국철학회 부회장, 국제유교연합 이사 등의 직을
맡고 있다.
저서로 『한주 이진상의 생애와 사상』, 『동도관의 변화로 본 한국 근
대철학』, 『조선시대 가문의 탄생』 등 20여 권(공저 포함)이 있고, 역
서로 『중국철학사』 등 10여 권(공역 포함)이 있으며, 「이황과 그의 직
전제자들의 심경부주 연구」 등 80여 편의 논문이 있다.

옮긴이 **임해순林海順**

중국 延邊大學 정치학과(사상정치교육 전공)를 졸업하고 파견교수로
경북대학교에 재직 중 철학과에서 박사학위를 받았다. 현재 연변대학
마르크스주의학원 교수로 재직하고 있으며, 뉴질랜드 캔터베리 대학
교에 방문학자로 다녀왔다.
대표 논문으로 「실사구시와 실용주의—등소평의 '흑묘백묘론'을 중심
으로」(경북대 박사학위 논문), 「화합'사상 연구」 등이 있고, 다수의
한국 논저들을 중문으로 옮겼다.

◀ 예문서원의 책들 ▶

역학총서

주역철학사 (周易研究史) 廖名春·康學偉·梁韋弦 지음, 심경호 옮김, 944쪽, 45,000원
송재국 교수의 주역 풀이 송재국 지음, 380쪽, 10,000원
송재국 교수의 역학담론 — 하늘의 빛 正易, 땅의 소리 周易 송재국 지음, 536쪽, 32,000원
소강절의 선천역학 高懷民 지음, 곽신환 옮김, 368쪽, 23,000원
다산 정약용의 『주역사전』, 기호학으로 읽다 방인 지음, 704쪽, 50,000원

한국철학총서

조선 유학의 학파들 한국사상사연구회 편저, 688쪽, 24,000원
퇴계의 생애와 학문 이상은 지음, 248쪽, 7,800원
조선유학의 개념들 한국사상사연구회 지음, 648쪽, 26,000원
유교개혁사상과 이병헌 금장태 지음, 336쪽, 17,000원
남명학파와 영남우도의 사림 박병련 외 지음, 464쪽, 23,000원
쉽게 읽는 퇴계의 성학십도 최재목 지음, 152쪽, 7,000원
홍대용의 실학과 18세기 북학사상 김문용 지음, 288쪽, 12,000원
남명 조식의 학문과 선비정신 김충열 지음, 512쪽, 26,000원
명재 윤증의 학문연원과 가학 충남대학교 유학연구소 편, 320쪽, 17,000원
조선유학의 주역사상 금장태 지음, 320쪽, 16,000원
한국유학의 악론 금장태 지음, 240쪽, 13,000원
심경부주와 조선유학 홍원식 외 지음, 328쪽, 20,000원
퇴계가 우리에게 이윤희 지음, 368쪽, 18,000원
조선의 유학자들, 켄타우로스를 상상하며 理와 氣를 논하다 이향준 지음, 400쪽, 25,000원
퇴계 이황의 철학 윤사순 지음, 320쪽, 24,000원
조선유학과 소강절 철학 곽신환 지음, 416쪽, 32,000원
되짚어 본 한국사상사 최영성 지음, 632쪽, 47,000원
한국 성리학 속의 심학 김세정 지음, 400쪽, 32,000원

성리총서

송명성리학 (宋明理學) 陳來 지음, 안재호 옮김, 590쪽, 17,000원
주희의 철학 (朱熹哲學研究) 陳來 지음, 이종란 외 옮김, 544쪽, 22,000원
양명 철학 (有無之境—王陽明哲學的精神) 陳來 지음, 전병욱 옮김, 752쪽, 30,000원
정명도의 철학 (程明道思想研究) 張德麟 지음, 박상리·이경남·정성희 옮김, 272쪽, 15,000원
송명유학사상사 (宋明時代儒學思想の研究) 구스모토 마사쓰구(楠本正繼) 지음, 김병화·이혜경 옮김, 602쪽, 30,000원
북송도학사 (道學の形成) 쓰치다 겐지로(土田健次郎) 지음, 성현창 옮김, 640쪽, 3,2000원
성리학의 개념들 (理學範疇系統) 蒙培元 지음, 홍원식·황지원·이기훈·이상호 옮김, 880쪽, 45,000원
역사 속의 성리학 (Neo-Confucianism in History) Peter K. Bol 지음, 김영민 옮김, 488쪽, 28,000원
주자어류선집 (朱子語類抄) 미우라 구니오(三浦國雄) 지음, 이승연 옮김, 504쪽, 30,000원

불교(카르마)총서

학파로 보는 인도 사상 S. C. Chatterjee·D. M. Datta 지음, 김형준 옮김, 424쪽, 13,000원
유식무경, 유식 불교에서의 인식과 존재 한자경 지음, 208쪽, 7,000원
박성배 교수의 불교철학강의: 깨침과 깨달음 박성배 지음, 윤원철 옮김, 313쪽, 9,800원
불교 철학의 전개, 인도에서 한국까지 한자경 지음, 252쪽, 9,000원
인물로 보는 한국의 불교사상 한국불교원전연구회 지음, 388쪽, 20,000원
은정희 교수의 대승기신론 강의 은정희 지음, 184쪽, 10,000원
비구니와 한국 문학 이향순 지음, 320쪽, 16,000원
불교철학과 현대윤리의 만남 한자경 지음, 304쪽, 18,000원
유식삼심송과 유식불교 김명우 지음, 280쪽, 17,000원
유식불교, 『유식이십론』을 읽다 효도 가즈오 지음, 김명우·이상우 옮김, 288쪽, 18,000원
불교인식론 S. R. Bhatt & Anu Mehrotra 지음, 권서용·원철·유리 옮김, 288쪽, 22,000원
불교에서의 죽음 이후, 중음세계와 육도윤회 허암 지음, 232쪽, 17,000원

한의학총서

한의학, 보약을 말하다 — 이론과 활용의 비밀 김광중·하근호 지음, 280쪽, 15,000원

동양문화산책

주역산책 (易學漫步) 朱伯崑 외 지음, 김학권 옮김, 260쪽, 7,800원
동양을 위하여, 동양을 넘어서 홍원식 외 지음, 264쪽, 8,000원
서원, 한국사상의 숨결을 찾아서 안동대학교 안동문화연구소 지음, 344쪽, 10,000원
안동 풍수 기행, 와혈의 땅과 인물 이완규 지음, 256쪽, 7,500원
안동 풍수 기행, 돌혈의 땅과 인물 이완규 지음, 328쪽, 9,500원
영양 주실마을 안동대학교 안동문화연구소 지음, 332쪽, 9,800원
예천 금당실·맛질 마을 ─ 정감록이 꼽은 길지 안동대학교 안동문화연구소 지음, 284쪽, 10,000원
터를 안고 仁을 펴다 ─ 퇴계가 굽어보는 하계마을 안동대학교 안동문화연구소 지음, 360쪽, 13,000원
안동 가일 마을 ─ 풍산들가에 의연히 서다 안동대학교 안동문화연구소 지음, 344쪽, 13,000원
중국 속에 일떠서는 한민족 ─ 한겨레신문 차한필 기자의 중국 동포사회 리포트 차한필 지음, 336쪽, 15,000원
신간도견문록 박진관 글·사진, 504쪽, 20,000원
선양과 세습 사라 알란 지음, 오만종 옮김, 318쪽, 17,000원
문경 산북의 마을들 ─ 서중리, 대상리, 대하리, 김룡리 안동대학교 안동문화연구소 지음, 376쪽, 18,000원
안동 원촌마을 ─ 선비들의 이상향 안동대학교 안동문화연구소 지음, 288쪽, 16,000원
안동 부포마을 ─ 물 위로 되살려 낸 천년의 영화 안동대학교 안동문화연구소 지음, 440쪽, 23,000원
독립운동의 큰 울림, 안동 전통마을 김희곤 지음, 384쪽, 26,000원

일본사상총서

도쿠가와 시대의 철학사상 (德川思想小史) 미나모토 료엔 지음, 박규태·이용수 옮김, 260쪽, 8,500원
일본인은 왜 종교가 없다고 말하는가 (日本人はなぜ 無宗敎のか) 아마 도시마로 지음, 정형 옮김, 208쪽, 6,500원
일본사상이야기 40 (日本がわかる思想さ門) 나가오 다케시 지음, 박규태 옮김, 312쪽, 9,500원
일본도덕사상사 (日本道德思想史) 이에나가 사부로 지음, 세키네 히데유키·윤종갑 옮김, 328쪽, 13,000원
천황의 나라 일본 ─ 일본의 역사와 천황제 (天皇制と民衆) 고토 야스시 지음, 이남희 옮김, 312쪽, 13,000원
주자학과 근세일본사회 (近世日本社會と宋學) 와타나베 히로시 지음, 박홍규 옮김, 304쪽, 16,000원

노장총서

不二 사상으로 읽는 노자 ─ 서양철학자의 노자 읽기 이찬훈 지음, 304쪽, 12,000원
김항배 교수의 노자철학 이해 김항배 지음, 280쪽, 15,000원
서양, 도교를 만나다 J. J. Clarke 지음, 조현숙 옮김, 472쪽, 36,000원
중국 도교사 ─ 신선을 꿈꾼 사람들의 이야기 牟鐘鑒 지음, 이봉호 옮김, 352쪽, 28,000원

남명학연구총서

남명사상의 재조명 남명학연구원 엮음, 384쪽, 22,000원
남명학파 연구의 신지평 남명학연구원 엮음, 448쪽, 26,000원
덕계 오건과 수우당 최영경 남명학연구원 엮음, 400쪽, 24,000원
내암 정인홍 남명학연구원 엮음, 448쪽, 27,000원
한강 정구 남명학연구원 엮음, 560쪽, 32,000원
동강 김우옹 남명학연구원 엮음, 360쪽, 26,000원
망우당 곽재우 남명학연구원 엮음, 440쪽, 33,000원
부사 성여신 남명학연구원 엮음, 352쪽, 28,000원

예문동양사상연구원총서

한국의 사상가 10人 ─ 원효 예문동양사상연구원/고영섭 편저, 572쪽, 23,000원
한국의 사상가 10人 ─ 의천 예문동양사상연구원/이병욱 편저, 464쪽, 20,000원
한국의 사상가 10人 ─ 지눌 예문동양사상연구원/이덕진 편저, 644쪽, 26,000원
한국의 사상가 10人 ─ 퇴계 이황 예문동양사상연구원/윤사순 편저, 464쪽, 20,000원
한국의 사상가 10人 ─ 남명 조식 예문동양사상연구원/오이환 편저, 576쪽, 23,000원
한국의 사상가 10人 ─ 율곡 이이 예문동양사상연구원/황의동 편저, 600쪽, 25,000원
한국의 사상가 10人 ─ 하곡 정제두 예문동양사상연구원/김교빈 편저, 432쪽, 22,000원
한국의 사상가 10人 ─ 다산 정약용 예문동양사상연구원/박홍식 편저, 572쪽, 29,000원
한국의 사상가 10人 ─ 혜강 최한기 예문동양사상연구원/김용헌 편저, 520쪽, 26,000원
한국의 사상가 10人 ─ 수운 최제우 예문동양사상연구원/오문환 편저, 464쪽, 23,000원

인물사상총서

한주 이진상의 생애와 사상 홍원식 지음, 288쪽, 15,000원
범부 김정설의 국민윤리론 우기정 지음, 280쪽, 20,000원

민연총서 — 한국사상

자료와 해설, 한국의 철학사상 고려대 민족문화연구원 한국사상연구소 편, 880쪽, 34,000원
여헌 장현광의 학문 세계, 우주와 인간 고려대 민족문화연구원 한국사상연구소 편, 424쪽, 20,000원
퇴옹 성철의 깨달음과 수행 — 성철의 선사상과 불교사적 위치 조성택 편, 432쪽, 23,000원
여헌 장현광의 학문 세계 2, 자연과 인간 고려대 민족문화연구원 한국사상연구소 편, 432쪽, 25,000원
여헌 장현광의 학문 세계 3, 태극론의 전개 고려대 민족문화연구원 한국사상연구소 편, 400쪽, 24,000원
역주와 해설 성학십도 고려대 민족문화연구원 한국사상연구소 편, 328쪽, 20,000원
여헌 장현광의 학문 세계 4, 여헌학의 전망과 계승 고려대학교 민족문화연구원 편, 384쪽, 30,000원

경북의 종가문화

사당을 세운 뜻은, 고령 점필재 김종직 종가 정경주 지음, 203쪽, 15,000원
지금도「어부가」가 귓전에 들려오는 듯, 안동 농암 이현보 종가 김서령 지음, 225쪽, 17,000원
종가의 멋과 맛이 넘쳐 나는 곳, 봉화 충재 권벌 종가 한필원 지음, 193쪽, 15,000원
한 점 부끄럼 없는 삶을 살다, 경주 회재 이언적 종가 이수환 지음, 178쪽, 14,000원
영남의 큰집, 안동 퇴계 이황 종가 정우락 지음, 227쪽, 17,000원
마르지 않는 효제의 샘물, 상주 소재 노수신 종가 이종호 지음, 303쪽, 22,000원
의리와 충질의 400년, 안동 학봉 김성일 종가 이해영 지음, 199쪽, 15,000원
충효당 높은 마루, 안동 서애 류성룡 종가 이세동 지음, 210쪽, 16,000원
낙중 지역 강안학을 열다, 성주 한강 정구 종가 김학수 지음, 180쪽, 14,000원
모원당 회화나무, 구미 여헌 장현광 종가 이종문 지음, 195쪽, 15,000원
보물은 오직 청백뿐, 안동 보백당 김계행 종가 최은주 지음, 160쪽, 15,000원
은둔과 화순의 선비들, 영주 송설헌 장말손 종가 정순우 지음, 176쪽, 16,000원
처마 끝 소나무에 갈무리한 세월, 경주 송재 손소 종가 황위주 지음, 256쪽, 23,000원
양대 문형과 직신의 가문, 문경 허백정 홍귀달 종가 홍원식 지음, 184쪽, 17,000원
어질고도 청빈한 마음이 이어진 집, 예천 약포 정탁 종가 김낙진 지음, 208쪽, 19,000원
임란의병의 힘, 영천 호수 정세아 종가 우인수 지음, 192쪽, 17,000원
영남을 넘어, 상주 우복 정경세 종가 정우락 지음, 264쪽, 23,000원
선비의 삶, 영덕 갈암 이현일 종가 장윤수 지음, 224쪽, 20,000원
청빈과 지조로 지켜 온 300년 세월, 안동 대산 이상정 종가 김순석 지음, 192쪽, 18,000원
독서종자 높은 뜻, 성주 응와 이원조 종가 이세동 지음, 216쪽, 20,000원
오천칠군자의 향기 서린, 안동 후조당 김부필 종가 김용만 지음, 256쪽, 24,000원
마음이 머무는 자리, 성주 동강 김우옹 종가 정병호 지음, 184쪽, 18,000원
문무의 길, 영덕 청신재 박의장 종가 우인수 지음, 216쪽, 20,000원
형제애의 본보기, 상주 창석 이준 종가 서정화 지음, 176쪽, 17,000원
경주 남쪽의 대종가, 경주 잠와 최진립 종가 손숙경 지음, 208쪽, 20,000원
변화하는 시대정신의 구현, 의성 자암 이민환 종가 이시활 지음, 248쪽, 23,000원
무로 빛고 문으로 다듬은 충효와 예학의 명가, 김천 정양공 이숙기 종가 김학수, 184쪽, 18,000원
청백정신과 팔련오계로 빛나는, 안동 허백당 김양진 종가 배영동, 272쪽, 27,000원
학문과 충절이 어우러진, 영천 지산 조호익 종가 박학래, 216쪽, 21,000원
영남 남인의 정치 중심 돌밭, 칠곡 귀암 이원정 종가 박인호, 208쪽, 21,000원
거문고에 새긴 외금내고, 청도 탁영 김일손 종가 강정화, 240쪽, 24,000원
대를 이은 문장과 절의, 울진 해월 황여일 종가 오용원, 200쪽, 20,000원
처사의 삶, 안동 경당 장흥효 종가 장윤수, 240쪽, 24,000원
대의와 지족의 표상, 영양 옥천 조덕린 종가 백순철, 152쪽, 15,000원

기타

다산 정약용의 편지글 이용형 지음, 312쪽, 20,000원
유교와 칸트 李明輝 지음, 김기주·이기훈 옮김, 288쪽, 20,000원
유가 전통과 과학 김영식 지음, 320쪽, 24,000원
유가철학의 덕과 덕성치유 최연자·최영찬 지음, 432쪽, 30,000원
한시, 슬픈 감성으로 가을을 읊다 권명숙 지음, 232쪽, 17,000원